U0840729

大冶叶氏宗祠志

丁酉春月 叶如棠

叶可明　主编

叶家坝宗亲理事会　湖北理工学院　联合编著

中国建筑工业出版社

图书在版编目（CIP）数据

大冶叶氏宗祠志 / 叶可明主编；叶家坝宗亲理事会，湖北理工学院联合编著. —北京：中国建筑工业出版社，2017.11

ISBN 978-7-112-21422-8

Ⅰ.①大… Ⅱ.①叶… ②叶… ③湖… Ⅲ.①氏族谱系—介绍—大冶 ②祠堂—介绍—大冶 Ⅳ.① K820.9 ② K928.75

中国版本图书馆CIP数据核字（2017）第258934号

《大冶叶氏宗祠志》是大冶城建集团协同大冶叶家坝宗亲理事会和湖北理工学院共同策划编写的一本地方志类书籍。本书从叶氏宗族的兴起到后代的发展，以及现代对古代主要思想的传承和发扬做了详细的阐述。同时，对宗祠建筑的特征也做出了细致的描述，对研究古代宗祠建筑特点做了精神层面的引领。本书适用于建筑学、社会学等相关专业爱好者阅读。

责任编辑：胡永旭　唐　旭　李东禧　范业庶　张　华　吴　佳
责任校对：李美娜　焦　乐

大冶叶氏宗祠志
叶可明　主编
叶家坝宗亲理事会
湖 北 理 工 学 院　联合编著
*
中国建筑工业出版社出版、发行（北京海淀三里河路9号）
各地新华书店、建筑书店经销
北京京点图文设计有限公司制版
北京圣夫亚美印刷有限公司印刷
*
开本：880×1230毫米　1/16　印张：27½　字数：632千字
2017年11月第一版　2017年11月第一次印刷
定价：158.00元
ISBN 978-7-112-21422-8
（31117）

《大冶叶氏宗祠志》编辑委员会

顾　　问　姚　兵

主　　编　叶可明

执行主编　叶昌元　叶宗善　吴　洁

副 主 编　叶天胜　叶宗林　叶序德　叶宗尉　叶序俭
叶光华　叶常春　叶祖发　叶惠清　叶舜华

编　　委　叶天胜　叶宗林　叶序德　叶宗尉　叶宗善
叶序俭　叶光华　叶常春　叶祖发　叶惠清
叶舜华　叶序纯　叶序方　叶序彬　叶国凡
叶宗森　叶惠职　叶晨东　叶建军　叶惠均
叶宗权　叶序屋　叶山阳　叶天彪　叶文斌
叶智明　叶宗星　叶序礼　叶序田　叶宗植
王志鸿　邵剑杰　刘明虹　吴子锋　石教年
石　钧　纪金海　刘增国

叶如棠　十届全国人大常委会委员，环资委副主任委员；原城乡建设环境保护部部长；原建设部常务副部长（正部级）；中国建筑学会第八届、第九届理事会理事长。

大冶叶氏宗祠落成志庆

崇宗祖傳承中华美德

修叶祠展現古建遺风

丙申初冬姚兵撰书

姚　兵　曾任建设部建筑业司司长、监理司司长、总工程师、纪检组组长，中国土木工程学会常务副理事长，中国建筑金属结构协会会长，同济大学博士生导师，英国皇家特许营造师。主要著作有《建筑管理》、《项目管理》、《现代建筑企业论》、《建筑经济学研究》、《房地产学研究》等。

業茂傳芳一路東風吹綠古時堤壩
家興致遠千秋北斗映紅今日宗祠

丁酉春 羅輝

罗　辉　湖北省人大常委会原副主任、中华诗词学会副会长、湖北省诗词学会会长

源遠流長一股清泉來塞北

根深葉茂萬株玉樹綠江南

乙未冬培貴敬書

叶培贵　首都师范大学教授、博士生导师，中国书法文化研究院原院长

李声高　黄石市人大常委会原副主任

尹迪生　黄石市政协原副主席

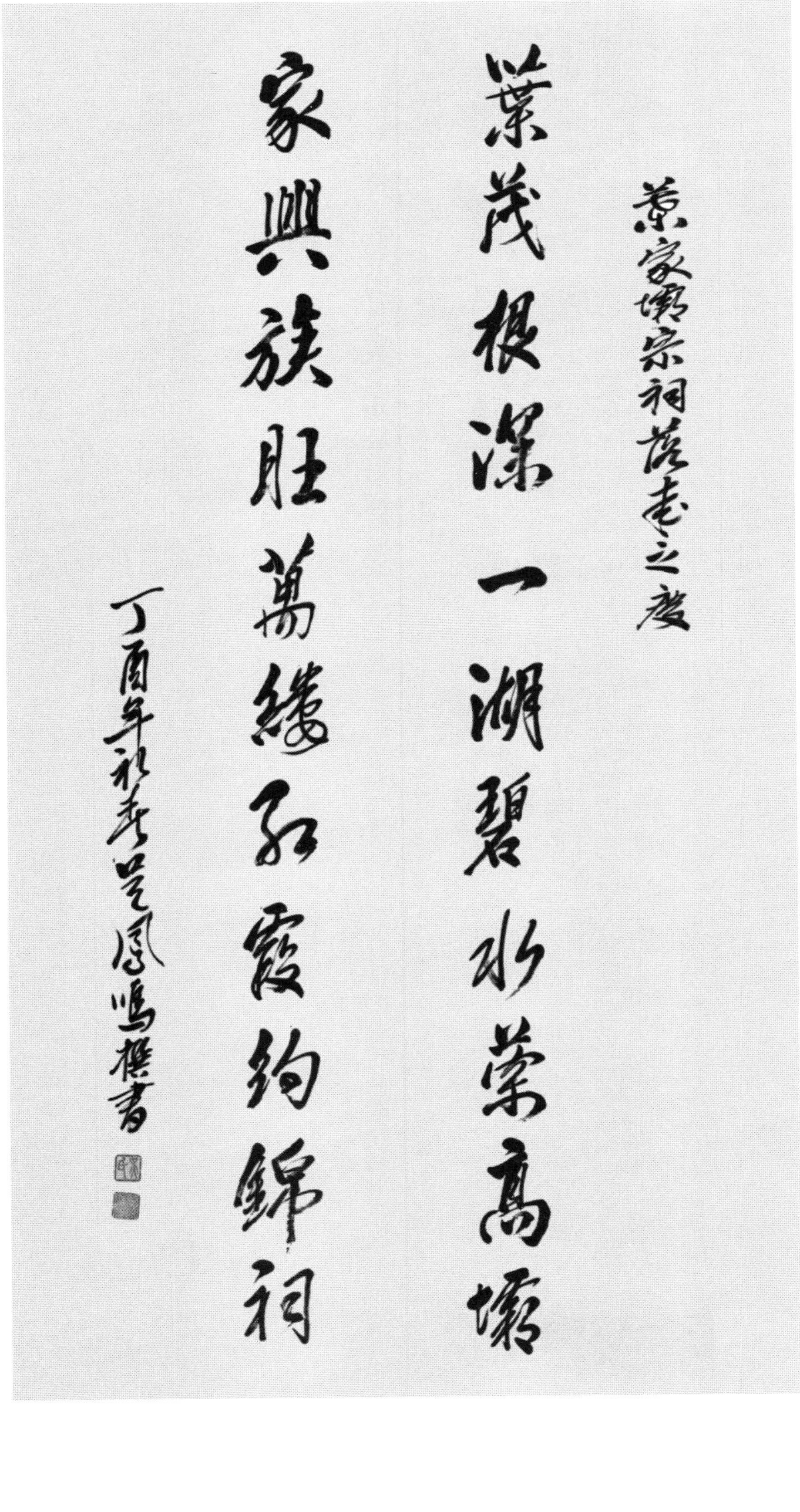

葉家壪宗祠落成之慶

葉茂根深一湖碧水榮高壪

家興族旺萬縷紅霞絢錦祠

丁酉年秋季吳鳳鳴撰書

吴凤鸣　大冶市人大常委会原副主任

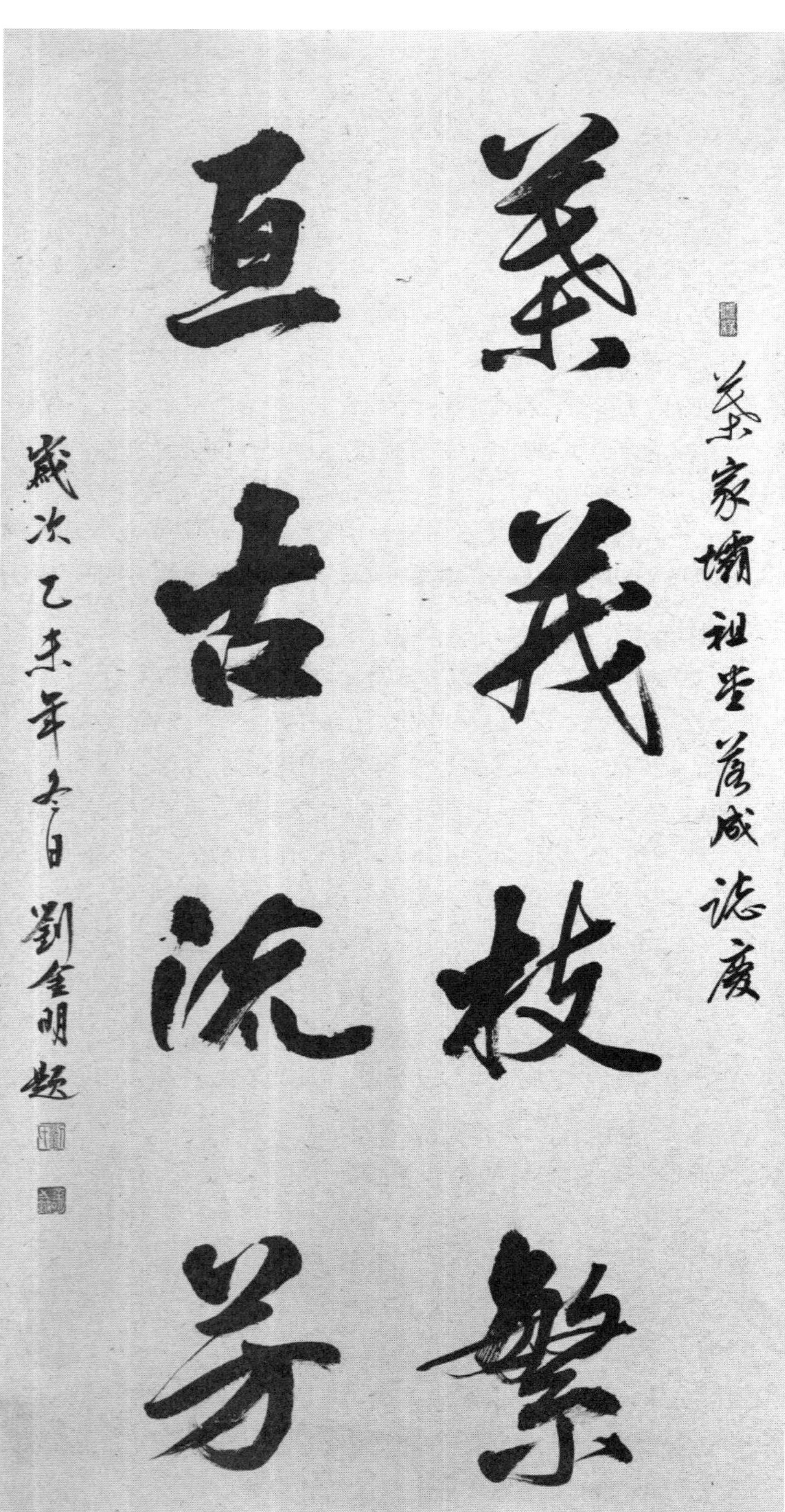

刘金明　大冶市政协原副主席

序

铜绿山东，大冶湖畔，叶氏聚居，瓜瓞绵绵，合族共建，宗祠擎天。外观则巨构堂皇，檐若翚飞；内览而题文璀璨，景如书展。华厦落成之际，族人合编《大冶叶氏宗祠志》，将付梓版，犹阙前言。先蒙建设部原总工程师姚兵前辈数荐，后承湖北省优秀企业家宗林本家力延。余虽不才，敢不执翰？

华夏自古睦同族，敬立宗庙；重孝悌，谨遵血缘。春秋皆祭，以彰先祖之绩；少长咸集，以续懿德之传。同扶弱贫，众人援手；共御外侮，一族抱团。认祖归宗之义在焉！

或曰：当今之时，形势大变。父子别居，同宗星散；治归省市县镇村民组，职属工农兵商公务员；新规旧矩繁密，党纪国法森严；对外边防强盛，于内保障周全。全民既已融和一体，以事业为轴；宗族不妨涣散五湖，营小家而安。何必立祠修志，自惹繁难？

余曰：不然。君不见法纪虽密而世风颓，亟待修身齐家；国力虽强而列国窥，还须枕戈待旦。盗抢黄赌毒，屡屡见诸网络；贪挪贿索嫖，常常曝自赃官。害民欺民者，如鲫之过江，拼却网破；知法犯法者，似蛾之扑火，惜乎身残？无良之吏，怎解民困；不义之徒，安赴国难？况据圣人言：导之以政，齐之以刑，易生无耻；导之以德，齐之以礼，方出清廉。法、纪固不可废，德、礼还须靠前。德、礼安求？不在书本课室，而在田间市廛；德、礼安授？不在青壮老成，而在蹒跚幼年。幼儿易积习成弊，亲族可防微杜渐。幼儿易照猫画虎，亲族应身教言传。宜倡宜禁者，可形诸文图；成文成图后，可悬于祠间。族中不分男女，辄临习之；无论远近，时往观焉。出族门已定苗莠，入社会难改忠奸。国之栋梁，人里俊彦，其家风污浊者，鲜矣！国之蠡贼，人里奸佞，其家风高亮者，鲜矣！

再则，我泱泱华夏，郁郁乎文，积淀深厚，待掘待勘。举国之力，犹恐挂一而漏万；分族而治，庶几寻珠而得贯。汇涓成涧，积土作坛，家族自信而有民族自信，家风清湛方致世风清湛。

大冶叶氏，其祠煌煌，其志洋洋，伐祖功而夸子孙荣邪？壮门庭以示家族显邪？非也！修祠之豪出于我族，攻玉之石引自他山：广招天下各族垂顾、不吝指点。振当世之风可效易子而教；探祖先之迹不妨异姓相参。果如此，斯祠不朽，斯志不湮也！

安庆 叶昌元 敬撰

丁酉岁仲秋月

叶昌元，曾任中国建设报副总编，现任住建部建筑杂志社总编

目录

下篇　叶氏宗族文化

附录

图版

概　述

阅读《大冶叶氏宗祠志》各篇内容之前，我们先来了解一下叶家坝庄的地理环境、历史变迁、经济发展和教育状况。

一

在美丽富饶的湖北省东南部有一个人杰地灵的县级市——大冶市，在热闹繁华的大冶城区有一个环境优美的“城中村”——叶家坝庄。

大冶市位于湖北省东南部、长江中游南岸，跨东经114° 31′ 33″ ~ 115° 20′ 42″，北纬29° 40′ 16″ ~ 30° 15′ 45″。东北分别与黄石市西塞山区、下陆区、铁山区相连，东和东南与阳新县接壤，西和西北与鄂州市、武汉市江夏区相望，西南与咸宁市毗邻，城区距武汉市90公里。大冶历史悠久，山川秀丽，土地肥沃，矿藏丰富，交通便利，通信便捷，人民勤劳，英才辈出。大冶市是湖北省东南部的一颗璀璨明珠（图1、图2）。

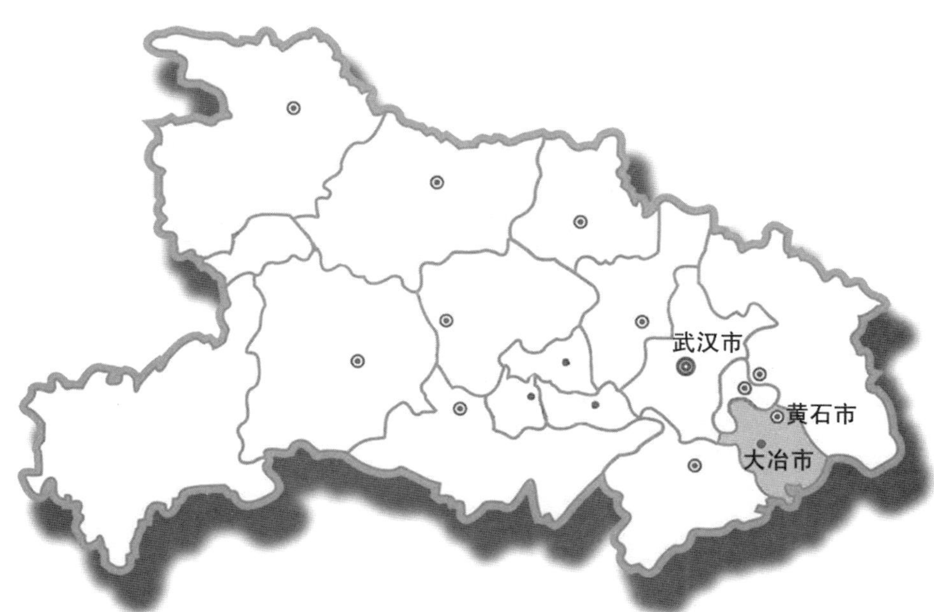

图1　大冶市在湖北省的位置示意图

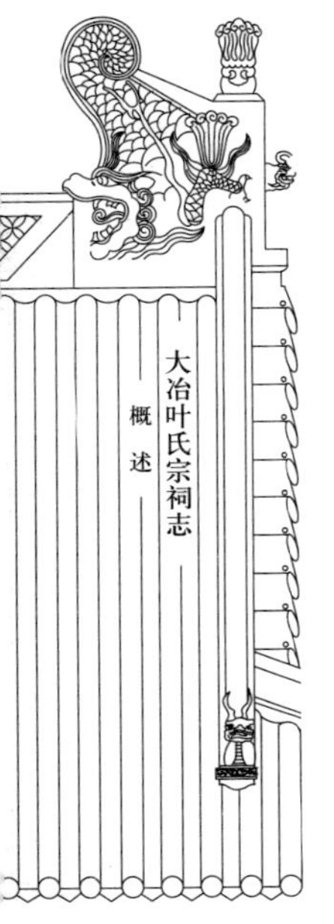

图 2　大冶城区在大冶市的位置

坝庄位于大冶城区东部，地处东经 114° 34′ 59″，北纬 30° 36′ 57″。东接金湖大道，南临东风东路，西伴新冶大道，北依观山东路。含莲花芯、上叶、下叶、中门四庄，俗称“坝庄”。从空中鸟瞰，整个坝庄像一枚硕大的树叶铺展在青龙山首、湛月湖边（图 3 、图 4）。

图 3　坝庄在大冶城区的位置

图 4　坝庄整体鸟瞰图

叶家坝庄环境优美，条件优越。周围有山有水，有路有站，有楼有景，有政有商，有教有医，有文有体。坝庄环境几乎具有各“城中村”所有的环境特点，概括起来是一座山、两平湖、三车站、四大道、五机构、六商楼、七景点、八小区。

一座山。横卧于黄石市区南大冶城区北的黄金山，东西延绵二十余里，横峰侧岭，蜿蜒起伏，绿树葱郁，繁花似锦。黄金山犹如一座碧玉屏风矗立于坝庄之北。

两平湖。坝庄东有尹家湖，南有红星湖。尹家湖琉璃千顷，明净如镜，湖光潋滟，群鸥掠波；

每当旭日东升之时，波光粼粼，浮光跃金，变幻无穷，水趣盎然（图 5）。

红星湖碧水如镜，浮花浪蕊，舟荡鱼跃，翠柳绕堤；每当皓月凌空之际，透明湛蓝，银辉飞动，静影沉璧，霓虹映波（图 6）。

图 5　尹家湖

图 6　红星湖

三车站。黄石火车站、城际铁路大冶北站（图 7）、大冶长途汽车站均离坝庄很近，南来北往可乘汽车，也可坐火车，还可坐高铁，族人出行十分便利。

四大道。金湖大道、东风东路、新冶大道、观山东路是大冶城区四条主要大道，道路宽阔平坦，车水马龙，它们从四面环抱坝庄，与庄内九条道路相交，形成四通八达的交通网络。

五机构（机关）。即行政服务机关、教育服务机构、文化服务机构、卫生服务机构和体育服务机构。大冶市的机关所在地：市委和市政府办公大楼（图 8）坐落于坝庄南世纪林和青铜文化广场之间，人大、政协办公所在地会议展览中心（图 9）坐落于坝庄之北，国土资源局、民政局、科技局、水利局、教育局、文体局、交警大队等行政服务机关则“一”字排列于庄西新冶大道。大冶最高学府、湖北省重点高中大冶一中（图 10），湖北省电化教育试点学校、黄石市重点高中大冶实验高中，湖北省首批实验初中大冶实验中学和目前硬件软件设备最齐全的九年一贯制学校滨湖学校等名校分布坝庄东南西北。新华书店、图书馆（图 11）、文化馆三方鼎立于坝庄外围。新建人民医院（图 12）与坝庄隔新冶大道而望；建在体育公园内的体育馆（图 13）、游泳馆依偎于坝庄东北边。这些机构为坝庄居民咨询办事、接受教育、享受医疗、丰富文化生活、进行体育锻炼提供了极好的条件。

图 7　城际铁路大冶北站

图 8　大冶市市委和市政府大楼

图 9　大冶市会议展览中心

图 10　大冶市第一中学

图 11　大冶市图书馆

图 12　大冶市人民医院

图 13　大冶体育馆

六商楼。包括位于坝庄西南和西部的金湾国际（图 14）、湛月宾馆和地质宾馆三大酒店，中百仓储、武商量贩和雨润国际广场（图 15）三大购物商场。这些商场和宾馆为坝庄居民提供了购物、聚餐与待客的便利。

图 14　金湾国际大酒店

图 15　雨润国际广场

七景点（区）。世纪林、青龙山公园（图 16、图 17）、青铜文化广场（图 18）、世纪钟、体育公园、阳光沙滩、大冶外滩（图 19、图 20）等大冶城区主要风景点（区）都集中在叶家坝庄周围。世纪林青松苍翠，修竹蹁跹，香樟流韵，银杏参天，玉兰含苞，樱花吐艳。白天歌声嘹亮，琴音悦耳；晚上曲声悠扬，舞姿翩翩。青龙山公园人工建筑与自然景观融为一体，依山立亭，临水筑榭，绿树成荫，鸟语花香。蜿蜒逶迤的青龙山，抱山拂柳的湛月湖，倒影卧波的青龙塔，巍峨耸立的纪念碑是公园的主体，体育健身器材、儿童娱乐设施一应俱全。游人或乘画舫，或步香径，可饱览满园景色。尹家湖西畔的大冶外滩依路傍水，长廊曲折，亭榭浮水临波，楼阁隐韵含雅。分布于坝庄四周的这些景点风景优美，空气清新，是居民休闲健身的极好场所。

图 16　青龙山公园 1

图 17　青龙山公园 2

图 18　青铜文化广场

图 19　大冶外滩

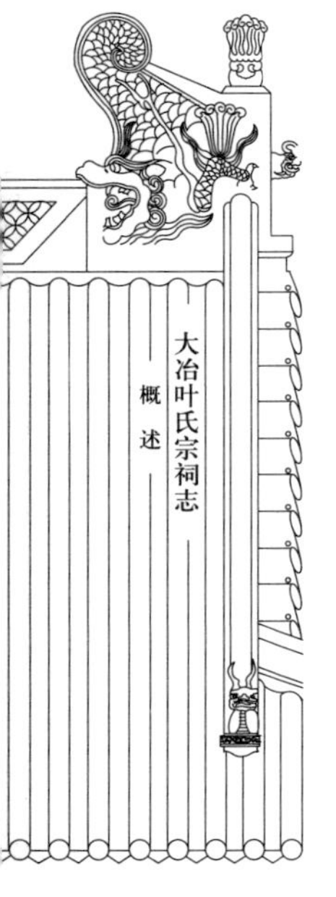

图 20　大冶外滩夜景

二

叶家坝宗族属李裔叶姓，与李姓同源共祖 3000 多年，从中华人文始祖轩辕到李氏远祖重耳，经历 88 世，其间更换过姬、赢、理、李四姓，直到重耳之孙李筠改姓叶，至今与李姓分开已有 1580 余年。

据史料记载，东晋晋安帝隆安三年（公元 400 年），西域沙州（即今甘肃敦煌市）刺史李暠被百姓拥立为西凉王。安帝义熙十二年（公元 417 年），李暠去世，次子李歆继位。晋恭帝三年（公元 421 年）七月，北凉王沮渠蒙逊伐西凉，西凉大败，全军覆没，李歆被蒙逊所杀，西凉李氏王朝土崩瓦解，王室成员非死即伤。李歆三子重耳携长子熙逃宋，后成大唐皇族之宗。尹太后带着重耳二儿子镕的六岁儿子筠南逃，途中遭遇北凉兵追杀，他们不得不改变方向，折进大山。太后寻一枝叶浓密处，搂着李筠隐蔽下来，待北凉兵退去，尹太后才携李筠出山西行。上路前，尹太后回身望着眼前起伏的苍山，抬手抚摸小李筠的头说："孩子，是这里的草木重生你于今世，草木救世，正好是个'葉'字，以后你就姓叶吧！"从此李筠就改姓叶，叫叶筠。

图 21　刘家湖叶家坝手绘图

叶筠以后十几个世纪中，叶氏宗族随着历史步伐，繁衍生息，辗转求索，足迹踏遍长城内外，大江南北，甚至远涉重洋，奋斗在异国他乡。他们最早起于甘肃，历迁新疆、河南、湖南、安徽、浙江、福建、江西、广西、云南、贵州、四川等地，乃至美国、英国、法国、泰国、日本等国，如今那里还有他们许多族人和家园。其中一脉于宋代初期（约公元 971

年），由豫章巴陵（今湖南岳阳）迁至湖北江夏，在此地繁衍八代，历时200余年，直到南宋末期（约1173年）金兵大举南下，大部国土沦丧。叶氏三十世祖基都公，为避兵祸，投亲靠友，迁至冶邑胡先林大金星（今大冶市金湖街办平原村）。明代正德年间（约1521年），叶氏四十五世祖茂富公从大金星迁至县城东。明万历十八年（1590年），叶氏四十八世祖文明公，为开基创业，举家迁至县城东郊永丰乡蛟潭堡，与先前迁至此地的侄辈之藻公、之梅公、之楠公为邻（之藻公于万历八年迁莲花芯庄，之梅公于万历十一年迁上叶庄，之楠公于万历十五年迁下叶庄），栖水而居，称作“中门庄”。当时为方便交通、防洪和抗旱，全族合力在庄南湖汊筑起一道通往县城的长堤，此堤年年保养修整，不断加高加宽，代代相传，数百年未曾停止，后来成为县城通往东边长江口岸的重要路段（图21～图24）。或许是为了纪念叶氏族人作出的贡献，当地人称此堤为“叶家坝”，不知何时，堤名却成了此地叶门四庄的称谓。叶家坝庄在不到四百年时间内，开枝散叶，已成为内外九庄，除原居四庄（图25～图28）外，还有外迁至青松、七里界、黄土垴、下陆圆门、泰国曼谷（图29）等五庄。

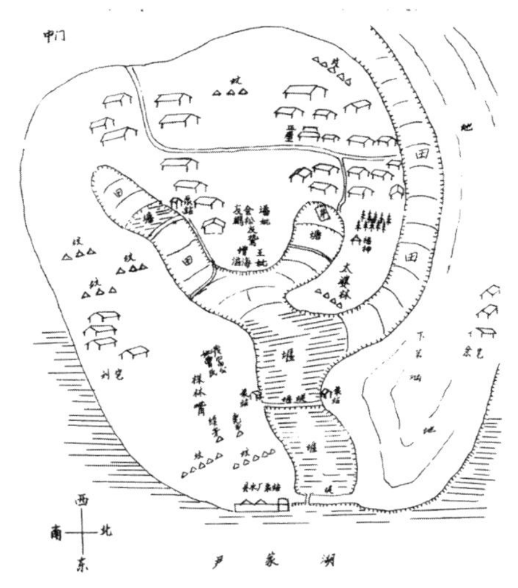

图22　坝门莲花芯庄

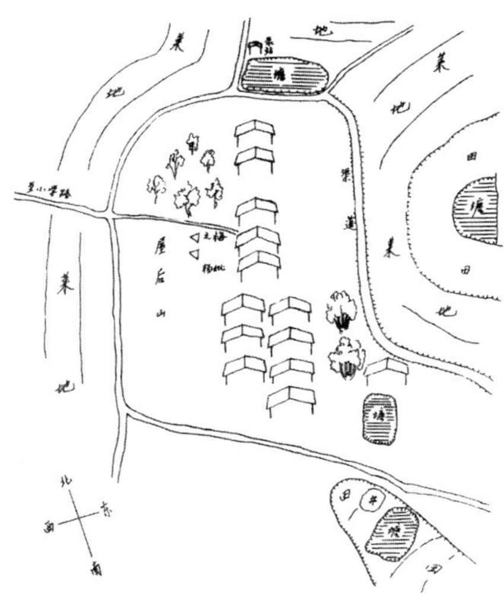

图23　坝门上叶庄

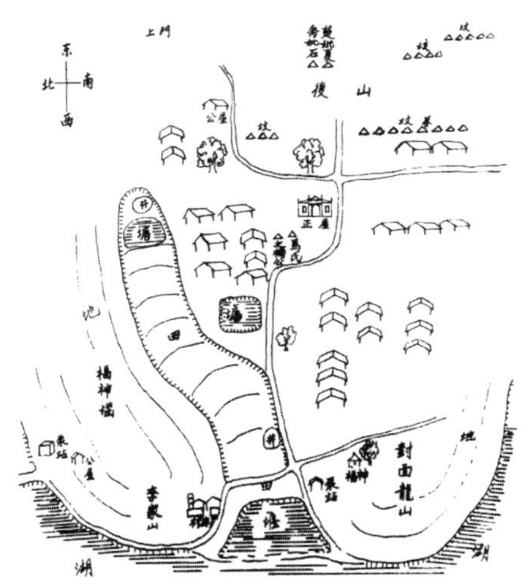

图24　坝门下叶庄

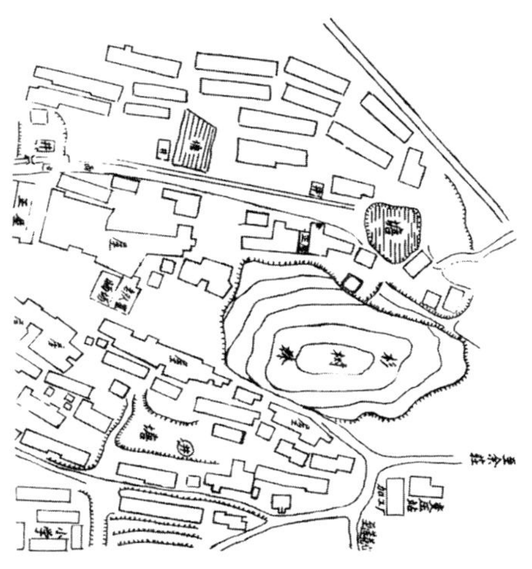

图25　坝门中庄

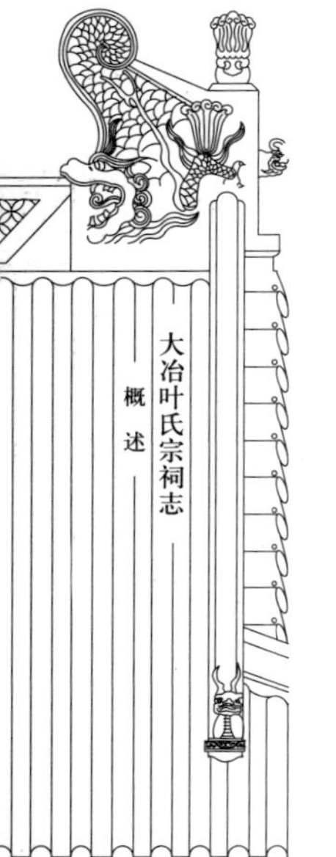

图 26　泰国庄叶本铨全家合影

图 27　黄石市副市长、大冶市市委书记李修武在社区挂牌仪式上讲话

图 28　社区书记叶天胜在社区挂牌仪式上讲话

图 29　叶家坝社区办公楼

叶家坝庄在四百余年历史中，随着历史的前进、朝代的变更，其行政隶属也不断发生变化，其历史沿革大致如下（图 30）：

明代，属兴国州大冶县永丰乡蛟潭堡；

清代，属武昌府大冶县永丰乡蛟潭堡；

民国时期，属湖北省鄂东道大冶县金湖镇安田里横槎堡；

1949 ~ 1952 年，为湖北省黄冈专区大冶县三区十一乡叶家坝村；

1953 ~ 1955 年，为湖北省黄冈专区大冶县城关镇胜利街叶家坝村；

1956 ~ 1958 年，为湖北省黄冈专区大冶县城关镇星明二社；

1959 年 12 月～ 1962 年 5 月，为黄石市郊区人民公社永胜管理区二大队；

1962 年 6 月，为黄石市大冶县罗家桥区永胜公社二大队；

1982 年，为黄石市大冶县大冶镇红旗大队；

1984 年 3 月，为黄石市大冶县大冶镇叶家坝村；

1995 年 1 月，为黄石市大冶市大冶经济技术开发区叶家坝村；

2001 年 3 月，为黄石市大冶市大冶经济开发区东风路街道办事处叶家坝村；

2016 年 9 月 20 日，为黄石市大冶市大冶经济开发区东风路街道办事处叶家坝社区。

文明公叔侄在明万历年间落业坝庄之时，仅 4 户人家，10 来间土巴屋，30 多口人。在以后的几百年间，叶家坝庄的先人们进行了漫长艰苦的创业过程。他们披荆斩棘，筚路蓝缕，栉风沐雨，风餐露宿，一代接一代地自强不息，一年又一年地坚忍不拔，为后代子孙

图 30　叶家坝庄旧貌手绘图

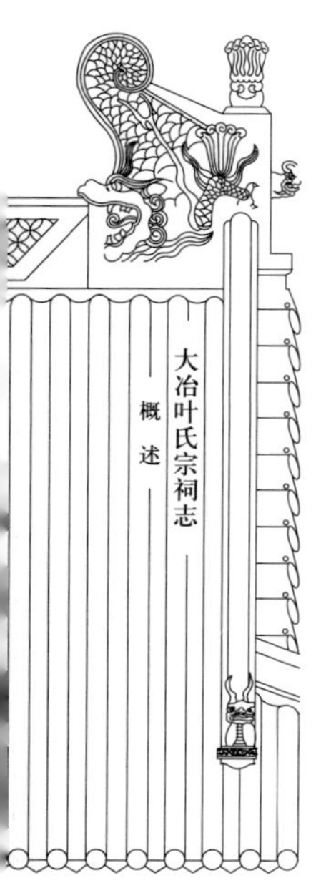

创造了大量财富，创建了宏伟基业。坝庄基业一天天扩大，叶氏子孙也快速繁衍，毓子孕孙，枝叶硕茂，瓜瓞绵绵，人丁兴旺。清代中期是坝庄历史上的一个兴盛时期，叶氏五十一世祖先选公就有 5 子 14 孙 36 曾孙，繁衍成首一长房、首一二房、首一三房、首二房、首三房、三房、四房、五房等八个房头，其后代现有男丁约 1500 人。

庄随国势。清末到新中国成立前国家动荡，战乱频频，民不聊生，宗族衰落，住在城郊的叶家坝庄首当其冲。正如坝庄族人所说："住城郭真下作，一天忙到日头落，街上好景沾不上，兵荒马乱跑不脱。"特别是 1938 年日本强盗入侵大冶后，城内遭到轰炸，城外惨受"三光"。房屋被烧毁，粮食被抢空，家禽被宰杀，树木被砍伐，男男女女老老少少各奔东西，外出逃命，只有几个耄耋妪翁留家看门。新中国成立前夕，坝庄莲花芯只剩 16 户人家，整个叶家坝庄总共也只有 350 余户，1600 余人，平均寿命不足 60 岁。

旧时的叶家坝庄环境脏乱，不堪入目。低矮的土砖房，泥泞的土巴路，遍地垃圾，满路瓦砾，门前屋后尽是粪坑，族人的生活环境和生活条件很差，一派荒凉落后景象。

新中国成立后，国家太平，社会稳定，政通人和，百废俱兴，特别是近三四十年，改革开放，除弊革新，科学治国，成果辉煌。叶家坝庄随着国家的大好形势得到快速发展，面貌日新月异，高楼大厦拔地而起，族人新居鳞次栉比，新建楼房 860 栋。人口迅速繁衍，成倍数增长，坝庄现有居民 960 余户，4600 余人，居民平均寿命 78 岁，有多名百岁老人（图 34)。近年由于大量农民进城，许多农民在叶家坝买房定居，目前在坝庄买房居住的外来杂姓已达 7500 余户，14000 余人。叶家坝社区居民现已增至 8460 余户，18600 余人，叶家坝已经变成了"百家坝"。2016 年 9 月 20 日，黄石市大冶市大冶经济开发区东风路街道办事处叶家坝社区挂牌，"叶家坝村村民委员会"更名为"叶家坝社区居民委员会"，坝庄村民正式成为城市居民，坝庄已是名副其实的"村在城里，城在村中"。

寿星合影（53 人）说明

第一排从左至右：首一长房宗信 84 岁，首一长房於合意 80 岁，三房刘桂林 84 岁，下叶庄石宝珍 81 岁，三房开播 86 岁，三房程咏芝 85 岁，四房冯凤英 83 岁，首二房张细娥 80 岁，首一二房开湛 80 岁，首三房开庭 81 岁，首一三房序风 81 岁，首一三房开宇 81 岁，首一长房宗树 81 岁，首一二房刘如意 85 岁，首一三房兰如意 80 岁，首一三房冯爱心 83 岁，三房程翠英 80 岁，首一三房万青华 84 岁，首一二房黄金凤 81 岁，首三房邓当申 80 岁，首三房开龙 81 岁。

第二排从左至右：首一长房李闲芝 82 岁，首一三房余春枝 95 岁，三房陈新春 86 岁，四房赵兰英 95 岁，下叶庄王能英 87 岁，下叶庄蔡月英 87 岁，首三房刘巧珍 95 岁，莲花芯庄许细泉 83 岁，首一三房陈梅星 85 岁，莲花芯庄柯志珍 80 岁，五房刘玉珍 81 岁，三房陈云芝 80 岁，莲花芯庄曹容枝 85 岁，莲花芯庄黄菊芳 97 岁，三房罗桂林 87 岁，首一长房宗政 82 岁，三房谈娇芝 85 岁。

第三排从左至右：四房开贵 80 岁，首一长房宗华 84 岁，下叶庄宗焕 81 岁，首一二房开涵 82 岁，三房开玙 82 岁，莲花芯庄序泉 83 岁，下叶庄宗耀 80 岁，下叶庄开甲 80 岁，首一三房宗旭 83 岁，三房宗凯 84 岁，上叶庄宗辉 81 岁，首

图 31　坝庄部分 80 岁以上老寿星合影

一长房宗柏　80 岁，首一三房开水　80 岁，三房开贵　81 岁，首一三房李毛枝　93 岁。（照片见图 31　坝庄部分 80 岁以上老寿星合影）

如今，人们如果去参观叶家坝，一定会觉得耳目一新，惊叹叶家坝的巨大变化。我们不妨去领略一下叶家坝这个新社区的新面貌（图 32）。

从东风东路走近叶家坝，映入眼帘的是一座气势宏伟的青石门楼，石墩雄狮蹲踞，石柱云涌龙腾，门楼上方“叶家坝”三个大字金光闪闪，这是叶家坝的大门——南一门。跨入大门就是“仿古一条街”（图 33），街道宽阔整洁，两边店铺相连，建筑飞檐微翘，风格古色古香，白天人群熙攘，晚上霓虹闪烁。

穿过仿古街就是宗祠建筑群。忠孝照壁、文化广场、亭榭游廊、池塘水系、宗祠殿宇等建筑，形式各异，风格独特，融北派宫阙之壮丽与南方园林之娟秀于一体，古朴庄重，大气磅礴。宗祠殿宇（图 34、图 35）是该建筑群的主体，其坐北朝南，依山傍水，红墙黄瓦，飞檐斗栱，雕栏玉砌，琼楼高耸，形若城堡，貌似宫殿，金碧辉煌，雄伟壮观。其内，一进五重，三殿两井，梁柱交错，四通八达。殿堂之中，匾额楹联，如赞如歌；碑刻图画，似史似诗。更有宫灯高挂，炉鼎矗立，琳琅满目，交相辉映。三殿之核心是

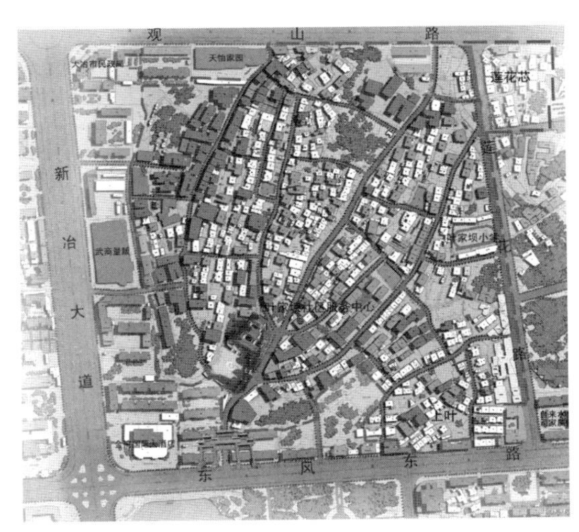

图 32　坝庄全貌图

图 33 仿古街

图 34 叶氏宗祠

图 35 叶氏宗祠夜景

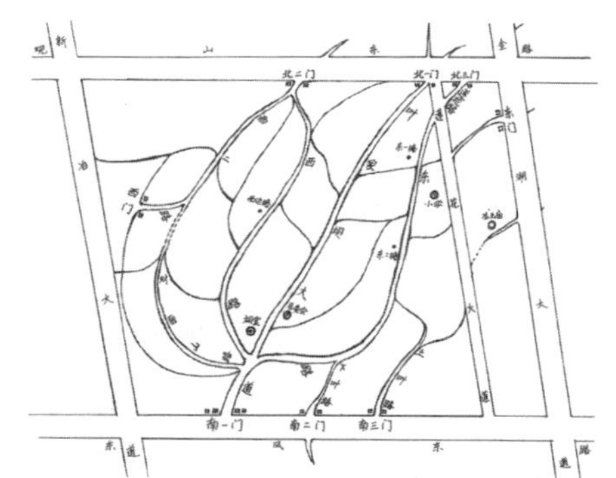

图 36 坝庄道路示意图

图 37 叶家坝大道 1

图 38 叶家坝大道 2

后殿“忠烈堂”，其为坝庄祖先寝殿，神坛上供奉着叶氏太祖神像和列祖列宗牌位，灵位前青灯长明，香火氤氲，气氛庄严肃穆。叶氏宗祠雄伟壮丽，装饰豪华，设施配套完整，使用功能齐全。既是叶家坝庄一座标志性建筑，也是一项民俗文化和民间实用相结合的民心工程，闹市之中，能有这样一道景观，可以说是给大冶市的文明城市建设起了锦上添花的作用。

叶氏宗祠两边共有九条大道（图 36），其中五条大道贯穿全庄南北。沿着中间的叶家坝大道（图 37、图 38）向北，经过社区办公大楼，缓缓行上大堖，道西是体育健身场所，那里有篮球场（图 39）和羽毛球场，有各式各样的健身器材（图 40）。再从大堖上尊婆山，然后顺山而下从北一门（图 41）进入观山东路。如果从东路（图 42）往北，连续路过几个幼儿园后，就会看到东一塘、东二塘（图 43），清澈的塘水，汉白玉围栏，独特的形状，会给人们留下美好的印象。如果从西路（图 44）往北，在那里可以看到具有另一种特色的西塘。人们也可以分别沿着莲花路（图 45）、上叶路（图 46）、下叶路（图 47）、西二路（图 48）、对面山路（图 49）去参观坝庄的不同地方，还可以徜徉于莲花大道（图 50）来饱览坝庄东部

图 39　篮球场

图 40　健身器材

图 41　坝庄北一门

图 42　坝庄东路

图 43　坝庄水塘之一

图 45　坝庄莲花路

图 44　坝庄西路

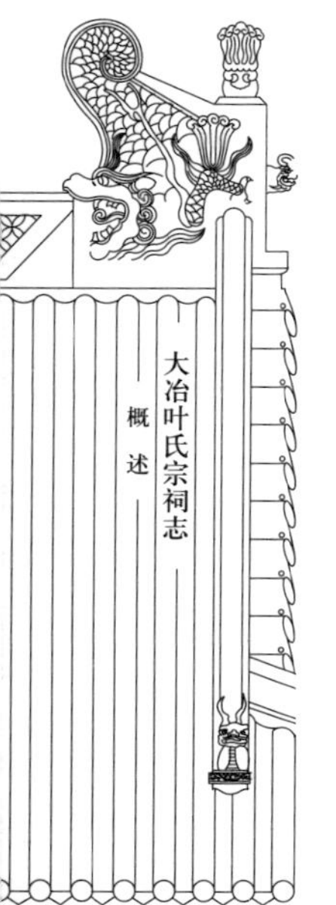

图 46　坝庄上叶路

图 47　坝庄下叶路

图 48　坝庄西二路

图 49　坝庄对面山路

图 50　莲花大道

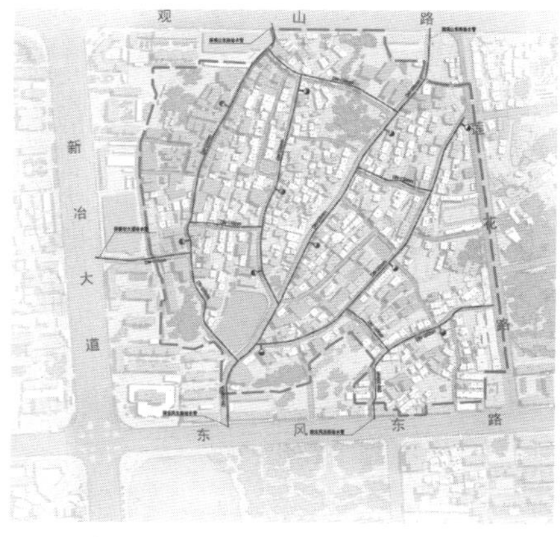

图 51　坝庄给水规划图

录色，去参观一下颇具办学特色的叶家坝小学。无论从哪条路去参观叶家坝，看到的是高大的楼房，整洁的街道，合理的给水排水输电输气系统（图 51 ~图 54)，齐备的体育娱乐卫生设施（图 55 ~图 57)，规划合理，设备齐全，完全是一个典型的具有现代文明的城市社区。

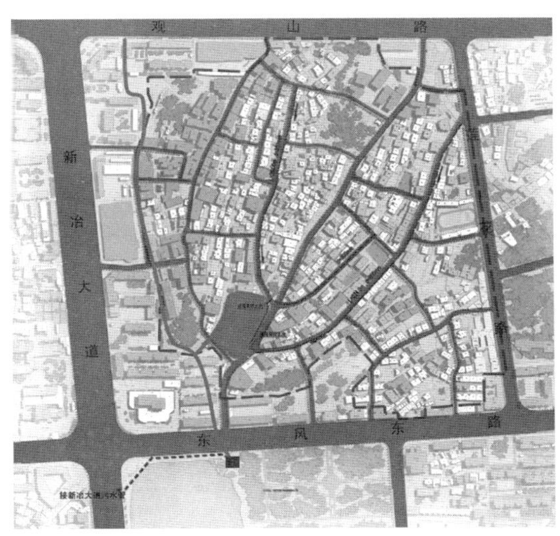

图 52　坝庄排水规划图

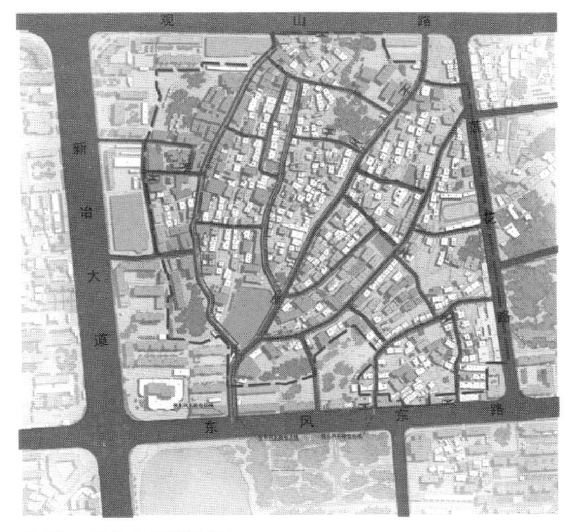

图 53　坝庄电讯规划图

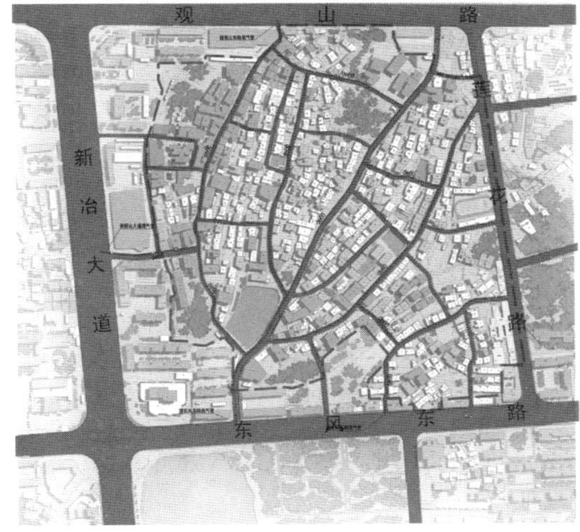

图 54　坝庄燃气管道规划图

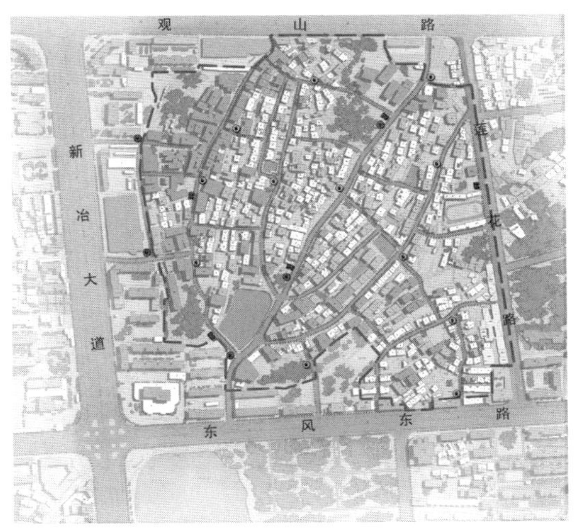

图 55　坝庄环卫设施规划图

图 56　公共洗手间

图 57　居民跳广场舞

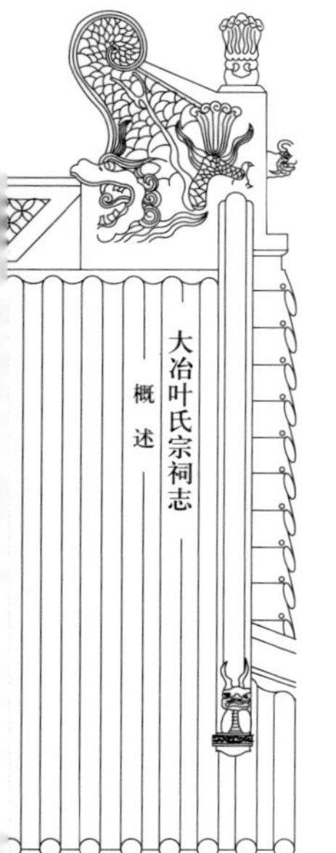

图 58　叶天胜书记工作照

崭新的面貌，繁荣的经济，幸福的生活，离不开党政的坚强领导。叶家坝历届党政班子在引导群众致富上功不可没，在壮大集体经济，为大众谋利益上建树颇多。如修建临街门店和商务用房万余平方米，固定资产达数亿元，年纯收入 200 万元；硬化刷黑道路 6000 米，铺设供水供气及排污管网共 20000 米，整改电网 50000 米，更新变电设备 30 台套；建立医疗、养老保险制度；开辟体育场地、安装健身器材、建立文化中心等，总投资逾 6 千万元。叶家坝村多次被评为大冶市“十强村”。这些业绩的取得很大程度上要归功于坝庄领头人叶天胜同志（图 58）。

叶天胜，生于 1971 年，坝庄中门首一三房人，毕业于湖北省党校，大专学历。1990 至 1994 年，在武警部队安徽总队三支队服役，1994 年 6 月加入共产党。1994 年 10 月任叶家坝村委会副主任，2002 年 11 月任村委会主任，2012 年 10 月任中共大冶叶家坝村总支书记、叶家坝村委会主任，2016 年 9 月 20 日任中共叶家坝社区总支书记、叶家坝社区居民委员会主任至今。在村（社区）两委长期担任主要职务期间，政绩卓著，口碑极佳。由于在部队熔炉中受过严格训练，性格刚直不阿，办事雷厉风行，在整治叶家坝庄内外环境方面顶住多方压力，克服重重困难，取得了显著效果，为发展坝庄经济、创建和谐文明新村作出了应有的贡献。同时，他十分关心家族公益事业，积极参与和指导有益于族众身心健康的活动，他在坝庄十修宗谱、修建宗祠和编撰宗祠志都给予了极大关注和支持。2016 年，大冶市委组织部授予叶天胜同志“金牌领头羊”光荣称号。

良好的社区秩序，科学有效的管理十分重要。叶家坝庄根据自身情况采取了一套具有特色的管理方式。

一是行政管理与宗族管理相结合。行政领导负责全面工作，重点是执行方针政策，管理行政事务，规划经济发展，关心群众生活。宗亲理事会重点负责宗族事务，调解族人纠纷，实施慈善救助。宗亲理事会总是自觉地把宗族工作纳入行政管理之中，主动争取村（社区）领导的支持；行政领导也是积极支持宗亲理事会工作，主动协助处理一些宗族事务。两者配合默契，行动和谐，共同实施对社区的有效管理。

二是“网格”化管理。城市网格化管理就是依托统一的城市管理及数字化平台，将城市管辖区按照一定的标准划分成为单元网格，通过加强对单元网格的部件和事件巡查，建立一种监督和处理互相分离的管理形式。城市网格化管理是一种改革创新，有利于主动发现和及时处理各类问题。

叶家坝社区网格化管理始于 2012 年 11 月，全社区共分莲花芯小区、叶家坝东小区、叶家坝西小区、下叶小区等 4 个网格小区，8 个小组 16 个网格，每个网格配备一名管理员，网格管理工作站负责人由社区负责人兼任（图 59）。

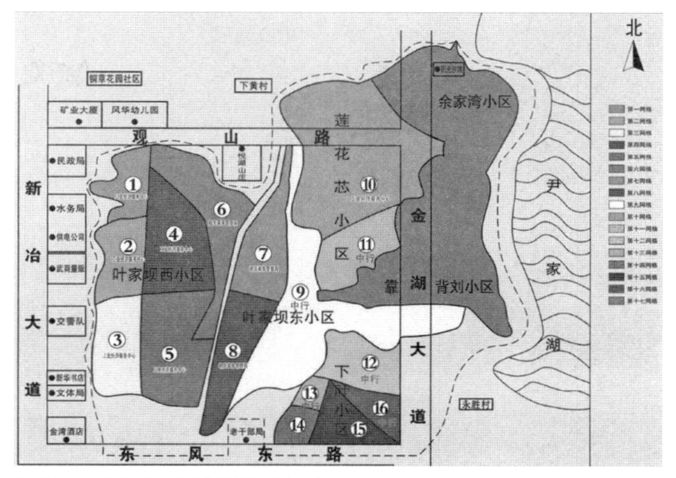

图 59　叶家坝社区网格划分示意图

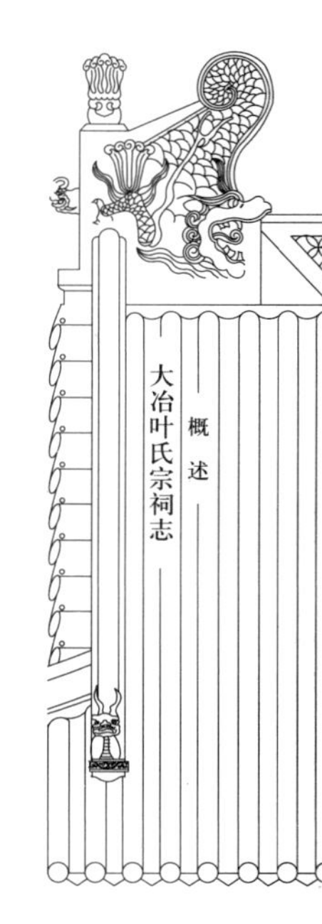

三

经济状况决定人们的生活状况，而经济发展需要一定的条件。叶家坝地处刘家湖（今红星湖）湖汉边，在以农耕为主生产力低下的漫长历史时期，坝庄族人生活十分贫困。虽然有山有水，却是靠山无林，临水无鱼，土地贫瘠，十年九旱，族人靠种几亩薄地过着半年糠菜半年粮的生活。为了贴补生活，帮衬家用，族人不得不用上各种谋生手段：种菜卖菜、挑粪收渣、喂鸡养猪、捞鱼摸虾、抹泥刷漆、缝衣理发、提篮小卖、轧棉弹花、打工当差、烧砖做瓦、鐓（xiàn）鸡劁（jiān）猪、舂米做粑、杀猪打铁、教书行医。遇到荒年，就会衣食无着，穷困潦倒。叶家坝长期流传着一首童谣：“叶家坝把（bà）锄头，白米饭和（wō）烂苕，十有八九男子汉，缺吃少穿讨亲愁。”这就是叶家坝族人当时食不果腹、衣不蔽体贫困生活的写照。

新中国成立后，生产和经济得到迅速发展，坝庄族人生活有了改善。20 世纪 70 年代以后，由于大冶城区发展，人口增加，叶家坝成了向城区供应蔬菜的基地之一，全体坝庄族人转为吃商品粮的菜农，国家每月对菜农实行一定的经济补贴，族人生活水平有了很大提高。全庄年总收入达 400 万元，户年均收入 5000 元，人年均收入 1000 元。

1978 年，国家实行改革开放，大冶城市建设迅猛发展。坝庄原有土地 3000 余亩，全部被征用（其中无偿划拨 300 多亩），最后仅剩不到 400 亩的住宅区，村庄成了“城中村”，族人成了无地农民。在挑战与机遇面前，坝庄人不等不靠，自主创业，有人开矿、办厂、经商，有人搞建筑、跑运输、办养殖、干服务，还有人外出打工。很多人白手起家，乘着改革开放的春风，凭着自己的聪明才智和拼搏精神，打拼出了一片新天地，创业取得显著成果。坝庄现有民营企业 80 余家，总资产逾 100 亿元，年总产值 20 余亿元。全庄年总收入超两亿元，户年均收入 20 万元，人年均收入 4 万余元。经济的快速发展，从根本上改变了叶家坝的面貌，提高了坝庄人的生活水平。如今一首新的童谣在坝庄流传：“叶家坝城里头，吃鱼肉住高楼，好女要嫁叶家坝，一生享福不用愁。”

有关叶家坝几家代表性民营企业的简介，详见“附录五”。

四

叶家坝庄人不仅吃苦耐劳，而且十分注重教育。族人不分日夜，辛勤劳作，节衣缩食，借粮背债，却不忘请师办学，送子念书。据老人说，坝庄早在明朝末年就办起了村学——耕读学堂，当时请来私塾先生，在位于大垴东侧下段（今叶天向家处）的祖堂内摆下桌凳，

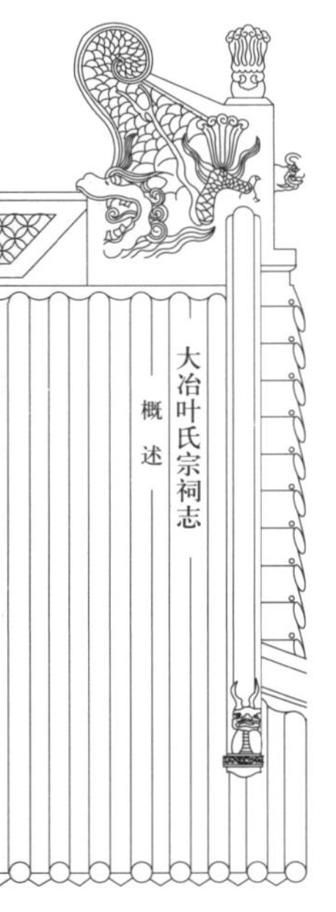

教授村里的蒙童识字，这就是叶家坝最早的学堂。清朝初年，学堂又随着祖堂搬到大垴西侧下段（今老祖堂处）。清朝末年到民国初年，为了改善孩子们的读书条件，族人共同出钱在大垴西侧中段（今叶宗源门前）盖起一间约 50 平方米的土巴屋专门作为孩子们读书的场所，叶家坝庄第一次有了真正意义上的学堂，有私塾先生 2 人，学童 20 来人。民国末年，又在叶家坝中门庄与莲花芯庄交界处（今叶本礼等人居住处）建起新校舍。20 世纪 50 年代初，学校收归国有，正式命名为"叶家坝小学"，当时是初小，一度成为大冶师范附属小学，20 世纪 50 年代中期升为高级小学；20 世纪 60 年代中期改校名为"红旗小学"，搬迁到现在地址（东边垅对面垴），小学戴帽办初中班；1974 年初中班剥离，搬到於家山（今教育局办公大楼）新建的永胜中学，叶家坝小学成为纯粹的小学（图 60）。1989 年，学校虽然进行过扩建，但学校规模仍然满足不了教育发展的需要，2016 年 7 月，经大冶市政府批准，由社区出土地，教育局和社区共同筹集资金，将原校舍拆除按新规模扩建，新校舍正在扩建中，预计 2017 年 9 月 1 日前全面完工。新校舍总用地面积 4548.41 平方米，总建筑面积 5363.82 平方米。除学生教室和教师办公室外，音乐室、美术室、文体活动室、科学活动室、计算机室、图书室、录播室等一应俱全，学校扩建成了功能齐备的标准化小学（图 61）。

图 60　老学校大门

图 61　新校效果图

叶家坝小学现有 25 个教学班，学生数 1500 人。在职在编教师 21 人，其中高级教师 3 人，一级教师 16 人，二级教师 2 人。另外市域交流教师 7 人，代课老师 15 人，工友 3 人。教师中获省级骨干教师称号 1 人，市级骨干教师 3 人，黄石市优秀教师 1 人，大冶市优秀教师 2 人，黄石市学科带头人 1 人，黄石市优秀班主任 2 人，大冶市优秀班主任 1 人，大冶市师德标兵 1 人。

在教育改革中，学校不断更新教育理念，大力实施素质教育，以"文明，求真，尚美，进取"为校训，德智体美劳"五育"并举，科教合一，大力推行赏识教育与自主探究学习方式，切实地提高了学生的综合素质。在国学经典诵读、文艺演出、乒乓球赛、书法绘画竞技、作文比赛、校园科技创新等活动中，学校屡次获得好名次。教师撰写的论文、教学设计、教学例案，曾获部级、省级、地市级一、二等奖。"轻松课外阅读"课题研究获市教研室的好评（图 62 、图 63）。多年来，学校为上一级学校输送了一批又一批品学兼优的学生，他们有的经过中学阶段的努力，后来考入了清华大学、武汉大学、华中科

图 62　课外活动拔河比赛

图 63　学生广播体操比赛颁奖

技大学、西安交通大学、上海海事大学等国家级名校。

近年随着社会进步和形势发展，坝庄人开始重视幼儿教育，先后办起了风华、新苗、大拇指、根基、蓝天鹅、博艺艺术等幼儿园，幼儿教育得到迅速发展，使孩子从小就开始接受良好的教育。

图 64　风华幼儿园大门

大冶风华实业有限责任公司旗下的风华幼儿园（图 64）是大冶地区起步最早的民营幼教单位，在黄石地区的民营幼教行业中具有不可撼动的霸主地位。风华幼儿园创建于 1997 年，1999 年正式建成开园，现已拥有 3 所分园，在园幼儿总数 1816 人，教职工 286 人，其中专职教师 168 人，保育员 84 人，后勤行政人员 34 人。专职教师大专以上（含大专在读）学历 126 人，幼教专业毕业 168 人，专业合格率达 100%，教师平均年龄 26 岁。

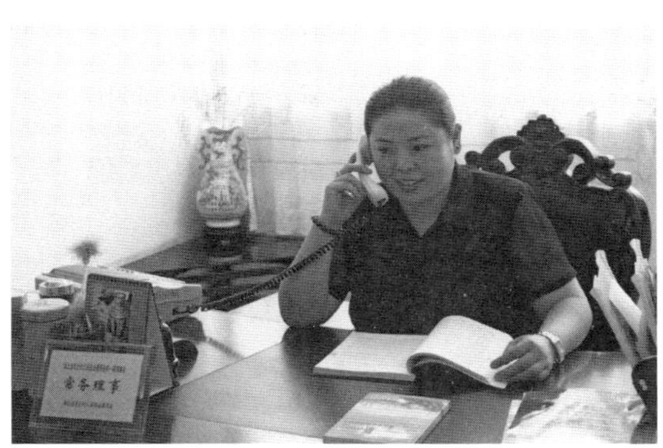

图 65　董事长明细花工作照

在董事长明细花（图 65）的带领下，风华人本着团结务实、求真创新的精神，在荆楚大地创造了一个又一个神奇业绩。风华幼儿园先后被中华爱国工程联合会、教育部创新教育研究中心、中国民办教育联合会、湖北省教育厅、湖北省统计局等单位评为“爱国启蒙教育全国示范幼儿园”“全国十佳特色幼儿园”“湖北省民办示范幼儿园”“湖北省分行业十强单位”等。2011 年 4 月，风华幼儿园以最高分摘取了“黄石市最受群众欢迎的民办幼儿园”的桂冠。2012 年 4 月再次被评为“全国十佳特色幼儿园”。2015 年被中国民办教育协会授予“全国校园文化建设先进单位”“全国民办优质特色幼儿园”，下属各分园连续被评为“湖北省示范幼儿园”“黄石市示范幼儿园”（图 66、图 67）。

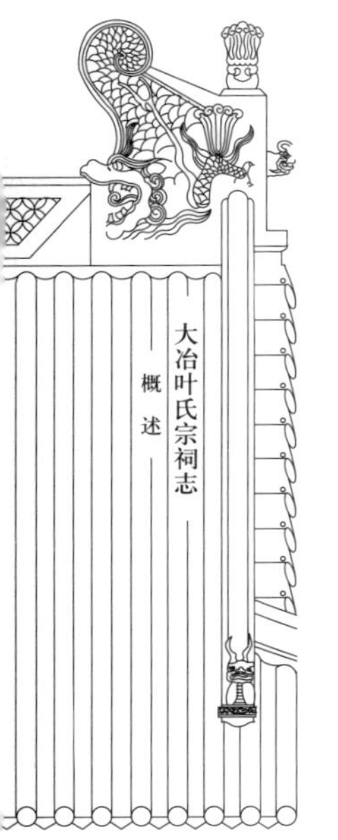

图 66 教职工合影

图 67 师生做游戏

今天的风华人，正致力打造幼教行业的“航空母舰”。计划未来 5 年内拥有 8 ~ 10 家幼儿园，形成区域幼教集团。

由于族人重视教育，坝庄走出不少的优秀人物。1949 年新中国成立前，学成者虽是少数，然其不凡成就成为后人表率。古代代表人物要算上叶庄落业祖先叶之梅长子叶春焕。叶春焕，字尧章，号文唐（图 68），幼年曾在坝庄学堂读私塾。据叶氏宗谱记载，他“早年入泮（考中秀才）即选拔贡（秀才中成绩优异者被选入京师国子监读书），后入北直考取天下贡元（贡生第一名），及入闱（秋闱，即乡试）中试辛卯举人”，“有才如斗，名贯海内，天下咸服其文”，后来考中进士。他曾任靖州学正署卢溪县（今湖南西部）知县，爱民如子，廉洁勤政，卓有政绩，为人颂扬。

图 68 叶春焕画像

图 69 叶开泰遗像

坝庄近代有名的人物有莲花芯庄叶开泰。叶开泰，字锦清，乳名和尚（图 69），生于 1902 年。据叶氏族谱记载，他幼年入塾，尊师好学，礼让恭谦，乐于助人，聪明伶俐，才华横溢，攻读经史十余年，诗文出众，砚墨超人。他虽是父母的独子，但不顾家庭阻拦，1928 年毅然投身革命，担任鄂（城）阳（新）大（冶）三县县委秘书。他乔装成商人，以贩棉花为掩护，每天早出晚归，不辞辛苦，辗转跋涉于三邑之间，播撒革命种子。后来三县县委准备秘密举行武装起义，因叛徒出卖而泄密，叶开泰被捕入狱。敌人知道他担任要职，掌握大量机密，先以花言巧语劝降不成，又用酷刑折磨他。叶开泰视死如归，一言不发，凸显出一身铮铮铁骨。

1933 年 8 月 15 日，敌人押着叶开泰自汪仁镇前往县城，途中，伪乡长汪连香怕被共产党拦劫，突然改变主意，露出狰狞面目，要对叶开泰下毒手。叶开泰昂首挺胸，痛斥敌人。气急败坏的敌人胆战心惊地朝叶开泰开了枪。叶开泰牺牲于王坛应桥，年仅 31 岁。

1950 年，人民政府追认叶开泰为革命烈士，授予叶开泰家属“光荣烈属”牌匾。

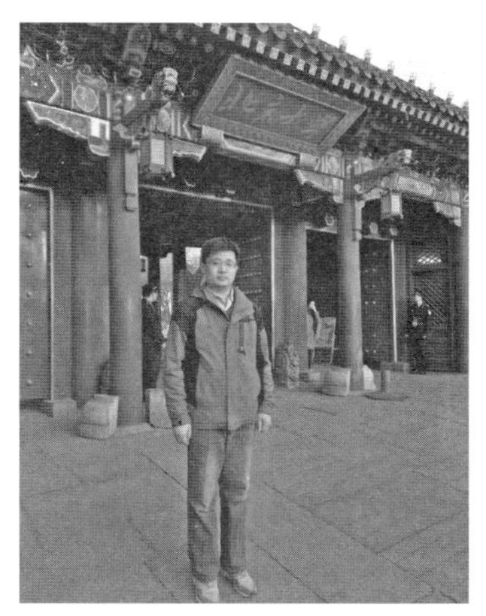

图 70　叶林晖近照

新中国成立后，随着经济状况的好转，生活水平的提高，叶家坝庄越来越多的人走进学校读书学文化，一批又一批勤奋好学的人学业有成，一拨又一拨的优秀人才奔向国内外，有的成了领导，有的成了学者，有的成了科学家，有的成了企业家。目前坝庄有大学生（含在读生）429 人，研究生（含在读生）51 人，副县级以上干部 9 人，副科级以上干部 33 人，副师级军官 3 人，副高级以上职称科教人员 50 人。当今青年才俊代表人物有海归博士北大教授叶林晖、清华硕士、央视前编辑叶君。

图 71　叶君近照

叶林晖（图 70），男，1968 年生，坝庄中门首一长房人，先后在叶家坝小学、张麒小学、新街小学念书，后考入大冶一中初中部，三年后升入高中部。1986 年因成绩优秀免试保送到武汉大学学习理论物理。1994 年考入北京大学物理系学习凝聚态理论，1997 年获硕士学位。次年赴新加坡国立大学攻读博士学位。2000 年考入中国科学院理化技术研究所，不久转入物理研究所毕业，获博士学位。2003 年赴美国西北大学（Northwestern University）学习电子结构理论和方法。2008 年接受国内单位邀请，进入北京大学任教。目前在北京大学信息科学技术学院任副教授，研究方向为固体电子结构 FLAPW 方法。

叶君（图 71），男，1982 年 11 月出生，坝庄首一三房人。1990 年进叶家坝小学读书，1996 年考入大冶镇中学读初中，1999 年考入大冶一中读高中，2002 年考入清华大学，2006 年本科毕业，考取清华大学研究生，2009 年研究生毕业，获硕士学位。毕业后先后在上海电视台、中央电视台从事编剧和导演工作，拍摄过短片集《世博馆馆通》、《故宫 100》，2010 年影视作品《2008 纪》入围欧洲阿姆斯特丹国际电影节，主编系列丛书《清影纪录中国》，2015 年导演作品《我在故宫修文物》轰动全国。现为自由职业者，正在从事短篇小说、动画片及故事片的创作。

为了激励学子们刻苦学习，努力上进，叶家坝社区委员会和宗亲理事会专门建立了一种奖励机制，对中考和高考成绩优秀的学子们给予奖励。每年 8 月 28 日，在叶氏宗祠举行授奖仪式，当年中考考上重点高中和高考考上重点名牌大学的坝庄学子们集体向祖先汇报学业成绩，说明今后打算，表明自己决心；社区和理事会领导讲话，肯定和祝贺学子们取

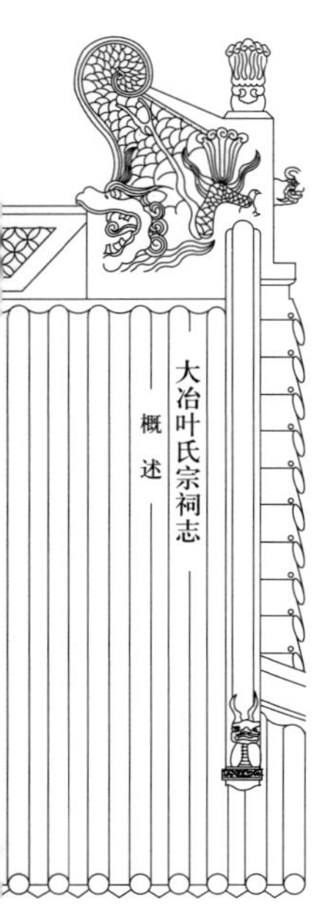

得优异成绩，鼓励学子们今后继续努力，并给每位学子发放一定的奖金。这种机制增强了坝庄重教好学的氛围，有效地激励了年轻人积极向上精神，使坝庄优秀人才如雨后春笋，层出不穷。

历史在前进，社会在发展，叶家坝人正大步前进在追梦的大道上。叶家坝有着得天独厚的地理环境，有着四百多年的宏伟基业，有着富裕坚实的经济基础；坝庄人有着远大美好的奋斗目标，有着勤劳刻苦的善良本质，有着勇敢顽强的拼搏精神。叶家坝庄的未来一定会更加绚丽多彩，叶家坝人的生活一定会更加美满幸福！

上篇
叶氏宗祠历史回溯

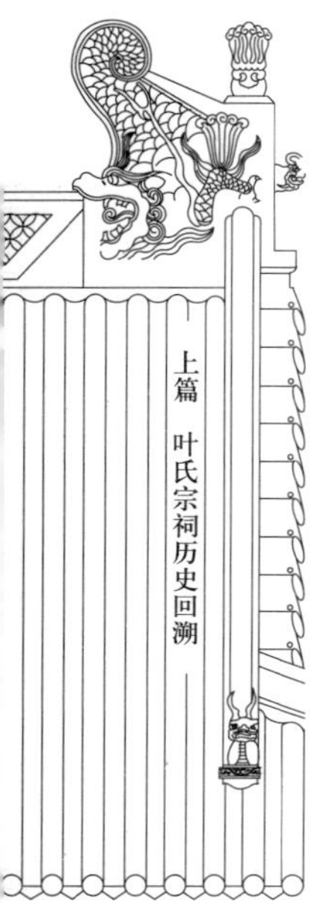

本篇内容主要是通过叙述宗祠建设过程和建筑成果，展现宗祠的内外景观。

我国凡聚族而居的村落，一般都有一个祠堂。因祠堂是供奉本姓宗族祖先神位、祭祀祖先神灵、操办宗族事务的场所，故称“宗祠”。宗祠是一个团结族人、不忘血缘的象征，是一个宗族在社会的地位和经济实力的重要标志。每一座宗祠，都是一部浓缩的宗族史，都记录着一个宗族的血脉延续，凝聚着无数族人的深深眷恋。

大冶市范围内居住着陇脉冶系叶氏七门二十庄，仅城关地区就聚居着叶家坝村叶氏坝门九庄。早在明朝万历年间，为体现叶氏在大冶城关地区第一大姓和名门望族的地位，为光宗耀祖，祭拜祖先，宗族联谊，也为方便宗族议事，本族先贤齐心协力，就在那里建起了“叶氏宗祠”。叶氏宗祠是叶氏宗族血脉相连的纽带，是叶氏宗族文化的集结地，是叶氏宗族的精神家园。

叶氏宗祠从本族第四十七世“友”字辈的友凤公兄弟始建，到现代的第六十四世“应”字辈时重建，凝聚着十八代人的辛劳汗水，积淀着十八代人的聪明才智，寄托着十八代人的精神追求。四百多年来，叶氏宗祠经历了风雨洗礼、浴火重生。起初三届叶氏宗祠为冶系叶氏七门合修，自第三届叶氏宗祠于1938年被日寇飞机炸毁后，大冶系叶氏就没有了合族祠堂，七门二十庄各自以祖堂代祠堂。

本案叶氏宗祠是坝门中庄族贤提议修建的本庄第四届祖堂。由于气势恢宏、内涵经典、装饰豪华、功能齐备，于是，叶氏当代名人、首都师范大学教授、博士生导师、中国书法文化研究院原院长、中国书法家协会原秘书长、中国美术馆专家委员会书法艺术工作组专家成员、北京市书法家协会副主席叶培贵先生兴之所至，泼墨挥毫，题其名曰“叶氏宗祠”。

为了修建这样一座大冶无双、湖北有名、全国称奇的宗祠，坝门中庄人推荐选拔，组成了“叶氏宗祠筹建委员会”，并且多次派员四处参观考察、追寻技术支撑、博采百家之长、凝聚精神力量、挑选优质建材。在此基础上，全面规划设计、多次修改图纸、聘请能工巧匠，通过筹措资金、迁墓拓基、有序施工，经过三年的精心打造，以宗祠三大殿为主体的仿古建筑群：雄伟的青色石雕门楼、崭新的古色古香大街、高大的石雕忠孝照壁、宽阔的万荣文化广场、逼真的青石大象雄狮、绚丽的风亭水榭画廊、雅致的假山悬瀑莲池、壮观的宗祠斗栱飞檐，与炫彩的电影电视巨屏吸引着人们的眼球。

沿着广场和宗祠的中轴线，迈过汉白玉栏杆映衬着的单孔富水桥，拾级而上，越过“九龙御道”，进入仿古宫式实榻红木铜钉大门，就像进入了一座历史博物馆，一座艺术大殿堂，一座梦幻新庄园：粉墙红柱，彩绘铜雕；藻井画梁，楹联匾额；铜鼎石缸，

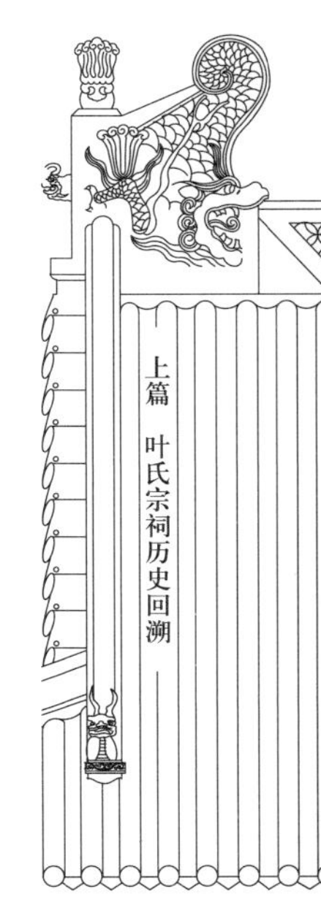

神龛香案……林林总总，令人目不暇接。在一重的崇源殿里，你可浏览《叶氏宗祠记》，品评纯青的铜铸技术，更可了解坝庄祠堂的历史变迁；在二重的铭恩厅上，你可观赏十六幅木雕，深知高超的东阳工艺，更可缅怀坝庄先贤的丰功伟绩；在三重的忠烈堂中，你可瞻仰花香、万荣公祖像，审视精湛的石作功夫，更可洞悉坝庄居民的忠孝德行。有联云：仁在爱人，祖训五常仁在首；孝为尊老，胤行百善孝为先。

宗祠的功能或作用可以高度概括为两个字：教育。纪念祭祀先人，是为了教育后人；立合约行族规，是为了惩治教育；搭台唱戏寓教于乐，是为了宣扬社会道德。随着社会发展和实际需要，宗祠功能也在发展延伸。叶氏宗祠除了祭祀祖先、会客办公、承办宴会、游览参观、休闲娱乐等功能以外，现在还是“叶家坝文化活动中心”，设有藏书阁，可满足居民的阅读需求。

宗祠建筑群（道路、广场和大殿等）总建筑面积近两万平方米，耗资四千余万元，共用钢材约一千八百吨，浇灌混凝土八千多立方米，可算是一项罕见的规模宏大工程。

叶氏宗祠的落成，对于整个湖北乃至全国来说，都是宗祠文化再现繁荣的一个重要里程碑。它不仅对叶氏族人寻根问祖、缅怀先贤、激励后人、互相协作、加强向心力有着巨大的凝聚作用，也是坝庄人自我管理、遵循祖训、丕振家风、继承和发扬先人的优秀传统，为宗族荣誉更上新台阶而积极向上的一个重要平台。它的宏伟壮观、庄严肃穆，不仅让每一个叶氏族人心生敬畏，胸起层云，也让每一个走进叶氏宗祠的人慎终追远、饮水思源，激发对民族根源文化和血脉文化的深思，必然对我们的和谐社会建设大有裨益。

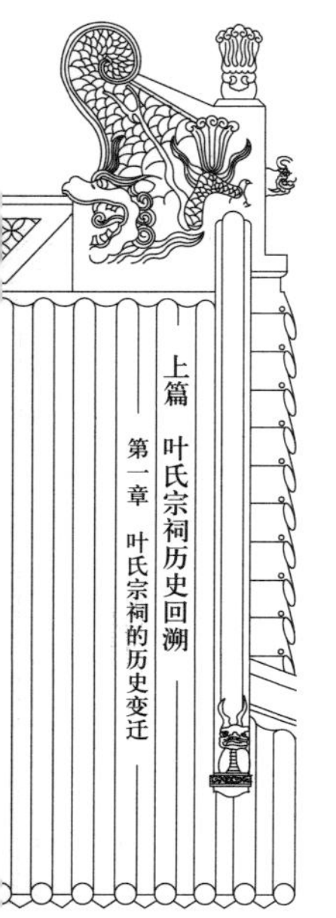

第一章　叶氏宗祠的历史变迁

据陇脉冶系《叶氏宗谱》记载，大冶叶氏宗祠系叶氏第四十七世丹岐（谱名友凤，约生于1540年；兄友鹏。）公兄弟，大约于明朝万历年间（1580年左右）始建（下称原旧祠堂），祠址在大冶城关东市城隍庙（今余府路9—15号）左侧（今余府路19号四间阔），于清初毁没。

第二届祠堂（下称旧祠堂）由第五十三世南树（谱名成[illegible]america1692～1760）公主持，于清乾隆三年（1738年）迁至大冶城关东市五铺正街主垴（今为北门路17号）重建，并亲自撰写《祠堂记》。

第三届祠堂（下称原新祠堂）由第五十八世赞侯（谱名本模1842～1923年）公主持，于1918年集内外十庄之力合修，祠址未易而面积拓宽（图1—1、图1—2），于1938年夏被日军飞机炸毁。

第一节　昔时祠庙

大冶叶氏宗支的祠堂庙宇有叶氏宗祠、张王庙（已毁）、城隍庙（已毁）、坝庄龙王庙和土地祠。在十修《叶氏宗谱》时，除土地祠无记述（本志已补记）外，仍将原新旧祠堂（三届）庙宇碑文、匾额和对联，按原文刊载如下：

一、原旧（首届）祠堂碑文与匾对

自古祖功宗德，必隆庙祀以志不忘，以申孝享，而且于春秋举行祭告之时藉以睦族序伦，使亲疏远近庆洽一源之谊，尊卑上下分明天定之经，盖典甚重而意良美也。所以自天子以至庶人，贵贱虽有殊等，而尊尊亲亲之心要无二致。而溯唐虞[1]以迄三代，庙数固有多寡，而设庙奉祀之隆，代合一辙。夫亦圣王体人心而以孝治天下之至意也。然则近时之不建宗祠而苟且以从简略者，其必无此尊亲之心，焉可也？吾家自宋世肇基冶邑以来，于兹近千有余年矣，历代文人辈出，冠裳[2]累世，族众繁盛，何莫非先灵德泽之远？当时深念水源木本，崇重庙祀，盖亦屡无异致。奈年经久远，害同追蠡[3]，不无倾圮[4]之处，而目今又以内外异分，人心难齐，势几有旧典凋敝之虞。凤兄弟切思身接千余年之绪，虽前无所启，尚须新创，矧[5]既有所存一朝顿废，此心容能安乎？爰特捐赀[6]重建，规则上下三重，貌则丕惟式焕，制则悉遵先世，事则因时参差，每岁春秋设荐。祭前三日会聚亲族。洁具、祭品，于以合

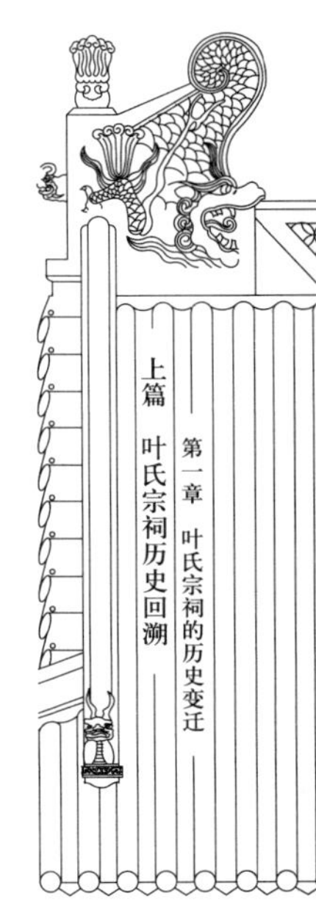

敬同爱，上报若祖若宗之德，下联子姓兄弟之欢，盖虽粗就，不敢云竭情尽慎，而聊以寓守先待后微忱云尔。

［注释］

1. 唐虞我国上古时代唐尧与虞舜的并称，亦指尧与舜的时代，古人以为太平盛世。2. 冠裳指官吏的全套礼服。3. 追蠡(zhuī lí)：钟纽欲断貌。追：钟纽；蠡，欲断貌。4. 倾圮(qīng pǐ)：坍毁，倒塌的意思。圮：当毁坏、破裂解。5. 矧(shěn)：况且。6. 赀同“资”。

附旧祠堂匾对

匾五方：　锡类堂　泽发南阳　源流聚庆　德隆世享　彝伦敦叙

对联两幅：　仰承唐世以来之泽大贝明珠异宝光流今古

聿隆奕代以后之禋[1]南昭北穆一堂庆洽春秋

［注释］

1. 禋(yīn)：泛指祭祀。

姓开桃林自昔冠裳累世须知原原本本

基肇铁冶至今昌炽千年还念亹亹[1]深深

［注释］

1. 亹亹(wěi wěi)：勤勉不倦貌。

二、旧（第二届）祠堂记

（本初谱，南树公撰）

立祠堂以奉祖收族，所在多有，即我叶姓，原有旧祠堂在本城内东市古城隍庙左侧，系我太祖丹岐公兄弟所建。奈前此国步初更[1]，遂已毁没，并基址亦皆变迁。但至今不惟犹传其匾对、碑文、祭告文，即当日旧墙脚砖亦传，并载有公讳可据。噫！夫公建祠堂而志其名于墙脚砖内，岂不思亘古今而不废乎？谁知砖内之名则犹在也，而祠堂则竟不忍问矣！是不亦付之长太息乎！顾安得吾族有肖子贤孙同志恢复，以迪惟前光焉，则所记之大欣者也，余立望之。

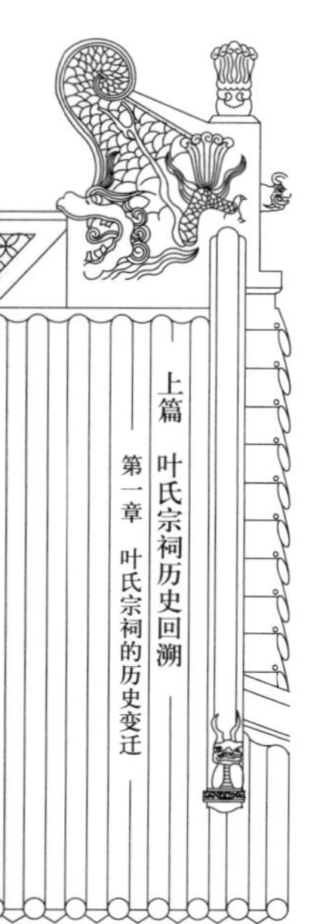

谨按：新祠成立，旧祠碑，记、匾、对仍遵初、二次谱牒敬谨登载，以见祠之成也匪易，即祠之保也亦匪易。愿嗣贤思我先君[2]缔造之艰难共相维系，是历代祖先之所式凭[3]者尔。

（嗣孙开寅[4]同局众谨刊）

［注释］

1．国步：国家的命运；更：改变，改换；国步初更即改朝换代不久，此指清初。2．先君即已故的父亲，此指本模。3．式凭：依靠，依附。4．开寅即本模五子。

三、原新（第三届）宗祠纪述

谨按：创修宗祠，先君赞侯公，生平持以为职志，惟祠址未易，觅得相当地点。其后价置刘众基屋，面积既宽，地当东市五铺正街主垴，先君即蓄此念。岁丁巳（1917年即民国六年），先慈万恭人弃养[1]，先君伤悼之余，自念年衰，恐一旦溘逝，宗祠不克及身举办。适刘众基屋分归琼名下，琼体先君志，慨书捐约。先君喜不自胜，召内外十庄会议建祠，众意乐从，鼎力集款。岁戊午（1918年），寅捐屋抵出祠前左侧黄姓地基一小方，秋间动工，不数月，宗祠落成。先君志事之偿，良由祖宗灵爽[2]式凭，诸庄伯叔、昆弟、侄大众踊跃所致也。后两次公买虞姓山场两大段（丈尺载后），先九婶母王宜人愿以附近祠屋与地捐归宗祠（王宜人家道不丰，公偿半价），宗祠余基由是愈形式廓。华、瑞、荣、寅、琼兄弟等禀承父志，以宗祠虽成，须赖岁修始能垂久，共捐出先年价买塝头正街张友于堂铺屋一所，作为宗祠岁修经费；屋契、捐约缴归主管祠众收执，此屋永远不得变卖。至建祠捐款名目，另勒碑石，兹不备录。其与先君当日勤劳将事，估工有华庄春亭兄，监修有县庄日章公、柏庄盛枝公，办事有县庄焕卿、玉清公、瑞芝叔、牯庄为利侄，帮理有仲庄朋来公、牯庄慎卿侄，司帐有县庄本科叔、俊采兄等，始终一意。又县庄有松林叔催收祠费，栉风沐雨，不惮辛劳，赋事献功，用能如斯之速，爰述颠末，以念嗣贤。

（八次续修开寅同局众等谨刊）

附：宗祠价买后院契载界址

民国8年己未八月廿一日，公买祠后院虞堂贵暨侄敬德、敬安等华家垴坟山余基一段。东以虞人坟边柯姓看山屋右边老墙外叶、虞匀出四尺一线直下，抵官路界，计木匠尺八丈五尺；南以官路界；西以叶人屋界；北以买主祠堂院墙界。合计自北至南长八丈五尺；自东至西，上面宽五丈二尺，下面宽六丈四尺。价钱三十八串文。

凭中：胡佳生、黄吉臣、柯如梅　虞堂贵立笔

民国10年辛酉十月十九日，公买祠左侧后院虞堂贵暨侄敬德、敬安等华家垴坟山余基一大段。东以天台山铺屋后院并胡姓后院墙脚界，南以官路界，西以买主墙界，北以蒋姓祖坟界。价钱二十六串文。凭中：柯如梅、胡佳生、项玉斋、吴荣章　虞堂贵立笔。

上契余基均做院墙，惟第二契墙外匀出交通，道口仍窖有叶界三个，以见基属宗祠，界形约似斜角。又左侧院内柯屋不准添造，柯人继续认东字与虞卖契均存俊采。

民国9年十一月初一日，叶王氏体夫巨亭公志，以附祠屋产捐归宗祠（众仍照时值偿

以半价）。界址计开华家垴房屋一重前火砖围院一个，后土墙围院一个，俱以滴水为界。左边以墙脚界，右边余基以路界，后以杨姓地界，又后左角以刘姓院墙为界，后右角粪垱在内，公路为界。

按：前后围院均早圮毁，现只有房屋一重，屋右与后开为地两大块，刘姓院墙即今祠院，粪垱久闭，现于屋后地边窖有叶界，共五个。

[注释]

1. 弃养即父母逝世的婉词。谓父母死亡，子女不得奉养。亦泛指尊者、长者死亡。2. 灵爽指神灵，神明。

四、原新宗祠匾联

本赞侯公原作祖座匾额二方：　永信保之　世德作求

祖座外联：　执事有恪　降福无疆

自义率祖自仁率亲式谷尚留诒感恩如天高地厚

致爱则存致悫[1]则著焄蒿[2]还佑启加惠似水远山长

[注释]

1. 悫(què)：诚实，谨慎；2. 焄蒿(xūn hāo)：祭祀时祭品所发出的气味。后亦用指祭祀。

飨堂两旁联三副：　念昔先人聿修厥[1]德

昭兹来许世执其功

[注释]

1. 厥(Jué)：其，他的，她的。

殖殖[1]其庭以似以续

肃肃在庙无贰无虞

[注释]

1. 殖殖：平正貌。

祀事孔明[1]跄跄济济[2]

工祝致告苾苾[3]芬芬[4]

[注释]

1. 孔明：很完备；2. 跄跄济济，(qiàng qiàng jí jì)：形容步趋有节，多而整齐貌；3. 苾苾(bì bì)：指香气浓郁；4. 芬芬，芳香；苾苾芬芬，浓郁的芳香。

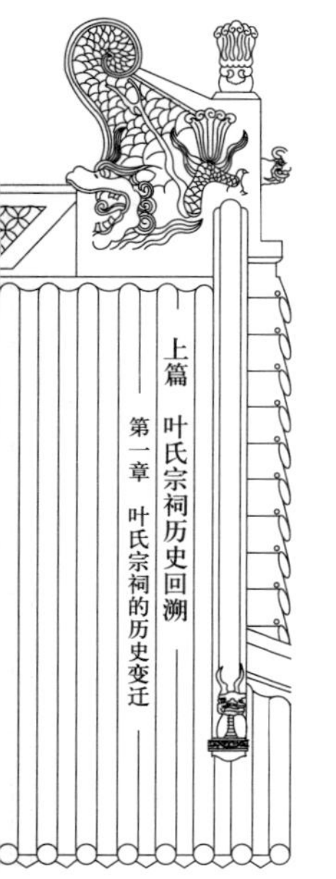

飨堂前楹联二副：　　不将世泽长绵何为尊祖
总把家声丕[1]振方是敬宗

[注释]1 丕(pī)：大。

遗模[1]钦[2]矩步绳趋非惟大贝明珠声价登龙增十倍
对越[3]念水源木本相与敲金戛玉[4]神灵乘鹤降三霄

[注释]

1. 遗模：指以前留下来的模式、法则；2. 钦：恭敬；矩步绳趋，行有准绳，循法度；3. 对越：犹对扬，答谢颂扬；4. 敲金戛玉(qiāo jīn jiá yù)：指演奏钟磬等乐器，也形容声音铿锵，同“敲金击石”。

钟鼓楼两旁联：　　寝庙既成钟鼓既设
享祀不忒继序不忘

正厅楹联五副：　　奉先岂仅荐馨香思居处志意容声僾若忾闻而僾[1]见
启后不须图宦达惟孝友睦姻任恤庶几积厚乃流光

[注释]

1. 僾(ài)：仿佛，隐约。

虽无七世同财尚肃雍以守宗祊[1]定庆绵绵衍瓜瓞
如有一行作吏须廉正而光门第莫亏孑孑[2]建干旄[3]

[注释]

1. 宗祊(zōng bēng)：宗庙，家庙；2. 孑孑(jié jié)：特出、独立貌；建，设置，成立；3. 干旄(gàn máo)：旌旗的一种，以旄牛尾饰旗竿，作为仪仗；孑孑建干旄即突出地设置仪仗。

骏奔宗庙乐有仪忆昔诗书累世孝友传家令尹曾载言载笔
燕饮[1]尸宾[2]欢无极凡今农服先畴士食旧德笃亲皆斯咏斯陶

[注释]

1. 燕饮：举行宴会；2. 尸宾：主持祭祀的人。燕饮尸宾即举行宴会(招待)主持祭祀的人。

岂惟春露秋霜昭穆咸亦临亦保
安得光天化日幽明恒不震不腾

丁宁家诫数十条荷蒙先达褒嘉长此览文应有感
申祷祖灵千万载庇荫后昆昌炽从兹绳武[1]永无愆[2]

［注释］

1. 绳武：《诗 · 大雅 · 下武》：“昭兹来许，绳其祖武。”朱熹集传：“绳：继；武：迹。言武王之道，昭明如此，来世能继其迹。”后因称继承祖先业迹为“绳武”。2. 愆(qiān)：罪过，过失。

正厅两旁联五副：　奏假无言蒸[1]衎[2]烈祖
景命有仆徂赉孝孙

［注释］

1. 蒸：进；2. 衎（kàn）：快乐；蒸衎烈祖即进献乐舞娱祖宗。徂赉孝孙即赐福给主祭孝子贤孙。

濯濯[1]厥灵夙夜敬止
悠悠我思左右绥之

［注释］

1. 濯濯（zhuó zhuó）：光明貌。

执其鸾刀[1]醓醢[2]以荐
称彼兕觥酒醴[3]维醹[4]

［注释］

1. 鸾刀：刀环有铃的刀，古代祭祀时割牲用；2. 醓醢(tǎn hǎi)：带汁的肉酱，醓醢以荐即送上肉酱请客尝；酒醴维醹即供应美酒味香醇；3. 醴(lǐ)：甜酒；4. 醹(rú)：酒味醇厚。

是飨是宜维其偕矣
或歌或咢[1]于胥乐兮

［注释］

1. 咢(è)：击鼓。

顾予蒸尝神保是格
锡[1]兹祉福寿考[2]且宁

［注释］

1. 锡(xī)：赏赐；2. 寿考：年高，长寿。

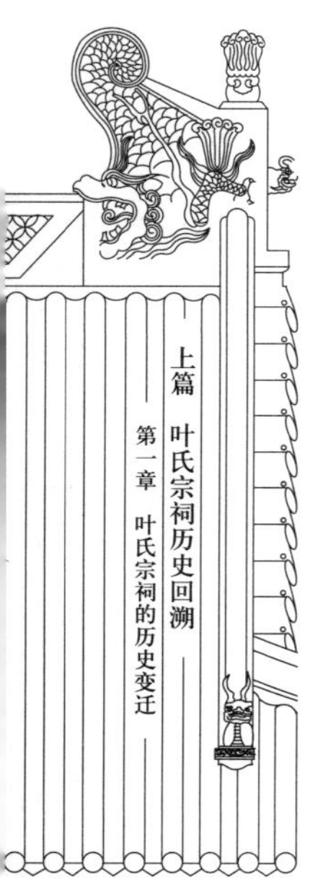

前厅楹联：

妥侑定宏谟适值丰年穰穰[1]则笃其庆

经营资大匠顿令新庙奕奕遹[2]观厥成

[注释]

1. 穰穰(ráng ráng)：丰熟貌，形容五谷富饶；2. 遹(yù)：助词，用于句首，无实义。

厢厅联：

有觉其楹如鸟斯革[1]

或授之几式燕[2]且誉[3]

[注释]

1. 革：鸟张翅；如鸟斯革，如同鸟儿张开双翼；2. 燕：安乐；3. 誉：通“豫”，安和、祥乐；式燕且誉即欢娱祥和。

畀[1]我尸宾既醉既饱

施于孙子孔[2]惠孔时

[注释]

1. 畀：托付；畀我尸宾即托付我（招待）主持祭祀的人。2. 孔：很；孔惠孔时即很受惠很及时。

寝室前厅联：

明星煌煌乃安斯寝

出日杲杲[1]以莫不兴

[注释]1. 杲杲(gǎo gǎo)：明亮的样子。

五、祠规

（本子固公遗稿）

建设宗祠，义以敬祖睦族。然不先明其规议，使人有所遵守持循，则祖或不得所敬，族或不得所睦矣。谨将祠规条例以为历今及后永远遵法焉（图 1-1、图 1-2）。

（一）祭期。我族向以复籍远太祖显庵公诞期——重阳日定有祭会，各分轮当。现十庄共祠，祠祭议为夏历。自后无论祭会、祠祭，先数日，当祭庄分即应入祠，洗涤祭器，筹办祭品，净拭香案，书写祝文。各分士绅及与祭之人，均宜斋戒、沐浴；各人整备本服衣冠，齐集祠堂，听候开祭（开祭应以亥子时）。如无故临祭不到及衣冠不备、祭品不洁，皆为慢祖，祭毕论罚。

（二）祭礼。惟遵先贤家礼及当代所制典礼，不得循效俗节，踵事增烦。礼烦则乱，既非行礼所宜，且亦烦渎先祖，此为行礼至要。至礼节，亦必祭前演习，免临祭陨越。

（三）祭主。惟以大宗为主，遵古人宗子法，其余纵有贤达，可主亚献、三献。盖主祭用长子、长孙，正以秩伦序而尊先祖。如宗子年幼性蒙或不堪承礼，则择次长。

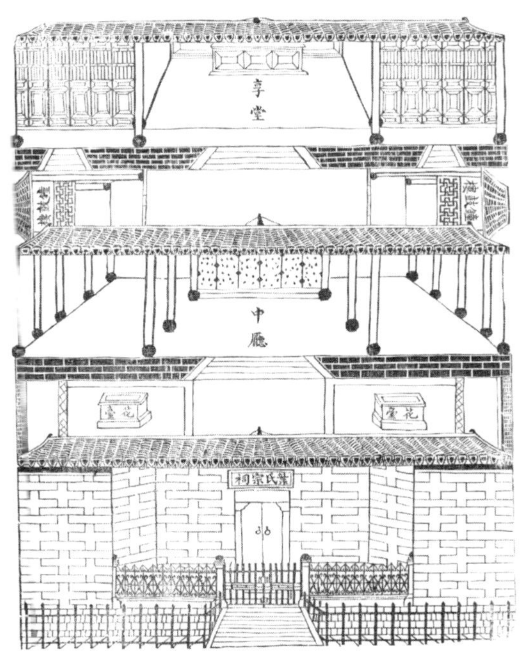

图 1–1　原新祠堂前景

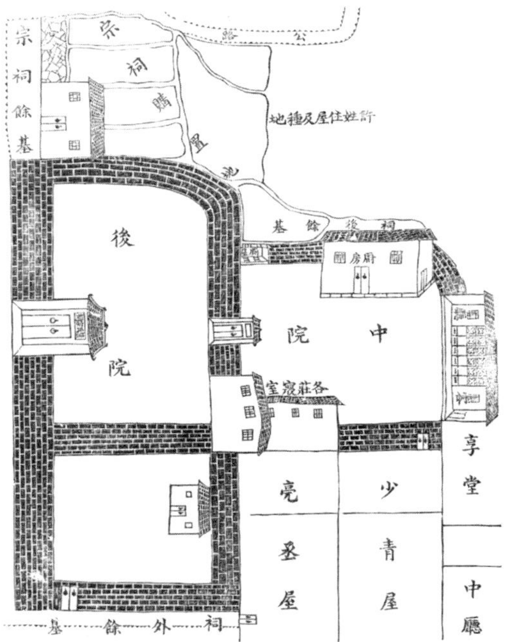

图 1–2　原新祠堂后景

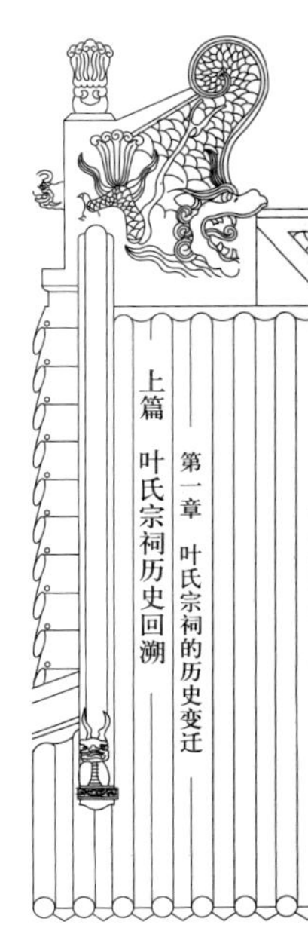

（四）祭品。惟遵礼分，所用肴馔，均宜丰洁，定以六品，祠祭及他典，则用特豕或少牢，但不得妄为夸侈[1]，有干僭逾[2]之愆。

（五）祭酒。祭毕饮福，所以享先祖之惠而联宗族之欢。然势难遍及，拟惟年及六十以上者方得与饮。坐按伦齿尊卑，不得逾越。亦不得理及他事，如有事求明，当俟异日邀同理论。酒至三行，族长即将谱内家规捧出朗诵，众皆竦立敬听。诵毕，复坐饮酒，不得过量失仪。至酒席，惟用寻常品物，不得斗奢尚侈，既可训俭，且足垂久。其有祭品、肴馔，则主祭、与祭及年八十以上者与食，有羊、豕（祭肉）颁分亦然。

（六）祠内不得寓客及堆积柴草等事，既防火烛，且非严肃洁静之义。

（七）祠内祭器等项不得假借人用。

［注释］

1. 夸侈(kuā chǐ)：奢侈，浮华；2. 僭逾(jiàn yú)：即僭越，超越本分行事。

六、张王庙先绣公庙记附匾对

此庙基址系我王父[1]庠生光崖公施出。公笃志嗜学，早于此建有小馆，闭关肄业（修习课业）。适后县尊程公讳九万春祀圣帝，睹旧祠将颓，其地基又甚跼促，云：“靖忠（唐代爱国名臣靖忠王张巡）至德，理应隆其庙祀，何得仍此坏垣？”及祀毕，旋因事过馆处，卜此地颇吉，即请我王父语之故，且告以志。公比云：“生辈读书，窃愿奉为极，则一勺之地果可托灵爽，曾何惜焉？”因概施出。程公感我公弃馆立庙之忱，并赐书，手禀内云：“在后叶姓子孙肄业此间，不得有阻为据。”故庙虽曰公祀，实即我姓香火。后崇祯十六年（1643年）癸未，寇贼扰乱，祠亦毁废。迨我朝顺治十八年（1661年）辛丑，余又同众共任区处，

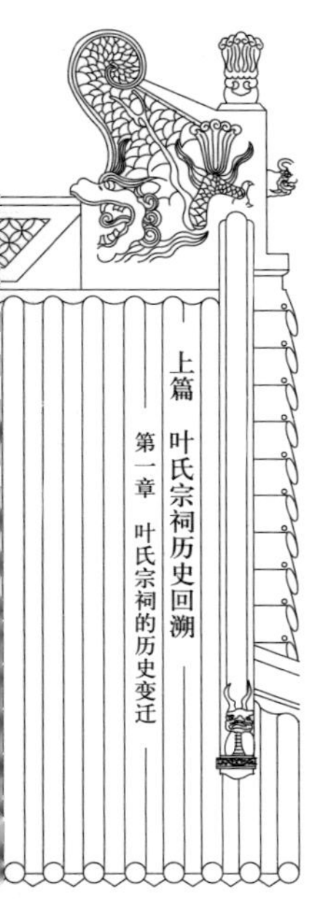

因复于此重建，并结团十二户，时我亲族亦与焉。更定以按年轮转，每值圣帝万寿诞期设席庆祝无异。其庙门首左右小地共二块，载课五分，仍历系余兄弟专收。若庙后所葬坟茔，乃始则我先君沄轩公并妣田孺人合葬此山，后接葬伯祖考妣数冢。盖已神祖共祀，无不致悫焉。但恐世远年湮，老宿莫传，姑记于后，使世世子孙过墓思哀，固不忘夫孝享，更入庙思敬，亦不昧厥由来云尔。

附成暎、成琳、成瑾三公补记

庙基我出，考我王父锦亭公之序记，诚大较著矣。但惜我王父谢世太早，未并众传；从曾叔祖尧章公虽间与团会，亦置焉勿问，以至后修邑乘止载建始何时、何人、何地，其庙基来历概未叙明，则于文不已伤无征耶？况至清康熙三十九年（1700年），我堂叔丽天公以在庙攻书，又将此门首地课五分施为庙灯之赀，历迄于今，虽其时住持僧智朗凭稞字约[2]尚存，而庙前寸土已皆扫地尽矣。幸也人心不没，遗失虽久，而乡邻前辈任偶谈及，固莫不曰："此庙基诚叶姓施也。其左右并前坡下亦系叶姓地土也。"然无奈只堪私相喻耳，要安得圣帝上鉴，默启人心，使往来莘处者不更侵削，继此修邑乘者，率我祖施，则先茔可固，先善不磨，惟我子孙世世享德于无穷也矣。

县城庄公房嗣孙岁贡开瑞等谨刊

［注释］

1. 王父即祖父。2. 稞字约即契约。

旧匾额：正气参天

旧对联：受许远[1]之柄[2]而处其上非靖忠所感焉能疑忌两忘共成大节
蒙贺兰之嫉而无其援虽兵刃交加犹然颜色不乱罔愧男儿
顺治辛卯孝廉春焕公题

［注释］

1. 许远：唐代名臣，唐高宗时右相许敬宗曾孙，历仕侍御史、睢阳太守，安禄山反，与张巡协力守城，外援不至，城陷被俘，不屈死；2. 柄：权；贺兰之嫉指贺兰嫉妒张巡、许远的声威功绩超过了自己，不肯出师救援。

新匾二：完节男子　浩然犹生

新联二：率疲卒以婴[1]孤墉[2、3]任艰深食竭惟持正棱棱自扫当年妖气
割己爱以答君恩虽身执城陷而遗言凛凛足兴奕代忠肝

［注释］

1. 婴：绕，围绕；2. 墉 (yōng)：小城；3. 婴孤墉，环守着空城。

杀身成仁杀贼报国总是一点赤心周乎生前殁后
于唐立节于兹绵庥[1]无非全体正气运之古往今来
佐修邑庠生增发敬题

［注释］

1. 庥(xiū)：庇荫，保护，护佑。

七、城隍庙记及匾对

大冶原系江夏郡，至宋改县大冶。时人烟稀少，只有县前东、西街二处居人，随坡垴下尽属耕地。民户之业，东半又尽为我户所有，爰重修庙焉，而春祈秋报，四时致祭（即叶半街名所由来）。庙坛坐北向南，前有基屋，因自唐世遗址，故曰古城隍庙，后又结团十家轮祭奉祀，叶姓为首。窃事出祖遗，虽小亦大，虽轻亦重，况香火神灵？历世永供无异，则所以致孝敬者重，即所以蒙福泽者大，是在人本不泄不忘之心，以立此庙于绵亘千万年，庶祖德神休两垂不朽矣。谨记。

匾二（附刊）：　　功在帝右　　古貌犹新

对一（附刊）：　　庙廊传古迹奉先天而济世无不灾弥福降
灵爽镇东方本生气以养民自然寿永年遐
岁贡生候选司训叶之梅敬题

八、坝庄龙王庙

（一）简介

龙王庙历时数百年，原位于永胜村下石嘴庄，后迁入本庄东，占地约三亩，坐北朝南，门第向阳。近代重建二次，首次，于20世纪60年代拆毁（据长者言所有砖瓦物料用于建设原永胜中学）。一九八五年乙丑八月，由开强、罗银枝主持，于原址建造连二青砖瓦房。二次重建，由开龙等人主持，于一九九五年乙亥九月动工，扩大庙基（连四另加厨房），主建筑上盖琉璃瓦，内外装修，耗资二十余万元。其中，叶家坝村及永胜村分别出资一万五千元和一万元，其余由叶氏族人及信众捐赠。龙王庙分设龙王宫和大雄宝殿（图1–3、图1–4），为道教和佛教圣地。

图1–3　龙王宫与大雄宝殿

图1–4　《龙王庙扩建记》（1996年）及整块功德碑

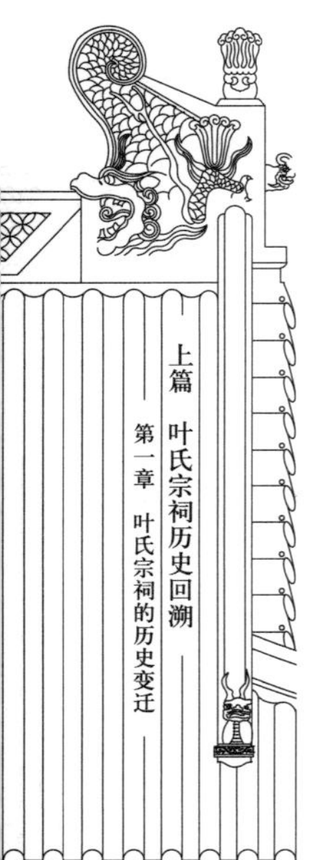

（二）《龙王庙扩建记》（1996 年）

龙王庙始建于晚清年间，历史久远。当时由于朝廷腐败，战乱不断，加上连年久旱无雨，庄稼颗粒无收，民不聊生。由永丰乡蛟潭堡各自然村（坝庄四门等）首人提议，靠近水源充足的大冶湖蛟潭堋以北约百米处，垒起了一座龙王台燃香祷告，乞求降雨。果然，当天下了一场大雨，当年五谷丰登，百姓安乐，尔后多年，年年如是。

传闻中，时值旱年每次降雨，有人看见大冶湖蛟潭堋高处有一道人，手持扇子，来回摇晃，每指一处，雾潮云涌，甘霖普降，使庄稼得到及时雨的滋润。但天有不测风云，道人呼风唤雨，调度云彩，惹恼了南方的土地老爷，土地神纠集一些神灵，趁黑暗之夜，将蛟潭堋龙王神台搬走。从此，史料上就有了“落龙湾”的记载。据传说此事惊动了八仙中的铁拐李前来相助，将龙王台重新搬上船，作起狂风，将此船吹至莲花地，择址建庙。

初建庙堂，低矮简易，青砖布瓦，内设龙王神位，供人朝拜。1957 年，受极“左”思潮影响，毁庙建校，从此，龙王庙成了废墟。

1978 年党的十一届三中全会以后，国家实行改革开放，根据信仰自由的宗教政策，各地佛教协会相继成立，寺庙修复大放异彩。

1984 年，罗银芝等首人主持，于原址重建了一座龙王庙。宫式庙堂，气宇轩昂，占地面积近 80 平方米。

1995 年 10 月 24 日成立了龙王庙扩建理事会。在村委会的大力支持下，发动民众，大力资助，共募捐 15 万余元。历时半年，于次年六月十日，一栋占地面积 250 平方米、红砖灰瓦、木质结构的古朴典雅的庙堂拔地而起。庙内有三十四尊佛像，姿态各异，奕奕有神。

因传说中的观音菩萨在佛教中是西方极乐净土教主，是“西方三圣”之一，故自唐代以来，信奉观音者不少。为此，在重修龙王庙时，在旁边加了一间观音堂，千手观音的塑像，音容笑貌，栩栩如生。自从有了观音堂，庙堂香火不断，善男信女来自四面八方乃至海外。时下，龙王庙与观音堂浑然一体，高大宽敞，气势恢宏，香客云集。

（三）《龙王庙扩建记》（2016 年）

蛟潭堡龙王庙始建于清光绪元年，岁次乙亥（1875 年），迄今 141 年矣，斯时县司叶肇唐（北门庄人，1842 ～ 1923 年）、保正刘润臣（1845 ～ 1922 年）二公提修，四邻（主要是叶氏坝庄四门）踊跃，捐款解囊，疾时告竣。青砖瓦房，雕花神龛。秋收冬藏，风调雨顺，五谷丰仓。

斯庙屹立于田野高处，门前良田一垅，坐北朝南，含大箕、吞金湖，视野开阔，空气清新，山明水秀，风光旖旎。

据传，昔日叶姓人勤奋耕耘，在庙基处垦荒，掘出石头酷似龙头。正所谓人杰地灵，引人崇拜。时人将石头移至蛟潭堋（一中后堋），就址修座土地庙，香火不断，惊动乡官重视，才修起此庙。

当年朝弊民穷，公房稀缺，腾出东房设馆训童，书声朗朗。既有络绎不绝香客朝拜，亦有雅士往来与农夫休闲。日夜欢腾，人声鼎沸，热闹非凡。

一声春雷响，迎来红太阳。临时乡政府，破旧立新，冷落佛乡：残垣断壁，撤毁庙堂。材料去向，泵站学堂。夷为平地，一片荒凉。乡人开荒，人心彷徨。

时逢改革开放，百废俱兴，国富民强。政通人和，重修庙堂。面积扩大，金碧辉煌。叹为观止，非比寻常。一百多个春秋，在人类历史长河中，显得颇为短暂，对于匆促人生来说，却是悠悠岁月；一百多个春秋，沧海桑田，变化无穷。如今建设高潮，四周高楼林立，龙王庙稳踞其中，不才是为记！

编者按：据《刘氏宗谱》中《贡生修职郎润臣刘先生暨德配於孺人传》记载："……自乙亥岁（1875 年），境中逢旱，倡祷甘霖……既而募金提修龙王庙，不日告成。"刘润臣的长孙刘春芳（1891 ~ 1963 年）是位教书先生，曾在龙王庙东厢房设馆授业。刘合礼先生是叶家坝庄东边对面垴靠背刘湾人，1940 年生，1949 年曾随他的堂伯父刘春芳先生在龙王庙读书，他亲眼见证了龙王庙的兴衰变迁。

（四）罗汉堂

2016 年 6 月又在龙王宫西侧新建了一座罗汉堂（图 1–5），将大雄宝殿中的弥勒佛塑像移至其内。

（五）功德碑

罗汉堂前有 11 块功德碑（图 1–6、图 1–7）。

图 1–5　罗汉堂

图 1–6　功德碑 1–3

图 1–7　功德碑 9–11

（六）匾对释文

龙王宫

匾：　　龙王显灵　有求必应　风调雨顺

联：　　龙王治水时雨滋禾年丰物阜民安乐

　　　　宫殿擎天和风惠世政善人勤国太平

大雄宝殿

匾：　　佛光普照　有求必应

罗汉堂

联：　　大肚能容容世间难容之事

　　　　慈颜常笑笑天下可笑之人

九、坝庄土地祠

（一）简介

坝庄土地祠（图 1–8、图 1–9）最早只是一口破缸倒扣在李家山（现名福神垴）脚下，下面垫着木板，里面安放着一截用七彩线缠绕并裹上红布的木棍当作土地神，叶氏宗亲每

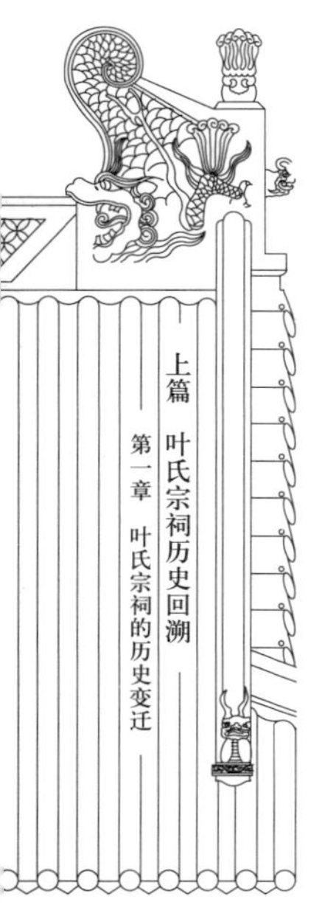

图 1-8 土地祠外门

图 1-9 土地祠

逢农历初一、十五就去那里烧香祈福。20 世纪 70 年代末，叶氏宗亲在此建起了红砖青瓦、一米见方的低矮小屋取代了破缸；20 世纪 90 年代初由志国先生主持，将土地祠移到大路边，建成了飞檐式祠阁。国兴先生花三千余元从佛圣堂迎回了“土地公”和“土地母”两尊像供奉于其内。2015 年，叶氏宗祠筹建委员会将土地祠建设纳入宗祠建设统一规划，又于临街巷口处建起了门楼。2016 年冬，国兴先生又花了四千余元，为土地祠购置青石香炉、做漆和维修雨棚，于此间和此前，还请人为土地祠撰了两副对联。

（二）外门照片与联文

联文： 阴阳有序全凭上帝
桑梓无虞共仰中元

（三）土地祠联文

联文： 职司土府神明远
位列中宫德泽长

第二节 各庄祖堂

大冶叶氏宗支自南宋末年基都公由江夏迁来，迄今已有一千余年，发展为七门二十庄。时逢改革开放，族众繁荣，经济腾飞，怀宗敬祖之心愈加强烈，各庄纷纷建祖堂、设神龛，供奉叶氏文、武二祖花香公（南宋兵部尚书）和万荣公（明代江州总管）神像于其上。

现将大冶叶氏宗支祖堂介绍九座如下：

一、仲和庄概述及老屋祖堂

约在明代永乐年间（1403 ~ 1425 年），叶氏第四十世代丰公次子玄二公携子道朋公由柴桑江州（今江西省九江市）复迁大冶县安昌乡白杨林居住。道朋公生子四：立爵、立奉、立德、立佐。立爵公生子二：仲和、仲良。立爵公于明永乐十五年（1417 年）与长子仲和又从白杨林迁至大冶龙角山下陈继畈建宅落业（今大冶市金湖街道办事处港背村），即今称之为仲和老屋庄。仲良公仍居白杨林。仲和公生子三：兴林、兴常、兴俊。兴俊又择基对面山脚建宅立庄，即今称之为仲和新屋庄。兴俊公后人之富公于清顺治年间（1644 ~ 1662 年）迁居蕲州大同乡，即今称之为蕲春庄。仲和庄创业始祖仲和公迁陈继畈几世之间便脉分三支立三庄。

图 1–10　仲和庄老屋祖堂

仲和庄老屋祖堂是大冶叶氏宗支较古老的祖堂。从照片中看出，此祖堂几经沧桑，多次修缮，大门仍是大约建于 20 世纪 70 年代的生产队仓库的新式门楼，老式的后殿也是近年重修的（图 1–10）。

匾：　　　　　　　　　　　　　　祖德流芳

二、仲和庄新屋祖堂

仲和庄新屋祖堂历数百年，建新修日反复多次，而规模较大者有三：首建于明代晚期（1567 ~ 1644 年），再建于清道光十年(1830 年),三建于 2012 年(图 1–11)。每建一次，皆有增制，后胜于前，三建尤胜：灰墙黛瓦，斗栱飞檐，气势弥宏,古雅大方。置身门前广场之上四顾：东倚歌所山而抚碧树琼花，西襟金龙路而临平川沃野，南牵李德贤而攀龙角云峰，北揽左家湾而袖姜桥水库。迈步入门，一进五重。三殿十五阶，纵深横阔；九梁十八柱，立地擎天。对联匾额，文采飞扬；画栋纱灯，堂皇富丽。祭坛之上端坐着花香、万荣二公神像，慈眉善目，长髯拂胸，纱盔簪缨，笏绅镶玉，袍甲鎏金，气宇轩昂。貌若沉思，犹忆当年金戈铁马；目如凝视，似观吾族昌盛繁荣。善哉，二祖威仪，庄严肃穆；美矣，一堂优雅，锦绣豪华。

图 1–11　仲和庄新屋祖堂

祖堂内墙壁上嵌有一块于清道光至咸丰（1821 ~ 1851 年）年间立的刻有《祖规》的石碑，至今约两百年，见证了仲和新屋的发展壮大。

祖规（碑文）

赖以振家声，事缘我姓宗堂。自祖鼎建成，日久不无颜坏，是以我等会商捐资，修补后，上可对先祖，下可燕宾朋。恐有无知之辈意胆在厅堂堆柴草，放农具，关牛羊猪等，损坏

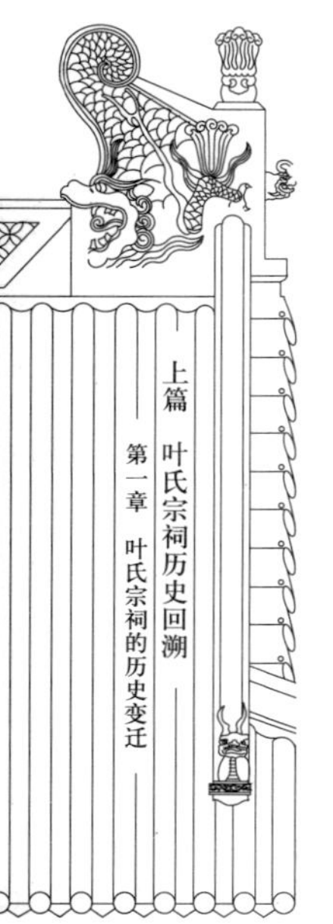

公山树木，恐又族人中有男不守规，女不守道故立此碑。

是约：

在宗堂堆放柴草杂物 ，所堆物烧掉。在宗堂关养牛羊猪等牲口，所关养牲口杀死并罚钱充公。男不守规女不守道者要严训处罚。不尊老爱幼者要训责其改。乱砍公山树木者罚酒四桌并没收所砍树木……

注：由于时间久远，石碑残缺，不清楚处，顺意补之，省略处为后文不详。

匾： 泽焕南阳 诗礼传家 万花荣香

联四副： 万岁皇恩敕
千秋祖德传

仲日增辉玉阙金宫朝二祖
和风蔚德忠臣孝子聚一堂

仲吕绕歌山福音遗玉训父慈子肖秉宗祖
和风吹稷畈恩泽启昆苗武烈文忠居庙堂

开疆东晋闻达宋明为政九朝望族俊贤昭国史
发脉西凉奠基荆楚拓荒十郡名门功业起宏图

三、仲和庄蕲春祖堂

仲和公后人之富公于清朝顺治年间（1644 ~ 1662 年）迁蕲州大同乡建庄落业居住，即今称之为蕲春庄。

蕲春庄现属湖北省蕲春县管辖。地理位置独具特色，四周群峰叠翠，四季鸟语花香，两河之水川流不息。到处一派山水相映，风景如画之祥和景象。从始祖之富公落业迄今，经过两百多年的发展，人丁兴旺，祖堂（图 1–12）香火鼎盛。

图 1–12 仲和庄蕲春祖堂正厅

四、牯羊庄荣公堂

碧波荡漾的金湖之滨，闻名中外的古矿冶遗址——铜绿山之邻，高耸入云的鹿头山之北，瑞气环绕的灵峰山之东，坐落着一个历经四百余年的村庄——牯羊山叶家湾。自高祖春绸公创业以来，牯羊庄人遵循祖训，以耕读为本，勤俭持家，奋发图强。到如今，已是枝繁叶茂，人丁兴昌。各行各业，英才济济。

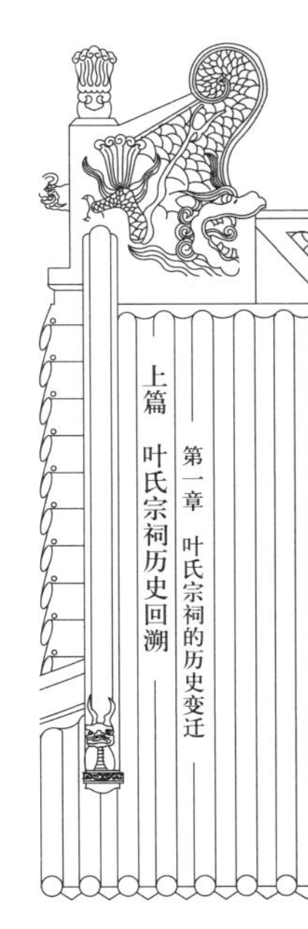

牯羊庄祖堂名为“荣公堂”（图1–13），堂内供奉着叶氏文、武二祖花香公与万荣公神像，有匾四块、联六副（选二）。

匾：锦绣华堂　嗣贤祖安　福佑满门　祖德流芳

联：源南阳根江浙茎蔓铜都千顷绿
　　镶湛月依灵峰胄馨东楚一枝青

图 1–13　牯羊庄荣公堂

松柏常青天高云耀彩
风华正茂人杰地钟灵

五、牯羊庄八斗祖堂

四百年前，第 50 世春稠公跋山涉水，历尽千辛万苦，先后两次迁居，少时居白杨庄，后迁兴国大王山下。约于清代顺治十六年己亥（1659 年），迁居牯羊山下，故以山得名为牯羊庄。嘉庆年间发脉二支，第 58 世本汉公由牯羊庄迁居对面山背八斗创业，故称“二门细屋”。

图 1–14　牯羊庄八斗祖堂

从照片中看出，该庄祖堂（图 1–14）为青火砖、斗子墙，雕梁画栋、古朴典雅，有匾一块：祖德流芳

六、坝门莲花芯庄祖堂

图 1–15　坝门莲花芯庄祖堂

风云变幻，几经沧桑。祖堂三次易址，三次重建，三次复修。地基逐渐抬升，面积逐渐扩大，质量逐渐提高，内外装修由简入繁，愈加现代化。首建为清代，老基低洼，唯一间土砖陋室，近五十平方米；第二次 1945 年（乙酉）迁至村南侧门口塘磡上，青砖门楼，青石门枋配石墩，一进两重，面积近百平方米。尔后，1956 年、1962 年、1968 年原地进行三次翻新，安天窗，刷白墙，较宽阔敞亮，曾为全村文化活动场所。第三次，改造观山路被拆迁，移至本庄上首，即今观山大道南，朝向仍坐西朝东。

新祖堂（图 1–15）于 2003 年 10 月 18 日落成。钢筋水泥结构，一进两重，耸起八柱，前重建有回楼。堂内有金匾四块、楹联五副、神像两尊。神龛拱柱雕龙刻凤，列祖列宗牌位置于其上，香烟缭绕、青灯长明。

新祖堂总面积近二百平方米，耗资16万余元。村委会、族亲中的企业家及本庄子孙都慷慨解囊捐资（刻有功德碑），族众发动之广，建筑质量之高，内外装修之美，落成欢庆之盛，均为前所未有。

匾：　　祖德流芳　克明俊德　泽发南阳　堂开昌盛

联五选二：　　恢先绪祖庙落成朝北斗
承党恩国家开发福南阳

父慈子孝兄友弟恭于焉讲习千千遍
祖德宗功妣恩考泽将以传承万万年

七、坝门上庄祖堂

为颂祖德，本庄早在清末已建祖堂，虽极简陋，足见族人敬祖心诚。后因破“四旧”皆已拆除。然堂基犹存，敬祖之心不灭。

随着改革开放，经济腾飞，族人生活富足之余，怀宗敬祖之心愈加强烈。2001年初，族贤宗华、宗均、序德等人提议重建祖堂，为筹资金，他们四处奔波。宗均先生亲自设计，统筹安排，宗华、序德先生精打细算，亲力躬为，新祖堂终于在2001年7月破土动工，历时七个月，耗资七万余元，于2001年12月竣工完成。

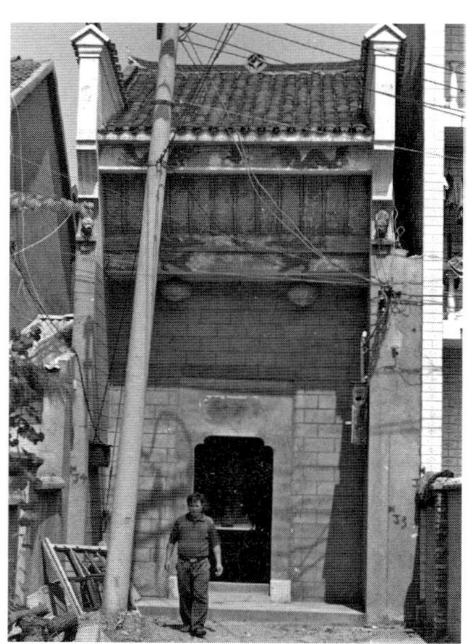

图1–16　坝门上庄祖堂

新建祖堂（图1–16）长二十多米，宽四米有余，占地近百平方米，一进三重。南宋尚书花香公和元代江州总管万荣公神像供奉于神龛内，列祖列宗牌位分列左右。“祖德流芳”牌匾高悬其上，鎏金大字熠熠生辉，象征着列祖列宗恩泽四方。祖堂内香火不断，看守之责竞相争抢。

匾：　　文魁流芳　佑启后人

联三选一：　　祖宗积德德感上天天赐福
后嗣承恩恩披大地地生金

八、坝门下庄祖堂

新建祖堂（图1–17）为钢筋水泥结构，外观似仙宫琼阁，上下两重，两边山头翘起四个山垛。大门为青石门枋配石墩，门前上方檐唇红底漆夹绘兰花条纹，绚烂夺目。堂内四根顶梁柱上都挂满了楹联。横梁上悬挂着四块金光闪闪的横匾，言简意赅，象征着世代繁荣昌盛，源远流长。进二重一眼可见香火不断的祭祀大鼎，巍然屹立。神龛上两拱柱缠绕着两条金龙，以戏珠之势对峙其间。神龛案下麒麟跃然，似送子归来。神龛内列祖列宗牌位置于其中。此为四修祖堂，建于2001年，由老队长宗焕、继任队长宗裕为首，村委会及嗣孙等合族捐资，耗资14万元，面积达120平方米。祖堂落成之日各族长老前来祝贺，张灯结彩，热闹非凡。

图1—17　坝门下庄祖堂

祖堂大约首建于清代。第二次是1954年，因原祖堂被洪水冲垮，本年冬由开林、开轩为首重建。第三次是1962年，即把上下叶老祖堂一并拆除迁至下叶后垴古樟树下首，由队长宗焕、宗罡、序德为首，带领群众自己动手做砖烧窑，建起时，为生产队公屋，既是祖堂，也是仓库，还是文化活动场所。当时耗资2万元，面积达300平方米。至2001年被拆除，上下叶分开在各自原地基上还原祖堂。

前三次均为土木布瓦结构。空旷简陋，仅供祖宗牌位。

（之楠公十世孙开甲撰）

匾额：　世泽绵长　万春腾芳　原魁传芳　祖德流芳

联三选二：

自仁率祖自义率宗承恩感德为天高地厚
至爱则存至慈则善加惠护阿似山远水长

缥缈香烟深酬祖德
辉煌燭影永报宗功

九、坝门中庄祖堂（忠烈堂）

祖堂记

明末，莲池公由治邑北市迁城外落业，至鹏万公发迹，人丁兴旺，百业争荣。谱载，鹏万公故，葬后三十年未殁一人。因与县城隔水相望，便筑坝以利交通，故名叶家坝。其初，祖堂位于庄东。大年祭祀，诸家齐集，祭典隆重，可想而知。民国11年（1922年），祖堂迁至庄西择基重建，一进三重，八柱擎空，梁雕柱刻，恢宏壮丽，四邻莫及。神龛之像为花香、万荣二祖。因民国27年（1938年）日寇飞机炸毁了叶氏宗祠，故将二祖神像请至本庄祖堂安位。二祖仕途一生，清正廉明，为我叶氏之自豪。然世事多变，“文革”期间，祖堂蒙难，更会堂、易仓库、祖像遭焚。嗣孙痛心而无能为力。

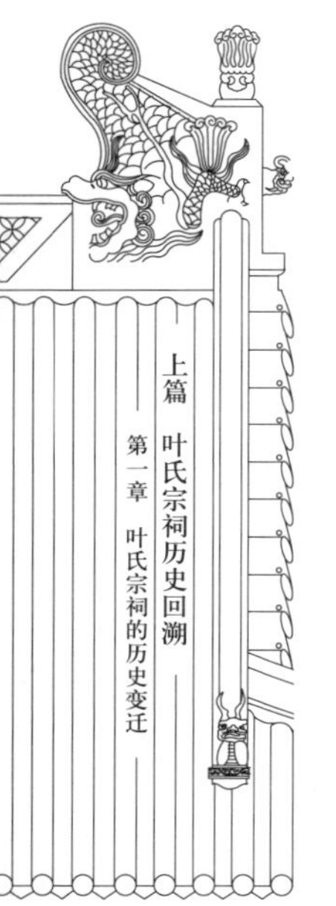

近年改革开放，族人借此春风，托祖洪福，精神物质焕然一新。饮水思源，怀祖心切。长者提议，重建祖堂（图 1–18 ～图 1–21），众皆拥护。于 1997 年五月初一下架，十三动土，二十二下脚。其形仿原祖堂，就原基袭原门，二重扩宽，三重加深，整体加高，历时七个月，耗资五十万元。施工期间，族中老少，关心备至，献食进羹，每天不断，赠粮捐款，恐后争先。祖宗蒙难，终成过去。我辈争光，旨在缅怀先祖，启迪后昆，效祖德才，正我品行，生有作为，殁无遗憾。列祖在天，亦当欣慰。告竣之日，合族一片欢腾，感慨万千，欣然命笔，谨成斯记。

（嗣孙族末宗凡敬撰）

图 1–18　坝门中庄忠烈堂大门

图 1–19　坝门中庄祖堂中厅

图 1–20　坝门中庄祖堂神龛

图 1–21　坝门中庄祖堂大厅

匾：　　　　　世德作求　椿庭扬芳　玉堂增辉　万春叶茂

联：

项赐嬴汤封理恩木子以更李德柯枝而易叶忠义济世簪缨耀祖与日交辉五千年有此岂无史邪

夏膺费[1]商受陇辟南阳且拓浙思源本乃归荆孝慈传家裔胄承宗缘流析派八万里无斯安有邦乎

公元一九九七年岁在丁丑季冬祖堂重建志庆

第六十代孙宗善撰联并书于得平斋

[注释]

1. 费（bì）：同“鄪”，春秋时期地名，在鲁，在今山东费县西南。

源远流长一脉清魂来陇水

根深叶茂几枝新绿到京华

中学特级教师嗣孙清波撰书

奉先重修身金玉其心芝兰其宝瑶树琼林传祖训
启后当正本孝慈为友仁义为师尧天舜日振家声

重建祖堂纪念 嗣孙开宇撰

一九九七年岁次丁丑仲冬之望日

重伦丽典则孝则慈则仁则义明明德
清本溯源必恭必敬必信必忠自自亲

一九九七年祖堂重修落成大典敬献感怀

本庄门稀龄嗣孙老圃本雨顿首百拜题书

姓开桃林兰芳桂秀须知两岭崑崙脉源所自
基肇铁冶人兴财旺还念南阳宗祖德泽绵长

襟带金湖月朗风清朝北郭
誉称铁冶兰香桂馥向南阳

新的叶氏宗祠建起来了，替代了坝门中庄老祖堂的功能，老祖堂退出了历史舞台，那它将何去何从呢？族人对此有三种意见：其一，将它拆除，开辟一条贯通东西的路，但东西两路相隔不远，且早已有路连通，再辟大道，无异于画蛇添足，多此一举，造成了土地面积的大浪费；其二，城中村，地皮宝贵，开发建房出售，但又担心无人购买；其三，建成骨灰堂，持此意见者，看来也要顶得住逝者以“入土为安”的传统思想的舆论压力。在意见未统一之前，只好将它当仓库用，里面存放了不少杂物，倒是族中有一帮尚武青年开辟了一个空场，每天去那里练功，把它当成了“练功房”，并正式命名挂牌为“叶家坝青年健身中心”。

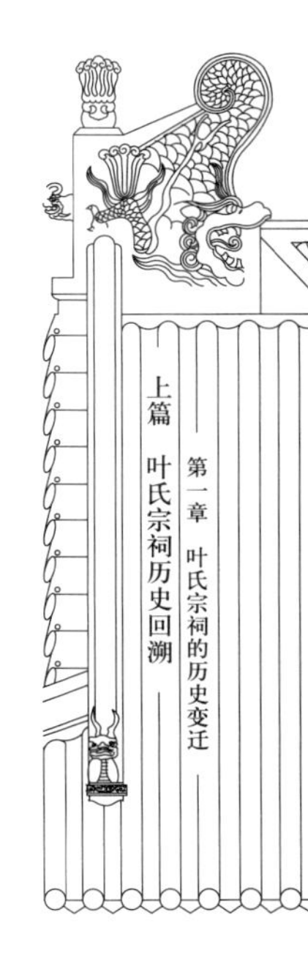

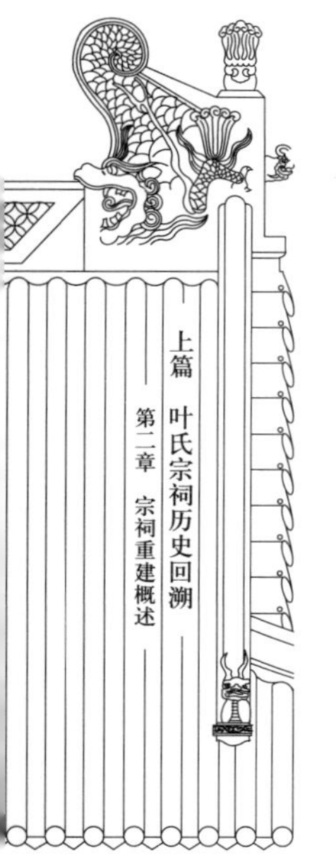

第二章　宗祠重建概述

图 2-1　宗祠与广场

叶氏宗祠（图 2-1）由坝门中庄所建。

国有纪念馆，族有敬祖堂。前者为缅怀报国先烈，后者为追思血缘根本，二者相辅相成，交相辉映，不仅演绎了中华文化的传承和发扬，而且维系着中华民族的生存和发展。太平盛世，大兴土木。因而，近些年来，华夏大地各姓各庄修祖堂建祠庙之风日益盛行，建筑风格目不暇接，建筑精品层出不穷。建好本庄祖堂，不仅成为各姓各庄为之奋斗的共同目标，更成为各姓各庄为之骄傲的显著功绩！

回顾坝门中庄祖堂建设史，也很令人振奋，在族人的努力下，曾出现过三度辉煌：

首建为明朝末年，其时中庄已初具规模，族人在大垴东侧陶土造庐，辟一祭祖之所，从此中庄祖堂从无到有；

二建为民国抗战时期，曾建于大冶县城的叶氏宗祠被日寇炸毁，花香、万荣二公像无处供奉，族人举全庄之力在大垴西侧新建了一座砖木结构的祖堂以代叶氏宗祠，在当时堪称一方之秀；

三建为 1997 年，当时中庄人丁繁盛，财运亨通，故祖堂又一次更新，虽是在原基上复建，但砖混结构，琉璃瓦顶，雄伟壮观，大胜于前，世人无不称道。

十余年，斗转星移，时过境迁。族人环视他姓他庄祖堂，再看己庄祖堂，方知风光不再，尤感自惭形秽。

第一节　议建宗祠

2014 年 4 月 9 日，中共叶家坝村总支书记、村委会主任叶天胜先生，在麒麟山庄（图 2-2）主持召开了有村民委员会成员和坝庄宗族代表参加的联席会议。会上讨论了重建叶家坝中门庄祖堂（叶氏宗祠）问题，并很快达成共识，随后成立了叶氏宗祠筹建委员会。大家推举大冶市德发置业有限公司总经理叶祖发先生担任筹建委主任，叶舜华、叶惠清先生担任副主任，叶天胜先生任首席顾问，城建集团董事长叶宗林、德发置业有限公司董事长叶序德和原市教委副主任叶宗善等6位先生任特别顾问，确定常务委员会成员10人，委员49人，顾问委员25人（名单见后）。

图2-2　参加联席会议的族贤于麒麟山庄门楼前合影

一、力排众议

在选址问题上，有人说在原址上重建，有人说在尊婆山上选址，有人说建在门口塘上不太妥。筹建委力排众议，采纳了“迁墓填塘”的建议，这是不能不提到的明智之举：

迁出村中被四周林立的高楼包围的下首垴中的百余座祖墓，既腾出了面积建祠，又美化了村庄环境；将紧邻下首垴的门口塘填平建成宗祠前面的文化广场，既拓展了居民的活动场所，又不失为一项有力的安保和清洁措施。

此举有一箭三雕之妙：其一，叶家坝是城中村，寸土寸金，原祖堂前无出场后无延伸，左右尽是民居，拥挤不堪，若不选址拓基就会违背初衷；其二，一进入叶家坝整体环境待需改善；其三，当今的叶家坝已成了“百家坝”，当地人口只约为五千，而外来人口却约为一万五千。

此项建议得到了与会者的全力支持和充分肯定，并提请下次筹建委员会扩大会议讨论通过。

二、组织机构

叶氏宗祠筹建委员会成员名单系修祠进程中，因工作需要，由族首提议，经房长首肯而定。该会全体成员，在履职期间，不辞辛劳，无私奉献，功不可没。并铸铜为碑，镌以其名，扬其大德。

首席顾问

天　胜（中共叶家坝村总支书记　叶家坝村村民委员会主任）

特别顾问

宗　林（大冶城建集团董事长）

序　德（大冶市德发置业有限公司董事长）

宗　尉（大冶市金叶置业有限公司董事长）

宗　善（大冶市原教育委员会副主任）

序　俭（大冶风华实业有限责任公司董事长）

光　华（湖北实美科技有限公司董事长 总经理）

主　　任

祖　发（大冶市德发置业有限公司总经理）

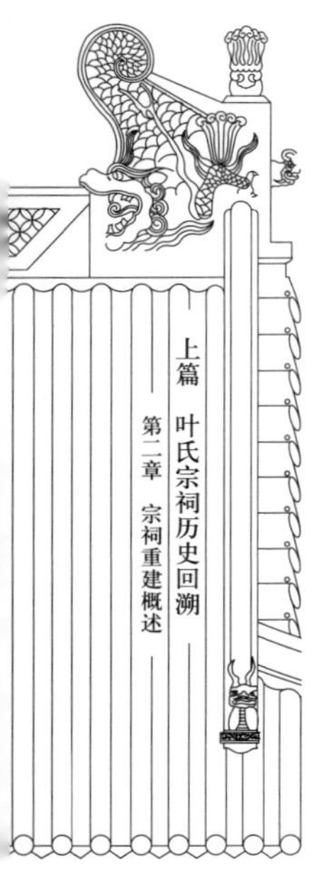

副 主 任

舜 华（中共叶家坝村总支副书记）

惠 清（中共大冶市食品工业公司支部书记 经理）

常 委

序 纯（叶家坝村村民委员会副主任）

序 方（叶家坝村村民委员会副主任）

晨 东（湖北文承文化传媒有限公司董事长）

天 顺（大冶市旺盛选矿设备有限公司董事长）

宗 星（大冶市麒麟山庄娱乐有限公司董事长 总经理）

建 军（湖北实诚工贸有限公司董事长）

宗 召（大冶市朝阳实业有限公司董事长）

委 员（按辈分、年龄排序）

开安 开柏 宗森 宗茂 宗亨 日华 宗均 惠职 宗成 宗谋
宗寿 宗元 军华 宗维 常春 树林 宗兵 宗旺 红军 宗权
亚鹏 辉煌 序田 序兰 序朗 加胜 惠均 国栋 序屋 序强
序柏 指雄 文杰 序彬 序炳 巍巍 园园 文龙 天发 天向
天财 红兵 天勇 志国 天茂 天长 天佑 天乐 鑫杰

顾问委员（按辈分、年龄排序）

开灯 开圭 开琥 清波 宗金 宗国 宗刚 宗柱 宗源 宗旦
宗慧 宗科 国凡 宗鼎 宗立 宗利 宗春 宗植 序顺 序勤
序均 序咏 序礼 序照 天龙

委员会下设职能机构

办公室

主 任 宗森（原大冶汉森轧钢有限公司总经理）

副主任 序田（大冶市龙威箱包皮件厂厂长）

成 员 序彬（会计） 柯雪梅（出纳）

工程组

组 长 宗亨（大冶市天桥预制构件股份有限公司总经理）

成 员

序礼（工程师） 宗国（监 理） 序咏（施工员）

开琥（采购员） 宗旦（材料员） 宗柱（保管员）

联络组

组 长 天发（大冶市顺发置业有限公司董事长）

成 员 宗谋 天财

筹资组

组 长 日华（大冶市华祺老年公寓董事长）

成 员 序森 序屋 序强

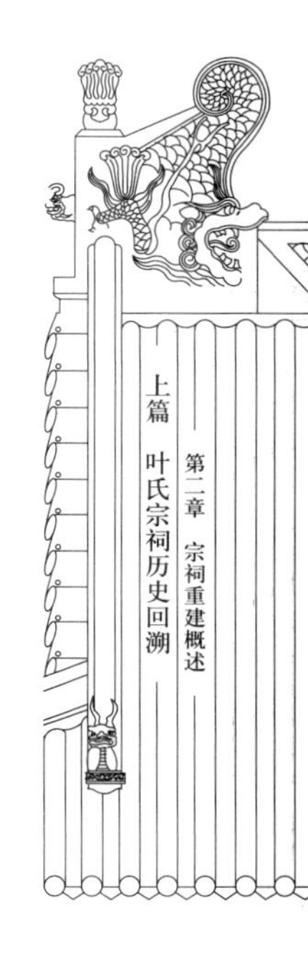

拆迁组

组　长　宗茂（大冶市茂盛实业有限公司总经理）

成　员　开柏　宗元　宗维　辉煌　惠均　发德

文化组

组　长　天龙（中共大冶市市场管理局原支部书记 局长）

成　员　开圭　宗金　宗科　宗植　亚鹏　天向

协理组

组　长　国凡（原大冶市化肥厂劳动服务公司经理）

成　员　宗鼎　序勤　序均

安保组

组　长　红军（叶家坝村治安巡逻队队长）

成　员　水平　青松　启明　序国　序彤　天红　培咏　刘希

三、职责要求

顾问组：本届宗祠筹建委的参议机构。对宗祠建设的全过程负有检查监督的责任。要求顾问人员积极建言献策，主动参事议事，共同维护目标任务顺利完成。

责任人：天胜、宗林、序德（22 位顾问人员）

常委会：本届宗祠筹建的领导、决策机构。对整个工程以及各个环节负有全部责任。要求常委会坚持集体领导，科学决策；要求常务委员各负其责，相互协作，共同圆满完成各项任务。

责任人：祖发、舜华、惠清、晨东、天顺、宗尉、建军、宗召、宗星、序纯、序方。

办公室：负责宗祠筹建的日常工作。除负责收发、接待、财务、后勤、档案等工作外，还须负责各部门之间协调工作，做到上情下达，保证全局工作正常运转。

责任人：宗星、宗森、序田、序彬、柯雪梅

联络组：对内负责筹建委与行政村、各职能组、各房头以及相关人士的联系；对外负责与政府相关部门、社会相关团体、宗族同门友庄等方面的联系。做到讯息畅通，反应灵敏。

责任人：建军、宗谋、天财

筹资组：负责筹措工程所需资金。遵照“三个一点”的筹资原则，采取全面发动、重点突破、典型引路、纵深推进的办法，完成这一重要任务。同时还要负责对资金使用的监管，做到：千方百计筹足资金，精打细算用好资金。

责任人：祖发、惠清、宗尉、序森、序屋、序强

拆迁组：负责新宗祠规划区内的祖坟迁葬和建筑物拆迁等项工作。祖坟迁葬首先必须抓好新祖坟山的购置与建设，然后要做好祖墓碑冢的重建工作，力求把远族陵园建设得无可挑剔。建筑物拆迁必须采取协商的办法，解决好矛盾纠纷，确保工程顺利进行。

责任人：晨东、宗召、宗茂、宗维、开柏、发德、辉煌、惠均、宗元

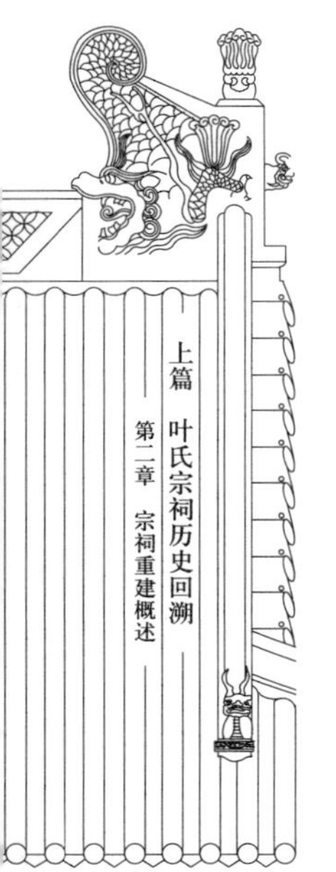

工程组：负责新宗祠的设计和施工工作。设计必须坚持集思广益，选择最佳方案；施工必须加强管理，做到严格要求。建设重点在施工，施工重点在质量。“百年大计，质量第一”，必须牢记和践行。前期还应协助拆迁组完成新陵园的建设任务。

责任人：惠清、宗亨、日华、天顺

文化组：负责提供相关资料，草拟相关文告，同时还需承担重建远祖碑冢的碑文撰写任务，以及协助相关筹划工作。

责任人：天龙、宗金、宗善、亚鹏、天向

保安组：负责此项目工程的安全保卫工作。加强值守巡逻，确保工地财物安全，及时化解矛盾，确保人员人身安全，认真查找隐患，确保现场施工安全。

责任人：序方（村治安队）

第二节　邀集昆仲

一、动员族众

2014 年 4 月 10 日，筹建委员会主任祖发先生主持分别召开了常委会和委员扩大会，就重建叶氏宗祠的选址、规划和筹资等重大问题进行了认真研究和热烈讨论，并形成重大决议。会后，将上述三次会议所涉及的有关问题和决议的有关精神公之于众（图 2–3）。

鉴于种种情况，叶家坝村党政领导班子和叶家坝中门庄族首房长，将重建祖堂（叶氏宗祠）——创建叶家坝文化活动中心之事提到了议事日程，最终作出了“迁墓填塘，腾基扩址”的重大决定。

（一）下首垴墓地

在围墙（图 2–4）内大约五亩的范围内安寝着叶氏 130 位祖先。

（二）门口塘来历

早在明万历十八年（1590 年），文明公从大冶县城北门迁至东郊永丰乡蛟潭堡（即现址），

叶家坝中门庄第四届祖堂筹建委员会
公　告

图 2–3　筹委会公告

图 2–4　下首垴墓地围墙

图 2–5　门口塘原貌

新辟庄址，面水而居。为了方便交通和防洪抗旱，公率全族合力于庄南湖汊筑起一道长堤，当地人称之为“叶家坝”。于是，湖汊变成了“堰塘”。

几百年来，由于坝庄人口的发展和壮大与城区面积的延伸和扩展，“坝”在加宽，“塘”在形成。

门口塘（图 2–5）长期以来发挥着灌溉田地、排涝防洪和洗涤衣物等无可替代的作用，坝庄人与门口塘结下了不解之缘，自然而然对门口塘产生了深厚的感情。一时间，要把“塘”隐藏起来，从人们的日常生活中消失，坝庄人还是有点恋恋不舍的！要知道：老祖宗为他们留下的这口“塘”，在水资源越来越宝贵的当今社会，使他们越来越尝到了甜头！越来越觉得老祖宗为他们留下的不单纯是一口“塘”，而是惠及千秋万代的“幸福泉”！

其实，今日“隐塘”就是“保塘”，更是“扩塘”——使老祖宗留下的这口“塘”，不仅继续发挥蓄水浇灌、防洪调蓄、消防救灾的作用，而且为千秋万代发挥出更大的作用——开辟文化广场，活跃文化生活，造福当地居民，惠及四邻百姓。让人们永远缅怀叶氏先贤的丰功伟绩，岂不美哉！

有位先生撰联赞曰：

宽阔广场，瞒水藏风容万马；

恢宏祖宇，乘龙聚气壮千秋。

（三）祠基平面图

下首垴与门口塘两处合起来有十亩面积，山水组合，祠基理想（图 2–6）。

（四）拆除与整改

6 月 24 日至 7 月 15 日，因新建宗祠选址在中门庄下首垴墓园，规划建设范围内拆除村民叶宗琦、叶宗元、叶宗访、叶育红搭建的简易棚屋 233.38 平方米，补偿款 99290 元。由于筹建委的委员们思想动员工作做得到位，他们将此款全部捐献给宗祠建设。村民叶天鹏私建的二层砖混结构房屋经协商拆除，补偿款 30 万元。

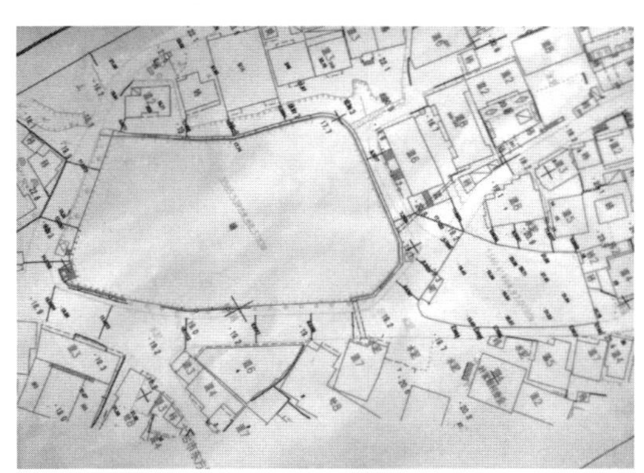

图 2–6　新建叶氏宗祠选址草图

10 月 20 日，因文化广场周边电路整改和叶家坝进村主干道改造拓宽，道西临街门店租用户积极配合筹建委工作，及时搬迁，使得 10 个门店顺利拆除，共付补偿费 35638 元。他们是：叶宗慧、杨桂林、叶红明、叶灿、叶宗利、叶细明、卢可珠、华田英、罗瑞兰和张慧珍 10 户经营者。

二、领导关怀

叶氏宗祠的文化建设得到了各级领导的关心和支持，仅 2016 年一年时间内就有八次领导光临视察：

第一次：1 月 17 日，大冶市原正县级调研员石代田、大冶市政协原副主席张志翔、市老年诗联书画协会的领导和专家一行 20 余人，前来调研、参观和采风（图 2–7）。

第二次：4 月 22 日，黄石市人大原副主任、黄石市十大文化名人之一李声高参观叶氏宗祠并题匾祝贺（图 2–8）。

第三次：5 月 28 日，黄石市政协原副主席尹迪生、曹国志和黄石市西塞山区原副区长叶序礼前来参观并题词。

第四次：7 月 7 日上午，北京中国建筑工业出版社艺术设计图书中心主任唐旭女士和首席策划李东禧先生，应宗亲理事会名誉理事长、大冶城建集团董事长宗林先生之邀，前来洽谈出版《大冶叶氏宗祠志》有关事宜，并签订有关协议。

第五次：9 月 20 日上午，黄石市副市长、大冶市市委书记李修武和东风路街道办事处的领导同志，参加叶家坝社区居委会挂牌仪式，并参观了叶氏宗祠的文化建设设施（图 2–9）。

第六次：10 月 21 日，建设部原总工程师姚兵在大冶市人民政府市长王刚陪同下前来视察，并为叶氏宗祠撰书诗、联（图 2–10）；

第七次：12 月 21 日，大冶市人大原副主任、大冶市诗词楹联学会会长吴凤鸣陪同湖北省文学艺术界联合会、省诗词和楹联学会的领导和专家一行 25 人前来视察（图 2–11）；

图 2–7　石代田（右一）和张志翔（右四）等市老领导前来调研

图 2–8　李声高（左二）先生等前来致贺

图 2–9　李修武（右二）等领导前来视察

图 2–10　姚兵先生（左一）题联

图 2–11　吴凤鸣同志（左一）陪同省文化界领导前来视察

图 2–12　罗辉（左二）和马清明（右一）等领导前来视察

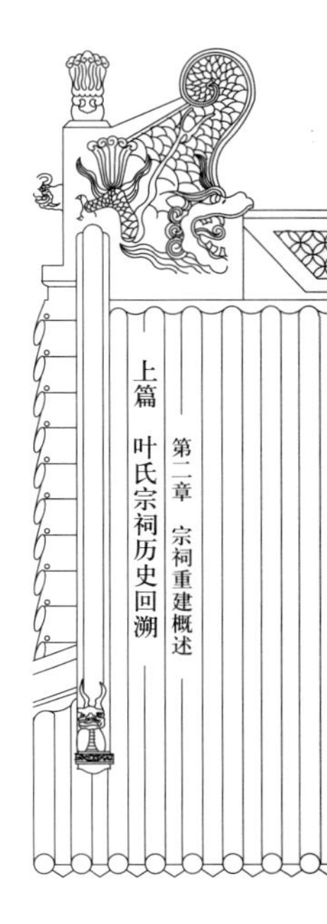

第八次：12 月 28 日，湖北省人大原副主任罗辉、大冶市委原书记马清明、大冶市人大原副主任吴凤鸣前来视察，并为叶氏宗祠撰联、题字（图 2–12）。

三、参观考察

为了建造一座风格独特、气势恢宏、功能齐全、古色古香的京派宫阙式建筑群，叶氏宗祠筹建委员会决定分批派员外出参观考察整体模式、建筑材料、装饰艺术和文化设施与布局等，以便博采众长、集思广益。

（一）赣皖之行

2014 年 4 月 15 日至 16 日，筹建委员会主任叶祖发先生带队，一行 35 人，租旅游大巴赴江西省婺源县江湾村和安徽省绩溪县龙溪镇，参观了“萧江宗祠”和“胡氏宗祠”。

1. 萧江宗祠

萧江宗祠，又名永思祠，始建于明朝万历六年，后毁于太平天国战火。1924 年重建，“文化大革命”期间又被拆毁。萧江宗祠曾被誉为江南七十座著名宗祠中“最好的一座宗祠”，为婺源古代四大古建之首。2003 年 9 月，第三次重建。

萧江宗祠以其建筑规模宏大、占地面积广、雕刻精美、建筑材料考究为国内所罕见，给坝庄考察团留下了极其深刻的印象，为叶氏宗祠的规模设计提供了极其重要的参考价值。

2. 胡氏宗祠

建于宋朝伟人祖地的“龙川胡氏宗祠”被誉为中国古祠一绝，是座历经千年的古祠堂，有高翘的飞檐、斑驳的马头墙，粉墙黛瓦、古色古香、美轮美奂。祠堂坐北朝南，三进七开间。胡氏宗祠一直以来享有木雕艺术博物馆和民族艺术博物馆的美誉，被中外建筑专家称为“规模之大、时间之长、完整之好、装饰之美、天下第一”。

胡氏宗祠里面确实处处都是精雕细琢的木结构，让坝庄考察团的人们由衷赞叹，古代匠人的高超技艺，人文气息延续至今都一样的浓厚，曾使考察团的人们一度萌生模仿胡氏宗祠、将叶氏宗祠建成木质结构宫殿的念头。

3. 洽谈

5 月 3 日，叶氏宗祠筹建委员会特意邀请江西省江湾村萧江宗祠设计者毛贞安先生和施工单位负责人一行 4 人，来坝庄洽谈建造仿古木质结构宗祠的有关事宜。

（二）乡里之行

2014 年 4 月 18 日，筹建委员会主任祖发先生率一行 30 人，参观了本市罗桥街办桃花村的“九陈祠堂”、“柯家渡祠堂”和大箕铺镇曹达湾的“孟夏堂”。此后，陆续参观了下陆、陈贵、殷祖、金湖、茗山、金山店和刘仁八等地的祠堂。考察团认为这些祠堂都是黄石、大冶市内选址理想、规模较大、装饰讲究、颇有名气的新建祠堂。

1. 选址理想

这些祠堂都把选址的好坏看作是宗族兴衰的关键，所以选址都十分讲究。一般都注意生气来源，背山面水，明堂宽大，方正，水口收藏，无冲突，无争斗等现象。注意了左右互衬，四势匀和。具有阴阳相济、虚实相生、刚柔互补、方园相胜、小中见大等涵构。其环境模式都有四周群峰屏列，前有门户把守，左右护卫，后有背山所倚的地貌，讲究山明

水秀，地灵人杰，要求文运亨通，人财两盛。择地通常背实向虚，十分讲究方位，一般坐北朝南或者坐西朝东，体现了家族兴旺与发达的直接元素和表现“天人合一”的理念。

这些祠堂也考虑了祠堂建筑群的体形组合以及空间的处理，以地形、地势的特点作适当的布置，因地制宜，把美的建筑形式衬托了出来，获得了良好的艺术效果。

这些祠堂选址理想表现在：地宽基平，背山依水，交通方便，景色优美，同时也考虑了顺应自然，利用自然，妆点自然。

2．规模较大

这些祠堂建筑的组织和布局是有规制的，只是规模大小各有不同，一般是面阔五间或七间，进深三殿两天井。但总体布局有共同之处，大体上可分为门前广场、戏台、大门、围墙、天井、享堂、拜堂、寝堂、辅助用房等几个部分。这是根据各自家族的经济实力而定的。

3．装饰讲究

这些祠堂都是徽派仿古建筑，装饰以彩画和雕刻为主，两者都具有民族的特色。彩画起着保护木料和美化建筑的双重作用，雕刻则赋予建筑造型生动气息。但根据习俗和各地的风情，也有差别。

在我们南方，四季常青，山明水秀，景色怡然，绿色掩映。这些祠堂一般使用灰、黑等色彩，粉墙黛瓦，马垛担脊，栗、黑、墨色的梁架柱和周围的环境或调和或对比，秀丽雅淡，意蕴深远，婉转有致。彩画的色调繁多，琳琅满目，也各有其独特的效果。

（三）襄阳之行

2014 年 7 月 15 至 16 日，筹建委员会特别顾问叶宗林先生和叶宗善先生，赴本省襄阳市参观了“习家池”和“习氏宗祠”。

习家池，是东汉初年襄阳侯习郁的私家园林，是中国现存最早的园林建筑之一，全国现存少有的汉代名园，被誉为“中国郊野园林第一家”。

习氏宗祠位于习家池的西北方向，背靠凤凰山，面临汉水，负阴抱阳，格局极佳。整体建筑为五三进四合院式布局，中轴线上依次布局有牌坊式门楼、戏楼、拜殿、宝伦阁和祖宗殿，两侧分布有看楼和厢房。宗祠的建筑形制为明、清时期襄阳地区民间建筑风格，硬山式屋面，上面布灰色筒瓦，穿斗式、抬梁式大木构架。

宗林、宗善二位先生认为习氏宗祠装修别致、砖雕精美、彩绘绚丽、庄严肃穆、浑朴大方、顾盼生情、映带得趣，体现出一种独特的伦理价值和理性精神，这都是值得学习和借鉴的。

（四）四省之行

2015 年 3 月 15 至 20 日，筹建委员会特别顾问叶宗林和叶宗善两位先生赴福建、浙江、山东和河北等省考察石材、石雕。福建、浙江、山东和河北等省各地的石材石雕厂，大都有“中国雕刻艺术传承基地”、“中国建筑之乡”和“中国石雕之乡”的称誉，将雕刻艺术融中原文化、闽越文化、海洋文化、齐鲁文化于一体，形成了精雕细刻、纤巧灵动的各派雕刻艺术风格。各地石材石雕历史久远，雕工精细，题材多样，中外驰名。各地生产规模宏大、技术力量雄厚、产品质量优良的石雕石材及建筑建材生产厂家，业务不仅遍布国内各省市，还拥有自营进出口权，产品出口至世界各地。各家公司业务涉及园林景观石雕、宗教古建石雕、精品玉石雕刻、城市雕塑、陵园墓碑系列、石材幕墙及石材装饰工程等。

宗林和宗善二位先生大开眼界，为宗祠筹建委员会提出了极有价值的建议。

（五）嘉祥之行

2015 年 3 月 28 日至 4 月 2 日，中共叶家坝村总支书记叶天胜同志、筹建委主任叶祖发先生和特别顾问叶宗林先生等一行七人赴福建、山东、河北和北京考察石门楼和石材。

此次参观考察极为重要，在前几次对各地厂家情况有了较为详尽了解的基础上，重点对山东嘉祥诚信石业雕塑有限公司进行了进一步周到、细致的参观考察。

诚信石业雕塑艺术有限公司是一家集高水平设计、高科技制作的大型雕塑制作企业。

公司拥有一支由多位优秀的雕塑家和数十名美术设计师组成的强大队伍，具有较强的科技开发能力和创意设计能力。

公司的雕塑作品也因造型别致、内涵丰富而先后落户在全国 20 多个城市，成为当地一道亮丽的风景，深受社会各界好评。几年来，公司凭着雄厚的实力和诚信经营，与国内几所美术学院建立了技术合作关系，在业内具有一定影响。在短短几年内，公司已发展成为规模宏大、设计力强、制作水平高、售后服务全的雕塑生产基地。

叶氏宗祠筹建委员会考察团，经过反复比较与研究，最后敲定由山东嘉祥诚信石业雕塑有限公司，负责提供门楼、忠孝壁和宗祠主体建筑，除奠基石、台阶和地砖等石材以外，包括风水缸、香案和神龛等所需的石材和石雕，并签订了意向性协议。

（六）广州之行

2016 年 2 月 29 日至 3 月 2 日，叶氏宗祠筹建委员会特别顾问、大冶城建集团董事长叶宗林和叶家坝村副书记叶舜华及叶宗善、叶宗森、叶宗植、叶序田等一行 6 人，赴广东省广州市参观了“何氏大宗祠”、“陈氏书院”和“资政大夫祠”建筑群，以及“中山纪念堂”和沙湾古镇民俗建筑等文化古迹，考察了各处的文化设施与布局。

1. 沙湾何氏留耕堂

留耕堂位于广州市番禺区沙湾镇，又名何氏大宗祠，为番禺沙湾大族何氏宗族的大祠堂，堂名得自于该祠堂的对联：“阴德远从祖宗种；心田留与子孙耕。”意即建祠造福后人。始建于南宋德佑元年（1275 年），后几经毁建，现规模是于清康熙年间扩建而成的，比广州陈家祠（建于 1890 年）早了 170 多年。

留耕堂占地 3300 平方米，地势北高南低。依次为大池塘、大天街、山门、仪门（牌坊）、丹墀（天井）、月台（钓鱼台）、享殿（象贤堂）、寝殿（留耕堂）及东西庑廊和衬祠。

叶氏宗祠筹建委考察团参观后感叹不已，为叶氏宗祠的文化建设提供了参考。

图 2–13　考察团成员（左起宗植、宗森、舜华、宗林、宗善、序田）陈氏书院前合影

留耕堂的主要特色是柱多、雕刻精、书联丰富、气势雄伟。留耕堂计有 112 条石柱和木柱。这些木柱的原料，当时是从东南亚国家采购回来的。在雕刻方面，留耕堂保留了非常精致的石雕、木雕、砖雕、

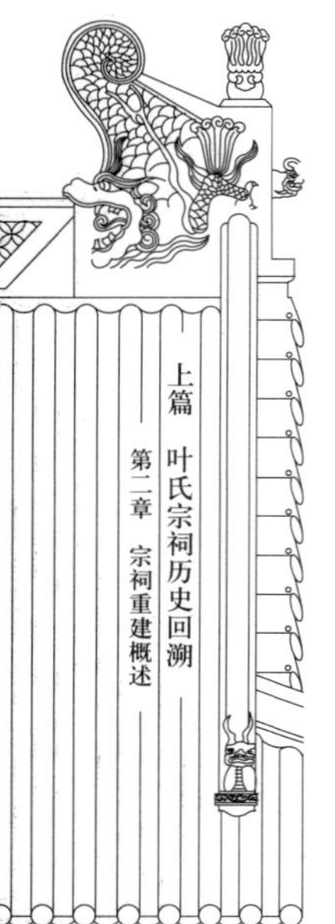

灰塑，体现了岭南庭园的精巧的建筑艺术。

2. 陈氏书院

叶氏宗祠考察团对陈氏书院建筑群的布局和装饰产生了浓厚的兴趣。

陈氏书院位于广州中山七路，筹建于清光绪十六年（1890 年），清光绪二十年（1894 年）建成，是当时广东省 72 县陈姓人氏合资兴建的合族祠堂，其建立主要为参与捐资的陈氏宗族子弟赴省城备考科举、候任、交纳赋税、诉讼等事务提供临时居所。作为捐资的回报，这些陈氏宗族可以将其祖先牌位放到陈氏书院的神龛内供奉。

陈家祠是广东现存祠堂中最富有广东特色的艺术建筑群之一，布局严整，装饰精巧，富丽堂皇，是全国文物重点保护单位。陈家祠为三进式庭院，由九堂六院大小 19 座建筑组成。它的建筑装饰集中体现了广东民间装饰艺术的精华，巧妙地采用了木雕、砖雕、陶塑、铜铁铸等工艺进行装饰，技艺巧夺天工，十分有名。陈氏书院是广东现存规模最大、保存最完整、装饰最精美的古代艺术建筑之一，现为广东民间工艺博物馆。

3. 资政大夫祠

考察团参观了资政大夫祠。资政大夫祠是花都区新八景之一，位于广州市花都区新华镇三华村的西面，紧靠广清高速公路，距城中心 1 公里。它建于清代同治二年至三年（1863 年），至今已有一百三十多年的历史。南山书院是兵部主事徐表正为其父徐时亮被赠奉直大夫而建的生祠；国碧公祠和亨之徐公祠则是徐姓的祠堂。

（七）东阳之行

2016 年 4 月 14 至 17 日，筹建委员会特别顾问叶宗林先生率一行 6 人，赴浙江省东阳市花园红木市场和厂家考察红木及木雕工艺，参观了占地几千平方米的卢宅古建筑群，琳琅满目的红木雕刻壁画给叶氏宗祠文化建设考察团以极大的启发。

1. 红木市场

花园红木家具城（花园红木家具中心）坐落于东阳市南马镇花园村，由国家级企业集团——花园集团投巨资建造的大型专业红木家具市场，占地 120 亩，建筑面积 80783 平方米，2010 年 11 月正式对外营业。

花园红木家具城作为东阳市规模大、品种多、档次高的专业红木家具市场之一，与花园原木市场、板材市场、工艺品一条街以及红木家具产业园一起，形成了独特的区域块状经济优势。其聚集了成百上千家红木家具厂，而且花园村形成的从原木采购到红木家具制作再到家具展示、销售一条龙的红木家具产业链，有别于东阳其他生产红木家具的地方，被客商誉为“中国红木家具第一村”。

叶氏宗祠文化建设考察团通过对红木的产地、价格、质地以及雕刻、油漆艺术等的调研，与浙江东阳献华木雕古典工艺有限公司签订了制作十六幅木雕画、五副对联和三方匾额的意向协议。

2. 东阳木雕

献华木雕古典工艺有限公司，坐落于历史悠久的木雕之乡——浙江东阳。该公司以精雕手工艺品为主，承袭了中华传统工艺之精髓，同时呈现了明清的风韵和现代的气息。

（八）佛山之行

2016年7月26至29日，筹建委员会特别顾问叶宗林先生等一行4人，赴广东省英德市、广州市和佛山市考察铜雕，并与佛山市捷盾金属制品有限公司宏达模具加工中心签订了制作四块计48平方米铜板雕刻的合同。

该中心是一家集制作、销售、运输、安装和维护等为一体的大型雕塑公司。主要承接锻铜雕塑、铸铜雕塑、不锈钢雕塑、玻璃钢雕塑、石材雕塑、砂岩雕塑、建筑装饰雕塑制作及安装；浮雕壁画设计、制作、安装；工艺美术品设计、制作、销售；景观规划设计；室内外装饰装修工程。广泛面向现代雕塑、广场雕塑、园林雕塑、校园雕塑、佛教雕塑等，产品规格、品种齐全，技术先进，工艺精湛。

该中心向来坚持“以质量求发展，以信誉求生存”的一贯宗旨，不断开拓创新、追求卓越。

该中心是雕塑艺术的创造者，是雕塑的专业厂家。拥有专业的设计师和雕塑专家，开发出一系列的艺术性雕塑工艺品。可根据客户的需要设计铸造各种规模的雕塑工艺品，并具有根据小样放大的专业队伍和先进的高技术设备。

佛山市捷盾金属制品有限公司宏达模具加工中心的诚信、实力和产品质量获得业界的认可。该中心重合同、守信誉、质量至上，竭诚满足不同层次客户的需求，使客户能以最实惠的价格获取新颖、别致、富有创意的设计方案及质量优良的满意服务，深受新老客户好评。

第三节　谋划设计

2014年7月19日，筹建委主任叶祖发先生在叶家坝村委会四楼大会议室主持召开专题会议，就叶氏宗祠和文化广场整体规划设计方案问题进行了论证和审定。会上23人参加了无记名方式投票，通过了中南建筑设计院为叶氏宗祠和文化广场的整体规划设计单位。黄石市建筑勘察设计有限责任公司为道路、排水、电路配套工程设计单位。

一、整体规划

黄石市建筑勘察设计有限责任公司（集团）办公室地址，位于素有“青铜故里”、“钢铁摇篮”、“水泥故乡”和“服装新城”之称的黄石市黄石大道806号。该公司于1999年5月24日，在黄石工商局注册成立，在公司发展壮大的18年里，始终为客户提供最好的产品、良好的技术支持、健全的售后服务，该公司主要经营建筑设计、勘察设计、规划设计、园林设计、勘察工作、工程总承包、工程监理，有最好的产品和专业的销售和技术团队，目前团队人数有420人，该公司是黄石创意设计公司行业内知名企业。

7月24日，筹建委主任叶祖发先生在叶家坝村委会会议室主持召开了叶氏宗祠主体建筑设计方案招标专题会议，听取了16家设计单位相关情况介绍，会上23人参加了无记名方式投票，确定中南建筑设计院、武汉华阳设计公司、运城市建筑设计研究院、湖北佳境设计公司、湖北中鲁古建园林设计公司为入围设计单位。

8月6日上午，大冶市委常委、市政府常务副市长晏勇（清华大学土木工程专业硕士研究生毕业，曾任黄石市规划局副局长）、市规划建设局局长成国胜视察坝庄门口塘排水工

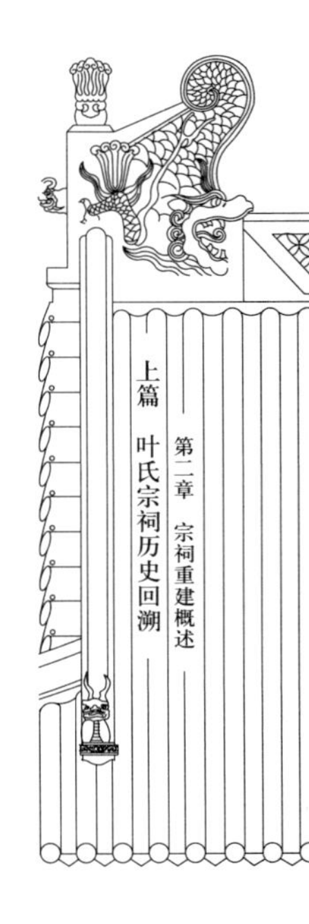

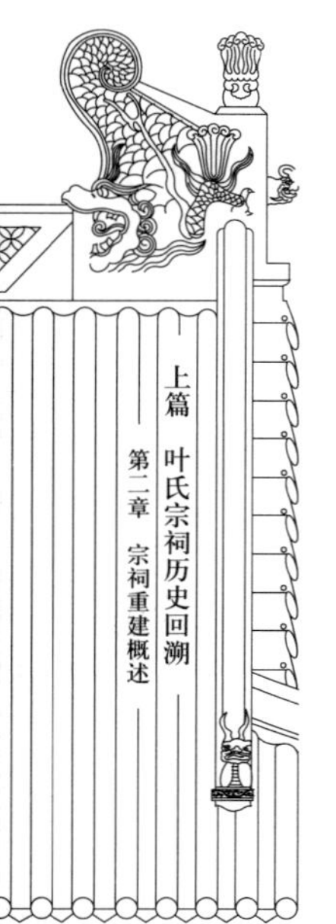

程及叶氏宗祠整体规划设计，并以行家的见地明确指示：把门口塘建成调蓄池，以防后患；塘上建成水上平台，以作文化广场。市委、市政府领导的亲切关怀非常给力，更加增强了坝庄人建好叶氏宗祠的信心（图 2–14）。

现在，人们站在空旷的广场上不难想象：北面是虎踞在迁墓后的下首垴上，供奉着叶氏文、武二祖——花香、万荣二尊像的宏伟的叶氏宗祠；南面是高大的刻有“根深叶茂”并以“忠孝”为主题的青石雕画照壁；下面是一个容量约为两万立方米的庞大调蓄池，长龙般的排水管，贯通南面三百米外青龙山公园的湛月湖和红星湖，可谓是：

虎啸清风雄北岭，龙潜碧水起南湖。
根深叶茂万荣荫，花艳果香千里殊。

8 月 22 日晚，筹建委主任叶祖发先生在叶家坝村三楼会议室主持召开专题会议，就文化广场地下停车场更改为排水调蓄池问题进行了投票表决，会议决定，选择建设封闭式排水调蓄的设计方案，对原设计方案予以更改，并重新设计。

图 2–14　晏勇副市长（右二）视察

图 2–15　筹委会领导研究方案

8 月 25 日（农历八月初一日）上午 9 时 18 分，由中南勘测设计院进行水塘和宗祠地基地质勘测。

建一座怎样的宗祠才能与叶家坝实力相称呢？通过派员出外参观考察，综合各方面信息，对这个问题，常委会早有一番初步设想，准备投资 1200 多万元，建一座占地 1000 多平方米的京派宫阙式建筑群。从外看，这座建筑群，坐北朝南，却从南向北，由低向高，依山势向上展开，红墙黄瓦，飞檐斗栱，金碧辉煌，气势恢宏；从内看，拾级而上，一进三重，雄柱托天，横梁贯空，雕梁画栋，匾联相映，阶梯砌玉，护栏描金，顶似苍穹，地如明镜，帷纱轻飘，宫灯闪耀，流光溢彩，富丽堂皇。宗祠正门前是千余平方米的广场，地铺花岗石，四周建筑花坛，白天鸟语花香，夜晚灯火通明，可供娱乐集会，可供休闲健身。广场南端是一口清水塘，外围汉白玉栏杆，内养五色金鱼，既应环境需求，又供消防实用。

二、设计方案

2014年9月23日上午，筹建委主任叶祖发先生在大冶城建集团会议室主持召开专题会议，就叶氏宗祠规划建筑设计方案进行了认真研究和评审，与会19人对8家设计单位送审的效果图和规划建筑设计图册采取无记名投票。会议最后决定，中南建筑设计院为中标单位（图2–16、图2–17）。

中南建筑设计院（以下简称CSADI）始建于1952年，是国家最早组建的六个大区综合性建筑设计院之一。CSADI具有建筑行业建筑工程、商物粮行业（冷藏库）、市政公用行业（给水、排水）、工程勘察专业类岩土工程、建筑智能化系统工程设计、建筑工程总承包、工程建设管理、工程咨询、建筑装饰设计的甲级资质；城市规划设计、电子通信广电行业通信工程类（通信铁塔）、市政公用行业（风景园林、热力、道路、燃气、环境卫生）、建筑行业人防工程设计的乙级资质。

中南建筑设计院1985年被国家计委确定为旅游馆指导性设计院；1993年被国家正式授予对外经营权；同年，进入全国勘察设计单位综合实力百强行列；1998年通过ISO9001质量管理体系认证。

CSADI现有各类人员1285人，各类专业技术人员895人，其中国家级设计大师2名，国家级有突出贡献专家1名，省级中青年专家6名，正高职称84人，副高职称179人，国家一级注册建筑师55名，国家一级注册结构工程师98名，注册规划师4名。专业范围包括建筑设计及规划、结构、给排水、电气照明、弱电通讯、暖通、空气调节、热能动力、技术经济、电子计算、技术咨询等。

CSADI注重推行和运用现代化设计手段，配备有电脑网络管理系统。可承接各类大中型民用工业建筑设计、旅游风景区的规划和设计以及工程建设可行性研究、技术咨询、工程总承包、

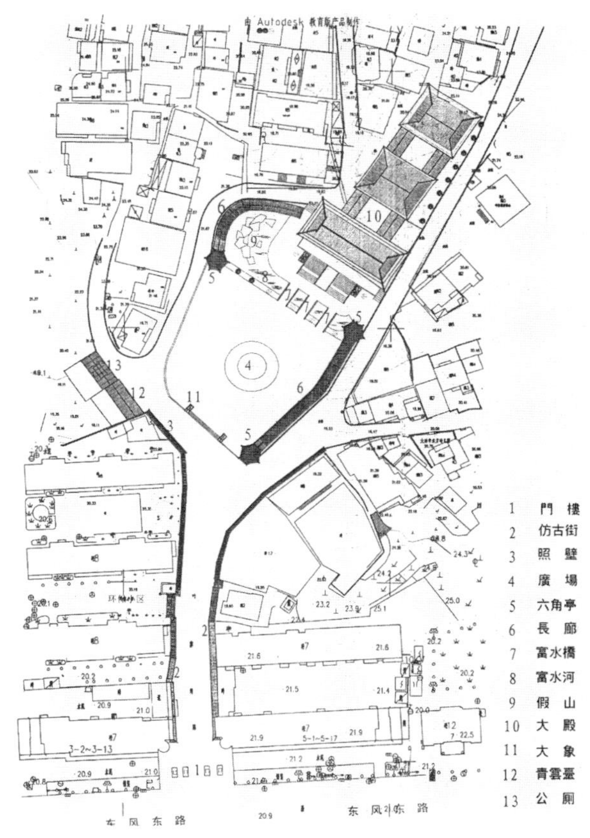

图2–16

图2–17 叶氏宗祠规划设计效果图

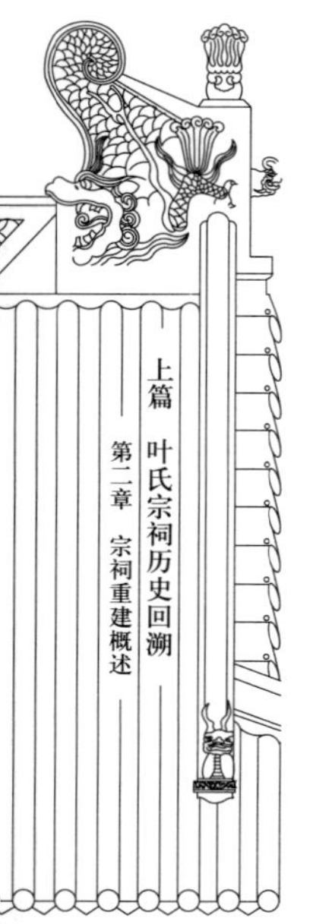

工程建设监理、项目管理和开展对外经济技术合作业务，并承担建筑结构、建筑设备、建筑声学、建筑材料等新技术、新产品、新材料的研究和试制以及国家规范、标准图集编制工作。CSADI 系国家轻型钢结构技术委员会的挂靠单位，负责组织编写轻型钢结构技术国家标准，有着丰厚的轻型钢结构技术信息资源。

CSADI 一贯注重设计质量，坚持精心设计、技术创新。先后在全国各地及世界 15 个国家、地区完成了 5000 余项工程设计，创造出一批享有盛誉的建筑设计作品。其中有 200 余项工程获国家、部、省级优秀设计奖和科技进步奖。

60 多年来，CSADI 坚持以优质设计、优良服务为宗旨，建立了一套完整严密的管理体系，形成了团结求实、进取奉献，严守职业道德的院风，在湖北省乃至全国均享有良好的声誉。在新世纪中南建筑设计院不断开拓国内外市场，以造就一流人才、创造一流设计、提供一流服务为目标，竭诚为各界服务。

附：叶氏宗祠规划设计方案说明（原文照登）

一、项目概况

（一）地理位置

叶氏宗祠位于大冶市叶家坝村，宗祠周围三条道路环抱，可谓风水宝地。

（二）历史沿革

相传叶氏与李姓同祖共源，从中华人文始祖到李氏远祖李镕，叶氏与李氏共祖八十九世，经历三千多年，期间变更姬、嬴、理、李四个姓氏。直到李镕之子李筠，因国破家亡（公元 421 年西凉国灭亡），逃难时藏身山林，后报恩改姓叶，才脱离李氏世系。

二、平面布置

叶氏宗祠在平面布置上主要分为两部分，分别为宗祠前的活动广场和宗祠三大殿。

活动广场宽 36 米，长约 87 米，主要功能为居民的活动场所，同时也是宗族文化活动场地，广场以宗祠中轴线为轴线布置，中间留出足够的场所，形成开阔的前庭空间，广场两侧设置树池坐凳，提供休闲交流的场所，在广场西侧地形开阔处建设木质的廊架景观，并顺应地势建设娱乐健身场，充分利用地形，使空间得到合理利用。

沿着广场向前，设置了一条水系，顺着中轴线安排三座拱桥，水系以自然山石驳岸，并在西侧建设一处假山和六角仿古亭。假山、水池设置在主殿的前面，蕴含“山”环“水”绕、川流不息、连绵不绝之意。拱桥与宗祠之间的广场上设置一处麒麟台底纹图案，寓意吉祥平安。

由于广场用地有限，故在广场地下设置停车场，形成立体式的广场空间，同时解决了交通拥挤问题。

宗祠建筑为三进院设置，分别为前厅、享堂和寝堂，三进建筑均以回廊连接，形成连贯整体性的建筑群落。建筑两侧开设侧门，使交通更为便捷。

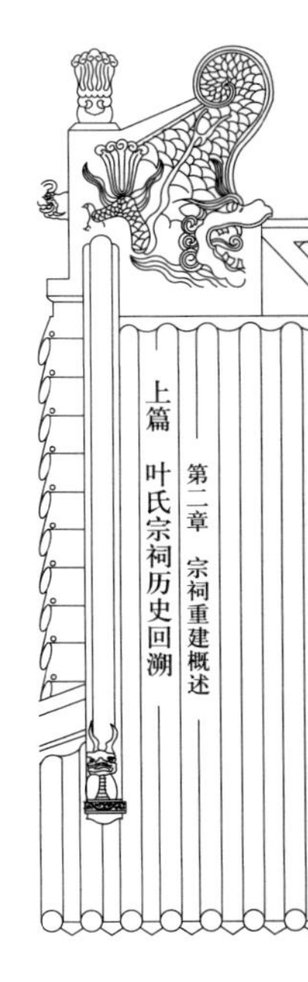

三、建筑构造

（一）建筑整体

建筑坐北朝南，前后三进，第一进为前厅，第二进为享堂，第三进为寝堂。三进建筑均采用歇山式屋面形式，前厅屋面采用三个歇山屋面的重叠样式，加强入口建筑的气势，同时使建筑屋面造型丰富，立面上高低错落，层层递进。宗祠通面阔 36 米，通进深 86 米，前厅建筑面阔较大，后二进建筑面阔缩小为 23 米，总占地面积为 2400 平方米，中轴对称，平面布局规整，规模宏大。

（二）第一进建筑

前厅面阔九间，进深五檩，为三层建筑。梢间东西两面各设有楼梯，明间、次间和梢间带外廊；尽间外为墙体；明间和次间各单开门一扇，并设置九级台阶，大门上方悬挂匾额。两侧次间向天井一侧各间均不设墙体，向里开敞。两侧梢间和次间设置办公室和储藏室，两侧对称布置。尽间高二层，三层建筑只包括明间、次间和梢间，建筑临天井带廊，屋面上三个歇山相连，样式丰富。

（三）第二进建筑

正厅面阔五间，进深五檩，名为“享堂”，是作为死者亲属祭祀先人和长期守孝居住之用。建筑高二层，歇山式，面阔 23 米，进深 18.8 米，前后开敞，空间通透。

（四）第三进建筑

后厅面阔五间，进深五檩，名为“寝堂”。是放置宗族祖先牌位的地方。建筑高二层，歇山式，面阔 23 米，进深 16.8 米，此为宗祠的最后一进建筑，层高和地势上均高于前进建筑，与前厅建筑首尾呼应。

主要技术经济指标表 **表 2–1**

序号	名称	单位	数量	备注
1	总规划面积	m^2	8174.66	
2	总建筑面积	m^2	4424.18	
3	建筑基底总面积	m^2	2009.44	
4	道路广场面积	m^2	2522.83	
5	绿地总面积	m^2	3060.57	
6	水体面积	m^2	581.82	
7	容积率		0.54	(2) / (1)
8	建筑密度	%	24.6	(3) / (1)
9	绿地率	%	37.4	(5) / (1)

宗祠建筑群四周用围墙圈成，代表建筑群内四水供明堂，风水宝地，永葆家族辉煌，人丁发达。建筑群总体规模庞大，恢宏气派，为名家巨族宗祠的典范，叶氏宗祠的建成将为大冶市增添一处著名的人文景点，期待其早日开工建设。

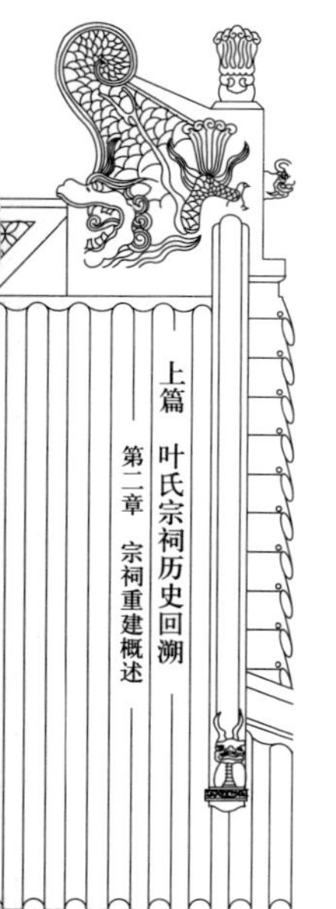

三、文化建设

2014 年 11 月 29 日上午，文化组在村委会会议室召开了宗祠文化建设第一次工作会议。与会人员围绕叶建通字 [2014]01 号《关于启动文化建设工作的通知》精神，对宗祠文化建设的目标、任务等进行了热烈讨论。

附：叶氏宗祠筹建委员会《关于启动文化建设工作的通知》（原文照登）

叶建通字 [2014]01 号

宗祠文化建设，是宗祠系统建设的重要组成部分。如何看待宗祠房屋建筑和宗祠文化内涵的关系？有识者认为：前者仅是载体，后者却是主体；前者只是外在实物，后者则是精神生命。可见宗祠文化建设是何等之重要！

我叶氏宗祠房屋建筑方案已基本审定，并进入前期施工阶段，考虑到文化建设方面的特点，如内容构思繁杂、表现形式多样、施工时间较长和花费资金巨大等诸多因素，因此，必须明确指导思想，采取得力措施，尽早组建工作专班，及时启动此项工作，让文化建设筹备工作同宗祠房屋建筑施工同步进行，以期达到水到渠成，两全其美之效果。为此，特就有关事项通知如下：

一、组建宗祠文化建设工作小组

根据筹建委 [2014]03 号公告关于各执事机构工作职责要求和实际工作进展情况，将“文秘组”更名为“文化建设工作小组”（简称“文化组”），将宗祠文化建设任务纳入其工作范围。为使该组能集中时间和精力从事此项工作，将其原工作内容中的“收集资料”与“草拟文告”等项任务划拨给办公室。为加强该组力量，特增加相关人员。名单如下：

组长：叶天龙（原市市场管理局书记、局长，筹建委顾问、原文秘组组长）

策划：叶宗善（筹建委特别顾问，原文秘组成员）

成员：叶国凡（原大冶化肥厂劳动服务公司经理，筹建委顾问，文化组成员）

叶宗金（原市人民医院副主任医师，筹建委顾问，原文秘组成员）

叶宗科（原市文化馆副馆长，筹建委顾问，文化组成员）

叶序咏（原大冶纱厂副厂长，筹建委顾问，文化组成员）

叶开圭（原劲牌公司画师，文化组成员）

叶征兵（黄石市开发区鹏程中学政教处主任，筹建委委员，原文秘组成员）

叶天向（市城北开发区下冯小学教师，筹建委委员，原文秘组成员）

二、明确文化工作小组职责要求

文化工作小组的职责要求，既是全组人员的工作规范，也是他们的行动纲领，必须率先确立。内容是：

（一）负责宗祠文化建设内容与形式的规划设计、评估审定、资金预算，以及作品施工的监管、验收、结算等方面的工作。具体工作中，必须处理好四个关系：一是在选择内容上，要处理好叶氏宗族史同中华民族史的关系，做到相互融合；二是在表现形式上，要处理好文化艺术风格同房屋建筑风格的关系，做到相互统一；三是在制作施工上，要处理好推出精品同厉行节约的关系，做到相互支持；四是在运筹思想上，要处理好立足本位同面向社会的关系，做到相互借鉴。

（二）宗祠文化建设工作小组，上对筹建委常委，下对全庄宗亲负责。工作时必须服从上级领导，体现族众意志，根据“统筹规划，分步实施”的原则，认真制订实施方案，遵照“尽心尽力，无私无畏”的精神，发挥各自的聪明才智。工作小组内部要做到：统一步调，分工明确，各执其事，相互配合，求同存异，齐心协力，圆满完成各项任务。

三、宗祠文化建设工作启动时间

在本通知送达之日起，便可开展工作。

2015 年 3 月 21 日上午，中共叶家坝村总支书记、筹建委首席顾问叶天胜先生在村委会三楼会议室主持召开专题会议，就祠堂文化建设内涵等问题进行认真研究，会议同意在东风路进村路口建一座高大气派精雕细刻的全石材单排九楼三门形式的门楼，门楼正反面印堂分别镌刻“叶家坝”和“万世恩荣”几个大字。照壁采用以“忠孝”为主题的系列图案、传扬孝道文化。文化广场命名为“万荣广场”。广场北边长形水池和三道拱桥分别命名为“富水河”和“富水桥”，寝堂供奉的祖神偶像按族规重新制作。神龛拟用石材精雕细刻制作。

2015 年 7 月 3 日上午，中共叶家坝村总支书记、筹建委首席顾问叶天胜先生，在村委会三楼办公室主持召开专题会议，就文化组呈报的《关于宗祠文化内涵建设规划的报告》进行认真研究并形成一致意见：

一是关于宗祠、殿宇（三殿两井）的命名。宗祠名称为“叶氏宗祠”，三殿名称分别为“崇源殿”、“铭恩厅”和“忠烈堂”，并确定了三殿两井各自的文化内涵。

二是确定宗祠楹联撰写者人选。

三是文化广场廊亭命名。

第四节　题捐资金

要建一流的宗祠，需要大量资金。钱从哪里来？根据以往经验，坝庄人素有克己奉公、急公好义、乐善好施和乐于奉献的优良传统，常委会决定采取“三个一点”的做法：

首先是申请行政村拨一点。叶家坝村一直以来对宗族事业十分支持，村干部深刻认识到宗族事业是村级事业的重要组成部分。支持宗族事业发展就是服务于广大村民，就是执行党的群众路线，这次叶家坝村的支持力度还会继续加大。

其次是动员老板捐一点。坝庄中门大小老板颇多，有的身家百万，有的资产过亿。他们都怀有一颗慈善之心，从未忘记回报社会，特别是在帮助宗族公益事业方面，从不吝啬，多次慷慨解囊，出手尤为大方。这次修宗祠，他们一定会一如既往，甚至有人会“爆”出惊人一“捐”。

其三是发动族众凑一点。原则上每位男丁 1000 元，确有困难者可量力而行，俗话说，

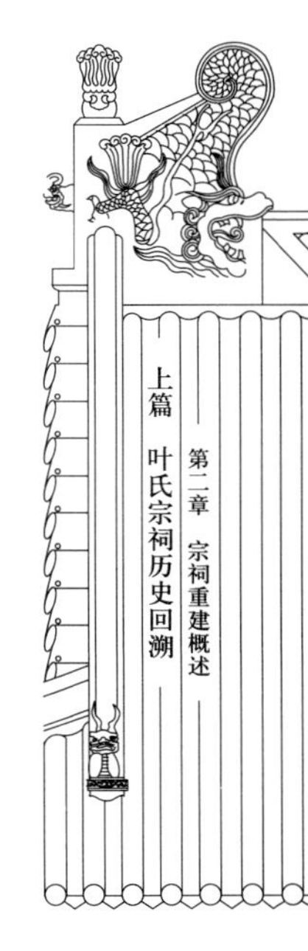

水有源流，木有根本，没有祖宗哪有我们自身，为祖宗出点钱是应该的。虽然出钱不多，但对有的族人来说可能有点难，如果想一想这是百年难逢的机会，就应克服困难为宗族作一点贡献。因此常委会还决定，凡出资者，无论多少，必将其名镌刻在功德碑上，让其百世流芳。

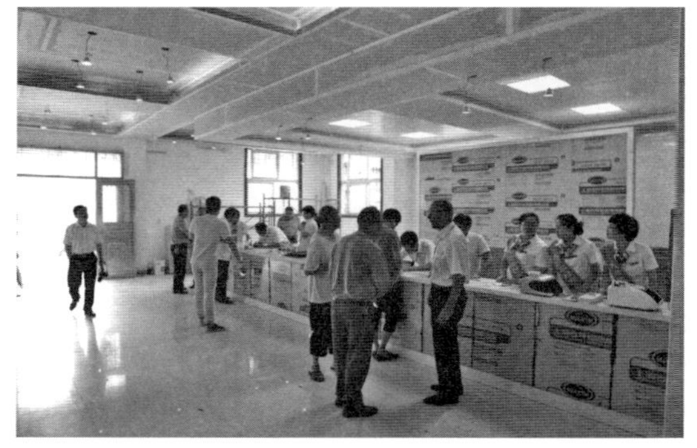

图 2–18　捐资现场

至于宗祠规划范围内建筑物拆迁问题，常委会决定采取协商办法予以妥善解决，视情况给予适当的货币补偿。希望拆迁户积极配合，主动拆除建筑物，为宗族大业贡献一分力量，为列祖列宗尽一份孝心！

此次宗祠重建，不仅是一项庞大工程、综合工程、形象工程，同时也是一项孝心工程、行善工程、积德工程。此项工程投资巨大，施工复杂，牵涉面广，可谓时间紧、任务重。因此，需要中门庄族众的大力支持和参与。希望广大族众按照筹建委员会的部署，心往一处想，劲往一处使，圆满完成宗祠重建任务，以此来固族基，扬族威，为列祖列宗增添荣耀，为子孙后代树立榜样。

为了尽快有效地筹措资金，筹建委员会采取了发布筹资进度公告和集中恳谈、分别座谈、登门访谈等一系列有力措施。

恳谈会上，宗亲们踊跃捐资（图 2–18）（详见附录）。

第五节　精心营造

一、迁墓腾基

要建一座与叶家坝经济实力相称的祠堂，已成为坝庄人的共识。然而在什么地方建的问题，成了摆在族人面前的大难题。如果在原基上复建，肯定达不到大家的美好愿望，因为老祖堂前无出场，后无退场，左右皆是民居，若向四周扩展，拆迁压力非常之大，不仅是费用过高，更重要的是左邻右舍对家乡故土无法割舍，即令拆迁成功，还是打不破前后无出场的困局，因此大家认为达不到目的，建了也不如意。

在经过深思熟虑之后，常委会决定：把下首垴祖坟山危机问题与新祠堂选址问题合并在一起解决。

说到下首垴祖坟山出现危机问题，这绝不是危言耸听，下面略叙一二：

据《叶氏宗谱》记载，下首垴祖坟山葬有自清顺治六年（1649 年）至民国 12 年（1923 年），计 274 年间从“文”字辈到“成”字辈计 6 代 51 位先人的遗骸，其中包括中门庄开基鼻祖文明公，嫡亲血祖之梜公、春和公，以及兴庄嫡祖先选公，其余都是伯叔祖。原来这里的祖坟都有碑有冢，“文化大革命”期间被当作“四旧”全部摧毁，荡为平地。“文革”结束后，族人纷纷为祖先恢复碑冢，然而恢复的多是近祖，这里的远祖却无人问津，一晃竟被埋没近半个世纪，更为严重的是，近几年大冶城市发展，坝庄土地不断被征用，族人以为此处是空地，先后将57具祖先遗骸迁葬于此，其中包括柏杨林迁县城东的嫡祖茂富公，还有会松公、友鹏公，殊不知这些祖先葬的都是“坟上坟”，犯了宗法之大忌；再者，村在城中，坟在村中，与周围环境极不协调；更有甚者，有人在墓园内乱搭乱建，乱堆乱放，乱作乱为，把一个远祖墓地搞得乱象横生，臭气熏天。古人云：祖宗不安，子孙何安？因此下首垴祖坟山已经到了不整治不能安定人心的地步。整治的唯一办法就是分层清理、迁葬别处。因此筹建委决定到外地特购一块地，建成远祖陵园，妥善安置这些祖宗，让被埋没多年的祖先重迁福地，再享嗣孙香火，让后迁入祖先得一佳处，与先者再度为邻。一切迁葬事宜均由筹建委负责操办，不再另外分摊任何费用。

方针既已确定，坝庄人雷厉风行。

（一）征地

通过对多处的考察和与多方面的洽谈，最终于2014年5月8日，坝庄与金湖街办平原村签订协议，征用地处该村7组周远湾的胡先林大金星（昔时此处为叶氏老祖山，见本书中篇第九章《先祖陵园》引言）约二亩山地，包干价为6万元，用于建设“叶氏先祖陵园”。

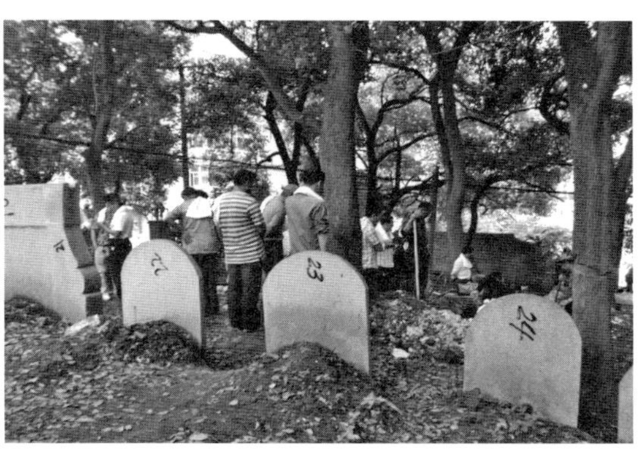

图2–19　坝庄众嗣孙与“八仙”为每座祖墓编号并细心收捡祖先遗骸

（二）迁墓

2014年5月23日至27日（农历四月二十五日至二十九日），筹委会请来了两台挖掘机，坝庄的一百多嗣孙放下各自的工作，从四面八方汇集而来，为每座祖墓编号并细心收捡祖先遗骸（图2–19）。挖掘机充当主力，先提起上层祖墓的碑石，掘开上层祖墓土层；上层祖墓清理完后，再依据《叶氏宗谱》找寻下层祖墓。共从坝庄下首垴迁祖墓130座至金湖街办大金星祖山安葬（后事见本书中篇第九章《先祖陵园》）。

二、建筑仪式

迁走了下首垴祖墓，腾出的空地与门口塘连接起来，面积将近十亩，此处北连上首垴、莲花芯，远倚黄金山；南临门口塘、东风路，近观湛月湖。有山有水，山水相依，向阳醒目，交通方便，是一处可遇而不可求的造宅宝地。把宗祠建在此处，既解除了祖坟山的危机，又满足了新祠堂的建筑面积，岂不是一举两得的美事？

（一）宗祠奠基

2014年10月1日上午（农历甲午年九月初八），筹建委在新宗祠工地举行了“叶氏宗祠奠基仪式”。

凌晨1时18分（丑时），由特别顾问宗林先生和宗善先生将“奠基石”安放于新宗祠前殿中心地基下，约6米深处的岩层红砂石上。“奠基石”底部中心处放置如人民币一元硬币大小的金币2枚（系特别顾问宗林先生所捐，从香港购回，上刻“荣华富贵，万代兴隆”字样，计重168克。），四角处放置铸有“乾隆通宝”字样的铜钱8枚（系顾问委员天龙先

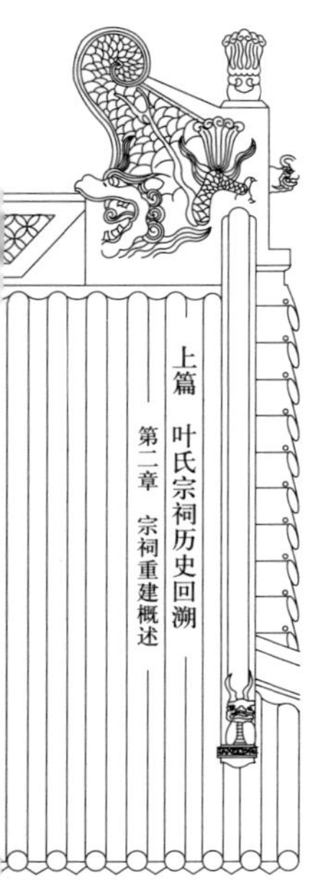

生所捐），四周投放带有国徽图案的人民币硬币236枚（其中银色一元的100枚，金色五角的136枚），计168元。“奠基石”定位后，用红绸布覆盖（图2–20），并燃放9箱礼花和6万8千响鞭炮以示庆贺。

图2–20　安放“奠基石”

上午8时许奠基仪式开始，由筹委会副主任惠清先生主持。

8时28分，筹建委16位领导为叶氏宗祠“奠基石”培土。他们是：首席顾问天胜，特别顾问宗林、序德、宗尉、宗善，主任祖发，副主任舜华、惠清，常务委员晨东、天顺、建军、宗召、宗星、序纯、序方，委员兼施工组长宗亨。

奠基仪式结束后，领导与宗亲合影留念（图2–21～图2–23）。

图2–21　奠基仪式现场

图2–22　惠清先生主持奠基仪式

图2–23　参加奠基仪式的领导与宗亲合影

（二）门楼揭幕

2015 年 5 月 9 日上午 8 时 18 分，叶氏宗祠建筑群的第一座建筑——“叶家坝”门楼奠基。

2015 年 6 月 19 日上午 6 时 18 分，举行“叶家坝”门楼揭幕仪式（图 2–24）。筹建委首席顾问、特别顾问、主任、副主任、常务委员、各职能组组长、各位委员、顾问委员、部分宗亲和来宾参加了门楼揭幕仪式并合影留念。吉时到，祖发主任宣布：“叶家坝门楼揭幕”。随后筹建委首席顾问天胜先生、特别顾问序德与宗善先生、主任祖发先生、副主任舜华与惠清先生为门楼揭幕（图 2–25）。

图 2–24 门楼揭幕

图 2–25 部分宗亲在门楼前合影留念

（三）大殿安梁

2015 年 7 月 26 日（农历乙未年六月十一日），于施工现场隆重举行叶氏宗祠起梁仪式。会场设在叶氏宗祠前，富水桥和文化广场交界处。叶氏宗祠前殿一楼檐前悬挂着“叶氏宗祠起梁仪式”会标，师傅们先将披红挂彩的大梁放在富水桥前用支架搁住，大梁中间挂着“万代兴隆”贺幅，大梁正面系有红绸布扎的 6 朵大红花。仪式由筹建委副主任舜华先生主持。

上午 6 点 18 分，叶氏宗祠筹建委员会主任叶祖发先生宣布：“叶氏宗祠隆重起梁”（图 2–26、图 2–27）。

图 2–26 舜华先生主持起梁仪式

图 2–27 祖发先生宣布起梁

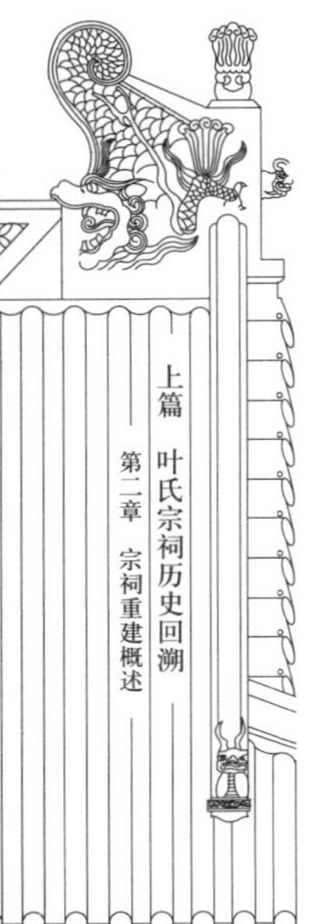

塔吊机的巨臂提起的大梁在鸣炮奏乐声中徐徐上升，达到一定高度时，塔吊机的巨臂在空中顺时针方向绕宗祠 180° 后，将大梁稳稳当当落位（图 2–28）。

伴随着大梁升起，特聘工程师、工程主墨卢新建先生致起梁贺诗四首。

卢工贺诗余韵绕梁，顷刻间，大梁安位，师傅的贺词更具匠心：26 句七言诗，分别嵌入“一”至“万”13 个数字，预示着叶家坝庄“一门吉庆”、“万代兴隆”（图 2–29、图 2–30）！

筹建委副主任、施工组组长惠清先生致答谢词（图 2–31）。

图 2–28　塔吊起梁

图 2–29　大梁安位

图 2–30　师傅致贺

图 2–31　惠清先生致答谢词

最后，参加仪式的筹建委全体成员、捐资达 1 万元以上者和各房代表和工程建设者共计 300 余人，在新宗祠宴会厅共进午餐。

2015 年 7 月 30 日（农历六月十五日）宗祠主体建筑封顶。因与起梁仪式仅隔四天时间，本族宗亲一时难以召集，故未举行隆重庆典。但施工队的师傅们为了感谢宗亲的盛情慰劳和对这一宏伟工程圆满封顶的祝贺，自费买来了不少烟花爆竹燃放，场面虽非隆重，气氛也算热烈。

宗祠建造过程中，师傅们不畏严寒酷暑紧张而有序地施工，晴天一身汗水，雨天一身泥巴，不分昼夜地忘我工作，深深感动了本族宗亲，他们纷纷慷慨解囊，购买烟、酒、鱼、肉等慰劳师傅（图 2–32 ～图 2–35）。

（四）恭迎祖像

在宗祠建筑施工过程中，筹建委有关人员与“佛圣堂”取得联系，定制了两尊神像：文祖花香公和武祖万荣公。宗祠即将竣工时，于 2015 年 12 月 28 至 29 日举行了恭迎祖像庆典活动。

图 2–32　慰劳师傅 1

图 2–33　慰劳师傅 2

图 2–34　慰劳师傅 3

图 2–35　慰劳师傅 4

1. 中华民族英雄、南宋爱国将领虎（花香）公简介

南宋兵部尚书叶虎（官讳），名美家，字圣作，号菩园，道号花香。生于宁宗嘉定元年戊辰年（1208 年），江南西道（道相当于郡省）兴国军（军相当于州县，兴国即今湖北省大冶市大箕铺镇）叶家庄村人。

公身材伟岸，性格刚强，睿智博学，文武兼备。宋理宗宝庆年间以两榜进士入仕，后积极投入抗元斗争。任北路军将领时，率全军将士浴血奋战，收复失地，频频告捷，深受国人赞誉。宋宝祐年间官拜兵部尚书兼讨元大将军，是当时朝廷“主战派”的重要首领。

其时，南宋小朝廷，外有大兵压境，内有奸臣专权，风雨飘摇，岌岌可危。以贾似道为首的“议和派”，对外卑躬屈膝，丧权辱国，对内粉饰太平，排除异己，度宗咸淳初年（1265 年），公被陷下狱，次年遭遣还籍。

公回乡后，满怀悲愤，于大至山中结庐为观，循入玄门。当时兵荒马乱，哀鸿遍野，瘟疫横行，民如倒悬，公生恻隐之心，立志救民，于是刻苦钻研医术，以至采药配方，临床诊治，无一不精，广为四乡百姓施医舍药，救人无数。

卫王祥兴元年戊寅年（1278 年），南宋灭亡，公因思念故国，忧郁而逝。当地人非常怀念他，将其居地（亦葬地）改称“叶花香”（今大箕铺镇叶花香村）。传说他建祠庙，立牌位，世代供奉。大冶叶姓族人，为纪念这位爱国爱民的“叔祖”（公乃绍人公后，大冶叶氏为绍天公后），将其奉为首座“祖神”，供之于宗庙祠堂之上，以寄托子孙后代对这位英雄祖先的永久思念。

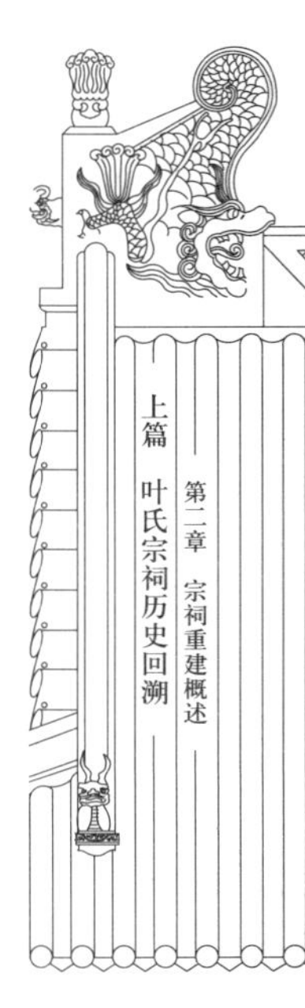

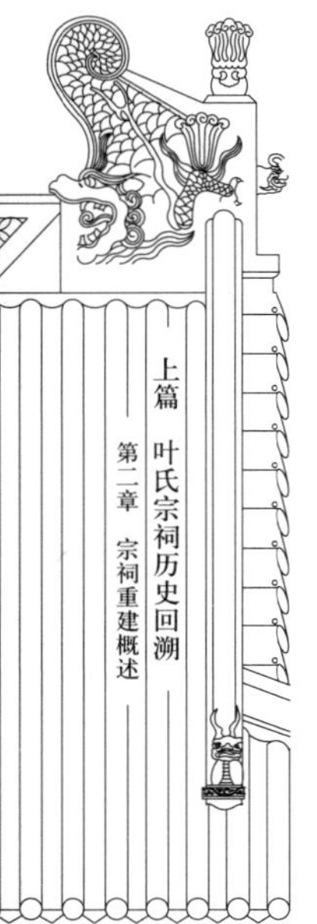

2. 元末民族英雄 大明开国将领万荣公简介

公讳万荣，字华国，号显庵。元代至元庚辰年（1340年）九月九日出生于大王店（今阳新县大王镇），幼时随父迁居柴桑（今江西省九江市西南），后又迁富川（今阳新县境内）。

公身形魁梧，性情儒雅，聪颖过人，文武全才，且为人正直，忧国忧民，待人真诚，广结广交。21岁入泮，越三年，乡举夺冠，其时，正值元代末年，政治腐败，天灾相继，民不聊生，义军四起。江南义军韩宋吴国公朱元璋麾下将领，我族正则公奉命在建康（今南京市）招募壮士讨元，公率族中子弟和庠中好友投之，因足智多谋，作战英勇，故屡建奇功，多次擢升。癸卯年年初（1363年），被拔为江州团练使，是年，公随朱元璋征战江西，在鄱阳湖与“汉帝”陈友谅决战，谅大败，公作为水军后援，居功甚伟，被封为江州总管。明洪武辛酉年五月（1381年），湖南五溪一带，匪患猖獗，震动朝野，太祖皇帝调江夏侯周德兴为招讨大元帅，命公为左翼都统先锋，领兵五万，前往湘西。公奋勇杀敌，所向披靡，不出两月，匪乱悉平，帝大悦，加封公为九江兵马指挥使（正三品）兼江州总管，统领重兵镇守京西门户，并统管地方军政事务。公清正廉明，鞠躬尽瘁，治军严谨，爱民如子，地方安定，秋毫无犯，朝廷极为赏识，军民十分拥戴。

洪武壬戌年（1382年），公因戎马一生，积劳成疾，四十三岁殉职于江州任上。帝闻之，掩面泣曰：“痛哉，朕失股肱也！”并赐庙“忠烈”，举国致哀。公殁后葬于富池新塘口里许（今阳新县甘宁公园内）。

公智勇惊众，勋业耀时，其垂迹甚多，因旧谱残缺，不能全记，谨述其略。公乃大冶叶姓支脉（七门二十庄）之嫡祖，为缅怀这位明代爱国英雄和宗族杰出祖先，我族一直以来尊其为“祖神”，塑像设坛，供奉于祠堂或家庙之上，顶礼膜拜，香火世代不绝，为的是弘扬其不朽之精神，传承其伟大之志向，将宗族推向现代文明，将村庄推向社会进步。

（五）祖像归祠

2015年12月28日（乙未年冬月十八日），本族隆重举行了“迎奉太祖神像驾迁新祠仪式”。按活动程序安排，凌晨三时就前往湖北省佛圣堂雕塑工艺有限公司迎驾。5时28分，由48名宗亲代表和十余辆专车组成的迎接队伍，将太祖神像运抵叶家坝门楼内侧。6时，开建、宗鼎、宗荣、光明、宗希、宗林、宗访、宗变、宗志、建华、宗冬、序勤、序长、序文、国兴、国强等16名分成两班轮换，先后将文武二祖神像抬进宗祠，又分别从一、二重大殿东西两侧将两尊神像抬进寝殿——第三重大殿“忠烈堂”。10时，国凡、宗鼎和序均在寝殿神龛内为两位太祖安装“金心银胆”（将价值3880元的金银、檀木、麝香、海马和五谷等制作的“内脏”放入樟木雕成的神像腹中，即安“脏”）并为祖像披红。14时至24时为二位太祖安位。

（六）祭祀大典

2015年12月29日，在叶氏宗祠即将落成之际，在本族列祖灵位驾迁新祠之时，筹建委隆重举行叶氏宗祠祭祀大典。筹建委副主任惠清先生任主祭，筹建委全体成员及莲花芯庄、上叶庄、下叶庄代表共100余人在后殿“忠烈堂”举行“祭拜仪式”，祭拜列祖列宗在天之灵。

图 2-36　礼花冲天，光芒四射，迎接太祖神像回归

图 2-37　礼生肃立，恭迎神像

图 2-38　花香公神像被迎进门楼

图 2-39　万荣公神像行进在宗祠广场上

图 2-40　花香公神像被迎进宗祠

图 2-41　万荣公神像被迎进宗祠

图 2-42　惠清先生主祭

图 2-43　祭拜仪式

第六节　宗祠落成

根据民间习俗，凡族中大吉大利之事，如建祠、修谱之类，庆典活动须“一兴三年”，坝庄自然不会例外。此次的庆典活动，根据“主次分明，各有侧重”原则，“三年”是这样安排的。

第一年（宗祠竣工的当年），即 2016 年元月 15 日，农历乙未年腊月初六日，举办的是“叶氏宗祠落成庆典”。此次最隆重，具体表现为四个方面：一是在场景和场面方面，非常盛大热烈，可谓彩旗飘扬，锣鼓喧天，迎来送往，每天达十万之众。二是在选择剧团方面，注重档次，迎合观众，请来久负盛名的湖北黄梅戏剧院，演了 7 天 13 场脍炙人口的剧目，深受广大观众欢迎，戏台之下一席难求。三是在会族宴宾方面，做到了尊重和热情，而且铺排十分细致和周到。宴席办了 3 天 4 次，第一天（1 月 14 日即落成仪式前一天）中餐，在祠堂宴会厅招待坝门四庄和周边友庄等各方宾客 70 多席 700 多人，晚餐招待剧团演职人员等 8 席 80 余人；第二天中餐，在祠堂铭恩厅和宴会厅招待本庄姑亲、北门庄、金桥庄宗亲以及各庄与会代表等 130 余席 1300 余人；第三天晚餐，招待仲和、牯羊、十里铺庄以及“外五庄”宗亲 100 余席 1000 余人，由此可见规模之大。四是在祭祀祖先方面，更是尽礼致诚，根据不同进程，安排了三种形式的祭祀礼仪。一种形式是在庆典仪式开幕前，凡在主席台（贵宾席）就座人员到祠堂“寝堂”举行“焚香礼”。另一种形式是在仪式结束后，在祠堂“享堂”由祭礼“专班”举行“堂祭”，这种礼仪程序是根据古老的祭祀程序整理而成，演礼时阵容严整，步骤严谨，气氛庄严肃穆。最后一种形式是“随机”性的祭拜，凡来“散客”人不分内外，时不分早晚，祭不拘形式。

第二年（2016 年 11 月 9 日，农历丙申年十月十日）按公历计算，头年和二年的庆典实际是在一个年份中，庆典活动的名目是“庆祝叶氏宗祠落成一周年和纪念叶氏太祖万荣公诞辰 676 周年”。活动比较简单，只是举行了一个“焚香礼”，一个庆典仪式，一次“堂祭”，请湖北楚剧艺术团唱了 7 天 14 场戏，没有宴请宾客，这次虽然没有张扬，但仍不失隆重热烈，同样受到了广大民众的赞誉。

第三年的庆典活动，这里只是一个计划，时间拟在 2017 年 11 月中旬举行，拟以“庆祝《大冶叶氏宗祠志》出版发行”为主题，同时打算“大庆”一下，以此完成“三年庆祝”之约。因此，本章所刊载的关于“第三年庆典”的相关文字只属提前准备的资料。这里且期待这次活动圆满成功。

一、庆典活动

（一）落成庆典（2016 年 1 月 15 日～ 2016 年 1 月 21 日）

1. 庆典场地布置

1) 门楼（南门）

横幅一：叶氏宗祠落成庆典

横幅二：迎宾门

对联一：先祖徙邑东 ，齐心修起拦湖坝；嗣孙兴城北，奋力打开致富门

对联二：前临大冶湖，前程有望；后靠黄金岭，后福无穷

2）北一门（彩门）

横幅：庆祝叶氏宗祠落成

对联：诚邀乡邻看戏，满载幸福回家

3）戏台

横幅：热烈庆祝叶家坝文化礼堂暨叶氏宗祠圆满落成

对联：晋代发源，宋代开基，明代兴庄，柴桑望族，彰显千秋鼎盛；

　　　畐公称帝，虎公挂帅，国公拜将，忠烈名门，继承万世恩荣

4）祠堂

横幅：隆重庆贺叶氏宗祠庄严鼎定

5）气球标语

向支持我村文化礼堂建设的大冶市和开发区各级领导及社会团体致以崇高敬礼！

向帮助我庄叶氏宗祠建设的内五庄和外五庄各门宗亲及友好单位致以衷心感谢！

向莅临叶氏宗祠庆典现场观光看戏的邻里市民乡亲和各界朋友表示热烈欢迎！

向回乡为本庄宗祠落成祝贺献礼的各房姑娘女婿外甥及相关亲戚表示诚挚谢意！

2. 庆典热闹场面

此次庆典活动邀请了大冶地区著名的民间舞龙、舞狮队及本庄威风锣鼓队前来助兴，他们的高超演技为首届庆典拉开了吉庆祥和、热闹非凡的序幕。

为确保活动安全有序地进行，请来了大批治安警察维持秩序。

图 2–44　盘龙庆贺

图 2–45　舞狮庆贺

图 2–46　迎宾锣鼓 1

图 2–47　迎宾锣鼓 2

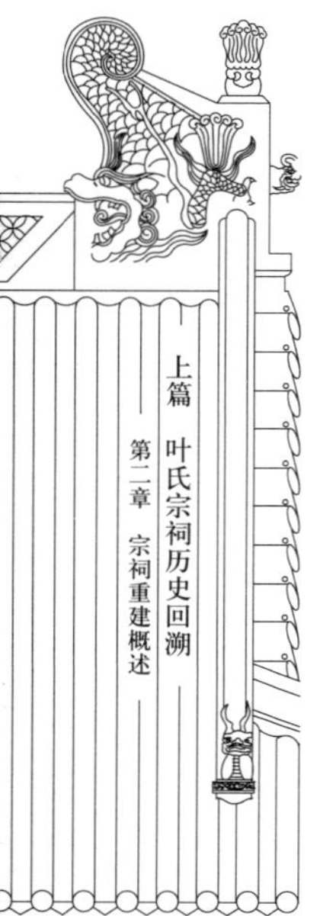

图 2-48 迎宾礼生

图 2-49 治安警察

3. 庆典大会仪式

叶氏宗祠的圆满落成，倾注了坝庄族众的心血和汗水，也得到了同门友庄及社会各界朋友的深切关注和鼎力支持。为表彰他们的努力付出，特举行隆重的落成仪式。

庆典大会由叶惠清主持。大会开始，鸣炮，奏乐！威风锣鼓！热闹、喜庆。

会上，叶氏宗祠筹建委主任叶祖发先生致开幕词（图 2-52），叶家坝村党总支书记、村委会主任叶天胜先生致辞（图 2-53）。宗亲代表致贺辞，他们分别是城建集团董事长叶宗林先生（图 2-54），德发置业有限公司董事长叶序德先生（图 2-55），金叶置业有限公司董事长叶宗尉先生，黄石市建设委员会办公室主任叶雅女士（图 2-56），黄石市中心医院医师、叶家坝姑娘代表叶润明女士（图 2-57），石林堂叶氏家族理事会会长叶志先生，还地桥镇燎原村党支部副书记、叶贵庄代表叶险峰先生，仲和庄代表叶德胜先生和牯羊庄代表叶福平先生。

图 2-50 庆典大会主席台

图 2-51 主持人叶惠清

图 2-52 叶祖发致开幕词

图 2-53 叶天胜致辞

图 2–54 叶宗林致辞

图 2–55 叶序德致辞

图 2–56 叶雅致辞

图 2–57 叶润明致辞

庆典仪式结束后，为表达对前来赴会的同门友庄代表、出嫁姑娘的谢意，举办了盛大的答谢宴会，叶宗善先生致祝酒词。宗祠落成庆典期间，特请湖北省黄梅戏剧院作专场演出，7 天共 15 场，总支副书记叶舜华为演出的开锣仪式及闭幕致辞，给剧团送纪念匾。

图 2–58 宗亲在准备宴会

图 2–59 叶舜华开锣仪式致辞

图 2-60　族人参加庆典大会

图 2-61　宗亲看戏

图 2-62　剧照

图 2-63　给剧团送纪念匾

（二）周年庆典（2016 年 11 月 9 日～ 2016 年 11 月 15 日）

1．庆典联语

1）门楼

（1）横标

热烈庆贺文化礼堂（大冶叶氏宗祠）落成一周年

隆重纪念陇脉冶系太祖荣公诞辰六百七十六周年

（2）对联

中门　　去年腊月才歇戏，今岁初冬又开台

两侧　　敬请诸方亲友至，诚邀各府贵宾来

2）戏台

（1）横标

热烈庆祝叶家坝文化礼堂（大冶叶氏宗祠）落成一周年

隆重纪念陇脉冶系叶氏太祖万荣公诞辰六百七十六周年

（2）对联

湖边头成闹市得亏祖先开路修堤坝，土巴佬变居民多谢政府撤村建社区

3）后门

（1）横标

热烈庆祝叶家坝文化礼堂（大冶叶氏宗祠）落成一周年

隆重纪念陇脉冶系叶氏太祖万荣公诞辰六百七十六周年

（2）对联

观今鉴古风云际会金湖畔，继往开来鼎爵惟陈赤子情

2. 庆典活动气球标语

向支持我庄祠堂建设和事业发展的各级各位领导表示崇高敬意与衷心感谢！

向参与我庄祠堂建设和庆典服务的各行各业师傅表示崇高敬意与衷心感谢！

向回庄祭祖会族的同门宗亲和返乡朝宗省亲的各辈姑亲表示热烈欢迎与诚挚问候！

向赐步我庄访友的各界朋友和莅临广场看戏的各方乡邻表示热烈欢迎与诚挚问候！

3. 相关致辞

叶家坝文化礼堂（大冶叶氏宗祠）落成一周年暨纪念冶系叶氏太祖万荣公诞辰676周年典礼仪式由叶惠清主持。

叶家坝宗亲理事会、叶家坝慈善基金会理事长叶祖发先致开幕词

叶家坝社区总支部书记、叶家坝社区居民委员会主任叶天胜先生致贺词

城建集团董事长、叶家坝宗亲理事会名誉理事长叶宗林先生致贺词

德发置业有限公司董事长、叶家坝宗亲理事会名誉理事长叶序德先生致贺词

金叶置业有限公司董事长、叶家坝宗亲理事会名誉理事长叶宗尉先生致贺词

大冶市老年公寓董事长、十星文明户代表殷素华女士致贺词

叶家坝社区三组居民、好媳妇代表赵霞女士致贺词

叶家坝社区总支委员、社区居委会委员叶序彬先生宣读《创建文明社区倡议书》

庆典活动举行了历时五天的社戏演出，观众累计多达数万人次，好评如潮。

4. 亲友致贺

庆典期间，同门友庄、异门友庄也前来祝贺，送匾、送物、送礼物。具体数目见“附录二”。本庄姑娘也纷纷献礼、捐资。

5. 庆典纪念品

叶氏宗祠落成庆典期间，为答谢各方亲友的祝贺，叶家坝庆典筹备委员会特在大冶“石

图2–64 大会主持叶惠清

图2–65 叶祖发致开幕词

图2–66 叶天胜致辞

图2–67 叶宗林致辞

图2–68 叶序德致辞

图2–69 殷素华致辞

图2–70 赵霞致辞

图2–71 叶序彬宣读倡议书

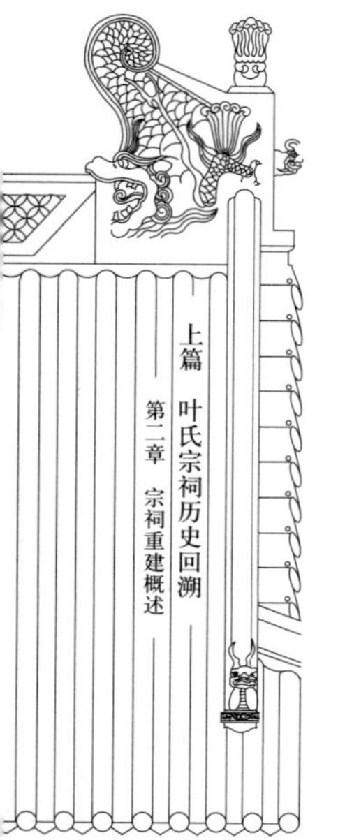

图 2–72 石林堂送猪羊祭

图 2–73 金山庄送猪羊祭

图 2–74 仲和庄送猪羊祭

图 2–75 族人送花瓶

开工艺”定制了各名为“根深叶茂”的类型“青铜宝鼎”，并在武汉定购一批“印字”保温茶杯作为“纪念品”，其制作规格和发放标准见下面图表。

庆典纪念品规格与赠送对象 表 2–2

品名	规格			赠送对象
	高度（米）	直径（米）	重量（千克）	
青铜鼎 1 号	326	242	9465	贺捐 100 万元以上者
青铜鼎 2 号	269	202	5495	贺捐 20 万 ~ 99 万元以上者
青铜鼎 3 号	228	169	3540	贺捐 10 万 ~ 19 万元以上者
青铜鼎 4 号	168	118	1765	贺捐 1 万 ~ 9 万元以上者
保湿杯				凡贺捐者

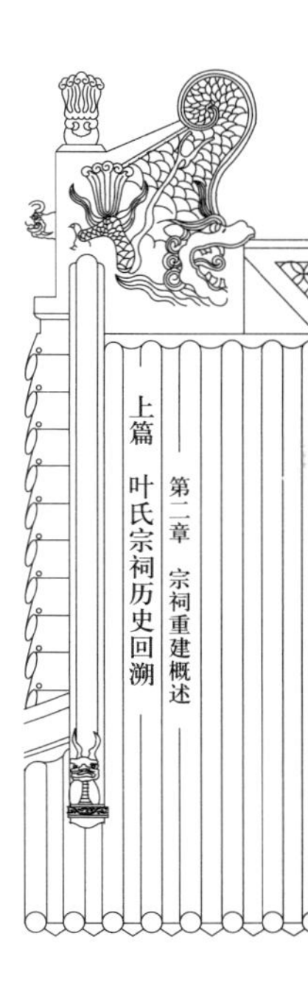

图 2–76　"根深叶茂"青铜宝鼎

图 2–77　1 号青铜宝鼎

图 2–78　2 号青铜宝鼎

图 2–79　3 号青铜宝鼎

图 2–80　4 号青铜宝鼎

图 2–81　保温杯

中篇 叶氏宗祠建筑

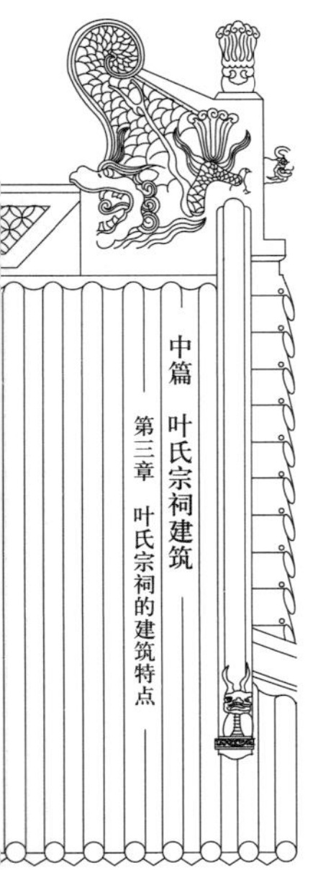

第三章　叶氏宗祠的建筑特点

第一节　总体规划

叶家坝村位于湖北省黄石市下属县级市——素有“青铜之都”称号的大冶市城西东部，南依东风路，北临观山路，东滨尹家湖西伴新冶大道，含莲芯、上叶、下叶、中门四庄，依湖而灵秀，因路而兴旺（图 3–1）。

图 3–1　区位环境

随着时代的变迁和经济的发展，叶家坝庄顺应城市更新改造，前后经历多次拆迁，由原来偏隅城关东北的乡村迁徙至大冶市城区的闹市中心，如今村庄组团式围合，集约用地紧凑布局形成了如今的社区化纹理脉络，村内以多层或者中高层住宅为主，辅以较为健全的公共服务设施，成为大冶富有名望的大家族。

叶氏宗祠在总体规划的时候，遇到了一系列困难，一方面是因为可用土地已为数不多，既有建筑又无法拆除，另一方面则是宗祠所在区域是坝庄人口密集、交通繁忙之处，空间特别拥促。要在这样有限的场地建设如此重要的群体建筑，的确是一件不易之事。宗祠的筹建者们广泛征求意见，集思广益，精心策划，将众多的群体建筑巧妙和谐地予以安排，做到多而不乱，繁而不杂，点线面结合，恰到好处，符合既有观赏性又有实用性的要求（图 3–2）。

选址工作完成之后，祠堂的总体布局是需要全面考虑的。祠堂建筑作为传统古建筑文化的重要载体，建筑朝向和基地气候是决定祠堂布局的核心要素。在古代，古人对于建筑的方位和朝向的重视就达到了空前的高度，因为这些要素直接关系到建筑的采光和通风，影响着使用的舒适性。帝王级别的建筑还涉及政治方面的因素（图 3–3）。

我国在自然的地理位置上属于北半球，建筑讲究朝向以主要朝南偏东为主，并不大于 20 度为宜，以避免太阳光过分照射，使人们居住有舒服感。而且就建筑风水而言，建筑坐北朝

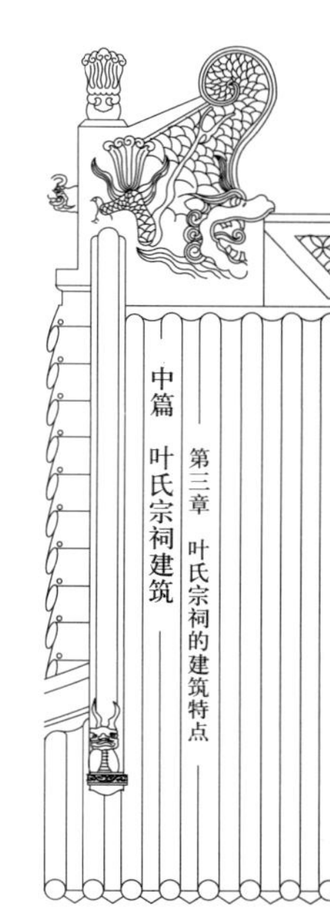

南是首选，古人云：“天子当阳而立，向明而治”，古代帝王的宫殿都是坐北朝南，紫禁城的坐向也是严格按照这一说法而建；而建筑气候讲究“风水学”，风水学中“风水”这个词实际上也包括了气候等要素，气候因素对人体健康的关系极为密切，所以说一般的风水宝地气候都不错，由于人们从生活经验中体会到“阴胜则阳病，阳胜则阴病”（出自于《素问·阴阳应象大论》），因而选择必“相其阴阳”，寻找“阴阳合和，风雨所会”，万物讲求阴阳平衡，而风水也很讲求这一点，好的气候能够适合人类居住生息，所以人们常说要追求“向阳府地”。

图 3–2　叶氏宗祠古建筑群分布图

祠堂的布局最终确定为形制方正，坐北朝南，祠堂的正门面向位于基地南部的广场，与广场的中点位于同一条中心轴线上，广场的东西两侧近似对称，秩序井然。从村庄整体来看，祠堂由内向外，呈现径向延展的曼陀罗式格局。

建成以后的叶氏宗祠，前殿为九开间，面阔 35.10 米，进深 15.9 米，三檐歇山屋顶，总高程 21.68 米；中殿为五开间，面阔 20.07 米，进深 19.8 米，三层歇山屋顶，总高程 23.89 米；后殿为五开间，面阔 20.07 米，进深 20.07 米，三层歇山屋顶，总高程 31.59 米。三重殿两边用二层连廊连接，殿与殿之间设天井。宗祠总进深 82.10 米，建筑面积 5309.5 平方米（不含负一层面积）（图 3–4）。

祠堂和广场的分界，由东侧的迎曦亭和西侧的望月亭来完成空间限定，亭的设计取法于古代园林建筑，属于六角重檐攒尖亭，脊角翼然，华丽庄重，蔚为大方（图 3–5、图 3–6）。

迎曦亭两侧立柱上的对联是：“玉宇霞飞朱廊迤逦金龙舞，华亭日照碧树葱茏彩凤鸣”。荟萃亭题有对联为：“映日群芳将红挈绿临门久，环城一水托塔牵桥隔岸来”。在广场的东侧，迎曦亭和荟萃亭位于一前一后，遥相呼应，三低两高五个部分的廊道将两端连贯，取名为“怡心廊”，共同构成了广场的东西两侧的边缘。廊道顶采用古代传统建筑的双坡瓦屋面形式，高低错落，天际轮廓线也因此而显得更为丰富。与东侧的高低连片的围合布局不同，广场西北角有望月亭，望月亭两侧立柱附有对联则是：“月吐银辉洒落莲池浮壁影，亭迎紫气萦回桂殿映湖光”。连线组合而成的思源廊和栏杆相连，空间上更为清透。亭虽不多，足以展其风姿。迎曦亭、荟萃亭及望月亭彼此交相辉映，生动有趣（图 3–7）。

三亭上的彩绘多为旋子彩绘，旋子彩绘比苏式彩绘高一等级，再配以：飞龙吐瑞、太白醉春图、还我河山、包公断案、渔樵耕读、屈原天问、山水古殿、富贵花开、荷塘雅韵

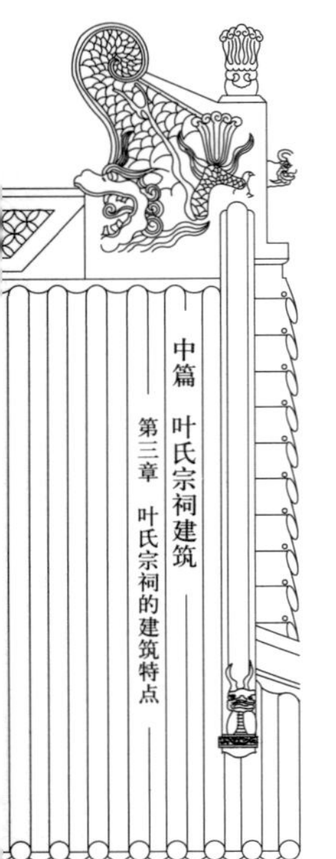

图 3-3 叶氏宗祠夜景

图 3-4 叶氏广场外景

图 3-5 亭与廊

图 3-6 亭廊竞秀

等 19 幅彩画，这就使亭子显得尤其雍容华贵（图 3-8）。

在广场西北角有一水池，水池或明或暗，明者露天，暗者隐于望月亭和思源廊之下。池中养有睡莲，故谓之“莲池”，正好与先祖明代文明公之字吻合（图 3-9、图 3-10）。

池中立一假山，山虽小不失峻峭，色调正近于逼真。假山上有一小瀑，水入池中，长年不断。水池的构思和假山的设置参考了江西婺源萧江宗祠前的水池模式（图 3-11、图 3-12）。

富水河位于广场之北，东起迎曦亭，西接水池，将两廊三亭通过水路连成一体，看似东、西分踞，实乃一脉相承。河中放养金鱼无数，很受游人青睐。

河上有拱桥三座，名为“富水桥”。富水桥南连广场，北通大殿，是由广场进入大殿的主要通道。桥上设汉白玉栏杆，河岸植四季常青的五针松 8 株（图 3-13）。

“富水”指今阳新富水镇，是万荣公魂归之地。相传明洪武十五年（1382 年），公领兵巡防至长江富水新塘口，突发急症，逝于此处。河、桥以“富水”名之，一语双关。万荣公九泉之下，得知后嗣使其魂归故里，终日与宗祠为伴，岂不乐哉。

富水河、富水桥的设计乃受天安门前金水河、金水桥的启发。

飞瀑、游鱼、睡莲、青松，动静结合，色彩斑斓，流水不断，生生不息，这些极富生命力又有动感的景物汇集于此，使人们看到无限的生机，也是族人希望之所在。

中间的广场名为“万荣广场”（先祖明代万荣公之名），主体近似方正，南北有 56.70 米，东西达 49.95 米，近 2918 平方米。广场高出坝庄两条主干道(叶家坝大道、坝庄西路)1.5 米，低于主殿 2.95 米，广场的宽广衬托了大殿的雄伟。规划布局上，考虑到全村百姓的使用方便，

图 3-7　怡心廊

图 3-8　迎曦亭

图 3-9　莲池倒影

图 3-10　山水廊亭

图 3-11　悬崖瀑布

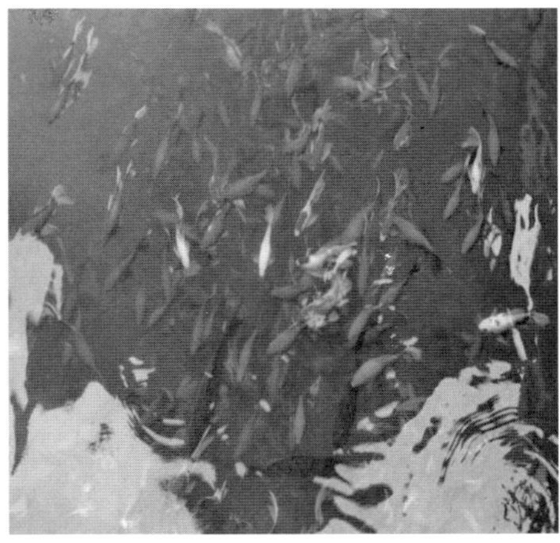

图 3-12　金鱼戏水

采用无障碍设计，即广场内部不设座椅花坛树池，场地完全平整和开敞，有利于开展大型活动，例如宴席、戏曲、会议等。广场正中心的向心性的图案铺装，是村庄团结凝聚的象征。

万荣广场底下的调蓄池，立有 60 根桩柱，桩柱上端有横梁连接，用以支撑广场地面，地面由钢筋水泥现浇而成。上铺中国红花岗石板，正中设计一个直径 12.88 米的太阳花，太阳花寓意叶氏家族在红日光辉的照耀下，永远兴旺发达（图 3-14、图 3-15）。

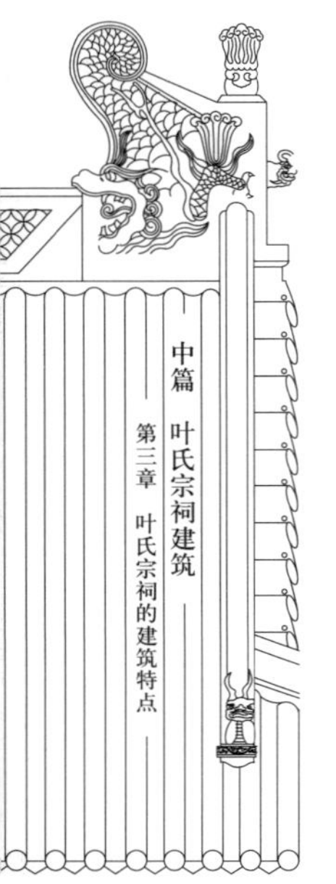

图 3–13 殿前富水桥

宗祠对外交通联系的窗口，是位于大冶市城区主干道东风路东段北侧，与秀美的红星湖只一路之隔的坝庄入口处，矗立着的一座古色古香的石雕门楼，这就是出入坝庄的主大门（南一门）（图 3–16）。

门楼柱基础为人工挖孔桩钢筋混凝土承台，柱桩径 1.22 米，柱深 6 米，桩基入岩层 1.2 米。考虑到建筑物自身重量及受道路车辆行驶所产生的振动力等因素，对基础承台进行加固扩大设计，用强度为 C35 标号的钢筋混凝土予以浇灌。门楼石料取自山东省嘉祥县青山矿区深层，其青石色泽清莹，质地坚硬，承重能力好，具有抗压、抗氧化等特点，是石雕作品的首选石料。

因门楼跨度较大，为安全起见，大梁梁体先用钢筋混凝土制作，然后以刻有图纹的石板敷面。其余单体构件如门柱、抱鼓石、须弥座、石狮、额板、斗栱及屋顶等均以整块青石制成。

门楼石雕构件先在工厂运用机械切割、粗雕、打磨，再由人工精雕、细磨而出成品。装运至工地现场，用大型吊车起吊安装。安装时从下而上，待下部稳固后再进行上部安装，及时找平、校正。安装完成后，再填缝、修补、打磨，修补后无明显缺陷，和石材完全保持一致。

进入门楼，迎面而来的是仿古特色一条街。此街东侧长 126.42 米，西侧长 110.84 米、

图 3–14 广场施工现场

图 3–15 广场全景

图 3-16　石雕门楼正面

图 3-17　仿古街全景

图 3-18　仿古街东侧店面

图 3-19　仿古街西侧宣传栏

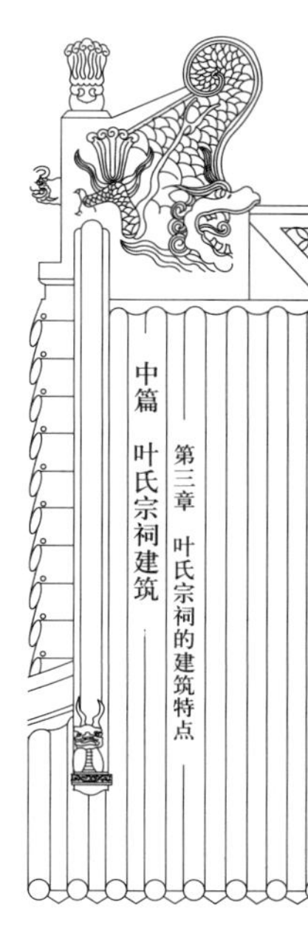

属半山长廊式建筑。街虽不长，却很古雅，飞檐斗栱，流光溢彩。两排红漆立柱沿人行道一字排开。东侧店铺鳞次栉比，招牌整齐有序，商品琳琅满目，生意十分红火；西侧北段墙面上的宣传栏、告示栏设计合理，装饰精美（图 3-17、图 3-18）。

第二节　平面布局

祠堂是中国古代一种祭祀性、纪念性建筑，是中华民族悠久历史和儒教文化的象征与标志。“祠”字在古代汉字构成上，本身就含有供奉祭祀的意思，而“祭祀”的含义则是感恩和纪念。

中国祠堂建筑总体上有两种类别，一种是为供奉在历史上留下很高名望的伟大人物而建，称为“专祠”，在《礼记》中记载，凡为国捐躯或为民除害殉职的，民间都要立祠堂来纪念他，例如文丞相祠、屈原祠、武侯祠、包公祠等，这种专祠，也被人们称为“名人祠堂”。第二种祠堂是同一血缘家族或者宗族，供奉列祖列宗的场所，可分为家祠、房祠、宗祠、合族祠等。在上古时代，平民百姓，甚至是士大夫，都不允许建宗庙，宗庙唯天子一人专享，自宋代理学家朱熹提倡家族祠堂，即每个家族建立一个奉祀高、曾、祖、祢四世神主的祠堂四龛以后，祠堂作为家族传统和文化传承的载体才广泛普及开来（图 3-20）。

祠堂作为拥有强烈纪念属性的建筑，其文化象征意义也很深刻。一方面，由于中国传统的宗族理念的影响，祠堂衍变为宗族同胞祭祀和供奉列祖列宗的地方，成为收族敬宗的儒家哲学的磁力场；另一方面，祠堂是族长行使族权的场所，也是宗族商议族内大事的地方，是宗族发展繁荣的方向标。祠堂以宗氏家族作为基础，多数是一姓一族，也有一姓数族的，在古代，宗祠维系了家族，家族聚落以宗祠为本，聚居围绕。通常，族内先人制定有族规，后代族人必须遵守，往往在族内推德高望重的人作为族长，掌管族事，再选一个办事可靠、

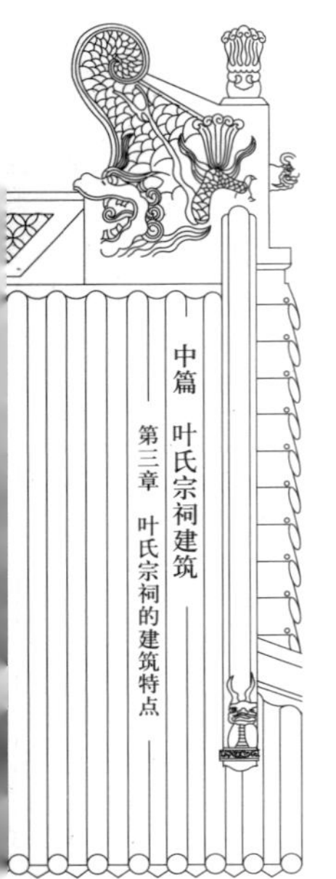

图 3-20 祠堂内的祭祀活动

能力出色的人作为族正，来帮助族长理事。宗祠举办的各项活动均会有记载，例如清明节举办“清明酒”，冬至日时举办“祭冬酒”，都是族人祭祀集会的礼数。祭祖以外，族规体现出赏罚分明的一面，例如，对于族内子弟升学升迁之喜，予以奖励；而对于不孝者，会用族规的戒条来惩罚。总之，祠堂是宗族和村落的中心，是民间文化传承之地，在旧时，族内人在这里商议族事，对违反族规的人宣判，也有在这里私立讲堂，为族内子弟传道授业，为赴省城京城考取功名的考生筹集经费。

叶氏祠堂属于宗祠，总平面近似长方形，东西向的总尺寸（面阔）为 35.1 米，南北方向的总寸尺（进深）为 82.1 米，占地面积约 1792.5 平方米，建筑面积为 5309.5 平方米，是湖北省乃至华中地区规模最大、装饰最为华美的祠堂建筑。宗祠平面图，成“丁”字之形，似印玺之状，既含至尊之意，又符丁旺之愿（图 3-21）。

叶氏宗祠地面以上有三层，地面以下，采用下沉空间的方式另做一层。其中，尤以首层平面建筑面积最大，最为开阔也最能反映整个祠堂的平面布局。

从祠堂正门进入，往北深入其内部的顺序来看，祠堂有“三进”，即前进、中进、后进，都采用五开间的组合，三进的中心在同一条轴线上，左右两边呈对称布局。前进与中进之间，及中进与后进之间，各设天井花园，也称为庭院，这种对天开敞的中庭是由上、下楼层贯通而形成的一种共享空间，由此射入的自然光线很好地解决了因建筑进深大而导致的采光问题，所以叶氏宗祠是明清年代祠堂所流行的三进两院式格局（图 3-22）。

在叶氏宗祠中，前进为首厅，入口的正门居中，两边为塾台，即古代建筑传统的“一门两塾”。居中的正门，采用“三山门”形式，即正门包含三个门，中间大门更宽，有 1.8 米，两旁的门稍窄，各有 1.5 米，平时大门关闭，两旁的小门供出入，只有在大型祭祀活动或节日里，大门才会开放。中进为享堂，前后各有天井花园，为举行供奉祭祀仪式或宗族商议族内大事的场所。后进则是寝堂，也叫作祖堂，用以安放先祖牌位，是神灵寝安之所，所以称为寝堂（图 3-23）。

图 3-21 叶氏宗祠正立面

图 3-22 天井

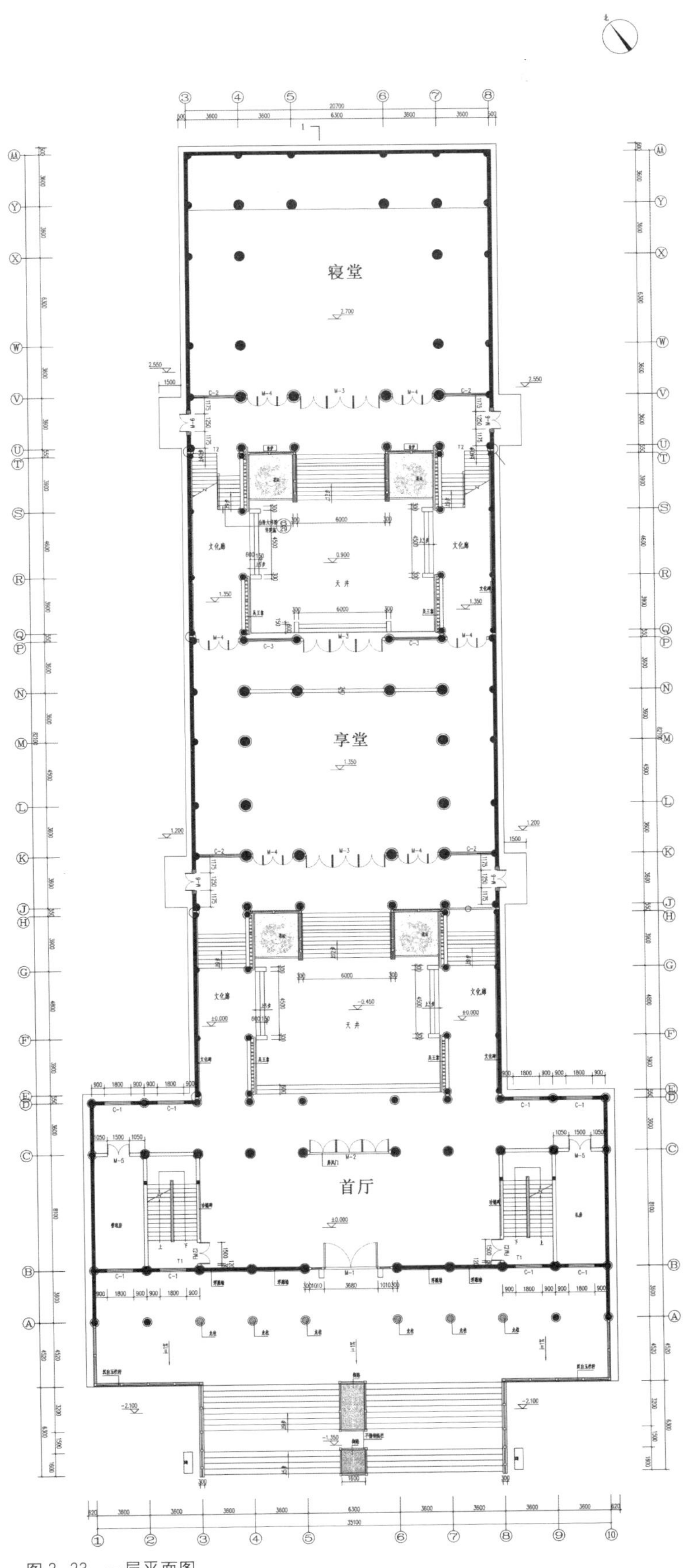

图 3–23　一层平面图

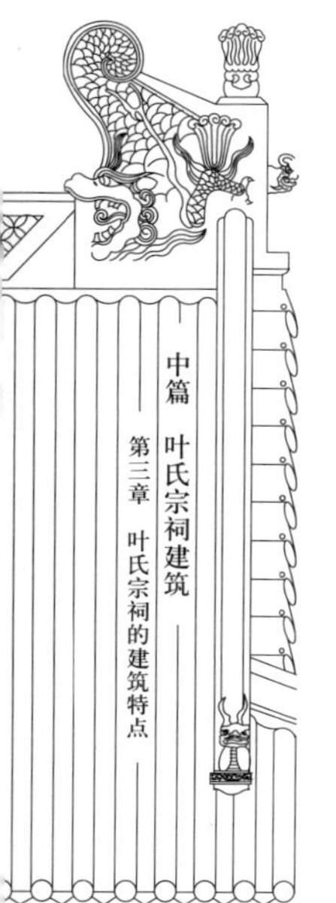

在祠堂内部，中间两处的天井是联系三进的主要交通枢纽，除此之外，在祠堂东西两侧，设置了两条平行对称的连廊将首厅至寝堂贯通，纵向交通流线也遵循“择中观”的儒家思想。

第三节　空间组合

建筑空间组合指的是在熟悉建筑使用空间和要求的基础上，从建筑整体的高度出发，分析各种使用空间之间的关系以及使用空间和交通联系空间之间的相对关系，再综合考虑经济、技术以及艺术审美等多个层面的要求，结合基地环境和整体布局等基础条件，将各使用空间及交通联系空间在垂直与水平方向上相互联系和呼应，从而组成一个有机的整体。

叶氏宗祠所处的区位被周边的众多中高层或多层住宅所环绕，如果不整体提高建筑的标高，则可能被湮没，建筑气势和魅力将无法彰显。在设计手法上，是在祠堂前的广场和祠堂建筑之间，设置过渡空间，即构建一段拱桥和一段台阶，来连接广场和建筑，逐渐升高了祠堂建筑的首层标高，让整个建筑居高临下，气势彰显。人们在通过不断上升的拱桥和台阶进入祠堂的过程中，容易感受到敬畏和景仰（图 3-24、图 3-25）。

图 3-24　入口拱桥

类似的设计手法多见于中国皇家古建筑，譬如著名的北京天安门门前的金水桥设计。金水桥建于 1690 年，即清康熙二十九年（1690 年），天安门前的金水桥有七座，中间的桥桥面最宽，长 23.15 米，宽 8.55 米，两侧是蟠龙雕花柱，称为“御路桥”，只限天子行走；“御路桥”两侧的是“王公桥”，宽 5.78 米，只允许宗室亲王行走；“王公桥”旁的是“品级桥”，宽 4.55 米，是官品三品及以上的文武重臣的通道；剩下的两座桥，是留给官品四品及以下的官员行走，称为“众生桥”。七座桥皆微微起拱，桥身如虹，向外延展，象征着“八方来朝”。

图 3-25　入口台阶

在祠堂内部，这种设计手法也有体现。祠堂内部两处天井的各自左右两侧，均设置了数级台阶，这种“步步高升”的错层设计不断改变了首层各部分地面的高度，即享堂地面高于首厅地面，寝堂地面又高于享堂地面，因此，随着不断深入祠堂的内部，地面

图 3-26　逐渐升高的地面

的高度阶段性不断上升，最深部的象征着祖宗起居安寝的寝堂位于最高的位置，后人对于先人的敬仰和怀念之情得以抒发。殿前两台阶间有一御道，宽3.9米，长6.79米，就台阶之势斜铺而成。御道四周用汉白玉栏杆作护栏。御道主体部分刻有九龙青石浮雕，浮雕上部中心位置为大型龙雕祥龙吐瑞，周围环绕八条形态各异的青龙，辅之以众多的祥云。整幅浮雕活泼生动、气势磅礴，令人见之肃然（图3–26）。

从首厅往南深入祠堂内部，厅堂廊道的设计贯穿了“居中为正，左右对称”的思想，即“天井—享堂—天井—寝堂”序列采用三开间组合来营造空间尺度，总尺寸达到13.5米，两侧对称设置的连廊各自有一开间的尺度，尺寸为3.6米，居中的享堂、寝堂及天井在空间体量上远远超过旁边两侧的连廊，成为整个建筑空间的主导，连廊作为建筑的交通联系部分，成为衬托主导的配角（图3–27）。

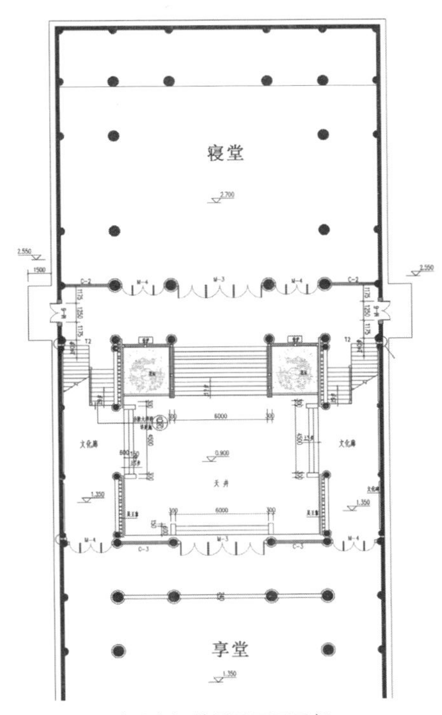

图3–27　叶氏宗祠首层平面图局部

第四节　建筑形制

一、屋顶

当人们正面走近祠堂，那挺拔华丽而又不失精巧的屋顶，展现出的雄浑气势让人印象十分深刻。叶氏宗祠的屋面采用三重檐歇山式屋顶，在中国古代建筑屋顶规格上，三重檐＞双重檐＞单檐，歇山式屋顶广泛运用在皇家建筑、官员府邸等，仅次于芜殿，所以叶氏宗祠屋顶的尊贵程度属于很高的级别。

从形象上看，此歇山顶是芜殿顶的下部和悬山顶上部的有机结合，既有芜殿顶的殷荣华贵，也有悬山顶的悬挑轻盈，因此歇山顶融合了直线和斜线的特点，在视觉效果上给人以棱角分明、结构清晰的感觉（图3–28、图3–29）。

图3–28　叶氏宗祠屋顶1

图3–29　叶氏宗祠屋顶2

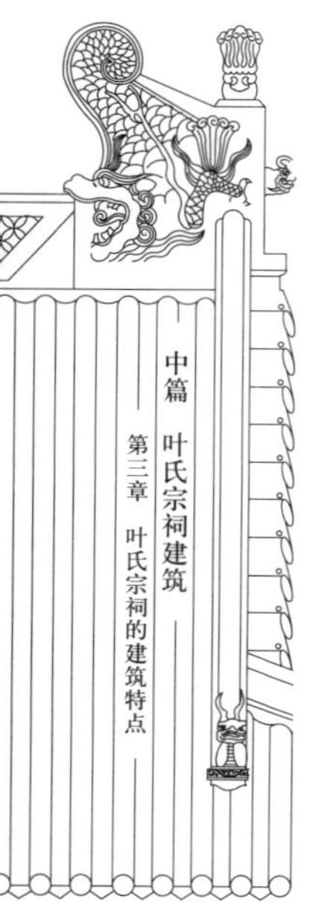

从构造方式来看，祠堂屋顶的歇山式样，是宋代著名建筑学家李诫在《营造法式》里所记载的标准样式，即屋顶有一条正脊、四条垂脊和四条戗脊供九条脊，其正脊两端到屋檐处中间折断了一次，分为垂脊和戗脊，好像“歇”了一歇，故名歇山顶，又称为九脊顶。屋顶两侧，依着垂脊，做成三角形的墙面，形成山花，为使屋顶山花不会过于突出和庞大，采用了收山的做法，即山花会从山面檐柱中线向内收进（图 3–31）。

古代有名的歇山顶建筑中，就有北京恭王府的银安殿，恭王府是国家重点文物保护单位，为清代规模最大的，也是唯一一座对公众开放的清代王府，曾先后作为和珅、永璘的宅邸。1851 年恭亲王奕訢成为宅子的主人，恭王府的名称也由此得来。银安殿是恭王府的核心建筑，是按照当时严格的清廷建筑规制、王府建筑中的最高规格屋顶歇山顶来修建，正殿屋顶用以绿色琉璃瓦来装饰，以明仅次于皇宫的建筑形制。银安殿是恭王府中最重要的礼仪性建筑，是王府举办重大庆典或者仪式的地方，其装饰十分华美，例如银安殿檐角上的垂脊兽为七个，郡王五个。正脊两端用螭吻，正殿中设座，高八尺，广十有一尺，修九尺，基高尺有五寸，朱裸彩绘五色云龙，座后屏三开，上绘金云龙，均五爪。郡王绘画四爪云蟒，各色花卉。正殿不设座，余与亲王府同。总体而言，风格瑰丽华贵，彩绘斑斓，态势非凡，极其精美。

从屋脊装饰来看，吻兽的设置体现出人们对于建筑的情感导向。吻兽最早出现可以追溯到周朝，宋代著名学者聂崇义所著的《三礼图集注》中记载，周王城中的建筑就出现了吻兽，而考古发现的最早的正吻图案是出现在汉代的阙、祠和明器上，1960 年在湖北省沙市郊区出土的瓦的内壁，刻着元光元年（公元前 134 年）的字样，证明了最早吻兽出现在距今已有 2100 年的西汉时期。

吻兽的雏形最开始并不是龙形，仅仅是工匠用瓦材堆砌形成的简单的翅突，后来随着人们赋予吻兽丰富的含义，吻兽逐渐演变成了动物的形状，譬如有朱雀、凤凰、孔雀等鸟形，也有鱼龙形。根据宋朝的《营造法式》和《唐会要》中记载，汉朝的柏梁殿上有“鱼虬尾似鸱”的构件，有“避火”的功效；晋代以后的文献中出现了“鸱尾”一词（传说是一种海中能灭火的神物），其外形近似于鱼尾，尾端朝上跃起，朝向正脊的方向（图 3–31）。

唐朝中后期，“尾”字变成“吻”字，故又称为鸱吻，图形下部是张口衔脊的兽头，上部则依然与鸱尾相似。到了宋朝再往后，吻兽图案更加丰富起来。金国出现龙形吻兽，龙头吞脊，龙尾向内卷曲，称“龙吻”。元朝时，尾部逐渐改为向外卷曲，背部出现剑柄。而

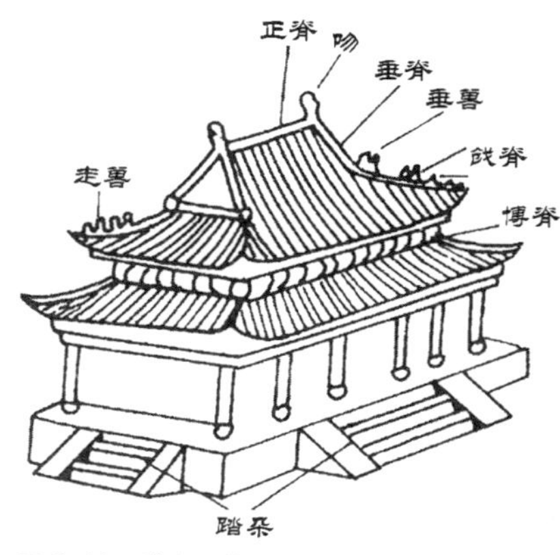

图 3–30　歇山顶构造样式

图 3–31　叶氏宗祠屋脊上的吻兽

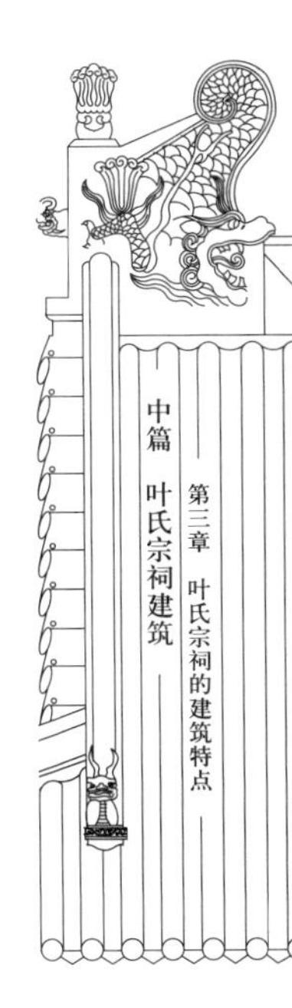

在明朝以后，吻兽尤其是龙吻大为盛行，图案上部为小龙，下部的龙尾完全向后卷曲。到了清朝，龙吻已经非常普遍，其背部插着宝剑，龙头怒目张口衔住正脊的形象，气势宏伟，雄浑有力。

祠堂屋顶的正脊、垂脊和戗脊都设有吻兽，其中，正脊上的压脊兽名为鸱吻，垂脊上的为垂兽，戗脊上的称为蹲兽，都以奇数出现。

二、面阔与开间

中国古代建筑是以木构架结构来建造房屋，以木质圆柱或方柱来作为建筑的竖向支撑，柱与柱之间的尺度称为“间”，所以古典建筑的建筑空间营造可以概括为“以间组屋、以屋组院、以院组群”（图 3–32）。

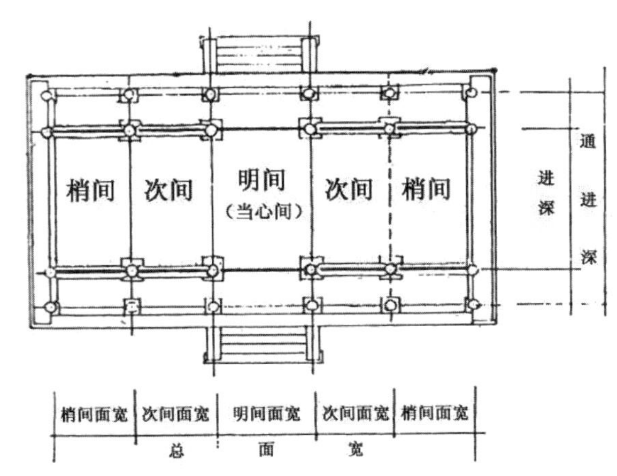

图 3–32　古建筑空间营造方式

中国古代建筑因为是由木构架组成的梁柱关系，因此相当重视房屋的开间。开间，即由四根柱子围合而成的单个空间，它是中国古建筑空间组合中的基本单元。在中国古代封建主义社会里，开间的形制等级也有严格的规定。间的迎面（正面）往往称为开间，而其纵深则称为进深。开间（也简称为间）大多数都是以奇数来设计。从形制等级来说，开间数量越多，则等级越高。而奇数九、五则是皇帝的御用数字，所以帝王大殿通常采用九开间、五进深。为展现皇威，清朝还将北京故宫中的太和殿、太庙大殿由九开间扩展至十一开间，清朝还规定，王府正门五间，正殿七间，后殿五间，寝室两重各五间。明朝则规定，公侯府第大门三间，有金漆兽面锡环，前厅中堂、后堂各七间。三品至五品官员，厅堂也是七间，门用黑漆锡环（王府为朱漆大门）。六品至九品官员，厅堂各三间，正门一间，门为黑色，有铁环。百姓建筑的正房则不得超过三间。

作为传世的经典，《周易》里提出“九五至尊”的概念。《周易》六十四卦的首卦为乾卦，乾者象征天，因此也就成了代表帝王的卦象。乾卦由六条阳爻组成，是极阳、极盛之相。从下向上数，第五爻称为九五，九代表此爻为阳爻，五为第五爻的意思。九五是乾卦中最好的爻，乾卦是六十四卦的第一卦，因此九五也就是六十四卦三百八十四爻的第一爻了，成为帝王之相。因此，“九五至尊”最开始由皇帝来推广，后被民间所信奉。此外“九五至尊”还符合中国古代人们对数字的认知，即古人把数字分为阳数和阴数，奇数为阳，偶数为阴。阳数中九为最高，五居正中，因而以“九”和“五”象征权威。

叶氏宗祠的空间形制也是通过“间”来进行设计，方式上也体现了对“九五至尊”的推崇。在祠堂的北边，就是以十柱九开间来组合外墙面，“三山门”式大门位于最中间的开间上。从大门进入，来到五开间组合的首厅，左右各两开间组合的礼房和管理房位于首厅的两侧，从整个面阔来看，依然是九开间的组合。再往南深入祠堂内部，天井—享堂—天

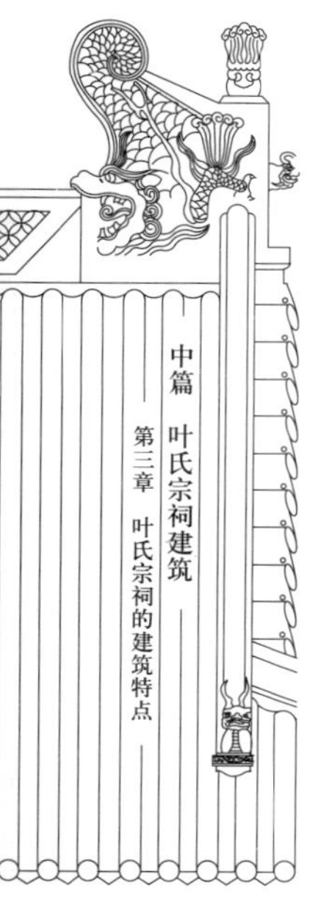

井—寝堂的序列，再加上两侧的连廊，全部改用五开间组合，从九开间到五开间，面阔减小，进深延展，展现出祠堂建筑应有的神秘严肃的氛围（图 3–33）。

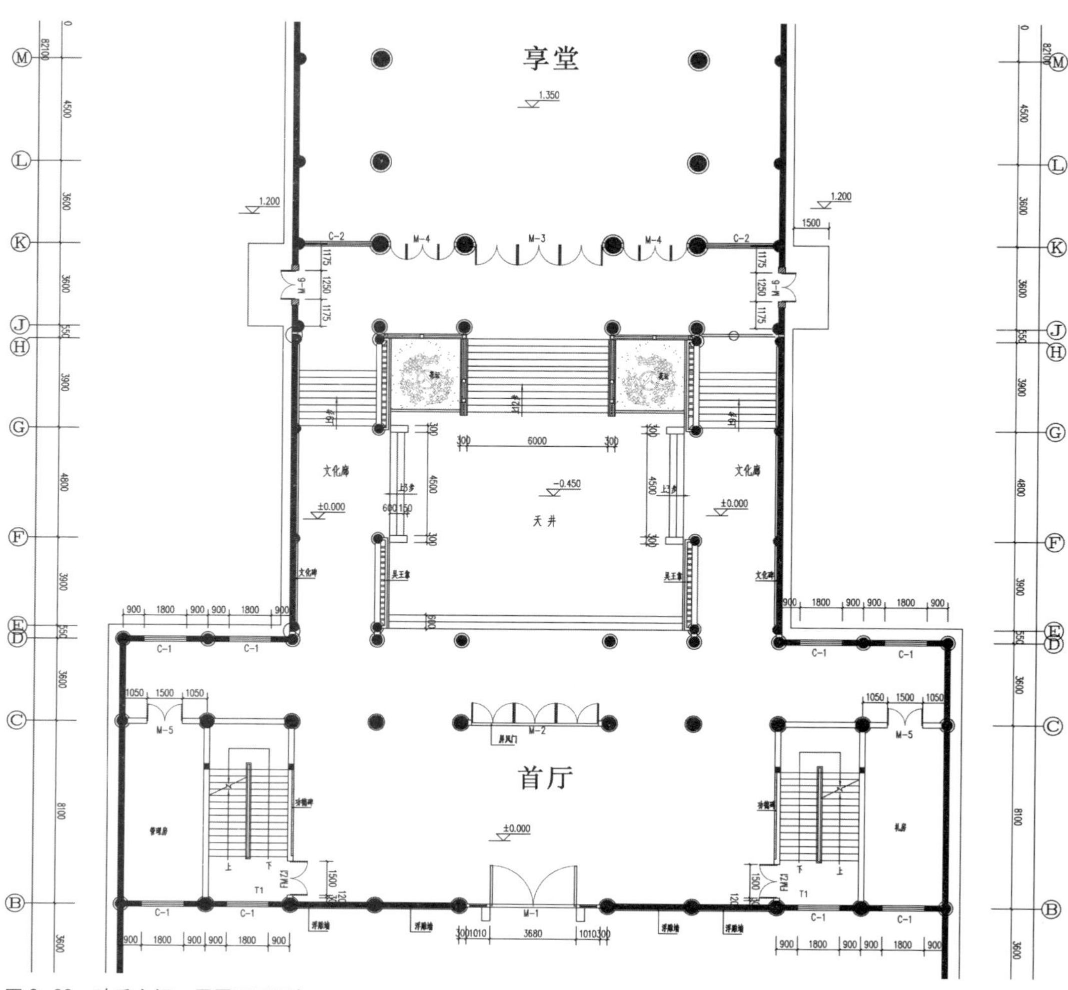

图 3–33 叶氏宗祠一层平面图局部

第四章　建筑功能

叶氏宗祠及其附属建筑是叶家坝社区范围内耗资最多的庞大工程。这一工程的设计者多次召开听证会，走访贤能，广泛征求意见，依形设景、因地制宜，将其打造成集多种功能于一体的综合性工程。概括起来共有蓄洪排水、疏导交通、休闲集会、参观游览、图书阅览、会客办公、承办宴席、祭祀祖先八大功能。

第一节　蓄洪排水

广场所处的位置，原来是刘家湖（现名红星湖）的一个湖汊，筑坝后成了堰，为坝庄最大的老门口塘，它所处位置最低，不仅坝庄中门 80% 的雨水汇集于此，甚至东风东路部分雨水也流入此处。建设宗祠时，将此塘就地加以改造，建成一个大型的隐形蓄水池，名为“调蓄池”（图 4–1、图 4–2 ），其上面为广场。每逢天降大雨，四面八方之水尽聚水池，通过管道排入红星湖，解决了以前“遇雨三尺水”的问题。所蓄之水可作消防备用水。《阳宅十书》记载：“凡宅，左有流水谓之青龙，右有长道谓之白虎，前有汙池谓之朱雀，后有丘陵谓之玄武，为最贵也”。宗祠前设一水池，正好符合传统观念。

图 4–1　调蓄池外观

图 4–2　调蓄池内观

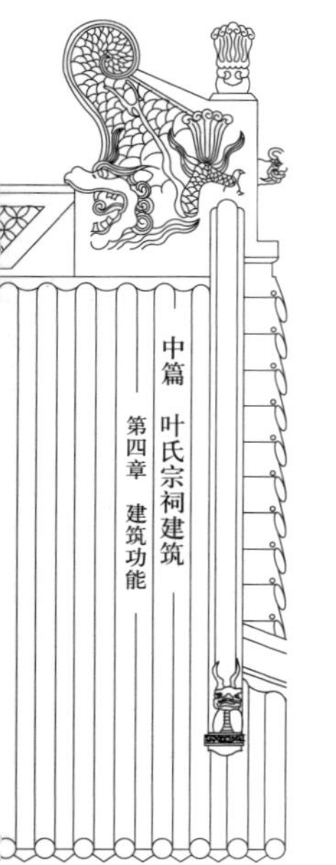

第二节　疏导交通

建宗祠之前，坝庄西部干道不能向南直入东风路，居民出入十分不便。

建宗祠时，顺势将坝庄西路向南沿广场延伸，直达东风路。此路的建成，既解决了坝庄西部居民出入不便的问题，又解决了叶家坝社区的交通拥塞问题。

建仿古街时将叶家坝大道南段原来乱搭乱建的棚户店铺全部拆除，拓宽街道路面，使这一咽喉要道畅通无阻（图 4–3 ～ 图 4–5）。

图 4–3　指挥交通

第三节　休闲娱乐

宗祠建成后，给坝庄居民开辟了一片休闲娱乐的新天地。偌大的广场可供人们娱乐、健身和休闲（图 4–6 ～图 4–10）。平时早晚特别是节假日，这里热闹非凡，有引吭高歌的，有翩翩起舞的，有观鱼赏莲的，还有悠然散步的，闲来无事逛广场已成了坝庄及周围社区居民的习惯（图 4–11 ～图 4–14）。庆典演出时，更展示了广场的博大胸怀，接纳四面八方的戏迷，夜以继日地观看连台戏（图 4–15、图 4–16）。坝庄的大型集会也在这里举行（图 4–17）。

图 4–4　交通标识 1

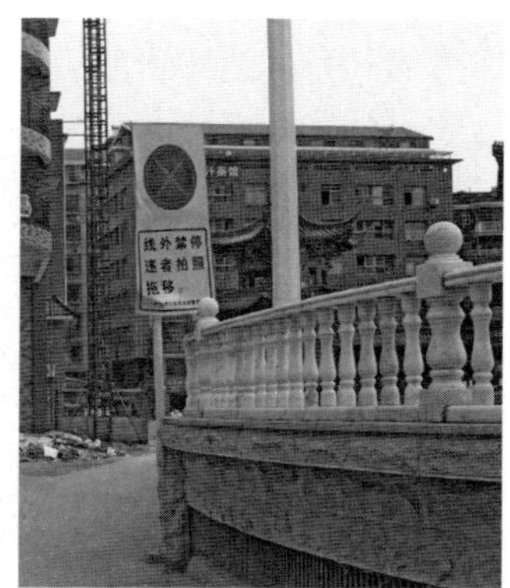

图 4–5　交通标识 2

第四节　文化旅游

古朴恢宏的叶氏宗祠，是闻名遐迩的璀璨明珠，成了鄂东南乃至全国的一大看点，吸引了众多的游客前来观瞻。

雄伟的门楼、威严的石狮、凝重的铜鼎、硕大的石缸，足以使游人望而惊叹；内容丰富的照壁、端庄大气的铜碑、流光溢彩的绘饰、含意隽永的诗联，尽可让墨客驻足凝思。粗可观宗祠的古朴、大气、宏伟，细可品装饰的华美及深刻的文化内涵。使游人既大饱眼福，又能受到民族文化的熏陶（图 4–18 ～ 图 4–20）。

书籍是人类进步的阶梯，读书可以明智。叶氏族人十分重视书籍的作用，在宗祠内专设一藏书阁，不惜重金收纳各类藏书达 15 万册，足以满足居民的借阅需求（图 4–21）。

图 4–6 威风锣鼓

图 4–7 金龙腾舞

图 4–8 群狮欢跃

图 4–9 迈向健康

图 4–10 安度晚年

图 4–11 引吭高歌

图 4–12 翩翩起舞

图 4–13 观鱼赏莲

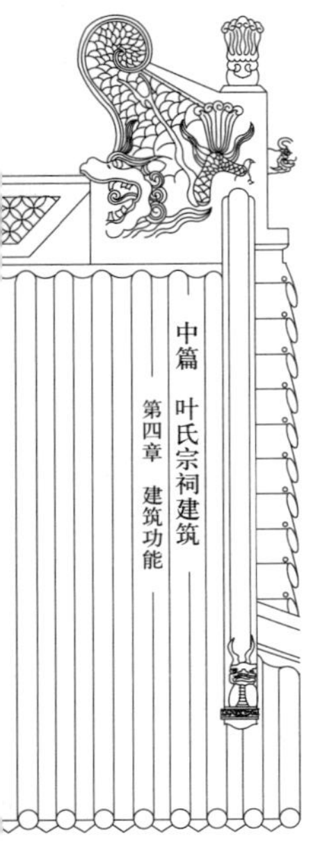

图 4–14 广场信步

图 4–15 纷至沓来

图 4–16 好戏连台

图 4–17 学生集会

图 4–18 文化旅游 1

图 4–19 文化旅游 2

图 4–20 文化旅游 3

图 4–21 求知若渴

第五节　宴请会客

前殿门厅西侧设“叶家坝宗亲理事会办公室”。理事会组织健全，章程到位，人员落实。负责接待来访的各级领导、社会团体及省内外宗亲。处理族内日常事务，调解族民偶发纠纷。商讨和安排族内重大活动（图 4–22 ～ 图 4–24）。

前殿底层南部设大型宴会厅，其北部设小型贵宾厅，东侧设一厨房，桌凳餐具一应齐全，可承办千人宴会。凡大型宗族活动及族人红白喜事的餐宴均可在此举行（图 4–25）。

第六节　祭祀先祖

祭祀祖先是中华民族的优良传统，在民族文化传承中起着非常重要的作用。祭祀祖先、缅怀功德、传承历史、激励后生，使中华美德发扬光大、代代相传。

宗祠不仅为族人的日常祭祀提供了便利，也为宗族的大型祭祀活动提供了场所（图 4–26、图 4–27）。

图 4–22　会见来宾

图 4–23　副理事长叶建军在办公

图 4–24　秘书长叶宗星在办公

图 4–25　宴请嘉宾

图 4–26　祭祀祖先 1

图 4–27　祭祀祖先 2

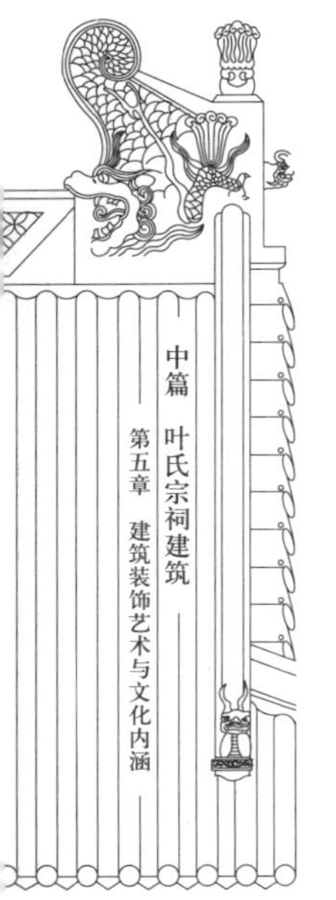

第五章　建筑装饰艺术与文化内涵

中国建筑装饰文化源远流长，叶氏宗祠仿古建筑群大量运用了石雕、木雕、铜雕（铸铜）、彩绘、书画等装饰艺术，以及斗栱、雀替、屋顶和飞檐翘角等仿古元素，充分展示了民族文化的丰富内涵以及建筑装饰艺术内涵的博大精深。

第一节　石雕

石雕，在我国有着悠久的历史，有据可考的可上溯公元前1000年的青铜时代。因石材具有坚实、耐风化等特点，在叶氏宗祠建设中，将其广泛应用于建筑构件和装饰物品上，如作为建筑构件的栏板、抱鼓石、台阶、地板等；作为建筑物附属体的石碑、石狮、石象等；作为建筑中的陈设石香案、石水缸等。

一、叶家坝牌楼石雕装饰艺术

（一）叶家坝牌楼简介

在大冶市城区主干道东风路东段北侧，与秀美的红星湖只一路之隔的坝庄入口处，矗立着一座古色古香的石雕门楼，这就是出入坝庄的主大门（南一门）。门楼石料取自山东省嘉祥县青山矿区深层，其青石色泽清莹，质地坚硬，承重能力好，具有抗压、抗氧化等特点，是石雕作品的首选石料（图5−1）。

因门楼跨度较大，为安全起见，大梁梁体先用钢筋混凝土制作，然后以刻有图纹的石板敷面。其余单体构件如门柱、抱鼓石、须弥座、石狮、额板、斗栱及屋顶等均以整块青石制成。

叶家坝祠堂坝庄牌楼结构为三间四柱七楼坊，建筑结构从左到右分别是四根石制盘龙装饰立柱，从下到上分别是基座、立柱、梁枋、斗栱、屋顶。建筑整体装饰丰富而简练，主要装饰元素有龙、凤、祥云、狮子、卷草、鹿、“卍”字纹、麒麟、荷花等。

（二）叶家坝牌楼石雕的具体特点

从正面观察叶家坝牌楼，屋顶为单层庑殿顶，枋顶由一整块青石板雕刻而成。正楼、次楼和边楼的屋顶造型是一样的，只是长度不一样，即正脊吻兽为龙首龙身造型，龙嘴衔咬着正脊，而正脊中央立着一对双龙戏珠的石雕装饰，造型轻盈灵动，屋顶四角飞檐出挑，仿木构建筑嫩戗发戗的起翘造型，戗脊上以三尊石雕小兽作鸱吻装饰，使得坊顶整体造型既有程式性的文脉感，同时又富有灵动和变化。正楼与次楼之间的夹楼为硬山楼顶造型（图5–1）。

牌楼：牌楼也叫牌坊，汉族传统建筑之一。最早见于周朝，是封建社会为表彰功勋、科第、德政以及忠孝节义所立的建筑物。最初用于旌表节孝的纪念物，后来在园林、寺观、宫苑、陵墓和街道均有建造。还有的是用来标明地名的。又名牌楼，为门洞式纪念性建筑物，宣扬封建礼教，标榜功德。牌楼也是祠堂的附属建筑物，昭示家族先人的高尚美德和丰功伟绩，兼有祭祖的功能。

图5–1 叶家坝牌楼

同木构建筑一样，正楼、次楼及边楼的楼顶以下部分先是檐檩，以下的石制斗栱为五层结构，夹楼以下斗栱造型则为三层，因石材坚硬及斗栱结构复杂之故，遂以浅浮雕手法表现了木质斗栱的结构特点（图5–2）。

斗栱压在一条体量较小的小型石制梁枋之上，此梁枋即称为顶枋，顶枋造型简洁，上半部为卷草纹样装饰，下半部为莲瓣浅浮雕装饰，整体简洁流畅，既交代了建筑的结构，同时也协调了建筑的尺度关系。正楼下部的主梁枋体量厚重，装饰较为丰富，梁头从下至上以莲瓣和祥云浅浮雕图案为装饰，延枋心方向是一小段纯祥云图案装饰，在较大面积的枋心是传统的“卍”字纹以45°作四方连续

图5–2 牌楼楼顶及斗栱造型

图 5–3 牌楼正楼主体装饰

造型。次楼下部的主梁枋同正楼主梁枋装饰手法保持一致，只是在石材体量上做了对应的调整。在正楼主梁枋的上方与斗栱下枋之间的位置是牌楼字板所在位置，由叶如棠题“叶家坝”三个描金大字，简洁而醒目。字板侧面的立柱截面为方形，素面装饰，只在柱身顶部正面靠近顶枋的地方，塑造了一尊高浮雕狮脸装饰，造型简洁写意，有几分古拙味道。而在次楼主梁枋与顶枋之间的花板是中浮雕手法镌刻的麒麟与祥云同构的石板纹样，麒麟造型的取法符合传统造型特点，造型朴实而深沉（图 5–3）。

祥云：祥云图案最早出现在周代中晚期的楚地，其文化概念在中国有上千年的时间跨度，是具有代表性的中国文化符号，有“渊源共生，和谐共融”的含义，与龙纹等图形搭配，表示大吉大利，吉祥如意。

卷草纹：卷草纹又名唐草纹，因盛行于唐代故名唐草纹。寓意生机勃勃、祥云之气。卷草纹，中国传统图案之一，多取忍冬、荷花、兰花、牡丹等花草，经处理后作“S”形波状曲线排列，构成二方连续图案，花草造型多曲卷圆润，统称卷草纹。

“卍”字纹：中国佛教对“卍”字的翻译也不尽一致，北魏时期的一部经书把它译成“万”字，唐代玄奘等人将它译成“德”字，强调佛的功德无量，唐代女皇帝武则天又把它定为“万”字，意思是集天下一切吉祥功德。建筑装饰中的“卍”字纹都是首尾相连的连续纹样，表达“卍字不到头，吉祥无边际”的含义。

正楼和次楼的主梁枋下均设置了一道小额枋，在额枋中间安置了花板，正楼主梁枋的底面，即花板的外部，设置了一道垂花罩装饰，造型仿制木构建筑垂花罩装饰，分割方式与后面的五张花板对应，此造型方式使得粗犷的石材多了几分细腻质感，也丰富了牌楼建筑的空间层次。主楼主梁枋下的五张花板以龙凤浅浮雕为主要装饰元素，寓意龙凤呈祥。再往下部的小额枋的装饰手法借鉴了和玺彩画的装饰手法，两端箍头为夔龙纹样造型，枋心为双龙戏珠浅浮雕造型，体现正楼空间的庄严与肃穆。次楼主梁枋下部的小额枋同样也借鉴了类似苏式彩画的装饰手法，两端箍头为卷草如意的对称造型，枋心则以小鹿作为装饰素材，整体艺术氛围与正楼小额枋形成和谐的对比关系。在次楼小额枋与主梁枋之间的花板则以三组石雕板组画的装饰方式，两边的石雕图形为麒麟与祥云，中间则为龙与祥云。在如此部位反复运用这些装饰图形，隐喻着福、禄、庄严、神圣等内涵。在小额枋与柱子连接两端部位，是同一仿木雕造型特征的雀替装饰构件，当心为圆形狮面图形，周围配以祥云纹样，雕刻工艺精细，线条流畅，给高大宽厚的牌楼增添了不少灵动气息（图 5–3）。

鹿：与“禄”字谐音，常被用作牌楼雕绘的图案，以象征升官晋爵、高官厚禄。

麒麟：中国传统瑞兽，性情温和，传说能活两千年。古人认为，麒麟出没处，必有祥瑞。有时用来比喻才能杰出、德才兼备的人。古人把雄性称麒，雌性称麟。麒麟是吉祥神宠，主太平、长寿。麒麟因其深厚的文化内涵，在中国传统民俗礼仪中，被制成各种饰物和摆件用于佩戴和安置家中，有祈福和安佑的用意。

离牌楼稍远点整体观察，从左至右的四根立柱支撑着高大的牌楼直冲苍穹，气势非凡，中间两根柱子稍高，支撑着主楼，形成完整的一开间结构，两旁次楼的立柱稍矮，主梁枋便搁置在这四根立柱之上，当初在建造之时，为了牢固和安全，内部已经建造了钢筋混凝土框架结构，外部的石雕石刻装饰便安装于这牢固的基础结构之外。

牌楼立柱的剖面造型为类似于长方与圆弧结合的混合造型，侧面为平面造型，前立面和后立面为了能便于制作高浮雕石雕造型，则是外凸的半弧形造型，外部以高浮雕手法，运用蟠龙绕柱并结合祥云纹样对柱子的内外两个立面进行装饰，每根立柱均为完整的蟠龙造型，属于高浮雕类型，造型视觉感受强烈，龙纹庄严而慈祥，龙纹居中，祥云衬托于底部和周边，主宾和谐，既很好地化解了四根柱子的笨重，同时也很好地把牌楼上下关系做了衔接（图 5–4、图 5–5）。

龙凤装饰：在传统社会，牌楼上如果以龙凤为装饰，那一定与皇家有着密切的联系。因为龙乃百兽之尊，是封建社会中作为至高无上的皇帝的象征；凤乃百鸟之首，封建社会中常用来作为高贵的皇后的象征。而当代运用龙、凤图形作为装饰纹样，主要取其具有肃穆、吉祥、高贵等含义。

牌楼的立柱安放于四个厚大敦实的须弥座座基之上，须弥座整体上分两层，造型和装饰较为简单。下半部分做了束腰处理，在束腰的上下衔接的地方，运用仰覆莲瓣的混淆手

图 5–4 牌楼细部

图 5–5 牌楼立柱装饰

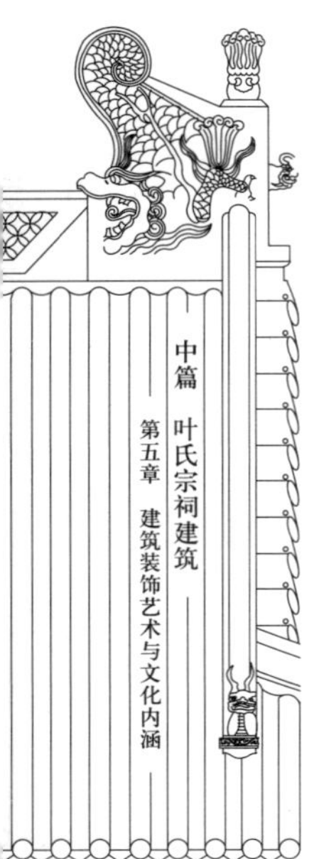

图 5–6　叶家坝入口背面牌楼细部

法进行处理，丰富了须弥座的视觉内容；上半部分的面以圭角作为装饰，圭角内部以植物为主体装饰图形，座身上半部正面正中央借鉴门环的狮脸造型以浅浮雕制作了圆形的造型。

须弥座之上，在牌楼夹杆石的位置，每根立柱的柱前立放了一尊坐姿的圆雕狮子，狮子正襟危坐，比例和谐，威严而不失亲和，狮子立坐于须弥座之上。须弥座造型简洁，上下枋造型简洁，束腰与上下枋以仰覆莲瓣进行混淆装饰处理，莲瓣比例较大，以此舒朗的比例衬托了狮子雕刻的精细，须弥座的前、左、右三个面是圭角造型装饰，圭角内为荷花图案浅浮雕装饰。牌楼的背立面的装饰和正面的装饰基本一致，不同的地方有字板内容和夹杆石装饰，背立面字板内容为“万世恩荣”，夹杆石由四座抱鼓石替代了正立面的四头座狮装饰（图 5–6）。

狮子装饰：狮子是看守门户的吉祥物，也可用于装饰建筑。石狮子在文化上的含义历来没有统一的说法。一种观点认为，狮子是吉祥的动物。而在《北京形势大略》一书中则认为：“石者实也，狮者思也，言思前人创业后人守成之不易也”。石狮子作为一种建筑的装饰，大多用于宫殿、庙观、衙署（古代的政府机关）以及高级官员、贵族和富商的住宅门口。

荷花装饰：荷花是圣洁的代表，更是佛教神圣净洁的象征。荷花出尘离染，清洁无瑕，故而中国人民和广大佛教信徒都以荷花“出淤泥而不染，濯清涟而不妖”的高尚品质作为激励自己洁身自好的座右铭。荷花是友谊的象征和使者。中国古代民间就有春天折梅赠远、秋天采莲怀人的传统。

整座门楼给人一种坚固、美观、古朴、庄重之感，既展示了建筑空间的节点关系，标志了坝庄的空间关系，体现着建筑空间对历史文化的衔接，对中华民族传统优秀文化的传承与倡导，同时也体现出坝庄经济文化的发展成就。

二、照壁石雕装饰艺术

坝庄照壁石材源自山东省嘉祥县青山矿区深层，制作时按设计图纸尺寸开条所有规格石料，进行粗加工、打磨，根据图纸图案按 1 ∶ 1 的比例打印定模。先粗后细、先浅后深，逐步完成每个主体的多层次的图案雕刻。照壁中心石板材厚 25 厘米。照壁由河北省曲阳县荣杰雕刻石材有限公司、通宝雕塑建筑艺术有限公司设计，山东省嘉祥县诚信石业雕塑有限公司制作并安装。

（一）叶家坝祠堂照壁简介

叶家坝祠堂广场前的“忠孝”主题照壁，是空间必要的设施，体现着中国居住建筑空间组织的优秀文化传统。照壁是中国古代传统建筑特有的部分。明朝时特别流行，是大门内和外的屏蔽物。另一说法说照壁是中国受风水意识影响而产生的一种独具特色的建筑形式，称“照壁”或“屏风墙”。叶家坝祠堂前的照壁是形式上的屏风墙（图 5-7）。

照壁：照壁可位于大门内，也可位于大门外，前者称为内照壁，后者称为外照壁。根据内、外照壁的功能，原来分别称他们为“隐”与“避”，合称为“隐避”，后来逐渐演化为“照壁”。照壁不论处于大门之外或之内，它们都是与进出大门的人打照面的，所以称为照壁。形状有一字形、八字形等，通常是由砖砌成，由座、身、顶三部分组成，基座有须弥座或没有座。叶氏祠堂的照壁为石材建造而成的外照壁，造型为一字形。其结构为须弥座、壁身和壁顶三部分完整的结构组成。

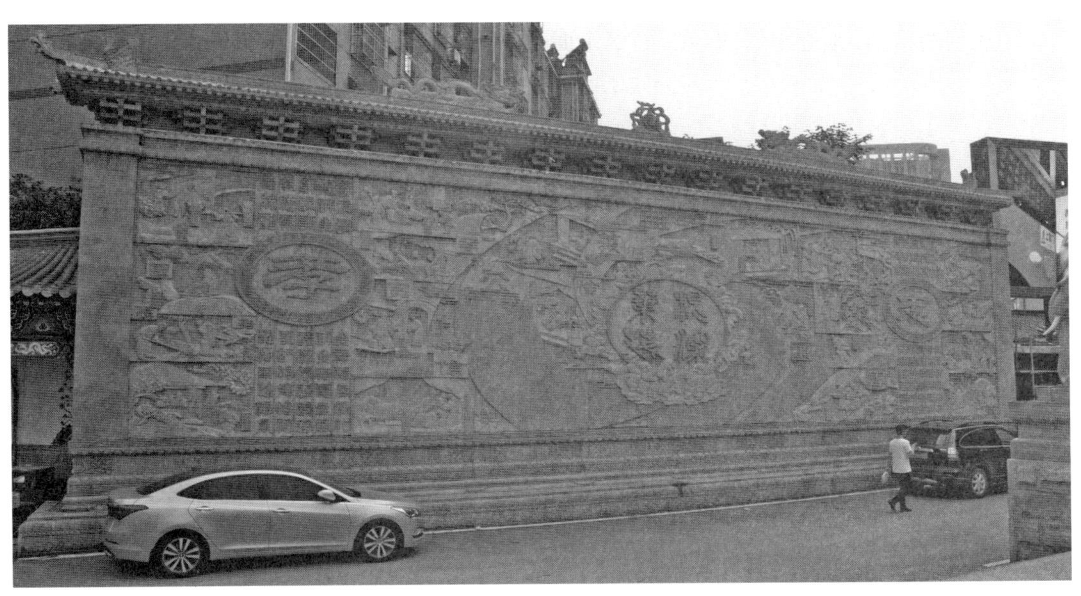

图 5-7　叶家坝文化广场照壁

坝庄照壁运用了传统照壁的造型特点，把体量进行了放大，与现代建筑的大尺度空间进行结合，照壁的总体结构基本按照传统照壁的造型设计制作，只是在大面积的壁身以“忠”和“孝”两大主题进行了石雕装饰，将“忠”和“孝”两大主题进行了深入细致的表现。照壁放置于祠堂广场的正对面，从远处可以看到引人注目的“忠”和“孝”两个主题文字，走近则可以看到更加细致的关于“忠”和“孝”石雕画。照壁犹如一张巨大的屏幕，向人们传播中国传统文化的精髓，在祠堂的大型聚会活动中，在人们日常生活的潜移默化中影响人的行为和心灵。照壁浮雕图文主题突出、布局有序、层次分明，人物刻画细致生动、形象逼真，思想内容含义深远、耐人寻味，具有浓郁的文化底蕴。看一座忠孝壁，如读一部生动明白的忠孝美德教科书。好一个忠孝壁，让人流连、发人深思，真乃可观、可读、可思、可嚼。人们从中受到民族传统文化思想熏陶的同时，又得以美的享受。

忠的解读：《忠经·天地神明章第一》中说：“天下至德，莫大乎忠”、“忠也者，一

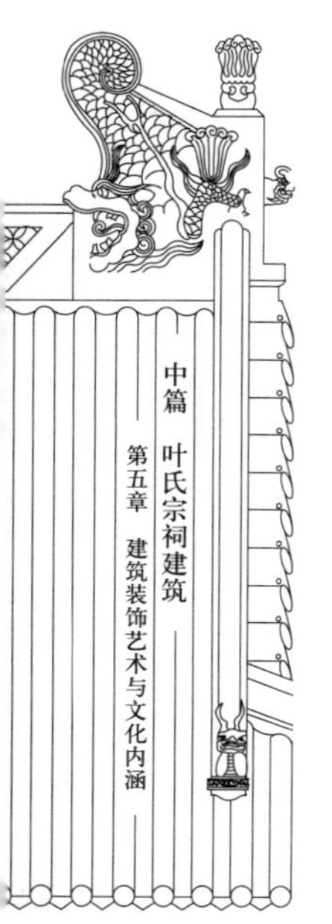

其心之谓也”。忠，是人对天地、真理、信仰、职守、国家及他人等都至公无私，始终如一，尽心竭力的负责完成份内义务的美德。忠者，德之正也。从造字可以看到，忠，存心居中，正直不偏，古以不懈于心为敬，故忠从心；又以中有不偏不倚之意，忠为正直之德，故从中声。《说文解字》中讲：“忠，敬也，尽心曰忠”。人要做到竭诚尽责就是忠的表现。

孝的解读：孝，《孝经·开宗明义》篇中讲：“夫孝，德之本也”。“孝”字的汉字构成中，上为老、下为子，意思是子能承其亲，并能顺其意。孝的观念源远流长，殷商甲骨文中就已出现“孝”字。“孝悌”指的是孝敬父母、尊重长辈、友爱兄弟及关爱幼者的伦理行为，体现出感恩、回报和礼敬。推及一切皆加礼敬，善待他人，名曰行“仁”，此为古人修身齐家治国平天下之基础。在中国传统道德规范中，孝具有特殊的地位和作用。汉字教育的“教”字，就由“孝”和“文”组成，因此教育的根本就建立在孝道人伦的基础上，一切的教育随之扩展开来，起到化育人民的作用。

（二）照壁石雕装饰内容

1. 壁顶装饰

坝庄照壁的内部以钢筋混凝土做基础，外部以青石雕刻而成照壁的各部分部件。壁顶部分的仿制木构建筑屋顶同样具有屋面、屋脊、屋檐以及檐下的椽头、斗栱等部件，只是这些部件全部由青石材料雕刻而成。壁顶的正脊脊吻为龙首龙身造型，长长的正脊上由双龙戏珠石刻雕像进行装饰，石雕造型遒曲有力，高高突出于壁顶，为平长的正脊增添了几分变化。正脊的侧面以浅浮雕手法刻画了卷草纹样，与龙的圆雕造型和均衡平铺的壁顶面瓦顶形成了趣味的对比关系。戗脊在角部长长地生出于壁顶，似鱼尾、植物的叶片、浪花，给人无限联想的空间意象。在壁顶的檐部部位，瓦当是石雕起凸的造型，而滴水则是以浅浮雕手法仿制木构建筑而表达的装饰效果。檐部以下仿照木构建筑有飞椽、檐椽、檐枋，然后整个壁顶压在三层石制斗栱之上，斗栱之下接着壁身的上枋。

2. 壁身装饰

壁身的两端是两根巨大的立柱，支撑着顶部的顶枋，顶枋上部承接着斗栱支撑的壁顶，顶枋做了束腰处理，束腰部分是卷草藤蔓纹样浅浮雕装饰。而两旁的立柱则为素面装饰，以此烘托壁身雕刻题材的主题效果。

照壁壁身正面中央以阳刻的手法，镌刻着“根深叶茂”四个大字，周围五福（蝙蝠）环绕，下部是集中的五童子，名曰“五子登科”，上面是分散的四喜童子，两组童子加在一起共 9 个，意为叶氏门第显赫、子孙昌盛、富贵绵延、天长地久。

由中心向两侧回旋环绕的文字是清顺治儒士锦亭公撰写的训家格言，体现叶氏家风纯正，家道承传的优良传统，文中以翔实的内容，精辟简练的语言，谆谆告诫子孙后代，秉持家风，行仁义、持正道、做君子、得后福。32 条诫训，涉及人生的方方面面，语重心长，字字珠玑，无论过去、现在还是将来，都有其重要的实用价值（图 5–8）。

浮雕左右刻有象征吉祥的回字纹环绕的“忠”‘孝”两个大字，突出了照壁的忠孝主题，体现着叶氏家传的孝廉文化。忠孝两字的上下竖排布了 100 个不同书体的“福”字，寓意亘福临门，繁荣昌盛（图 5–9）。

贯穿全壁的是孝感动天、亲尝汤药、啮指痛心、百里负米、芦衣顺母、鹿乳奉亲、戏彩娱亲、卖身葬父、刻木事亲、行佣供母、怀橘遗亲、埋儿奉母、扇枕温食、拾葚异器、涌泉跃鲤、闻雷泣墓、乳姑不怠、卧冰求鲤、恣蚊饱血、扼虎救父、哭竹生笋、尝粪忧心、弃官寻母、涤亲溺器中华二十四孝故事图。这二十四孝故事图中，孝父亲的有 6 幅，如孝感动天、卖身葬父、扇枕温食、恣蚊饱血、扼虎救父、尝粪忧心等；孝母亲的有 10 幅，如亲尝汤药、啮指痛心、行佣供母、怀橘遗亲、埋儿奉母、拾葚异器、闻雷泣墓、哭竹生笋、弃官寻母、涤亲溺器等；孝双亲的有 4 幅，如百里负米、鹿乳奉亲、戏彩娱亲、刻木事亲等；孝婆母的有 2 幅，如涌泉跃鲤、乳姑不怠等；孝继母的有 2 幅，如芦衣顺母、卧冰求鲤。这些孝子孝媳中，有帝王明君，如五帝之一的舜帝，“文景之治”中的汉文帝刘恒；有孔子弟子中的七十二贤人，如：提出“吾日三省吾身”（《论语·学而》）修养方法的曾参（字子兴），相传他著述有《大学》、《孝经》等儒家经典，后世儒家尊他为“宗圣”，孔子的得意弟子仲由（字子路、季路）；在孔门中以德行与颜渊并称的闵损（字子骞），孔子曾赞扬他说：“孝哉，闵子骞！”（《论语·先进》；有被孔子尊为老师的郯子；有隐士老莱子；有博学多识、通晓天文和历算、曾作《浑天图》、注《易经》、撰写《太玄经注》的陆绩；有任太守之职，著有《九宫赋》、《天子冠颂》的黄香；有朝廷命官王祥、庾黔娄、朱寿易；有著名诗人、书法家黄庭坚；还有家喻户晓的平民百姓董永等。另有用不同字体书写的“仁、义、礼、智、信、悌、清、廉、惠、敏、德、公、宽”等单个汉字点缀其间，表现中华民族的优秀思想品格，倡导人们继承发扬优良传统，实现中华民族的伟大复兴。

整幅浮雕图文布局有序、主题突出、层次分明，人物刻画细致生动、形象逼真，思想内容含意深远、耐人寻味，具有浓郁的文化底蕴。看一座忠孝壁，如读一部生动明白的忠孝美德教科书。好一个忠孝壁，让人流连、发人深思，真乃可观、可读、可思、可嚼。人们从中受到民族传统文化思想熏陶的同时，又得以美的享受（图 5–10）。

仁：从人，表示一个站立的人；从二，表示：①代表数目字，复数。指“不仅是

图 5–8　叶家坝文化广场照壁细部 1

图 5–9　叶家坝文化广场照壁细部 2

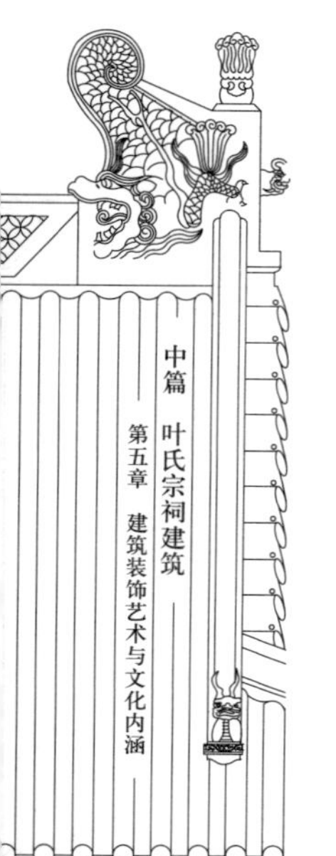

图 5-10 二十四孝图选

我一个人，还有我以外的很多人；老吾老以及人之老、幼吾幼以及人之幼，将心比心对待每一个人；②代表天、地，指做人要效法天地；③代表天、人、地三才。仁字从二不从三，即要化掉人心，只怀天地心，以天性善良、地德忠厚的心来为人处事，即有博爱心、包容心，自会产生仁爱心。这是个人自我提升之道。

义：中国华夏一种含义极广的道德范畴。义谓天下合宜之理，道谓天下通行之路。本指公正、合理而应当做的。管子最早提出了“义”（管仲，《管子·卷一·牧民第一》），“四维不张，国乃灭亡”，“何谓四维？一曰礼，二曰义，三曰廉，四曰耻。”

礼：会意。从示，从豊（lǐ）。“豊”是行礼之器，在字中也兼表字音。本义举行仪礼，祭神求福。

智：从知，从日，是知的后起字。矢口日，矢，即是箭。口即是口。日即是太阳。表义为口中言语如箭出口而说太阳。内义为，知日，知太阳也。知太阳之阴阳也。

太阳之阴阳者，见之则为阳，不见之则为阴，如日夜，日出后见日光为日，日没后不见日光为夜，而太阳本身自古至今从未有未无，未生未灭，未阴未阳。广义为明万物阴阳之本，知万物阴阳之变化，对事物的过去、现在、未来的变化对答如流，了如指掌，胸有成竹，故有智慧之意。

信：两个读音：xìn和shēn。读作xìn的基本字义是诚实、不欺骗、不怀疑，认为可靠的意思。也有消息、函件等意思。shēn为中国姓氏中的读音。

3. 照壁基座装饰

照壁以清式须弥座为座基，主要以卷草纹、藤蔓、荷瓣等植物纹样为装饰内容，须弥座总体以上下两部分组成，上半部整体比下半部收分了不少。上半部的上枋和下枋侧面均以卷草二方连续浅浮雕进行装饰，中间束腰的立面则用对称植物纹样进行间隔性装饰，上下枋向束腰转折的部位，以仰覆莲瓣进行混枭装饰处理，上下枋的植物纹样造型细密，束腰里面的植物纹样则比较疏放，仰覆莲瓣造型简洁，形成富于变化的整体视觉效果。须弥座下半部分基座底部立面以植物纹样作二方连续装饰，只是由于下半部体量比上半部稍变大，植物的比例也进行了放大，纹样的样式也有所不同，植物的块面感更加强烈，下半部承托上半部的转折处，以莲瓣纹样进行了装饰处理，比例也较上半部变大和拉长了。

三、吉象石雕装饰艺术

该圆雕大象造型位于祠堂广场南主入口台阶两侧，左右各一尊，石象高 2.19 米，由整块青石雕刻而成。因其立于广场边缘，加之须弥座及底座的高度，使石象显得特别高大壮实。

石象造型奔放写实，取奔跑中大象的姿态，既憨态可掬，又充满活力动感。石象雕塑的底座须弥座造型，须弥座上枋和下枋均装饰简洁，上枋立面为回纹浅浮雕装饰，束腰部位立面为植物卷草浅浮雕装饰，上下枋向束腰转折的部位以仰覆莲瓣做枭混变化，须弥座的底部还增加了一个高度，外面以毛石饰面，增加了基座的高度，同时也使得基座粗犷中显示出细腻（图 5–11、图 5–12）。

大象装饰寓意：大象力大无穷，却性情温和；憨态可掬，又诚实忠厚；且能负重远行，被视作吉祥、力量的象征，也被人们称为兽中之德者。而在神话传说中，大象则为摇光之星生成，能兆灵瑞，古佛就是乘象从天而降；还有一说，大象是普贤菩萨的坐骑，相传能预兆灵瑞。在中国传统文化里，因为“象”与“祥”字谐音，所以，大象被赋予了更多吉祥的寓意，并据此设计出了很多吉祥物，诸如太平有象、吉祥如意、万象更新等。

建筑空间环境中，人们以大象作为装饰物，如在大型建筑物前面，常摆放两只大象的石雕。取大象的两重寓意：①大象可保吉祥、如意、平安；②因为大象善用鼻子吸水，故大象被赋予了吸财、招财的寓意。大象更多的是突出吉祥寓意。所以，将大象摆在这些建筑物之前，为其带来吉祥、富贵。

四、叶家坝祠堂栏杆石雕装饰艺术

栏杆中国古称阑干，也称勾阑，是桥梁和建筑上的安全设施。栏杆在使用中起分隔、导向的作用，使被分割区域边界明确清晰，栏杆设计具有很好的装饰意义。周代礼器座上有类似栏杆的构件。汉代以卧棂式栏杆为最多。六朝盛行钩片勾阑。栏杆转角立望柱或寻杖绞口造者，均可见于云冈石窟、敦煌壁画。元明清的木栏杆比较纤细，而石栏杆逐渐脱离木制栏杆的形制，趋向厚重。清末以后，西方古典比例、尺度和装饰的栏杆形式进入中国。现代栏杆的材料和造型更为多样。

图 5–11　吉祥圆雕装饰

图 5–12　吉祥圆雕装饰

（一）祠堂栏杆简介

宗祠中石雕构件用得较多的是栏杆和柱顶石。汉白玉栏杆造型精美，洁白如玉，用它作为护栏，回旋于色彩缤纷的宗祠之中，特别引人注目。叶家坝祠堂主殿内外部空间的栏杆具有统一的装饰艺术形式，其基本结构由望柱、巡杖、云拱、瘿项、栏板、地垘等构件组成。建造材料的汉白玉，光洁明亮，与建筑凝重的颜色形成鲜明的对比，相映成趣。栏杆分布于正殿前富水河沿岸、大殿内部天井的底层和各楼层。

（二）栏杆装饰构件的特点

望柱有木造和石造，望柱分柱身和柱头两部分。在宋代柱身的截面多为八角形，而清代望柱的柱身截面多为四方形。坝庄栏杆的望柱以清代望柱的四边形截面为造型特征，柱身为双钩线的素平装饰。传统望柱柱身各面常有海棠花或龙纹装饰。传统望柱柱头的装饰花样繁多，常见的有龙纹、风纹、云纹、狮子、莲花、葫芦。坝庄望柱柱头主要以如意云图案浮雕为装饰，柱头截面为圆形，与下部的四方形形成对比呼应关系。叶家坝祠堂栏杆望柱为汉白玉石材建造而成，造型简洁（图 5–13、图 5–14）。

望柱：也称栏杆柱，望柱就是栏杆中栏板与栏板之间的立柱，是中国古代建筑和桥梁栏板和栏板之间的短柱，俗称柱子。柱身极为简单，多数情况下只做成方形石柱而不加雕饰。望柱的变化主要表现在望柱头。

寻杖也称巡杖，是栏杆上部横向放置的构件，目前所知栏杆中使用寻杖最早为汉代，并且最初是圆形，后来逐渐发展出方形、六角形和其他一些特别的形式。坝庄栏杆的巡杖表面为素平装饰，靠近顶部以一条浅钩阴刻线条做装饰，寻杖截面造型为四方形。

云栱，宋代石雕栏杆中，处在寻杖之下用来直接承托寻杖的构件，因为雕成云形而又略似拱，所以称为“云栱”，云栱多和瘿项相连使用，该栏杆的云拱基本上延续了宋代形制特点，云纹造型较为夸张，比例上有一定的放大。瘿项是一个上下小、中间扁圆的鼓状构件，犹如鼓胀的脖子。因为脖子上鼓溜被称为“瘿”，所以这个构件叫作“瘿项”。瘿项直接承着上面的云栱，该栏杆的“瘿项”造型也是基本沿用传统形制，汉白玉使得造型更显光滑流畅。

栏板，栏板多用雕刻花纹作为装饰，非常漂亮、华丽，所以也称为华板。坝庄祠堂的栏板造型简洁，省掉了盆唇和地霞等结构细节，栏板中心由一条完整的浅浮雕龙纹作为装饰图样，周围以双钩线条对其进行镜框处理，龙纹雕刻造型细腻、柔滑，表示出庄严、肃穆、高贵等气息。由于汉白玉材质的效果，以及雕塑手法的柔和，使其体现出亲切、温润之感。

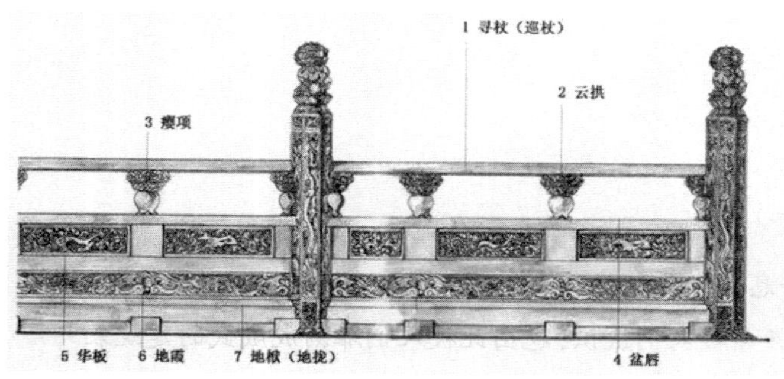

图 5–13　宋式重台勾阑结构图

地栿，栏杆的栏板或房屋的墙面底部与地面相交处的长板，一般有石造和木造两种。地栿位于地面（台基顶面、上枋、阶条石、垂带等顶面）上，为

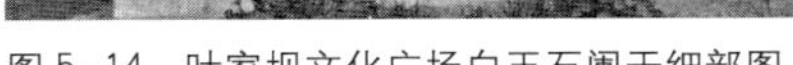

图 5–14 叶家坝文化广场白玉石阑干细部图

图 5–15 叶家坝文化广场白玉石阑干细部图

石栏杆的第一层，实为望柱和栏板的基座。地栿坐落在平地面（台基）上时，称“长身地栿”，坐落在斜地面（台阶垂带）上时，称“斜地栿”。该栏板地栿造型简洁，表面为素平装饰，截面为方形。

（三）栏杆抱鼓石装饰

进入祠堂主殿前的富水河上有三座拱桥，拱桥的栏板与祠堂所有的栏板造型风格完全一致，桥头的抱鼓石紧靠望柱，立于桥面的斜地垘之上，鼓心以龙纹和祥云纹样为装饰图形，附属构件的装饰主要以祥云为装饰图形。该抱古造型还分布于享堂前入殿阶梯的护栏前端等建筑空间（图 5–15）。

五、叶氏祠堂主殿前狮子石雕装饰艺术

在中国传统的建筑空间设计中，石狮子作为一种建筑的装饰，大多用于宫殿、庙观、衙署（古代的政府机关）以及高级官员、贵族和富商的住宅门口。狮子是看守门户的吉祥物，也可用于装饰建筑。

（一）狮子的装饰含义

几千年来，在中国的民族文化里，石狮一直是守护人们吉祥、平安的象征。它不畏寒风烈日，脚踏实地，始终如一地与您忠诚相伴；它高贵、尊严，极具王者风范；它威武、吉祥，被奉为护国镇邦之宝。这正是石狮无论历史变迁、无论何时何地，始终守护人们吉祥平安的真实写照，而这恰恰能给品牌传播的受众带来强烈的共鸣。民间石狮的形态和传说可以说是无穷无尽，却都和吉祥、喜庆紧紧相连。在内地古镇，有这样耳熟能详的民谣：“摸摸石狮头，一生不用愁；摸摸石狮背，好活一辈子；摸摸石狮嘴，夫妻不吵嘴；摸摸石狮腚，永远不生病，从头摸到尾，财源广进如水流”。石狮被奉为“中国人的守护神”。石头本来是冰冷的、没有感情的，可用石头雕刻的狮子却一直传承着吉祥如意、平安祥和的寓意。

石狮，即以石头为材料雕刻而成的狮子。狮子被誉为“百兽之王”，不过狮子的原籍不在中国。东汉时，西域安息国王向中国献上了第一头狮子。从此，狮子便出现在中国的土地上。也在这时，狮子开始被人们认识，也由此被人们雕刻成威武的建筑装饰品。

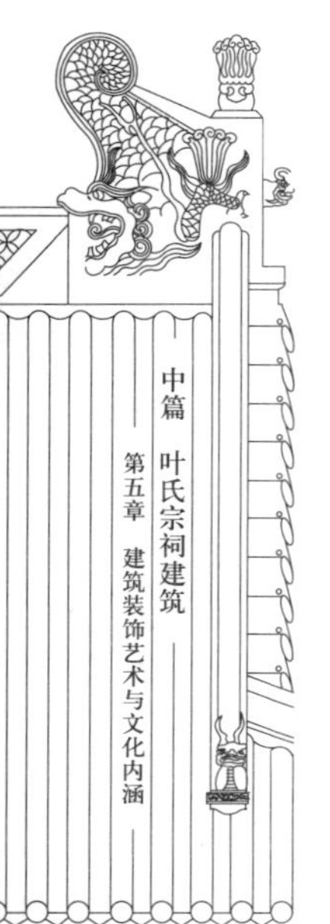

石狮子勇猛、威武、凶悍的性格，已发挥在建筑装饰的意义上。而“狮”和“事”的谐音组成，又产生不少有趣的联想，这些联想又组成富有吉祥意味的题材。比如“狮子滚绣球”表示“好事在后头”、“狮子挂钱财”表示“财事不断”、“狮子配绶”表示“好事不断”、“画面上有两只狮子”表示“事事如意”、“狮子和瓶”表示“事事平安”。

（二）叶氏祠堂主殿狮子的装饰特点

除门楼四尊小石狮以外，宗祠门前台阶东西侧各立大石狮一尊，石狮高 2.99 米，由整块青石雕刻而成。为江南绝无仅有的特大石狮。东边是雄狮，用右爪戏弄绣球，象征着权威；西边是雌狮，用左爪抚摸小狮，象征着代代相传。它们的共同特征是头大、身高、腿粗、尾巴上翘、眼睛突出、耳朵竖起，肢体语言相当丰富。须弥座高 1.95 米，大石狮立于高底座之上，共有 4 米多高，使石狮显得更加高大（图 5–16）。

两只狮子，成双成对，雌雄相配，符合中国传统阴阳合一的哲学理念。整体造型轮廓清晰，线条流畅，狮目炯炯有神，狮姿威武雄壮，俨然是宗祠前一对忠实的守护神，给巍峨挺拔的宗祠增添了庄严肃穆的色彩。

大石狮子，底座是高高的须弥座，须弥座的基本结构层次丰富，整体分为六小段，大体可分为三大段构成，底端部分界面最宽，最底端的立面以卷草植物纹样阳刻浅浮雕手法作装饰，再上一段便开始作收分处理，转角处以莲瓣图形做倒圆角处理，向上的一段里面为素平装饰。中间一大段由下枋、束腰、上枋几个部分构成，中大段的以浅浮雕卷草、植物纹样装饰立面，束腰部位则是龙吐水与祥云的图形装饰，上枋则是以回纹装饰立面，上下枋过渡到束腰之间以仰覆莲瓣做混枭装饰处理。基座最上段部分造型细腻，角柱、圭角等装饰构建齐全，角柱部分以竖长的适形纹样，上端的边线以植物卷草二方连续纹样做浅浮雕装饰，立面的主体部分以莲瓣做成一个长方形镜框，中间地为素平装饰。圭角类似于方格桌布的四方连续图形充满整个空间，边缘有一镜框包边处理（图 5–17）。

须弥，原为佛教的山名，佛教将圣山成为须弥山，佛坐在圣山上更显神圣与崇高，于是须弥座成了佛像下基座的固定形式。须弥座原来是什么样式无实物可考，在山西

图 5–16　叶氏宗祠正立面石狮

图 5–17　叶氏宗祠正立面石狮

大通云冈石窟中可以见到佛像下面有一种基座，他的形式是上下较宽、中间较细，呈人体束腰向内收缩，外形好似工字。云冈石窟开凿与5世纪的北魏孝文帝时期，是佛教传入中国后能全面反映佛教艺术的宝库。在比云冈石窟稍晚一些时候的河南洛阳龙门石窟，佛像下也有这种工字形基座。此外，在甘肃敦煌石窟，五代中唐时期的壁画中也有这种式样的基座，因此可以把这种工字形基座视为中国早期须弥座的形式。

六、叶氏祠堂主殿建筑前台阶的礓磋石雕装饰艺术

殿前两道台阶之间有一传统礓磋装饰艺术，宽3.9米，进深6.79米，就台阶之势斜铺而成。礓磋四周用汉白玉栏杆作护栏。礓磋主体部分刻有九龙青石浮雕，浮雕上部中心位置为大型祥龙吐瑞高浮雕雕刻，周围环绕八条形态各异的青龙，辅之以众多的祥云。整幅浮雕活泼生动、气势磅礴，充分展示在进入祠堂正殿前的精神引导，通过令人见之肃然的高浮雕龙纹雕塑，把人的精气神一下就提了上来，通过装饰元素来刻画空间精神功能，展示了传统建筑空间的造型艺术魅力（图5–18）。

图5–18 叶氏宗祠正立面礓磋雕刻

礓磋，古代中国建筑中以砖石露棱侧砌的斜坡道，可以防滑，一般用于室外。在坡度较大的地段上，一般纵坡超过15%时，本应设台阶，但是为了能通行车辆，将斜面做成锯齿形坡道，称为礓磋。

七、柱础与座墩石雕装饰艺术

（一）柱础石雕装饰艺术

坝庄宗祠中的各大殿均是仿制木构建筑建造而成，其柱子原本是钢筋混凝土浇筑而成，为了体现木构建筑的特点，建筑的结构完全参照木构建筑的结构特点而建造，建筑结构中的柱础原本具有的防潮、抗震作用已经不存在，主要起着保持传统建筑的结构特征、增强建筑空间的装饰效果和统一空间整体氛围的作用。

柱础的造型大体分为上、下两部分，下部分为八边形造型，上部分为覆盆式造型，以青石雕刻制作而成。以浅浮雕的表现手法，运用暗八仙的装饰图形对柱础的八个面进行装饰（图5–19）。

传统寓意纹样。以八仙手中所持之物（汉钟离持扇、吕洞宾持剑、张果老持鱼鼓、曹国舅持玉版、铁拐李持葫芦、韩湘子持箫、蓝采和持花篮、何仙姑持荷花）组成的纹饰，俗称“暗八仙”。它与“八仙”纹同样寓意祝颂长寿之意，参见“八仙”。

暗八仙主要有如下功能与特点：鱼鼓，张果老所持宝物，“鱼鼓频敲有梵音”，能

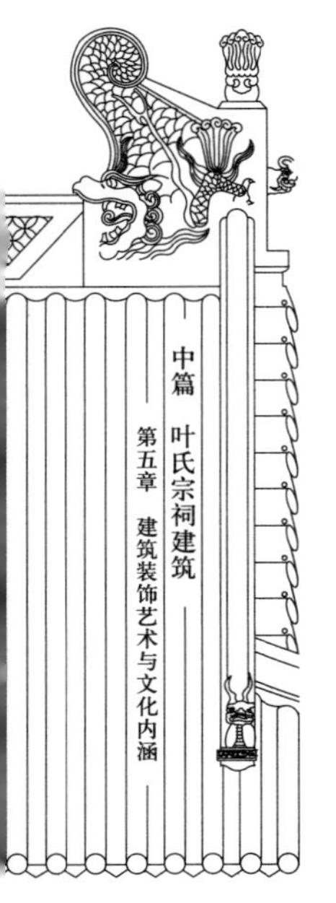

占卜人生；宝剑，吕洞宾所持宝物，“剑现灵光魑魅惊”，可镇邪驱魔；笛子，韩湘子所持宝物，“紫箫吹度千波静”，使万物滋生；荷花，何仙姑所持宝物，“手执荷花不染尘”，能修身养性；葫芦，李铁拐所持宝物，“葫芦岂只存五福”，可救济众生；扇子，钟离权所持宝物，“轻摇小扇乐陶然”，能起死回生；玉板，曹国舅所持宝物，“玉板和声万籁清”，可净化环境；花篮，蓝采和所持宝物，“花篮内蓄无凡品”，能广通神明。

（二）座墩石雕装饰艺术

在祠堂正殿前殿的檐廊下大门的两边，即建筑正立面大门两边直到尽头，是用石材雕刻的方形坐具的基座，这些基座除了看不见的贴近墙壁的一面，其余三个面都运用现代图形进行了雕刻装饰，图形有花卉、海中生物、船舵、绶带、中国结、鱼、伞等图形，雕刻手法较为古朴，图案充满时代气息，石墩上面连续性的搭放了厚重的实木座面，为人们的休息、乘凉、闲聊提供了方便，活泼多变的现代装饰图形体现出建筑空间艺术推陈出新、与时俱进的时代气息（图 5–20）。

八、石缸石雕装饰艺术

享堂前天井水池北部分置两口特大石雕水缸，石缸高 1.18 米，直径 1.98 米，缸身雕有二龙戏珠，用整块青石雕刻而成。水缸设此的目的有三：一，符合传统观念；二，承上天之水，收纳天井下来的无根之水，肥水不流外人田之说；三，在精神层面和物质层面具有消防之用（图 5–21）。

九、香案石雕装饰艺术

寝堂内神龛前排设五张石雕香案，一大四小。中间大香案长 4.92 米、宽 0.88 米、高 1.305 米，香案上部造型借鉴了中国传统明清家具翘头案的造型，而案身则借鉴了三联橱的造型，底部则有几分借鉴了西方古典家具的样式，香案整体以青石雕刻而成。上部的案板做了束腰处理，案板两端是起翘造型，由石材雕刻好以后黏接在案板两端；中部的三联橱结构部分，一端以适形手法雕绘了古琴与棋桌，另一端则雕绘了书卷和画卷，以此来喻示文房四宝所传达的理想追求。中间为双凤朝阳雕绘内容。下部的是个角柱造型，体现了一个巨大的兽头口中衔着兽爪，兽爪下踩着石头的造型，体现出狰狞的艺术氛围，同时也

图 5–19　叶氏宗祠柱础雕刻装饰

图 5–20　宗祠石墩雕刻装饰

展示出一种祥和的动物情趣。大香案下部中间的立面是双凤朝阳图案，中间有花鸟装饰，整体造型粗犷中不乏细腻，与享堂空间人们供奉祖先、神祇时的心情相得益彰（图 5-22、图 5-23）。

大案两侧的四张小香案的造型完全一样，小香案长 2.80 米、宽 0.60 米、高 0.96 米。小香案借鉴了明清家具的翘头案造型，案板的两端雕刻了起翘造型，石雕案板做了束腰处理，桌腿为了牢固起见，以整块石板制作了双腿，香案的牙板和下面的花牙子是整体式的，案板两端下部的牙板以浅浮雕植物卷草纹为装饰，即腿的左右侧均以植物卷草图形作为装饰元素，牙板中间立面则雕绘了宝瓶、元宝等装饰图形（图 5-24）。

十、寝堂神龛石雕装饰艺术

（一）寝堂神龛简介

忠烈堂北墙设神龛，神龛为八柱五门五楼宫式仿古造型，用青石雕刻而成，可谓殿中之殿。八根石柱均雕有盘龙，配以祥云；五楼均有二重飞檐；脊顶以鳌鱼作吻；大额坊、挂落、雀替、须弥座上以二龙戏珠、麒麟、蝙蝠、双鲤鱼、“卍”字纹、卷草纹、盘长纹等吉祥图纹为饰。整座神龛气势非凡，庄严肃穆，令人见之肃然起敬，虔诚之心油然而生（图 5-25）。

（二）寝堂神龛石雕的具体特点

从正面观察神龛，中间的正楼、次楼、边楼均为重檐庑殿顶，楼顶由一整块青石板雕刻而成。正楼、次楼和边楼的屋顶造型是一样的，只是尺度和体量不一样。正脊吻兽为龙首龙身造型，龙嘴衔咬着正脊，而正脊中央立着一对双龙戏珠的石雕装饰，正脊立面作菱形镂空造型。屋顶四角飞檐仿木构建筑嫩戗发戗的起翘造型，戗

图 5-21　叶氏宗祠石缸雕刻装饰

图 5-22　寝堂大香案石雕装饰

图 5-23　寝堂大香案角柱部分石雕装饰

图 5-24　寝堂大香案石雕装饰

图 5-25　寝堂神龛石雕装饰艺术

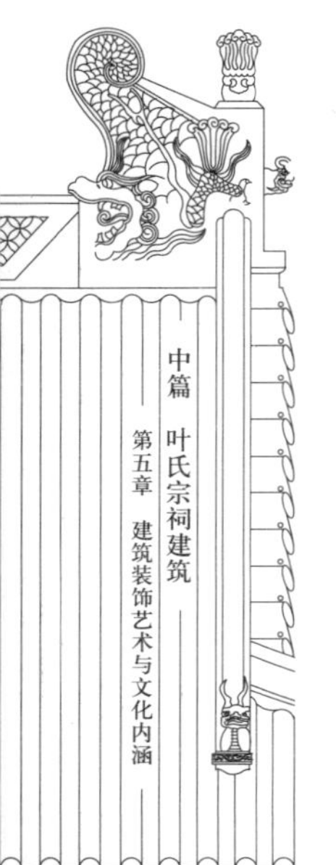

脊起翘飞出较长的距离，戗脊的下部还仿制木构建筑的老子角梁造型（图 5-26）。

神龛正楼上层楼顶之下以斗栱支撑，斗栱数量为六架三层，斗栱之下是额枋构件，其上以植物卷草纹样为装饰。额枋之下为下部重檐结构，造型与上层屋顶造型保持一致。重檐下部也为斗栱结构，斗栱的数量依然是六架，但斗栱的层数增加为五层。次楼和边楼上下楼层的斗栱层数和主楼保持致，只是数量均为三架。

图 5-26 寝堂神龛楼顶装饰艺术

下层斗栱之下是大额枋，大额枋两端以卷草纹样作装饰，中间为雕刻并金绘“世德作求”四个大字。之下的小额枋中段以“双龙戏珠”为主要装饰图形，小额枋两端箍头则以小鹿纹样做适形装饰。小额枋下部两端与立柱交接部位的雀替构件以植物纹样作装饰。侧楼、边楼的顶枋、大额枋、雀替的装饰手法和主楼基本相似，只是边楼和侧楼的小额枋分别以植物纹样和蝙蝠图形为装饰图形（图 5-27）。

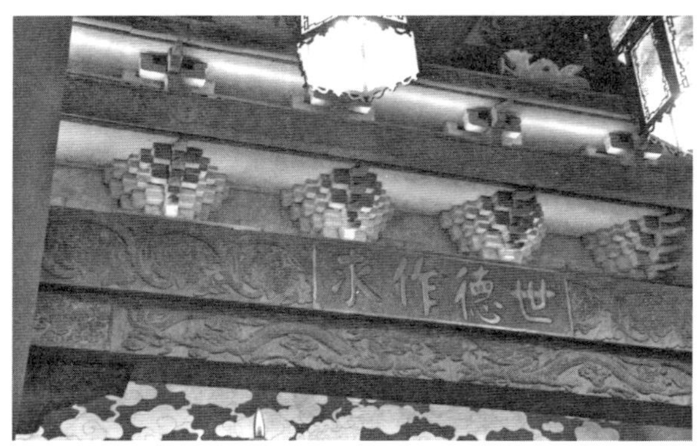

图 5-27 叶家坝牌楼

神龛的八根柱子的装饰内容基本一致，主要以蟠龙和祥云为装饰图形，以高浮雕手法塑造了立柱造型，在边楼和次楼立柱中间设置了一块栏板，上面雕绘了蝙蝠、如意、双鱼等图形，是典型的吉祥寓意图形。神龛空间格局为两边的边楼为灶王爷等神祇所在位置，次楼为叶氏列祖列宗牌位所在位置，中间为花香公和万荣公两位叶氏祖先的雕像所在位置（图 5-28）。

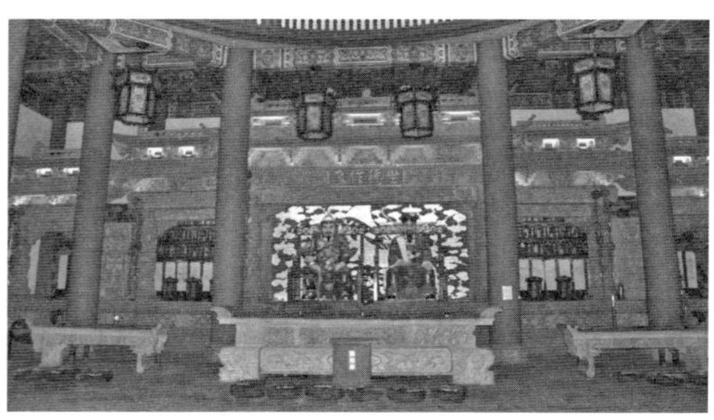

图 5-28 神龛整体格局安排

神龛的底座为须弥座造型，基座上部为卷草二方连续浅浮雕造型，中间束腰部位里面为间隔式单独植物纹样阳刻装饰，基座上下枋之间以仰覆莲瓣作混枭过渡装饰处理，基座的下段部分立面装饰简洁，以錾毛工艺做线条装饰（图 5-29）。

图 5-29 神龛基座装饰艺术

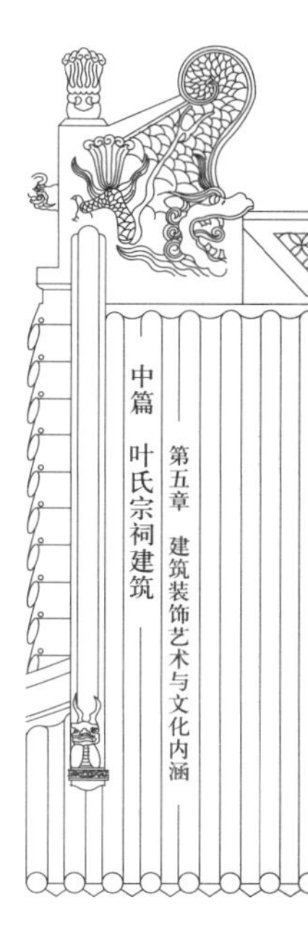

第二节 木雕及门窗

叶氏宗祠建筑是现代钢混结构的仿古建筑，在建筑的主要结构方面没有采用中国传统的木结构方式来构建房屋，建筑的柱、梁、枋、檩均采用钢筋混凝土方式浇注成形。斗栱、雀替等木构件也是采用预制构件安装方式来完成的，所以中国古代建筑装饰类型中的木雕部分在叶氏宗祠建筑中体现的就比较少。能够反映木雕装饰艺术的仅仅在门窗和雕板画上有所表现（图 5–30、图 5–31）。

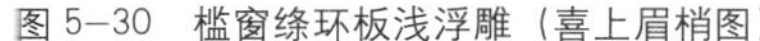
图 5–30　槛窗绦环板浅浮雕（喜上眉梢图）

图 5–31　忠烈堂格扇门格心图案

一、大门

门是建筑物的出入口，除了少数像纪念碑之类的建筑外，凡是具有实用空间的建筑，无论是普通的住宅、寺庙，还是规模巨大的皇宫、皇陵，无论是单幢房屋还是成组建筑，它们都有自己的门（图 5–32）。

叶氏宗祠的大门位于荣源殿正立面中间三个开间的位置上，分别由三扇对开门组成，凸显了大门的气势。这些门扇都是由木料制作，运用厚木板左右相拼而成，称为“板门”。木板横向拼合最简单的方法，是在这些木板的后面用几条横向的木条，再用铁钉从正面向里把木板与木条钉在一起。为了木板拼合的牢固，需要用数条横向木条从上至下，均匀地分布在门板后面，并且用密集的铁钉将它们紧密地连接成一整块木门扇。这些横向的木条如用在腰间的腰带，所以称为“腰带木”。那排列在板门正面的钉头则称为“门钉”（图 5–33）。

门扇安装在门框上，能够自由开启，如需从外面关闭大门，则需要在门板上装一个能够拉门的门环，用门环座将它安装在门板上，这种环与环座均用黄铜制作。如果外面来人，需要敲扣门板让里面开门，则门环很自然地成了扣门的工具，于是门环又成了“门扣”（图 5–34）。

叶氏宗祠大门装饰简洁庄重，表面没有涂刷传统的朱红色，而是保留了木材的本身材质与色泽，更显格调高雅。门钉既具有稳定门板结构的实用功能，更能体现大门的秩序之美和叶氏宗祠的等级之高。整个大门共有六扇板门，有九排门钉从上到下秩序排列，每一排由九枚门钉组成，共计 81 枚门钉，这种现象自然不是偶然的。在中国古代，人们将自然

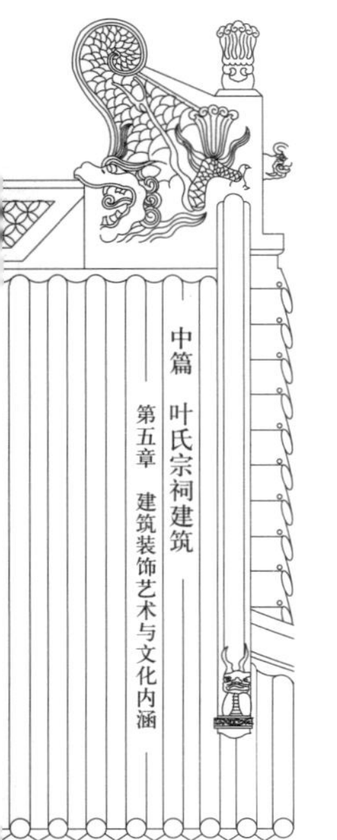

图 5-32 叶氏宗祠崇源殿大门

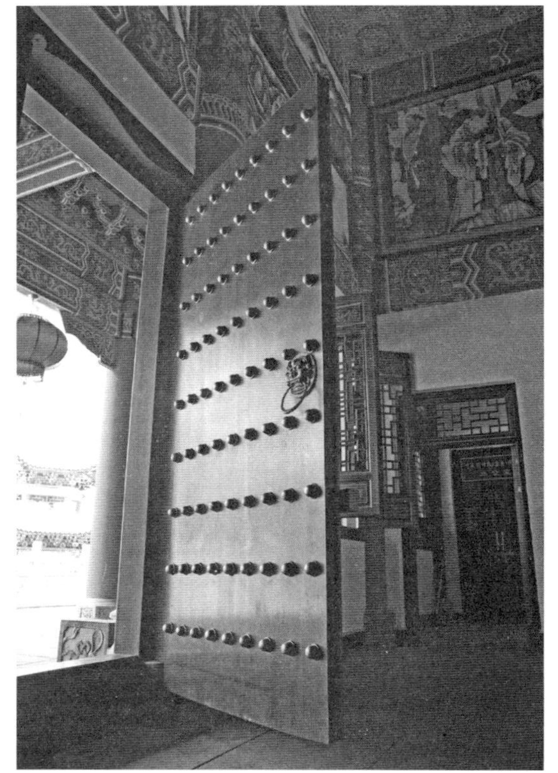

图 5-33 崇源殿大门细部

界万物都分为阴与阳，在天地日月间，天为阳，地为阴，日为阳，月为阴；在人间，男性为阳，女性为阴；在数字中，单数为阳，双数为阴。阴与阳互为对立而又相互依存，这是古人对世界的一种认识。叶氏宗祠大门门板上的九排九列共 81 枚门钉体现了叶氏族人在当今社会的影响力。门钉在这里不仅仅具有形式美，而且还有了人文内涵。

门扇安装在门框上必须能够自由开合，开门供出入，关门保安全，才能真正起到建筑大门的作用。门框的结构并不复杂，左右两根框柱，上面用一根称为上槛的水平木枋构成一个矩形框架固定在房屋柱子之间或者院墙门洞之中以供安装门扇。门扇安装在门框上能够自由转动，依靠的是门扇边上突出的门轴。固定门扇上轴的是一条叫作“连楹”的横木，这条比门框宽度略长的横木两头各开有一个圆形孔洞，其大小正好承纳门扇的上轴。连楹木又依靠几根木栓和门框的上槛相连而固定，木栓的形式像钉子一样，一端是大木栓头，另一头成扁平状，插入上槛和连楹木的卯孔中，再用一根小木钉加以固定。这木栓头即露在门外的上槛上，依据门的大小和连楹木的长短而决定用两只或者四只木栓。这木栓头可能因为起的作用与所处的位置正好在大门的顶头上，因与妇女头发上的发髻相近似，故称它们为“门髻”(图 5-35)。

门扇的下轴与上轴一样，需要固定才能使门扇转动，但这种固定下轴的构件与连楹木不同的是，除了能使门扇转动外还要承受厚木板门扇相当的重量，所以自古以来多用石料制作，根据它的位置与作用，取名为“门枕石”。叶氏宗祠大门的门枕石构件采用的是与大门材质一样的木材，从整体效果看有了些许现代的气息。

门框的下方，紧贴地面加了一根木条与左右门框柱相连，称为“门下槛”，简称门槛，俗称“门坎”。门槛的功能是挡住门扇的底部，平时门开时出入的人需要抬腿迈过这道门槛以别内外。古时候，形容有名望的人家是“门坎高”，不能轻易进入。叶氏宗祠是一座叶氏族人的公共建筑，同时也是社区重要的文化活动中心，功能是开放性的，所以大门的门槛不是特别高，符合人们的行走习惯。叶家坝村及叶氏族人在当地也是名门望

图 5-34　崇源殿大门门扣细部

图 5-35　崇源殿大门门簪

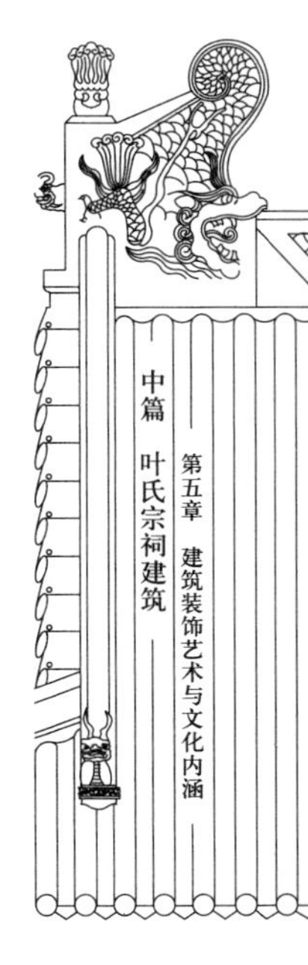

族，门坎虽然不高，但也很敦实，既体现了叶氏宗祠的地位，也体现了叶氏族人开放的胸怀。

二、隔扇门窗

除大门外，叶氏宗祠的门窗均为隔扇门、槛窗和横披窗。格扇门又称隔扇，宋代称格子门，多用在宫殿殿堂、寺庙大殿上，规模比较大、比较讲究的住宅厅堂也使用。隔扇的基本形制是分上下两部分，上部为主，称格心，用木棂条组成格网，下部为裙板。格心与裙板之间为绦环板，如隔扇较高，则在格心之上和裙板之下可增加一道绦环板。一扇隔扇用四周木框组成框架，框架左右的立框称边挺，上下横向的边框称抹头，因为隔扇由格心、裙板和绦环板组成，所以抹头从上到下有好几道，因此一扇隔扇的高低和复杂程度就看由几道抹头而定，于是隔扇就有二抹、三抹、四抹、五抹与六抹之分。

叶氏宗祠建筑内的隔扇门主要应用在忠烈堂，采用的是六抹头隔扇门，是隔扇门中的最高规格。格心以中国传统的"卍"字符为基本元素，用纤细的棂条一步步等距离地向内收紧，这种样式也被美称为"步步锦"，寓意步步走向锦绣前程。步步锦格心形式规制美观，庄重统一。裙板中央灯笼形轮廓中间有两条升龙踏着祥云对戏龙珠，形态灵动活泼，栩栩如生。四角采用夔龙纹装饰，庄重大方。绦环板中间运用的是中国传统文化图案，一只喜鹊栖息在一株梅花树上，有喜上眉梢的寓意（图 5-36、图 5-37）。

叶氏宗祠的窗户分为槛窗和横披窗。槛窗的形式和格扇相同，只是只有隔扇的上半部而没有下面的裙板。它安装在两根立柱之间的槛墙上，所以称为槛窗。槛窗叶也是几扇并列安在柱间，与隔扇并列使用。忠烈堂正立面有五开间，中央三开间立隔扇门，两侧开间用槛窗，槛墙高度与隔扇门的裙板相当，所以槛窗正好与隔扇门的上部相齐，形式也一样，组成统一与规整的建筑立面，因此槛窗也称为隔扇窗。它与隔扇门一样，因高度不同而有四抹、三抹与二抹之别，因柱间大小不等而有四扇并列或六扇并列。

隔扇门和槛窗是安装在房屋檐柱往里的一排金柱之间时，由于立柱升高，隔扇又不能过高。所以在隔扇和槛窗的上部，中槛与上槛之间安装一横向的窗，称横披窗（图 5-38）。

三、木雕画

叶氏宗祠内的木雕画是木雕艺术中较有特色的一种类型。由于叶氏宗祠为现代仿古建

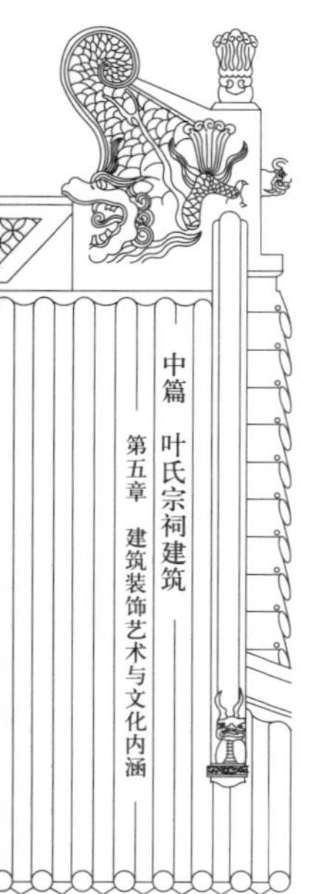

筑类型，其建筑的主体材料为钢筋混凝土，缺乏在木构件上直接雕刻的条件。为了增加建筑内部空间的仿古氛围，展现叶氏的发展历程，聪明的叶氏族人们运用木板雕刻工艺，在三抹头仿槛窗样式内雕刻出了叶氏先人经历的重要的历史事件。格心用浅浮雕表达栩栩如生的人物场景，绦环板内则用简要的文字叙述重要的历史事件，以图文并茂的方式告诫叶氏后人不要忘记先人们艰苦创业的精神，同时也向世人展现叶氏根深叶茂的历史渊源（图5-39 ~图 5-42）。

图 5-36　忠烈堂隔扇门

图 5-38　忠烈堂槛窗与横披窗

图 5-37　忠烈堂隔扇裙板及绦环板浅浮雕图案

图 5-39　木雕版 先选公振兴坝庄

图 5-40　文明公 筑坝蛟潭

图 5-41　茂富公 创业冶城

图 5-42　代丰公 乱世藏谱

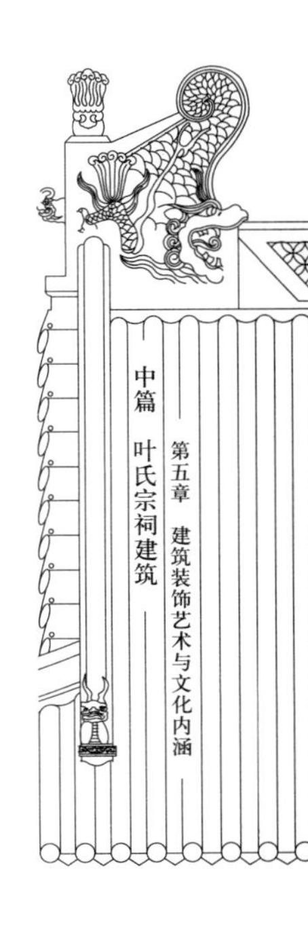

第三节　铜铁铸

铜铁铸作品在宗祠建筑中占有重要地位，一些地位突出、保存永久的物体都是以铜为材铸雕而成。铜铁铸装饰艺术也是建筑装饰艺术中比较特殊的一种类型，大致分为两种。一种为建筑构件中的附属配件，如大门的门钉与门钹、格扇和槛窗的面叶等装饰配件。另一种为铜雕工艺品，如大殿门口的铜狮子、铜缸、祭祀法器等独立装饰工艺品，与建筑本身不直接产生结构关系。

叶氏宗祠前殿的文碑（《叶氏宗祠记》、《叶家坝简介》、《修祠功德碑》），中殿里的“根深叶茂”大鼎，后天井中圆形“聚宝阁”化钱炉及后殿里的三尊方形香炉（“香火鼎兴”、“国泰民安”、“风调雨顺”）等均运用了铜铁铸装饰艺术的类型。整个宗祠中的用铜量大（达12吨），且均是点睛之笔，其重要程度不言而喻。铜鼎“根深叶茂”由两吨青铜浇铸而成，形体巨大，古朴、端庄、凝重，不失为镇殿之宝。后天井中的“聚宝阁”和后殿神龛前的三尊方形香炉，造型美观，图文并茂，尽表其意，集观赏与实用于一体，聚虔诚与祈福于一炉。充分体现了叶氏宗祠的文化内涵和精神意义的重要高度。

宗祠内以铜为材的制品分为两种：一种是紫铜雕刻，一种是黄铜浇铸。

一、铜文碑

叶氏宗祠中有《叶家坝简介》、《功德碑》、《叶氏宗祠筹建委员会名单》和《叶家坝宗亲理事会名单》等文碑均为紫铜雕刻的，含铜量达99%。前殿大型屏风之上悬一实木横匾，匾长3.9米，宽1.39米，上书“椿庭扬芳”四个大字，系叶培贵先生所书。横匾下方　入由黄铜浇铸而成的“叶氏宗祠记”铜碑一幅，铜碑高4.48米，宽5.7米，记文由叶宗善先生所撰（图5–43）门厅面阔20.7米，进深7.1米，面积约147平方米。

记文是：甲午年春，庄中贤者提议重修宗祠。其时，政治清明，经济繁荣，崇祖之风日盛。族人见贤思齐，无不欣然响应。旋即组建机构，多方筹谋：赴外地访古探胜，寻求建筑模式；于下垴迁坟填堰，开辟新祠地基。举庄集资捐资，行政村积极投入，筹得所需经费；聘请能工巧匠，日以继夜施工，打造精品工程。戮力奋斗二十余月，一座仿古建筑群，终于面世焉。

图5–43　崇源殿“叶氏宗祠记”

东风路村口北畔，挺立一幢青石门楼，古朴厚重，上镌“叶家坝”三个鎏金大字。进门穿过主干道，登上“万荣广场”，既可体会场地宽阔，亦可领略四周景致：南接“忠孝壁”，北邻“富水河”，东西两厢，亭榭相对，廊台相拥。广场内外，花木争艳，石兽守望，清风拂面，流水悦耳。若待夜幕降临，华灯竞彩，乐曲缠绵，休闲者纷至沓来，岂不令人神往哉？

越“富水桥”，拾级而上，即至宗祠屋宇。其

坐北朝南，依山临水。红墙黄瓦，飞檐斗拱，雕栏玉砌，琼楼高耸。形若城堡，貌似宫殿，大气磅礴，金碧辉煌。正门上，悬挂“叶氏宗祠”牌匾，金底黛字，分外醒目。

移步进殿，目不暇接。精美构造，豪华设置，异彩纷呈，交相辉映。

前殿四层，分别为：餐厅、门厅、客厅及展厅。门厅乃正厅，名“崇源堂”，一尊铜鼎，屹立其中，正面镂曰：“根深叶茂”，文如其实，寓意非浅。堂壁，或绘以风景，色彩斑斓；或镶以碑刻，纪事庄重。

中殿虽分三层，然立柱擎天，上下贯通；连梁交错，四面透空。梁柱间，三栋楼宇，间以两方天井，明五暗十，浑然一体；两侧甬道，衔接三层回廊，七纵九横，四通八达。廊檐内，数帧图画，展示祖先业绩，惊天动地，可歌可泣；多幅匾联，表达亲友情意，引经据典，亦誉亦盼。仰视则宫灯高挂，俯瞰则炉镬矗立。此殿谓：“铭恩堂”，所见所感，实如其名。

后殿“忠烈堂”，既是群楼巅峰，亦是崇仰核心。内中，穹庐笼盖，廓方中圆，两层环绕，三层空间，仿佛天外有天；碧石神龛，十楼五间，檐牙高啄，龙凤攀缘，俨然殿中之殿。兹堂名为吾族堂号，旨在缅怀先祖——宋末兵部尚书虎公、明初江州总管华国公功绩。神坛供奉着二祖新塑金身及历代祖先与恩神灵位。堂上，青灯长照，香火氤氲，钟鼓时鸣，气氛庄严肃穆也！

嗟夫！盖修祠之道，或朴质淡雅，或雄奇壮观，无论何者，形虽不同，而实则无异。何实耶？传承孝道之实耳。古人云，百善孝为先，又云，积善可成德，故孝亦谓德之根本。人若有德，凡事必成：出仕必泽民，务农必收成，做工必成器，经商必获利。人皆如是，家焉能不兴，族焉能不盛，国焉能不强？此殆古时明君以孝治天下故乎！今人尝云，修祠堂即安天下。善哉，理弗谬矣。是为记。

前殿门厅东墙安装用紫铜雕刻而成的大幅铜碑“叶家坝简介”，铜碑高2.76米，宽5.28米（图5–44）。

碑文是：叶家坝隶属大冶市经济技术开发区叶家坝村。位于城区东部，北依观山路，南临东风路，东滨尹家湖，西伴新冶大道。含莲花芯、上叶、下叶、中门四庄，俗称“坝庄”。随着时代变迁，其经历令人感叹。

历史悠久，人丁兴旺。明末，我四十八世祖莲池公，从冶邑城关迁至东郊永丰乡蛟潭堡，与先迁此地之侄辈藻公、梅公、楠公为邻，栖水而居。后为方便交通，全族合力在庄南湖汊筑起一道通往县城之长堤，当地人称此堤为“叶家坝”，不知何时堤名成叶门四庄称谓。更令人称奇者，我族历时不过四百年，繁衍不过十几代，竟发展为内外九庄，除原居四庄外，外迁五庄是青松、七里界、黄土堖、下陆圆门、泰国曼谷。现全族共八百余户，四千余人。

吃苦耐劳，注重教育。过去族人主要以农耕为业，因人多地少，也有人兼营其它，无论谁，都以勤俭为本，操持家计。更可称道的是，大家都很重视文化教育，宁可过得苦些，也要送孩子上学读书。一九四九年新中国成立前，学成者虽是少数，然其不凡造就成为后人表率。新中国成立后情况大不一样，上中高等学校者渐多，尤其现在，已获本科学历者逾三百人，研究生二十几人。其中，副科级以上干部十八人，副县以上九人，副师级以上军官三人，副高级以上科教人员四十六人。青年才俊有海归博士北大教授，清华硕士央视编辑。

支持改革，自力更生。我庄原有土地三千余亩，一九七八年改革开放后，随之城市建设发展，所有田地被征用，其中无偿划拨三百多亩，最后只剩不到四百亩的住宅区，村庄成“城中村”，族人成无地农民。在挑战与机遇面前，坝庄人不等不靠，自主创业，有人开矿、办厂、经商，有人搞建筑、运输、服务、养殖，还有人外出打工。很多人白手起家，资产百万元已属平常，超千万、亿元者亦有之，涌现出一批艰苦创业又乐于奉献的企业家和慈善家。

依靠集体，营造福祉。我村历届党政班子，不仅在引导村民致富上功不可没，而且在壮大集体经济，为大众谋利益上建树颇多。如修建临街门店和商务用房万余平米，固定资产达数亿元，年纯收入二百万元。硬化道路六千米，铺设供水供气及排污管网各二十千米，整改电网五十千米，更新变电设备三十台套，建立医疗、养老保险制度，建设广场、文化中心等，总投资逾六千万元。多次被评为全市“十强村”。

我村经济发展，促使我庄面貌发生巨大变化，到处高楼林立，小车穿梭，欢声笑语，不绝于耳，呈现一派繁荣景象。然而我们并不满足现状，正肩负前人希望，脚踏家乡热土，依靠惠民政策，借助集体力量，朝着更高目标，奋勇向前。我们坚信，叶家坝明天更美好！

前殿门厅西墙上安装用紫铜雕刻而成的大幅铜碑“修祠功德碑”。铜碑高 2.76 米，宽 5.28 米（图 5 － 45)。

前天井二层西墙装有“修祠功德碑（续)”（图 5–46)

前天井二层东墙装有“叶氏宗祠筹建委员会名单”（图 5–47)。

二铜碑尺寸相同，高 2.76 米，宽 5.28 米。

“叶氏宗祠记”叙述了建祠的宗旨和过程；“叶家坝简介”概述了坝庄的简史；“功德碑”彰显了族众为建设宗祠作出的奉献精神。这些重量级的珍贵文献，凝聚了先人的业绩和今人的壮举。碑中文字凝练，笔画清晰，编排合理。使观者在了解坝庄历史和建祠者功绩的同时，又因巨碑由铜雕铸而兴叹不已。

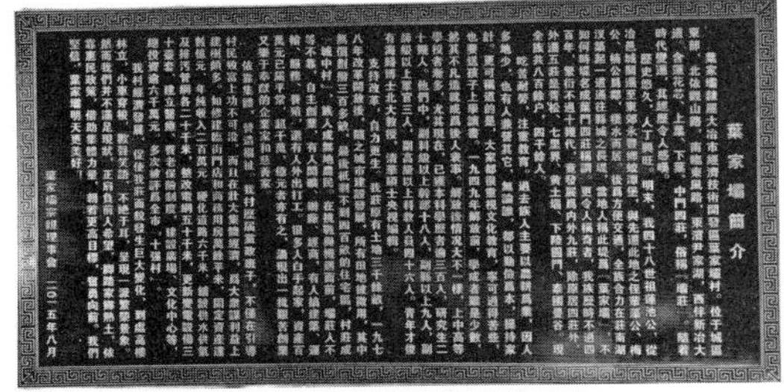

图 5–44　崇源殿“叶家坝简介”

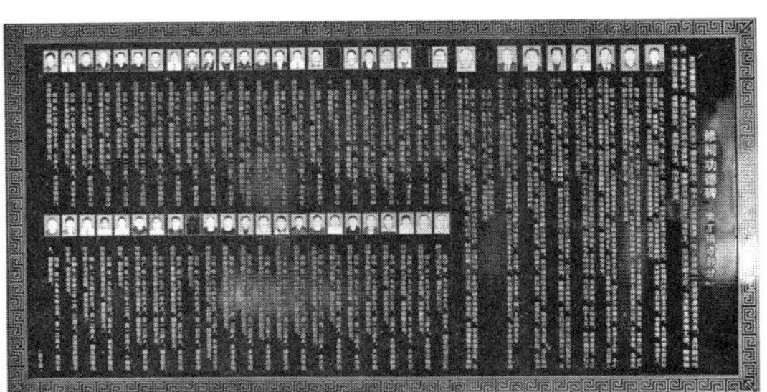

图 5–45　崇源殿“修祠功德碑”

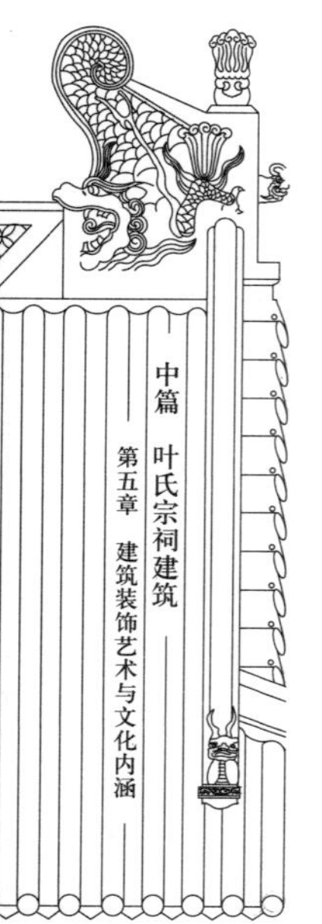

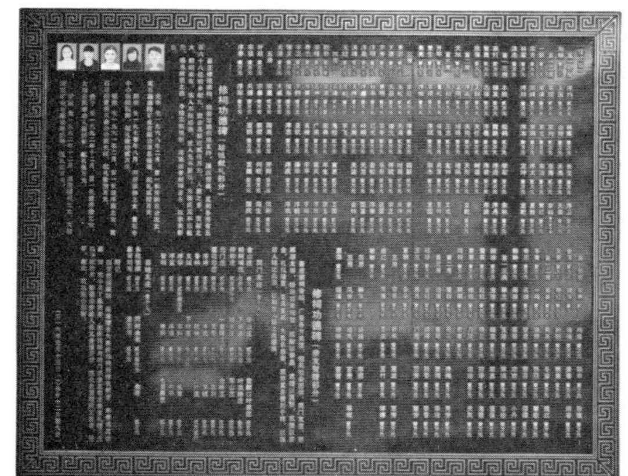

图 5-46 崇源殿〝修祠功德碑（续）〞

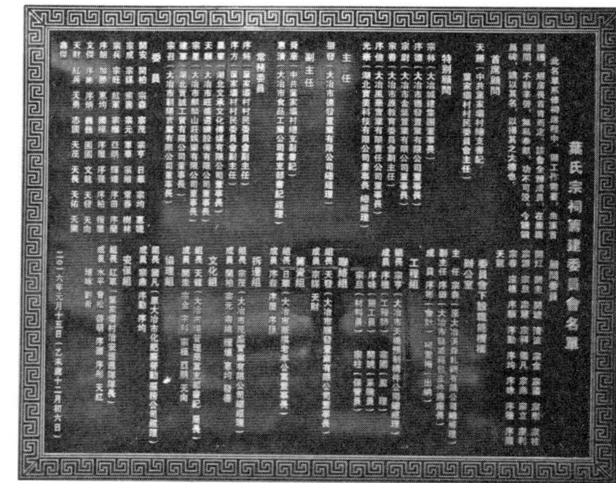

图 5-47 筹建委名单

二、大门门钉与门钹

门钉：就是用作拼合板门的铁钉子头，它随着腰带木的均匀分布而排列在门扇的正面，整齐而有序，因此这样的门钉本身就具有一种形式美。随着技术的进步，工匠在制作板门时将附加在门板后面的腰带木改为比较薄的木条直接插入门板的木槽之中，再用胶粘合，其坚固程度不亚于用铁钉拼合的板门。于是铁钉失去了结构上的作用，自然那一排排钉子头也理应会在板门上消失，但事实上门钉却依然排列在门扇上。这种现象告诉我们，这时候的门钉已经不再是有功能作用的构件，而变成一种纯装饰构件了，它们不仅仅具有形式美，而且也能表达出一定的人文内涵了。

叶氏宗祠崇源殿中央三开间六扇板门上，都排列着整齐的门钉，每块板门上下九排，左右九枚共计 9×9=81 枚门钉（图 5-48）。这种现象不是偶然的。在中国古代，这种现象自然不是偶然的。在中国古代，人们将自然界万物都分为阴与阳，在天地日月间，天为阳，地为阴，日为阳，月为阴；在人间，男性为阳，女性为阴；在数字中，单数为阳，双数为阴。阴与阳互为对立而又相互依存，这是古人对世界的一种认识。叶氏宗祠大门门板上的九排九列共 81 枚门钉体现了叶氏族人在当今社会的影响力。门钉在这里不仅仅具有形式美，而且还有人文内涵。

图 5-48 崇源殿大门

图 5-49 崇源殿大门门钹

门钉金灿灿地排列在色彩沉稳的木质板门上，有象征叶氏族人多子多福的美好寓意。

门钹：即门上的门环、门扣。门环多呈圆形环状，环本身光洁无饰。门环依靠门环座固定在门扇上。门环座的外形多被加工成曲折有变化的纹样，而且还在上面镂刻出丰富的花纹。崇源殿大门的门钹就是运用黄铜工艺加工成为了一个精美的艺术品（图 5-49）。

正圆形的门环座雕刻有古青铜器上的饕餮纹式样，中间采用深浮雕的手法，运用模具冲压成型的一个神兽面具。面部表情像一个忠实的守护神，怒叱着门外的一切，同时也保佑着叶氏族人们安康幸福的生活。尖牙利齿衔着椭圆形的门环，把手处雕刻有植物图案，显得庄重华丽。

三、铭恩厅青铜大方鼎

铭恩厅匾额的正下方，矗立着一尊敦厚有力的大方鼎。大方鼎的材质为黄铜，但模仿了青铜工艺。正面中央用浑厚的隶书体篆刻着金黄色“根深叶茂”四个大字。四周环绕一圈夔龙纹样，中间为抽象的神兽面部图案，左右图案元素为古青铜图案纹样，上部为神鸟图案，下部为神龙图案。整体效果朴拙浑厚，刚劲有力（图 5–50）。

大方鼎侧面四周图案与正面一致为夔龙纹，中间为一柄法器矗立在正中间，两侧图案对称。上部为神鸟图案，也可以理解为凤凰图案，中部为与法器相关联的饕餮纹，下部两侧为神龙图案，中间簇拥这法器为吉祥的抽象图案。通过这些吉祥元素的对称排列，使大方鼎内涵丰富、形态庄重（图 5–51）。

图 5–50　铭恩厅大方鼎正面图案

大方鼎的四条腿比例粗壮，与方鼎浑厚的身体比例十分协调，整体上来看，犹如一头稳重有力的大象，力量感十足。方鼎的腿部呈圆柱形，下部略向内收，使得整体厚重的大方鼎略显灵动姿态，显得活灵活现，而不至于呆板笨重。鼎腿的上部采用深浮雕工艺，图案浑厚，鼎腿的下部采用浅浮雕工艺，整个腿部变化丰富，统一协调（图 5–52）。

图 5–51　铭恩厅大方鼎侧面图案

鼎身的四个棱边嵌装着四个飞翼，飞翼上运用浅浮雕工艺刻有饕餮纹样，整体上让大方鼎有了活灵活现的动态，稳重而不失灵活，形态十分的丰富。

大方鼎的背面为铭文，铭文内容为“公元二〇一五年九月（农历乙未年七月）特制方形黄铜鼎一尊，长约八尺，宽约六尺，高约九尺，重约四千斤，置于叶氏宗祠前殿崇源堂之中央，以致源远流长，繁荣昌盛。铭曰：吾族源头，肇自西凉；

图 5–52　铭恩厅大方鼎腿部细部图

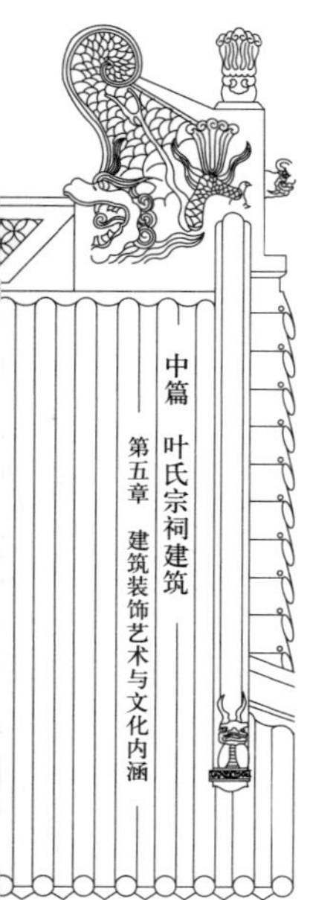

东晋末年，国破家亡；[illegible]公逃难，藏身林莽；报恩改姓，情深意长；繁衍数代，派系列张；人满天涯，功垂史章；冶城一脉，原籍南乡；明朝后期，迭于东潢；垦荒筑堤，奠定坝庄；时至今日，大变模样；高楼林立，丁口兴旺；人才辈出，百业争强；祖宗恩典，永志不忘；唯祝华夏，万世其昌。叶家坝叶氏宗祠筹建委员会。铭文四周用夔龙纹装饰，金黄色文字与青铜色产生强烈对比。铭文内容朗朗上口，通俗易懂，既回顾了先人艰苦创业，又表达了当代叶氏的辉煌成就。以鼎为志，叶氏族人一定根深叶茂，与华夏同昌盛（图 5-53）。

四、聚宝阁化钱炉

在忠烈堂的正前方的中庭中央，放置着一尊铸铜圆形化钱炉，名曰“聚宝阁”，聚宝阁高 3.38 米，直径 1.6 米，三足二耳六柱六角上有顶盖。炉足铸以兽像，炉身铸有二龙戏珠，六柱铸以降龙，六角有飞龙翘首。炉体正面刻“聚宝阁”三字，炉体侧面刻有铭文：“公元二〇一五年九月吉日特制圆形铜炉一尊，立于叶氏宗祠寝殿忠烈堂前天井之中，以作焚化冥钱之用并表虔诚之心”。聚宝阁背面刻有铭文：“化钱炉、聚宝阁、上似楼、下如 ，高八尺，径近庹，重两吨，价不薄，立庭中，焚冥帛，灰碟飞，达天河，诸神仙，纳金锞，嗣孙愿，祖宗乐，亦虽梦，情尤卓，世代传，孝之歌”（图 5-54）。

图 5-53 铭恩厅大方鼎背面铭文

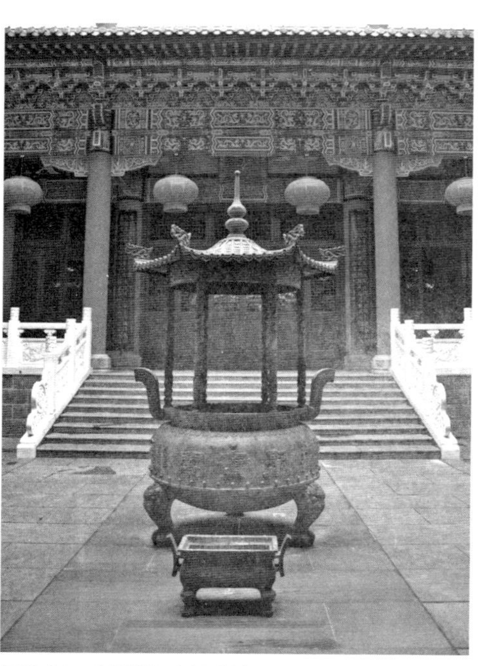

图 5-54 忠烈堂聚宝阁香炉

香炉顶部的凉亭建筑式样为传统攒尖顶，顶部中央为宝葫芦样式，也称为宝顶。六条垂脊的前端为六条行龙，栩栩如生。宝顶檐口下部的梁枋也雕刻有龙纹图案，六根柱子也用龙纹雕刻，形成盘龙式样。圆鼎鼎身浑厚有力，刻有铭文“聚宝阁”，意为将这个香炉用一个建筑空间在描绘，使之在规格上不再是一个香炉。圆鼎的三足模仿神兽的腿，极具动感，粗壮有力，又不失轻巧活泼。

五、忠烈堂香炉

神龛前设方形铜铸香炉三尊，一大二小，中间大香炉长 4 米，高 1.23 米，宽 1.205 米。六条腿，以兽首为形。正中铸“香火鼎兴”四字，背面镌文“公元二〇一五年九月吉日特制黄铜香炉一尊，长逾一丈二尺，宽约五尺，高达四尺，重近五千斤，时价二十万元，置于叶氏宗祠寝殿“忠烈堂”神龛前之中央，乃列祖列宗共享之神器。铭曰：立炉寝堂，用作焚香，两耳四尺，方鼎模样，雕龙刻凤，镌以文章，神韵唯美，象征吉祥，炉中香火，越烧越旺，缠绵缭绕，可达上苍，祖功宗德，牢记心上，兴家造业，再创辉煌”。东、西各置小铜香炉一尊，大小轻重一样，每尊长 1.79 米，宽 0.72 米，高 1.06 米。东香炉正面铸“国泰民安”，背面镌“公元二〇一五年九月吉日特立本座黄铜方尊，长七尺，宽两尺四寸，高两尺六寸，重一千六百斤，造价六万四千元，专祀恩神太子之器用。铭曰：太子恩神，功德无量，祈祷降福，万世吉祥”。西香炉正面铸“风调雨顺”，背面镌文前部分与东香炉相同，后部分则是“专祀司神灶王器用，铭曰：司命尊神，灵佑吾庄，春华秋实，百业兴旺”（图 5–55 ～图 5–57）。

图 5–55　神龛中庭前香炉（正面）

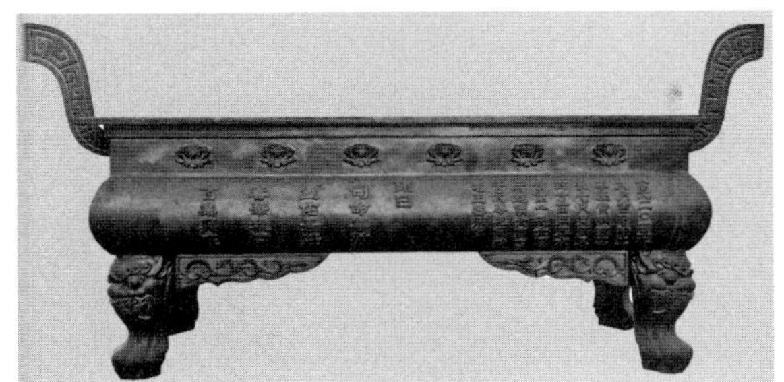

图 5–57　神龛前小香炉

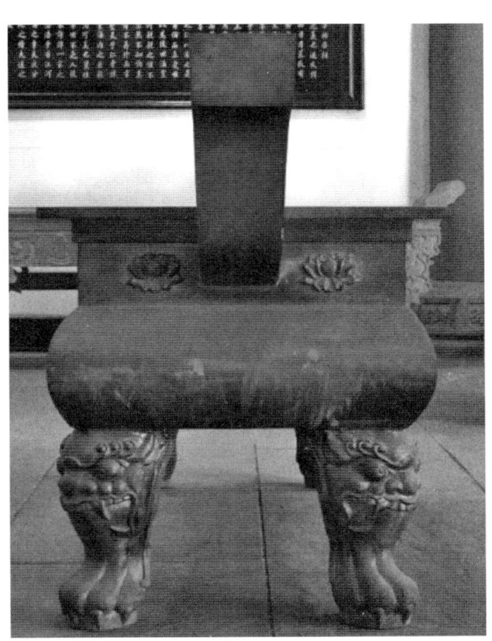

图 5–56　神龛中庭前香炉（侧面）

四、叶氏宗祠铜铁铸装饰特征

叶氏宗祠在铜铁铸装饰艺术上体现了简洁大方，精巧细致的特征，主要以铜铸为主，铸造工艺采用了现代冲压技术和模具浇筑技术。通过图案的精神意义和铭文的深刻内涵，彰显了叶氏文化的源远流长，在整个宗祠建筑中起着点睛之笔的作用。

第四节　彩画

在叶氏宗祠精美的建筑装饰工艺中，彩画的规模和制作水平也是相当精美的。在建筑物木构表面施油漆彩画，既保护了木材，又起了很好的装饰作用。根据宗祠建筑的构件名称，将彩画分为梁枋彩画、斗栱彩画、天花彩画、壁画四个类型。

一、梁枋彩画

叶氏宗祠的建筑彩画的造型与分类主要表现在梁、枋上。常用的有和玺、旋子、苏式

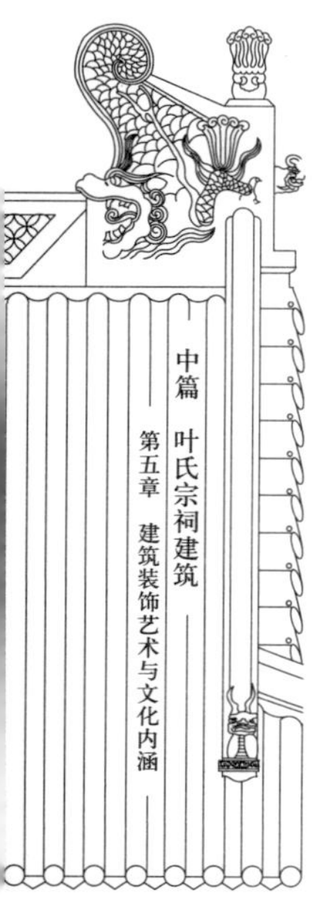

三大类。

和玺彩画是最高级的，仅用在叶氏宗祠的主殿、堂、门。在箍头处用有坐龙的盒子，藻头用齿形衍眼及降龙，枋心用行龙。主要线条及龙、宝珠等沥粉贴金，主要以蓝、绿底色相间形成对比并衬托金色图案。如明间上蓝下绿，则次间上绿下蓝，梢间又反之。同一梁、枋上也是蓝、绿相错（图 5–58）。

旋子彩画在等级上次于和玺彩画，在叶氏宗祠建筑中主要用于入口连廊、亭榭等次要建筑上。主要特点是在藻头内使用了带卷涡纹的花瓣，即所谓的旋子（图 5–59）。

图 5–58 崇源殿檐柱间梁枋彩画

图 5–59 叶家坝入口商铺连廊梁枋彩画

苏式彩画形式活泼、轻松。在叶氏宗祠建筑中主要用于亭、廊等休闲建筑上。藻头画由如意头演变来的卡子（又分软、硬两种）。枋心称包袱，常绘历史人物故事、山水风景、博古器物等，基本不用金（图 5–60）。

叶氏宗祠中施以彩绘的建筑包括入口商铺连廊、广场凉亭与连廊、宗祠主体建筑等。依建筑类型的不同而采用不同彩绘的形式。入口商铺连廊的正立面采用的是旋子彩画、廊内横梁采用的是苏式彩画。广场凉亭主要梁枋采用的是旋子彩画，在过渡衔接处会采用比较自由的云纹或者蝙蝠变形纹样。广场连廊外立面及廊内横梁均采用典型的苏式彩画，俗称“搭袱子”。叶氏宗祠主体建筑的梁枋装饰均采用的是和玺彩画，为中国古代建筑装饰彩画中等级最高的一类。

首先介绍入口商铺连廊的彩画特征。入口商铺连廊属于附属建筑类型，其作用是将叶家坝入口道路两侧建筑的风格与叶氏宗祠统一起来，达到视觉统一的特征，梁枋彩画等级略低于宗祠主体建筑。连廊梁枋彩画以枋心的内容变化而形成类型的区别，大致分为龙锦枋心和花锦枋心两类。箍头采用如意纹衍眼，藻头部分的旋子花纹为内外两层花瓣，中心圆为金色花心，在蓝绿相间的花瓣中显得格外耀眼。藻头部分的旋子纹样工艺采用勾丝绕、喜相连、一整二破以及综合运用相结合的方式（图 5–61）。

图 5–60 怡心廊梁枋彩画

图 5–61 叶家坝入口商铺连廊梁枋彩画

廊内横梁的彩画形式为比较轻松的苏式彩画，枋心变成了自由的绘画创作，藻头为金色的草龙纹样，线条轻快，色彩对比强烈、醒目（图 5-62）。

梁枋与柱子的直角交接处为雀替构件，其装饰式样为典型的清式鹰嘴突式样。底色为红色，中间纹样为浮雕卷草，涂金色，整体蓝色勾边。雀替与梁枋的色彩对比强烈，且协调统一。斗栱上的檐檩运用的是水波纹样装饰，并在中间等距离点缀了半圆形的红日装饰，有着旭日东升的寓意。

叶氏宗祠的中心广场是村民们举行大型活动和日常开展文体活动的重要场所，广场两侧有两条连廊，连廊的端点处均有精致的凉亭。

广场有三处凉亭，分别为荟萃亭、迎曦亭和望月亭(图 5-63)。荟萃亭位于广场的最前端，是进入叶家坝村所见到的第一个建筑物。迎曦亭位于叶氏宗祠大门的左侧，与荟萃亭形成一条连线，中间用连廊相连。望月亭位于叶氏宗祠大门的右侧，作为宗祠的侧门连廊入口。

图 5-62　叶家坝入口商铺连廊横梁彩画

图 5-63　叶氏宗祠广场荟萃亭、迎曦亭、望月亭

三处凉亭的梁枋彩画样式基本一致，均为旋子彩画。枋心采用的是龙锦枋心和花锦枋心，并且两种枋心图案错位交替使用，在统一中体现变化。柱子与梁枋的交接处运用的是旋子彩画中完整的旋子花作为装饰，旋子花心为金色，围绕花心有三层旋子叶，蓝绿交替色彩与纹样和梁枋保持高度的统一。两层梁枋中间的隔板施红色底，与上下蓝绿梁枋产生色彩对比，层次丰富。隔板红底上绘有金色太阳花和忍冬草纹样，与上下梁枋密切呼应（图 5-64）。

凉亭内部的梁枋彩画与外部一致，唯一区别是在内檐口的六个交点处绘制了比较自由的蝙蝠纹样，取蝙蝠的谐音"遍福"，寓意叶家坝村"遍地是福"（图 5-65）。

广场两侧连廊以"怡心廊"为主，位于广场东侧，外立面与广场直接相对，两头连接荟萃亭和迎曦亭，是广场与村内车行道的屏障，是村民们重要的休闲场所（图 5-66）。

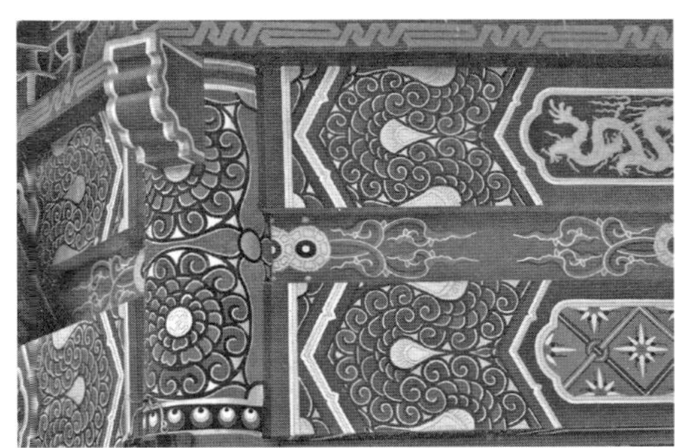

图 5-64　荟萃亭梁枋彩画细部

图 5-65　荟萃亭内部梁枋彩画细部

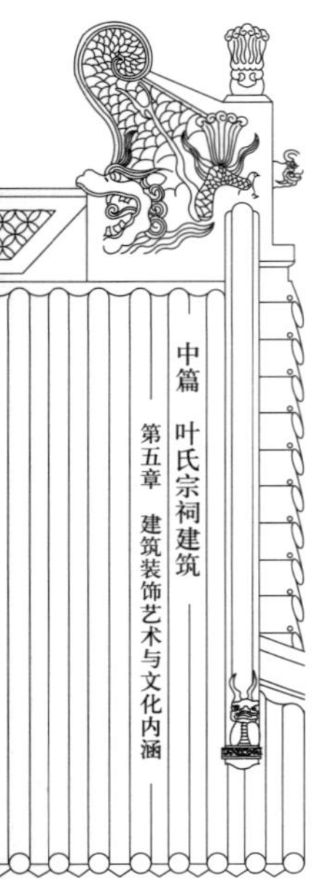

连廊的梁枋彩画均为比较轻松的苏式彩画。苏式彩画是一种从南方的包袱彩画发展而形成的一种彩画，它的特征是梁枋中段用圆形的包袱覆盖，包袱心内容则为山水、人物、动植物等。藻头部分为草龙纹或者是夔龙纹。

苏式彩画的重点在包袱，即枋心。包袱的外形轮廓基本上是如意形，枋心内为工匠的自由创作提供了很好的空间。因为连廊是村民们日常休闲的活动场所，枋心就变成了传播中国传统文化的重要窗口。枋心内的绘画题材主要体现山水、吉祥动植物、神话故事情景等。通过这些活灵活现的画面和传统故事教育叶氏子孙要继承叶氏祖先的优秀品质，共同营造叶家坝村的和谐氛围。从某种意义上来说，连廊成了叶氏村民的文化长廊。下面从众多包袱中挑选具有代表性的加以说明。

寿比南山图，图中老寿星与一个孩童在嬉戏，体现了一个人从孩童到耄耋的完整而幸福的一生。通过这副图画寓意着叶家坝村的子孙们都拥有着幸福美满的人生（图 5–67）。

> 寿比南山是祝人长寿的习用语，意为寿命像终南山那样长久，出自于《南史·齐豫章文献王嶷传》：“嶷谓上曰：‘古来言愿陛下寿比南山，或称万岁，此殆近貌言。如臣所怀，实愿陛下极寿百年亦足矣。”

年年有余图，图中一位快乐的老渔翁提着一条鱼，人物造型活泼，极富有动感，画面轻松活泼。这幅画面体现了叶家坝村人对丰收的喜悦和渴望，也反映了当前叶家坝村人富足的生活现状（图 5–68）。

> 年年有鱼是“年年有余”的谐音，可谓中国传统吉祥祈福最具代表的语言之一，若用图画表示则可看作是传统吉祥符号。图中要有莲花或莲藕，还要有鱼，即“莲莲有鱼”，代表生活富足，每年都有多余的财富及食粮。

三羊开泰图，“三羊开泰”应为“三阳开泰”。《易经》以正月为泰卦，古人认为是阴气渐去，阳气始生。农历十一月冬至那天白昼最短，往后白昼渐长，故认为冬至是“一阳生”，十二月是“二阳生”，正月则是“三阳开泰”。聪明的工匠用三只小羊羔和一个孩童作为艺术创作的内容，“羊”与“阳”谐音，孩童象征着新生的希望，反映了吉祥之意（图 5–69）。

图 5–66　怡心廊正立面

图 5–67　怡心廊苏式彩画局部

图 5–68 怡心廊苏式彩画局部

图 5–69 怡心廊苏式彩画局部

> 《周易》称爻连的为阳卦，断的为阴爻，正月为泰卦，三阳生于下；冬去春来，阴消阳长，有吉亨之象。常用以称颂岁首或寓意吉祥。阴阳学说中，十月为坤卦，纯阴之象。十一月为复卦，一阳生于下。十二月为临卦，二阳生于下。正月为泰卦，三阳生于下。冬去春来阴消阳长，有吉亨兴盛之象，故称三阳开泰。

叶氏宗祠的主体建筑中的梁枋彩画是整体彩画中规格最高的和玺彩画，凸显了主体建筑的地位与威严，体现了叶氏宗祠显赫的社会地位和渊远的历史背景（图 5–70）。

叶氏宗祠的正立面有九开间，居中位置的第五开间跨度要宽于其他开间的跨度，其彩绘规格也成为主体建筑中所有彩绘规格最高的部分（图 5–71）。枋心为两条行走的金龙对戏一颗龙珠，藻头上下分别绘有金色降龙和升龙。上部箍头中心绘有金色盘龙，下部箍头中心绘有金色的忍冬草。上下两层梁枋中间的隔板底色为红色，中间绘有金色的太阳花和蓝绿色的忍冬草纹样，与蓝绿梁枋产生了强烈的色彩对比，形成了丰富的视觉层次。柱头与梁枋的交接处绘有海波纹，在五行中有水克火的寓意，表达了叶家坝人希望叶氏宗祠万代永存，不受火患影响（图 5–72）。

门厅空间的梁枋彩画也均采用的是和玺彩画的规格。其特征是受空间的影响，梁枋之间的距离很大，为隔板彩画提供了更大的创作空间。关于隔板的绘画创作部分在壁画小节内进行描述。门厅两侧走廊上部的一、二层梁中间的隔板底色为红色，金色线条为边框，中间绘有八仙的法器，如葫芦、宝剑等，藻头部分用金色忍冬草纹样作为装饰。

二、斗栱彩画

斗栱是中国木架建筑特有的结构部件，其作用是在柱子上伸出悬臂梁承托出檐部分的

图 5–70 崇源殿檐柱梁枋彩画细部

图 5–71 崇源殿檐柱梁枋彩画细部

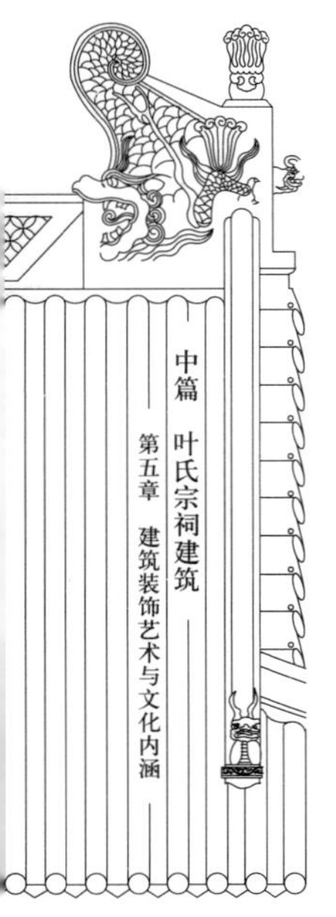

图 5-72 崇源殿内厅梁枋彩画细部

图 5-73 崇源殿檐部斗栱细部

重量。古代的殿堂出檐可达 3 米左右，如无斗栱支撑，屋檐将难以保持稳定。唐宋以前，斗栱的结构作用十分明显，布置疏朗，用料硕大；明清以后，斗栱的装饰作用加强，排列丛密，用料变小，远看檐下斗栱犹如密布一排雕饰品，但其结构作用（承托屋檐）仍未丧失。

叶氏宗祠的斗栱规制是按照清工部《工程做法》中的形式进行建造的。檐下斗栱排列密集，因现代建筑结构技术的应用，斗栱已无承重作用，完全是装饰意义（图 5-73）。

屋檐下的斗栱正位于梁枋之上，所以它们身上的彩画保持与梁枋同一风格。叶氏宗祠整体装饰色彩特征就是在蓝天下黄色的琉璃瓦屋顶，屋檐下蓝、绿色的梁枋斗栱与由立柱、门窗、墙身组成的红色屋身相邻，白色的石料基座与灰黑色的地面相连接，正是这蓝与黄、青绿与红、白与黑的对比使宫殿建筑具有强烈的色彩效果。在这种总体色彩的应用与配置中，檐下的斗栱自然都以青、绿两色为主，它们与梁枋一起组成的冷色调部分处于黄瓦与红屋身之间，这是指这些斗栱的总的色彩，但只要仔细观察它们就会发现，还是有一些细致的变化。

屋檐或者室内天花下两根柱子之间的梁枋上有若干组斗栱，以其中一组而言，它的斗，如果从最下面的坐斗到最上面的小斗都是蓝色的，那么它的栱都是绿色。再看它左右两组斗栱，它们的斗则变为绿色，而栱变为蓝色。再向两侧看，则斗与栱的色彩又恢复到与居中那组斗栱一样。这种用蓝、绿两种色彩相间应用的方法称为“间色”，于是蓝、绿二色，尽管都属于相近的冷色，但是用了间色法，也使它们显得丰富而有变化了。

斗栱除了刷在表面的色彩外还用一种颜色作边缘，常见的有金、蓝、绿、黑、白几种。叶氏宗祠的斗栱边缘主要用金线描边，凸显了建筑装饰的规制极高。

三、顶棚彩画

顶棚是设在屋顶构架下面的构件，它满铺在屋顶梁架之下，与四周墙壁围合成房屋室内空间。顶棚的功能：一是遮挡住屋顶梁架上的尘土散落，所以又称为“承尘”；二是它与屋顶梁架形成一个封闭的空间，可以起到室内的保温作用；三是具有装饰性。叶家宗祠主

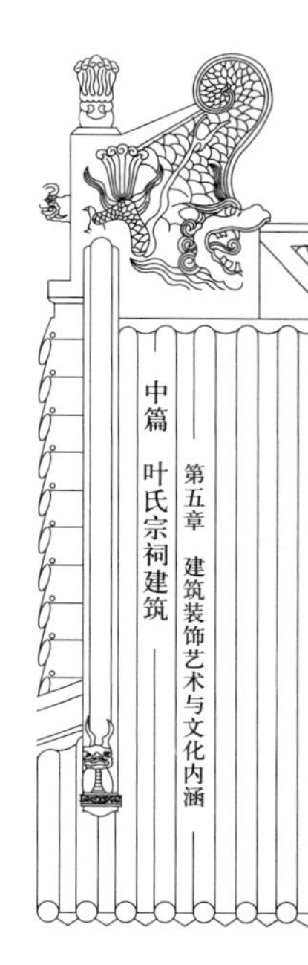

体建筑均采用的是现代结构工艺，所以顶棚的主要作用就是装饰性，而不需要具备其他的结构功能。顶棚在古建装饰中分为“平闇”与“平棊”两种类型。

“以方椽施板，谓之平闇，以平板贴华，谓之平棊”（见《营造法式·总释下：平棊条》）。这两类天花在唐、宋以来的建筑中都能见到。

1. 平闇顶棚

平闇：宋《营造法式》中所说，平闇的做法是“以方椽施版”，就是用方形椽木相交形成的小方格，在上面盖木板即形成顶棚。但在明清时期的建筑上很少见到这种平闇形式。叶氏宗祠主体建筑当然也没有采用这种形式。

2. 平棊顶棚

用木条交叉成方格，再在木格上盖木板，铺设为成片的顶棚，即成平棊。它形同“井”字，所以又称井字顶棚。这种平棊被广泛用于宫殿、寺庙等建筑的室内。

叶氏宗祠主殿为现代建筑结构，其顶棚不存在使用用木条交叉成方格，再在木格上盖木板的工艺，顶棚基本上都属于仿平棊天花图案，但装饰形制与传统的平棊天花相同（图5–74）。

图 5–74　崇源殿平棊顶棚细部

叶氏宗祠的平棊顶棚中，十字交叉的枝条变成了平面图案，与方形天花板图案共同构成了整体平棊顶棚图案。中央部分是圆形的团花，称为“圆光”。在圆形画框内一条金龙盘坐其中，龙头正面朝外，故称团龙或坐龙。在天花板的四角称“岔角”，用云纹作装饰。在枝条上的装饰则集中在十字交叉点上。为了枝条的牢固，需要用销钉由交叉点钉到枝条上方的小木梁上，这种销钉的钉子头就成了枝条装饰的中心。叶氏宗祠的平棊顶棚虽然是平面图案，但在仿制上也遵循传统制式。金色钉头由四瓣金色莲花叶片包围，就成了莲花团心。在它的四周又用如意纹装饰，一条如意纹，居中一分为二置左右，形同飞燕之尾，故称“燕尾”纹。这种以龙为主要装饰的井口顶棚称为“龙井”顶棚。龙井顶棚的色彩配置与宫殿外檐的和玺彩画相似，即总体上以青、绿射雕为主，其间的龙纹作金色，其他花纹皆以金色勾边。总体效果是在冷色调中不失华丽。

四、藻井

藻井为房屋顶棚的一种形式，它的形态做法都比平闇、平棊复杂，藻井位于殿堂顶棚的中心位置，往往与宫殿帝王御座和佛殿中佛像位置上下对应，起到重点装饰的作用。

汉张衡著《西京赋》中记：“蒂倒茄于藻井，披红葩之狎猎”。宋《营造法式》释读为：

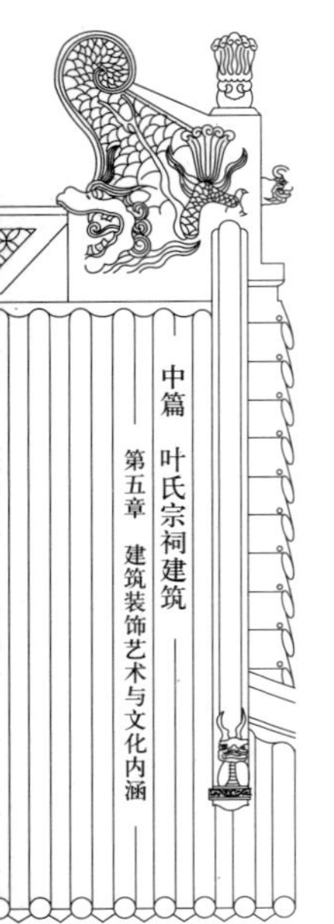

“藻井，当栋中、交木如井，画以藻文，饰以莲茎，缀其根于井中，其华下垂，故云倒也。”汉代应劭撰写的《风俗通义》中也对藻井有描绘：“殿堂像东井形，刻作荷凌。凌，水物也，所以厌火。”

中国古代建筑采用木结构，最怕火灾，所以用与水有关联的动物和植物作装饰以取得灭火的象征意义，这就是在屋顶正脊两端出现用鱼、龙作正吻，在室内藻井中出现荷莲类植物作装饰的原因。

叶氏宗祠最重要的空间为忠烈堂，该空间陈列祖先塑像和牌位，为宗族提供重要的祭祀场所（图 5–75）。忠烈堂的顶部天花为正方形，由 4 条方梁将整个顶部分割为九宫格形制。九宫格的中心方格最大，也是藻井所处的位置。藻井分上下三层：下层为圆形藻井轮廓边与方格梁相切形成的四个三角顶，绘有忍冬草纹样。下层与中层之间通过密集的斗栱向上升起，斗栱顶部采用覆盆式圆形盖顶。上层通过斗栱继续向上升起，中心汇聚成圆形平顶，圆形平顶上绘一条金色的盘龙，口衔一颗宝珠。整个藻井装饰华丽富贵，成为忠烈堂的装饰核心（图 5–76）。

图 5–75 忠烈堂藻井

图 5–76 忠烈堂藻井

藻井上下的衔接处为彩绘的重点，下层衔接处采用金色草龙连续纹样装饰，上层衔接处运用的是星空图案，大小不一的星辰散布在蓝底色上，象征着浩瀚的宇宙。

五、壁画

壁画是叶氏宗祠彩画种类中比较特殊的一种类型，因该宗祠属于现代仿古建筑结构，很多梁枋距离较大，长宽比例超出了传统挡板彩画的规制，所以在主体建筑和广场的三个凉亭内部空间中，出现了很多较大面积的壁画。

由于壁画空间比较大，为工匠的艺术创作提供了更多的自由空间。题材的类型也十分的丰富，主要以神话故事、传统文化、花鸟风景为主。比如：八仙过海、忠孝仁义、花开富贵等，反映了叶氏宗族神灵护佑、父慈子孝、枝叶茂盛的繁荣景象（图 5–77、图 5–78）。

图5-77　崇源殿梁枋间彩画(八仙过海图)

图5-78　崇源殿梁枋间彩画(花开富贵图)

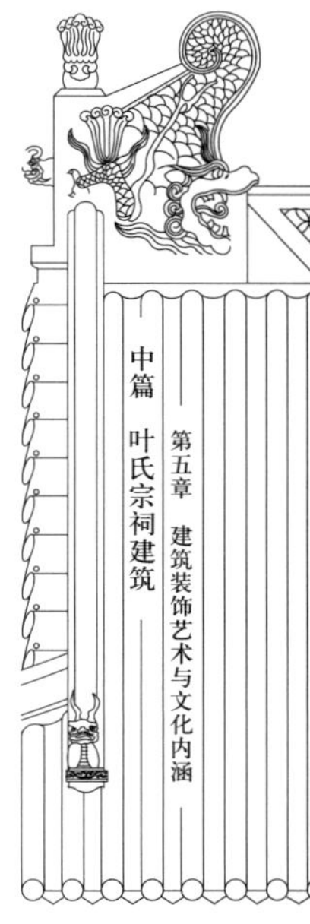

六、叶氏宗祠建筑彩画装饰特征

叶氏宗祠建筑群的彩画艺术十分完整丰富，它集中反映了我国古典建筑装饰艺术中关于彩画方面的典型特征，是中国古典建筑装饰彩画艺术的集中缩影。叶氏宗祠作为一个现代仿古建筑群，在装饰彩画艺术方面，严格秉承了传统装饰彩画艺术的规制，对传播中国优秀的传统文化作出了重要的贡献。

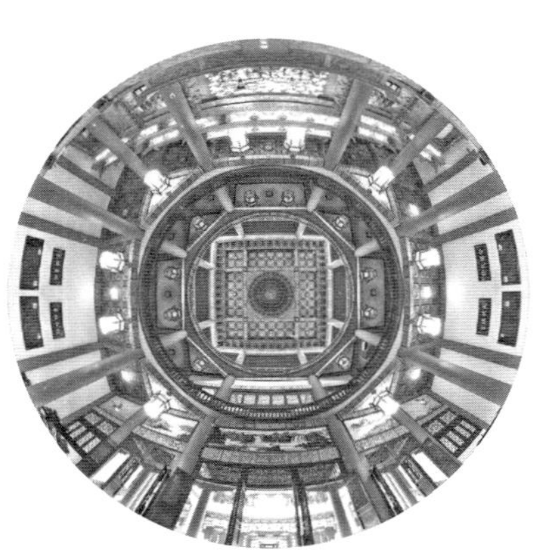

下篇 叶氏宗族文化

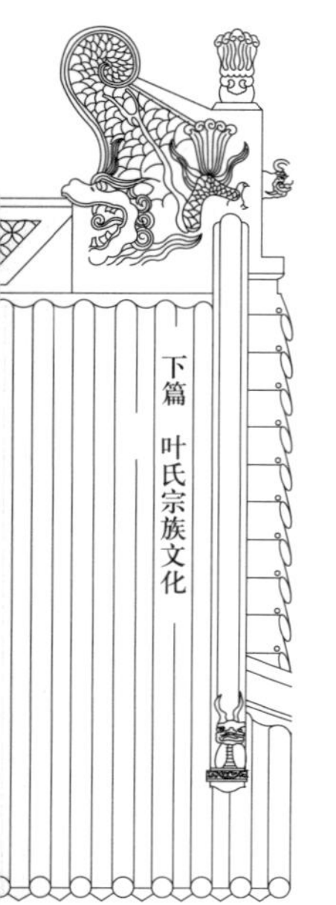

所谓“源”，水流起头之地；所谓“流”，水流移动之状。有源自有流，有流必有源，二者彼此相存，经久不息，这就是源远流长之意。人伦之道，亦如此理，源似人之始祖，流似人之衍宗，二者彼此相依，连绵不断，这就是祖功宗德之意。敬祖尊宗，必正源清流，求真求实，否则，伦理乱，恩义泯，以致父将不父，子将不子，倘若如此，岂不可悲！

陇脉叶氏之源，肇于始祖李筠，因国破家亡而逃难，藏身密林而得活，故报恩姓叶。此事虽叶氏宗谱记述详尽，然国史方志未记，故鲜为人知，乃致众说纷云，见仁见智，混乱不堪。更有甚者，有无知之人竟涉乱祖之嫌，移花接木，改源易流。情况有二：一是有同门之族，祖谱遗失多年，后人不知姓之源起，修谱时偶得同姓他族之始，误以为此始乃己之始，从此迷失真祖，此可谓无意而迷失；二是同门之族已在正宗派下，却见同姓他族之源头与己有异，竟疑本族祖先不实，于是改弦更张，以他祖代己祖，熄灭嫡祖之香火，另立他祖之牌位，摆脱宗族之世系，独修己庄之谱牒，此可谓无知而迷失。以上二者之失，在于不知叶姓起源之复杂，现网络中叶姓起源有四种之多，还并非包括世上所有叶氏。叶姓起源如此之多，正同中华姓氏演变一脉相存，失之者只知其一，不知其二，岂能不误。虽说华夏同姓一家亲，然宗支之根本，怎能因误而迷失呢？长此以往，失源忘本者越来越多，乃至动摇国之根本，岂能无忧？！

为正本清源，本篇刊载《李筠改姓》一文，又《李筠逃难》一图，并附录本姓其他起源，以资研讨。

本族之流，自晋末西凉破国，至南宋本门立派，历时一千五百余载。然旧谱所记此段远系，严重阙失，仅为十一世，代均之年，长达六十又四，显然不符人类繁衍之规律，与常理之数（代均二十至三十年）相去甚远，以至令人不解其由。为弥补老谱阙失，叶氏宗谱十修人员将历代先人修谱却去之数世，重新回录以续之，恰为二十七代，代均约二十五年，正合常理之数。并绘制《列祖迁徙轨迹图》，佐以《源流表》。这样，本族远系混沌的情况得以理清，显得层次清楚，脉络分明，无懈可击。

为保护先祖遗骸，传承孝道，同时也是为新祠腾出地基，本庄族人在建祠之初，将下首塆祖坟山全部祖先遗骸迁至胡先林大金星基都公山安葬，建造了一座格局别致的先祖陵园。本篇对先祖陵园的建设和园景，也做了简要介绍。

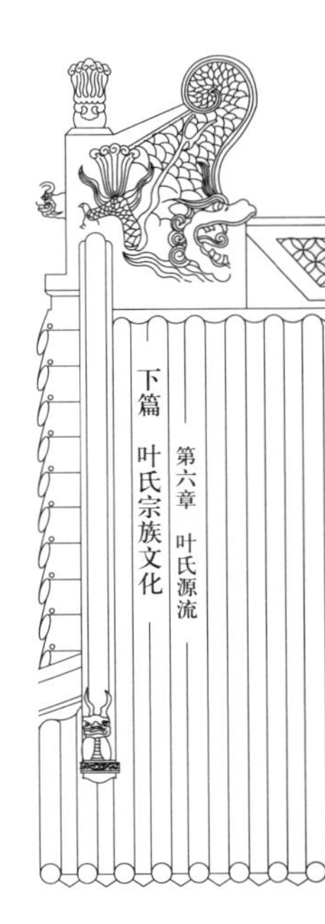

第六章　叶氏源流

中国姓氏不仅繁多，而且情况非常复杂，同姓不同源者极其普遍。由于始祖不同，起源不同，因此就形成了同一姓氏多个派系。各家在始修或续修宗谱时都十分注重理清本支脉之源，奉定本支脉之始祖，并说明其他支脉之源流概况，这就是正源清流。

本节重点叙说本族叶姓起源，引先辈关于叶氏发源论述以论证，以及今人关于本族叶姓起源的讨论。同时概括介绍他族叶姓起源、迁徙分布、历史名人、郡望堂号和宗族特点。

第一节　叶姓起源

一、李筠改姓

本族与李姓同源共祖有三千多年历史，从中华人文始祖轩辕，到李氏远祖重耳，共经历88世，其间更换过姬、嬴、理、李四姓，直到重耳之孙李筠改姓叶，与李姓分开已有1577年之久。

李筠改姓原因，极富传奇色彩，而且众说纷纭，各说不一。现根据史实，重现当年情景如后，以正源起。

东晋末年，华夏大地，群雄割据，战乱不断，民无定居之所，国无长久之界，天下动荡不安。据《资治通鉴》记载，晋安帝隆安三年（公元400年），西域有一边远之地叫沙州，刺史李暠精明强干，爱民如子，后被百姓拥立为西凉王。其时，李暠奋发图强，左取酒泉，右收敦煌，国力日渐强盛。李暠妻尹氏，出身名门，能文善武，远见卓识，西域列国无人不知。

晋安帝义熙十二年（公元417年），李暠去世，其次子李歆继位，先后追封李暠为武昭王、兴圣皇帝，尊母尹氏为太后。

晋恭帝二年（公元421年）七月，北凉王沮渠蒙逊欲伐西凉，便设计引诱，佯攻西秦浩亹，后暗中回师川岩埋伏。西凉王李歆欲乘虚袭击北凉张掖，大臣宋繇、张体顺恳言谏止，李歆执意不听。尹太后得知此事，上殿劝阻，说："你的国家新建不久，地狭人少，自卫尚恐兵力不足，哪有力量讨伐他人？先王临终时，告诫你不要轻意用兵，更何况你现在并非北凉对手，怎能妄动！你的国家虽小，但可以修德养民，静待时机。蒙逊如果昏庸残暴，百姓将会归附你；他如果仁德清明，你应该投靠他。怎么能以侥幸之心，去求得非分之想呢？依我看，你如出兵张掖，不仅会丧失军队，甚至还会导致亡国！"李歆仍不听劝告。太后

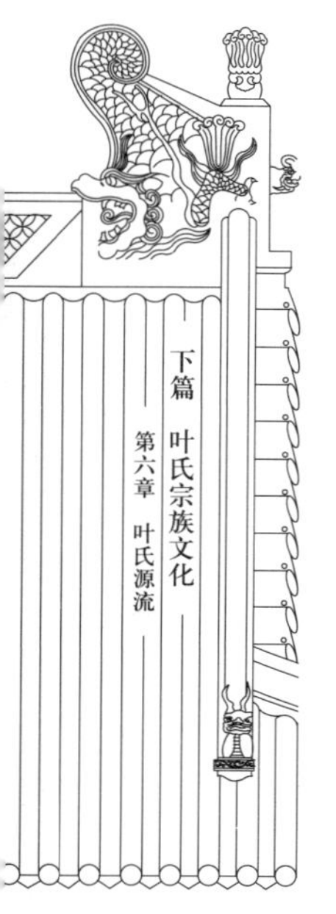

不禁叹息说："国将休矣！"

不几日，李歆举全国之力，集三万余众，亲率兵东征。蒙逊知道消息后大喜，为诱敌深入，在西部边境发布文告，宣称已攻克浩亹，并即将攻取黄谷。李歆不知是计，竟长驱直入，兵临都渎涧。蒙逊见西凉军队进入包围圈，随即发起攻击，两军战于怀城，西凉惨败。有人劝李歆退保酒泉，李歆说："我未听母亲教诲，才招致失败，不杀几个胡儿，有何面目见老母！"于是领残兵再战于蓼泉，结果被蒙逊所杀。

蒙逊乘胜攻入酒泉后，严令禁止掠杀，百姓安居如常。李氏王室老小逃奔敦煌，唯尹太后不肯离开。蒙逊见到尹太后，给以安慰，并说："久闻太后贤达，无由拜会，今日得见，请多指教。事已至此，还请见谅，有何吩咐，定当从命！"太后说："既然国破家亡，我一个 80 多岁的老太婆复欲何求？沦为人家臣妾，只求速死才是幸事！"蒙逊为笼络人心，赦免了她。

然而，蒙逊在攻打敦煌时，却非常残忍。先是筑堤壅水，冲淹城池；后是下令屠城，杀戮无辜百姓。太守李恂乞降，不允后自刎，李氏一族，惨遭灭门，幸免者无几。

当时，尹太后也赶到敦煌，目睹了这一切，悲愤万分，当面痛斥蒙逊。蒙逊恼羞成怒，责令太后速离凉地。太后打算回故地伊吾（今新疆伊吾县）暂居。临行前，在王府密室找到了玄孙小李筠，于是便带着他，急奔城西而去。

李筠是李歆三子李重耳（国亡奔宋，后为汝南太守）之孙，即李重耳二子李镕的独生子，时年未满六岁（李重耳长子李熙随父投宋，后为大唐皇室之宗。）李镕在酒泉破城时抗敌阵亡，其妻吴氏不忍幼子被害，将其藏于密室后投井自尽。

蒙逊得知尹太后带一男孩逃走消息，急命亲兵追赶，企图斩草除根。此时太后带着李筠离城不远，见身后尘土飞扬，料定追兵将至，于是改变方向，折进大山。初秋深山，草木繁茂，太后寻一枝叶浓密处，搂着李筠隐蔽下来，屏住呼吸，严密注视周围动静（图 6–1）。当时不远处还传来敌兵搜山声音，后来渐渐远去，太后才松一口气。恐有伏兵，他们不敢轻意下山。白天，饥食野果，渴饮山泉；夜晚，草地作床，枝叶当被。直到数日后，山下终于平静下来，老太后才携李筠出山西行。

图 6–1　筠公逃难

上路前，老太后回身望着眼前起伏苍山，抬手抚摸小李筠的头说："孩子，是这里的草木重生你于今世，草木救世，正好是个'葉'字，以后你就姓叶吧！"李筠似懂非懂地点点头，从此，就改姓叶，叫叶筠。

叶筠随高祖母尹太后漂泊至伊吾，老小相依为命多年，所历磨难，可想而知。老太后活到 120 多岁，临终时对叶筠说："我们的故乡在中原，你们将来可要回去啊！"面对老祖宗的嘱咐，叶筠同其四个儿子，泣不成声，长跪不起（图 6–2）。

图 6–2　太后遗嘱

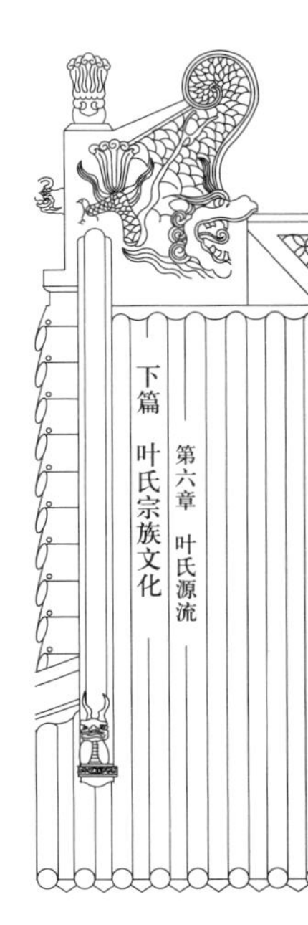

二、祖先纪源

耆公叶氏发源引

（宋淳佑四年甲辰季秋，之吉公晳稿，宋德佑二年丙子春正月，之吉公成梓）

叶氏之谱，所以[1]谱叶氏族也。其先出于[2]轩辕[3]帝项[4]，自咎繇[5]子伯翳[6]封费赐姓嬴。其三子名恩成，世为理官[7]遂姓理。至商时理徵以直忤[8]纣得罪死，子利贞逋[9]难伊墟，食木子得全，易为李氏。自利贞七世孙乾字元杲[10]为周上御史，生耳于楚苦县之阳，故号伯阳氏。耳子宗为魏将，宗子广为汉将，广十六世孙暠[11]为西凉王。越三世，生熙及雍。熙则唐世之根本，雍乃我姓之渊源。雍（有误，应为“暠”）五世孙[illegible]，因失西夏走深林，以叶覆身纾[12]难。此又叶姓由来也。夫赐姓更氏古大都然[13]，该系叶姓 纪源当自筠公始。而谱中必首暠公者，何？不忘本也。其本又有本，谱何不一一述？盖自筠公因恩得姓，已别于李，悉[14]纪之嫌其太远，但谱以谱族，而姓氏之变更发源，竟以为太远也。而拭[15]之又大不可，余故历历[16]详志。见支支节节之无不可，由灉[17]漯[18]而溯昆仑。

［注释］

1. 所以：用来……的。2. 于：从。3. 轩辕：黄帝，三皇之一。4. 帝项：颛项高阳氏，五帝之一。5. 咎繇（zhòu）：人名，法官。6. 伯翳：人名，又称伯益，因助舜治水有功获赐姓嬴。7. 理官：掌管刑法的官。8. 忤（wǔ）：忤逆，冒犯。9. 逋（bū）：逃亡。10. 杲（gǎo）11. 暠（gǎo）。12. 纾：解除。13. 然：这样。14. 悉：尽，全。15. 拭：拭除。16. 历历：清楚明白。17. 灉（yōng）：古水名，约在今山东省西部，河北省南部一带。18. 漯（tà）：漯河，古水名，在今山东省。

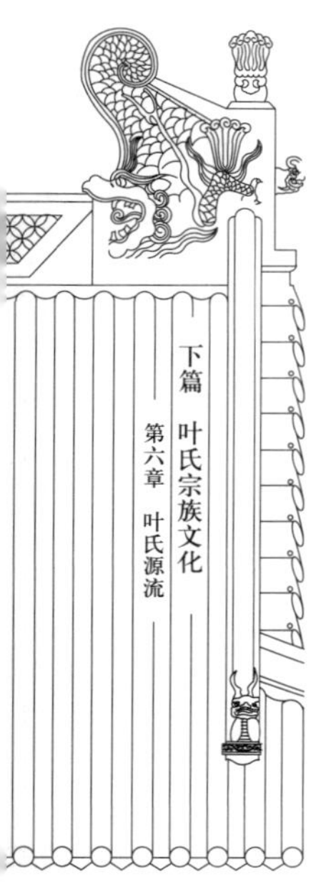

万树公纪源序

（明洪武十四年撰）

自轻清重浊[1]，分天分地，列三才[2]而有人焉，而始初之一人不可拟[3]之以从来。天地即彼之父母也，其后荒唐之载多出自《白虎通》[4]诸皇书，甚未可考据。迨[5]神农、伏羲、轩辕诸代以下，民物渐增，氏姓颇蕃，而原[6]其所自始亦无非列圣之苗裔也。

我族肇[7]自老聃[8]，因诞于李树之下，遂以李为氏。厥[9]后子孙各列疆土开籍甚繁，延至五十八世暠袭爵武昭王，封地于西凉。暠公八世孙（据考证，应为五世孙）�易李为叶，虽则恩姓，其意殆[10]亦不忘于木本之义欤。筠公子成公因功食邑南阳（即今安陆府），继迁永州，德泽流芳。甫[11]有谭公孝廉秀异明珠大贝之显奕。其子若孙或迁建康，或迁闽中，并居楚未迁者，支蕃派蔓世远年湮[12]，殆难于清晰之而纪载之也。我分始迁于越，自越迁吴西，至峻公由吴西复籍于楚之江夏。虽曰仕宦而来，毋亦祖宗之灵而俾[13]之也。传至五世孙敬皇公，素负节操，英略过人。宋有事于河东举于草莽，而视师淮上。是时敬极公、敬永公、元启公、元哲公亦同赴调擢[14]之任，因官羁署分镇诸地，而子而孙各寄异土。所以山东有我姓之蕃，河南有族氏之盛，显宦多发于燕地，文人蔚起于江南，而太原、长安、西蜀、粤东伟人学士代盈王廷。孰[15]谓我族非海内之世家巨族也哉？我支亲祖敬常公，曷[16]为而独守故土？盖昔者诏起役于淮上之际，五公皆学全德修之士。惟公生居季末，时当出就外传，后虽有诏仕命颁，而公以丈夫知进退为己任，及金人拥公南奔，携幼以往，不能回籍，斯亦迫于不得已也。幸长子绍天公，有奉祠守墓之责，因开今绵绵瓜瓞之盛，此其大略也。下此依派之考与妣，后之子孙，文以述之，谱以志之，俾世世亲疏之祖祢[17]弗致有湮没而无传焉，庶[18]无负余之深意矣。

［注释］

1. 轻清重浊：轻而清的东西上升为天，重而浊的东西沉降为地。指盘古开天地。2. 三才：姓名学之五格剖象法术语。指天才、人才、地才，它们分别是天格、人格、地格数理的配置组合。3. 拟：模仿。4.《白虎通》：即《白虎议奏》。东汉建初四年（公元 79 年）十一月，章帝下诏令将、大夫、博士、郎官及儒生会集洛阳北宫的白虎观，讨论五经异同。章帝亲临主持，由五官中郎将魏应秉承章帝旨意发问，侍中淳于恭作答，章帝亲自裁决。参加者有当时著名儒者丁鸿、楼望、成封、桓郁、班固、贾逵等人，以及广平王刘羡。讨论的结果后来由班固编成书，作为官方钦定的经典公布。5. 迨（dài）：到。6. 原：追究根源。7. 肇（zhào）：开始。8. 老聃（dān）：即老子，姓李名耳，春秋末年思想家，道家创始人。9. 厥（jué）：他的。10. 殆（dài）：大概。11. 甫（fǔ）：才。12. 湮（yān）：湮没、湮灭。13. 俾（bǐ）：使。14. 擢（zhuó）：提拔，提升。15. 孰（shú）：谁，哪个。16. 曷：何。17. 祢（mí）：古代对已在宗庙中立牌位的亡父的称谓。18. 庶（shù）：也许，或许。

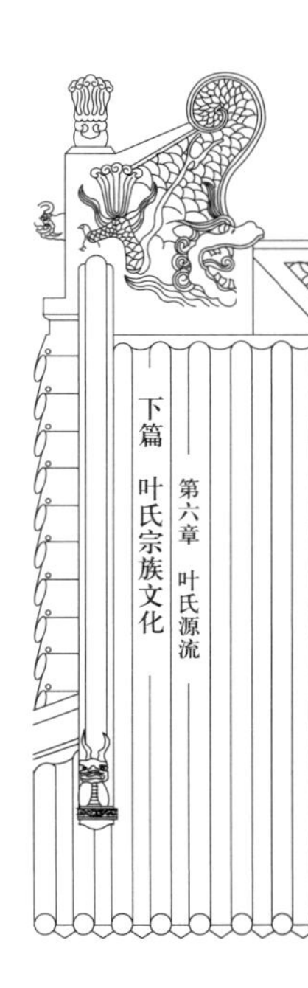

三、起源讨论

（一）先祖疑误

旧谱本远系疑误俟[1]考

正系本，系时生肃。而序[2]时公后肃公前，夹有绪公生彪与二公，却[3]。上按时公，下按肃公，未连一线。

正系本，系雍南生筠。而序雍南公后筠公前，夹有清与涅二公，并纪应与希龙二公，并纪合筠公排作一层，共附雍南公后。而清之下，列元正公，继列煌公。希龙下列维皇公，继列绩公。皆各依次却。上按雍南，下按筠公，未连一线。

正系本，系成生谭。而序成公后谭公前，夹有赤与宗才、宗言、宗肇、宗皇五公，合谭公排作一层，共附成以后。而赤公之下，列森、口二公，继列灵九、化光二公。化光下又继列天正、天元、天则三公。宗肇下，列全修、全学二公。全修下又继列世和、光启、际太三公。际太下又继列有意公。皆各依次却。上按成公，下按谭公，亦未连成一线。

据此大约三处，上一层或与肃公、筠公、谭公兄弟辈，其下则所序上一层诸公中各支派，也亦未可知，而不敢臆断，又不敢遽遗，姑附记远系末，以俟访分支他处有谱牒者参详。

［注释］

1. 俟（sì）等待。2. 序：依次序排列。3. 却：除去。

（二）今人探源

叶对根的寻访

李筠姓叶探源兼与《李繁叶茂》作者商榷

宗谱

题记。2008 年春夏之交，大冶境内几个叶姓同宗庄门的几位老人聚在一起，编修叶氏宗谱。当翻开前辈留下的谱书，一股庄严而又肃穆之气在胸中升腾——这是一次叶对根的寻访。

也就是在这个时候，同李姓的一位长者共同探讨叶氏发源，一缕亲切而又友好之情在心中流淌——这也是一次叶对根的寻访。

1. 是善意评论还是横加指责

叶家坝人姓叶，多少年来，好像没有人怀疑过，不论是自己人还是外人。叶家坝人也好像知道自己祖先姓李，自己人谈论过，也听别人谈论过，只是途说道听。至于什么时间，

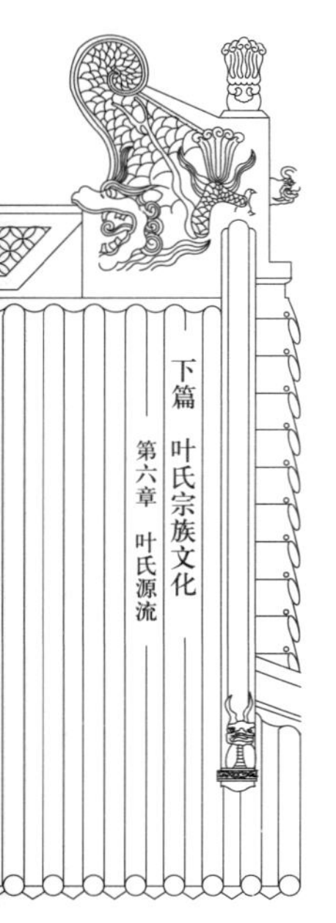

什么地点，什么人，什么原因改姓李为姓叶，好像知道不那么清楚，也不想知道那么清楚。

前不久，听说一位姓李的老先生，看了几本《叶氏宗谱》，作了一番研究，写了一篇文章，说姓出了问题。是姓李出了问题呢，还是姓叶出了问题，不清楚。族中人闲谈了一段时间，然后像往常一样，叶照姓，饭照吃，无事一样。

直到有一天，李先生的这篇文章《李繁叶茂——大冶蛟潭叶氏源流考》，白纸黑字放在了所谓《叶氏宗谱》大冶“内五庄”第十届编修局的案头上，几个所谓的族中先生看后，不禁大吃一惊。为什么吃惊？原因有三：一是对文章作者吃惊。作者不是别人，正是在下的恩师——李贤浚先生。大家知道，恩师是大冶著名的教育家和教育理论家，桃李满天下，建树颇多。听说老师退休后潜心研究李氏文化，而且成果颇丰。李氏文化博大精深，先生在万忙中能顾及一下余脉，不能不使人有些吃惊。二是对文章的内容吃惊。这篇文章虽然不长，但涉及的内容较为广泛，而且较有深度，从叶氏起源到世系流派，从大冶各庄变化到与蕲阳同宗对照，研究非常仔细，族中无人能及，惊人之举不能不使人钦佩。三是对文章中的有关论断吃惊。先生在文章第一部分“蛟潭叶氏源自李氏”中，援引了《叶氏宗谱》中几位祖先的几段有关叶氏发源的文章后，作出概括性评论说：“由上观之，蛟潭叶氏源自李氏，是确定无疑的。但究竟是何人何时改姓却有问题。照宗谱上说，是李筠因西夏亡国改的姓。这不可能，李筠与唐李渊同辈，李渊建国是公元 618 年，而西夏亡国是 1227 年，两者相隔多年。显然，要么不是李筠改姓叶，要么不是西夏亡国时改的。其实西夏皇室虽姓李，但他们和唐皇室并无血缘关系，他们原本是党项羌族，唐时赐姓李。李筠和他们没有任何关系，更何况他们在李筠之后几百年，八竿子打不着。谱上如是说，明显是以讹传讹。那么李筠是究竟何因改姓？叶家坝一带民间有个传说：因武则天杀唐皇族而改的姓。我认为这个传说倒有些可信。因为李筠虽与李渊同辈，但李渊是长房熙公的后代，而李筠是少房雍公的后代。隔了五代人，李筠比李渊小几十岁完全有可能，因而武则天时，李筠还健在，武则天迫害唐宗室，李筠很可能遭到冲击，因而避难于深山，得活于叶中，遂改姓叶。然而唐中宗复位后，被迫改姓的唐宗室都恢复姓李，李筠这一支为什么没有复姓李呢？谱中没有记，民间又有传说：曾改回姓李，但不发人，只好仍姓叶。是也，非也，不得而知。姑且存疑，有待有志者进一步考证。”

说实在话，先生文章中提出的问题，莫说是一般叶姓人搞不清楚，就是我们这些读了几天谱的人也搞不清楚，但先生的这一番议论，犹如一块石头，抛进平静的水面，击起了不小的波澜。族人知道后，反响十分强烈。有的说，连怎么姓叶的都搞不清楚，还修什么谱？要把这事情搞清楚再说。还有的说，姓李的先生太尖刻，自己没搞清楚，还要横加指责，要同他当面理论。

本来这次修谱，大家想和往届一样，平平度过，抄抄上辈留下的序文和世系，再补上新世系，就算大功告成，没想到会出这层事。谱局同仁经过一番讨论，认为要尽可能把起源问题搞出一个眉目来，否则无法面对族人，也无法回答李先生。于是，有的到市图书馆查阅资料，有的翻阅现存老版谱书，搞了几天，算是理出了点头绪。现在写出来，供族人讨论时参考，同时向李先生请教。

这里要感谢李先生的帮助，不是他的文章，我们也就不会进行这次所谓探讨。在探讨过程中，真正认识到：这段历史从某种意义上讲，已成学术问题，学术探讨，允许发表不同意见，更何况先生的评论是善意的，建设性的，根本不是横加指责。

2. 是西夏之地还是西夏之国

叶家坝人姓叶，已是不争的事实。叶家坝人的远祖姓李，这也是不争的事实，因为谱中有记载。至于何人何时何因改李姓叶，《叶氏宗谱》是这样说的："（李）广十六世孙　为西凉王，越三世生熙及雍……雍五世孙筠，因失西夏走深林，以叶覆身纾难，此又叶姓来由也。既系叶，则纪源当自筠公始，而谱中必首暠公者，何？不忘本也。"（摘自耆公《叶氏发源引》，宋淳佑四年）"我族叶氏……而原其所自，始则以西凉武昭王之裔时，时之孙筠，西夏失守，潼溪受害，藏于叶中，得避其难。此以叶为姓所由著也。"（摘自《显庵公序》明洪武十四年）还有不少祖先都如是说。概括一下，叶氏是何人何时何由而始？是西凉王后人李筠，西夏失守时，因藏身树林而得救，所以改姓叶。

这里李先生发现了个时间问题，说"西夏"改姓"这不可能"。不妨翻开历史一看。

先看西凉所处的西夏。《资治通鉴》一百一十八卷载："凉公歆欲伐北凉，尹太后谓歆曰：'汝新造之国，地狭民稀，自守犹不足，何暇伐人，先王临终，殷勤戒汝，深慎用兵，岂得轻举妄动？'中郎张显上疏曰：'凉土三分，势不久立，兼并之本，在于务农，怀远之略，在于宽减，太祖以神圣之姿，为西夏所推，左取酒泉，右开西域，殿下不能承其志，得何以下见先王乎？'（注：李暠庙号太祖，为西夏所推。取酒泉为隆安四年，开西域为隆安五年。西夏之夏，西夏语为户雅翻。均见《资治通鉴》一百一十二卷《隆安四年》。）歆不听告，于北凉王蒙逊军战于怀城，歆大败，为蒙逊所杀。（晋恭帝元熙二年公元 421 年），河西王蒙逊筑堤雍水以灌敦煌，李恂乞降，不允后自刎。蒙逊屠其城，获弟子宝，李氏灭矣。"以上资料表明，西凉亡国发生在东晋晚期，其中所得到的"西夏"应该是"西凉"所处或与之相近的地方（当时有一夏国与西凉比邻）。再看李先生所指的西夏。（西）夏（1032—1227），时在宋辽之后，其灭亡距西凉灭亡 786 年。王室虽也姓李，但是唐时所赐，实际上是党项羌族人。西夏共经历了十个帝王，没有一个叫李暠的，也没有一个叫李歆的，也就是说这个西夏王朝的李氏，与西凉武昭王族的李氏毫无关系。既然这样，改姓一说正如李先生果断论定："这不可能！"

可是，李先生不知何故推翻了后者，却不肯定前者，而且认为彼西夏便是此西夏，还要批评叶氏宗谱"明显是以讹传讹"。

接着，李先生在文章中叙述了个"倒有些可信"的传说：武则天夺位后，迫害李唐皇室，李氏有人被迫改姓，中宗复位后，又改回姓李，因不发人又改回姓叶。这个传说，历史上没有记载，叶氏宗谱没有记载，李氏宗谱也没有记载，因此纯属民间传言，不可信。这件事毫无历史根据且不说，就其本身来讲也不合情理。退一步说，即令武氏专政时，李雍的后人未改叶仍姓李，与李熙后人同时存在，但离其公祖李重耳约九代近 260 年，早已不再亲近。如果李雍后人在李熙后人的朝廷，未做什么官，发什么财，相互间无任何联系，武氏害李，无非是要削弱李氏皇室势力，而不是斩尽杀绝，就是对其政权最有威胁的两个儿子，也是网开一面。他的两个儿子李显、李旦虽然逃亡在外，也没听说改什么姓，而作为芸芸众生的李雍后人，也忙着去逃难，而且还要改姓，岂不是庸人自扰？即令是这样，中宗复

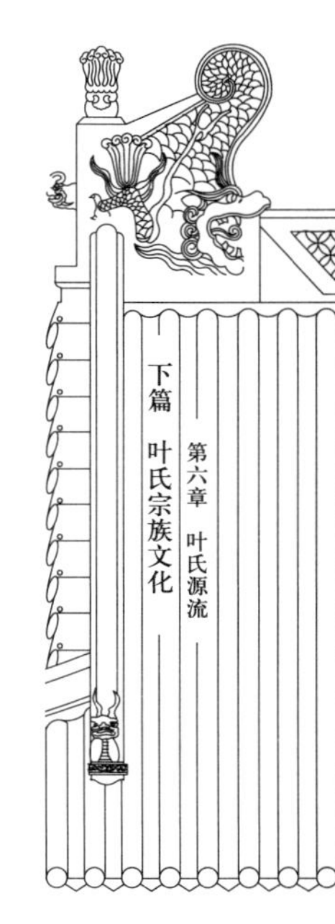

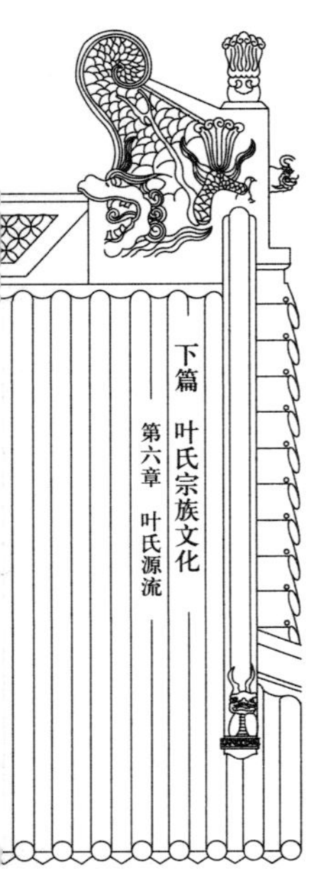

位又改回姓李，既然沾上皇家之气，富贵加身，还愁什么“不发人”，却又要改回姓叶，一群平头百姓有必要如此折腾吗？如果是把一个传说看作是叶姓的起源，未免太轻率。

3. 是远系五世还是远系八世

照上面这样一说，李改叶的时间、地点、人物、事件都说清楚了，而且理由充分，证据充足，再不需要说什么了，叶家坝人可以安心姓叶了。

其实不然，问题还大着呢！看了《叶氏宗谱》的人都知道，各种版本的第六卷翻开便是远系序次表，表中载明李筠是李歆的第六世孙，一代只按 20 年计算（一般是 30 年），李筠与李歆相隔 120 年，也就是说李歆亡国时，莫说是李筠未出生，恐怕李筠的父亲、祖父都没出生。如果是这样，李筠还逃什么难？改什么姓？

实际上，我们的祖先早就发现这个问题，要么不是李筠改姓叶，要么不是西凉亡国改姓叶，二者必居其一。然而历代祖先在宗谱中告诉后人：一定是李筠在西凉亡国时改的姓。证据何在？证据就在宗谱中。

在此之前，本门祖先共续修八次谱，可惜由于天灾人祸，虫蛀潮蚀，保存较完好的只有四套，即清咸丰元年（1851 年）第六次版本，清光绪九年（1883 年）第七次版本，民国 13 年（1924 年）第八次版本，1989 年第九次版本。这些谱本均在远系序次图表后附录了一篇旧谱序文，序文不长，位置也不显目，但说明的问题很清楚，很重要，足以拨开这团千年谜雾。下面就将这篇文章加上标点，调整格式，抄录如下，以供研讨。

《附刊：旧谱本序. 远系误处》（八、九次版本题为《附录：旧谱本远系疑误俟考》）

“正系本，系时生肃。而序时公后肃公前，夹有绪公生彪与 二公，却。上按时公，下按肃公，未连一线。

“正系本，系雍南生筠。而序雍南公后筠公前，夹有清与涅二公，并纪应与希龙二公，并纪合筠公排作一层，共附雍南公后。而清之下，列元正公，继列煌公。希龙下列维皇公，继列绩公。皆各依次却。上按雍南，下按筠公，未连一线。

“正系本，系成生谭。而序成公后谭公前，夹有赤与宗才、宗言、宗肇、宗皇五公，合谭公排作一层，共附成以后。而赤公之下，列森、□二公，继列灵九，化光二公。化光下又继列天正、天元、天则三公。宗肇下，列全修，全学二公。全修下又继列世和、光启、际太三公。际太下又继列有意公。皆各依次却。上按成公、下按谭公，亦未连成一线。

“据此大约三处，上一层或与肃公、筠公、谭公兄弟辈，其下则所序上一层诸公中各支派，也亦未可知，而不敢臆断，又不敢遽遗，姑附记远系末，以俟访分支他处有谱牒者参详。”

为便于理解，下面根据这篇文章的意思，画一图表，并标出说明：

由图 6−3 得知：先人在修谱整理远系序次时，在时公后，肃公前“却”（去掉）两代（三公），在筠公前后去掉二代（八公），在谭公前后去掉四代（十八公），使原先的远系约二十七代，变成旧谱上的十九代（姓李时去掉四代）。同时表明：时公与肃公、雍南公与筠公、成公与

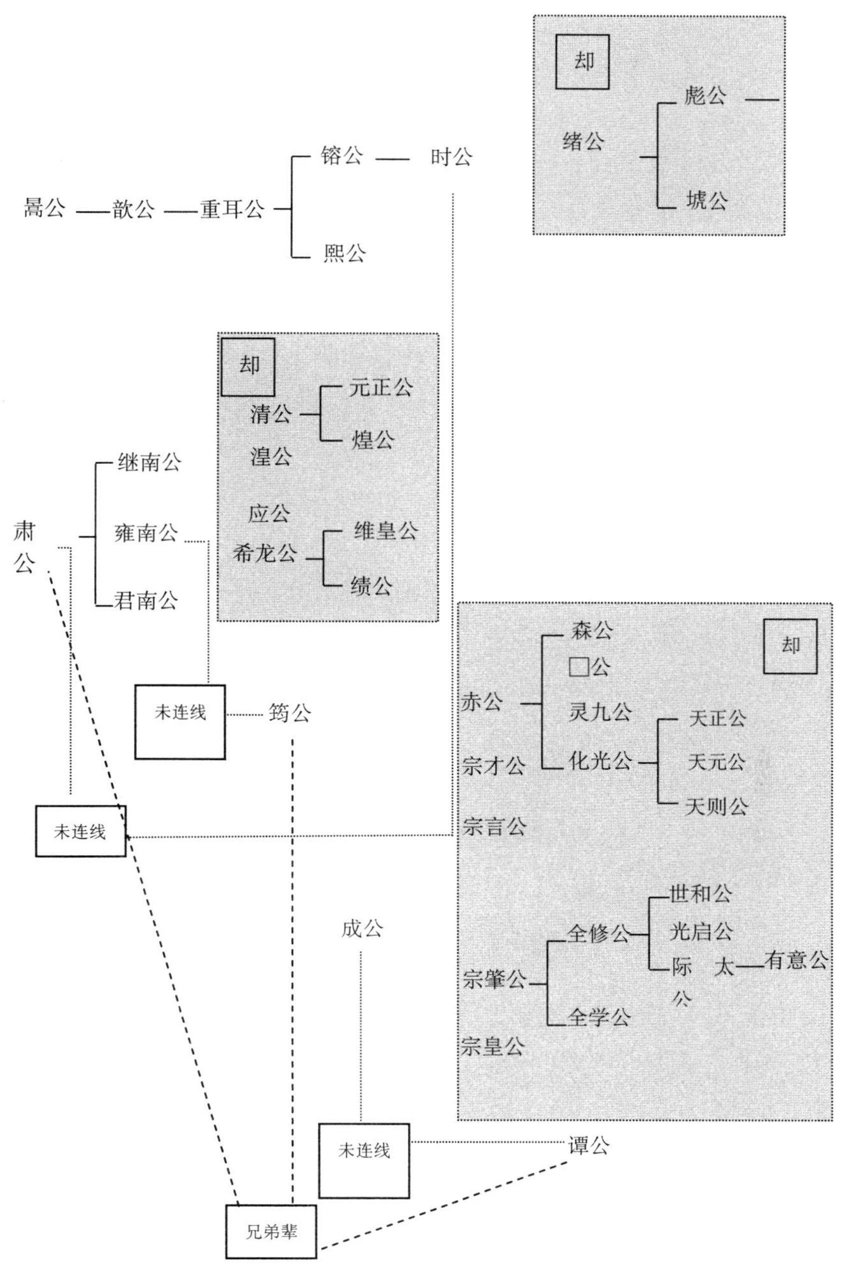

图 6–3　宗谱远系序次

谭公，均为“未连成一线”，意思是相互并列，并非父子关系，而且又着重提示：肃公、筠公、谭公可能是兄弟辈，这个见解，又将远系缩掉四代。

总而言之，筠公位置由远系八世提前为五世，与时公肃公并列在雍公之下。这样一来，李筠改姓的可能性就很大了：李歆亡国后，他的第三代孙李筠在家人的携带下逃亡，改李姓叶，就像李利贞母亲带其逃难，“食木子得全生，遂改理为李”一样。

4．是果继论定还是遗留后世

前届修谱的先人，为什么会对旧谱远亲系提出这些疑问，做出这些调整，并向后人作出这些交代呢？原因不外乎两点：

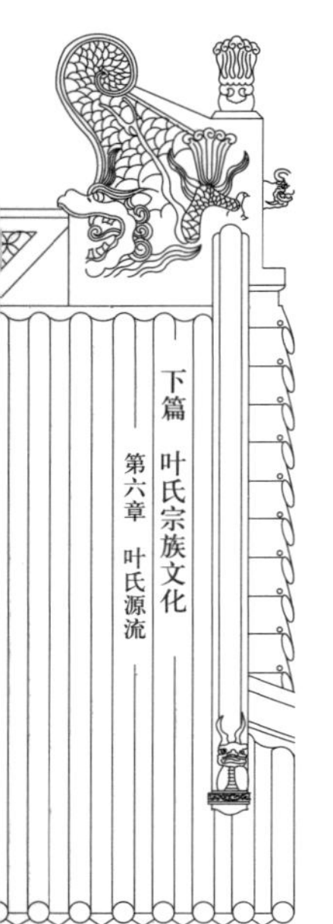

一是由于远系祖先年代久远，加上当时灾祸不断，生活极不安定，相互之间失去了联系，有关记录相继失传，所以远系历史成了一片混沌。这不是个别问题，许多外姓宗族也是这样。据宗谱记载，我姓最早修谱的人是耆公，当时距西凉灭亡约824年，可想而知，在资料严重缺乏情况下，要把八百多年前的历史贯穿起来，谈何容易！

二是前届修谱者也清楚地知道，[illegible]改姓一定和一件重要事情相关联，否则不会贸然改姓，是什么事件迫使筠公改姓呢？那肯定是因为西凉国破，李氏遭灭顶之灾这件事，然而按远祖世系排列，李筠是亡国者李歆的第六世孙，亡国一百多年后再去改姓，那是不可能的。而且西凉国前后只经历了21年，亡国后从未恢复过，不可能有第二次失守。因此，修谱先人断定时间出了问题，于是在远系中找答案，这样才有了篇划时代意义的文章《旧谱本序·远系误处》。

这篇序绝不是一篇客套文章，而是历代前辈的研究成果，我们必须加倍珍惜并付诸实践，再不能将祖宗托附的事推给下一代。过去历届主持修谱的前人虽是德高望重的饱学之士，但当时经济等各种条件都非常落后，而且战乱不断，灾害连年，连修谱记载都很困难，哪有条件调查研究？如今就大不一样了，社会进步，科学发达，国泰民安，族兴人旺，完全具备了这个条件。再说，连外姓人都在研究我们的宗谱，而且问题都提到我们面前来了，如不明确作出答复，那就愧对祖宗，愧对子孙，有违祖训，有辱家门。

因此建议：

第一，根据祖宗嘱咐，派专人到外地同宗家族查阅老谱。据宗谱记载，本门发源地在江夏南村，万树公后人在本省黄冈，美玉公后人在江西省瓦屑坝燕子岩（古地名），自然公后人在浙江湖塘口，等等。可到这些地方寻宗访亲，查阅资料，追根溯源，考证远系。

第二，掌握相关资料后，在本门各庄开展“远祖系世序次”的研讨活动，在此基础上，召开房长族首会议，果断论定本门远系祖宗序次，从而改写远系历史，让本门明明白白姓叶，清清楚楚认宗。

四、他族简况

1. 其他叶姓源出有四

一是出自芈姓。颛顼后裔叶公之后，以封邑为氏。据《风俗通义》及《通志·氏族略·以邑为氏》等资料所载，颛顼后人沈诸梁，又称叶公（即成语“叶公好龙”中的叶公，原名沈诸梁），字子高，系春秋时期楚国左司马沈尹戌之子，才能出众，楚惠王时期被任命为楚国北边叶邑的行政长官，因楚县尹通称为“公”，故称“叶公”。叶公在叶邑兴修水利，使当地的生存环境有了较大的改善，邑人“莫不欣戴”。他平定白公之乱，身兼要职而不恋权位，激流勇退并归隐终老于叶邑。其后裔以邑为氏，叶邑成为叶氏祖地，叶公成为叶氏始祖。

二是出自叶调国。叶调为古国名，故地在今天印度尼西亚爪哇岛或者苏门答腊岛，东汉永建六年（公元131年）曾经遣使中国，建立友好关系，叶调国来中国的移民多以叶为姓，传名于竹帛。

三是出自中国古姓。中国古姓中的“叶阳氏”、“叶大夫氏”今天已经见不到。按照两字姓、三字姓转为单字姓的规律，叶阳氏、叶大夫氏后来也改为叶氏。

四是出自其他源流和少数民族有叶姓：(1) 据《姓氏考略》所载，我国古代南方少数民族日南郡（今越南境内）蛮族有以叶为姓者。如春秋时吴国人叶雄即是南方少数民族的后裔。(2) 满族纳喇氏、叶赫勒氏、德昂族亥氏，台湾土著、彝、蒙、土家、锡伯、保安、回、苗等民族均有叶姓。

2. 其他叶姓迁徙分布

叶公（沈诸梁）去世后，经历战国时代，秦国灭楚之际，其后裔为避免灭族之祸，其中一支或者数支改沈为叶，尊沈诸梁为始祖，辗转迁居于河北河间、陕西雍州、江苏下邳。这就是叶县虽然是叶姓的祖地，而叶姓族人并不多的原因，同时也说明河南一带的叶姓，多数是后来南迁重返故乡而留下来的。

西晋末年，由于各少数民族问鼎中原，流徙到陕西、河北的叶姓后裔一部分向南迁徙，一部分重返中原，此时形成以"南阳叶氏"为代表的望族概念。

唐宋时期是叶姓迁徙最频繁时期，这次因支系较多，迁徙往返不定，有避唐末之乱的，有在宋朝为官随宋室南渡的，其中从河南叶县迁居固始光山的一支对叶姓以后的流徙有很大的影响。宋末迁往福建的叶昂、叶洙、叶霆成为安柄、佛岭、莲溪叶姓的始祖。世居下邳的叶姓，此时也大量迁居浙江括州、宁波一带。唐宋时期，也是叶姓名人辈出的时期，叶姓成为江南的著姓。

明清之际，随着西方工业文明的兴起，沿海一带的有志之士，纷纷到海外发展，其中就有叶姓名流。明朝过海去台湾的人为数不少，到清代去台湾开创基业的更多。可以说江苏、浙江、江西、广东的叶姓客家人，没有哪个分支不出海发展，现居港、澳、台各地的叶氏都是其后裔。叶姓在台湾人口有 20 余万，在各大姓中排名第 20 位。

清末民初，沿海和港、澳、台的叶氏后裔开始发展到南洋诸国，特别是新加坡、马来西亚、菲律宾最多，美、加、澳、日等国也出现了叶姓的贤达与精英。旅居马来西亚的叶亚来，其后裔在马来群岛成为大族。

叶姓经历了数千年的繁衍，目前已是足迹遍天下了。尤以福建、台湾、广东、江苏、江西等地人数最多，分布最密集。海外则依然以新加坡、马来西亚、菲律宾最多，叶姓华人，已经遍布全球很多地方。叶姓在当今中华百家大姓中排行第四十九位，人口约占全国汉族人口的 0.41%。

3. 其他叶姓历史名人

叶适：温州永嘉（今属浙江省）人，宋代唯物主义哲学家、思想家，永嘉学派的集大成者，官至礼部侍郎，著有《习学记言》《水心先生文集》等。

叶欣：上海松江人，清代著名画家，为"金陵八家"之一。

叶燮：吴江（今属江苏省）人，清代文学家，长于诗论，著有《原诗》等书。

叶紫：湖南益阳人，现代小说家。作品有《丰收》、《山村一夜》和《星》等。

叶挺：广东省惠阳人，中国无产阶级军事家、中国人民解放军的创始人之一。领导过"八一"南昌起义，参加过广州起义。后任新四军军长，因飞机失事而遇难身亡。

叶仁遇：宋代著名画家，所绘题材多取自江南市肆风俗田家景物。

叶梦得：宋代吴县人，著名文学家，官至户部尚书，著有《石林春秋传》、《石林居士

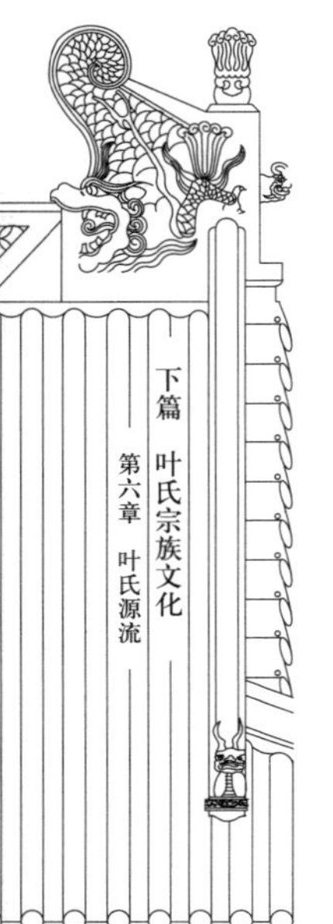

建康集》、《石林词》、《石林诗话》等书。

叶向高：今福建省福清人，明代万历年间任礼部尚书、东阁大学士等职，光宗时出任宰相，为官忠勤耿直，著有《说类》一书。

叶宪祖：今浙江余姚人，明代戏曲家。作品有七种传奇，二十四种杂剧。

叶子奇：龙泉（今属浙江省）人，明代学者，著有《草木子》四卷。

叶绍袁：吴江（今属江苏省）人，明代文学家，著作有《叶天廖四种》等。

叶芸来：广西人，太平天国将领，在据守安庆与湘军奋战中，不幸城失人亡。

叶恭绰：广东番禺（今广州市）人，初任湖北农业学堂及方言学堂练习。曾拥护袁世凯称帝，后在国民党中任职，著有《遐庵江稿》、《交通救国论》等书。

叶楚伧：今江苏吴县人，早年入同盟会，参与创办《国民日报》，后成为国民党要员，任国民党江苏省政府主席、国民党政府立法院副院长等职。

叶圣陶：江苏苏州市人，著名作家、教育家。曾任全国人大常委会委员、出版总署副署长、教育部副部长、人民出版社社长兼总编辑等职。

叶剑英：广东省梅县人，著名的无产阶级革命家、军事家，中国人民解放军十大元帅之一。早年任黄埔军校教授部副主任，后参加北伐战争，领导广州起义。新中国成立后，曾担任党和国家重要领导职务。

4．其他叶姓郡望堂号

1）郡望

南阳郡：战国时秦昭王置郡。治所在宛县（今河南南阳市）。相当于现在河南熊耳山以南叶县、内乡和湖北大洪山以北应山、郧县一带。

下邳郡：东汉时改临淮郡置国。治所在下邳（今江苏睢宁西北）。南朝宋时改为下邳郡。辖地北至江苏新沂、邳县，南至安徽嘉山，东至江苏涟水、淮安和清江市。

2）堂号

南阳堂：叶姓得姓于叶邑，而叶邑古属南阳郡，叶姓为南阳望族，故以南阳为堂号。

崇信堂：宋朝时有翰林学士叶梦得，在朝廷南渡的时候，任江东安抚使，领兵分据江津，使金兵不得渡江。朝廷升他为观文殿学士，调他担任福建安抚使。他打败金兵50多次，官至崇信军节度使。

此外，叶姓的主要堂号还有："敦睦堂""点易堂""续古堂""继美堂""百忍堂""天叙堂""永思堂""享裕堂""天秩堂""青枝堂""济美堂""崇本堂""双留堂""国望堂""序秩堂"等。

5．其他叶姓宗族特点

特点一，叶姓汉族支源仅有一支，颛顼为其传说祖先。

特点二，叶姓继承祖先美德，以"敦睦""百忍""永思""崇本"为其堂号，训示子孙。叶姓族人中不乏宰相、画家、文学家之名流。

特点三，字行辈分排序井然，字韵深远。如叶成忠所修《叶氏宗谱》，内有浙江叶姓一支字行为："茂盛宗世万，嗣继启志成。"叶秋庭所修《叶氏家谱》，内有江苏叶姓一支字行为："硕德缅先哲，宏谟发远枝，祯祥开南国，传烈绍西岐，孝悌绳其祖。"

第二节　各祖分流

一个姓氏分支家族肇于始祖之后，随着人口繁衍，族人流动，社会发展变化，会不停地向别地迁徙，不断变动和扩大族人分布范围。编修家谱时，每个姓氏支脉族人都会尽可能地弄清本支先人各个时期的迁徙路线，设法弄清同姓同脉族人各个时期涉足居住地，千方百计弄清同支族人今天分布区域和生活情况。以便让同支族人都能认祖归宗，合修家谱。叶氏大冶一支十修宗谱时，在这方面做了大量的工作。本节主要介绍叶氏大冶一支列祖迁徙轨迹和源流世系，简介七门二十庄概况以及十修宗谱人员对族亲分居地考察纪实。

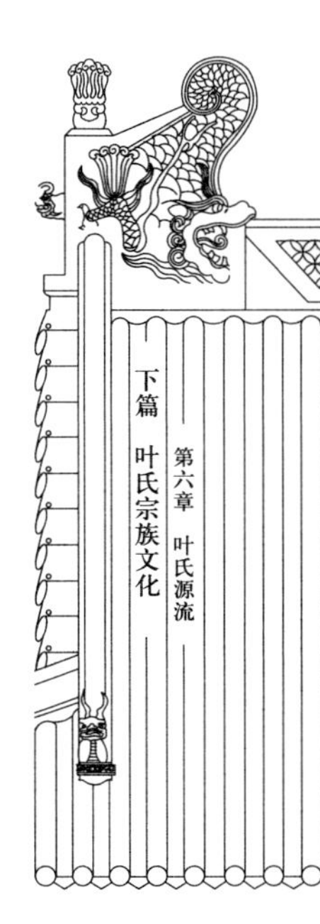

一、祖辈纪述

春茂公述先警后序

（明万历二十二年（1594 年）岁次甲午孟冬月撰）

尝[1]阅谱系图说，而考证世传，符合近宗，始知祖孙、父子、孟季[2]、叔侄有由来矣。其牒有云，亲疏无不纪载，远近无不悉[3]备，迁出者录归一源，虽千万户而不可遗弃、湮没者，遍辑[4]稽[5]访，虽历天涯而不可畏难。善哉，斯训也，无非为一本九族之思至深笃[6]也。则夫身生其后者，讵[7]不当善继其志也哉。无如[8]朝更代变被残者，多又或[9]避祸以潜踪，或赘[10]氏于他乡，或由仕宦而寓外，或因商贾而远籍，或秉性昏懦而素不明于宗务，及至数传而后，间有问及始迁者，则曰我江西自也。问以何地，则曰瓦屑坝燕子崖也。嗟嗟[11]是真无所考徵者乎？殆[12]亦自没其根底矣。吾族自南阳受封以来，世家于楚，继迁于浙，迨[13]峻公仕楚，怀兰公之诞于江夏，仍是复故归宗。后此，美玉公有南宋之变，得梓公遭元世之乱，明初荣公有承先启后之志，虽亦略谱其亲支，而犹以羁官不能尽收其族，属为憾至。过此以后，更阅两百余年，其伯叔之分出他邦，而遗失宗支者，又不知几几也。余弗克遍辑录归一源，是不洵大有愧于先人之垂训乎？后之子孙有志督辑者，勿狭隘怀私以没先世之苗裔，勿畏劳缉访仅录目前之子姓，致再获戾于宗祖焉，则所甚欣矣。

［注释］

1. 尝：曾经。2. 孟季：指兄弟。3. 悉（xī）：尽、全。4. 辑：聚集。5. 稽：考证。6. 笃（dǔ）：甚。7. 讵（jù）：难道。8. 无如：连词，“哪里想到”的意思。9. 或：有的。10. 赘（zhuì）：招女婿。 11. 嗟嗟：叹词，表示感慨。12. 殆：大概、恐怕。13. 迨：等到。

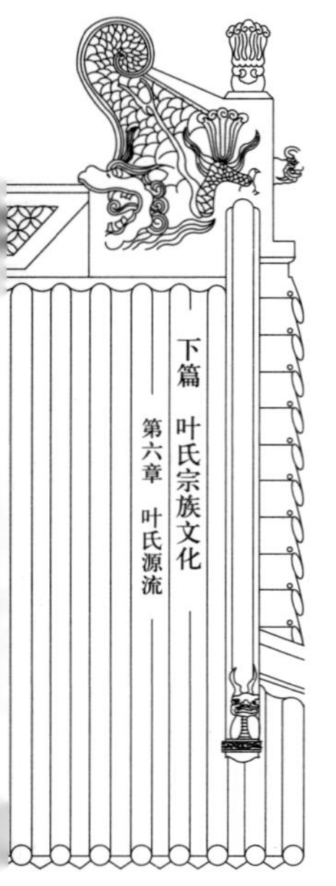

之奎公遗失旧基远墓序

（清乾隆二十三年（1758年）公元孙庠生成暎谨刊）

邑有以土著旧族名者，大抵无论户之大小，族之众寡，人之贵贱，惟落籍久远不可考辨者，皆可得而名之也。吾家自成公南阳发迹，谭公振兴永州，子若[1]孙继迁浙江，迨峻公则又始复籍楚地江夏郡之南村。夫江夏郡自汉高帝三年，已分南郡置江夏郡。至隋开皇九年，改江夏郡为鄂州，废阳新为富川县属鄂，旋又改富川为永兴县。炀帝大业三年，又置江夏郡，永兴县隶之。唐太宗贞观元年，永兴隶鄂州。南唐于永兴属地置青山场，以兴炉冶。保泰十三年时，宋乾德三年也，升青山场并析[2]武昌三乡置大冶县，仍属鄂州。太平兴国二年，改永兴为兴国军，割鄂之大冶属焉。总之，朝更世易，疆土之分属无常。大抵冶邑在唐世以前并兴国具统于江夏郡。唐末以后，则始有许多变迁，据此则谓峻公当日籍江夏郡，可谓籍兴国，亦可谓籍大冶，更无不可。其云南村者，安知非以冶实在郡南之故，然无夸旧谱残缺。历代传述俱云二世祖基都公，始由江夏南村迁大冶时，县尚未建。即本邑东市古城隍庙已属叶姓香火，至今虽约同几姓奉祀，而叶终无易此。可想吾族之久籍大冶近千余年矣，以云土著旧族又宁待问哉。顾[3]既为旧族，则凡此地旧基远墓宜无一失，何今以远墓言，则仅土名大金星、乾塘坳等处而已。以旧基而言，亦不过各庄近代私基而已。

此外公众之旧基远墓若所遗失者，竟不识多少。耶噫！此其间气运有盛衰焉，而亦何必深求之哉？但思既久遗失固不可复，而亦不可遽忘其在谱内旧载者。有谱可考其所未知者，无从纪录。虽目今承故老传闻大众共知等处，应照旧名并所，新易系何家何人管业，据实附刊入，以俟后之肖子贤孙有能创造兴复者，得有所考。或不使遗失者，终遗失。无如[4]时势不便，亦祇幸人口之终不没，为将来世世之所凭耳。是以意甚缠绵，而语不厌琐。不然又何必斤斤争一土著旧族名哉！

［注释］

1. 若：连词，或。2. 析：剖分。3. 顾：不过。4. 无如：无可奈何。

增陛公一支源流纪

（清乾隆二十三年（1758年）撰）

吾闻之山者，地之骨；水者，地之脉。故凡辑谱牒者，总期脉络贯通，周遍无穷，而不滞焉者也。但合而纪之，有一姓之源流；节而循之，有一支之源流。吾族自得姓开支以来，南阳发迹，椒聊繁盛[1]。我谭公生楚永州府零陵县，举孝廉，后仕秘书监。生中和、奎光、府锡、永和、咸锡、奎瞻六公，独中和公失传，而奎光、永和二公终居永州，府锡公则籍闽中。咸锡公则家建康，后复有迁徽州者。而奎瞻公则我支分派祖也，先家于浙江台州府，继迁处州龙泉，其子道盈公为建昌尹，后升南康太守，遂卜筑豫章之地。峻公则道盈公第四子也，先仕巴陵尹，继迁江夏令，即解组[2]而家于此地南村，生怀兰公。五人是宗于楚者，复转为楚诸郡，开代之祖矣。夫世越祖孙而迁所有五，古人之欲光大其世业者，大抵如是也。 嗣是怀兰公，生节立公，由节立公至敬常公，凡五世。敬常公学问器识[3]超然独出，宋屡诏公仕，公以朝多奸人，故遂携幼子自然寄迹于外。后又以金人故，不得已而家于浙江湖塘口处。子绍天、绍地、绍人三公则仍终居江夏郡南村。至绍天公子基都公，始迁冶邑角山畈上。凡七世后，多被厄[4]于兵多迁居别地。亦越荣公元至正癸卯举人，官团练使，始居柴桑郡，继迁富川。而其子孙复籍冶邑，土名白杨林处。继继承承，振振蛰蛰，县城东西两市及蛟潭、马叫、金硚、枫树、白坟各堡。从白杨林递分而散处者，始如棋之布，星之列。数十代中其登太学被青衿[5]者，指不胜屈，而且宴鹿鸣[6]登仕籍者，亦叠世而兴。迄今坊市里四甲当差，以叶荣为户首，冶邑咸推望族。是我荣公，则又金湖近代一支之祖矣。夫荣公生子八人，后虽有迁他省者，有迁他郡者，有因官寄籍者，有充军户者，有顶舅氏军户者。而我分则自代丰公所生第三子讳玄三，字右七。公绵延推衍中，亦有离故土而他籍者，而蟠于冶邑者，独多。故今者上治祖祢[7]，旁治昆弟，下治子孙，惟期一脉之源通，一支之流纪。累累乎，如珠是贯；绳绳乎，如缕不绝休哉。何若纲之在网也，乃或有为之说曰：人道莫大乎亲亲。亲亲在尊祖，尊祖在敬宗，敬宗在收族，收族则必统海内，而大成之乃见一源之合。若纪一支之源流，则不过乐之一小成也，讵[8]可遂称美备耶。虽然所谓大成谱者，夫岂旦夕可图者哉。昔范文正[9]公有言曰：族虽有亲、有疏、有远、有近，自祖宗视之则皆子孙也。夫既皆祖宗之子孙，则念乎亲即不可忘乎疏；纪乎近即不可忽乎远。提笔而序，即极诸天下山之巅，水之湄[10]。凡分祖之一脉而栖者，皆必兢兢[11]乎。其慎之，若徒铺张其先世之盛，夸耀其族姓之繁，铭传颂赞，累纸而书，而千百代之户口未能点滴不漏，则亦难言大成谱也。故与其漫然而为大成谱，孰若瞭然[12]而为一支谱。此修此之支谱，彼修彼之支谱，虽于众音中有遗音，而各为一音中却无遗音，此我族所以世派取其朴，辨族取其真，序次取其详，排列取其正，论品取其断，惟专意于一支之谱也。然则大成谱，其终不必修欤。呜呼，举千钧之鼎必乌获[13]而后能展万里之翅，必大鹏而后可其集众小成而为一大成也，则又有待于其人。

［注释］

1. 椒聊繁盛：像花椒一样繁衍昌盛。聊，助词。2. 解组：解下印绶，谓辞去官职。3. 器识：器量与见识。4. 厄：阻塞，受困。5. 青衿：《诗经 · 郑风 · 子衿》中有诗句“青青子衿，悠悠我心。”由于该诗描写的是周朝学子的服装，因此“青衿”代指周朝国子生，此后也成为北齐、隋唐、两宋学子的制服，这里作为贤士的代称。古指读书人。6. 鹿鸣：《诗经·小雅》有《鹿鸣》篇，是大宴群臣宾客的诗篇。7. 祖祢（mí）：先祖和先父。亦泛指祖先。8. 讵（jù）：岂，怎。表示反问的副词。9. 范文正：北宋著名文学家、政治家、军事家、教育家范仲淹。10. 湄（méi）：河岸，水与草交接的地方。11. 兢兢：形容小心谨慎。12. 瞭然：清楚明白。13. 乌获：战国时秦国的大力士。

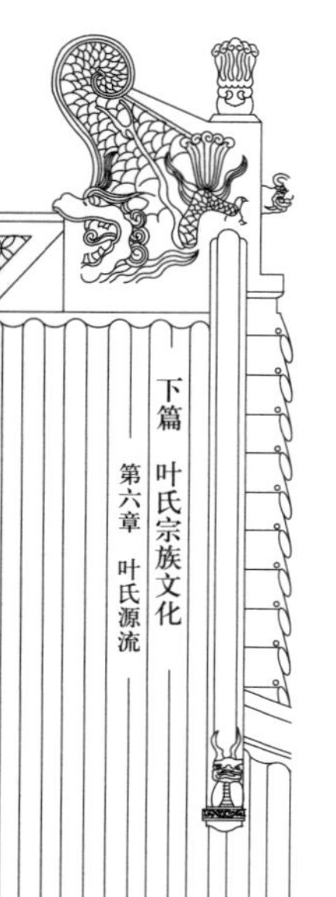

二、分流纪实

（一）列祖迁徙轨迹图

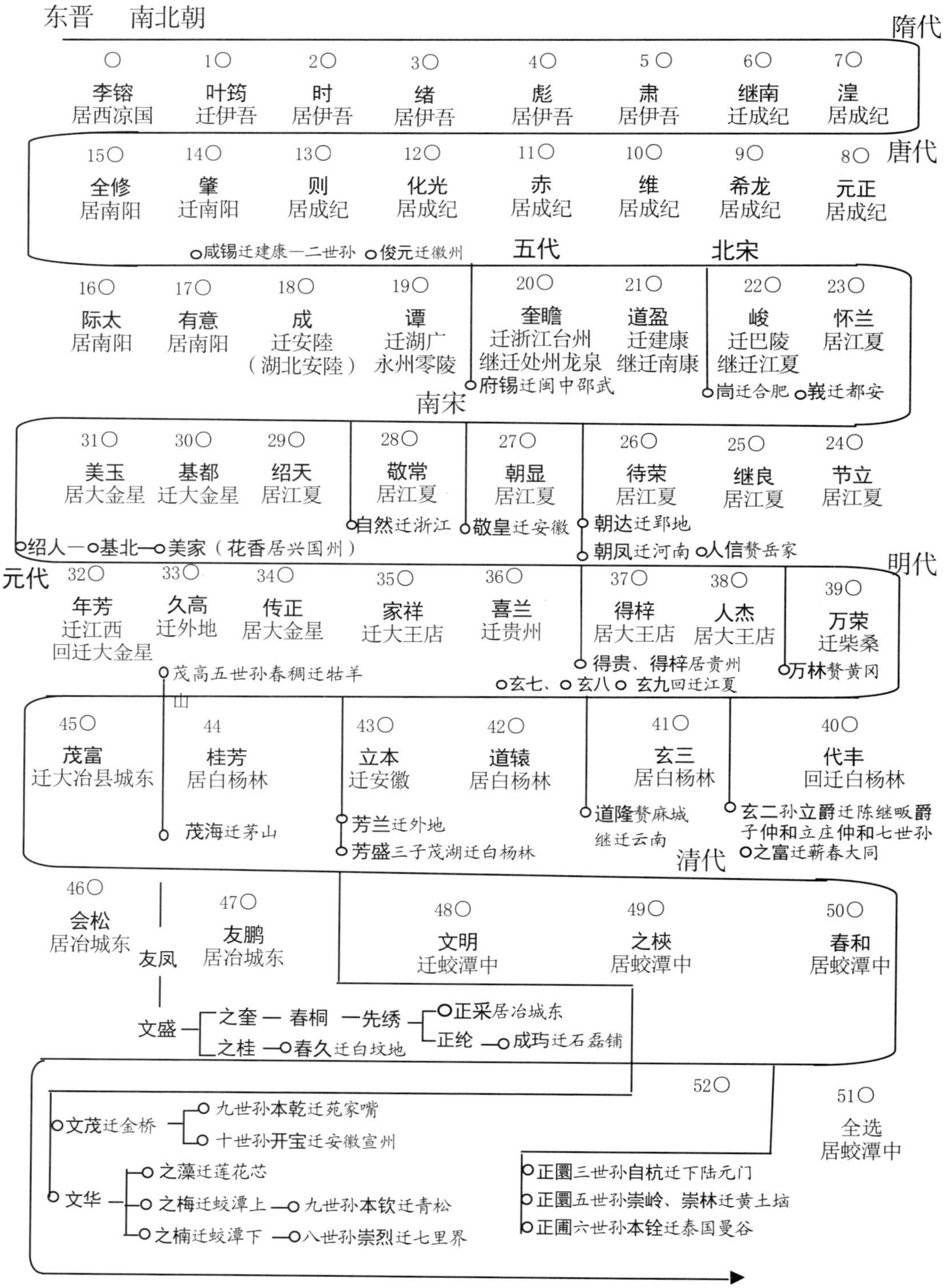

东晋 南北朝

隋代

○ 李镕 居西凉国
1○ 叶筠 迁伊吾
2○ 时 居伊吾
3○ 绪 居伊吾
4○ 彪 居伊吾
5○ 肃 居伊吾
6○ 继南 迁成纪
7○ 湟 居成纪

唐代

8○ 元正 居成纪
9○ 希龙 居成纪
10○ 维 居成纪
11○ 赤 居成纪
12○ 化光 居成纪
13○ 则 居成纪
14○ 肇 迁南阳
15○ 全修 居南阳

○咸锡迁建康一二世孙 ○俊元迁徽州

五代 北宋

16○ 际太 居南阳
17○ 有意 居南阳
18○ 成 迁安陆（湖北安陆）
19○ 谭 迁湖广永州零陵
20○ 奎瞻 迁浙江台州 继迁处州龙泉
○府锡迁闽中邵武
21○ 道盈 迁建康 继迁南康
22○ 峻 迁巴陵 继迁江夏
○尚迁合肥
23○ 怀兰 居江夏
○峩迁都安

南宋

24○ 节立 居江夏
25○ 继良 居江夏
26○ 待荣 居江夏
○朝达迁郢地
○朝凤迁河南 ○人信赘岳家
27○ 朝显 居江夏
○敬皇迁安徽
28○ 敬常 居江夏
○自然迁浙江
29○ 绍天 居江夏
30○ 基都 迁大金星
31○ 美玉 居大金星
○绍人—○基北—○美家（花香居兴国州）

元代

32○ 年芳 迁江西 回迁大金星
33○ 久高 迁外地
○茂高五世孙春稠迁牯羊山
34○ 传正 居大金星
35○ 家祥 迁大王店
36○ 喜兰 迁贵州
37○ 得梓 居大王店
○得贵、得梓居贵州
○玄七、○玄八 ○玄九回迁江夏
38○ 人杰 居大王店

明代

39○ 万荣 迁柴桑
○万林赘黄冈
40○ 代丰 回迁白杨林
○玄二孙立爵迁陈继畈爵子仲和立庄仲和七世孙
○之富迁蕲春大同
41○ 玄三 居白杨林
○道隆赘麻城 继迁云南
42○ 道辕 居白杨林
43○ 立本 迁安徽
○芳兰迁外地
○芳盛三子茂湖迁白杨林
44 桂芳 居白杨林
○茂海迁茅山
45○ 茂富 迁大冶县城东

清代

46○ 会松 居冶城东
友凤
文盛—之奎—春桐—先绣—○正采居冶城东
└正纶—○成玓迁石磊铺
└之桂—○春久迁白坟地
47○ 友鹏 居冶城东
48○ 文明 迁蛟潭中
49○ 之梜 居蛟潭中
50○ 春和 居蛟潭中
51○ 全选 居蛟潭中
52○
○正圜三世孙自杭迁下陆元门
○正圜五世孙崇岭、崇林迁黄土塥
○正圃六世孙本铨迁泰国曼谷

○文茂迁金桥—○九世孙本乾迁苑家嘴
└○十世孙开宝迁安徽宣州
○文华—○之藻迁莲花芯
—○之梅迁蛟潭上—○九世孙本钦迁青松
—○之楠迁蛟潭下—○八世孙崇烈迁七里界

图 6-4 列祖迁徙轨迹图

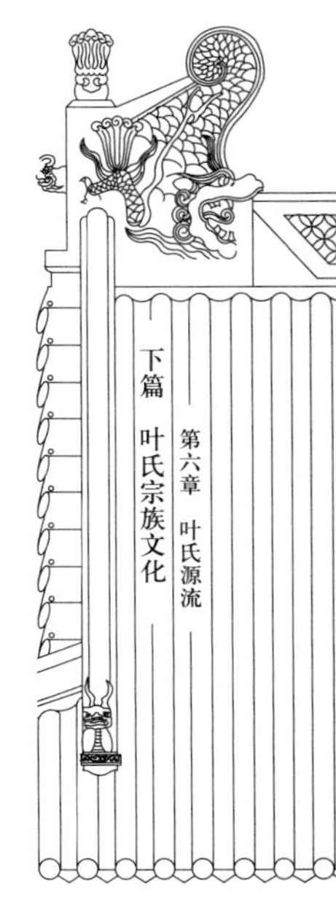

（二）本族源流表 1

世次	公名		迁居时间（约）		迁居地		迁居原因	分支记载
	父谓	子名	朝代	公元（年）	古地名	今地名		
	李重耳之子	李镕	东晋恭帝元熙二年	421	西凉国酒泉	甘肃省酒泉市		生子一：[illegible]
1	李镕之子	叶[illegible]	南北朝宋元嘉廿二年	446	西域伊吾	新疆自治区伊吾县	国破逃亡	生子四：时、咸、德章、封起（均居伊吾）
2	筻公长子	时	南北朝宋泰始七年	471	伊吾			生子一：绪
3	时公之子	绪	南北朝齐建武三年	496	伊吾			生子二：彪、虓
4	绪公长子	彪	南北朝梁天普二年	521	伊吾			生子一：肃
5	彪公之子	肃	南北朝梁中大同二年	546	伊吾			生子一：继南、雍南、君南
6	肃公长子	继南	南北朝陈太建三年	571	陇西成纪	甘肃省天水市	思乡南迁	生子三：清、湟、应
7	继南二子	湟	隋开皇十六年	596	成纪			生子一：元正
8	湟公之子	元正	唐武德四年	621	成纪			生子一：希龙
9	元正之子	希龙	唐贞观廿年	646	成纪			生子二：维、绩
10	希龙长子	维	唐咸亨二年	671	成纪			生子三：赤、才、言
11	维公长子	赤	唐天册二年	696	成纪			生子三：森、灵九、化光
12	赤公三子	化光	唐开元八年	721	成纪			生子一：则
13	化光之子	则	唐天宝五年	746	成纪			生子一：肇
14	则公之子	肇	唐大历六年	771	河南南阳	河南省南阳市	回归中原	生子二：全修、全学
15	肇公长子	全修	唐贞元十一年	796	南阳			生子三：世和、光启、际太
16	全修三子	际太	唐长庆元年	821	南阳			生子一：有意
17	际太之子	有意	唐会昌六年	846	南阳			生子一：成
18	有意之子	成	唐咸通十一年	871	安陆	湖北省安陆市	赴任南阳郡守	生子一：谭
19	成公之子	谭	唐乾宁三年	896	湖广尹州府零陵县	湖南省永州市零陵区	赴任零陵县令	生子六：中和（失传）、奎光（居永州）、俯锡（迁闽中邵武）、永和（居永州）、咸锡（入建康二世孙迁徽州）、奎瞻

续表

世次	公名		迁居时间（约）		迁居地		迁居原因	分支记载
	父谓	子名	朝代	公元（年）	古地名	今地名		
20	谭公六子	奎瞻	五代后梁龙德元年	921	浙江台州府继迁处州府龙泉县	浙江省丽水市龙泉县	赴任龙泉县令	生子五：达盈（居龙泉）、道盈、逢尧（失传）、达二（居龙泉）、进盈（居龙泉）
21	奎瞻二子	道盈	五代后晋开运三年	946	建康府继迁南康府	江西省南昌市	赴任南康知府	生子五：嶷（居南康）、岿（迁安徽合肥）、峨（迁广西都安）、峻、崖（居南康）
22	道盈四子	峻	宋开宝四年	971	江西巴陵继迁江夏	湖北省武汉市江夏区	赴任江夏县令	生子四：彩兰、春兰、怀兰、彰兰（均居江夏）
23	峻公三子	怀兰	宋至道二年	996	江夏南村	武汉市江夏区	留守家园	生子一：节立
24	怀兰之子	节立	宋天禧五年	1021	江夏南村			生子四：赋良、继良、元良、秉良（均居江夏）
25	节立二子	继良	宋庆历七年	1046	江夏南村			生子一：待荣
26	继良之子	待荣	宋熙宁四年	1071	江夏南村			生子三：朝显、朝达（迁郢地、湖北荆州）、朝凤（任河南尹）
27	待荣长子	朝显	宋绍圣三年	1096	江夏南村			生子六：敬皇（安徽淮上令）、敬极、敬永、元启、元哲、敬常（除皇公外均居江夏）
28	朝显六子	敬常	南宋建炎元年	1127	江夏南村			生子四：绍天、绍地（均居江夏）、绍人（孙美家居江西富池）、自然（迁浙江湖塘口）
29	敬常长子	绍天	南宋绍兴十年	1150	江夏南村			生子二：基国（居江夏）、基都
30	绍天二子	基都	南宋乾道九年	1173	大冶大金星畈上	大冶市金湖街办平原村	避战乱	生子二：美玉、兰翘（居大金星）
31	基都长子	美玉	南宋庆元二年	1196	大金星		留守家园	生子二：年茂（避兵江西燕子崖）、年芳（迁江西）
32	美玉二子	年芳	元太祖十四年	1219	江西回迁大金星		避战乱	生子一：久高
33	年芳之子	久高	元真后元年	1242	外迁（不详）		赴任外地	生子一：传正
34	久高之子	传正	元至元二年	1265	大金星		留守家园	生子三：家祯、家祥、家祉
35	传正二子	家祥	元至元二十四年	1288	大王店	湖北阳新县大王店镇	开基创业	生子二：喜松（居大王店）、喜兰
36	家祥二子	喜兰	元至大四年	1311	贵州	贵州省贵阳市	赴任贵州副使	生子三：得桂（居贵州）、得杞（在贵州）、得梓
37	喜兰三子	得梓	元至顺二年	1334	大王店		留守家园	生子八：人恭、人杰、人智、人俊、人文、人义、人礼（均居大王店）、人信（入赘岳家）
38	得梓二子	人杰	元至正十五年	1356	大王店		避战乱	生子三：万荣、万树（居大王店）、万林（入赘黄冈岳家）

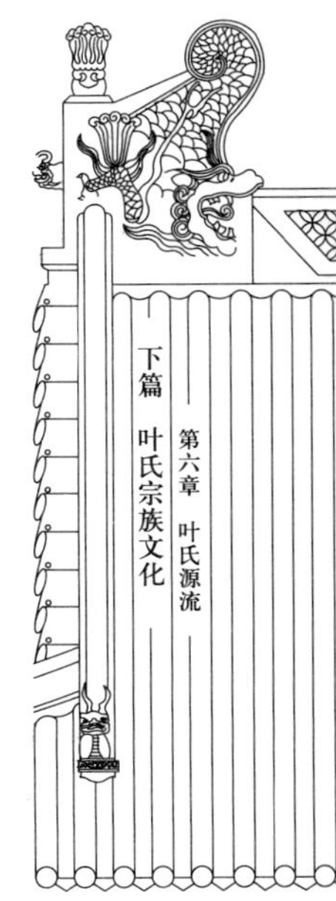

续表

世次	公名		迁居时间（约）		迁居地		迁居原因	分支记载
	父谓	子名	朝代	公元（年）	古地名	今地名		
39	人杰长子	万荣	明洪武十四年（辛酉）	1381	柴桑郡江州	江西省九江市	赴任江州总管	生子八：代丰、代盈、代煌、代焕、中纪、亚纪、代璧、代珩（均居江州）
40	万荣长子	代丰	明永乐三年（乙酉）	1405	白杨林	湖北省大冶市金湖街办范铺村白树嘴	避战乱（靖难之役）	生子十八：玄一、玄二（孙立爵明永乐十五年丁酉 1417 年迁陈继畈、爵子仲和立庄、清顺治元年甲申 1644 年仲和七世孙之富迁蕲春县大同乡）、玄三、玄四、玄五、玄六、玄七（回迁江夏南村）、玄八（回迁江夏）、玄九（回迁江夏）、玄十、玄十一、玄十二、玄十三、玄十四、玄十五、玄十六、玄百、玄千（除回迁江夏外，其余均居大金星）
41	代丰三子	玄三	明宣德四年	1429	白杨林		留守家园	生子六：道春、道轩、道辕、道隆（入赘麻城县曾氏，为官云南未回，其子立正居黄冈）、道旺、道来(除隆公外,其余均居大金星)
42	玄三三子	道辕	明景泰三年	1452	白杨林			生子一：立本
43	道辕之子	立本	明成化十一年	1475	颍上	安徽省颍上县	赴任颍上知县	生子六：元芳、芳盛、桂芳、扶芳、芳兰（迁出不知其处）、芝芳（除芳兰外，均居大金星）
44	立本三子	桂芳	明弘治十一年	1498	白杨林		留守家园	生子八：茂高（五世孙春稠约清顺治十六年己亥 1659 年迁牯羊山）、茂秀（居大金星）、茂清（居大金星）、茂富、茂海（明弘治七年甲寅 1494 年迁茅山地）、茂礼、茂旺（不详）、茂盛（三子茂湖明成化二十二年丙午 1486 年回迁白杨林）
45	桂芳四子	茂富	明正德十六年（辛巳）	1521	大冶县城东	大冶市东岳街办胜利街社区	开基创业	生子四：会文、会材、会柱、会松（均居大冶县城东）
46	茂富四子	会松	明嘉靖廿三年	1544	冶城东		留守家园	生子三：友鹏、友凤（玄孙春久清康熙四年乙巳 1665 年迁白坟地，五世孙正采居冶城东，正纶子成玙清康熙二十九年庚午 1690 年迁石磊铺）、友骘
47	会松长子	友鹏	明隆庆元年	1567	冶城东			生子三：文茂（明万历十一年癸未 1583 年迁金桥地）、文华（二子之藻明万历八年庚辰 1580 年迁莲花心，三子之梅明万历十一年癸未 1583 年迁蛟潭上即上叶，四子之楠明万历十五年丁亥 1587 年迁蛟潭下即下叶）、文明
48	友鹏三子	文明	明万历十八年庚寅	1590	蛟潭中	大冶市城北开发区叶家坝村（坝庄中门）	开基创业	生子四：之梁、之椿、之梾、之槐（均居坝庄）

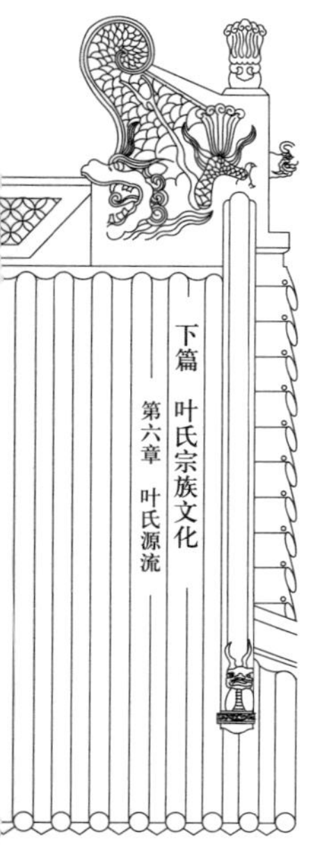

（三）本族源流表 2

公名		迁徙时间（约）		迁出地	迁入地	迁徙原因	庄名
文茂十世孙	本乾	清同治十年（辛未）	1871 年	金桥庄	大冶市东岳街办五星村苑家嘴小区	开基创业	苑家嘴庄
文茂十一世孙	开宝	清光绪十五年（己丑）	1889 年	金桥庄	安徽省宣州市水阳镇卫东村茶亭	开基创业	安徽庄
之梅九世孙	本钦	清光绪十八年（壬辰）	1892 年	坝庄上叶	大冶市罗桥街办港湖村	开基创业	青松庄
之楠八世孙	崇烈	清光绪七年（辛巳）	1881 年	坝庄下叶	大冶市罗桥街办七里界村	开基创业	七里界庄
正圜三世孙	自杭	清嘉庆二十三年（戊寅）	1818 年	坝庄中门三房	黄石市下陆区东方乡元门村	开基创业	东方山村
正圜五世孙	崇岭崇林	清代嘉庆二十一年（丙子）	1816 年	坝庄中门三房	大冶市东岳街办五星村伍家垅	开基创业	黄土塆庄
正圃六世孙	本铨	中华民国 2 年（癸丑）	1913 年	坝庄中门五房	东南亚泰国曼谷	开基创业	泰国庄

（四）坝庄（七门）简介

坝庄门包括莲花芯、上叶、下叶、中门、青山、七里界、东方山、黄土塆以及泰国的一个分支等九庄。

相传明代万历年间，一位先生站在冶邑城东一处叫茶叶塆的地方环视一周，看到六个小山丘环抱着正前方的土丘，他步入中央的土丘，感到自己是站在一朵依山傍水的荷花芯之中。他饱尝了美景之后，当即与一位游姓老翁侃侃而谈：此地脉是一朵活灵活现的莲花，但莲花地也有缺陷，前方有小水口未封紧。修理得好，得地者，子孙繁昌，万世兴隆；不加修理，近几代人不会有很大发迹。先生走后，老翁忧心忡忡，单户独姓哪有能力修理地形，不如早日告诉县城叶姓财翁，让他们来修理。事后游氏全家搬走了，不知迁往何处。

图 6–5　观山路北老庄

叶姓在县城是大姓，财厚势大，买下了这块地，葬下了几代祖先。叶氏四十八世祖文华公让次子之藻公挂名立庄，建造庄屋，垦荒耘田，即今之莲花芯庄（图 6–5）。

自之藻公落业莲花芯至今 400 余年，过辈之祖有 297 人，

图 6–6　叶宗植遗像

其中男 118 人、姑娘 75 人、媳妇 104 人。新中国成立后，特别是近三四十年间，人丁兴旺，人口激增，据 2008 年统计，该庄已达 108 户，人口 434 人（含已出嫁在册的姑娘 87 人）。长住外地 30 户，人口达 84 人；居本庄 78 户，人口 350 人。

莲花芯庄历史上不乏名人，落业始祖之藻公之子春灿公，进过国学，是太学生。叶宗植（图 6–6），民国 17 年就读湖北乡村师范，毕业后任教襄阳师范，民国 22 年进京应高等文官考试，及第，派任湖北省教育厅股长，后升省督学，抗日战争西上重庆，任内政部视察，抗战胜利，东下南京，任内政部秘书长。近代志士叶开泰为革命而献身，牺牲时年仅 31 岁。

祖辈遗风，万代传承。截至 2008 年为止，莲花芯庄有研究生 10 人（含在读）、大专以上学历 59 人，中专、高中学历者 101 人；获中级职称 7 人、高级职称 12 人；复员军人 8 人。

叶氏四十九世祖之梅公先年于冶城经商，积蓄一二，因爱青龙山首山水秀丽，地脉兴旺，遂择此落业为家，即今之上叶庄（图 6–7）。

上叶庄地处坝庄东南，南接青龙山脉，北靠坝庄学校，西临红星湖，东傍尹家湖，福地祥址，咸宜农商。今日上叶庄楼房鳞次栉比，族人生活怡然自足。

之梅公一脉流传，瓜瓞绵绵，支派繁衍，指不胜屈。四百年来已历十五世，人口总数 573 人，其中男 275 人，女 298 人，尤以“自”“崇”两辈最为鼎盛。历史上有五十三世祖成凤公迁往四川，五十四世祖增发公迁往河南桐北，其二人已成当地叶姓开基之祖。现居本庄 18 户，197 人。另迁港湖青松庄（图 6–8）5 户 16 人，迁黄石 3 户 9 人。

图 6–7　上叶庄老宅

图 6–8　青松庄旧宅

上叶庄不惟地灵，更兼人杰。若此小庄区区，却人才辈出。落业祖之梅公，乃清代秀才，通晓经文，熟谙商鬻。其长子春焕公有才如斗，名贯海内，得功名为顺治举人，“天下咸服其文”，曾任靖州学正署卢溪县知县。次子春炳公天资颖慧，性情高雅，慕孔子杏林儒学，设学塾于冶城之东，其门众多而发。当今，上叶庄人才济济，层出不穷。从政者在各级政府部门担任要职，经商者家资逾千万。上叶庄也可谓名门旺系。

下叶庄，因地理位置处在上叶之下而得名，明清时代被称为蛟潭庄下门。村庄坐东南

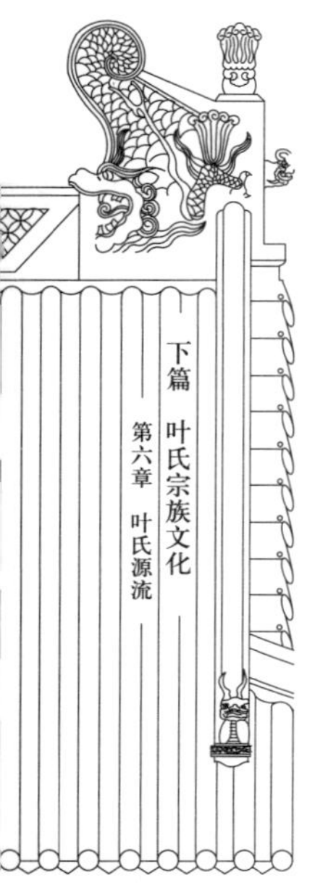

朝西北，两旁有护手似的长山丘，山丘之间是农田，田下是碧波粼粼的刘家湖，是山清水秀之地。明朝末年，熟读《货殖书》，靠勤劳致富的之楠公（文华公四子）看中了这块宝地，从城东迁往蛟潭庄下门落业，过上了以农为本，辅以打鱼、摸虾、采莲的生涯。

落业之初，人口繁衍较快。至第六代"增"字辈出生男丁 37 人，第七代"自"字辈出生男丁 44 人，那时的下叶庄就有近百人。清末民国时期，由于战乱、水患和瘟疫，人口繁衍缓慢，到 1949 年新中国成立前夕下叶庄仅有 17 户 87 人。

新中国成立以后，国泰民安，水患得到了治理，族人生活水平稳步上升。特别是改革开放以后，下叶庄被划入新城区，发展更快。1997 年，下叶地域内 2.5 平方公里山丘塘堰成为人们投资的热土。随即市委、市政府、电力局大楼及安居工程在域内兴建，八层以上的楼房如雨后春笋般林立。宽阔的东风东路从下叶庄通过，两旁随之出现崭新的街市。占地百亩的世纪林绿茵如盖，成为市民休闲娱乐好场所。村庄东通 106 国道，西连新冶大道，南连湛月路，四通八达，勃勃生机。特别是近年来，高达 27 层、时称大冶之最的世纪花苑，矗立在下叶庄正中央，雄伟壮丽。随着国家建设的快速发展，下叶庄出现了许多富有家庭，村里目前 80% 家庭有楼房，30% 的家庭有汽车，拥有百万以上资产者 10 余户，昔日的放牛娃一跃成为大老板（图 6-9）。

据叶氏宗谱记载，截至 2008 年，下叶庄已有 85 户，人口总数达 390 人，其中男 161 人，媳妇 104 人，姑娘 44 人，出嫁姑娘 81 人。居住大冶本庄 241 人，七里界庄（图 6-10）79 人，住本省黄石、鄂州、钟祥的 8 户 48 人，住外省 6 户 22 人（其中无锡 1 户 3 人，常熟 2 户 9 人，深圳 1 户 3 人，广州 1 户 3 人，西安、新疆、厦门、东莞各 1 人）。具有高中、中专学历 53 人，大专大本学历 41 人，硕士研究生 2 人；教师 8 人，中级职称 15 人，高级职称 20 人。下叶的名人古稀今茂，在已故的 522 人中，古代名人只有叶之楠、叶春显两人，近代名人有叶开国。如今知名人士达十多位，其中县处级以上 6 人，乡科级 7 人。

图 6-9 下叶庄街景

图 6-10 七里界庄老宅

明神宗万历年间，叶氏四十八世祖文明公辞别冶邑东市，驾小舟，渡蛟潭，登山岗，披霜露，斩荆棘，来到刘家湖边建栖身之所，与先前到此落业的侄子之藻公、之梅公、之楠公为邻，开基建立坝门中庄。

中门庄北倚黄金山千仞山峦，南向大冶湖万顷碧波，东接百里沃野，西连十里长街。如今，中门庄是叶家坝社区的中心，气势雄伟的青石门楼、风格独特的仿古街道和金碧辉煌的宗祠建筑群，都建在坝庄中门所处之地（图 6–11）。

图 6–11　坝门中庄鸟瞰

现在中门庄的叶氏子孙都是文明公的曾孙先选公的后人。先选公生有五个儿子：长子叶正圆，次子叶正围，三子叶正圜，四子叶正团，五子叶正圃。除次子叶正围外，其他四个儿子繁衍成今天的八个房头，即首一长房、首一二房、首一三房、首二房、首三房、三房、四房、五房。

坝庄中门八个房头示意图

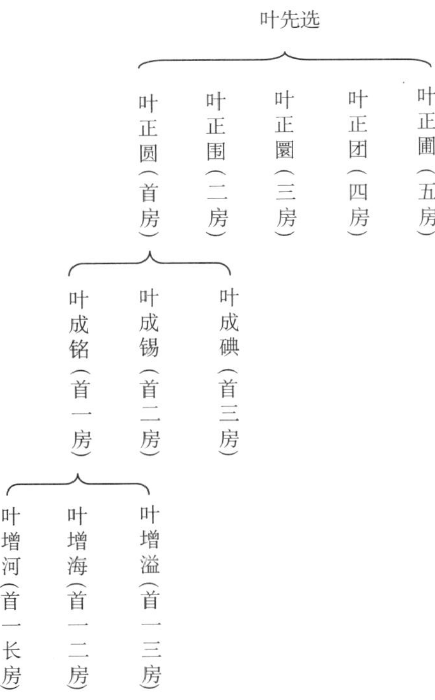

图 6–12　坝庄中门八个房头示意图

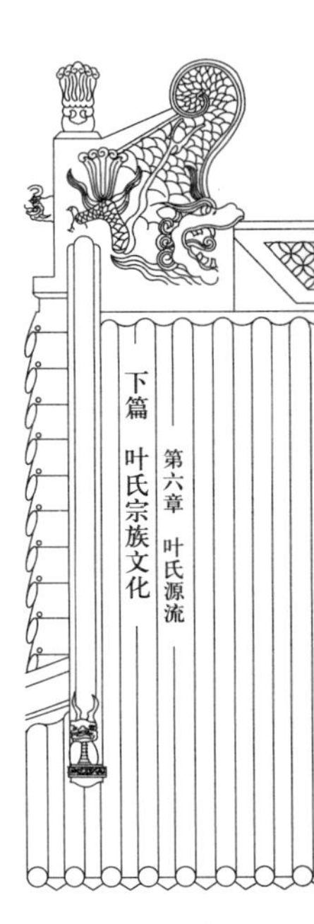

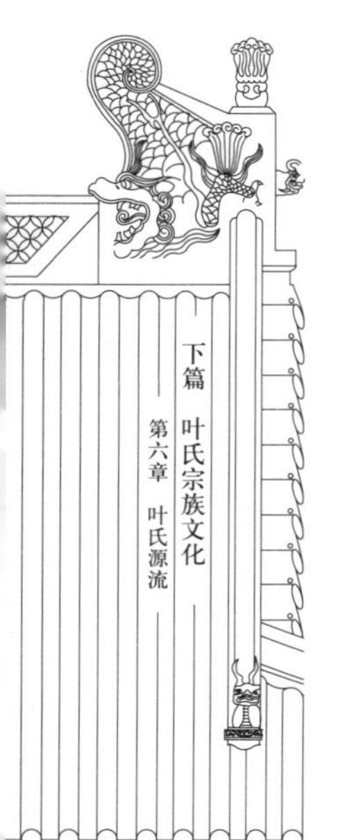

首一长房。“首”是指先选公的长子叶正圆，“一”是指正园公长子叶成铭，“长”是指成铭公长子叶增河。首一长房即是由增河公开拓的新纪元。

该房现有人口280余人，硕士、博士、博士后4人，大学生11人，高级职称4人。叶序昭，美国西北大学博士后，回国任北京大学副教授。黄石纪委副书记叶宗范，两袖清风一尘不染，其女为司法局政治部主任，其子是法院经济庭长，可谓一家清吏。祖上求生存，今人求发展。叶序俭、叶序德、叶光华、叶天堂四人已成为拥有雄厚资金的民营企业家。

首一二房。首一二房是由成铭公次子叶增海分枝开立。约清代嘉庆三年（1798年），增海公从首房分枝出来在本庄下首傍水而居，近闹市而远嚣声，是乐业安居的理想之地。两百余年来，人口不断繁衍增长，由当初增海公膝下七子（自梅、自榕、自标、自檍、自楼、自校、自榆）繁衍至今已有38户计247人，其中男丁过百，八旬以上寿星6人，最长者九十有五。现除六户因工作关系分别居住在全国各地外，大部杂居于本庄各处。

该房族人谨遵先祖遗训，注重教育子弟勤奋读书，代代人才济济。前清文庠、蓝翎都司和现时大专以上学历、中高级以上职称获得者40多人。

首一三房。首一三房是由成铭公三子叶增溢分枝立户。叶增溢，字丰川，官居仕郎。谱《序》说：“公以力穑起家，诒谋甚厚而悫诚恬退而著其美，年八十值恤老之典，恩授登仕郎九品顶戴。”清嘉庆年间，增溢公开枝散叶立“三公房”。

该房位于坝庄中门的西北方，北与五房相临，南与四房相伴，东与大垴相接，西边原是一片绿油油的田地，现已建设成人车各行其道的宽阔街道。

该房自增溢公起，已繁衍十世。据2008年十修宗谱时统计，共繁衍879人，其中男415人，女464人（姑娘228人，媳妇236人）。历史上名人有：叶崇时，太学生；叶本昌，业儒；叶登世，儒世；叶崇治，武庠，蒙甘省提督保举蓝翎尽先把总；叶本回，医术高超，医德更胜，赠医施药，仁慈皆知。

目前，首一三房有男丁218人，姑娘145人，媳妇118人。长住外地者5户17人。中专、高中学历者133人，大学专科、本科学历者76人，硕士、博士学历者6人。叶正申之子叶君是清华大学硕士，叶珍现任湖北省财政厅处长，叶开森曾任解放军海军一二九三部队副营长，叶宗善曾任大冶市教育委员会副主任，叶宗金原大冶市人民医院副主任医师，叶序武现任大冶市政协副主席。还有为数不少的人成为资产雄厚的民营企业家，如叶祖发、叶序森、叶怡发等。

首二房。首二房又为“首房中之二房”。“首房”即五十一世祖先选公长子叶正圆；“二房”即正圆公次子叶成锡。此一脉相传繁衍下来，即称“首二房”。

首二房居坝庄中门东方，俗称“东边”，寓旭日东升之深意，昭朝阳蓬发之内涵。坝庄内首二房庭户呈现曲型分布，且与其他宗房混居，南至下头坪，北至学堂基，绵延几百米。宗房内东小区水泥干道贯穿其中，叶家坝小学建其东中侧，故交通便捷，就读方便；宗房内环境整洁，风景怡人，生活便利，堪为居家之地。

成锡公三子叶增洋后人失传，长子叶增江、次子叶增湖分支繁衍，现已传至六十三世“培”字辈，共11代279年。现有庭户52户，其中坝庄内居住44户，坝庄外居住8户。总人口256人，男94人，女86人，媳76人。其中在外人口26人。80岁以上高龄老者4人。研究生 1 人，大学生 29 人，中专生 8 人。工程师、主任医师、行政干部 6 人，从事建筑设计、规划设计、行政管理、企业经营、医师、教师、画师、个体经营等 170 余人，在新疆、西安、沙市、宜昌、武汉、黄石等地创业者 20 余人。

首三房。首三房是先选公长子正圆公之三子叶成典一脉。

首三房地处中门大垴的东边小区，与坝庄悬挂柴桑郡忠烈堂匾额的列祖享堂恰好西东呼应。近百余户的各式楼房自南至北一条龙的交错排列，近一里之长。琼楼之间，松青柏翠；庭前院后，鸟语花香。正所谓是“风光瑰丽的四门叶，庄园秀美的首三房”！

首三房先祖成典公，恩登仕郎，官名尧书，生增泗、增滨二子，又有自檍、自格、自桎、自柏、自椿、自泰六孙。进而，开枝散叶，衍庆日隆。据 2008 年十修宗谱时统计，首三房总共已繁衍 701 人（含已故先人），其中男丁 287 人，姑娘 214 人，媳妇 200 人。现有 103 户（其中 5 户长居外地），人口 417 人（含长居外地的 17 人），其中男丁 165 人，姑娘 147 人（含出嫁者），媳妇 105 人。古有仕郎、监生、职员、武庠四个有功名之祖。今有中级以上职称的人员 11 人，村股级以上的干部 3 人；高中、中专生 69 人，大学本专科生 32 人，研究生一人。还有创业成功人士数人，他们不仅是坝庄百万巨富，更是时代创业先锋。

三房。坝庄中门三房系先选公三子叶正圜后裔。正圜公单传叶成铨。成铨公生三子，长子叶增汉，生自梧、自桐、自梁、自杭、自栋、自朴六人；次子叶增浡，生自材、自懋、自橳三人；三子叶增洧无嗣。后来自桐公迁黄石；自杭公迁下陆元门，建东方山庄（图 6−13）；自朴公迁伍家垅，建黄土垴庄（图 6−14、图 6−15）；自梧公、自材公、自懋公、自橳公四人仍居住坝庄。20 世纪 50 年代，叶宗清落户山东，叶开碧落户武昌地球村。80 年代，叶开巩落户武昌卓刀泉。坝庄中门三房现有男丁 211 人。三房族人居住不集中，分散在村前左右角、村后左右角、大垴中间和村外村。

图 6−13　东方山庄（下路元门）部分族亲合影（2008 年拍摄）

图 6−14　黄土垴庄（伍家垅）族亲合影（2008 年拍摄）

三房从正圜公以下，富而有名望者只叶崇甲一人，此后至 20 世纪前尚未有闻。直到 20 世纪初，随国家经济建设的腾飞，三房族人开始经营企业，经营房地产，多成富户，资产达数千万元以上者多人。

公元 20 世纪 70 年代前，三房未有一名大学生；20 世纪 80 年代改革开放之后，人才

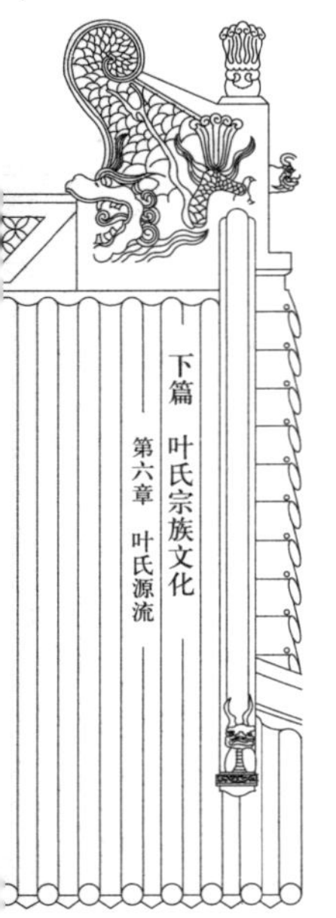

图 6-15 三房黄土垴庄（伍家垅）族人现在住宅

则如春笋出土，不独出了专本科大学生 27 人，还出了 4 个硕士博士。有高级职称者 7 人，中级职称者 19 人，村、股、乡、科级干部 14 人。

四房。中门四房是先选公四子叶正团一脉。坝庄中门以大垴为中心分为东西两小区，四房 80% 族人居住在西边。据 2008 年十修宗谱时统计，从正字辈至培字辈，已繁衍 12 代，共 98 户，其中东小区 10 户，西小区 82 户，长住武汉 2 户，黄石 4 户；累计总人口 808 人（含已故者），其中男丁 339 人，姑娘 220 人，媳妇 249 人。现有男丁 169 人，成铎公派下 13 人，成铗公派下 99 人，成锟公派下 57 人。八十岁以上寿星 8 人。

正团公之孙增洞公，于乾隆年间迁居何锡村叶家庄（现陈贵镇）。他们在那里辛勤耕耘，以农为生。初期比较繁荣，曾出现叶本茂五兄弟“五老虎”之称的鼎盛期，但到民国后期逐渐衰退，如今的叶家庄是一片废墟，留下来的只有近百亩荒山坟地及老宅基。

四房历史名人有革命先烈叶本茂，副师级军官叶开长。在改革开放的浪潮中，涌现出一批千百万资产的民营企业家，代表人物是大冶市城建集团董事长叶宗林。年轻一代勤奋好学，自 1977 年恢复高考以来，博士生 1 人，硕士生 3 人，本科生 8 人，专科生 19 人，中专及高中学历 40 余人；高级技术职称 2 人，初中级技术职称 20 余人。

五房。五房是先选公第五子叶正圃后人。五房位于坝庄东北、东南、西北及其中部，故有上五房下五房之称。东北紧挨 106 国道，与莲花芯接壤；西北以观山路为界，与香格里拉、风华幼儿园相对，位于尊婆山麓；东南背靠下叶庄；中部相拥在坝庄祖堂周围。登高俯瞰，真谓之楼阁连云，紫气萦绕，景色如画，既有乡村之气息，又有都市之壮观。

坝庄中门五房从“成”字辈到现在“天”字辈，历经 11 世，近 300 年。据 2008 年十修宗谱时统计，五房共繁衍 842 人（含已去世 470 人），其中男丁 207 人，媳妇 166 人，姑娘 97 人。如今共有 82 户，其中泰国 1 户，新疆 1 户，武汉 1 户，黄石 5 户；现有人口 372 人，其中男丁 165 人，媳妇 102 人，姑娘 105 人。五房今有中专高中学历者 52 人，大专学历者 19 人，本科学历者 18 人，硕士研究生 1 人。中级职称 16 人，高级职称 5 人，县级干部 3 人。

（五）本族迁徙地图

1. 本族迁徙示意图（二）（图 6–16）

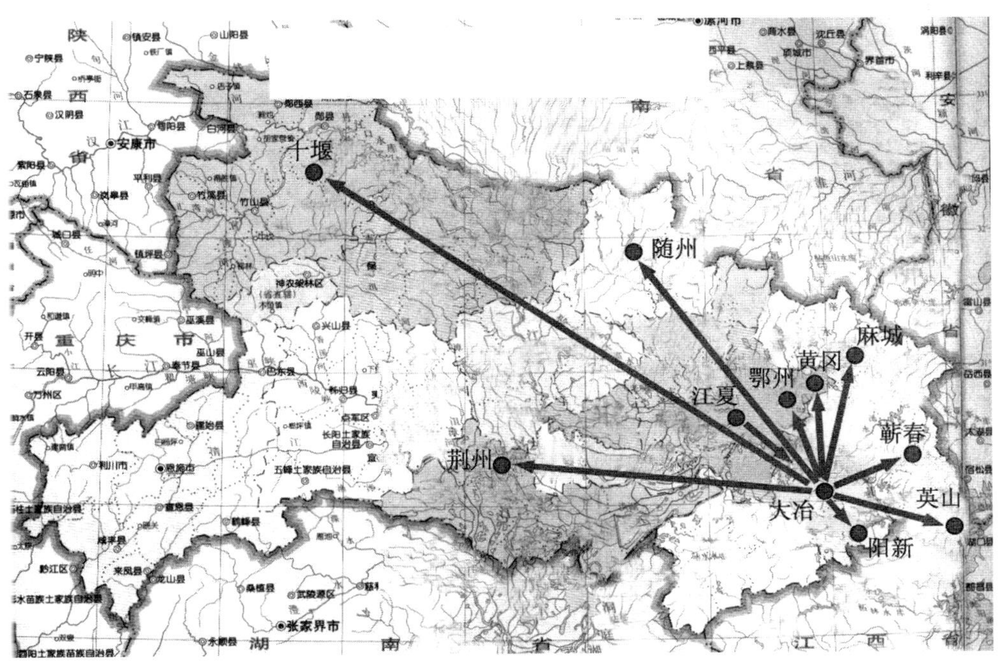

图 6–16 本族迁徙地图 1

2. 本族迁徙示意图（三）（图 6–17）

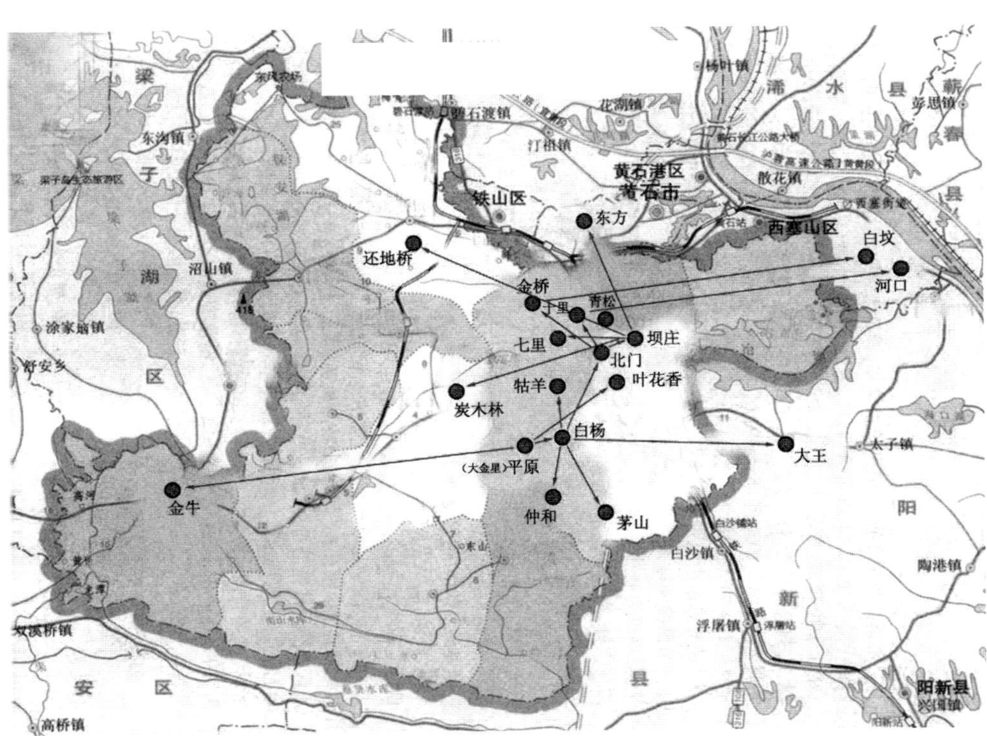

图 6–17 本族迁徙地图 2

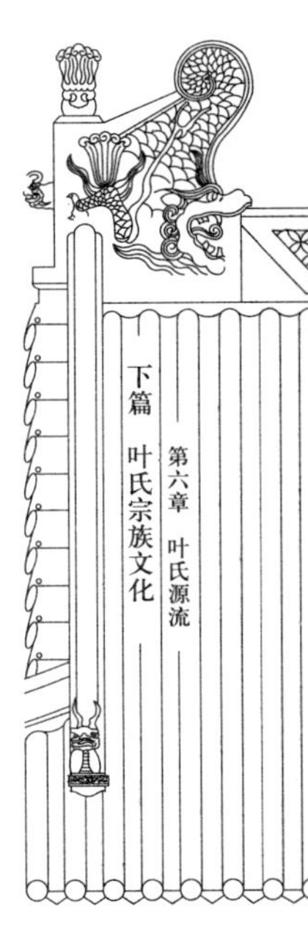

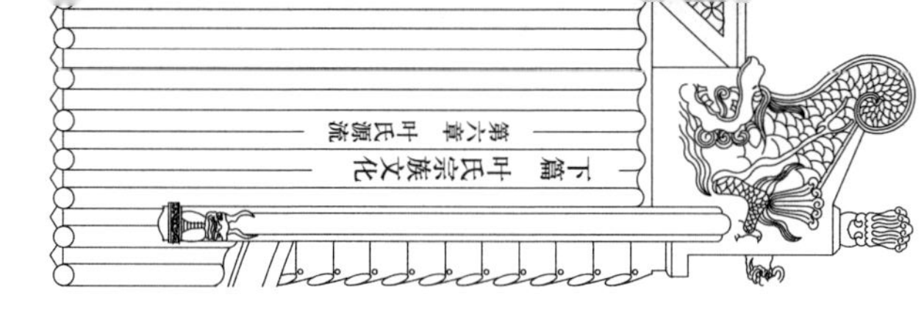

（六）叶氏大冶支脉人口统计表

（据 2008 年十修宗谱时统计）

庄门	去世人口	现有人口情况																					
		性别			年龄段							学历			职称		职务				居外地人口	居本村人口	合计
		男丁	姑娘	媳妇	合计	80 岁以上	60–79 岁	40–59 岁	16–39 岁	6–15 岁	5 岁以下	高中	大学	研究生	中级	高级	村股连	乡科营	县局团	市司师级以上			
仲和庄	1367	231	222	131	584	4	55	182	257	48	38	37	11	2	4		8				33	364	397
萌春庄（1）	216	37	25	20	82		8	12	38	15	9	2	3									82	82
萌春庄（2）	529	207	144	98	449		89	175	185			6	5				1		3			449	449
茅山庄	338	2	2	1	5			2	3													5	5
牯羊庄	2082	415	361	372	1148	14	112	495	417	70	40	54	48	5	2	6	8	9	2		306	642	948
金桥庄	348	44	32	25	101	1	14	22	48	10	6	14	9		6						50	29	79
十里铺庄	362	49	51	30	130	3	6	37	64	11	9	6	3		1	1					10	88	98
北门庄	602	110	147	77	334	2	46	145	122	7	12	25	38	1	14	2		14			90	174	264
白杨庄	285																						
莲花芯	297	186	132	116	434	5	44	130	212	28	15	101	59	10	7	12		6	2		84	264	348
上叶	451	54	34	34	122		16	33	52	10	11	5	13		3		1	4	1		27	75	102
下叶	522	162	99	104	365	3	33	106	163	42	18	61	39	2	15	20	1	3	2		69	220	289
中门首一长房	309	145	107	86	338	3	39	106	131	35	24	35	11	4	15	4	1	1	2		17	270	287
首一二	211	101	83	63	247	6	28	69	107	31	6	25	15		10	9	1				24	128	152
首一三	398	218	194	118	530	6	53	136	251	49	35	133	76	5	4	6	6	5	1		17	464	481
首二房	233	94	84	76	254	4	35	81	106	18	10	34	33	1	5	3	1	4	1		26	141	167
首三房	284	165	146	105	416	3	43	113	191	33	33	69	32		5		1				17	325	342
中门三房	350	211	150	145	506	4	52	150	218	51	31	30	27	4	18	7	9	7			110	295	405
四房	403	167	145	94	406	8	51	94	179	51	23	40	26	4	22	3	1	4		1	15	319	334
五房	470	165	105	102	372	1	33	98	173	45	22	52	38	1	16	5	1		3		26	285	311
总计	10057	2763	2263	1797	6823	67	757	2186	2917	554	342	705	486	39	147	78	40	57	17	1	921	4619	5540

第三节 郡望堂号

“郡望”一词，是“郡”与“望”的合称。“郡”是行政区划，“望”是名门望族，“郡望”连用，即表示某一地域范围内的名门大族。魏晋南北朝至隋唐时每郡显贵的家族称地望，意思是世居某郡为当地所仰望，并以此而别于其他的同姓族人。历代的姓氏书中，其中有一类是以论地望为主。《百家姓》刻本，也往往在每个姓氏前面注明了“郡望”。

图 6–18　宗支郡望牌匾

图 6–19　万荣巡防

堂号，本意是厅堂、居室的名称。因古代同姓族人多聚族而居，往往数世同堂，或同一姓氏的支派、分房集中居住于某一处或相近数处庭堂、宅院之中，堂号就成为某一同族人的共同徽号。“堂号”是家族门户的代称，是家族文化重要的组成部分。它产生的宗旨大致有三：一是彰扬祖先的功业道德，二是显示家族宗亲的特点，三是训诫子弟继承发扬先祖之余烈。堂号包括郡王总堂号和自立堂号。

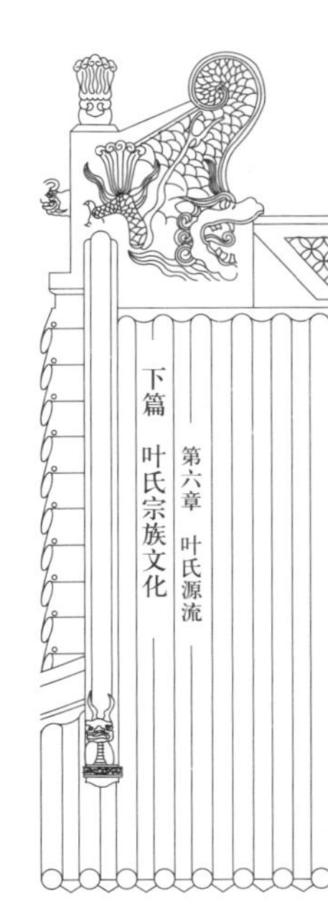

一、本族郡望

参天之树，必有其根；环山之水，必有其源。每个中华儿女不可不知其祖，不可不归其源。中国是一个非常重视根的民族。人死后，如果在外地，也要把遗骨运回家乡，这就叫叶落归根。现代人们常说的籍贯，就是根，但并非真正原始的根。

真正的根是什么？就是我们所说的郡望。所谓“郡望”，即郡中之望族，是指长期居住在某一地而形成的家族祖地，不仅是该姓发祥地的标记，也是氏族人口、经济实力、政治地位与文化影响等综合族力强盛与否的反映。

本支叶氏家族，拥有多个郡望。据族谱记载，得姓始祖筠公始居陇西郡，有意公之子成公发迹南阳郡，定派始祖敬常公之子绍天、绍地、绍人三公终居江夏郡，本族嫡系血祖万荣公恩封于柴桑郡（图 6–18）。“柴桑”东临鄱阳，西依庐山，景色秀丽，气候宜人，万里长江从中间穿过，为湖北、湖南、安徽三省之军事要冲，历来为兵家必争之地。秦汉时在比设立柴桑郡，隋代改为江州，即当今之九江。荣公生子八人，除长子代丰公继迁富川，复籍冶邑白杨林外，其余七子有的迁往他省，有的因官寄籍，有的充当军户，有的顶舅户姓，散布祖国各地，如棋之布，如星之列，虽错综复杂，归其源，终属荣公之后。万荣公始居

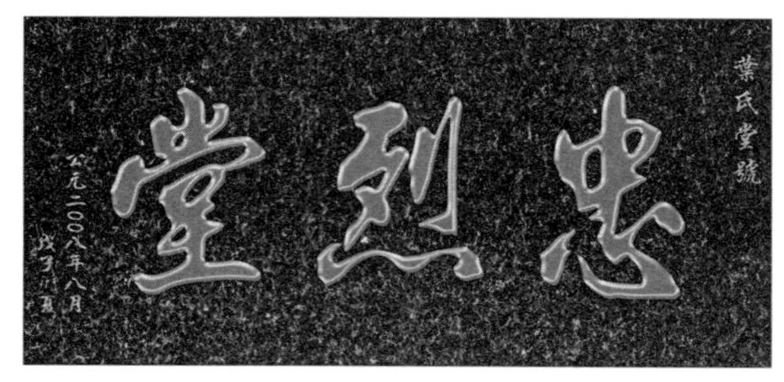

图 6–20 忠烈堂牌匾

图 6–21 "战马悲鸣"（语出自老谱）美玉公为保家卫国同元军血战西塞山

柴桑，在柴桑发迹，四十三岁卒于柴桑官署，柴桑为本祖扎根之地，故柴桑郡系本族之郡望（图 6–19）。

今后，无论族人居住何地，身居何职，使用何种语言，只要是荣公嫡系氏族，均属柴桑郡之后裔。

二、本族堂号

为彰显本族祖先的美德，纪念先祖的光辉业绩，启迪后辈崇祖报德，爱家爱国之热情。本族今特新倡堂号，名曰"忠烈堂"（图 6–20）。何谓忠烈？《说文解字》释义：忠者，尽心竭力，忠诚无私之义；烈者，刚正，光明，显赫，烈绩之意。此堂号颇有一番来历，据《明史》记载，洪武年间，凡三品以上武官若战死沙场或因公殉职，均赐庙号为"忠烈"，以表彰其功绩。万荣公官拜江州总管（正三品），四十二岁时殉职任上，洪武十五年太祖皇帝赐庙号"忠烈"。今用作本族堂号意如前文所云。

自唐宋至今，叶门忠勇壮烈之士，层出不穷。他们的丰功伟绩，不胜枚举。

南宋末年，本族三十一世祖当朝兵部尚书美家公，为抗击元人南侵，东征西剿，功勋卓著。

南宋德佑元年，元军忽必烈分三路大军直逼都城临安，江南各郡兵民，纷纷自组壮丁，东出勤王。叶氏三十一世祖美玉公与好友袁文焕一起督户众及族仆万余人，高举反元义旗，驰援圻州。因宋将管景隆降元，公带兵马，退守西塞山。继后，西塞山被元兵所围，公统众与贼兵苦战一百多个昼夜，终因兵尽粮绝，血洒疆场，无一生还（图 6–21）。

元朝顺帝年间，兵乱四起，叶氏三十七世祖得梓公为抗击乱匪到村庄烧杀抢粮，与友人罗引统族丁一万四千余人，破敌于罗家畈，后敌乘族人不备，血洗村庄，除少数族人逃脱外，全部遇难。

元朝末年，叶氏三十九世祖万荣公高举反元大旗，组建义军，转战吴地，屡立战功。甲辰年间，协助朱元璋在鄱阳湖大破伪汉陈友谅。明太祖加封公为江洲总管团练使。后殉职任上。

本族之祖辈，为保家卫国，前赴后继，献出了无数的宝贵生命，他们的功绩如日月经天，江河纬地，他们的声名显赫一世，威镇华夏，为中华民族的发展和振兴谱写了一篇篇惊天地、泣鬼神的壮丽诗章。

第七章　宗族文脉

第一节　庄房祖墓

本章主要介绍先祖陵园建设、布局、景观和祭祀等有关情况。

本庄建祠之初，为腾出新祠地基，将下首垴祖坟山全部祖先遗骸迁至胡先林大金星基都公山安葬，建一座先祖陵园。此地位于大冶市金湖街道办事处平原村欧家庄和周远庄之间，是南宋末期本族基都公为避兵祸随高祖母“荣阳氏”慈惠婆婆从江夏迁至大冶的落脚地。为何叫“胡先林”？据传此地是从胡姓人手中购得，原是一片树林，故名。又因何谓“大金星”？“金星”为五种基本定穴星峰之一（五种定穴星峰为金、木、水、火、土诸峰），此峰为顶部圆净呈弧状隆起山形。《地理醒心录·金星》云：吉金之星，其形秀丽清新，则生忠义士夫；其形高雄威武，则主兵权尊重。本族居金星地已有千余年历史，其中变迁甚为坎坷，不知何时祖居之地不见了民居只见坟冢。清代同治年间前曾失与欧姓人之手，后被赎回，2014年前又失与周姓人之手，今又赎回，两次流失与异姓人之手成为他人耕地或坟山，本族虽有碑冢，然属“有坟无山”（只可祭坟，不可使用与管理），悠悠往事，难以评说。

这里要说到的是，一千多年前，本族基都公既为避难，无处不可，为何偏要迁至偏远的大冶胡先林金星地呢？当地有一种传说，说是当年基都公是为投亲而来，因为其高祖母慈惠婆婆“荣阳氏”祖籍是胡先林北隅欧阳庄。族谱称慈惠婆婆为“荣阳氏”，族中有人解释说，“荣”是指其丈夫“待荣”公，“阳”是指其“欧阳”姓，相当于“叶殴氏”旧称。换言之，当年一个年事已高的老太婆，带着一个刚成年的嗣孙，回到娘家避难，如此之说不无道理。

这里还要说到一点，本族在外购置有多处坟山，为何不选新坟山而选老坟山安置列祖遗骨？其中有两个原因，一是现有坟山不够理想，另寻其他宝地，时间来不及，实际上几经寻觅确实无合适之处；二是胡先林大金星本是祖茔之地，墓葬稀落，碑残冢平，将本庄祖坟迁来此处，既可重建，又保不失，岂不两全其美？

此墓园规模虽一般（1300余平方米），但投入之大，建造之美，当属罕见；迁建过程中，铺排之缜密，礼仪之隆重，也是绝无仅有。墓园建设周期也较长，从2014年5月迁坟，到2016年10月全部建成，前后用了近三年时间，几乎和宗祠建设同步，由此可见族人对此事的高度重视。

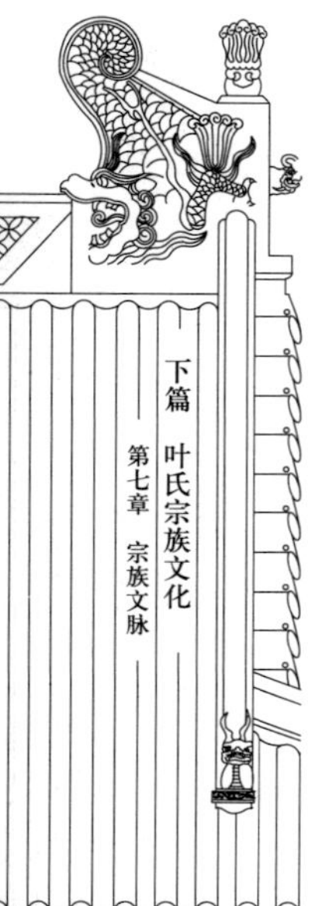

一、陵园建设

（一）安山仪式

2014年5月23日至26日（农历甲午岁四月廿五日至廿九日），全庄上下齐心协力，只用四天时间，将庄中下首垴130位祖先遗骸，迁至胡先林大金星老祖坟山安葬。

2014年5月27日（甲午年四月廿九日），坝庄族众在胡先林大金星老祖山，为安寝在这里的叶氏列祖列宗举行了“安山仪式”。程序如后。

1. 安山祭祖典礼开始（鸣炮）；

2. 宣读祭文（诵文者及参与族众俯伏山前）。

祭大金星陵园列祖文：

维中华人民共和国，公元二〇一四年五月二十七日，岁在甲午四月廿九日吉时吉刻，叶家坝中门庄诸孝嗣，俯伏于大金星先祖陵园列祖列宗墓前，祭曰：天为锦帐，地作玉床。时空跨越，日月同光。木有根本，荫蔽一方。水有源流，派系久长。追忆吾祖，源自西凉。开代东晋，易氏国殇。历经九朝，簪缨荣光。垦荒十郡，奋发图强。南宋末年，国遭兵荒。吾祖都公，迁出武昌。拓土金星，立足白杨。耕读传家，誉满梓桑。叔祖美家，道号花香。英勇抗金，雪耻靖康。官拜尚书，朝廷表彰。嫡祖美玉，抗虏长江。壮烈捐躯，死不还乡。吾祖家祥，不惜自伤。割股救母，孝感上苍。吾祖喜兰，才厚名望。辅政贵州，献身他乡。吾祖得梓，领导家邦。率族拒匪，血染郊荒。吾祖人杰，幸逃灾殃。若无斯祖，我族则亡。吾祖万荣，文武兼长。率师灭元，辅佐明皇。官晋总管，驻守九江。英年早逝，殉职边防。封妻荫子，皇恩浩荡。吾祖代丰，袭爵侍郎。生子十八，火盛烟香。吾祖立本，俊才无双。恩科进士，牧民颍上。吾祖茂富，精通贾商。创业冶城，富甲一方。吾祖文明，才能非常。继迁蛟潭，鼎定中庄。吾祖鹏万，族中栋梁。养育五子，繁衍八房。列祖列宗，功德无量。丰功伟绩，一纸难详。如今吾庄，人口兴旺。男丁千余，各有担当。才如潮涌，竞展所长。或文或武，官显职彰。或商或贾，财多利广。如今吾庄，面貌变样。高楼林立，车来车往。老者安乐，均有所养。壮者创业，均有所望。少者好学，均有所想。如今吾庄，非同往常。争相发奋，百业兴旺。人心向善，万事吉祥。感谢列祖，恩泽吾庄。留下基业，嗣孙分享。感谢列祖，恩泽吾庄。传下技艺，嗣孙有行。感谢列祖，恩泽吾庄。遗下训诫，嗣孙循章。祈愿列祖，保佑吾庄。人丁更盛，辈出贤良。祈愿列祖，保佑吾庄。财运亨通，幸福安康。祈愿列祖，保佑吾庄。千秋万代，永世其昌。列祖有灵，案前受享。来格来歆，伏维尚飨。

祭文读罢，众嗣孙再行跪拜之礼。之后，宗亲们燃放礼花，以示庆祝。

（二）陵园工程

叶氏先祖遗骸既已安葬，筹建委办公室鉴于各方面实际情况，紧接着分别于6月1日和6月3日，向筹建委常委会和大冶叶氏宗支各庄族首，发出了建设大金星“叶氏先祖陵园”

的报告和公函。

1．施工

1）关于建设大金星叶氏先祖陵园的报告

我庄下首垴祖坟迁移大金星远祖墓园的工作已圆满完成。此次共迁葬祖先遗骸 130 具(其中 5 具无名氏)，建冢 90 座(其中合茔冢 38 座)，大金星原墓葬一排，有祖先遗骸 58 具(宗谱记载，包括大金星山东西两侧)，两处相加，现大金星共有祖墓 188 座，其中绝大部分是远祖，而且我庄绝大部分的历代嫡祖也都埋葬在这里，由此可见，这里已成为我庄、我族（即大冶七门二十庄）名副其实的先祖陵园，因此，必须把它建设成与我庄我族名声相匹配，而且能闻名于乡里的先祖陵园。为此，特将陵园建设的有关项目和预算报告如下：

（1）建陵园门楼。既是园，必有门，此门楼（见《门楼设计草图》）由文秘组自行设计，宽约 8 米，高约 8 米，两层单排式，简约朴实，稳重大方，略带荆楚风格。顶盖铺蓝色琉璃瓦，墙体贴白色瓷砖，门顶中心印堂镶嵌“叶氏先祖陵园”六个行楷大字，左右两侧照墙印堂分别镶嵌“陵园记”和“告示牌”，三处均为黑底金字，门扇为不锈金属栅栏式，带锁。

（2）建陵园围墙。既是园，必有墙，做围墙既是陵园本身的需要，也是周边村民的要求，他们反映：大路边一下子增加这么多坟墓，妇女上班下班、小孩上学放学路经此处有些害怕，建议做围墙予以隔离。围墙长约 200 米，平均高度约 1.5 米，采用漏花通透式。

（3）迁移变电房。陵园西南边公路对面，有一间约 20 平方米的变电房，还有一根电杆立在陵园下部中间，电杆有根铁丝扯在中央通道，建议迁移。

（4）建拜台与通道。园内拜台与通道，呈“九横四纵”模样，全长约 1000 米，宽度 1.5 ～ 2 米，(不含园门内外地平)，下层铺 6 厘米混凝土，上层铺水泥彩砖。

（5）建水沟与绿化带。墓间和周边排水沟约 1000 米，规格为 300 厘米 ×300 厘米，园内四周和园内门外栽种塔柏，预计 200 余棵。

（6）定制石碑。一是从下首垴迁入的公共与无后祖墓 27 座，过去原有碑，后在“文革”中被毁，其中包括茂富公、文明公、之楧公、春和公、先选（鹏万）公等几位嫡祖。另外，挖出 5 座无名氏墓，因此，从下首垴迁入的祖先（含公母合茔）需要定制 32 方石碑。二是大金星原葬祖先 30 余人，除基都公、宋一公有专属石碑外，其余都是公共统碑，其中包括嫡祖玄三公、道镶公、桂芳公，这次拟为基都公（碑残）和上述三位祖先制碑，共 4 方。三是拟从有派一世祖敬常公至立本公共十三位嫡祖建立纪念碑，因为这些祖先葬在大金星以外，甚至是遥远的他乡，而且已失传，为不没祖先，让诸归公魂故里，让后人可寄托哀思，我们故作如此考虑。这些祖先为：敬常公（开辈祖先，原葬浙江湖塘口），绍天公（葬江夏龙泉山），美玉公（葬黄石飞云洞苦竹坳），美家公（即花香公，吾族祖神，葬大箕铺大至山），年方公（葬金湖乾塘坳），久高公（葬乾塘坳），传正公（葬阳新大王山），家祥公（葬阳新大王山），喜兰公（葬贵州），得梓公（葬阳新大王山），人杰公（葬金湖灵峰山大广岩桥边），万荣公（祖神，葬阳新富池），立本公（葬乾塘坳）。

陵园建设工程，同祖堂建设工程一样重要，既是孝心工程，也是形象工程，必须由专人负责，定期完成。此项工程建议继续由叶家坝村党总支副书记、筹建委常委序纯先生牵

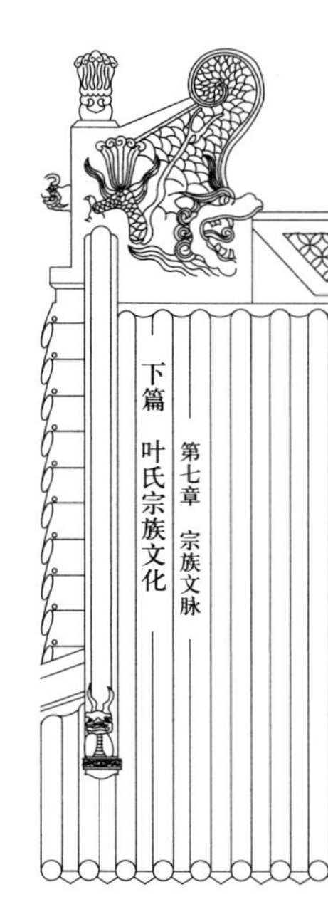

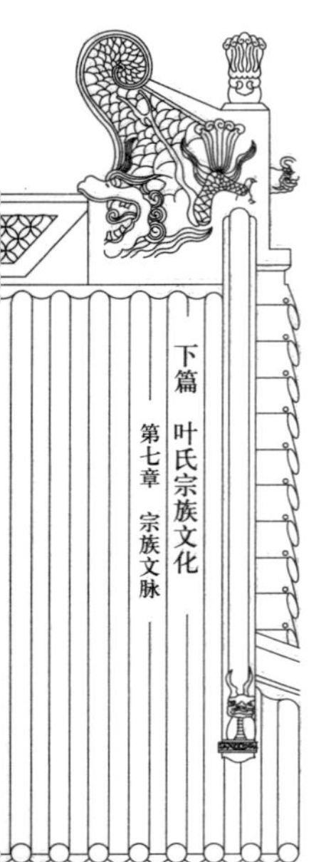

头负责，筹建委办公室宗森、序田委员协助，宗柱、国凡、宗旦、宗典、序勤、序均等顾问参与。由文化组负责策划和撰写碑文。工程最迟必须在明年清明节前完成。

陵园建设必须坚持勤俭节约的原则，能简则简，能省则省，精打细算，节约开支，做到少花钱，多办事，花小钱，办大事。工程施工过程中，请常委经常指导和监督，工程结束后，请常委组织评估验收，真正把这项工程放在心上，抓在手上，抓出功效，抓出成果，让我族宗亲昂扬，让周边村民赞扬！

2）关于建设大金星叶氏先祖陵园的函

我庄将在位于金湖街办平原村的我族远祖墓地——大金星山，建设“叶氏先祖陵园”，现正在进行前期施工之中。

今有一项重大事情，须和同门友庄协商：为纪念列祖列宗的丰功伟绩，为寄托我族嗣孙对他们的无比崇敬和无尽哀思，我们拟为一批先祖建冢立碑，下面列表叙述相关情况。

立碑的祖先名称	祖先派下门庄名称
敬常公、绍天公、基都公（换新碑）、美玉公、美家公（即花香公）、年方公、久高公、传正公、家祥公、喜兰公、得梓公、人杰公、万荣公	仲和庄、牯羊庄、北门庄、十里铺庄、金桥庄、坝门莲花心庄、坝门上叶庄、坝门下叶庄、坝门中叶庄
玄三公、道辕公、立本公、桂芳公	牯羊庄、北门庄、十里铺庄、金桥庄、坝门四庄
茂富公	北门庄、十里铺庄、金桥庄、坝门四庄

以上绝大部分祖先的遗骸已经失传，只好建衣冠冢，立纪念碑，让这些祖先重享嗣孙香火，让子孙后代永仰他们的大恩大德！

2014年6月4日，筹建委主任叶祖发先生主持召开了常委扩大会议，通过了《关于建设大金星叶氏先祖陵园的报告》，批准了建设此项“孝心工程”的资金。建设此项工程，也得到了叶氏大冶宗支各庄族首的赞成与支持。

2014年6月28日（甲午年六月初二），叶氏先祖陵园门楼奠基。筹建委将整个工程全包给了当地周远湾村民周卫民先生施工。

图7–1 铭恩塔

筹建委特别顾问叶宗善先生特为叶氏先祖陵园设计了一座“铭恩塔”，为自东晋以来，分散安葬在新疆、甘肃、河南、湖南、浙江、江西、贵州和本省外地，以及当地失传的一世祖筠公至四十八世祖文明公等列祖列宗各镌刻了一块石碑，计56块，依辈分从上至下、按顺时针方向安装在七层八方的“铭恩塔”上。此举可谓前所未有，别出心裁，独具一格，为叶氏先祖陵园平添了一道独特的风景。更可贵的是节省了占地面积，使列祖列宗魂归一处，使后代嗣孙长此以往永久缅怀祖德宗功，励志前行（图7–1）。

此塔是由项氏石雕公司制作的，7月12至13日，

该公司安排五位师傅将塔安装完毕。13 日下午 5 时 30 分，塔顶用红绸布包裹，塔身八方各燃红烛一对，焚香鸣炮，在场的宗亲叶宗善、叶宗旦、叶宗森、叶保佳、叶序田跪拜先祖灵位。

3）铭恩塔碑文

南北朝约四四六年 一世祖筠公 新疆伊吾	南北朝约四七一年 二世祖时公 新疆伊吾	南北朝约四九六年 三世祖绪公 新疆伊吾	南北朝约五二一年 四世祖彪公 新疆伊吾
南北朝约五四六年 五世祖肃公 新疆伊吾	南北朝约五七一年 六世祖继南公 甘肃天水	隋约五九六年 七世祖湟公 甘肃天水	唐约六二一年 八世祖元正公 甘肃天水
唐约六四六年 九世祖希龙公 甘肃天水	唐约六七一年 十世祖维公 甘肃天水	唐约六九六年 十一世祖赤公 甘肃天水	唐约七二一年 十二世祖化光公 甘肃天水
唐约七四六年 十三世祖则公 甘肃天水	唐约七七一年 十四世祖肇公 河南南阳	唐约七九六年 十五世祖全修公 河南南阳	唐约八二一年 十六世祖际太公 河南南阳
唐约八四六年 十七世祖有意公 河南南阳	唐约八七一年 十八世祖成公 湖北安陆	唐约八九六年 十九世祖谭公 湖南零陵	五代约九二一年 廿世祖奎瞻公 浙江龙泉
五代约九四六年 廿一世祖道盈公 江西南昌	北宋约九七一年 廿二世祖峻公 湖北江夏	北宋约九九六年 廿三世祖怀兰公 湖北江夏	北宋约一〇二一年 廿四世祖节立公 湖北江夏
北宋约一〇四六年 廿五世祖继良公 湖北江夏	北宋约一〇七一年 廿六世祖待荣公 湖北江夏	北宋约一〇九六年 廿七世祖朝显公 湖北江夏	南宋约一一二七年 廿八世祖敬常公 浙江湖塘口

卅二世祖年芳公 元约一二一九年 湖北大冶	卅一世祖美玉公 南宋约一一九六年 湖北大冶	卅世祖基都公 南宋约一一七三年 湖北大冶	廿九世祖绍天公 南宋约一一五〇年 湖北江夏
卅六世祖喜兰公 元约一三一一年 贵州贵阳	卅五世祖家祥公 元约一二八八年 湖北阳新	卅四世祖传正公 北元约一二六五年 湖北大冶	卅三世祖久高公 元约一二四二年 外迁（不详）
世祖代丰公 明约一四〇五年 湖北大冶	卅九世祖万荣公 明约一三八一年 江西九江	卅八世祖人杰公 元约一三六五年 湖北阳新	卅七世祖得梓公 元约一三三四年 湖北阳新
卌四世祖桂芳公 明约一四九八年 湖北大冶	卌三世祖立本公 明约一四七五年 湖北大冶	卌二世祖道辕公 明约一四五二年 湖北大冶	卌一世祖玄三公 明约一四二九年 湖北大冶
八世祖文明公 明约一五九〇年 湖北大冶	七世祖友鹏公 明约一五六七年 湖北大冶	卌六世祖会松公 明约一五四四年 湖北大冶	卌五世祖茂富公 明约一五一二年 湖北大冶
五十二世祖正圆公 清一六九九年 湖北大冶	五十一世祖先选公 清约一六六八年 湖北大冶	五十世祖春和公 明约一六四〇年 湖北大冶	九世祖之　公 明约一六一五年 湖北大冶
五十二世祖正圃公 清一七一七年 湖北大冶	五十二世祖正团公 清一七〇六年 湖北大冶	五十二世祖正圜公 清一七〇三年 湖北大冶	五十二世祖正围公 清一七〇一年 湖北大冶
魂归来兮 （一层第四面）	铭恩塔（一层一面） 治系七门二十庄恭造 二〇一五年甲午大寒	历代各系太君 东晋至共和国 各地	历代旁系诸公 东晋至共和国 各地

编者瞻仰胡先林大金星叶氏先祖陵园见铭恩塔感怀一律，以示赞赏：

铭恩塔耸镇山陬，安置列宗宏愿酬。景炫铜都辉万里，光昭玉宇耀千秋。

胡先林内金星照，叶祖陵中铁骨留。瞻仰斯园生百感，天人合德沐洪庥！

4）基都公墓碑文

7 月 27 日（农历七月初一日），“大宋儒士冶邑开基太祖公基都府君、母宋老太君之墓”的石碑在叶氏先祖陵园中立起来了（图 7–2）。

图 7–2 基都公新墓碑

特别顾问叶宗善先生为之撰写的碑文曰：

公约生于南宋绍兴廿二年癸酉（一一五三年）。北宋中叶，吾族祖籍江夏南村正值鼎盛，而待荣公一脉更盛也。当年，荣公早逝，其妻荥阳氏掌家，荣氏承祖业，发扬光大，资产以亿万计；抚儿孙，俱成大才，三子五孙皆登金榜；重仁义，扶贫济困，活人无数，有口皆碑。故朝廷旌表，敕封：体仁好善静贞慈惠婆婆。

丙午间，金人犯境，靖康蒙难，国遇大恐。其时，敬常公任博士，不愿为官，执教经馆，金贼粘莫耶闻公乃奇才，欲请辅之，公不允，贼遣兵拥公及幼子自然至军营，途中公设计脱逃，携子避于浙江焉。

常公走后，金人不甘，兵逼江夏，族人纷纷南逃，十室九空。此时，吾脉朝显、绍天诸公已故，基国公外出未归（后人居换绦桥），只有慈惠婆婆（已一百零五岁）和基都公（年不到二十），留守家园，相依为命。

南宋乾道九年（一一七三年），情势逾加紧迫，高祖母荥阳氏携玄孙基都，随带钱物，于初夏之某日，乘金兵不备，驾小船东渡梁子湖，出樊口，入长江，再顺江而下，进漳源口，然后西穿大冶湖，南进下袁港，溯流而上，航行数日，最后停泊于姜桥码头，暂居于荣公故旧庄中。

婆孙立足姜桥后，便在当地购田造庐，营建家园。不久，公娶宋塊太公之女为妻，后得二子：美玉、美翘。十余年后，婆婆无疾而终，享年一百廿一岁，葬大金星山东

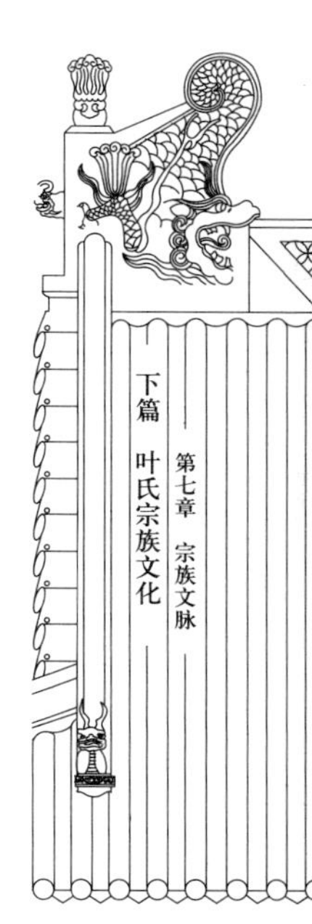

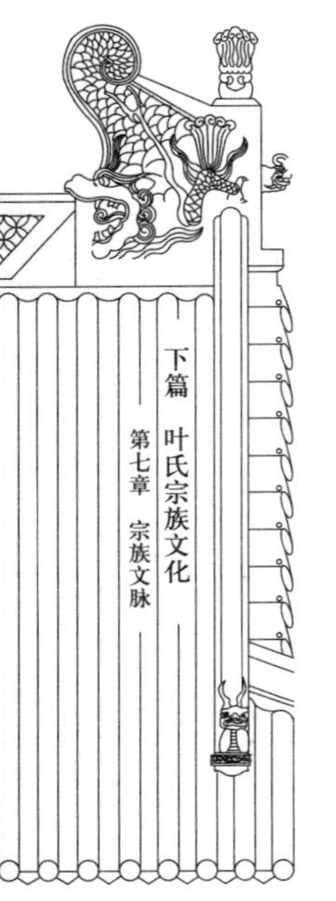

北上林塘岸。数十年后，都公宋母先后去世，葬于是处，西南向。此前，公长子美玉同友人袁文焕举兵抗元，战死在西塞山上。公次子美翘，避兵未归，不知所踪。此后不到十代，族中人口猛增，兹地难以容纳，便陆续外迁。不知何时，吾族原居之所，山川易主，仅存先祖长眠之地矣！

嗟夫！公始居江夏，父母早亡，高祖母将其养大，后遭金夷侵扰，被迫离乡。迁冶后，又遭元虏祸害，蒙受失子之痛，可谓命运多舛。恐令公未料者，以其一子之传，数百年后，发展为七门二十庄。如今吾族可谓人丁兴旺，英才辈出，财源茂盛，蒸蒸日上。公若泉下有知，必欣喜哉。故吾族嗣孙今重建先祖陵园，为公再立新碑，以告慰公在天之灵也！云云，是为记。

冶系叶氏仲和庄牯羊庄北门庄茅山庄十里铺庄金桥庄坝庄全体嗣孙敬立

2. 园景

据《叶氏宗谱》记载，大金星全山原葬祖墓 81 冢（包括东西两处，此次重建是在西处，东处已失），2014 年 5 月 23 日，从坝庄下首塆共迁来叶氏祖先遗骸 130 具，现大金星共葬有叶氏祖先 150 余位，其中冶邑叶氏始祖基都公、嫡祖玄三公、桂芳公墓系原葬，坝庄中门开基之祖文明公和兴庄之祖鹏万公等亦迁葬于兹。

从 6 月 15 日起至 9 月 15 日止，前期工程历时三月，投资 60 余万元，终于建成了“叶氏先祖陵园”。这里已成为大冶叶氏宗支（即七门二十庄）名副其实，并与其名声相匹配，且闻名于乡里的叶氏先祖陵园。

1）叶氏先祖陵园全景（图 7–3 ～图 7–6）

图 7–3 叶氏先祖陵园南面

图 7–4 叶氏先祖陵园北面

图 7–5 叶氏先祖陵园东面

图 7–6 叶氏先祖陵园西面

2）门楼正面碑文

园门正面两边镌有三篇碑文：右边为《叶氏先祖陵园记》，左边为《叶氏先祖陵园管理公告》和《陵园筹建出资公告》（图 7–7）。

（1）叶氏先祖陵园记（图 7–8）

图 7–7　叶氏先祖陵园门楼正面

东晋末年，西凉国破，李氏王室成员非死即亡，其时李筠尚幼，其高祖母携之藏于密林中，脱险后改姓叶，以报活命之恩，此乃“叶李一族”之原故也。

自筠公始，吾族随历史之进程阔步向前，足迹踏遍长城内外，大江两岸，支脉遍布各地，业绩光昭日月。南宋乾道年间（一一七三年），楚地江夏一脉基都公为避兵乱，迁至大冶金星地，从此奠定冶系叶氏之基焉。随着宗族快速繁衍，族人不断外迁，后发展为七门二十庄：仲和门三庄，牯羊门二庄，北门一庄，茅山一庄，十里铺一庄，金桥门三庄，坝门九庄。其间，人口数以万计，俊才层出不穷，产业日益昌盛，名声享誉一方。然而吾族昔日之发源圣地，已成先祖埋骨之地，随之时代变迁，曾几经遗失，几度重建，而此前已沦为他姓耕地，坟场之中，牛踏马践，千犁万耙；坟丘之上，荒草残碑，三簇两处，年复一年，目不忍睹！此情此景与吾族空前之盛况极不相称，因此，今春坝门中庄提议重建大金星先祖陵园，诸门各庄云集响应，随后群策群力，精心规划，认真施工：除碍物，筑围墙，界定祖山范围；修门楼，镌文字，树立永久标志；垒石塔，立牌位，铭刻宗族源流；葬遗骨，建碑冢，彰显昭穆秩序；辟通道，砌拜台，改善路径条件；铺地砖，植树木，优化园区环境。历时数月，终于大功告成也！

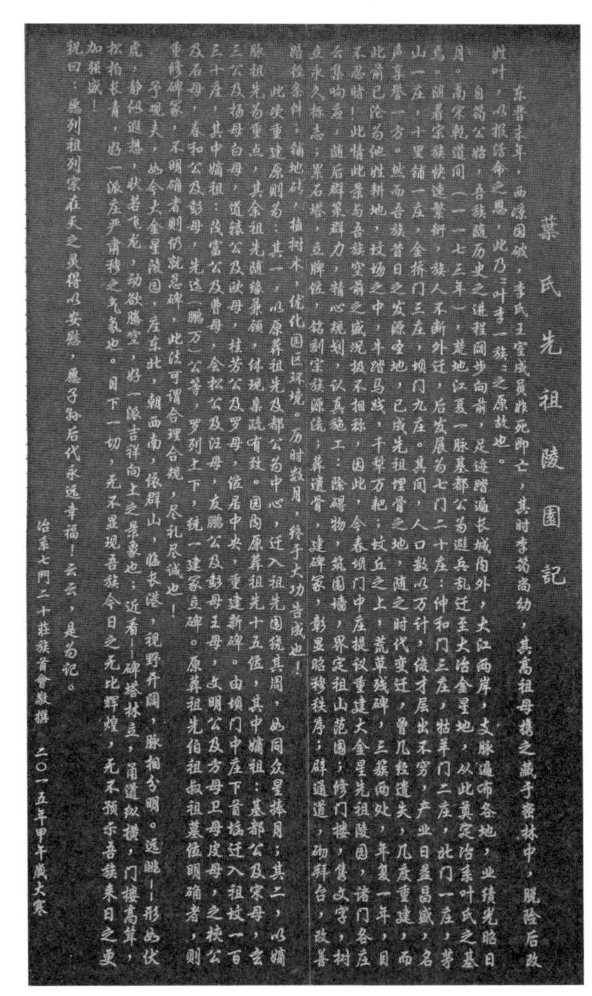
葉氏先祖陵園記

东晋末年，西凉国破，李氏王室成员非死即亡，其时李筠尚幼，其高祖母携之藏于密林中，脱险后改姓叶，以报活命之恩，此乃“叶李一族”之原故也。自筠公始，吾族随历史之进程阔步向前，足迹踏遍长城内外，大江两岸，支脉遍布各地，业绩光昭日月。南宋乾道间（一一七三年），楚地江夏一脉基都公为避兵乱，迁至大冶金星地，从此奠定冶系叶氏之基焉。随着宗族快速繁衍，族人不断外迁，后发展为七门二十庄：仲和门三庄，牯羊门二庄，北门一庄，茅山一庄，十里铺一庄，金桥门三庄，坝门九庄。其间，人口数以万计，俊才层出不穷，产业日益昌盛，名声享誉一方。然而吾族昔日之发源圣地，已成先祖埋骨之地，随之时代变迁，曾几经遗失，几度重建，而此前已沦为他姓耕地，坟场之中，牛踏马践，千犁万耙；坟丘之上，荒草残碑，三簇两处，年复一年，目不忍睹！此情此景与吾族空前之盛况极不相称，因此，今春坝门中庄提议重建大金星先祖陵园，诸门各庄云集响应，随后群策群力，精心规划，认真施工：除碍物，筑围墙，界定祖山范围；修门楼，镌文字，树立永久标志；垒石塔，立牌位，铭刻宗族源流；葬遗骨，建碑冢，彰显昭穆秩序；辟通道，砌拜台，改善路径条件；铺地砖，植树木，优化园区环境。历时数月，终于大功告成也！

此次重建原则为：其一，以原葬祖先基都公为中心，迁入祖先围绕其周，如同众星捧月；其二，以嫡系祖先为重点，其余祖先随缘兼顾，体现亲疏有致。园内原葬祖先十五位，其中嫡祖：基都公及宋母，玄三公及杨母白母，道禄公及欧母，桂芳公及罗母，位居中央，重建新碑。由坝门中庄下首搬迁入祖坟一百三十座，其中嫡祖：茂富公及曹母，会松公及汪母，友鹏公及彭母王母，文明公及方母卫母皮母，之枝公及石母，春和公及彭母，先远（鹏万）公等，罗列上下，统一建冢立碑。原葬祖先伯祖叔祖墓位明确者，则重修碑冢，不明确者则仍就总碑，此法可谓合理合规，尽礼尽诚也！

予观夫，如今大金星陵园，座东北，朝西南，依群山，临长港，视野开阔，脉相分明。远眺——形如伏虎，静似退想，状若飞龙，动欲腾空，好一派吉祥向上之景象也；近看——碑塔林立，甬道纵横，门楼高耸，松柏长青，好一派庄严肃穆之气氛也。目下一切，无不显现吾族今日之无比辉煌，无不预示吾族来日之更加强盛！

祝曰：愿列祖列宗在天之灵得以安慰，愿子孙后代永远幸福！云云，是为记。

冶系七門二十莊族首會敬撰　二〇一五年甲午歲大寒

图 7–8　叶氏先祖陵园记碑刻

此次重建原则为：其一，以原葬祖先基都公为中心，迁入祖先围绕其周，如同众

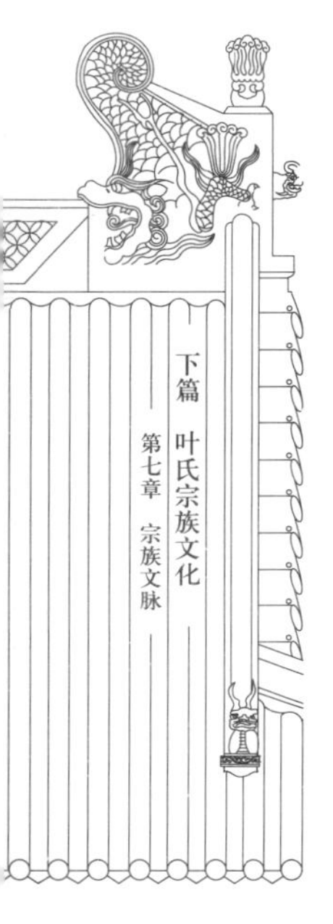

星捧月；其二，以嫡脉祖先为重点，其余祖先随缘兼顾，体现亲疏有别。园内原葬祖先十五位，其中嫡祖：基都公及宋母，玄三公及杨母白母，道辕公及欧母，桂芳公及罗母，位居中央，重建新碑。由坝门中庄下首塝迁入祖坟一百三十座，其中嫡祖：茂富公及曹母，会松公及汪母，友鹏公及彭母王母，文明公及方母卫母皮母，之[illegible]公及石母，春和公及彭母，先选（鹏万）公等，罗列上下，统一建冢立碑。原葬祖先伯祖叔祖墓位明确者，则重修碑冢，不明确者则仍就总碑，此法可谓合理合规，尽礼尽诚也！

予观夫，如今大金星陵园，座东北，朝西南，依群山，临长港，视野开阔，脉相分明。远眺——形如伏虎，静似遐想，状若飞龙，动欲腾空，好一派吉祥向上之景象也；近看——碑塔林立，甬道纵横，门楼高耸，松柏长青，好一派庄严肃穆之气氛也。目下一切，无不显现吾族今日之无比辉煌，无不预示吾族来日之更加强盛！

祝曰：愿列祖列宗在天之灵得以安慰，愿子孙后代永远幸福！云云，是为记。

冶系七门二十庄族首会敬撰

二〇一五年甲午岁大寒

(2) 叶氏先祖陵园管理公告

叶氏先祖陵园，乃吾族七门二十庄始祖及历代列祖列宗埋骨和魂归之地，亦为吾族至尊至伟之发脉圣地。因而，吾族宗亲必须崇敬于心，礼拜于行，加强建设，妥善管理。经各门庄族首协商，特约法三章，相关条款，现公告如后。

一、关于管理机构及方法。成立以各门庄族首为成员的陵园管理委员会，原则上一庄一人。会首按门庄顺序轮流担任，实行传牌值岁制。凡当值者，务必担负起当年之祭祀主持事务及管理任务，做到一月一清扫，一年一验收，园中之设施设备如有损坏，则由当值门庄负责修理。

二、关于本族宗亲注意事项。各门庄族首必须组织好一年一度之春秋大祭（即清明节及中元节），祭祀时，态度要虔诚，礼仪要完备，要爱护园中之各种物品，做到烧纸入金炉，放鞭进竹炉，焚香插享炉，不得随手将燃烧物和爆炸物扔向墓区，以免惊扰祖宗之灵和损坏建筑之物。

另外，园中葬满祖先，已宣告封园，任何门庄与个人不得在园内擅葬棺椁。

三、关于周边民众注意事项。敬告陵园周边各村庄乡亲知悉：数百年前，吾祖与尔祖，同为乡邻，情同手足，俗语云：尔祖即吾祖，吾祖亦即尔祖也，故而拜托众位乡亲，爱护吾族陵园，不要在园内放牧牲口，打场晾晒，抛扔杂物，张贴广告，乱涂乱画等，更不要毁坏园内建筑物和破坏园周环境，以免产生不必要之纠纷。此告。

冶系七门二十庄族首会

二〇一五年甲午岁大寒

(3) 陵园筹建出资公告

宗谱图序云：陵园兹处，土名胡先林，又名大金星。南宋时，基都公迁冶，定居于山前畈上，殁后埋骨于斯。据考证，此处经历十余代（茂字辈）后，山场及田地失传近三百年，直至清嘉庆十四年（一八〇九）六月十八日，会松公房（世字辈）嗣孙，以时值价九九大钱五十四串文足，将大金星祖山从欧姓手中赎回，并于四周立起数块界石，中间建起几座祖先石碑。随后又于道光、咸丰、同治年间，分别以白银三两三钱，七八钱二十串文，七八钱二百文之时价，亦从欧姓手中购回婆婆坟山及周边土地。

共和六十五年（二〇一四）春，坝庄中门主持重建大金星墓园，以人民币十万元（不含佣金）价格，从周姓人手中买回部分祖山。为使大金星不再遗失，并将下首坳百余座祖坟迁葬于此，藉以营建治系叶氏先祖陵园，让原葬祖先不再孤独寂寥，让失传祖先不再无家可归，让失地祖先不再频繁迁徙。拳拳此心，苍天可鉴。

吾族各门庄闻知兴建先祖陵园，非常支持，慷慨出资。现将各门庄出资情况公告如下：

仲和庄：贰仟元；牯羊庄：贰仟元；茅山庄：贰仟元；北门庄：贰仟元；十里铺庄：贰仟元；金桥庄：贰仟元；坝门莲花芯庄：伍仟元；坝门上下叶庄：伍仟元；坝门中庄：陆拾万元。此告。

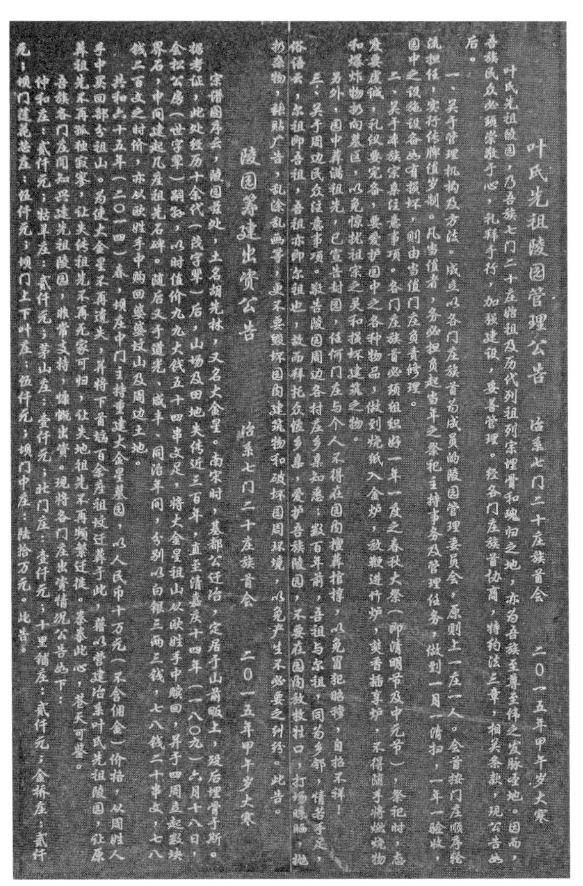

叶氏先祖陵园管理公告

治系七门二十庄族首会　二〇一五年甲午岁大寒

叶氏先祖陵园，乃吾族七门二十庄始祖及历代列祖列宗埋骨和魂归之地，亦为吾族至尊至伟之发脉圣地。因而，吾族氏众必须崇敬于心，礼拜于行，加强建设，妥善管理。经各门庄族首协商，特约法三章，相关条款，现公告如后。

一、关于管理机构及方法。成立以各门庄族首为成员的陵园管理委员会，原则上一庄一人。会首按门庄顺序轮流担任，实行传牌值岁制。凡当值者，务必担负起当年之祭祀主持事务及管理任务，做到一月一清扫，一年一验收，园中之设施设备如有损坏，则由当值门庄负责修理。

二、关于本族宗亲注意事项。各门庄族首必须组织好一年一度之春秋大祭（即清明节及中元节），祭祀时，态度要虔诚，礼仪要完备，要爱护园中之各种物品，做到烧纸入金炉，放鞭进爆炉，点香插亭炉，不得随手将燃烧物和爆炸物扔向墓区，以免惊扰祖宗之灵和损坏建筑之物。

另外，园中葬满祖先，已宣告封园，任何门庄与个人不得在园内擅葬推择，以免冒犯昭穆，自招不祥！

三、关于周边民众注意事项。敬告陵园周边各村庄乡亲知悉：数百年前，吾祖与尔祖，同为乡邻，情若手足，俗语云，尔祖即吾祖，吾祖亦即尔祖也，故而拜托众位乡亲，爱护吾族陵园，不要在园内放牧牲口，打场晾晒，抛扔杂物，张贴广告，乱涂乱画等，更不要毁坏园内建筑物和破坏园周环境，以免产生不必要之纠纷。此告。

陵园筹建出资公告

治系七门二十庄族首会　二〇一五年甲午岁大寒

宗谱图序云，陵园兹处，土名胡先林，又名大金星。南宋时，基都公迁治，定居于山前畈上，殁后埋骨于斯。据考证，此处经历十余代（茂字辈）后，山场及田地失传近三百年，直至清嘉庆十四年（一八〇九）六月十八日，会松公房（世字辈）嗣孙，以时值价九九大钱五十四串文足，将大金星祖山从欧姓手中赎回，并于四周立起数块界石，中间建起几座祖先石碑。随后又于道光、咸丰、同治年间，分别以白银三两三钱，七八钱二十串文，七八钱二百文之时价，亦从欧姓手中购回婆婆坟山及周边土地。

共和六十五年（二〇一四）春，坝庄中门主持重建大金星墓园，以人民币十万元（不含佣金）价格，从周姓人手中买回部分祖山。为使大金星不再遗失，并将下首坳百余座祖坟迁葬于此，藉以营建治系叶氏先祖陵园，让原葬祖先不再孤独寂寥，让失传祖先不再无家可归，让失地祖先不再频繁迁徙。拳拳此心，苍天可鉴。

吾族各门庄闻知兴建先祖陵园，非常支持，慷慨出资。现将各门庄出资情况公告如下：

仲和庄：贰仟元；牯羊庄：贰仟元；茅山庄：壹仟元；北门庄：壹仟元；十里铺庄：贰仟元；金桥庄：贰仟元；坝门莲花芯庄：伍仟元；坝门上下叶庄：伍仟元；坝门中庄：陆拾万元。此告。

图 7–9　叶氏先祖陵园管理公告碑刻

图 7–10　叶氏先祖陵园门楼背面

治系七门二十庄族首会

二〇一五年甲午岁大寒（图 7–9）

3）门楼背面碑文

园门背面是两幅图：右边是《叶氏先祖陵园示意图》，左边是《胡先林大金星老祖山图》（图 7–10）。

（1）叶氏先祖陵园示意图（图 7-11）

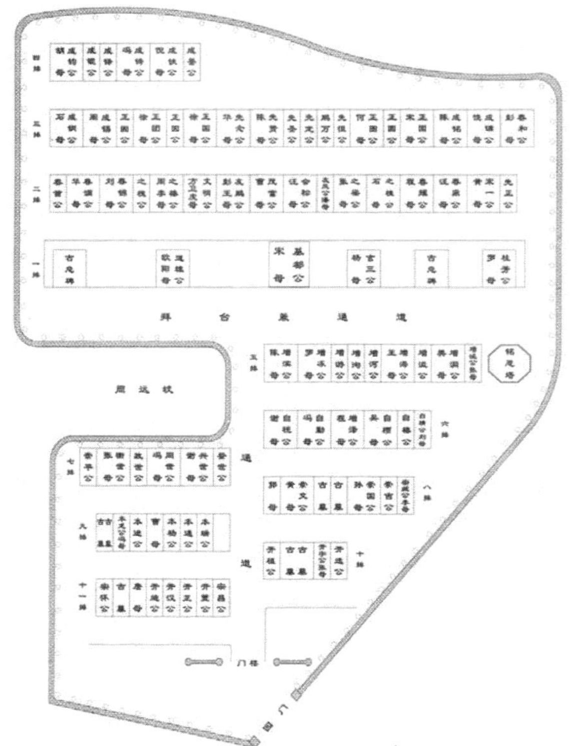

图 7-11 叶氏先祖陵园示意图

（2）胡先林大金星老祖山图（图 7-12）

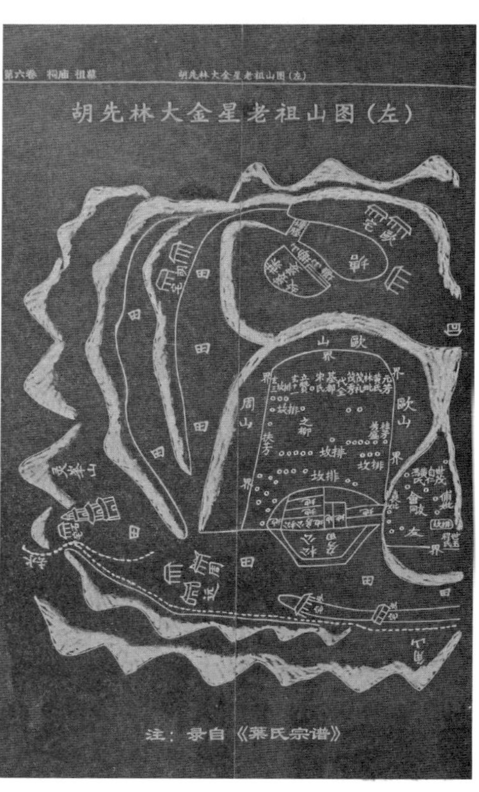

图 7-12 胡先林大金星老祖山碑刻

二、落成公祭

2014 年 10 月 2 日（农历九月初九日）清晨，陵园东头围墙挂着会标：叶氏先祖陵园开光暨公祭仪式。南北围墙挂标语各一幅：颂祖德、铭祖恩、做光宗耀祖的好嗣孙！扬族名、振族声、做爱国兴族的好公民！

8 时 30 分，冶系叶氏七门二十庄 230 余位嗣孙代表，从四面八方聚集到胡先林大金星叶氏先祖陵园。仪式前，部分代表到山北祭奠了“慈惠婆婆”，后在“铭恩塔”万荣公碑前敬献花篮，以隆重纪念万荣公诞辰 674 周年（图 7-13）。

9 时 30 分，冶系叶氏七门二十庄公祭仪式开始。主要程序有九项：

第一项，全场肃静，祭献大礼开始，各执事者序立阶前听候点召，通赞出班，诣香案前序立，朝揖、对揖、登台呼礼。起鼓、鸣金、发炮、奏大乐。奏小乐《金钱花》，香案前执事者出班，诣香案前序立，朝揖、对揖、就位（图 7–14）。

图 7–13 向铭恩塔万荣公碑敬献花篮

图 7–14 祭礼执事者就位

第二项，仲和、牯羊、茅山、北门、十里铺、金桥、六门庄族首代表，诣香案前序立，三拜揖、三上香、礼毕退班（图 7–15）。

第三项，坝门莲花芯、上叶、下叶三庄房首代表，诣香案前序立，三拜揖、三上香、礼毕退班（图 7–16）。

图 7–15 仲和、牯羊、茅山、北门、十里、金桥庄代表祭拜

图 7–16 叶家坝莲花、上叶、下叶庄代表祭拜

第四项，坝门中庄叶氏宗祠筹建委首席顾问、特别顾问、主任、副主任、常务委员，诣香案前序立、三拜揖、三上香，礼毕退班、乐止（图 7–17）。

第五项，礼生出班，奏小乐《大登殿》，诣香案前序立，朝揖、对揖、就位。

第六项，礼生跪、俯伏，读祝生出班，诣香案前序立、朝揖、跪、乐止、朗诵祭文（图 7–18）。

图 7–17 叶家坝中门庄代表祭拜

图 7–18 读祝生朗读祭文

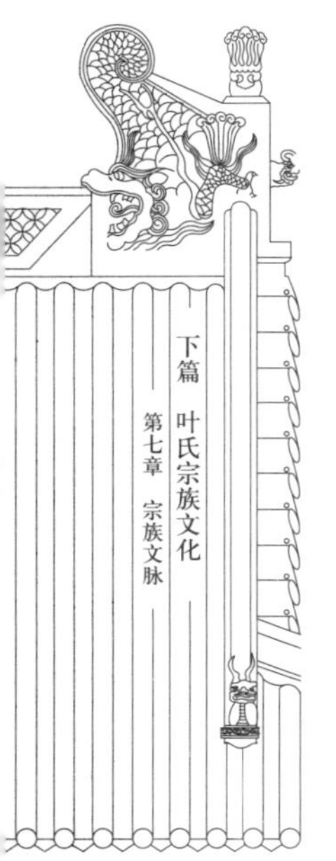

第七项，礼生绕墓地一周，奏小乐《泣颜回》。绕毕，礼生诣香案前序立，礼生跪、九叩首（图 7–19）。

第八项，礼生诣香案前序立，朝揖、对揖、退班。执事者香案前序立，朝揖、对揖、退班。通赞诣香案前序立、朝揖、对揖、退班。

第九项，10 时 10 分，祭礼大典结束，金鼓齐鸣、发炮、放礼花、奏大乐（图 7–20、图 7–21）。

图 7–19 礼生绕墓

图 7–20 乐队奏乐

图 7–21 燃放礼花

仪式结束后，全体宗亲及来宾在坝庄中门老祖堂共进午餐，席设 23 桌。

参加仪式人员：231 人。

仲 和 庄：12 人，牯羊庄（八斗）：10 人，茅山庄：1 人，

北 门 庄：1 人，十里铺庄：4 人，金桥庄：3 人，

坝庄上叶：1 人，下叶：6 人，莲花芯：4 人，

中　　门：189 人。

附 1　祭大金星先祖陵园列祖文

维中华人民共和国，公元二〇一四年十月二日，甲午岁九月九日吉时，冶系叶氏诸门庄不孝嗣孙，匍伏于大金星先祖陵园列祖列宗墓前，辞曰：

中华盛世，人和政通。百废俱兴，国运昌隆。冶系叶氏，势如潮涌。名门望族，日益繁荣。人丁兴旺，财运亨通。今非昔比，其乐融融。饮水思源，人皆所同。追忆祖德，毕敬毕恭。遥念始祖，起于西陇。改李姓叶，以报恩宠。此后吾脉，步履从容。建功立业，辈出英雄。乾道年间，金兵犯宋。江夏都公，避乱此中。八百年来，岁月峥嵘。故土仅留，残碑荒冢。及至今春，族人圆梦。坝庄中门，率先行动。联合各庄，重修墓冢。历时数月，终于竣工。今日开光，祭告祖宗。陵园虽小，至圣至崇。金星门楼，傲立苍穹。铭文镌图，

载德载荣。铭恩宝塔，凌云高耸。四十八代，源流显踪。陵园上下，祖墓重重。碑碣林立，八横三纵。列祖巍巍，唯我所崇。昭穆森森，唯我所钟。千敬万敬，重在行动。千求万求，祖在心中。情长纸短，祖德难颂。敬请祖灵，园中相逢。神其格歆，魂归故垄。谨奉薄酒，举案尊重。伏维尚飨！

附 2　特聘守墓人　叶家坝宗亲理事会特聘陵园建设原承包人周卫民先生为签约守墓人（图 7-22）。

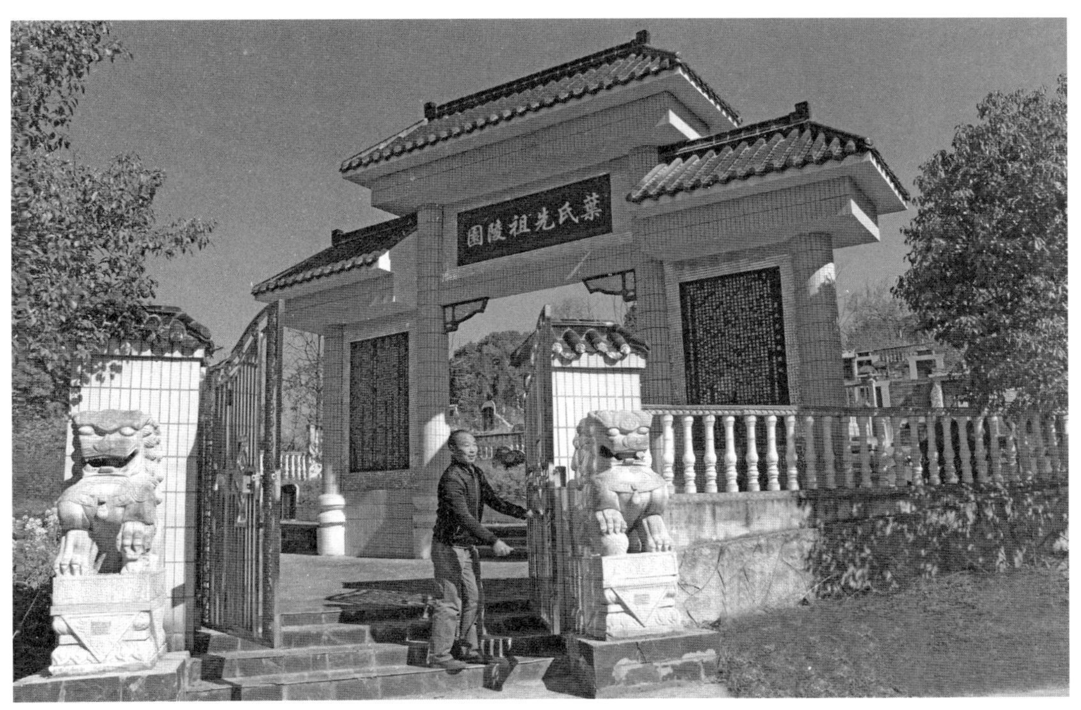

图 7-22　守墓人周卫民先生

三、清明祭坟

宗祠落成后的第一个清明节（2016 年 4 月 8 日），宗族（坝门四庄）隆重举行了较大规模的祭扫墓园活动，出动车辆 70 余部，参加人员 288 人（他们分别是宗亲理事会成员、七十岁以上老者、修祠捐资 1 万元以上者），重点祭祀了胡先林大金星祖坟山的列祖列宗（图 7-23 ~图 7-26）。

图 7-23　清明祭扫陵园 1

图 7-24　清明祭扫陵园 2

图 7-25　清明祭扫陵园 3

图 7-26　清明祭扫陵园 4

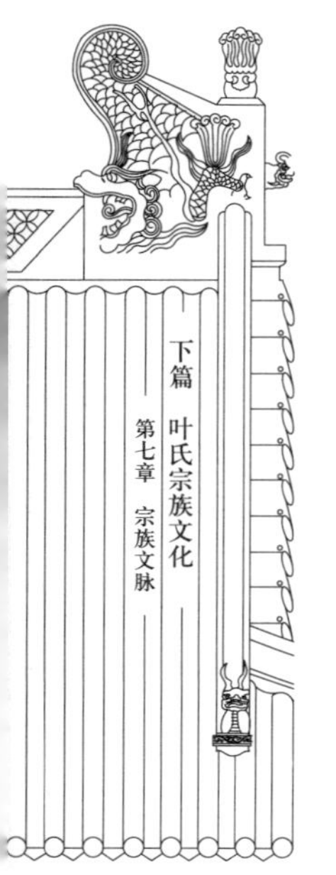

第二节　宗族礼教

自古以来，振国以法，旺族以规，兴家以礼。跨越历史时空千余年的传统习规，虽已为时久远，但其理念立意却仍不失为当今文明礼教之内涵要则。鉴此，编辑本章旨在垂德励志，培贤养能，强化社会风尚，传承时代文明。

族规家礼，分为古今礼仪与古今族规两个部分，包含传统礼仪、现代礼仪与传统族规、现代规章四个方面的内容。

传统礼仪：分祭祀、婚嫁、祝寿三个方面进行简介。祭祀礼仪，一是节选了历代祭祀祝文五篇，即春秋祭告祖考祝文、春秋祭告祖妣祝文、亲迎告祖祝文、新妇庙见祝文、祠祭祝文三章。细品祝文，先祖的家礼、史迹、德行风范，一一跃然纸上，委实令人起敬，可歌可颂。二是以祖祭家礼为例，以演礼的形式介绍了祖祭礼仪的全过程。婚嫁礼仪，则以订婚、报日、迎亲三个阶段的礼节仪式予以说明。其中对迎亲的礼仪及程序作了较为详细的记述，如款媒宴、抬嫁妆、上马筵、晋见、祝堂、状元宴、发轿、送轿、接轿、庙见、回门。祝寿礼仪，主要包括寿礼、寿宴、寿匾、拜寿几项礼俗。

现代礼仪：根据现实之情和与时俱进的原则，本章特以凡例的模式将现代婚礼礼仪作了抛砖引玉的简介，又从丧葬礼仪程序和追悼会仪式程序两个方面对现代丧葬礼仪进行了简要的介绍，以求让族人能从现代的角度对人生的两大重要礼仪有新的认识与理解，从而，破除旧俗，推陈出新，创立现时代的文明礼俗。

传统族规：含自显庵公以来撷取精华二十条，南树公续补六条，及赞侯公公议家规。纵观规法，井井有条，详细周密，谆告后人如何立身、行世，可谓面面俱到且语重心长。强调个人立身，首重品德，憎爱分明，居身必正。个人行世，则持家须勤俭，为官要清廉，遵规守法，以诚待人。族规中，还有家族事务管理等。总体上看，首先是重视文化教育。子孙无论聪明还是愚笨，都要学习，从制度上，提倡并重视捐资助学。其次是重视对家族成员行为的规范和管理。凡不良行为，除家庭教育外，还有族长、家相、分长协助教育，甚至给予惩罚，以鞭策族人家风不坠。同时，汇编了锦亭公、胪扬公、彤扬公、掌于公等列祖训诫格言，以教育子孙行为要端正，切勿逆理行，并针对一些具体现象单独有文劝诫。如：戒溺女文、酒戒、赌戒等。

现代规章：摘录了村规民约、城市居民守则、村民的权利和义务以及相关的奖惩制度条例，从而达到增强法律意识，保护合法权益，维护社会治安，实现自我管理，促进两个文明建设发展之目的。

一、古今礼仪

我国素称礼仪之邦。自古以来，凡人们的婚丧嫁娶等，均有一定礼节。子曰："生事之以礼，死葬之以礼，祭之以礼。"孔子所揭示的行孝礼教之道，传至当今，仍有奉行。然大多皆聊资点缀，较古则相殊天壤。特别是有关丧葬的礼节仪式，已破旧立新并形成现代习俗。因此，这里仅将祭祀、丧葬、婚嫁、祝寿的相关礼仪分传统和现代两部分作简单介绍，目的是使族人不失先人重礼教、别尊卑的传统。

（一）传统礼仪

1. 祭祀礼仪

1）祭祀祝文

春秋祭告祖考祝文

维 × 年 × 月朔日，越祭日，孝嗣 ×× 等谨以牲醴庶馐之仪，致祭于叶氏历代先远昭穆宗祖之神前而言曰：惟我宗祖，世德作求；垂绪创业，燕翼宏谋。欣荷深泽，欲报无由。兹值春（或秋）节，万象光周（或万宝登收），协同族属，敬申微酬，敢邀妥侑，普锡祥休。尚飨！

春秋祭告祖妣祝文

（款头同前）惟我祖妣，德合坤柔；无成代终，巾帼罕俦。抚摩鞠养，世深诚求；仰承厚泽，欲报无由。兹值春（或秋）节，发育咸周（或博载登收），众赤嘻笑，望累南樛，敢蒙降鉴，如亲噢咻。尚飨！

亲迎告祖祝文

孝嗣孙 ×× 率男 ××，谨以香楮、菓酒之仪致叩叶氏宗祠奉祀历代先远昭穆祖考妣之神前而言曰：惟我先远祖妣，恩垂奕祀，育我孙子。天俪厥配，兹以 ×× 男名 ×× 为 × 氏婿卜届亲迎，御轮欢娶，聊藉不腆，早申醮意；灵爽如在，邀福无既。尚告！

新妇庙见祝文

孝嗣孙 ×× 率 ×× 男名 ×× 偕新妇 × 氏，谨以花烛、菓茶、牲醴之仪致叩叶氏宗祠奉祀历代先远昭穆祖考妣之神前而言曰：承累世泽，文定发孙子之祥；读《桃夭》诗，华灼兴室家之咏。敬尊典礼庙见，協同长幼昭伦，伏祈鸿案齐眉，琴声叶调，更愿兰枝吐秀，牙笏满床。盖虽当前之休嘉，实卜将来之攸庆，骈臻百福，华祝三多。惟祖有灵，实用仰赖。尚告！

祠祭祝文三章

（本赞侯公原作）

初献　维 × 年 × 月 × 日，嗣孙 ×× 等谨初献牲牢酒醴，告于历代昭穆显祖考妣之灵曰：迎我祖宗，其乐融融；缅怀旧德，俨睹遗踪。娱亲戏彩，仿佛孩童；服勤就养，愉色惋容。埙篪并奏，雁序肃雍；迴殊良朋，御侮无戎。群书博览，思明思聪；逊志时敏，道积厥躬。升闻于上，车服以庸；揆文奋武，移孝作忠。民康物阜，实大声宏；迪维前光，施于幼冲。渊源有本，教泽无穷；抑或乐道，青眼未逢。箪瓢裋褐，有美在中；进修著述，雅望攸崇。明伦讲学，善与人同，其次舌耕，启聩振聋。夏楚维严，以警疏慵；谆谆训诲，自春徂冬。恐误英才，深省晨钟。士林而外，大利在农。服田力穑，黍稷如墉。鼓腹击壤，歌兴老翁。让畔敦俗，比户可封。技能谙练，运斤成风。审曲面势，指使群工。无斲饩禀，用足财丰。执艺以谏，罔敢不恭。作商服贾，开诚布公。筹算弃取，雪亮于胸。懋迁化居，有无流通。积而能散，弗惜囊空。术业有四，各自专攻。形上形下，原始要终。事不告劳，言皆由衷。

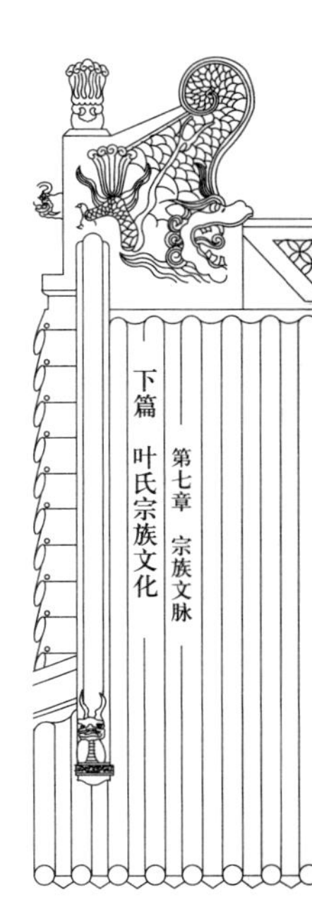

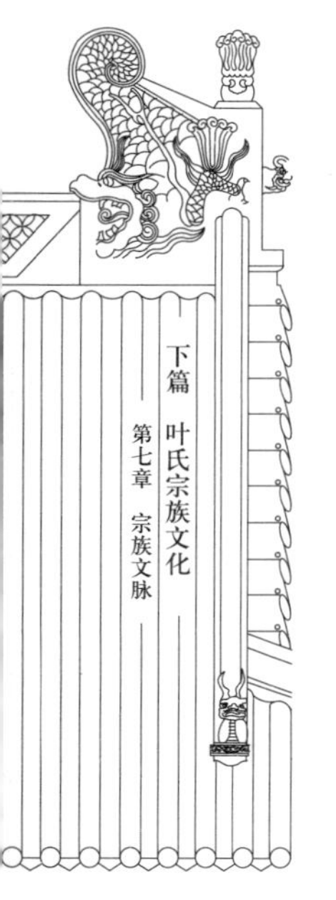

出乎类者，四端扩充。念昔先人，均堪景从。本支百世，仰赖祖功。懿哉祖妣，维德之行。夙娴姆训，谨守闺房。及笄于归，时运靡常。各全坤道，柔顺流芳。舅姑具庆，洗腆称觞。倡随定省，承欢高堂。采苹南涧，以往蒸尝。执爨踖踖，殷荐馨香。齐眉举案，徽嗣孟光。相待如宾，庄敬日强。恩勤鞠育，弼教有方。思成国器，金玉其相。提瓮出汲，自甘糟糠。慈悲作室，匍匐救丧。积善有庆，受福无疆。间亦数奇，匪缘不良。鸡鸣相警，鹄寡忽伤。柏舟矢志，节似共姜。仰事俯畜，重任堪当。医姑　股，竟痊膏肓。和丸训子，蚁术无荒。长藿充膳，不饰梳妆。纫针纺绩，夙夜莫遑。终温且惠，洁比冰霜。命途虽舛，弗怨彼苍。更可怜者，所天早伤。突闻噩耗，哭泣喤喤。劓鼻自誓，靡慝存亡。望门守义，满目凄凉。衔哀入拜，安慰姑嫜。晨昏问寝，敬奉羹汤。立后承祀，祈祷克昌。从师纳妇，礼物周详。声不出梱，洗心密藏。饮冰茹蘖，竹笥练裳。艰贞苦节，山高水长。后先辉映，克媲建坊。昔者来墅，随遇祥殃。好是懿德，终焉久臧。阃范昭著，族党颂扬。况于嗣后，何日能忘。道合外内，咸正其身。手泽口泽，迄今未泯。欲报之德，作庙维新。忾闻僾见，灵爽如存。兹届××，虔卜良辰，陈牲于俎，有酒盈樽。子孙蛰蛰，拜稽明禋，伏祈来格，佑启后人，以似以续，妥侑无垠。尚飨！

亚献　维×年×月×日，主祭嗣孙××等谨献郁鬯腶脩，祝告于历代昭穆显祖考、妣之灵，恭颂显祖兵部尚书菩园公、江州总管显庵公之烈曰：我祖世泽、长绵相继，人文蔚起：或修身而为名士，或辅世而为名臣。典型多可法可传，累牍连篇，书不尽匪。直堂堂二祖，功德有光于邦家，百世可歌可颂也，胡骏奔表扬骏烈，更不胜念兹、在兹耶？盖先二祖而作者，非二祖无以承；后二祖而兴者，非二祖无以启，二祖之关系大矣！追溯我祖菩园公，孝友性成，诗书腹满，高列甲榜，于丁年效职。分猷迭报，最官阶至兵部尚书。安上无匕鬯之惊，全下有仓箱之庆，犹夙夜忧盛危明，恐尸位而妨贤路。知足不辱，得道名山，传授神方，转移造化。其如张子房封侯，托辞辟谷学道乎！其如陆宣公罢相，注意秘方活人乎！我祖显庵公继起，聪听彝训以希贤。学术精微似欧公，行谊纯粹似程子。厥初鹿鸣赴宴，未尝撄情于好爵，直欲造道而逢原。久之，实大声宏，鹤书荐至，应召镇抚桑江。仁政本仁心而推，士民口碑载道，寇亦感孚不入疆，宛若山夷钦元结。邻境陷，而道州全。旋乱蜂起五溪蛮，奉诏充左翊都统。一切理谕势禁，神武不杀，闻令顿解散而平。由是抚恤疮痍，次第施行。善后策与龚遂之治渤海便宜从事、劳来循行适相符。未几，总管江州。方孜孜除弊兴利，忽寝疾，数日卒于官。迹虽不同菩园公，而仍恫瘝在抱，不以富贵熏心，则一焉。是颂扬立德立功，承先启后，无以尚而流传；群昭群穆，深仁厚泽莫能忘。自往古以迄来今，生而为英，亦皆死而为灵也。生则敬养，亦皆死则敬享也。夫潮人新韩公之庙，饮食必祭以尽情；晋人建羊公之碑，岁时致祀而堕泪。知恩爱感人最深，官僚犹祭礼不废，况于祖宗也哉！士庶犹祀事孔明，况于子孙也哉！我祖遐迩壹体，当春露秋霜之际，动木本水源之思，怵惕而省夫墓门，悽怆而献于神主。固循乎理之当然，实出乎情之自然。用是作庙翼翼，转瞬克成厥功。值此在宫，雍雍深思，欲报之德，敢云物既旨而既嘉？朝夕惟执事有恪，休祈神式饮而式食，子孙悉降福无疆。庶声灵赫赫濯濯，俨忾乎其若闻；斯烝尝济济跄跄，永引之而勿替。尚飨！

三献　维×年×月×日，主祭嗣孙××等谨三献清酌明粢，祝告于历代昭穆显祖考、妣之灵曰：於戏，子孙少长咸集，拜稽祖宗于庙堂。群昭群穆咸在，而声容笑貌安在哉？视之而不可见，听之而不可闻，岂不黯然大可悲也哉！然于今音容虽杳，而自昔功德犹存。几我后嗣子孙，不乏瓜瓞绵绵，簪缨累累，箕裘绳绳蛰蛰者，孰非祖宗之孝友传家、忠厚处世，以流泽于无穷哉！既咸赖厚泽深仁，则咸宜报本追远。不有先世之积累，继世奚自而缵承；不有继世之缵承，后世何由而昌炽？报本之上未报本，追远之上未追远，讵足尊祖敬宗哉！讵足崇德报功哉！夫韩信尚怀一饭，重酬漂母之恩；赵鞅尚念九言，永感太叔之教。况祖宗惠我无疆，诒我有谷，自黄农虞夏以来，功德如天高地厚。崇报思木本水源，当霜露既履之时，宜何如念昔先人？不胜悽怆怵惕哉！虽九原未能复作，而百世亦当不忘，乐以迎来，哀以送往，非天理人情之至哉！方今寝庙既成，钟鼓既设，明明我祖，不皆是飨是宜？濯濯厥灵，何以罔怨罔恫？即如一人向隅，满座犹为之不适；一夫不获，元圣犹为之自惭，矧为我所由生者？昔也既同此劳瘁，今也不同此逸豫，报情反始之谓何？合敬同爱之谓何？颛愚尚或怦然动，而谓孝子慈孙，忍乎哉！祖宗远近虽异，子孙之承祀则同；子孙贤否不同，祖宗之来享无异。想当年恩勤鞠鬻，皆切闵斯之悲；岂此日臭味差池，或抱馁而之痛。谁无祖宗，谁非子孙，能勿大伤厥心，同此视远如迩哉！可不式序在位，同此事亡如存哉！既自率亲等而上，世远年湮荐馨香；复自率祖顺而下，家谕户晓抒悃忱。则视之而弗见者，不僾乎其若见哉！听之而弗闻者，不忾乎其若闻哉！触景而黯然神伤者，竭情不怡然理顺哉！用是豫占吉日，咸集后昆，值此穰穰丰年，祭于奕奕新庙。本尊祖敬宗之心，行崇德报功之礼。凡有群昭群穆，皆如事生事存，一堂奏假，无言醓醢，以荐九族，景命有仆，福禄攸同，猗欤休哉！尚飨！

歌诗六首

迎神　寝庙既成，烝畀祖妣。濯濯厥灵，陟降庭止。

初献　世德作求，子孙绳绳。以妥以侑，其香始升。

亚献　敬之敬之，酌彼康爵。式饮庶几，且以喜乐。

三献　酒醴维醹，殽核维旅。献酬交错，跄跄济济。

撤馔　神具醉止，废撤不迟。诸父兄弟，备言燕私。

送神　鼓钟送尸，莫怨具庆。本支百世，永锡祚胤。

2）祭祀礼仪

素以礼仪之邦著称于世的中华民族，祭祀礼仪历史悠久。它，包括“寿祭”、“哀祭”和“祖祭”三个方面的传统礼俗。同时，由于习俗的不同，祭祀礼仪也互有差异且各具乡风。俗云：礼莫重于祭典，祭莫重于祀先。尊祖敬宗，当祭之以礼也。为此，这里谨就叶氏坝庄的祖祭家礼为例概述简介如后：

祖祭的礼仪与程序

1．施祭场面机构设及人员编制

主　　持：1人。　左右通赞：2人。　香案前执事者：2人。

中亭前执事者：2人。　神座前执事者：2人。　盥洗所执事者：2人。

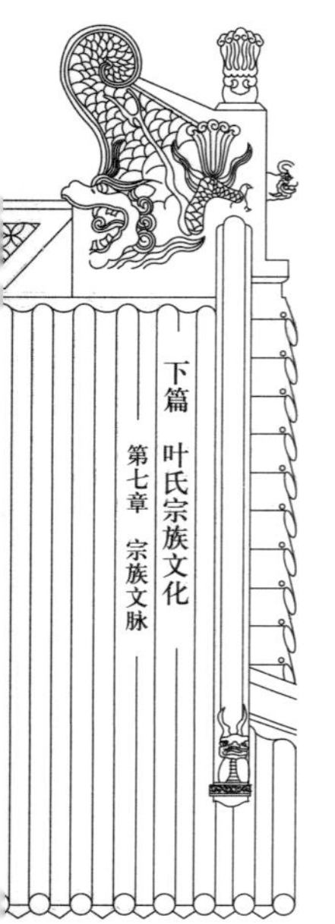

香帛所执事者：2人。　酒樽所执事者：2人。　肴馔所执事者：2人。

茗献所执事者：2人。　燎化所执事者：2人。　出　主　文：1人。

读　祝　生：3人。　歌　　童：8人。　引　歌　童：1人。

六所执事童子：2人。　引　　赞：3人。　随赞（引祭）：3人。

主祭（祭官）：3人。　鸣　　炮：2人。　司　　鼓：1人。

金　　锣：2人。　大　　乐：5人。　小　　乐：2人（或以上）。

六所发礼：1人。

2. 祭典仪式与程序

（以演礼形式介绍如下）

初献礼仪

主　持：全堂安静，祭礼开始。各执事者序立阶前，听侯点召。通赞出班，诣香案前序立。朝揖，对揖，登台呼礼。

左　赞：发炮，起鼓，鸣金，奏大乐！

右　赞：大乐止，奏小乐！香案前执事者出班，诣香案前序立。朝揖，对揖，就位。

左　赞：中亭前执事者出班，诣香案前序立。朝揖，对揖，就位。

右　赞：神座前执事者出班，诣香案前序立。朝揖，对揖，就位。

左　赞：六所执事者出班，诣香案前序立。朝揖，对揖，复位。

右　赞：歌童出班，诣香案前序立。朝揖，对揖，复位。

左　赞：读祝者出班，诣香案前序立。朝揖，对揖，复位。

右　赞：盥洗所执事者出班，诣香案前序立。朝揖，对揖，就位。

左　赞：香帛所执事者出班，诣香案前序立。朝揖，对揖，就位。

右　赞：酒樽所执事者出班，诣香案前序立。朝揖，对揖，就位

左　赞：肴馔所执事者出班，诣香案前序立。朝揖，对揖，就位。

右　赞：茗献所执事者出班，诣香案前序立。朝揖，对揖，就位。

左　赞：燎化所执事者出班，诣香案前序立。朝揖，对揖，就位。

右　赞：大小赞出班，诣香案前序立。朝揖，对揖，复位。小乐止，发炮起鼓奏大乐！鸣金开道欢迎初献主祭。

左　赞：大乐止，奏小乐！大小赞引主祭升阶，诣香案前序立。朝揖，揖左相左相揖，揖右相右相揖。左右相引主祭诣盥洗所序立。

右　赞：歌童出班，诣盥洗所。上揖，乐止。歌“盥洗诗”：（执彼净巾，涤洁身心。身心俱洁，祀事孔明）。歌毕，奏小乐，歌童上揖复位。

左　赞：执事者授巾进盥，盥毕否？（大赞答曰“盥毕矣”）。整冠，束带，撩衣，纳履。大小赞引主祭复诣香案前上揖，告盥。

右　赞：大小赞引主祭诣香帛所序立。歌童出班，诣香帛所上揖。乐止，歌“香帛诗”：“香烟漂渺，烛彩辉煌，香帛齐备，再锡之光。”歌毕，奏小乐！歌童上揖，复位。

左　赞：主祭省视香帛所，香帛齐备否？（大赞答曰：“香帛齐备矣”）大小赞引主祭复诣香案前揖告香帛齐备。

右　赞：大小赞引主祭诣酒樽所序立，歌童出班，诣酒樽所上揖，乐止，歌“酒樽诗”：“玉案金杯，美酒香飞。执壶邀祖，伏请来归。”歌毕，奏小乐，歌童上揖，复位。

左　赞：主祭省视酒樽，酒樽馨香否？（大赞答曰：“酒樽馨香矣”）大小赞引主祭复诣香案前揖告馨香。

右　赞：大小赞引主祭诣肴馔所序立。歌童出班。诣肴馔所上揖。乐止。歌“肴馔诗”：“燔炙芬芬，或骤或烹。祖兮有灵，来格微枕。”歌毕，奏小乐。歌童上揖，复位。

左　赞：主祭省视肴馔，肴馔丰肥否？（大赞答曰：“肴馔丰肥矣”）大小赞引主祭复诣香案前揖告丰肥。

右　赞：大小赞引主祭诣茗献所序立。歌童出班，诣茗献所上揖，乐止。歌“茗献诗”：“设其清芬，备其佳茗。联陈奠献，以妥思诚。”歌毕，奏小乐。歌童上揖，复位。

左　赞：主祭省视茗献，茗献清洁否？（大赞答曰：“茗献清洁矣”）。大小赞引主祭复诣香案前揖告清洁。

右　赞：大小赞引主祭诣燎化所序立。歌童出班，诣燎化所上揖。乐止，歌“燎化诗”：“夜如何期，庭燎有辉。小大稽首，焚炙上闻。”歌毕，奏小乐。歌童上揖，复位。

左　赞：主祭省视燎化，燎化光明否？（大赞答曰“燎化光明矣”）大小赞引主祭复诣香案前揖告光明。

右　赞：主祭跪！六所执事者捧香升。收香，复位。执事者燃香。初上香，亚上香，三上香。兴！跪，叩首，叩首，叩首，四叩首。兴！

左　赞：大小赞引主祭诣中亭前行求神礼。跪！歌童出班，诣中亭前上揖。乐止。歌“茅沙诗”一章：“维酒如何，式饮庶几。维肴如何，式食庶几。亭亭兀立，上达九天。承上启下，瓜瓞绵绵。”歌毕，奏小乐。歌童上揖复位。

右　赞：六所执事者捧爵升！收爵，复位。执事者携壶酌酒，揭帏倾入茅沙。灌地降神，反爵。

左　赞：六所执事者捧檀升！收檀，复位。执事者燃檀，加檀，主祭兴！

右　赞：大小赞引主祭诣神座前，行出主礼。跪！六所执事者捧香升。收香，复位。执事者燃香。初上香，亚上香，三上香！

左　赞：六所执事者捧出主文升！收文，复位。献文。主祭俯伏，读祝生诣神座前朝揖。跪！乐止。朗诵出主文。读毕，起小乐。祝生兴！朝揖，复位，主祭起伏。

右　赞：大小赞出主，主祭兴！大小赞引主祭诣阶下南面迎神。歌童出班，诣阶前朝揖。乐止。歌“迎神诗”：“庙寝既成，丞畀祖妣。濯濯厥灵，陟降庭止。”歌毕，奏小乐，歌童上揖，复位。三揖迎神，发炮奏乐，金鼓齐鸣。

左　赞：大乐止，奏小乐。大小赞引主祭诣中亭前，行参神礼。跪！俯伏。歌童诣中亭前朝揖。乐止，歌“参神诗”：“穆穆我祖，佑启后嗣。明明赫赫，陟降在兹。如在其上，如在其后。神之格思，不可度思。”歌毕，奏小乐。歌童上揖，复位。

右　赞：主祭起伏，兴！大小赞引主祭诣神座前，行初献礼。小乐止，奏大乐。发炮一串，起鼓一通，鸣金一匝，大乐止，奏小乐。

左　赞：主祭跪！六所执事者捧香升，收香，复位。执事者燃香。初上香，亚上香，三上香。

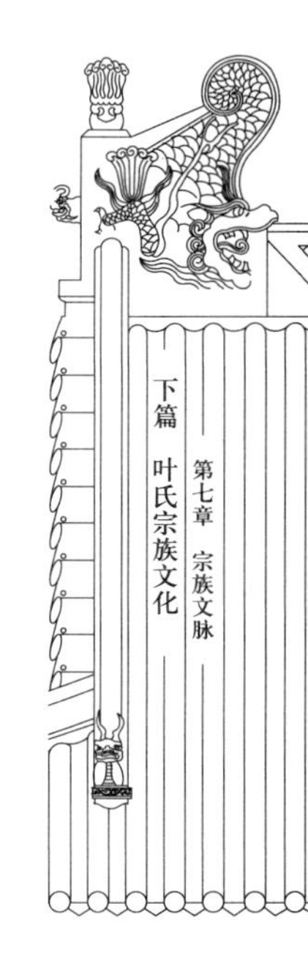

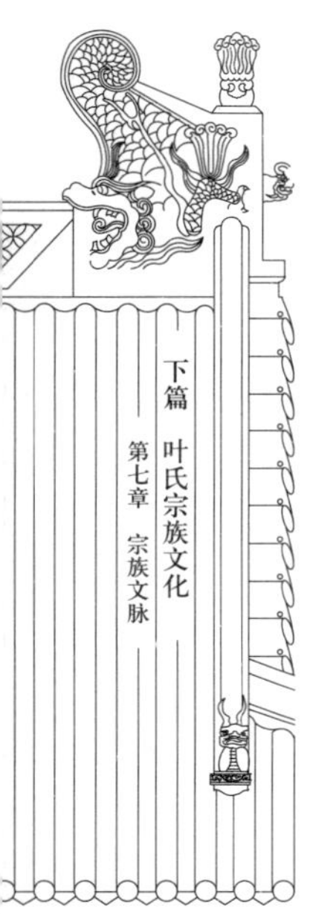

右　赞：六所执事者捧爵升。收爵，复位，初献爵。

左　赞：六所执事者捧箸升。收箸，复位，初献箸。

右　赞：六所执事者捧羹升。收羹，复位，初献羹。

左　赞：六所执事者捧肴升。收肴，复位，初献肴。

右　赞：六所执事者捧米食升。收米食，复位，初献米食。

左　赞：六所执事者捧茗升。收茗，复位，初献茗。歌童出班，诣中亭前上揖。歌“点茶诗”一章：“一点茶兮茶芬芳，龙团雀舌异寻常。愿吾祖兮来鉴此，式饮庶几乐且康。”歌毕，起小乐。上揖，复位。

右　赞：六所执事者捧帛升。收帛，复位，初献帛。

左　赞：六所执事者捧祝文升。收文，复位。执事者献祝文，主祭俯伏。读祝生诣神座前朝揖，跪！乐止，朗诵祝文。

右　赞：读毕，起小乐。祝生兴！朝揖，复位。歌童诣中亭前朝揖。乐止，歌“初献诗”：“世德作求，子孙绳绳，以妥以侑，其香始升。”歌毕，起小乐。歌童上揖，复位。

左　赞：主祭起伏，兴！大小赞引主祭诣香案前，跪！叩首，叩首，三叩首。兴！跪，叩首，叩首，六叩首，兴！跪，叩首，叩首，九叩首。兴！揖辞左相左相揖，揖辞右相右相揖。

右　赞：初献礼成，凡各执事者暂退东阶，以待迎行二献典礼。金鼓齐鸣，发炮，乐止。

亚献礼仪

主　持：全堂肃静，二献祭礼开始。通赞出班，诣香案前序立。朝揖，对揖，登台呼礼。

左　赞：发炮，起鼓二通，鸣金二匝，大乐二奏。

右　赞：大乐止，奏小乐。凡执事人等各执其事，大小赞出班诣香案前序立。朝揖，对揖。

左　赞：小乐止，奏大乐。发炮，起鼓，鸣金开道，欢迎二献主祭。

右　赞：大乐止，奏小乐，大小赞引主祭升阶，诣香案前序立。朝揖，揖左相左相揖，揖右相右相揖。左右相引主祭诣盥洗所。

左　赞：歌童出班，诣盥洗所上揖。乐止，歌“盥洗诗”（详见初献）歌毕，奏小乐。歌童上揖复位。

右　赞：执事者授巾进盥，盥毕否？（下答曰“盥毕矣”）。整冠，束带，撩衣，纳履。大小赞引主祭复诣香案前上揖，告盥。

左　赞：主祭跪，六所执事者捧香升。收香，复位。执事者燃香。初上香，亚上香，三上香。兴！跪，叩首，叩首，叩首，四叩首。兴！

右　赞：大小赞引主祭诣中亭前，跪！歌童出班，诣中亭前，上揖。乐止，歌“茅沙诗”：“歌奠毕矣，志切傍徨。爰撤馔矣，心重且长。三案排定，位居其中，祭开家礼，万代兴隆。”歌毕，奏小乐。歌童上揖，复位。

左　赞：六所执事者捧檀升。收檀，复位，献檀，加檀，主祭兴！

右　赞：大小赞引主祭诣神座前行亚献礼，小乐止！发炮，起鼓二通，鸣金二匝，大乐二奏。乐止，起小乐。

左　赞：主祭跪！六所执事者捧香升。收香，复位。执事者燃香，初上香，亚上香，三上香。

右　赞：六所执事者捧爵升。收爵，复位。执事者亚献爵。

左　赞：六所执事者捧箸升，收箸，复位，执事者亚献箸。

右　赞：六所执事者捧羹升。收羹，复位。执事者亚献羹。

左　赞：六所执事者捧肴升，收肴，复位。执事者亚献肴。

右　赞：六所执事者捧米食升，收米食，复位。执事者亚献米食。

左　赞：六所执事者捧茗升，收茗，复位。执事者亚献茗。歌童出班，诣中亭前上揖。歌“点茶诗”二章：“二点茶兮茶清香，龙团雀舌异寻常。愿吾祖兮来鉴此，式饮庶几乐且尝。”歌毕，上揖，复位。

右　赞：六所执事者捧帛升。收帛，复位，执事者亚献帛。

左　赞：六所执事者捧祝文升。收文，复位，执事者亚献祝文。

右　赞：主祭俯伏。读祝生诣神座前，朝揖，跪！乐止。朗诵祝文（详后：亚献祭文）

左　赞：读毕，起小乐。祝生兴！上揖，复位。歌童诣中亭前上揖，乐止。歌“亚献诗”：“敬之敬之，酌彼康爵。式饮庶几，且以喜乐。”

右　赞：歌毕，起小乐。歌童上揖，复位。主祭起伏，兴！

左　赞：大小赞引主祭诣香案前，跪！叩首，叩首，三叩首。兴！

右　赞：跪！叩首，叩首，六叩首。兴！

左　赞：跪！叩首，叩首，九叩首。兴！揖辞左相左相揖，揖辞右相右相揖。

右　赞：亚献礼成，凡各执事者暂退东阶，以待迎行三献典礼。金鼓齐鸣，发炮，乐止。

三献礼仪

主　持：全堂肃静，三献祭礼开始。通赞出班，诣香案前序立，朝揖，对揖，登台呼礼。

左　赞：发炮，起鼓三通，鸣金三匝，大乐三奏。

右　赞：大乐止，奏小乐。凡执事人等各执其事，大小赞出班诣香案前，朝揖，对揖。

左　赞：小乐止，奏大乐。发炮，鸣金开道，欢迎三献主祭。

右　赞：大小赞引主祭升阶，诣香案前朝揖。揖左相左相揖，揖右相右相揖。左右相引主祭诣盥洗所。

左　赞：歌童出班，诣盥洗所，上揖，乐止。歌“盥洗诗”（详见初献）。歌毕，奏小乐。歌童上揖复位。

右　赞：执事者授巾，进盥。盥毕否？（下答“盥毕矣”）。整冠、束带、撩衣、纳履。大小赞引主祭复诣香案前上揖，告盥。

左　赞：主祭跪！六所执事者捧香升。收香，复位。执事者燃香。初上香，亚上香，三上香。兴！跪，叩首，叩首，叩首，四叩首。兴！

右　赞：大小赞引主祭诣中亭前，跪！歌童出班，诣中亭前上揖。乐止。歌“茅沙诗”：“祖灵不昧，陟降吉祥。俾后寿富，乃炽乃昌。嗣孙繁衍，祖德留芳。祭如神在，长发其祥。”歌毕，起小乐。歌童上揖，复位。

左　赞：六所执事者捧檀升。收檀，复位。献檀，加檀，主祭兴！

右　赞：大小赞引主祭诣神座前行三献礼。小乐止，发炮！起鼓三通，鸣金三匝，大乐三奏。大乐止。奏小乐。

左　赞：主祭跪！六所执事者捧香升。收香，复位。执事者燃香。初上香，亚上香，三上香！

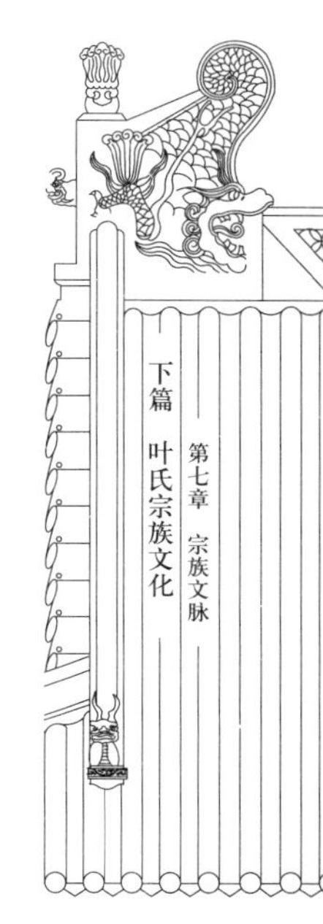

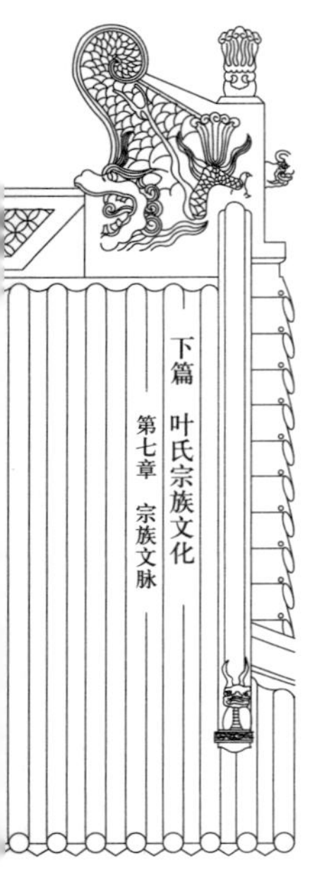

右　赞：六所执事者捧爵升。收爵，复位。三献爵。

左　赞：六所执事者捧箸升，收箸，复位。三献箸。

右　赞：六所执事者捧羹升。收羹，复位。三献羹。

左　赞：六所执事者捧肴升。收肴，复位，三献肴。

右　赞：六所执事者捧米食升。收米食，复位，三献米食。

左　赞:六所执事者捧茗升。收茗，复位，三献茗。歌童出班，诣中亭前上揖。小乐止，歌“点茶诗”三章：“三点茶兮茶清凉，龙团雀舌异寻常。愿吾祖兮来鉴此，式饮庶几乐洋洋。”歌毕，起小乐，上揖，复位。

右　赞：六所执事者捧帛升，收帛，复位，三献帛。

左　赞：六所执事者捧祝文升，收文，复位，三献祝文。

右　赞：主祭俯伏。读祝生诣神座前，朝揖，跪！乐止，朗诵祝文。

左　赞:读毕,起小乐,祝生兴！上揖,复位,歌童诣中亭前,朝揖,乐止,歌“三献诗”:“酒醴维醇，肴核维旅。献酬交错，跄跄济济。”

右　赞：歌毕，起小乐。歌童上揖，复位。主祭起伏，兴！

左　赞：大小赞引主祭诣香案前，跪！叩首，叩首，叩首，四叩首。兴！

右　赞:大小赞引主祭诣神座前侑食,跪！俯伏。歌童出班,诣中亭前,上揖,乐止。歌“侑食诗”“满堂歌”其一：“神明之交，渺渺茫茫。如左如右，在上在旁。思我先人，怵惕凄怆。惟此酒食，报以馨香。”其二：“虽无旨酒，式饮庶几。虽无佳肴，式食庶几。尽物尽志，孔惠孔时。饮之食之，如心慰之。”其三:“有肴在盂，有酒盈樽。有椒其馨，有芯其芬。神嗜饮食，来格来歆。仰维我祖，手泽犹存。”

左　赞：歌毕，起小乐。歌童上揖复位。主祭起伏，兴！

右　赞：大小赞引主祭诣香案前送神。跪，俯伏！

左　赞:歌童出班,诣香案前上揖。乐止,歌“送神诗”:“钟鼓送尸,莫怨具庆。本支百世,永锡祚胤。”

右　赞：歌毕，起小乐。歌童上揖复位。主祭起伏，兴！

左　赞：大小赞引主祭诣神座前撤馔。跪，俯袱！

右　赞：歌童 出班，诣神座前上揖。乐止，歌“撤馔诗”：“神具祭上，废撤不迟。诸父兄弟，备言燕私。”

左　赞：歌毕，起小乐。歌童上揖复位。主祭起伏，兴！

右　赞：大小赞引主祭诣香案前揖告撤馔。

左　赞：跪！叩首，叩首，三叩首。兴！

右　赞：跪！叩首，叩首，六叩首。兴！

左　赞：跪！叩首，叩首，九叩首。兴！

右　赞：揖辞左相左相揖，揖辞右相右相揖。

左　赞：主祭退班，六所执事者诣香案前序立。朝揖，对揖，退班。

右　赞：盥洗所执事者诣香案前序立，朝揖，对揖，退班。

左　赞：香帛所执事者诣香案前序立，朝揖，对揖，退班。

右　赞：酒樽所执事者诣香案前序立，朝揖，对揖，退班。

左　赞：肴馔所执事者诣香案前序立，朝揖，对揖，退班。

右　赞：茗献所执事者诣香案前序立，朝揖，对揖，退班。

左　赞：燎化所执事者诣香案前序立，朝揖，对揖，退班。

右　赞：神座前执事者诣香案前序立，朝揖，对揖，退班。

左　赞：中亭前执事者诣香案前序立，朝揖，对揖，退班。

右　赞：香案前执事者诣香案前序立，朝揖，对揖，退班。

左　赞：歌童出班，诣香案前序立，朝揖，对揖，退班。

右　赞：读祝生出班，诣香案前序立，朝揖，对揖，退班。

左　赞：大小赞诣香案前序立，朝揖，对揖，退班。

主　持：通赞下台，诣香案前序立，朝揖，对揖，退班。小乐止，奏大乐。金鼓齐鸣，发炮，乐止。

3. 婚嫁礼仪

男婚女嫁，乃人生之终身大事。所以，人们对操办婚嫁的礼仪极为重视。我国传统的婚嫁风俗，讲究的是“六礼”。一曰“纳采”：指男方托人向女方提亲。二曰“问名”指问女方的姓名、生庚八字（即“行庚”）。三曰“纳吉”：经卜算，男女双方八字相合而缔结婚姻（即“行定”）。四曰“纳征”：指给女方下彩礼（即“行聘”）。五曰“请期”：指男方选定成亲吉日告于女方（即“报日”）。六曰“迎亲”：指迎亲完婚（即“完娶”）。这六道手续和礼数，都要由媒人的参与和男女双方的父母包办来完成。随着社会的进步和发展，过去的包办、买卖婚姻已不复存在。但是，传统的婚嫁礼仪一时还难以根除。现将缩简的旧式婚嫁有关礼节仪式简介如下：

1）订婚：订婚是男婚女嫁礼节操办的初始阶段，又称“联姻”或“结亲”。实质上就是旧式“六礼”之中的“纳采、问名、纳吉与纳征”四项合并的礼节。亲婚，又俗称“认亲”。即男方到女方送给一定数量的现金（作为女方备办嫁妆的费用）及必不可少的礼物。如：鲤鱼一对，猪膀（不带脚）一付 8 ～ 10 斤（象征吉祥），另加礼肉、喜糖等。同时，新女婿向岳父、岳母问安，并奉上聘礼礼单（礼单格式附后图）。女方则设宴款待男方客人，并请“三党六亲”的尊长辈奉陪，以示从此结成秦晋之好。同时依礼节女方还要给男方谢以回礼。一般应相当于给新女婿、新亲家每人一套新衣服及鞋袜的价值。俗称“打发”。（至此，订婚的礼数算暂告段落）

2）报日：就是旧式“六礼”中的“请期”。即男方向女方报请迎娶新娘过门的日期。此日期事关男方迎娶女方出嫁的大事，因此，除了事先必须征得女方同意外，还要注重日期的选择。一般，择日有三种情况：其一，请人并依据“建满平收黑，除危定执黄，成开皆可用，闭破不相当”的口诀结合男女八字与属相为中心进行卜算来择定吉日良辰；其二，选双月双日为吉，如二月二、二月花朝、四月八、六月六、腊八日等；其三，以国家法定的节日（如“五一、十一”）作为婚嫁的吉日。

报日，又称“下日子”或“送日子”。男方要将商定好的日期以书面形式写好“报日书”（具体格式见图 7-29）提前送达女方。报送之日，要在“报日书”中（或报日书的信封内）

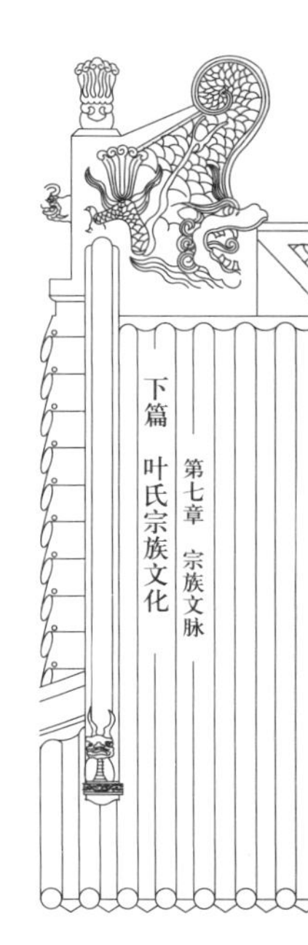

聘礼礼单书写格式图

囍

兹遵先典专人纳币
所有不腆另陈副 伏乞
鉴纳
姻愚弟某某偕室某氏同拜

谨具
礼银人民币若干元
奉申

图 7-27 聘礼礼单书写格式图

放一些金银首饰“压日子”。然后，分别用红、绿缎布各一块（或红、绿被面各一床）叠成方正形状，将“报日书”连同金银首饰放在红、绿缎布的中间夹裹好（红上、绿下）和其他礼物一起放入盖篓（或礼担）之中请专人挑送女方。礼担上还要封贴骈文，每担盖篓八字两句。如：“朱陈结好　秦晋联姻”、“盟成六礼　喜订百年”或“三星在户　百辆盈门”等。

报日后，女方要将“报日礼”的一部分分送给其所有的“三党六亲”，意思给亲戚“送汤”，表示敬意。故俗有“一个姑娘一碗汤”之说。凡接受“送汤”的亲戚都要给女方送“嫁礼”。

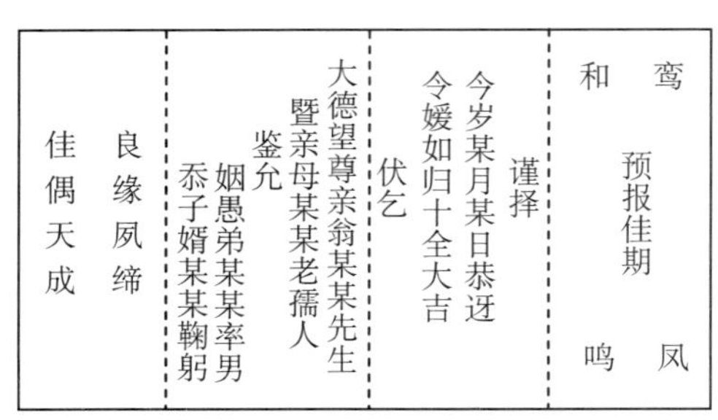
鸾 和
预报佳期
凤 鸣

谨择
今岁某月某日恭迓
令媛如归十全大吉
伏乞

大德望尊亲翁某某先生
暨亲母某某老孺人
鉴允
姻愚弟某某率男
忝子婿某某鞠躬

良缘夙缔
佳偶天成

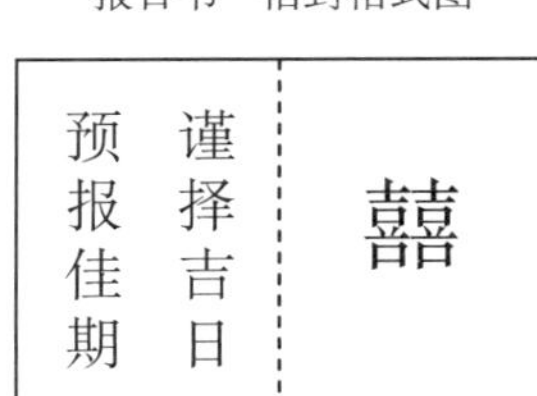
“报日书”信封格式图

囍

谨择吉日
预报佳期

图 7-28 书帖式“报日书”格式图

3）迎亲：迎亲是婚嫁喜事的最后一道程序。即男方以一定的礼仪到女方迎亲“完婚”；女方则按习俗奉行出嫁（又称“于归”）之礼节。人生婚嫁礼仪的喜庆高潮主要集中和体现在这道程序上。传统的迎亲礼仪，包括迎亲的方式和所要举行的礼节、仪式两项内容。其方式：主要有坐车和坐轿两种。坐车，始于汉代。有轩车（前高后低的敞口车）、轺车（一匹马驾驶的轻便车）以及障惋车（以彩绘的布或皮帏做障蔽的轻便车）等。坐轿，自宋代以后流行，一直沿袭至今。迎亲的花轿有小轿和大轿两种，而大轿又分一乘或两乘之别。无论是采用坐车或坐轿的迎亲方式，都由男方负责操办。

迎亲的礼节、仪式随着迎亲方式的不同与乡风的各异其礼仪也有所不同，但基本主要的礼数相当。按传统的习俗，迎亲主要是男方应奉行的礼节和仪式。而女方则奉行的是出嫁应遵从的礼仪。其中最主要的是“哭嫁”与操办“绑嫁妆”、“嫁饭”、“状元宴”、“发轿”、“送轿”的习俗礼节。现就迎亲的传统相关礼仪及程序简要概述如后。

（1）款媒宴：此宴是迎亲之日的头一天晚餐，男方为酬谢媒人（“坐媒”和“跑媒”）而专设的宴席。亦是迎亲礼仪的起始程序。

（2）抬嫁妆：在迎亲当日的早晨，由“跑媒”和新女婿带队前往女方家中抬嫁妆。一般的安排顺序是：首先抬“铺陈”，其次抬“摆设”，然后抬“家具”，接着是“脚盆、提桶和帐篙”（奉红包礼），最后抬“箱子”（奉“锁箱礼”）。

（3）上马筵：男方抬回嫁妆后，吃早饭称为“上马筵”。这是迎亲队伍出发上路之前最丰盛的筵席。

（4）晋见：是指“上马筵”结束后，迎亲队伍出发前，引新郎到祖堂晋见祖先所举行的仪式。其程序有繁有简，可根据不同的乡风习俗及具体情况自行择定操办。（详情略）

晋见礼毕后，迎亲队伍依序行进：放铳、鸣鞭、大锣、高脚灯笼、状元及第、廻避、肃静牌子、彩旗、报马、牌子锣乐队、官伞、男轿、和合（指木雕的哼哈二将神像）、背礼盒者（称为“二爷”）、镜筛（指画上八卦图案扎彩的普通圆形筛子，持者称为“三爷”）、女轿、玉莲环乐队、媒人轿。队伍成员须为奇数，接回新娘恰好为偶。象征“成双成对，夫妻好合”而大吉大利。

（5）祝堂：即男方迎亲队伍进入女方祖堂所举行的仪式。此项仪式由女方安排专人主持，男方的“二爷”将祝堂礼、祝堂书及香案摆设的物品交与女方司仪者。“祝堂”的基本礼仪与“晋见”礼仪大都一样。不同的是，增添了“新科姑爷躬拜岳父岳母”的相关礼节。

（6）状元宴：是女方特为新女婿和迎亲队伍专设的宴席。俗云：新婚如登科。所以此宴称为“状元宴”。其席也摆成官席。所谓官席，只有三方坐客，对大门的一方要挂桌帏不坐客，而斟酒与布菜者则站立两侧。

新郎在“状元宴”中为娇客，且有专人侍奉周全。席间，每送一道菜，布菜者都要在菜中插上鲜花，同时恭致贺词。新郎为表谢意，让二爷代分红包，这就是民间流传的“插花礼”。现草拟贺词十句，仅供参考选用：

一贺一举成名，天长地久！　　二贺荣登金榜，地久天长！
三贺三元及第，荣华富贵！　　四贺四海扬名，金玉满堂！
五贺五子登科，光宗耀祖！　　六贺鹿鹤同春，福寿无疆！
七贺七彩闪光，前程锦绣！　　八贺八面威风，百世其昌！
九贺九华生辉，吉佑九如！　　十贺十全大吉，万事吉祥！

插花贺礼，按照民间的习俗，一直要等到二爷设法将插在菜中的鲜花全部抢走，“状元宴”才方告结束。

（7）发轿：是女方送新娘上轿“于归”的仪式。其中又包括三个方面的礼俗程序：其一，为新娘“开脸”、化妆整容；其二，“抱轿”，即上轿时由女方三党六亲的尊长者将新娘抱起送上花轿；其三，“祭轿”是起轿之前女方所奉行的礼俗，祭轿人从轿门方向的左边起，依逆时针方向在每一边的轿杠上倒一杯酒，并口念：“一祭天长地久、二祭地久天长、三祭荣华富贵、四祭金玉满堂”的祝文。第四杯酒要倒在轿门方向的右边。“抱轿礼”和“祭轿礼”均由女方打发。

（8）送轿：指女方派人将女轿抬上送一程，至村外停下等男轿。男轿上来后，新郎下轿向送轿人行拱手告别礼，并由二爷打发“送轿礼”给各人。然后，迎亲队伍按来时的排列顺序启程迎亲回府。并依习俗，不走原路，绕道而行。

（9）接轿：是新娘接回家中时，在房屋喜堂大门外举行的仪式，具体是在门前设一香案，司仪侧立案前主持。下面，以演礼形式简介如后：

司　仪：乐止，鸣炮！

司　仪：朗诵“下马文”。

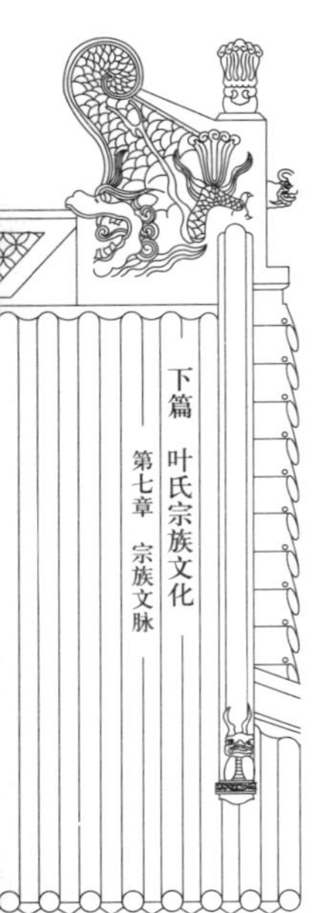

（念）鸾舆下驾，宝马停鞭。东请东王公，乘鸾赴会。西请西王母，驾鹤来临。同到案前齐赐福，男增百寿，女纳千祥。百年夫妻今宵合，梦兮熊罴早弄璋！（新郎下轿，新娘则由“牵轿娘”牵引，跟随司仪沿地毯缓步案前。同时，伴娘等人向二位新人抛撒花彩纸屑，意在“避邪”祈安。）

司　仪：新娘奉“临门拜书”！

新　娘：（双手捧书给伴娘代收，书式见图 7–29）

司　仪：新郎新娘一拜天地！

新郎新娘：（转向面朝大门外，双双拜一揖）

司　仪：二拜高堂！

新郎新娘：（向父母双亲或香案拜一揖）

司　仪：“夫妻对拜！

新郎新娘：（一齐相互拜揖）

司　仪：送入洞房。金鼓齐鸣，发炮燎硝，合奏大乐！（新人入洞房，迎亲队伍解散，赴“下马筵”）

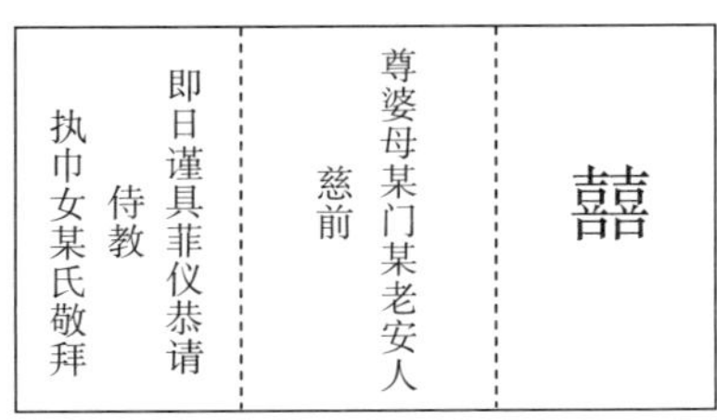
囍

尊婆母某门某老安人
慈前

即日谨具菲仪恭请
侍教

执巾女某氏敬拜

图 7–29　临门拜书例式

（10）庙见：是新郎新娘于迎亲的第二天早上，到祖堂朝拜祖先的仪式，俗称“拜堂”。此礼仪的基本形式与程序跟“晋见”礼仪一样。只是朝拜中的“祝词”不同。如：

婚礼今朝当拜堂，诚心虔奉御炉香。

上下神明同昭格，王公王母降吉祥。

如鱼得水，如凤得凰，双双喜气霭兰房。

百年夫妻昨霄合，梦兮熊罴早弄璋。

“庙见”（即拜堂）礼仪，包括“拜祖先”、“拜高堂”、“拜翁姑”（即躬拜三党六亲，对长者，行四大拜礼。其他，行四小拜礼）及“拜堂早饭”四项礼节仪式。其中，“拜高堂”和“拜翁姑”又有凡受拜者都要给新人奉红包的礼俗。

“拜堂早饭”，是“庙见”礼仪的最后程序。其席位的摆布为“朝座式”。新郎新娘坐首席，其余均为陪席。布菜时仍要插花，恭贺吉词，并由新娘打发“插花礼”。直到新娘抢走插花才结束拜堂喜宴。

（11）回门：就是新郎新娘婚后的第三天回到娘家，女方设宴庆贺的一种礼俗。这天，男方同样要向女方的三党六亲行拜见礼节。也称“拜尊长”。喜宴完后，女方派人（一般是新娘的兄、弟）送新郎新娘回男家。男方亦设宴款待，并给送行的人打发礼物。至此，坐轿迎亲礼仪的全部程序结束。

4．祝寿礼仪

祝寿，又叫“上寿”或“拜寿”。此礼仪是对60岁以上的老年人举行的较为隆重的礼仪。分“暖寿”、“祝寿”两个阶段进行。所谓“暖寿”，就是生日的头一天晚上，由女儿女婿设宴为寿星庆寿。生日的当天则为“祝寿”。祝寿的礼仪主要包括寿礼、寿宴、寿匾、拜寿和寿祭几项礼俗：

（1）寿礼凡祝寿的来客皆携带寿礼。如：寿桃、寿糕、寿面、寿烛、寿屏、寿匾、寿幛、寿联、寿画、寿彩、万年伞等。礼品中一般都要缀饰或点画一些象征长寿的图案与画面。

（2）寿宴是我国长寿文化和饮食文化有机结合的产物。它不仅是祝寿礼仪的一个重要组成部分，而且其宴中的各种菜肴也都洋溢着浓郁的祈寿色彩而独具风格。寿宴中，最讲究的是寿酒和寿面。因为酒的谐音是“久”，面有“面长”之说，即皆有祈求延年益寿之意。

（3）寿匾一般由亲戚世谊或单位赠予，是给当寿者最好的纪念。附祝寿幛语：

南极星辉，椿庭翠永，桃开甲茂，南山同寿，星耀华年，双星焕彩，松柏同秀，极婺联辉，日升月恒，龙凤同荣，天地同老，椿萱并茂，寿星同照，南山凤舞，寿域鼓琴，双辉兰室，同灿红楼，并焕彩堂，顺聚金屋，锦堂星辉，极辉华宇，同辉画栋。仅供参考择用。

（4）拜寿仪式是祝寿礼仪中最重要、最隆重且又最热闹的礼俗。整个仪式分为挂寿匾、迎寿星、献寿礼和拜寿等四项程席。具体以演礼简介如下：

司　仪：寿堂肃静！大德望某府某某老先生暨德配某老安人七旬双寿之庆，举行祝寿礼仪，执事者各执其事也！鸣炮奏乐！

执事者：（各就各位）。

司　仪：乐止！迎寿匾，执事者鸣寿炮，进匾。奏大乐！

执事者：（鸣炮，并由两人抬匾至香案上搁放）

司　仪：乐止！朗诵寿匾文联。外祖父某某老大人暨外祖母某老太君七旬双寿誌庆，俱庆下愚外孙某某（念）寿匾文曰：“大德望某府尊外某祝贺敬德从心。”并致寿联一副曰：“寿域宏开古稀不稀半百相加才百岁”、“福星高照积德报德长庚共祝定无疆！”诵毕，升匾。寿炮齐鸣，合奏大乐！

执事者：（于乐声中抬匾升挂墙上）

司　仪：乐止！恭祝安匾文！

（念）祥云霭霭，瑞气盈盈。双星焕彩，日月同辉！祝毕起小乐！迎寿升座！（乐声中，寿星缓步至香案前并依男左女右就座）

司　仪：乐止！致祝寿文！

（念）云山苍苍，江水泱泱，二（您）老之寿，山高水长。七秩衍庆，百世其昌。桂兰郁郁，枝叶祥祥，弧悬帨一设，日月同光，庭帏晋祝，福寿无疆！（“悬弧令旦”，指男寿；“设帕佳辰”，指女寿；“弧悬帕设”，指男女双寿。）祝毕起小乐！献寿礼！

执事者：（献寿礼，一般由一人端“寿桃”，一人端“寿面”，同至香案前。当寿者分红包礼）

司　仪：合家子孙、亲朋戚友同集堂前依次拜寿！

司　仪：按以下顺序呼叫拜礼

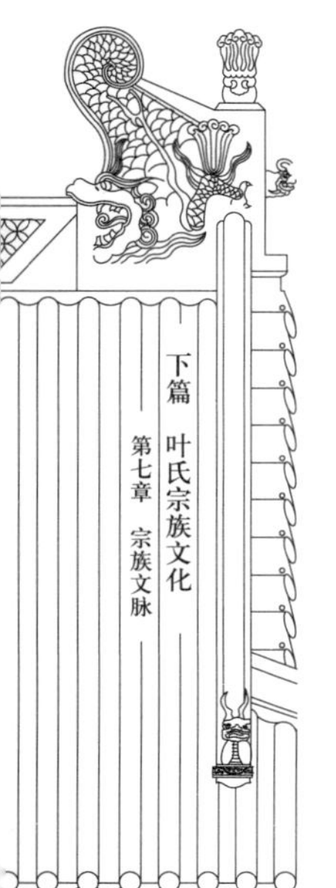

①子等诣至拜位行四起八拜礼（或一跪四拜礼——儿子拜寿）。

②媳等诣至拜位行四起八裣衽礼（或一跪四裣衽礼——儿媳拜寿）。

③女等诣至拜位行四起八裣衽礼（或一跪四裣衽礼——女儿拜寿）。

④孙及孙媳等同上拜寿。

⑤曾孙及曾孙媳等同上拜寿。

⑥侄儿、侄孙等同上拜寿。

⑦侄孙、侄孙媳等同上拜寿。

⑧女婿、外甥等同上拜寿。

（拜寿时，当寿者每次受拜均要分给红包礼，称“拜寿礼”）

司　仪：拜寿已毕，寿宴开席，敬请寿星升座！（寿宴的席位摆布为“朝座式”。第一道菜为“寿面”，象征长寿。这是有别于其他宴席的唯一标志）

（二）现代礼仪

1. 现代婚礼礼仪

1）现代结婚典礼的通用程序

办好结婚典礼事宜，是现代年轻之辈的人生大事之一。因此，必须事先商定好程序，并提前通知与此活动有相关业务的人员做好各自的准备工作。从而以利典礼仪式活动的顺畅进展。

参考程序如下：

(1) 结婚典礼开始。鸣炮，奏乐。

(2) 新郎、新娘风采登场。奏喜乐。

(3) 证婚人、介绍人、主婚人就位。恭请东家二老升座礼台。乐止。

(4) 向新郎、新娘献花。(由同辈或晚辈捧献)

(5) 证婚人宣读结婚证书。

(6) 新郎、新娘行躬拜大礼。奏喜乐。一拜全体嘉宾。二拜二老高堂。(二老奉红包礼)新人对拜，交换礼物。乐止。

(7) 主婚人致贺词。

(8) 介绍人致贺词。

(9) 来宾致贺词。

(10) 新郎、新娘讲话（或介绍恋爱经过）

(11) 主婚人致答谢词。

(12) 新郎、新娘入洞房，礼毕，鸣炮，奏乐！

2）新式婚礼司仪主婚程序

(凡例参考模式)

尊敬的各府各位亲朋贵友：大家好！

今天是 ×× 先生和 ×× 女士的新婚志庆喜宴。这里，我代表东家 ×××、××× 夫妇，对诸位嘉宾的光临表示衷心的感谢和最热烈的欢迎！

先生们、女士们、朋友们，你们是友谊的天使，吉祥的明星，你们满身的祥云瑞气，给今日的新婚庆典增添了照人的光彩，使喜宴的餐厅蓬荜生辉而更加富丽堂皇。你们的光临，送来了温暖，送来了吉祥，送来了友谊和最美好的祝愿！谨此，我代表 ×× 先生全家向各位亲朋贵友表示真诚的感激并致以崇高的敬意！

今天，是我们英俊潇洒的新郎官和端庄秀丽的新娘子喜结百年之好的良辰吉日，正可谓是珠联璧合，天赐良缘。这里，我代表各位嘉宾向二位新人乘龙驭凤致以新婚的美好祝愿！祝福你们：小两口相亲相爱，白头偕老；小家庭甜甜蜜蜜，美满幸福。

现在，恭请东家二老上台就座，下面典礼仪式开始。

（1）婚礼仪式开始。鸣炮奏乐！（乐止）

（2）新郎、新娘登台，奏喜乐！

（3）证婚人、介绍人、主婚人就位！（乐止）

（4）向新郎、新娘献花。

（5）证婚人宣读结婚证书。

（6）新郎新娘躬行三拜大礼。

一拜天地：(天地者，诸位嘉宾也)

一鞠躬——送给你感谢；

二鞠躬——送给你真诚；

三鞠躬——愿事业昌盛，前程似锦。

二拜高堂：一鞠躬——孝敬父母养育恩；

二鞠躬——愿二老福寿永康健；

三鞠躬——愿享天伦乐，早日抱孙孙。

夫妻对拜：一鞠躬——互敬互爱，白头偕老。

二鞠躬——互帮互学，比翼双飞。

三鞠躬——计生优育，子女成龙。

（7）新儿媳拜公婆（敬呼“爸、妈”）。人有双重父母，东家喜得儿媳。现在，由新娘子面对大家恭拜父母，响响亮亮、甜甜美美地敬呼“爸爸、妈妈”！（父母封送红包）。

（8）新郎新娘恭拜亲属（亲属封送红包）。

（9）主婚人致答谢祝酒词。

（10）仪式礼毕，喜宴开席。鸣炮、奏乐！

（当喜宴行将“全家福”这道菜入席之时，则由主婚人或亲属代表偕同新郎新娘向全体嘉宾共同抬敬一杯祈福的喜酒，以示对各府各位盛情厚意的再次衷心感谢）。

2. 现代丧葬礼仪

丧葬礼仪，就是操办有关人死亡的礼节仪式。俗称“办丧事”或“治丧”。它是人生中与诞生礼、成年礼、婚礼并存的四大礼仪之一，也是人生礼仪中最为繁琐而又庄严隆重的礼节仪式。过去，把丧葬礼仪分为“丧”和“葬”两个阶段的礼俗。随着社会的发展，浩繁的丧葬礼仪不断改革创新，从而形成了当今新的习俗风气。

1）丧葬礼仪程序

（1）整容：为死者擦身、梳头、更衣、穿鞋袜并整遗容。

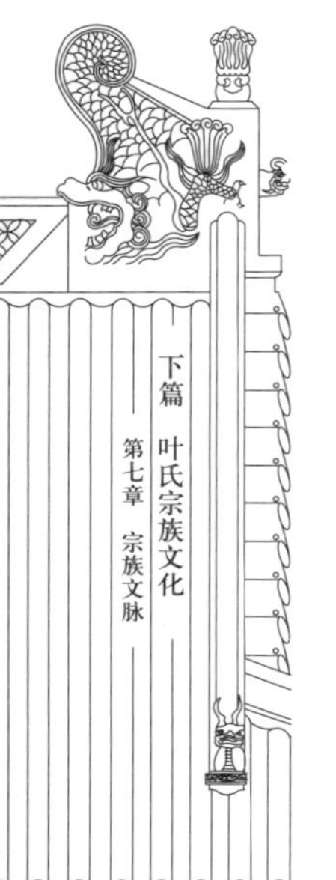

（2）移尸：将遗体移至厅堂或灵堂中并以床板或冰棺停放。（俗称“停尸”或“停柩”）

（3）报丧：死者的家人以电报、电话、讣告或亲自登门等各种方式通报亲友。（俗称“把信”）

（4）讣告：以书面文字的形式（或报刊登载讣告）向亲友近邻进行通报。

（5）追悼会：以集会的形式和不同层次的内容表述来悼念死者的生平为人与业绩，并履行向遗体告别的相关礼仪。

2）追悼会仪式及程席

追悼会是现代丧葬礼仪的一种主要形式。一则寄托哀思，则可表达人们对逝者的沉痛悼念之情。其程序常见通用的有如下几项：

（1）××× 追悼大会开始。（鸣炮、奏大乐）

（2）奏哀乐。（放录音）

（3）全体肃立，向 ××× 遗像致敬。（三鞠躬或默哀三分钟）

（4）敬献花圈挽联。（奏哀乐。执事者可宣读敬献单位名称及个人名单）

（5）逝者生平简介。（由主持人、亲族代表或相关单位领导均可，但必须是事先作好安排）

（6）致悼词。（亲朋或来宾代表）

（7）致哀词。（孝子读祭文或亲属致哀词）

（8）宣读唁电、唁函。（有则宣，无则免）

（9）致答谢词。（由家属或亲属代表）

（10）向遗体告别。（奏哀乐、绕棺告别）

（11）孝子捧灵、扶柩（火葬）登山。（鸣锣开道，发炮奏乐）

二、古今族规

古今族规这一节包括传统族规和现代规章两部分，重点在传统族规部分。

俗话说：没有规矩，不成方圆。陇脉冶系叶氏家族能千年长盛不衰，得益于历代祖遗家规、训诫、治家格言。这些家规、训诫、治家格言，从祭祀、燕享、族长、家相、兄弟、夫妇、品行、交友、读书、耕田、居官、赋税等人生的方方面面进行详尽的论述、作了严格的规定，这些内容，现在读来都有现实意义。

现代规章部分摘录了村规民约三章二十条，城市居民守则选了市民文明公约，基本行为规范，五好文明家庭，文明市民基本要求等项内容。

（一）传统族规

1. 本族家法

1）历代祖遗家规二十条

夫规，所以为圆者也。执枢以运之，而尺寸短长之间少有不合，则便出于范围之外。故齐家之有规，犹平天下之有矩也。我祖宗自显庵公以来，家法虽多不同，大规总不能外。谨慎刊前遗二十条，新补续六条，皆宜古宜今，历历可则，是不可以不世代共勉之也，因次其规于左：

祭祀　祭期。春清明，秋重阳。宗子、族长先期斋戒，前一日诣祠堂，拭神主，净香

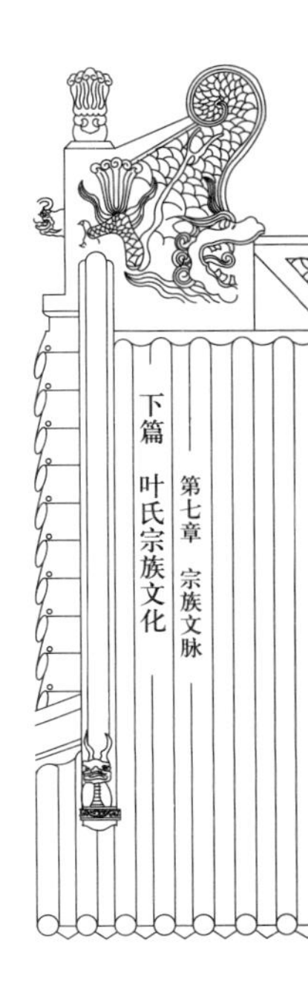

案，涤祭器，定执事，书祝文。其祭品、牲物俱遵仪式，各分轮办，务必丰洁。祭则遵家礼，宗子主之，族长助之。至通赞、引赞及各执事，以有事为荣，子弟中娴习礼仪者典之。凡与祭子孙，其士绅各服本分衣带，余俱盛服，随尊卑班。率拜不许惰肆嬉笑，以取慢祖之罪。

燕享　祭毕饮福。族长、宗子及各分长，于未宴之先逐名稽查，见无大故不与祭者，记责；承祭不敬慎者，即加戒饬。方宴，长幼尊卑俱以次鱼贯而坐，不许僭越。既宴，俱必欢然相亲爱。凡有论说，务关礼义风化，及伦常家声者方许言之，他事即不得擅及。即有事求明，亦须另日理论。饮酒不过十五行，恐使酒忘分。三行后，家相将家规朗诵一次，众皆竦立而听之，诵已复坐。

宗子　宗子，一家之本，本如不端，其何以善族哉！故为宗子者，必读书明理，修身齐家。无论发言处事，一概俱寻规矩，以为一族之观瞻。凡遇祠堂祭祀，必诚明对越；凡遇子孙有过失，必先事惩戒。故曰："宗子有君道焉。"如其不知自律，则族长率族人谏[1]之；三谏不改，当依横渠张子之法[2]，告鸣祖宗，择次贤者易之。

族长　族长，所以纲领族众，为一族之具瞻。其责甚大，必先正以持己，恕以接人，公以存心，慎以处事。凡是非曲直，无所偏私；厚薄亲疏，视如一体。子孙有非辟，则重加惩治；族属有外侮，则多方扶持。凡一切事体，必与宗子、家相及各分长总挈纲维，期协人心，不得徇私执拗，肆意妄为；亦不得随众附和，优柔不断，以负族望。

家相　家相，所以明纲常伦理之道，冠婚丧祭之礼，与宗子、族长相左右，以辅其事神治人之所不及者（宗子事神，族长治人），必择有学识、有德行者任之。凡遇族人有吉凶礼制，必细心讲明而后行；遇子孙有可戒可劝，则平心详语而后已。故家相为众所观型，须文行兼优，不得自薄以负斯任；如难其人，亦不必备。

分长　分长，所以统率一分，乃族长之耳目，共襄家政者也。而其责亦不小，择各分中公平正直者为之，不可任私向偏，徇一己之喜怒；亦不可趋利附势，听他人之从违。职在严遵家规，时谨祭祀，劝善惩恶，正己以率人，庶无忝斯职，否则难免人非鬼责。

品行　品行莫先忠孝。出而致身成君，入而竭力报亲。敦本笃实，德崇望重，斯为第一。攻苦发迹，扬名显亲，文行兼优，俯仰无愧，又为第一。即或力能勤作，男耕女织，持己俭约，居心端谨，亦为第一。至于出入公门，奔趋势要，人品斯下。又如吹瘢[3]射影，私揭暗害，则种祸胎孽，非我族类。甚至习酣饮，学拳勇，闲游赌博，乌合鹑奔，鼠窃狗盗，此自孽自作，有玷先人，不惟国法不贳[4]，先为家法不容。

人子　人子事父母，《曲礼》内则诸篇尽之矣。族之子孙幼学时必将是篇熟读明讲。如温凊定省与夫服劳奉养之常，固子职之所必不可已者。至于先志承意，和气婉容，听无声而视无形者，虽人子之难，而要必以此自期待，毋为货财、妻子所惑，有犯孟子所云五不孝之罪，庶几孝顺成风。即不敢望古圣贤，而亦不为名教之罪人矣。

兄弟　兄弟同胞，凡亲无过是者，而往往因些微财气互相殴詈[5]，其可训耶！族之子孙宜刻心痛改。且不论先后继庶，惟以其父为重，薄待兄弟便是薄待父母矣。必兄尽兄道，弟尽弟职，相让相亲，怡怡是敦[6]。古之人喜忧与共，友于笃庆，诚何如兄弟也。我辈虽质近庸侪，而手足之性曾何所异？况伦常有乖[7]，参商成见[8]，尤非家福，是所望勉为古人而咏式好也。

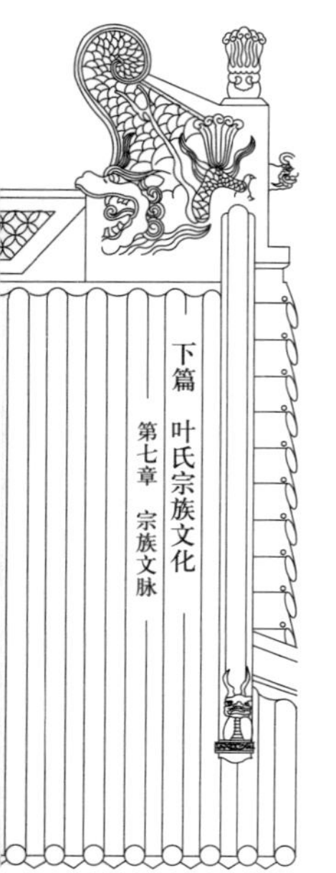

夫妇 夫妇，伦化所关，尤不可忽。但妇人性多褊愎，贤明者少。其言浸润，最为祸胎，故义门[9]郑氏以毋听妇言为戒。族之子孙，俱必修身以为型家之本，不得狎溺，为所迷惑，亦不得刻薄，有伤和好。或因无子而有妾者，当知妻齐妾接之义，毋得偏宠嬖妾[10]，薄弃正妻，以失伦叙。

交友 交友，所以辅仁，交之不可不慎。盖人无论富贵贫贱，未有不须友以成者。必择胜己者与居，则朝渐夕摩[11]，自相观感而为善，庶言行交际皆归于正直而极其诚敬。苟相与比匪[12]，则日诱月移，见异习惯，渐不可知。甚至污行辱先，皆所必至，我族人宜懔慎[13]之。

尊卑 尊卑长幼，原有定序，天秩之分，不可逾也。族之子孙，必恪守[14]其职，毋得凌越[15]。如遇坐席，则长者正，少者隅；有所言，则长者语，少者听。逢于道涂则拱立相揖，骑则下马，皆骑则长先少后。凡喜共庆、忧相恤[16]，勿忮[17]人好，幸人灾。故为卑幼，不敢妄逞志意，甘为悖傲[18]；为尊长者，亦必知所以自处，毋轻亵狎，自取侮慢[19]。

婚姻 婚姻，同姓虽百世不为婚；即异姓，亦不可以甥舅兄妹因亲缔好。凡议婚，必俟男女既长，庶无后悔。当先察其婿与妇之善否，及其祖父之家法如何。至于富贵贫贱，自有前定，不必拘于俗见。况妇人关系家门后裔匪小，尤宜慎之。至于大婚，亦必仿古礼便宜行之[20]，且必拜禀祖宗，预闻尊长，燕天昌后[21]，端肇如此[22]。

丧服 丧服定制，当随分自尽，称家之有无，毋得仓皇俭薄，贻终身之悔[23]。亦不得过为丰厚，致败家之虑。恪遵朱文公家礼，不必习用僧巫[24]。即五服外，亦必情礼两尽，不可怠忽。凡有丧，即勉力卜吉安厝，令无水蚁，亦足慰矣。若希贤风水，致枯柩久停，于心何安。

读书 子孙不可不读书。使非读书，何由晓其文义？吾族自始创以来，诗书之泽，奕世[25]不乏，此后正须益力以光前绪[26]。即一族之中，昏明、强弱、贫富出处杂出不齐，难令其尽属学成名立而趋向同异，皆当以诗书为业。如果贫不能教，昏不能进者，但将四书、《孝经》与小学、家礼，父兄明解教示，使其见闻日廓[27]，娴习[28]日熟，即不能上达有耀，而亦不失为通经明理之士矣，又奚不征读书之有益哉[29]！

居官 居官无论大小，当称其职。即一命之荣，皆祖先积德所致。上思何以致君，即以作孝者作忠；下思何以泽民，戒以无贪者无虐。清以居心，慎以守身，勤以视事，和以抚众，此居官之要也。苟或未然，不忠即是不孝，外一有愧于君，内便有疚于亲。且靖共之谓何，岂不为臣职之玷[30]乎？夫率土之滨，莫非王臣，矧既受秩食禄[31]，即委身报国，悉缘至性下此；而因分随遇，但求无过，又其次也。然则居官乌可不务矢以至性哉！谨为后之克膺主知者勖之[32]。

耕田 耕田是古今第一好事。吾家故业，原止耕读，其俊秀者课以诗书，愚则督以务农。大凡人之为不肖者，皆迫于饥寒，故曰："仓廪实而知礼节，衣食足而知荣辱。"是耕即所以率子弟为善良，而长存其礼义廉耻也。吾族夙[33]称富厚，良由力本而游惰者少[34]，倘有不读又不耕者，即以家法惩之。

赋税 赋税，朝廷正供，无论里纳，当勉力预办、谨守奉公；一或捱延怠忽，国法不贷[35]。君子，怀刑之谓，何至积逋[36]一追，甚者破家变产，而身家几至莫保。族中子弟当慎之，勉之，以国赋为重，踊跃完纳，免令追呼，致遗后悔。

义助 祖宗遗训：不许子女身为仆婢。族中或有因荒乱无依，流役于外姓为仆婢者，访实果系本族子女，无论亲疏，宗子同族长、分长各议出力义助，取赎归宗。更有鳏寡孤独，穷而无告者，各量给助周济，以念一本，庶不负祖宗垂训至意。

宗谱 宗谱每三十年一修。其旧修者，不得妄有增损；其新修者，如世图、谱传与夫卒葬等项，自应增入。然亦须悉宗前法，不得率意妄处。至一族中品行不齐，出类拔萃，为宗族光宠者，必书；有德行学问，可为人法则者，必书；妇女有德行，贞烈孝道著闻者，必书；有勤俭务家，佐夫兴创者，必书；其余若奸盗，若忤逆，若名节丧败者，则削名，以为后鉴。虽至亲，亦不容避讳也。是又在临时之审慎斟酌也夫。

（选自《叶氏宗谱》）

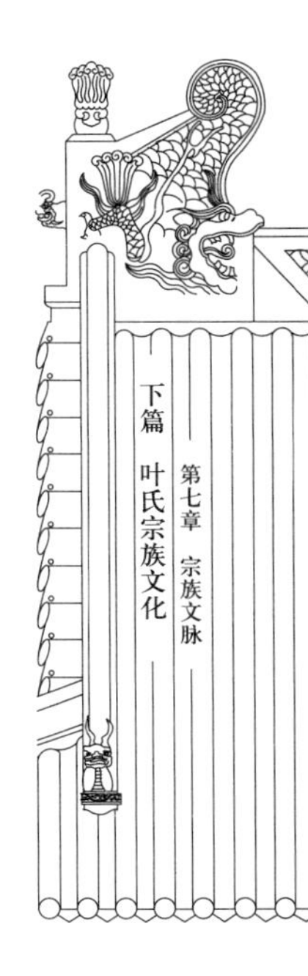

[注释]

1．谏（jiàn）：规劝（君主、尊长或朋友），使改正错误。2．横梁张子之法：张子指张载，宋，凤翔县横梁镇人，字子厚。宋嘉祐二年进士，熙宁初为崇文院校书，不久退居南山下，教授诸生。学者称横梁先生。3．瘢(bān)：疮口或伤口好了之后留下的痕迹：~迹｜刀~。4．国法不贳（shì）：贳，宽纵；赦免。5．詈（lì）：骂：~骂｜~辞（骂人的话）。6．怡怡是敦：快乐而诚恳。7．伦常有乖（guāi）违背伦常。8．参商成见：参（shēn）和商都是二十八宿之一，两者不同时在天空中出现。比喻亲人不能会面，也比喻感情不和睦。9．义门：仁义的家族。历代王朝特指尚孝义或数代同居和谐相处的家族。10．嬖(bì)妾：受宠爱的姬妾。11．朝渐夕摩：朝夕接触，相互斯摩。12．苟相与比匪：如果相与勾结匪盗。13．懔(lǐn)慎：严肃慎重。14．恪（kè）守：谨慎而恭敬地遵守。15．凌越：凌驾（高于别人；压倒别的事物）、超越（不按照一般的次序；超出范围）。16．恤（xù）：怜悯、救济。17．忮（zhì）：嫉妒。18．悖（bèi）傲：错误而傲慢。19．毋轻亵狎，自取侮慢：亵（xiè），轻慢。狎（xiá），亲近而态度不庄重。侮慢：欺侮轻慢。20．便宜行之：经过特许，不必请示，根据实际情况或临时变化就酌情处理。21．燕天昌后：安息上天，兴盛后土。22．端肇如此：一开头就是如此。23．贻终身之悔：留下终身的悔恨。24．不必习用僧巫：习，对某种事物常常接触而熟悉。25．奕世：累世，一代接一代。26．前绪：前人（祖先）的事业、功业。27．廓：广阔。28．娴（xián）习：熟练。29．又奚不征读书之有益哉：奚（xī），疑问代词，何。征，证明；证验。30．玷（diàn）：使有污点。31．矧既受秩食禄：矧（shěn），况且。秩，俸禄，也指官的品级。32．克膺主知者勖之：能承当主要知识者加以勉励。33．夙（sù）：素有的；旧有的。34．良由力本而游惰者少：一直以来，由于大家都努力于农业生产，以农为本，所以游手好闲、好吃懒惰的很少。35．国法不贷（dài）：贷，饶恕。36．逋（bū）：拖欠；拖延。

2）南树公续修家规六条

意亦前所有，但此更明晰警惕，观者易为激发勉劝。

(1) 体天理以立心。盖心者，万事万物之本，子孙之根基也，故俗云：“但存方寸地，

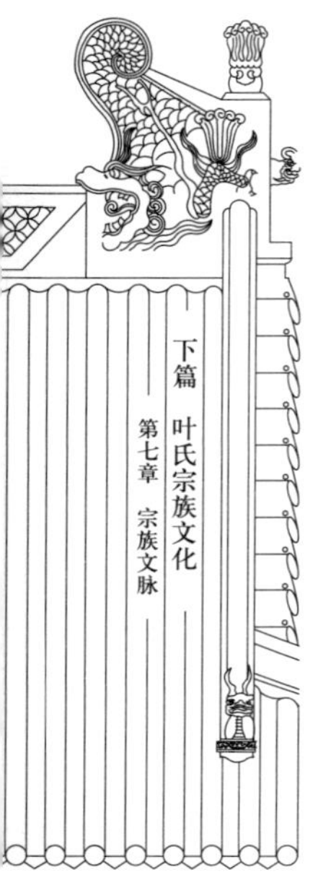

留与子孙耕。”而理者，出于天而具于心，无物不有，无时不然，无贤不肖，而皆各有真知者也。知其是而为之者，理也。知其非而不为者，亦理也。是则当为，非则不当为。不当为而亦为之者，非势利之惑，则性情之偏也。此皆谓之欺心，谓之欺天。既已欺心，则己心先是不安；至于欺天，胡可望天之我佑哉！故今人见人家子孙昌盛者，便曰：“其祖父原立心好，今果有天理也。”见人家子孙微弱，便曰：“其祖父原立心不好，今果要天理也。”可见天理之报，应不差[1]人心之是非，不昧为子孙计者，不可不自立心始。

（2）闲[2]礼仪以制行。夫行出乎身，加乎人。一人行之，众人观之，后人议之。而礼仪，其大闲也，圣人制为威仪曲礼以教人。其三千三百者虽不可悉数，而文公冠婚丧祭之礼[3]，与大小学一书，则家庭之不可缺者。但人情厌其繁琐，乐于放肆，多不遵之，所以子孙无所教训长习而为非也。今后子孙，初学时便要教以小学，成人时便要教以家礼。学生肯依小学行，则礼体自别。凡事俱依家礼做，则争夺自息。前人行之，后人法之，使外人称为世代尚礼之家，岂不美哉！

（3）尽伦物[4]以持身。凡人立身于天地间，其做百姓，纳粮、当差，皆君臣事也。至于父子、夫妇、兄弟、朋友之间，哪一日不与之相接。故圣人指出亲义序信别以教人[5]，又制为律令刑罚以防人，无非欲人之尽伦也。今之为父兄者，不先以此为教，而徒事于训诂；为子弟者，不知以此为学，而徒循夫章句；甚至势利关心，道理不入，稍有利害辄不顾伦理而为之。及其罪过重大，法网难逃，小则倾家荡产，大则覆宗绝祀，不亦可哀之甚乎！到此思量，悔亦晚矣。今后子孙，无论习举业与不习举业者，自幼时便要教以伦理，使其知为臣当忠，为子当孝，为弟当敬，处夫妇要有别，处朋友要有信，务求明师讲解分明，垂及后人，轮流传说。要见是如此，就做得一个好人；不是如此，终不免于刑宪。则有资性者，固有所感而乐于为善；无资性者，亦有所畏而不敢为非。家庭常有揖让之风，官府永无刑辱之及，岂不大有利哉！

（4）法勤俭以起家[6]。窃见先贤有曰：“士农工商，各执一业，以明天下无冗食之人也。”《书》曰：“不虑胡获[7]？”《诗》曰：“夙兴夜寐。”明有勤也。古人茅茨[8]土阶、布衣疏食，明有俭也。夫不勤则财物无所出，不俭则财物易以耗，此二者常相需也。我祖宗积累以来，素重农桑，用是家道渐长[9]，而后人之得有余力以肆志于读者，则日夜诵声不辍，故兰桂芳腾而书香远播。此以前之明效大验也。观此则知勤耕者自多收，勤读者自进取，而怠惰者所获必次之，勤顾不甚重欤。若俭之一字，则今不如古，恐渐之不可长也。闻之古以二杯传饮，未尝不乐，而今则杯盘狼藉者有矣。古以布絮御寒，未尝不安，而今则绮罗遍体者有矣。古之厮役一二人，日不停工，而所食者蔬食耳；今则任其放纵奢侈，而衣食鲜不躐等分矣[10]。夫后人之所用，前人之所积也。太满则倾，古有明训，而丰俭适宜，禹尚且然，况治家者，安得如此纵侈乎！今后子孙，务读者当以明理为先，而课程不可间断，饮食冠裳毋过奢也；务耕者当以趁时为急，而旱潦早为预备，衣食起处宜有则也；中有为工为商者，亦须各专其事，而毋泛毋惰，则各自有得。均之可以起家。若徒守先人之业而坐食终朝，更以靡丽相尚而费用无节，则不惟盛不足恃[11]，而败且立至，勉之戒之，毋谓祖宗不足法也。

（5）勤家训以化愚顽。国家律令之制，所以开示天下之人，惓惓然[12]惟恐民之无知。而一入其中，则终身不可复赎者，以廉耻之心人皆有之，苟非有所劝而乐于为善，则必有所畏而不敢为不善也。若无所劝而亦无所畏，明知触法抵纲而甘心犯之，是谓无耻之徒。虽罹极刑[13]，固其自取。但以同宗一体视之，亦必有哀而怜之者。与其哀怜于既犯之后，孰若戒训于未犯之前乎？我叶氏虽历世以来幸免此类，然未必后之终可信其无也。今家规既定，凡我子孙永宜遵守。遇有过失，为父母者宜教训之；或父母姑息而不知教训，或子孙愚顽而不从教训，同堂伯叔兄弟共宜劝谕之；或劝谕之而不听，则合族之人宜与众责成之；至责成之而不改，然后呈官究治之。总之，无非善全其为人而已。如或等秦人视越人之肥瘠貌不相干[14]，亦或畏目前之詈辱任其行为，将卒成凶恶，致干法纲[15]，小固止及其身，大则祸累家人，害可言哉！害可言哉！至此而始悔家训之未早也，晚矣！

(6) 敦礼让以息争讼。人惟礼让不敦，争端易起，而讼源以开。夫讼有何吉乎？一则事发在官，即有理而未见必胜；二则周旋世路，即有钱而亦多强颜；三则或经岁月，即重务而举皆废弃；四则是非争执，即至戚而夙谊无存；五则公门出入，即忠厚而易诬恶名；六则辗转讼情，即夜寐而莫得安静；七则两造廷讯，即清贵而任人卑贱；八则结怨不已，即富家而卒致破败；九则机变叵测，即理胜而转致受屈；十则狱词或冤，即能赎而悔莫可追。历历思之，讼诚何吉乎？是故礼让之不可以已也。一礼让而争自无矣，讼自息矣，即曰有不得不争不讼之处，如祖宗之骸骨受人侵害，父母之柔懦被人欺凌，得曰容姑宽乎？然斯乃系变故之大者，又当分别观也。总之，无论至疏至远，至亲至近，一以礼让行之，虽强暴而举可化焉矣，又何问夫等夷之辈也哉！

[注释]

1. 差（chà）：缺少；欠。2. 闲（xián）：规范。3. 冠婚丧祭之礼：冠（guàn）礼：古代男子成年时举行加冠（guān）的礼仪。4. 伦物：伦常：五伦（君臣、父子、夫妇、兄弟、朋友）这些关系中的尊卑长幼是不可改变的常道。伦理指人与人相处的各种道德准则。物指事物的道理。5. 故圣人指出亲义序信别以教人：父子亲、君臣义、夫妇别、长幼序、朋友信。6. 法勤俭以起家：法，仿效；效法。7. 不虑胡获：不去想胡乱获得的事，胡获也是一种不劳而获。8. 茅茨：用茅草或芦苇盖屋顶。9. 用是家道渐长：因此这才使家庭的境况逐渐好起来。10. 而衣食鲜不躐等分矣：鲜（xiǎn），少。躐（liè）等：超越等级；不按次序。11. 更以靡丽相尚而费用无节，则不惟盛不足恃：靡（mǐ）丽 ：华丽；奢华。相尚：相互尊崇。盛不足恃：兴盛而不足以倚仗。12. 惓（quán）惓然：形容很恳切的样子。13. 虽罹极刑：罹（lí），遭受。14. 肥瘠貌不相干：瘠（jí），（身体）瘦弱。藐（miǎo），轻视。相干：互相关联或牵涉；有关联（多用于否定式）。15. 致干法纲：干（gān）牵连；涉及。

3）公议家规禀县立案并批

赞侯公遗稿

我族自唐迁治邑，赖先人积善有庆，书香相继千余载，室家于今亦溱溱[1]。但恐淑慝不齐[2]，非立规家喻户晓，难免荡检逾闲[3]，有玷诗书之门第，用是公议数十条，勒碑而剀切劝诫[4]焉。凡我宗族，男须守正治乎外，女须守正治乎内。各务恒业，咸安本分，兴孝兴弟，

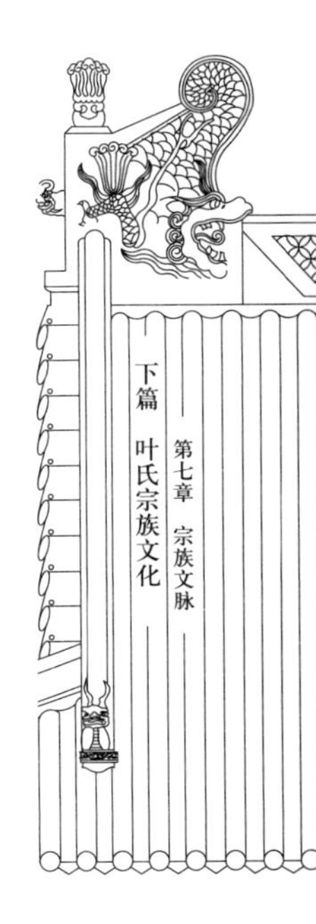

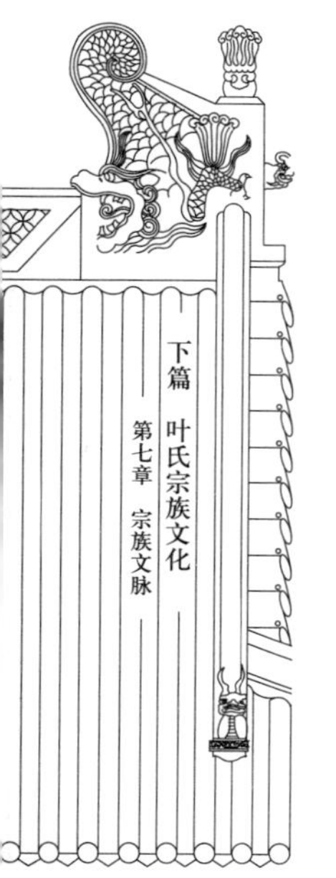

克俭克勤。毋许践代祖山，牵骑坟冢；偷卖公产，侵蚀祭赀；忤逆父母，狎侮伯叔；欺麦兄弟，抛弃妻子；作盗窝贼，纵博诱赌；吸食洋烟，演唱花鼓；妄结会友，滥充状师；贪色酿祸，酗酒[5]逞凶；挟贵压贱，倚众暴寡；拌命殴打，横口叫骂；无冤捏控，有隙唆讼；争祧图产，退继废祀；谋财逼嫁，嫌贫悔婚；昧良骗债，恃强踞耕[6]；不顺翁姑，弗敬夫婿；嫉妒姬妾，磨灭媳妇；冶容诲淫[7]，长舌维厉；偷窃私逃，懒惰好吃；聚会抹牌，混杂念经。种种愆尤[8]，语难殚述，皆宜除之务尽，若去疾不遗其类，去草必绝其根焉。如使诲尔谆谆[9]，听我藐藐[10]，一经冒犯家规，轻则本庄户长持平处罚，重则会族至宗祠秉公治罪处治，而愧悔只遵情有可原则宥之[11]，以开其自新之路。不然，或姑惟加鞭示惩，或责令书字垂戒，或金赎以资美举，均审犯规之巨细为衡，概不徇情。畏势浸假[12]，长恶不悛[13]，实属家法难容。男犯则公书逐条悬示祠堂，自后非痛改前罪，不准归宗。女犯无夫则公出财礼，惟养老抚孤；无孤则立嗣承祀，亲疏不沾染锱铢[14]。有夫而惧悍妻者，公亦主出，令复娶，倘再不遵公议，反敢犯上凌长，值此家法俱穷，不得不会同禀官，恳请照律监禁，免致接踵效尤，大伤风化。尚冀祖灵佑启规条之训教，既先男女之率循皆谨，世泽相承，家声不堕，是则夙夜所馨[15]香以祝者也。

梁邑尊批：禀及粘抄均悉。自来敬宗收族，必以礼义为防闲，始克垂诸久远[16]，遐稽古昔[17]，张融门律，杜恕家诫，颜延之庭诰，王子渊幼训[18]，各种规条，后世均奉为师法。该族长等公议家规，井井有条，防范后裔甚为周密，深堪嘉尚。准如禀立案，即令知照，此批。

上列家规于民国癸丑年连同县批刷印，分布各庄，嗣复勒碑宗祠。兹本公遗稿敬登谱牒，以继祖遗家规之后，永资法守。

四次谱局同刊

［注释］

1. 溱溱（zhēn）：众多，繁盛。2. 淑慝不齐：淑，温和善良；美好。慝（tè），邪恶；罪恶；恶念。3. 荡检逾闲：荡、逾：超越。检、闲：规矩，法度。全句意为行为放荡，不守礼法。4. 剀切劝诫：剀（kǎi）切：切实。切实劝诫。5. 酗（xù）酒：没有节制地喝酒；喝酒后撒酒疯。6. 恃强踞耕：倚仗强横占据佃耕的田地，不退佃。7. 冶容诲淫：女子打扮妖艳且教人奸淫。8. 愆（qiān）尤：过失；罪过。9. 诲尔谆谆：谆谆：形容恳切教导。10. 听我藐藐：藐藐：轻视；小看。言者谆谆，听者藐藐：说的人很诚恳，听的人却不放在心上。11. 宥（yòu）之：宽恕；原谅了他。12. 浸假：浸，逐渐。假，借。后多用为逐渐之意。13. 长恶不悛（quān）：长期作恶，不肯悔改。14. 锱铢（zīzhū）：指很少的钱或很小的事。15. 夙夜所馨：夙（sù），早晨。馨（xīn），散布得很远的香气。16. 始克垂诸久远：开始能够流传之于久远。17. 遐（xiá）稽（jī）古昔：长久地查考往昔的事。18. 张融门律，杜恕家诫；颜延之庭诰，王子渊幼训：张融、杜恕、颜延之、王子渊是古代为家族写过门律、家诫、庭诰、幼训的人。门律：约束族人行为的条令。家诫：对家族成员的诫训。庭诰：家庭的训诰文字。幼训：教导儿童的内容。

4）锦亭公训家格言

本公孙南树公刊入，兹遵初谱重刊

王父锦亭公曰："吾阅世已近六十年矣，而还计自少壮以迄今日，历历生平亦惟随所处而兢兢相乎时以致警，固未敢信无过举而大逆理之事，或可告诸天地而质诸神明也。然卒不能不切切为尔子孙虑。今约汇所更要而不可不痛饬者用训焉。凡人境无论有无，处身要俭；力无论强弱，手足要勤；性无论智愚，诗书要读；才无论巧拙，进退要详；时无论顺逆；动作要慎；家无论贫富，纺绩要紧；宅无论宽窄，内外要肃；亲无论常变，奉事要诚；祖无论远近，坟茔要固；母无论生继，孝顺要一；妻无论贤否，敬和要兼；子无论敏顽，教训要严；女无论迟早，有生要育；礼无论吉凶，家道要称[1]；身无论贵贱，操守要坚；官无论大小，立朝要忠；名无论显晦，机巧要戒[2]；友无论老少，邪正要择；接无论久暂，威仪要敦[3]；族无论亲疏，一本要笃；邻无论好歹，和睦要讲；言无论得失，简默要思[4]；忿无论当否，含忍要力[5]；人无论生熟，说话要防；分无论尊卑，谦恭要持[6]；粮无论多少，完纳要早；财无论分厘，取予要当；色无论祸患，起念要除；酒无论早晚，举杯要节；事无论巨细，是非要审；行无论通塞，忠厚要存；势无论盛衰，天理要全。若兹三十二条，虽未足尽人生之变，而大都实不出此。诚能语语体味，节节知勉，因类而推，自求完人，则不惟积善成名，抑且自笃其庆矣[7]！愿世世尚鉴，斯而勖旃[8]。"

［注释］

1．礼无论吉凶，家道要称：遇吉凶之事，使用的礼仪，要与家庭的情况相称。2．名无论显晦，机巧要戒：名声无论显赫与否，投机取巧的事都是要戒备的。3．接无论久暂，威仪要敦：接待的客人无论其停留的长久或短暂，威仪都要诚恳热情。4．言无论得失，简默要思：别人说的话无论得当与失礼，都可以选择不说话对待，但要思考一番。5．忿无论当否，含忍要力：忿同"愤"。气愤时无论妥当与否，都应该尽力包涵与忍让。6．分无论尊卑，谦恭要持：身份无论尊贵与卑贱，都应该谦让、恭顺、矜持。7．抑且自笃其庆矣：而且自己深信其带来的福泽。8．愿世世尚鉴，斯而勖旃：尚，崇尚。鉴，镜子。斯，指示代词：这，此；这个；这里。勖（xù），勉励。旃（zhān），"之焉"的合音。全句意为愿世世代代崇尚这些格言，把它当作镜子，这些都是值得勉励的呀！

5）胪扬公固祖茔篇

万物本乎天，人本乎祖，可知祖实人之所天，而固之乃以事天也。且以圣贤言之，其在《易》曰"克家"[1]，《书》曰"迪光"[2]、曰"象贤"[3]，凡以言善继善述，追配前宁[4]，此其上焉者也。即以人情言之，置通列显荣及祖先造业兴家，庆隆祠禴，富也贵也，此亦其上焉者也。夫人岂必尽诣圣贤，居富贵乎！而祖均是祖，此固祖之心，即人人未凿之本来也[5]，何近世之固祖者少，而戕[6]祖者之所在多也。大凡人生则有身，死则有茔，想祖父值及存之日，所致望于子孙者无穷，殁则已矣。其冥冥[7]中深切切[8]者，独此一抔土耳，乃人情竟昧昧[9]而漫不之思[10]。其在山灵稍有荫庇者，一则萌邀福之私而维持不倦，祭告不懈；一则怀畏祸之心而山林恐损，围禁恐伤。不然者，或以途远而废其祀典，或以代隔而忘其墓厝，

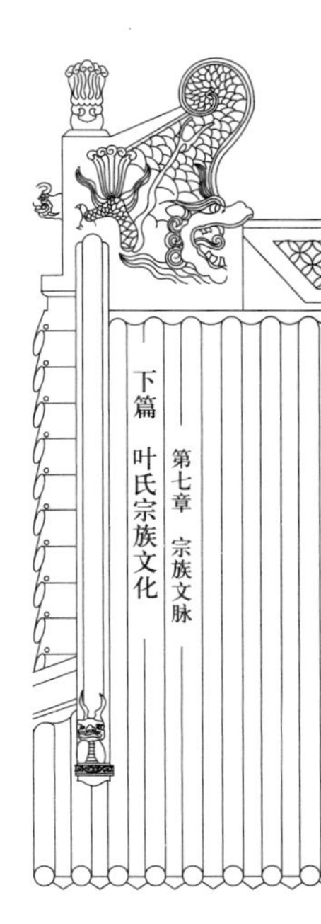

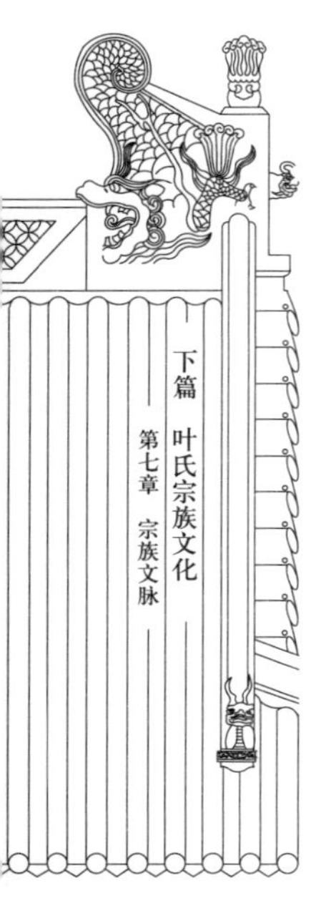

甚或以私害公，以新弃故，以祖宗之骸骨为子孙富贵之媒，以祖灵之依托为目前肥囊之计。夫昔之人入庙且思敬也，过墓尚思哀也，彼独何心而惨毒[11]至此？忍戾[12]可言哉！若而人以理义导之不察也，以国典绳之不畏也，谚不云乎："孝顺常生孝顺子，忤逆还生忤逆儿"，则天道之反报也。世几见弃祖茔于不顾而卒不丧败，害祖根而不恤而终不覆绝者。彼不知有祖，宁独不惶然于天道之不爽哉！顾在孝子慈孙，岂必鉴于是而始生其诚敬，深其保护？夫亦知祖实我之所天，而固祖茔则即事天以将心也。至于谓我为人之子孙，而我知慎固人，将为我之子孙，亦自转还，则犹存利己计也。此意亦并非其所敢出也。夫孝子慈孙者将与圣贤为徒，彼人情之有待富贵，则更恐反乎？此即惨毒之流，而早不设心矣。是诚为尔类之极则也。

［注释］

1．克家：本指能治理家族的事务，后转为能管理家务，后因把能继承父祖事业之子称为克家子。2．迪光：迪，助词，用在句首，《书·君奭》："迪为前人光，施于我冲子。"3．象贤：《书·微子之命》："殷王元子，惟稽古，崇德象贤。"言后嗣子孙能像先贤。后来成为父子事业相承的套话。4．追配前宁：追配：谓与前人相匹敌，媲美。前宁是前宁人之省，前宁人又是"前文人"之误。前文人就是前人中有文德之人。5．人人未凿之本来也：凿，明确。6．戕（qiāng）：杀害；残害。7．冥冥（míng）：指阴间。8．切切：恳切；迫切。9．昧昧：糊涂；不明白。10．漫不之思：随随便便不去思考。11．惨毒：残忍狠毒。12．忍戾（lì）：残忍暴戾。

6）胪扬公训后立身忠厚篇

此身谁之身也哉？天地其浩渺也，万物其至杂也。人于其间有身，上不肖乎天地，下即侪[1]乎万物，可不慎诸？盖轻言之，一太仓稊[2]米耳，而重言之，家视焉，国视焉，天下亦视焉。圣经曰："自天子以至于庶人壹是，皆以修身为本。"正此意也。顾系之愈重，则修之功宜益繁[3]，圣经贤传论之详矣。然而依古以来，安所得尽踵其门[4]，登其堂，入其室者？吾得有人人皆知而可勉之术焉，无他，忠厚而已矣。独是概曰："忠厚庸莫庸也[5]，近莫近[6]也，小节也，小善也。"岂足语圣贤修身之万一哉！嘻！彼其道适莫用耳。即以养性言，雄才不伤于纵恣[7]，聪明不偏于尖刻，威仪不入于诈伪，一忠厚而德可成也；以应酬言，在家则为孝子悌[8]弟，在朝则为忠臣良佐，在族党则为长者仁人，一忠厚而善叠著也。且以受福言，生前无宠辱之惊，生后有隆誉之著，而且膝下环贤肖之嗣，家道起昌炽之盛，则一忠厚而不又更来不尽之美报也哉。因窃叹近今之薄也，其在甘心奸慝[9]者，或则笑其畏葸[10]也而不屑[11]，或则指为呆痴也而不安。若而人者，诚何足道欤！即在心知其美者，平居则引以自励，而一入利禄之场，此心不知消归于何。有食贱则窃以自甘而一乘尺寸之柄，此衷不识牿亡之何尽[12]。噫！彼于畅意时而置其身于不忠不厚，吾正恐此心一丧而患害将有莫测也。夫仁者，天地生物之心。人所得以生者也，忠厚非即其端倪[13]乎！本其端倪而还治此身，至易也，至简也，又况反乎？此而患害莫测，存乎此而德以成，善以著，美报为不尽焉。是安得薄为庸近[14]，以为小节小善而弗兢兢[15]欤！袁了凡云："积来之福无穷"，是所望也，朱子之家训，此物此志也，切愿有是身者尽率由之[16]，以庶几[17]于忠厚之道。虽不能如圣贤之超万物而肖天地，又何不可引望圣贤之堂室也耶？

［注释］

1. 侪（chái）：同辈；同类。2. 稊（tí）：草名，结实如小米。3. 顾系之愈重，则修之功宜益繁：珍惜牵挂的事情越沉重，则修养的功力应当更加复杂。4. 安所得尽踵其门：踵（zhǒng），亲自到。5. 忠厚庸莫庸也：忠厚的人有时显得平庸，不高明，但不能无所作为。6. 近莫近：关系亲密而又不要太亲密。7. 纵恣（zì）：放纵；没有拘束。8. 悌（tì）：敬爱哥哥。9. 奸慝（tè）：奸诈邪恶。10. 畏葸（xǐ）：畏惧。11. 不屑：形容轻视。12. 衷不识牿（gù）亡之何尽：内心不知道圈（juàn）里的牛马怎么都逃亡尽了。13. 端倪：事情的眉目；头绪；边际。14. 安得薄为庸近：怎么能看不起没有作为而又关系密的人。15. 兢兢（jīng）：小心谨慎，认真负责。16. 尽率由之：尽量遵循成规、旧章办事。17. 庶几：表示在上述情况下才能避免某种后果或实现某种希望。

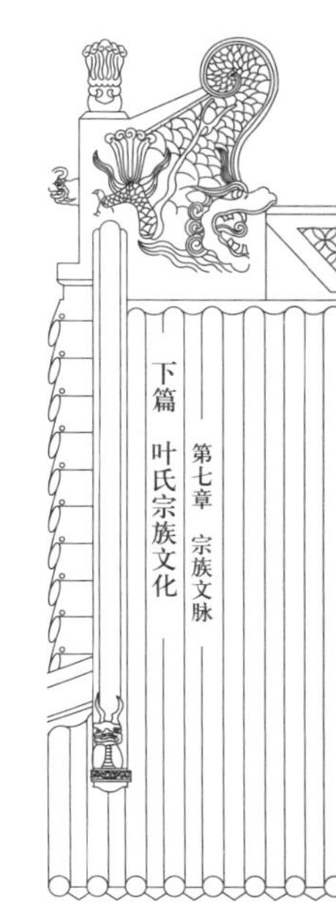

7）胪扬公戒溺女文

尝思有天地，斯有阴阳，有阴阳，斯有男女。盖孤阳不生，独阴不成。男也女也，孰是可意为去取者哉！故《易》首乾坤，著三索[1]，圣人览图观书而画卦象，盖深有见于阴阳交配，生生不已之义，是则有男即不可无女也。此其大经常也。况天地之大德曰生，即草木、昆虫亦自爱之而不忍伤，安在人类也？而又均属此身骨肉，男女何分，爱憎何别也。此又其自然情性也。乃近见有生一男则顶烛焚香，祈寿遐龄[2]；产一女即等为大蠹[3]临门，尽计剪灭[4]。噫！是何心哉？谓是养女之多艰乎？衣禄自定，长勉纺绩，何不易养成人耶？谓是养女之无济乎？养子必娶媳，媳非人间女耶？谓是赘婿之费踌躇[5]乎？有福之女不落无福之家，不闻此天命，非人力耶？谓是装奁[6]之多靡费[7]乎？世几见不养女者定必富，而养女者遂皆贫耶？谓是嫁后之多忧虑乎？穷通得丧，此身难卜，又何必于女过为早计耶？且夫养女亦正多好处矣。人生及垂暮日，他处难走，往之女家亦足忘年。即或女之境有不如，而岂无得女之力者乎？况至结果归圆之时，儿纵哀切，减于纷扰，惟女独觉一头深痛，倍极惨伤，九原之下，想亦洒然。是则又为天下后世愿进一箴也。即以余言，曾育过三女矣。当生长女时，或曰："此系初生，诚不容不育也。"至生次女，一连叠出，而又并未生男，据厥恒情[8]，岂不去之，恐不速耶？而余于时窃叹曰："漫云儿女，悉前世修，即生杀之机，又何忍在儿女身上恣也。"及生第三女，则前已幸生一男矣，而闻知者切切为余虑：以余年尚未满三十，而瓦已三弄[9]。后将必大费经营也。而余不惧，而余且喜且乐。谁知天不之佑，越七日而即自毙，甚深痛焉！及过此则又接得二男，而女不更生矣。是谓非养女多寡各有成数乎？然则人亦何惮[10]而不育女哉！夫不育女者，语以经常必不悟，语以性情必已锢，试语以祸患而宁不惧。了凡先生云："三代不养女，子孙必不昌。"讵[11]未前闻耶？总之惟熊惟虺[12]，泰占同祥[13]，女备男完，子平均愿，人不知女不可弃，独不知身非我母，身自何来？子非我室，子从何出？思之思之。男也女也，自不能意为去取于其间也，而天地阴阳之化，庶几转转于不息。

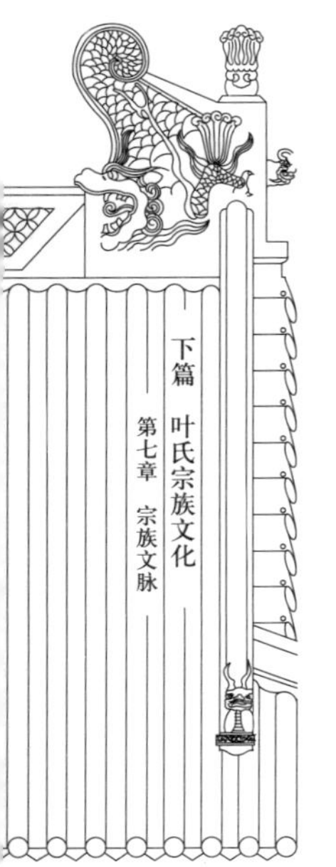

［注释］

1．三索：占卜生男生女的卦象，《易·说卦》有："艮三索得男，兑三索得女。"2．祈寿遐龄：祈祷寿命长久。3．大蠹（dù）：蠹虫，咬器物的虫子。文中比喻大祸。4．剪灭：剪除；消灭。5．踌躇（chóuchú）：犹豫。6．装奁（liάn）妆奁：女子梳妆用的镜匣，借指嫁妆。装疑为"妆"。7．靡（mí）费：浪费。8．据厥恒情：根据常情。9．瓦已三弄：古时重男轻女，生男曰弄璋，生女曰弄瓦。10．惮（dàn）：畏惧。11．讵（jù）：岂，表示反问。12．惟熊惟虺（huǐ）：惟，语首助词，无实义。熊，兽名。虺，古书上说的一种毒蛇。诗经上说：梦熊梦罴男子之兆，梦虺梦蛇女子之祥。在古代圣贤看来，生男生女都是祥瑞的。13. 黍占同祥：问卦、占卜，无论生男、生女同样祥瑞。

8）胪扬公警后训子孙篇

人之生而必欲有嗣续也，何为也哉？曰："为其养生送老也，为其继承禋祀也，为其光耀祖先也。"是生一子而致望此一子者。如此，其重且大，则所以求慰乃望者将何从？吾以为惟教之，而又得其道一法。顾道莫严于端始，而蒙必期于养正。不观宣圣有言乎，曰："入孝出弟，谨信爱众，亲仁学文，则教之之经也。"曰："爱之能勿劳乎，则教之之意也。"而且内则弟子，职则教之之法也。由斯道也，亦安有琢玉不成之理哉！乃或者曰："子之贤不肖，非人所能为，亦待其自变化焉可矣。"然抑思古者八岁入小学，十五岁入大学，随时异教，将宁多事耶[1]？况质在难驯[2]，尤必责成切至，虽未许克振家声[3]，尚不至失足匪类。今使人抚其子，诗书不接于目，训诲不至于耳，义理不解于心，得曰："此子将来必贤乎？必肖乎？"必无之理也。抑使日驯夫诗书，领夫训诲，晓夫理义，又得曰："此子之贤肖诚自天而来乎？"未便矢诸口也[4]。此可知，子之质无论秀顽，而教之必得其道，均未可以已矣。夫何人情之多昧也？闻有善乎其子者，或曰："洵宁馨英物也"，辄居之；或曰："殆绿衣儿郎也"，辄居之[5]。及究以义方之训，而若罔辨；语以三挞之惩，而若罔闻[6]。且甚以贫窭[7]之故弃之，以得子之晚纵之[8]，以己性情之偏诬之[9]。呜呼！是不惟不得其道，抑亦早已弃教而多所陷害矣。尚将望以贤肖，岂不犹欲其入而闭之门乎？又况去顺效逆，如卫庄之嬖州吁[10]；为牛折齿，如齐景之宠子荼[11]，始焉爱之，惟恐伤，而卒焉并其身莫之保也[12]。夫纵呱呱有声之日，而望及养生送老、继承禋祀，光耀祖先之人，而遗罹若此，讵不大可悲哉！甚矣，人情之多昧也！朱子云："溺爱不明。"其此类欤！谚云："独子莫骄。"其亦早有鉴于是欤！洵乎古昔圣贤之言，凡有子弟者宜共凛之也[13]。彼徒能生之而弗克成之者，抑独何哉[14]！抑独何哉！

［注释］

1．随时异教，将宁多事耶：随着年龄的推移，相应地给予不同的教育，将会宁息很多事情。2．况质在难驯：况且本质实在难以训导。3．克振家声：能振兴家庭的声望。4．未便矢诸口也：诸，"之于"或"之乎"的合音。矢口：一口咬定。5．洵宁馨英物也，辄居之；殆绿衣儿郎也，辄居之：宁馨英物、绿衣儿郎都是称羡别人的儿子超凡脱俗的词语。

6. 究以义方之训，而若罔辨；语以三挞之惩，而若罔闻：想尽办法去用正道教导他，他却不辨好歹；多次说要用家法严惩他，他当作没有听见。7. 贫窭（jù）：贫穷。8. 纵之：放纵，不加约束。9. 诬之：捏造事实冤枉人。10. 去顺效逆，如卫庄之嬖州吁：贱妨贵，少陵长，远间亲，新间旧，小加大，淫破义，所谓六逆也。君义、臣行、父慈、子孝、兄爱、弟敬，所谓六顺也。古人认为背离六顺而效行六逆。很快就会带来祸患。卫庄公就是一个这样的人。他宠爱嬖妾之子州吁，州吁好兵，公弗禁，结果酿成大祸。11. 为牛折齿，如齐景之宠子荼：齐景公尝衔绳为牛，让其宠爱的小儿子荼牵着玩，荼不慎跌倒，结果使景公的牙齿折断，这是过分宠爱的恶果。12. 始焉爱之，惟恐伤，而卒焉并其身莫之保也：焉，古文助词。卒，到底；终于。全句意为开始非常溺爱，唯恐其受到伤害，而到后来，因其胡作非为，到头来，连其身都无法保全了。13. 洵乎古昔圣贤之言，凡有子弟者宜共凛之也：洵，诚然；实在。宜，适宜；合适；适当。凛，严肃貌；敬畏貌。凡有子弟者，对圣贤之言实在应当敬畏听从。14. 彼徒能生之而弗克成之者，抑独何哉：仅仅只能生其命，而不能培养其成人，建功立业。这怎么行呢！

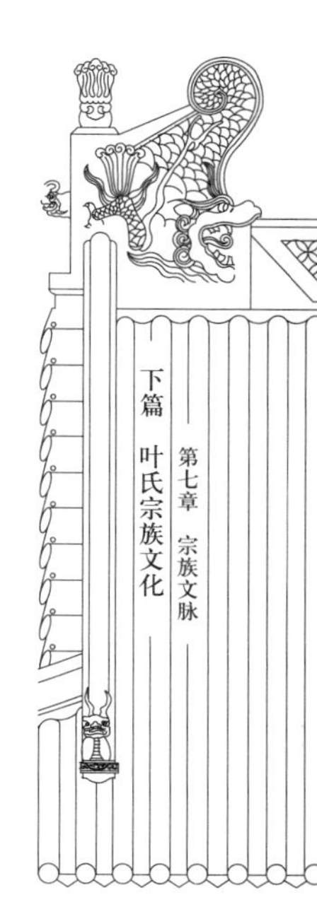

9）彤扬公酒戒

世上无端[1]事，皆酒酿成之，我今为家劝，切勿尚酒卮[2]。文王作酒诰[3]，无非虑后嗣[4]；禹疏仪狄酒，兢兢恐殆而[5]。无酒莫合欢，有酒节饮宜。吉凶但成礼，淫则咎在谁[6]？虽酒无限量，酒困戚自贻。人谓酒是命，我道祸已萌。酒是迷魂物，不吃志气清；吃了迷魂酒，世事全不明。形神尽改辙，言语乱混混。分明一正路，偏欲走歧途。平昔一点气，藉酒肆狂且[7]。家庭或聚庆，骨肉恩情夷[8]。族党若言欢，忿戾逼几筵。丢手弄拳乐，逞凶到人前。君子咸知避，狂徒怎让锋？干起无限害，连及一多人。羞耻曾莫顾，后悔复何追？不解人在世，如何被酒揉？明明一坑陷，每每蹈网罗。今日钱几个，明日酒中酤。结几花柳[9]子，心多行不义。醉时财物失，醒后且轻身。总总患祸息，姑将纸上传。岂无愧励子，岂无惜身人，岂无受酒累，岂无知戒时？一朝宾筵设，不觉又复愚。百般疾痛起，万药且难治。纵不伤夭折，病根已种身。一人漫恣酒，家中个个迷。囊橐[10]常空虚，家道苦萧条[11]。说起这件事，的的恼心头。丧家并丧国，危身且及亲。不晓苦言药，反谓我狂痴。试将过来汉，一一细推论。说与后人听，亟亟[12]宜知箴[13]。何必监之立，何必史之书[14]？豆觞盈樽日[15]，且把酒戒思。

［注释］

1. 无端：没有来由地；无缘无故地。2. 切勿尚酒卮：尚，尊崇；注重。酒卮（zhī）：古代盛酒的器皿。全句意为千万不要贪杯（成为酒鬼）。3. 诰（gào）：古代一种告诫性的文章。4. 后嗣（sì）：指子孙。5. 禹疏仪狄酒，兢兢恐殆而：禹，大禹。疏，封建时代臣下向君主分条陈述事情的文字。兢兢：小心谨慎，认真负责。殆（dài）：危险。6. 吉凶但成礼，淫则咎在谁：饮酒有饮酒的礼节，吉凶时饮酒也要按礼节办事，若不按礼节办事，饮酒过多、过甚，放纵而不加约束，造成过失，谁负责。7. 藉（jiè）酒肆狂且：假托酒兴，纵情地任意妄为。8. 家庭或聚庆，骨肉恩情夷：家庭有聚庆之事，放纵滥饮，骨肉恩情就会夷灭。9. 花柳：指妓院或娼妓。10. 囊橐（tuó）：一种口袋。11. 萧条：寂寞冷落，毫无生

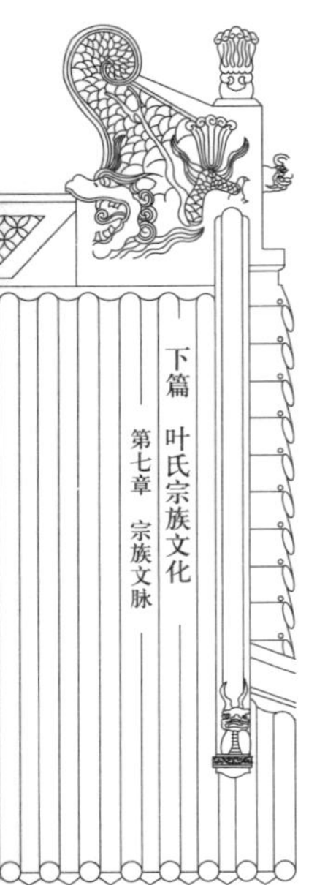

气。12. 亟亟（jí）：急迫；急忙。13. 箴（zhēn）：劝诫。14. 何必监之立，何必史之书：何必在官府建立文书，写上酒戒的内容；何必在史书上写进戒酒的条令。15. 豆觞盈樽日：豆，古代盛食物的器具。觞（shāng）古代称酒杯。盈，充满。樽（zūn），古代的盛酒器具。

10）掌于公续戒项七绝十三章（淫、诡、刻各一，赌十）

淫戒　奸淫谈及且羞言，况属躬行兽作浑[1]。名节败人人败我，妻孥[2]现报一声吞。

诡戒　诡谲[3]为心最莫良，制人纯是莫能防。岂知用到十分处，点点成胎作祸娘。

刻戒　刻薄成财不是财，聚仇招怨丧亡来。填沟即在当躬见[4]，岂等削微到后才。

赌戒　任耕任读任商求，底事投闲作赌谋。误入此中陷不浅，何人脱得窘穷愁。

赢输好个不递更，况复输多不见赢。怪彼赢输不释手，赢来输去一囊倾。窝家心狠胜操刀，引类呼朋刺血膏。最是赌中奸狯[5]手，可怜痴僙[6]不知逃。茶清酒美更肴丰，喝雉呼卢快活中。此日不知途是错，到头便见水山穷。尔躬不饬岂徒然[7]，习惯应防在后贤。带坏子孙无救药，一家堕落[8]说薪传[9]。吾子吾孙日泣餐，家财荡尽觅生难。平时痛爱心何在，忍坐贪顽一手残。一经发觉遭官刑，面肿皮穿变夙形。尺寸之肤谁不爱，何堪痛楚在公庭。纵能逃脱去官衙，差必多金始不拿。未到公堂先吓杀，何如坐守得生涯。误却聪明枉却才，终朝无复谏规来。谁知室里多悲怨，咒咒啼啼日几回。迷途唤醒速忙归，切莫蹈前又作非。牢记鲁论[10]惟一句，改之为贵是生机。

诡、淫、刻祖训未明及，特为揭出。赌虽谆谆致警，然人所易犯，故再极其弊，而逐醒之于祖训，外加自省惕，亦品行中无可指摘乎。

邑庠生胞侄敦书谨刊

［注释］

1. 奸淫谈及且羞言，况属躬行兽作浑：奸淫之事说起来都难以启齿，是应该感到羞耻的，如果是亲自做了这种事，那就更不应该了，这就和禽兽的行为没有区别了。2. 妻孥（nú）：妻子和儿女。3. 诡谲（jué）：狡诈怪异。4. 当躬：自身。5. 奸狯（kuài）：奸诈狡猾。6. 僙与“汉”同音。词书上“僙”只作姓氏，“痴僙”应作“痴汉”。7. 尔躬不饬岂徒然：你亲身不加以整治，难道能起什么作用。8. 堕（duò）落：（思想、行为）往坏里变。9. 薪传：薪尽火传：前一根柴刚烧完，后一根柴已经烧着，火永远不熄，比喻师生传授，学问一代代地继承下去。10. 鲁论：即“鲁论语”。《论语》的汉代传本之一。相传为鲁人所传，是今本《论语》的来源之一。张禹所传《论语》以《鲁论语》为本，既传于世，故后世又称《论语》为《鲁论》。

11）军民各不相蒙图说（明万历二十年，期春公辨撰，谨遵初谱刊入）

（1）民户。慨自厥初，生民有君相，则有亿兆。其职不过任土耕耨，以供赋税。成熟之候，先国稞而后私家。赋毕之日，公事不得轻，役以扰于其户，所以中天之世，民有“帝力于我何有”之歌。

（2）军户。自三代以及晋唐，军即兵也，亦以民充之。原有更代之法，无子孙相继承顶之条。宋元后，太祖承运，成祖都燕，始有运。南北之役，其人顶充者，赐名旗甲，是为正旗。承运五次无失者，补千总官，以荣其身。或冠婚丧祭，彰蓝伞、清道旗幡、铜鼓细乐，于省都府邑之间当道排列，有司不敢诘问。而于民丁，又给以屯田地埂子池之稞，是一顶充军差，而名利兼全，所以其时凡民户有财力之子孙，各出己之的名，营谋捐顶。间有巨富之家捐之以赐甥婿，是为正军户。亦有好名之士出金帮贴，承运之人藉名为耀，是为帮乭户。本一时之盛事，实永远之定役。盖由成化以下，注册定名之后，即一父母所出弟兄，有军民之分矣。我族户大人从，枝蕃叶盛，一姓之中亦有军户，恐后世久而军民莫辨；间有不肖之徒藉以兴讼，为累不浅，故于世传图中各祖名下有军者注“军户”二字，而无军之祖则此字，以辨别焉。每分各执谱一册，永远为据，庶不相淆矣。

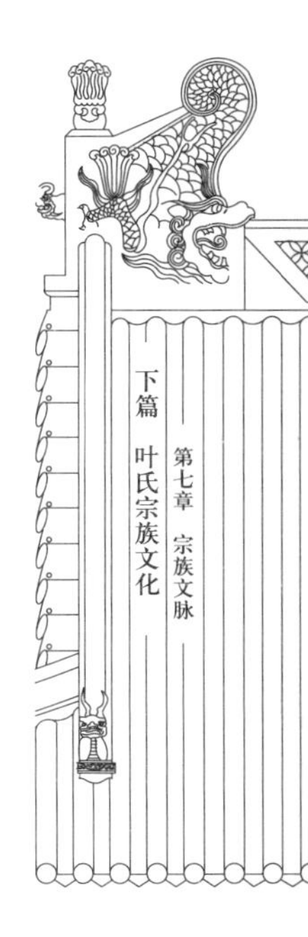

2. 先贤古训

1）帝君阴骘文（附加勉）

帝君曰：吾一十七世为士大夫，身未尝虐民酷吏。救人之难，济人之急，悯人之孤，容人之过，广行阴骘，上格苍穹[1]。人能如我存心，天必锡汝以福。于是训于人曰：昔于公治狱，大兴驷马之门；窦氏济人，高折五枝之桂[2]。救蚁中状元之选，埋蛇享宰相之荣[3]。欲广福田，须凭心地。行时时之方便，作种种之阴功。利物利人，修善修福。正直代天行化，慈祥为国救民。忠主孝亲，敬兄信友。或奉真朝斗[4]，或拜佛念经，报答四恩，广行三教[5]。济急如济涸辙之鱼，救危如救密罗之雀[6]。矜孤恤寡，敬老怜贫。措衣食周道路之饥寒，施棺椁免尸骸之暴露。家富提携亲戚，岁饥赈济邻朋。斗秤须要公平，不可轻出重入；奴仆待之宽恕，岂宜备责苛求。印造经文，创修寺院。舍药材以拯疾苦，施茶汤以解渴烦。或买物而放生，或持斋而戒杀。举步常看虫蚁，禁火莫烧山林。燃夜灯以照人行，造河船以济人渡。勿登山而网禽鸟，勿临水而毒鱼虾。勿宰耕牛，勿弃字纸。勿谋人之财产，勿妒人之技能。勿淫人之妻女，勿唆人之争讼。勿坏人之名利，勿破人之婚姻。勿因私仇使人兄弟不和，勿因小利使人父子不睦。勿以权势而辱善良，勿恃富豪而欺穷困。善人则亲近之，助德行于身心；恶人则远避之，杜灾殃于眉睫。常须隐恶扬善，不可口是心非。剪碍道之荆榛，除当途之瓦砾。修数百年崎岖之路，造千万人来往之桥。垂训以格人非，捐赀以成人美[7]。作事须循天理，出言要顺人心。见先哲于羹墙[8]，慎独知于衾影[9]。诸恶莫做，众善奉行。永无恶曜加临，常有吉神拥护。近报则在自己，远报则在儿孙。百福骈臻[10]，千祥云集，岂不从阴骘中得来者哉。帝君宝训，准乎天道，周乎人道，深而味之，体而行之。即全乎人道，应乎天道，古可鉴之，今可验之。诵来九十六句，句不足尽句中善；数去五百四十一字，字不足尽字中福。恨未广福田于海内，急且遗善根于孙子。

［注释］

1. 广行阴骘（zhì），上格苍穹（qióng）：广行阴德，感动上天。2. 于公治狱，大兴驷马之门；窦氏济人，高折五枝之桂：于公西汉东海郯人，他精通法律，无论大小案件，他都详细查访，认真审理，以德治狱，从来没有冤枉过人，千古称颂。于公家里院子的门坏了，乡亲父老都想给他修一个大门，就问于公要修多大，于公就说，必须要四匹马拉的车能

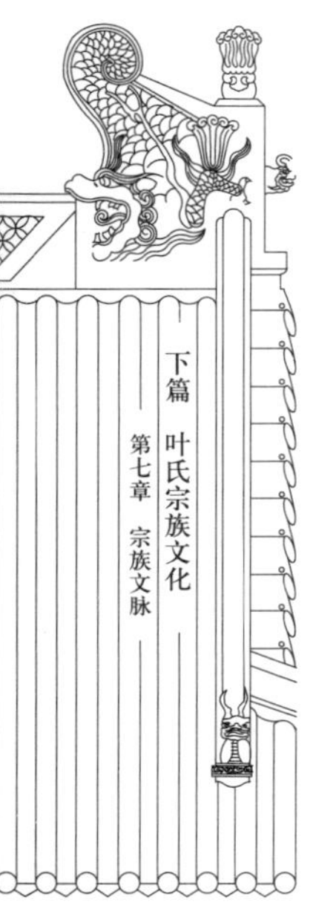

通过。易经上说，积善之家，必有余庆。于公很自信，治狱多年，积了很多阴德，必然有善报，相信子孙会大兴，果然于公的儿子于定国做了当朝宰相，他的孙子于永倡做了御史大夫。根据帝君原文"大兴劝驷马之门"句中"劝"字是误增。五代时期的窦禹钧，燕山人，年龄到了三十多岁都没有儿子。一日，窦禹钧梦到祖父告诉他说："你不但无子，且寿命不长，宜尽早修德以回天。"禹钧因此而力行善事。后来一连生了五个儿子，个个聪明，都做了大官。冯道赠诗曰："燕山窦十郎，教子有义方。灵椿一株老，丹桂五枝芳。"3. 救蚁中状元之选，埋蛇享宰相之荣：宋代有宋郊、宋祁两兄弟，都在太学读书。有一个僧人给他俩相面说："小宋要当天下第一，大宋也会及第。"后来春试完比，僧人见了大宋就恭贺说："你好像救了数百条生命。"宋郊笑着说："我一个穷读书人哪有力量救活那么多生命。"僧人说："蠕动的东西，都是生命。"宋郊说："有一个蚁穴被暴雨浸灭，我编了竹桥去救水里的蚂蚁，难道是这个吗？"僧人说："是这个啊！小宋今年要中状元，但你不会比你的弟弟差。"等到宣布结果时，宋祁果然中了状元，但章献太后说："弟弟不可以在兄长前面。"于是让宋郊当第一，宋祁为第十名。这时他们才相信僧人的话没错。孙叔敖是春秋时期安徽人，有一次出外旅行，在路上看见了一条两头蛇，根据传说，这种两头蛇，是一个大灾星，谁看见它，谁就得死。如今孙叔敖遇见了，便立即把它杀掉，然后埋了。等到他回家之后，闷闷不乐，母亲问他，心情为什么这么差，孙叔敖说，我遇见了两头蛇，必要会死，没有办法孝侍母亲了，所以我很忧虑。母亲一听就问，那蛇现在在哪里？孙叔敖说，我已经把它杀了，埋了，因为怕被另外一个人再看见，我已经看见了，我死就好了，不能再连累别人。母亲听了转悲为喜，"你不用害怕，凡是积阴德的人，必有善报，你发了善心，你绝对不会死，而且会大富大贵。"后来孙叔敖果然做了楚国的令尹，就是后代的宰相，而且是一位明相，贤相，为楚国治理国政做了许多好事。4. 奉真朝斗：信奉道教，朝拜北斗七元星君。5. 报答四恩，广行三教：四恩，佛教语。指父母恩，众生恩，国王恩，三宝恩。又；指父母恩，师长恩，国王恩，施主恩。前者泛指世人当报之恩，后者专指僧徒当报之恩。三教：a. 汉儒谓夏尚忠，殷尚敬，周尚文，称为"三教"。b. 指儒家的施教内容，包括六德，六行，六艺合称"三教"。六德曰智、仁、圣、义、中、和。六行曰孝、友、睦、姻、任、恤。六艺曰礼、乐、射、御、书、数。c. 佛教传入我国后，称儒、道、释为"三教"。6. 涸辙之鱼，密罗之雀：在干涸（hé）了的车辙（zhé）里的鱼。落入细密罗网中的雀鸟。7. 垂训以格人非，捐赀以成人美：流传训诫用以阻止人的非分之想。捐助钱财以完成别人的好事。8. 羹墙：《后汉书·李固传》："昔尧殂之后，舜仰慕三年，坐则见尧于墙，食则覩尧于羹。"后以"羹墙"为追念前辈或仰慕圣贤的意思。9. 衾（qīn）影：北齐刘昼《新论·慎独》："独立不惭影，独寝不愧衾。"后谓在私生活中无丧德败行之事曰"衾影无惭"。10. 骈臻（pián zhēn）来到。

2）朱子治家格言（附加勉）

黎明即起，洒扫庭除，要内外整洁。既昏便息，关锁门户，必亲自检点。一粥一饭，当思来之不易。半丝半缕，恒念物力维艰。宜未雨而绸缪，毋临渴而掘井。自奉须宜俭约，宴客切勿留连。器具质而洁，瓦缶胜金玉；饮食约而精，园蔬愈珍馐。勿营华屋，勿谋良田。三姑六婆，实淫盗之媒；婢美妾娇，非闺房之福。奴仆勿用俊美，妻女切忌艳妆。祖宗虽远，祭祀不可不诚；子孙虽愚，经书不可不读。居身勿期质朴，教子要有义方。莫贪非分之财，莫饮过量之酒。与肩挑贸易，毋占便宜；见贫苦亲邻，须加周恤。刻薄成家，理无久享；伦常乖舛[1]，立见消亡。兄弟叔侄，须分多润寡[2]；长幼内外，宜法肃词严。听妇言，疏骨肉，岂是丈夫？重赀财，薄父母，不成人子。嫁女择佳婿，勿索重聘；娶媳求淑女，勿计厚奁[3]。见富贵而生谄容者，最可耻，遇贫贱而作骄态者，贱莫甚。居家戒争讼，讼则终凶；处世戒多言，言多必失。毋恃势力而凌逼孤寡，毋贪口腹而恣杀牲禽[4]。乖僻自是，悔误必多；颓惰自甘[5]，家道难成。狎昵恶少[6]，久必受其累；屈志老成，急则可相倚。轻听发言，安知非人之谮诉[7]，当忍耐三思；因事相争，焉知非我之不是，须平心暗想。施惠勿念，受恩莫忘。凡事当留余地，得意不宜再往。人有喜庆，不可生妒忌心；人有祸患，不可生欣幸意。善欲人见，不是真善；恶恐人知，便是大恶。见色而起淫心，报在妻女；匿怨[8]而用暗箭，祸延子孙。家门和顺，虽饔飧不给，亦有余欢；国稞早完，即囊橐无余，自得至乐。读书志在圣贤，为官心存君国。守分安命，顺时听天。为人若此，庶乎近焉。

朱夫子圣贤人也，家训圣贤言也。言圣贤言，正欲人皆圣贤人。观其论一日，则自旭旦以至暮夜，无一时之可懈。论一生，则由少壮以迄耄耋[9]，无一日之可宽。语语切中人情，事事准之恒理。率乎其训，心以存，身以修，家以齐；即国，天下亦以治以平。诚圣贤人、圣贤言也，岂直为其一家而已乎？余即志以训吾家。

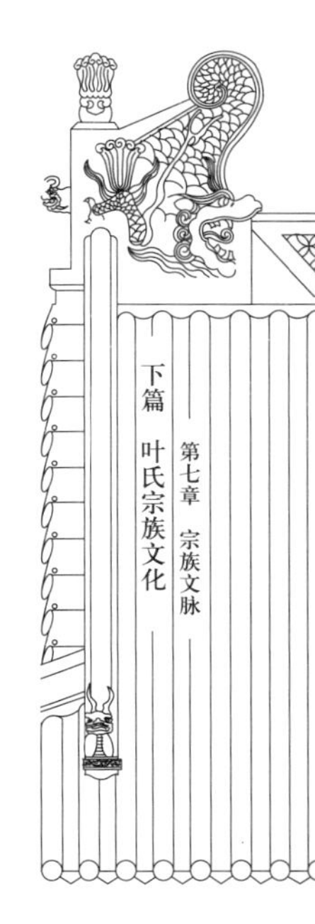

［注释］

1. 伦常乖舛：伦常：我国封建社会的伦理道德，封建时代称君臣、父子、夫妇、兄弟、朋友五种关系为五伦，认为这种尊卑、长幼的关系是不可改变的常道，称为伦常。乖舛（guāi chuán）荒谬；错误，不顺遂。2. 分多润寡：分润：分享利益（多指金钱）。润，利益；好处。3. 娶媳求淑女，勿计厚奁：淑女：美好的女子。奁（lián），古代女子梳妆用的镜匣。泛指嫁妆。厚奁：丰盛的嫁妆。4. 毋贪口腹而恣杀牲禽：口腹：指饮食。恣（zì）放纵，没有约束。5. 颓（tuí）惰自甘：意志消沉，精神委靡，为人懒惰，只顾自己享受。6. 狎昵恶少：狎昵（xiání），过分亲近而态度轻佻。恶少：品行恶劣，胡作非为的年轻人。7. 安知非人之谮（zèn）诉：怎么知道这不是诬陷中伤他人的诉说呢。8. 匿（nì）怨：隐藏怨恨。9. 耄耋（mào diè）：指老年；高龄（耋：七八十岁的年纪。耄：八九十岁的年纪）。

3）先贤戒赌歌（附加勉）

我今有忠言，劝君切莫赌。人道赌为乐，谁识赌中苦？衣食谋生路尽多，一任士农商与贾。惟有赌钱人，想起真愚鲁。总是起贪心，顷刻思求富。小小得甜头，遂入迷魂府。此是陷人坑，此是嚼人虎。只怕乖[1]而不肯来，不怕来而不入伙。相对有戈矛，相交无肺腑。彻底下流人，引人金兰[2]谱。兴到谁知饥与寒，神昏那辨晨和午。田畴不暇耕，笔砚封尘土。明知法律严，不畏官司捕。父母等闲抛，妻儿全不顾。赢了更贪多，输了翻前负。赢得来时不复存，输将出去剜疮补。告贷已出门，拐骗更非路。弄得赤单单，朝夕浑难度。那个哀王孙，何处逢漂母[3]？且把过来人，逐一为君数。也有佣钱馆谷一朝空，年年落魄身无裤[4]。也有豪门浪赌滥挥金[5]，华堂卖尽迁蓬户。也有天涯远客罄归囊[6]，穷途流落难移步。也有作戏逢场

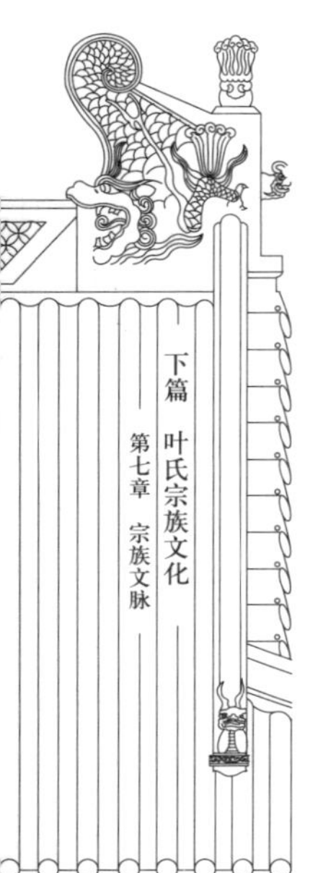

偶效颦[7]，荒耽日渐迷云雾。也有张罗设网老头家，下梢到底无结果。细推详，天亦怒，乔人房，不用斧；射人头，不用弩；裂人肠，不用砒霜蛊[8]，只消一个赌。钱场魍魉逐，尸臭群蛆附。地方偷窃自滋生，少年子弟终身误。听我唱樵歌，为尔开狂瞽[9]，亟亟早回头，各各思当务。汝若有闲钱，何不施贫户？留些好样与儿孙，剩点田房还祖父。千日山中一日酣，翻身跳出豺狼坞。

赌迷人，不怕聪明俊秀；赌害人，不怕雄才大蠹[10]。这宗事，自古恶臭；这个字，生平不吐。读先贤致戒一歌，如同是写我心素。今且咏其意旨，切切警后莫做。一声惊破赌场梦，自是引回失路人。细意逐言寻上去，分明历历个中因。

［注释］

1．乖（guāi）：伶俐；机警。2．金兰：原指牢固而融洽的友情。（语本《易经·系辞》："二人同心，其利断金，同心之言，其臭如兰。"后来用作结拜为兄弟姐妹的代称。3．漂母：漂（piǎo）：用水冲去杂质。漂母：洗衣服的老妇人。相传韩信在不得志，饿得要死时，遇到了一位洗衣服的老妇，给了韩信一点吃的，并鼓励他活下去。后来韩信发达了，重报了这位漂母。4．也有佣钱馆谷一朝空，年年落魄身无裤：佣钱即佣金，买卖时付给中间人的报酬。馆，旧时塾师教书的地方。私塾教师的工资以谷计，一个学生一年给老师几石谷。落魄：潦倒失意。佣钱馆谷这些辛苦钱一下子赌光了，到头来潦倒失意，无衣服遮体。5．浪赌滥挥金：浪赌：没有约束、放纵地赌博。滥挥金：没有限制地挥霍金钱，挥金如土。6．罄（qìng）归囊：归来时囊中空空的，什么都没有。7．效颦（pín）：美女西施病了，皱着眉头，按着心口。同村的丑女人看见了，觉得姿态很美，也学她的样子，却丑得可怕。（见于《庄子·天运》）后人把这个丑女人称着东施。"东施效颦"比喻盲目模仿，效果很坏。荒耽亦作"荒躭"：沉溺。8．蛊（gǔ）：古代传说把许多毒虫放在器皿里使互相吞食，最后剩下不死的毒虫叫蛊，用来放在食物里害人。9．瞽（gǔ）：眼睛瞎；指没有识别能力的。10．蠹（dù）：蠹虫，比喻危害集体利益的人。

4）先儒惜字文（附加勉）

仓颉六书，早有象形之制[1]；籀斯八体，聿开点画之科[2]。泄天地之玄机，发圣贤之秘旨，故首推文字，而道重经书。尔其传仙佛之宗乘，垂朝廷之典籍[3]。裕经文纬武之略资，敦诗说礼之才[4]。掇科第于篇章，云泥迥别[5]；判刑名于案牍，生死攸关。商贾缗线[6]，莫不伏其计算；江湖艺术，宁非赖以经求。官凭私照[7]，信文券于百年；雁帛鱼笺[8]，达衷情于千里。擅雅俗兼通之学，成朝野并济之猷[9]。字有大功于人，人宜珍惜夫字。是以惜字者恒多迪吉，毁经者鲜不贻殃[10]。而乃末世浇漓，斯文狼藉，废书断简，纷纭残蔑[11]。何堪片纸零笺，往往弃捐弗顾？莫追已往，速戒将来。勿为揩抹之资，勿作包封之料。勿糊背窗壁，勿覆盖瓶罍[12]。勿佐翠奁绣帖之需，勿供药鼎茶炉之引。勿坐视粘墙之招贴剥落[13]沟渠，勿行抛卖物之标题践蹂[14]街市。勿誊完草稿随嚼随丢，勿阅过书函且拷且撇[15]。勿燃充灯草，勿搓作纸订。勿毁扇图破碎之诗，勿遗门对飘零之字。勿将布帛之印记缝入衣裳，勿轻木石之雕刊置之污秽[16]。勿坐书箱经柜，勿踏断碣残碑。勿携卷帙于床第之间[17]，勿书名号于器具之下。如能力行敬惜，自可上格神明，必有报施福禄之征，且无亵慢[18]圣贤之咎，虽云一善，何啻[19]千功。

字之当惜，文内尽之；字如何惜，文内亦尽之。文论惜字，妙在周识。人情不惜字处即指为惜字门路，而字乃无不易惜矣，而人乃无不知所以惜字处矣。故知字不尽君子，人用而不惜字，又不尽庸众人。然垂此惜字之文，自统君子庸众。惜一字胜惜一金，吾愿吾家世业诗书，吾更愿吾家世珍[20]斯文。

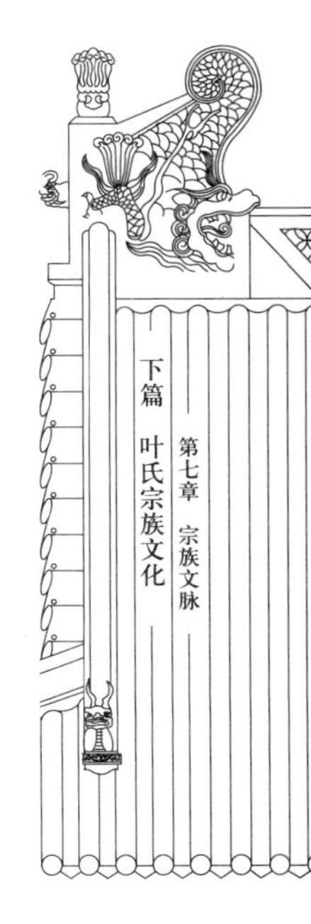

[注释]

1. 仓颉六书，早有象形之制：相传汉字是由仓颉创造。后人归纳总结汉字有六种造字法：象形、指事、会意、形声、假借、转注，合称六书。象形文字，描摹实物的形状的文字。2. 籀（zhòu）斯八体，聿（yù）开点画之科：籀文，古代一种字体，就是大篆。斯指李斯，他会写大篆，大篆有八种主要笔画。聿，用在句首或句中，起顺承作用。3. 尔其传仙佛之宗乘，垂朝廷之典籍：宗，宗派；派别。乘，宗教的教义。垂，流传。4. 裕经文纬武之略资，敦诗说礼之才：经文纬武：谓治理国家以文治为主，武功为辅。敦诗说礼：敦，敦厚，诚恳。诗，指《诗经》。诚恳地学《诗》，大力讲《礼》。旧时统治阶级表示要按照《诗经》温柔敦厚的精神和古礼的规定办事。5. 掇科第于篇章，云泥迥别：掇（duō）拾取。科第：科举制度考选官吏后备人员时，分科录取，每科按成绩排列等第，叫做科第。迥（jiǒng）别：大不相同。6. 缗（mìn）线：缗线应为“缗钱”，指以千文结扎成串的铜钱。7. 私照：犹偏照。《礼记·孔子闲居》：“孔子曰：‘天无私覆，地无私载，日月无私照。’”8. 雁帛鱼笺：指书信。9. 猷（yóu）：计划；谋划。10. 是以惜字者恒多迪吉，毁经者鲜不贻殃：廸吉：表示吉祥，安好。鲜（xiǎn），少。贻（yí），遗留。殃（yōng），祸害。11. 而乃末世浇漓，斯文狼藉，废书断简，纷纭残蔑：浇漓（lí）：（风俗等）不朴素敦厚。狼藉（jí）：乱七八糟，杂乱不堪。纷纭亦作“纷云”，杂乱貌。残蔑疑为“残灭”：残缺磨灭。12. 罍（léi）：古代一种盛物的器具，形状像壶。13. 剥落：一片片地脱落。14. 践蹂（róu）：踩，践踏。15. 且抟（tuán）且撇（biē）：抟，把东西揉弄成球形。撇，弃置不顾；抛弃。16. 污秽（huì）：不干净。17. 勿携卷帙于床笫之间：卷帙（zhì）：书籍。床笫（zǐ）床铺，多指闺房或夫妇之间。第是“笫”之误。笫，竹篾编的席。18. 亵（xiè）慢：轻慢；不庄重。19. 啻（chì）：只；仅。20. 世业：世代相传的事业或职业。世珍：世世代代都珍惜。

（二）现代规章

1. 村规民约（摘录）

为了保障村民实现自我管理、自我教育、自我服务，增强村民的法律意识，维护我村社会秩序，保护村民合法权益，从而促进经济和精神文明建设的发展。谨此，特约法“三章二十条”以正乡风。

第一章：权利和义务

（1）凡年满十八周岁的村民（被依法剥夺政治权利的人除外）都有参加选举和被选举村委会成员以及建议罢免或撤换村委会成员的权利。对于本村重大事项的决定有表决权，也可弃权。同时，村民有权监督村委会贯彻落实《村民委员会组织法》村民之间也有权互相监督遵照执行。

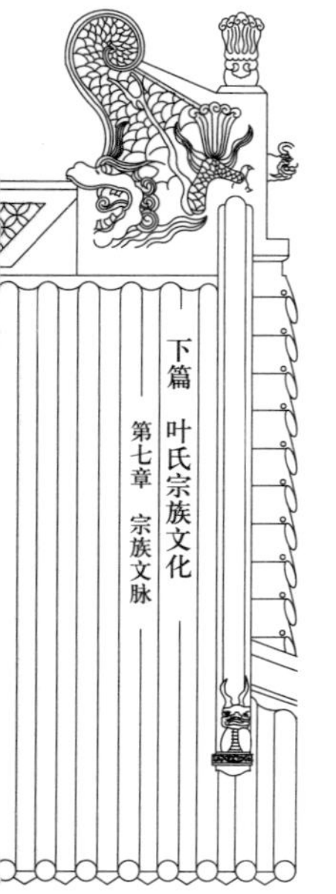

(2) 村民有执行党的方针政策和遵守国家法律法规的义务，自觉依法办事。

(3) 严格执行生产、经营合同，依照政策按时纳税交费，积极完成法定的义务劳动，自觉参加村委会组织的各项公益活动。

(4) 依照管理和使用好土地。

(5) 提倡晚婚晚育，响应国家号召，实行计划生育，维护妇女儿童的合法权益。

(6) 履行赡养老人和抚育后代的义务，尊老爱幼，勤俭持家，节约办理红、白喜事，维护家庭和睦，搞好邻里之间的团结，发扬互助友爱和互相尊重的精神。

(7) 依法服兵役，积极参加民兵组织活动，发扬拥军优属的光荣传统。

(8) 学习科学文化和法律知识，积极移风易俗，破除迷信和封建传统观念。

(9) 保持环境整洁，讲究卫生，爱护树木，美化庭院。

(10) 维护治安，爱护集体，敢于同不良现象作斗争。

第二章：奖励制度

(11) 在完成国家和集体各项任务以及执行村规民约中表现突出者，可评为"模范村民"并予以奖励。

(12) 对积极履行结算经济合同者，村委会安排时可优先考虑，并照顾其家庭。

(13) 对见义勇为，积极检举揭发坏人坏事（或捕捉犯罪分子）者，给予一定的经济奖励。

第三章：处罚条例

(14) 对不能依法经营、严格合同结算兑现、损害集体利益、拖欠集体资金或违犯国家法律法令及村规民约者，除依法追究经济和法律责任外，其本人与家庭不得享受村的各项有关福利及待遇。

(15) 不按规定办理手续，不按统一规划建房和乱占用耕地的，除退还被占用的耕地外，视情节轻重予以罚款。

(16) 对破坏道路、水、电设施、妨碍公共利益和安全的，依法依实予以处罚。

(17) 对违反计划生育政策的，将视情依法采取必要措施。

(18) 对搞房头宗派、制造家庭分裂、造成不良影响的，将据情予以相关的处罚。

(19) 对违反婚姻法规的，将依法追究责任或予以相关处理。

(20) 对无事生非、打架斗殴，偷窃财物者，视情节轻重予以处罚。

2. 城市居民守则

1) 市民文明公约

(1) 热爱祖国，建设家乡　(2) 自信自强，艰苦奋斗　(3) 民族团结，兴市创业

(4) 遵纪守法，维护公德　(5) 尊师重教，自爱自尊　(6) 孝老爱亲，邻里和谐

(7) 诚实守信，爱岗敬业　(8) 拥军优属，保卫祖国　(9) 扶老爱幼，助残济困

(10) 移风易俗，崇尚科学　(11) 讲究卫生，保护环境　(12) 弘扬正气，礼貌待人

2) 市民基本行为规范

(1) 不随地吐痰　(2) 不说粗话脏话　(3) 不光膀子上街

(4) 不乱扔乱倒垃圾　(5) 不乱搭乱建　(6) 不闯红灯

(7) 不在公共场所拥挤喧闹　(8) 不损坏公共设施　(9) 不乱停车辆

(10）不乱设摊点

3）“五好”文明家庭

热爱祖国，遵纪守法好。发奋图强，生产工作好。尊老爱幼，计划生育好。

移风易俗，美化环境好。邻里团结，互励友爱好。

4）文明市民基本要求

（1）热爱祖国，热爱社会主义，热爱党，拥护和执行党的路线、方针和政策，不做有辱国格人格的事。

（2）正确处理国家、集体和个人三者之间的关系，关心国家，爱护集体，顾全大局，忠于职守，刻苦学习，积极工作。

（3）自觉遵纪守法，遵守各项规章制度，勇于同违法乱纪行为作斗争。

（4）讲究文明礼貌，加强道德修养，言谈举止文雅，尊师敬老爱幼，家庭和睦，邻里团结。

（5）助人为乐，见义勇为，不损人利己，不见利忘义。

（6）讲卫生，爱清洁。

（7）市民行为“三管好”。

（8）管好自己的口，不随地吐痰，不说不文明的话。

（9）管好自己的手，不乱写乱画、乱扔乱倒，不做不文明的事。

（10）管好自己的腿，不违反交通规则，不践踏花木草地。

（11）文明礼貌“十字”用语：您好、请、谢谢、对不起、再见。

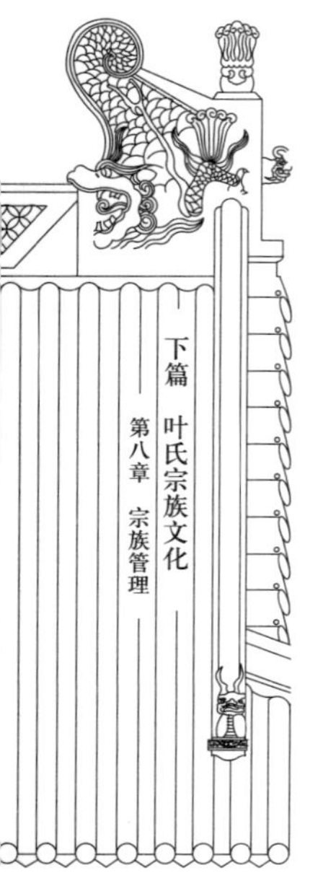

第八章　宗族管理

在中国广大农村有许多同姓自然村。自然村是我国自古至今有别于行政区划的一种不很严密的自发组织。村中人推举几位品德高尚，才能出众者为族长，俗称“家户头子”，管理族中事务，如建造宗祠，修桥补路，围湖筑坝，管理坟山，调解纠纷，济困救贫等。另外还要主持制订族规家诫，以协调人与人的关系。

新中国成立以后，在人民公社化运动中，很多同姓自然村成了生产队，成了最小核算单位。改革开放以后，农业生产承包到户，取消了生产队。现在农村的最小行政单位是村，它多数由几个相邻的自然村组成，一般一个村有几个姓。同姓自然村，又成了一种特殊社会基层组织。在构建和谐社会进程中，同姓自然村有一种无法取代的作用。

在全国人民努力构建和谐社会，实现中国梦的大好形势下，很多地方的宗亲理事会如雨后春笋一样涌现出来。叶家坝宗亲理事会于 2016 年 3 月 31 日宣告成立。成立大会上，理事长叶祖发作了热情洋溢的就职演说，今后从以下几方面努力工作：一是创建更加文明、和谐、安宁的生活环境；二是团结宗亲，崇宗敬祖，化解矛盾，处理好家族事务；三是全心全意为广大宗亲服务，利用好“城中村”区位优势，大力发展经济，使叶家坝人的生活更上一层楼。叶天胜、叶宗林、叶序德、叶宗尉、叶天彪、叶智明等六位宗亲在成立大会上致贺词。

叶家坝宗亲理事会除了有五章十九条系统严密的章程外，还制订了宗亲纠纷调解申请表，宗亲纠纷调解意见书。

与宗亲理事会同时成立的有叶家坝慈善基金会，基金会也订有严密的章程，共计六章十三条。另有慈善基金申请表，助学奖励实施细则。

叶家坝慈善基金会给全庄宗亲写了一封公开信，信中指出“与其说慈善基金会是救助机构，不如说它是仁爱港湾，它不仅可以让你避开苦海劫波的追逐，更可以让你心灵燃起重新起航的希望……与其说慈善基金会是募捐助人的团体，不如说它是幸福银行，存进去的是一颗爱心，取出来的是千家平安，万载康宁。”

开公信一贴出，宗亲们踊跃捐款，叶序德首捐五十万元，叶光华承诺每年捐十万元。不几天就有 35 人慷慨解囊，共捐款 90.75 万元。

为创建更加文明、和谐、安宁的生活环境，宗亲理事会决定对叶家坝的交通进行改造，将小路拓展，大路延伸，并将所有的大路小路硬化刷黑，还要在全庄宗亲共同努力下建篮

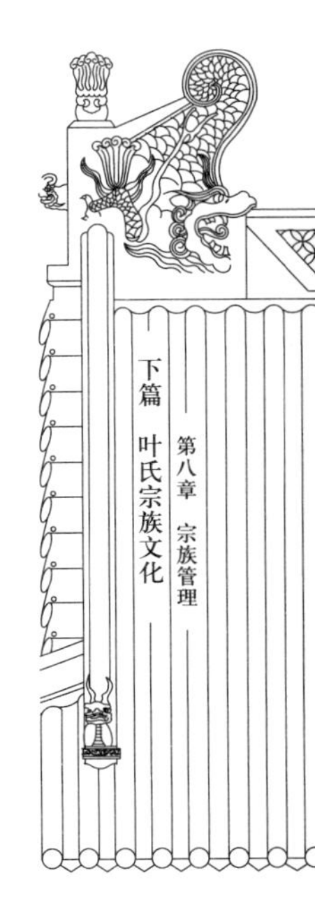

球场，添置健身器械，从门楼到宗祠之间修建仿古一条街。在宗亲理事会精心谋划下，叶家坝的明天将更加美好。

第一节　管理机构

在全国人民努力构建和谐社会，实现中国梦的大好形势下，在欢庆叶氏宗祠圆满竣工的日子里，叶家坝人又锦上添花，于 2016 年 3 月 31 日隆重召开叶家坝宗亲理事会成立大会。紧接着筹备成立了叶家坝慈善基金会。每会有严密的章程，完善的机构，在短时间内收到捐资近百万元，为日后办事打下了坚实的经济基础。

一、叶家坝宗亲理事会

叶家坝宗亲理事会章程

为深入贯彻党的十八大和十八届三中、四中全会精神，努力推进农村公共事业发展和基层民主建设，增强农村自治活力，促进农村社会共治、法治。经叶家坝村村民委员会、叶家坝广大村民和社会贤达提议，决定成立叶家坝宗亲理事会。为今后顺利开展工作，特制订如下章程。

第一章　总则

第一条　本会名称：叶家坝宗亲理事会。

第二条　本会宗旨：在各级人民政府以及村党总支、村委会正确领导下，按照“把党员群众组织起来，把资产资源盘活起来，把民主制度健全起来”的要求，以参与民事民办、民事民治，“共谋、共建、共管、共评、共享”美好幸福家园为宗旨。

第三条　本会性质：本会是由叶家坝宗亲自愿组成的一个以发扬宗族优良传统和振兴家乡事业，共谋经济发展为目的非盈利性群团组织。

第四条　本会一切运作必须遵守国家有关法律法规，开展的一切活动必须是合理合法。

第五条　坚持“民主管理、群众受益”的原则，理事会成员不享有任何特权，入会自愿，退会自由。

第六条　本会会址：叶家坝文化活动中心。

第二章　会员

第七条　会员条件：凡年满十八周岁以上叶家坝宗亲（不分性别、籍贯、职业）热心宗族事业，自愿遵守本会章程，且遵纪守法品行端正者，均可入会。

第八条　会员必须履行下列义务：

（一）遵守本会章程，执行本会决议；

（二）维护本会及会员的合法权益；

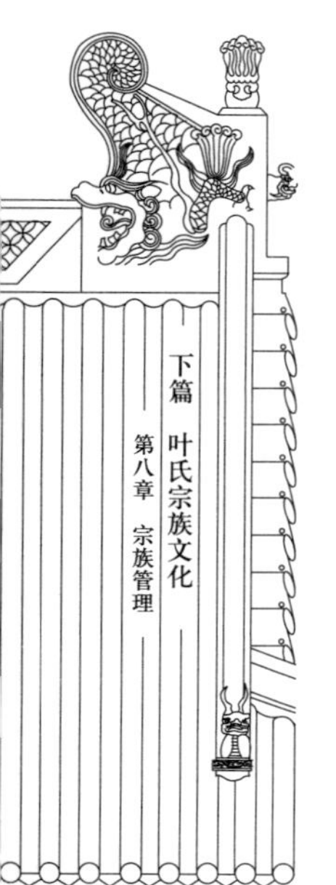

（三）积极参加本会的活动，认真完成本会交办的工作任务；

（四）自觉接受本区域内居民监督；

（五）关心和支持本会工作，向本会反映情况，及时提供有关信息和资料；

（六）向其他会员提供力所能及的帮助和支持。

第九条 会员享有下列权利：

（一）本会的选举权、被选举权和表决权；

（二）参加本会组织的各种活动及有关会议；

（三）对本会工作有批评和建议权；

（四）对本会财务开支有了解和监督权。

第三章 组织机构

第十条 本会会员大会是本会最高权力机构，会员大会的职权是：

（一）选举名誉理事长、理事长、常务副理事长、副理事长、秘书长、副秘书长、理事和参事；

（二）制定和修改本会章程、选举和罢免理事以上成员；

（三）审议本会的年度工作报告和财务报告等；

（四）讨论并决定本会的工作方针、任务和重大问题；

（五）决定本会的清算及终止事宜；

（六）本会设立办公室。

第十一条 会员大会每年至少召开一次，会员代表大会须有 60 %以上的会员代表出席方能召开，其决议须经到会代表半数以上表决通过方能生效。若因特殊情况需提前或延期召开时，须由理事会表决通过。

第十二条 本会理事会是会员大会的执行机构，本会设理事若干名，其成员由本会会员民主协商推荐，经会员大会选举产生。

第十三条 理事会的职权是：

（一）执行会员大会的决议；

（二）选举和罢免理事长、副理事长；

（三）筹备召开会员大会；

（四）向会员大会报告工作和财务状况；

（五）决定设立办事机构及主要负责人的聘任，领导办事机构开展工作；

（六）制定内部管理制度；

（七）制定年度工作计划；

（八）决定其他重大事项。

第十四条 理事长、副理事长等的职责：

（一）理事长职责：

(1) 理事长为本会法定代表人、代表本会签署重要文件；

(2) 主持本会全面工作、召开和主持本会会议；

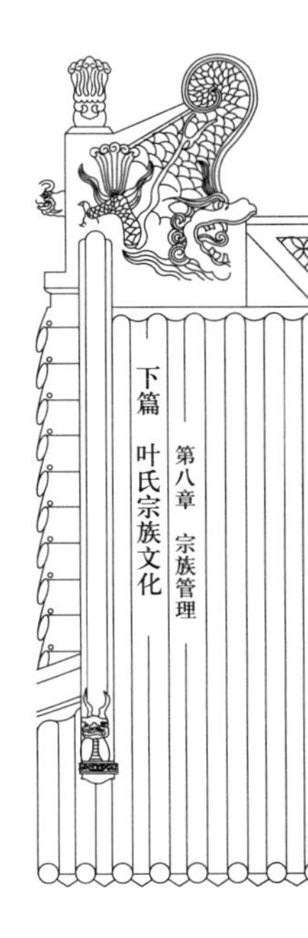

(3) 执行会员代表大会、常务会议、及相关会议决议；

（二）常务副理事长的职责：

(1) 协助理事长工作；

(2) 负责日常事务工作；

(3) 负责分管工作。

(三) 副理事长职责：

(1) 协助理事长、常务副理长工作；

(2) 负责分管工作。

(四) 秘书长职责：

处理日常事务，履行办公室职责。

第十五条　被当选的理事长、副理事长，必须以热情为本会做贡献，在经济上、精神上给予最大程度的奉献。

第四章　经费管理

第十六条　本会经费来源：

(一) 会员应缴纳会费；

(二) 个人、社会团体和企业自愿捐赠和赞助；

(三) 其他社会赞助；

(四) 利息计收。

第十七条　本会经费属本会全体会员所有，用于会务、活动、捐资助学、扶贫济困、祖庙修建及维修，以及其他基本费用等支出。经费的使用办法由理事会监制。

第五章　附则

第十八条　本章程于 2016 年 3 月 31 日会员大会讨论通过，自通过之日起施行。

第十九条　本章程最终解释权属于叶家坝宗亲理事会。

2016 年 4 月 1 日

理事会成立大会

2016 年 3 月 31 日，在叶家坝村委会四楼大会议室举行叶家坝宗亲理事会成立大会，理事会全体成员，所有村干部，宗亲代表近百人参加会议，会上通过了宗亲理事会章程，理事长叶祖发作了热情洋溢的就职演说，叶天胜等致贺辞。

叶家坝宗亲理事会成立大会程序

大会主持：大冶市副食品工业公司党支部书记、经理叶惠清

大会开始（图 8-1）

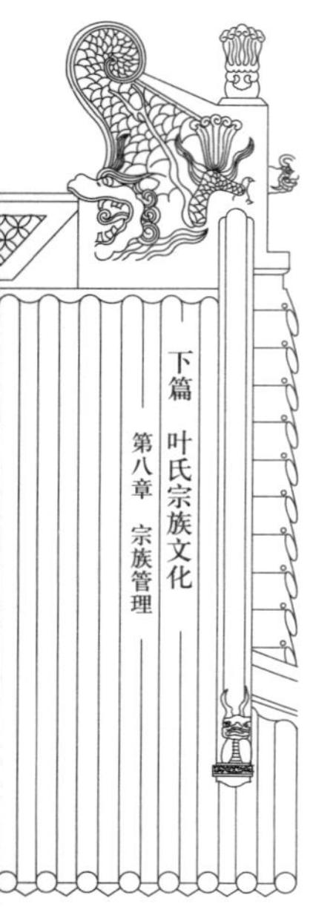

一、中共叶家坝总支委员会副书记叶舜华先生宣布《叶家坝宗亲理事会成员名单》（大家欢迎）（图 8–2）

二、请叶家坝村民委员会副主任叶序纯先生宣读《叶家坝宗亲理事会章程》（大家欢迎）

三、请叶家坝本届宗亲理事会理事长叶祖发先生作就职演说（大家欢迎）（图 8–3）

四、致祝贺词：

大家欢迎中共叶家坝村总支部书记、村委会主任叶天胜先生致贺词（图 8–4）。

大家欢迎大冶城建集团公司董事长叶宗林先生致贺词（图 8–5）。

大家欢迎大冶市德发置业有限公司董事长叶序德先生致贺词（图 8–6）。

大家欢迎大冶市金叶置业有限公司董事长叶宗尉先生致贺词。

大家欢迎大冶市腾飞建材装饰有限公司董事长叶天彪先生致贺词（图 8–7）。

大家欢迎展鑫矿业有限公司董事长叶智明先生致贺词（图 8–8）。

五、大会各项程序已圆满完成，大会到此结束。

图 8–1　主持人叶惠清

图 8–2　叶舜华先生宣布理事会成员名单

图 8–3　叶祖发就职演说

图 8–4　叶天胜致贺词

图 8–5　叶宗林致贺词

图 8–6　叶序德致贺词

图 8–7　叶天彪致贺词

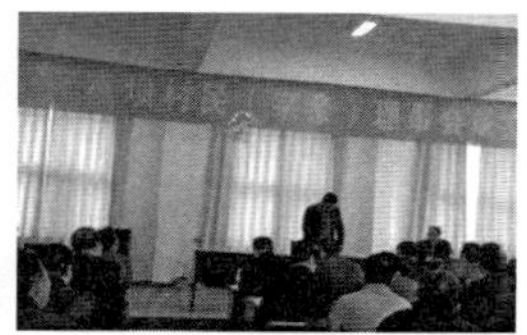
图 8–8　叶智明致贺词

中共叶家坝村总支委员会副书记叶舜华先生宣布《叶家坝宗亲理事会成员名单》

叶家坝宗亲理事会成员名单

名誉理事长：宗林　序德　宗尉　宗善　序俭　光华　常春

理事长：祖发

常务副理事长：惠清

副理事长：国凡　宗森　晨东　建军　惠均　天彪　文斌　智明　惠职　宗权　序屋　山阳　宗茂　宗亨

秘书长：宗星

副秘书长：序田　天龙

办公室：宗科　青松　宗植　宗武　红光　天向

理事：首一长房　序勤　序猛　加胜　志国　序均　友朋

首一二房　宗鼎　日华　宗均　宗谋　宗维　军华　文龙　宗访　序打

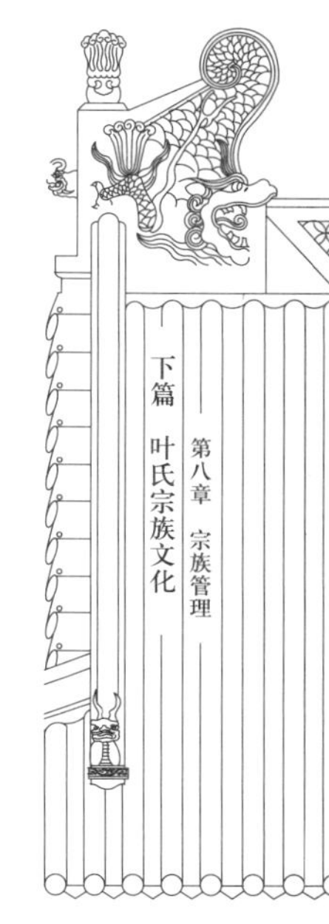

首一三房　宗国　宗武　树林　序炳　天发　天财　宗成　指雄
　　　　　巍巍　园园　树华　序正

首 二 房　序搬　天顺　鑫杰　序长

首 三 房　开柏　青松　启发　友林　细毛　序灿　序剑　长生　细毛

三　　房　开琥　辉煌　红光　序兰　序柏　红兵　天勇
　　　　　宗冬　家兴　劲松　叶松

四　　房　宗元　国栋　文杰　建秋　天添

五　　房　宗旦　宗立　宗召　宗兵　国庆　莲花芯　宗财　序松
　　　　　序武　秋杨　立新　培敏

上　　叶　宗坤

下　　叶　宗裕　宗兴　序科　序富　序雄　序熙

大会结束后，全体与会人员在宗祠前合影留念（图 8–9）。

图 8–9　理事会全体成员合影

叶家坝宗亲理事会

2016 年度会费交纳情况表

（2016 年 11 月 6 日止）（单位：元）

序德	60000	祖发	40000	宗尉	30000	宗林	20000	天彪	20000
晨东	20000	光华	20000	建军	20000	序屋	20000	智明	20000
常春	20000	惠清	10000	宗星	10000	文斌	10000	序俭	10000
宗权	10000	圆圆	10000	序炳	5000	序科	5000	序富	5000
宗兴	5000	宗谋	5000	天发	5000	国凡	5000	国栋	5000

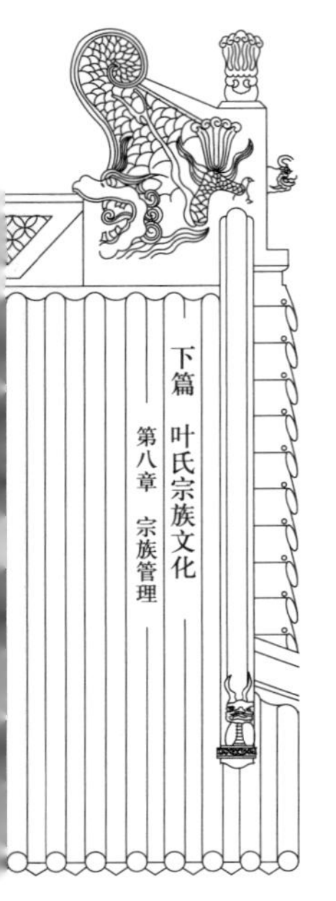

宗元　5000　　叶灿　4000　　宗鼎　3000　　志国　3000　　惠职　3000

序武　3000

会费 2000 元

宗茂　惠均　秋杨　鑫杰　天勇　巍巍　培敏　序柏　辉煌　日华　树林　山阳

宗国　天顺　宗植　序兰　天向　友林　国庆　序雄　长生

会费 1000 元

宗善　宗森　序田　宗维　加胜　红光　宗武　宗立　天龙　天财　序搬　开琥

启发　宗亨　宗财　序猛　宗召　宗旦　宗兵　宗裕　宗坤　序勤　序松　开柏

青松　指雄　序长　天添　叶冬　宗访　劲松　家兴　序均　叶剑　军华　建秋

宗均　文杰　立新　友朋　序熙　宗成　文龙　红兵　序打　树华　叶松　序正

宗科　细毛

二、叶家坝慈善基金会

叶家坝宗亲理事会关于成立慈善基金会的通告

叶理通字〔2016〕06 号

我庄宗祠暨文化礼堂落成后，社区党总支和居委会以此为契机，因势利导，协助宗族团体组建宗亲理事会，为居民自治搭建起一座群众性的服务平台。

理事会自今春成立以来，在短短几个月中，已初步理顺相关事务，并取得一定成果。为进一步深化服务宗旨，根据本会名誉理事长光华和序德先生提议，并报上级党政领导同意，现决定成立“叶家坝慈善基金会”。

成立慈善基金会，对上符合社会形势发展，对下适合我庄实际情况。

2012 年 9 月 1 日《中华人民共和国慈善法》正式施行。中央之所以在民生问题上动作频频，其主要目的就是要缩小贫富差距，提升全民生活福祉，进而实现华夏复兴的“中国梦”。目前举国上下正在党和政府领导下为这一伟大战略目标而努力奋斗。

从我庄实际看，情况也不例外，同样面临发展中的许多问题，我庄虽然是大冶市最大“城中村”，但并非是最大的富裕村，扶危济困，激励下一代健康成长等，仍是全体宗亲必须面对的重要任务。

我庄慈善基金会，作为“扶危济困，服务大众；凝聚爱心，传递温暖”的民间慈善机构，它有利于我庄当前实际问题的解决，也有利于全庄族众精神文明程度的提高；它有利于构建“扶贫、激励、振兴”的良性循环新机制，也有利于形成“和谐、繁荣、稳定”的现代社会新格局！所以说我庄慈善基金会的诞生是适势应时，众望所归！

慈善基金会宣告成立，并非大功告成，基金会建设是个漫长而又复杂的过程，甚至需要一代乃至几代人的共同努力才能形成规模，达到预期目的。因此，慈善基金会建设不仅是对我们坝庄人经济实力的考验，更是对我们谋略智慧的考验，但我们坚信，坝庄人有能力成立基金会，也一定有能力办好基金会！

叶家坝慈善基金会章程

第一章　总则

第一条　本基金会名称：

叶家坝慈善基金会。

第二条　本基金会性质：

是管理本基金会善款的非营利性群众组织。

第三条　本基金会宗旨：

扶危济困，服务大众；凝聚爱心，传递温暖。

第四条　本基金会关系：

隶属叶家坝宗亲理事会，接受叶家坝宗亲监督。

第二章　组织机构

第五条　机构与职责：

一、本基金会理事机构设名誉理事长、理事长、常务副理事长、副理事长、秘书长、副秘书长、理事和参事。以上职务分别由叶家坝宗亲理事会相关成员对应兼任。另安排会计、出纳各一名。

二、理事长职责：

1. 理事长为本基金会法定代表人，主持全面工作；

2. 代表本基金会签署重要文件和履行财务审批手续；

3. 召开和主持本基金会会议。

三、常务副理事长职责：

1. 协助理事长管理本基金会；

2. 负责日常事务工作。

四、副理事长职责：

协助理事长、常务副理事长管理本基金会。

五、秘书长、副秘书长职责：

处理日常事务、履行办公室职责。

六、会计：负责管理本基金会账目。

七、出纳：负责管理本基金会资金。

第三章　基金来源与使用

第六条　基金来源：

开展募集资金等有关活动。

接受叶家坝和外界个人及合法团体的捐赠。

第七条　基金使用：

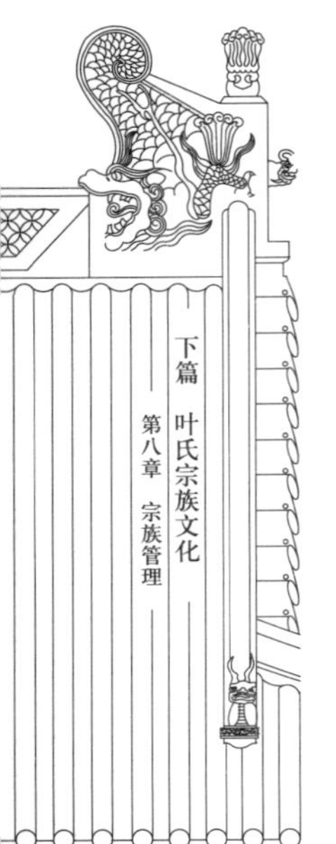

一、救助对象：

1. 家庭特别困难的孤儿、残疾人、鳏寡老人；

2. 重大疾病或意外伤害造成家庭特别困难者；

3. 遭遇严重灾害造成家庭特别困难者。

二、奖励（助学）对象：

1. 考上大冶一中以上重点高中者；

2. 上一类名牌大学者，重奖考上北京、清华大学者；

3. 家庭特别困难无法入学就读者。

三、救助、奖励（助学）金额视当时授受双方情况而定。

第四章　基金会管理原则

第八条　基金募集原则：

可向自然人和法人进行公开募捐，也可向特定对象进行非公开募捐。

收到捐款后，本会除开具收据外，还要颁发《荣誉证书》，捐资者可凭此证书享受相关待遇。

第九条　基金管理原则：

1. 贯彻执行党和国家相关法律法规，加强财务管理和监督，严格财经纪律，健全财经制度。

2. 财务支出本着节约、务实、高效的原则，杜绝铺张浪费。

3. 本基金会资金必须存入指定银行，做到专款专用，任何人不得挪作它用。

4. 本基金会账目必须做到一月一结算，一年一公布，接受社会相关组织的监督检查。

第十条　基金发放原则

由受资助者提出申请，并填写《慈善基金申请表》，提供相关证件，经本基金会调查、评议、审核、公示、最终签署同意后发放。

基金发放自始至终要贯彻公平、公正、公开的原则。

第五章　章程修改

第十一条　本章程若需修改，须经宗亲理事会批准。

本章程在实行过程中，办公室可根据实际情况，制订《实施细则》。

第六章　附则

第十二条　本章程的解释权属叶家坝慈善基金会。

第十三条　本章程自审议通过之日起生效。

附　奖励（助学）实施细则

1. 每年中考、高考考生接到录取通知单后，凡符合奖励条件者凭录取通知到宗亲理事会登记。

2. 宗亲理事会审查批准后，通知受奖者于 8 月 28 日到宗祠集中，集体祭拜祖宗。

祭拜程序：

（1）宗亲理事会理事长讲话。

（2）向祖宗行跪拜礼。

（3）受奖代表讲话。

（4）宗亲致贺词。

（5）按规定等级授奖（发放奖金）。

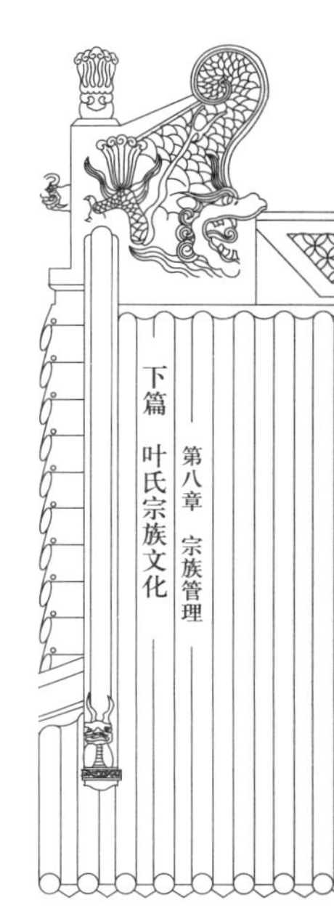

叶家坝慈善基金会
给叶家坝宗亲的一封公开信

我庄慈善基金会已经成立，这是叶家坝全体族众生活中又一件大喜事，其意义之大，影响之深是无法估量的！

何为“慈善”？顾名思义，慈为悲心，善乃义举，也就是扶危济困，匡世救人的意思。人的一生，无论谁都离不开这两个字，或予或取，不用细想，便可体味。

俗话说：天有不测风云，人有旦夕祸福。当你家大口阔，无法支撑之时；当你年幼丧亲，无所依靠之时；当你身有残疾，无以自立之时；当你老来鳏寡，无人奉养之时；当你重症缠身，无钱救治之时；当你偶遭横祸，无计可施之时；当你后承好学，无力供给之时，等等。此时此刻你会想什么？很可能是：“谁来帮我！”这个时候，慈善基金会就会来到你面前，帮你排忧解难。与其说慈善基金会是救助机构，不如说它是仁爱港湾，它不仅可以让你避开苦海劫波的追逐，更可以让你的心灵燃起重新启航的希望！

然而，慈善基金会不是天上掉下的馅饼，而是人们爱心的汇集。基金会的钱从哪来？根据本会《章程》第三章第六条和第八条规定，资金由募捐而来。向谁募捐？主要是向广大宗亲募集。标准是多少？百元千元不嫌少，十万百万不嫌多，正所谓多多益善。慈善基金会就像一汪泉水，取之不尽，用之不绝，投资越大，造福就越多。与其说慈善基金会是筹钱助人的团体，不如说它是幸福银行，存进去的是一颗爱心，取出来的千家平安，万载康宁！

慈善基金会对我庄来讲，虽是新生事物，但是，“物”新而“事”不新。古往今来，我叶氏族人最重“慈善”，而且善行历历，可圈可点。南宋初，待荣公妻荣阳太婆，散尽万贯家财，拯救四方灾民，百姓望门而祝，朝廷诏敕“体仁好善，慈惠婆婆”。南宋末，兵部尚书花香公，退归故里，悬壶济世，治病救人，不取分文，乡邻奉之为“仙”，族人尊之为“神”。清末民初，县城锦华商号掌柜崇甲公，每逢灾年，联络庄中大户，购买五谷杂粮，用船运至下头坪，大秤小斗分给缺粮户，旧时故事，至今还在流传。这次筹建慈善基金会，湖北实美科技有限公司董事长、总经理光华先生率先捐资十万元，并承诺以后每年捐十万元，大冶德发置业有限公司董事长序德先生首捐五十万元，等等。大家应以前贤后俊为榜样，积极捐款，把我们的慈善基金会办大办好。与其说慷慨解囊是一种荣誉，不如说它是我族优良传统，它传承的是无私精神，宣扬的是仁义道德！人世之间，有什么

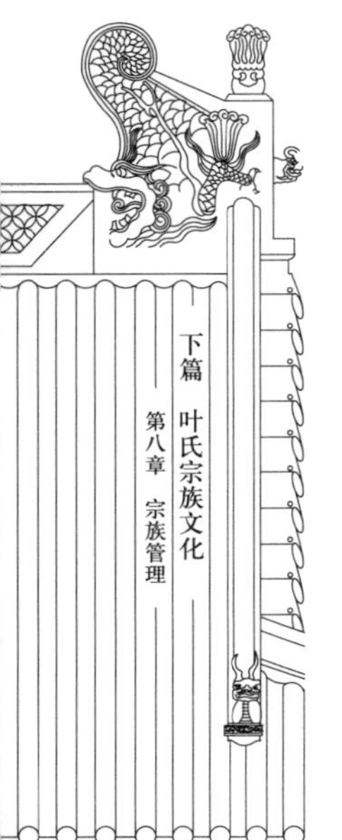

比这更加宝贵的呢？

各位宗亲，为了大家，为了明天，让我们再一次掀起捐资热潮，让我庄慈善基金会这株幼苗长成参天大树，庇荫千家万户，千秋万代！

慈善基金会接受捐款名单及数额

（单位：元）

序德	500000	光华	200000	宗林	50000	祖发	50000	常春	50000
圆圆	50000	序屋	30000	晨东	20000	天胜	10000	惠清	10000
智明	10000	建军	10000	叶卫	10000	培敏	10000	舜华	6000
序纯	6000	宗星	5000	宗元	5000	序富	5000	宗兴	3000
秋杨	3000								

捐款 2000 元

国凡　日华　宗国　友林　叶灿　长生　序柏

天添　1500　　天彤　1500　　山阳　1500　　天财　1200

捐款 1000 元

宗善　宗森　序田　天顺　加胜　年生　国庆　叶冬　劲松　家兴　序均　叶剑

军华　建秋　宗均　文杰　立新　友朋　序雄　序熙　宗成　惠职　文龙　红兵

树华　序打　叶松　序正　宗科　细毛　天向　望来　雄文

天龙　800　　国鹏　500　　子健　500　　宗访　600　　国权　500　　亚洲　500

第二节　管理成效

叶家坝宗亲理事会与慈善基金会虽然成立的时间不长，但理事们秉承为宗亲多办事，办好事的宗旨，工作中雷厉风行，短时间内为宗亲办了不少实事。

一、兴办公益

叶家坝宗亲理事会关于启动庄内主干道“刷黑”工程的通告

叶理通字〔2016〕07 号

为美化村民生活环境，保障全庄道路畅通，经研究决定，对叶家坝庄内主干道进行“刷黑”改造。它既是一项惠民工程，也是一项形象工程，其意义十分重大。此项工程预计投资 200 万元，定于 9 月 18 日正式动工。现将有关事项通告如下：

一、成立“叶家坝主干道‘刷黑’工程指挥部”（名单附后）；

二、施工路段：

1. 中路（门楼—大垴—观山东路入口处，全长 780 米）；
2. 东路（东路口—尊婆山中路交接处，全长 640 米）；
3. 西路（广场照壁—老祖堂—村内西北角，全长 620 米）。

三、希望全庄宗亲特别是上述道路沿线各住户要给予大力支持和积极配合，确保工程顺利进行。

叶家坝主干道“刷黑”工程指挥部名单

总 指 挥 长：祖发

副总指挥长：惠清

中路指挥长：宗森

副 指 挥 长：宗茂

成　　员：惠均　树林　天顺　加胜　宗兵　宗鼎　序勤　天向　宗维

东路指挥长：宗星

副 指 挥 长：惠职

成　　员：开琥　开柏　山阳　青松　启发　辉煌　天龙　序搬　宗召　日华

西路指挥长：建军

副 指 挥 长：国凡

成　　员：晨东　宗国　天发　天财　序炳　红光　宗谋　宗亨　宗元　序田
国栋　宗武　宗旦　宗立　序猛

叶家坝宗亲理事会关于修建“仿古一条街”工程的通告

叶理通字〔2017〕01号总第10号

按照宗亲理事会统一安排，社区“仿古一条街”工程即将启动，预计于2017年4月30日前竣工。本次整改主要是对门楼至居委会主干道两旁门店的招牌进行统一设计。施工过程中可能会影响到贵店铺的正常营业，为了营造一个更好的经营环境，希望各位业主对本次“仿古一条街”的建设给予全力支持与配合！如给您带来不便还望谅解！

二、善事举例

叶青松无辜被人撞伤资助其医疗费一万元

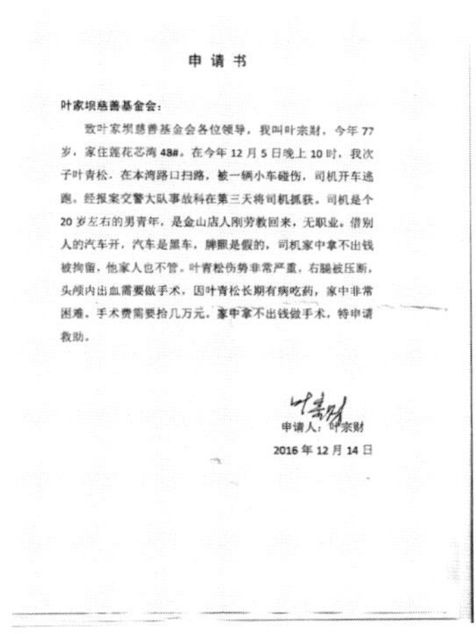

申 请 书

叶家坝慈善基金会：

致叶家坝慈善基金会各位领导，我叫叶宗财，今年77岁，家住莲花芯湾48#。在今年12月5日晚上10时，我次子叶青松，在本湾路口扫路，被一辆小车碰伤，司机开车逃跑。经报案交警大队事故科在第三天将司机抓获。司机是个20岁左右的男青年，是金山店人刚劳教回来，无职业。借别人的汽车开，汽车是黑车，牌照是假的，司机家中拿不出钱被拘留，他家人也不管。叶青松伤势非常严重，右腿被压断，头颅内出血需要做手术，因叶青松长期有病吃药，家中非常困难。手术费需要拾几万元，家中拿不出钱做手术，特申请救助。

申请人：叶宗财

2016年12月14日

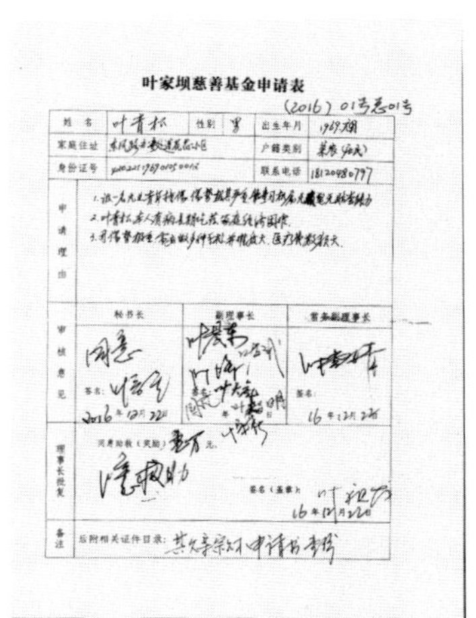

叶家坝慈善基金申请表

（2016）01号总01号

姓　名	叶青松	性别	男	出生年月	1969.[illegible]
家庭住址	[illegible]			户籍类别	[illegible]
身份证号	[illegible]			联系电话	18120480797
申请理由	1. [illegible] 2. [illegible] 3. [illegible]				
审核意见	秘书长：同意　签名：[illegible]　2016年12月22日	副理事长：[illegible]　签名：[illegible]		常务副理事长：[illegible]　签名：　16年12月22日	
理事长批复	同意助款（奖励）壹万元。[illegible]　签名（盖章）：[illegible]　16年12月22日				
备注	后附相关证件目录：[illegible]				

第三节 族旗、族徽、族歌

图 8–10 叶氏族旗

图 8–11 叶氏族徽

叶颂

（代族歌）

1=F $\frac{2}{4}$

歌颂、赞美地

宗善 词
宗科 曲

i6i6i | 6ii65 | 6ii6i i6 | 3 i65 | i6i6i | 6ii65 |

53535 56 | 533210 ‖: i6i6i | 6ii65 | 6ii6i i6 |
（童声吟诵） 绿叶子青，金叶子黄，绿叶子金叶子

3 i65 | i6i6i | 6ii65 | 53535 56 | 533210 :‖ 00 |
放光芒，大叶子宽，小叶子长，一代更比一代强.

00 | 52. 43 2 | 321 6 | 3. i7 676 7 | 635. |
碧绿的叶，勇敢的叶，
金黄的叶，永恒的叶，

56i 27 | 6 765 6 | 1 07 | 61 65 353 2 | 2- |
你的意志是多么高昂，
你的品格是多么高尚，

33 55 56 | 161 2 | 33 55 57 | 656 6 | 11 235 |
张开理想的双翼，迎着暴风骤雨，在历史的天空
投进大地怀抱，化着香泥沃土，把更美的春天

6ii1763 | 5. 6 | 5- ‖: ii 37 67 | 656. | ii 37 67 |
翱翔. 张开理想的双翼，迎着暴风
守望，投进大地怀抱，化着香泥

653 56 | 11 235 | 23261. 2 | 1. 322 7 6 76 | 5- :‖
骤雨，在历史的天空翱翔，翱翔，
沃土，把更美的春天守望，守望，

2. 7. 27 6 56 | 1. 2 | i- :‖ i6i6i | 6ii65 |
翱翔
守望 绿叶子青，金叶子黄

6ii6i i6 | 3 i65 | i6i6i | 6ii65 | 53535 56 |
绿叶子金叶子放光芒，大叶子宽，小叶子长，一代更比

533210 :‖ 00 ‖
一代强

图 8–12 代族歌

图 8–13 宋兵部尚书、陇脉冶系叶氏太祖虎公（号花香）画像

图 8–14 宋兵部尚书、陇脉冶系叶氏太祖虎公（号花香）画像

图 8–15 明江州总管、陇脉冶系叶氏太祖万荣公塑像

图 8–16 明江州总管、陇脉冶系叶氏太祖万荣公画像

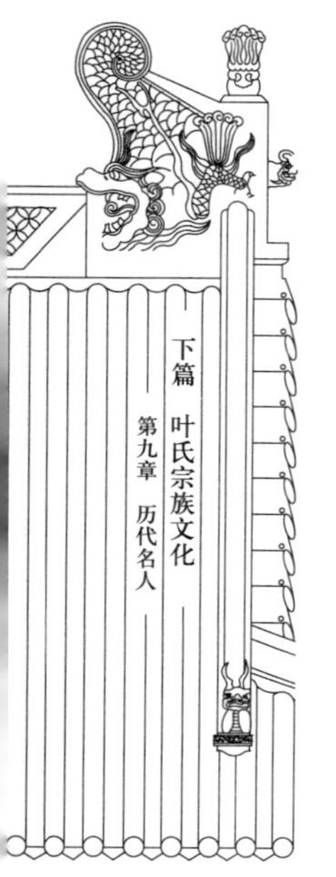

第九章　历代名人

“逝者如斯夫，不舍昼夜。”几千年前，孔老夫子面对滚滚而去的流水，不禁发出这般慨叹。几千年来花开花落，斗转星移，历史人物纵横驰骋，本族亦不乏安邦定国之士，宛如颗颗明星，闪耀在历史的天空，给后人指明方向，又仿佛是一双双渴望的眼睛，盼望着我们后代将先辈的光辉发扬光大。

本族原与李氏同源。后因感枝叶救命之恩，易李为叶。易叶之前，显奕自不待言，易叶之后，我族人文之盛，亦可圈可点，让人啧啧称奇。自成公南阳发迹，因居官而先后迁湘、浙、赣，终仕江夏而定居冶邑。雁过留声，况乎名门之后？

自唐宋而历元明，本族人才辈出，有如明珠，璀璨夺目。先有成公受封南阳郡公，后至宋有虎公官居尚书，元有喜兰公拔擢贵州副使，明有荣公出任江州总管。由明及清，虽未有前代之盛，但仍有春焕公考取天下贡元，而取得功名担任知府者，累累如贯珠。此皆在《古代名人录》之中，观此而可知本族科第历历相继，簪缨绵绵不替。

本章对于有名望，可为后世奉为楷模者载有传记、祖赞。翻阅这些篇章，先人光辉德行跃然纸上。为官者多能解民疾苦，除暴安良，从不阿迎权贵，得理当仁不让，而置个人得失荣辱于不顾。族中也有人善学，惜屡试不售，他们往往安贫乐道，克己守身，乐为人师，力督子侄习书知礼。也有鏖战商海，颇有斩获，既拥万贯家资，多有善举，如修桥补路、资助贫弱、保固祖茔，于城中公益事业也慷慨解囊。当国家处于危难之际，本族仁人志士愤志横戈跨马，保一方平安，虽捐躯而乐从。昔有受诰封，今有革命烈士数人。

现当代以来，族中涌现出一大批名流，活跃在社会各个领域，堪为一族表望。他们或为各界官员，或为革命志士，或为专家学者，或为企业名流，或为英才秀士，各胪列于章中，既显示出本族人才济济，也深望后生效法。

有古才有今，逝者虽已往，来者犹可追，看今日豪俊，自可知今朝人才之盛，更期盼族人奋发图强，把握时代的脉搏，续写新的篇章。

第一节　古代名人

陇脉冶系叶氏古代名人甚多，本节按祖赞、传记两种文体记述了他们的光辉事迹：为官者，能解民疾苦，除暴安良；为商者，颇有斩获，拥万贯家资，多有善举，如修桥补路，

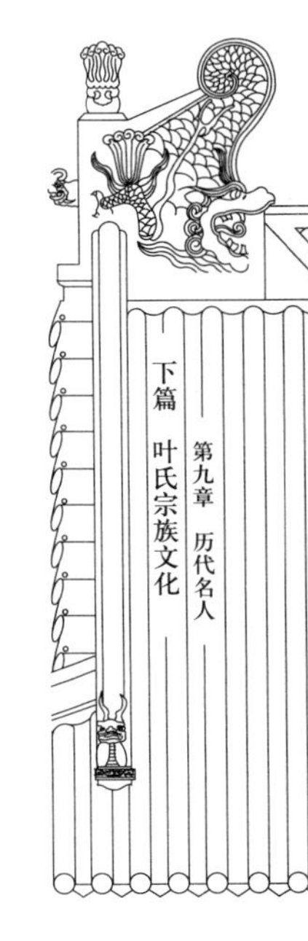

资助贫弱，保固祖茔。众多人物传记中还有一类特殊群体，她们年轻丧偶，能以自己柔弱的身躯挑起家庭重担，上孝翁姑，下抚幼子，含辛茹苦，燃烧着自己的青春，温暖残缺的家庭。先祖的种种孝行善举，成为后嗣宝贵的精神财富。（以下内容均选自十修《叶氏宗谱》）

一、人物传赞

（一）历代祖赞

文武小序

纪我叶氏文宦，自唐宋迄今，条分缕晰[1]，脉络连贯。其原于某祖，系于某宗，著名各朝，显奕各地者，可以析而分，亦可以统而合。顾或叙于全谱则易，而叙于支谱则难。但历世文人名宦实出一脉，虽在一支必节而录之，一以见祖宗积德深仁之报；必指而赞之，一以动子孙鼓舞乐效之心。谨据旧本所贻，更将近代者补入，胪[2]传于后。

［注释］

1．条分缕晰："晰"应为"析"。形容分析得细密而有条理。2．胪（lú）：陈列。

1．唐代祖赞

成　封南阳郡，始迁湖广永州府零陵县。

赞曰：亭亭成祖，丹山凤立；受赏因功，南阳食邑。恩光特荷[1]，匪[2]同沿袭；乃如之人，奕世谁及。

［注释］

1．荷（hè）：承受恩惠。2．匪（fěi）：非：不。

谭　品行卓越，才识兼优，举孝廉，后除郎中，拜太子舍人，迁秘书监。

赞曰：硕彼谭公，品识称盛；明珠大贝，江海独生。襄[1]赞王室，百尔共惊；荡荡功绩，犹留帝京。

［注释］

1．襄（xiāng）：帮助。

法喜　字道元，处州人。有仙气，尝为祖国重求刺史李邕作碑文。文成，并求书，邕弗许。夜摄其魂书之，持以示邕，邕大骇，世谓追魂碑。唐开元八年八月十五，夜同明皇帝游月宫，归作《霓裳羽衣曲》。后葬松阳县，期月，棺忽开，视之，惟存剑履。

赞曰：飘飘法公，迥然出尘；慧心一点，变化无垠。广寒宫曲，同帝共呻；仰彼妙道，伏魔后身。

京　唐咸通二年举进士，雅有辞赋，官太常博士。

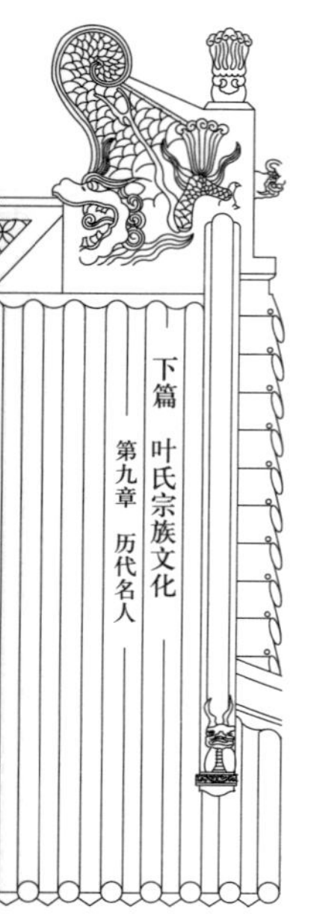

赞曰：休哉京公，彤廷挥笔；构思摛藻，率多超逸。词赋雅尚，皇恩锡吉；官高太常，声名流溢。

道盈　仕建昌尹，继升南康太守，遂居豫章。

赞曰：美矣盈祖，仕路飞扬；翱翔昌地，旋翼南方。厥后告制，勿替休光[1]；豫章寄迹，永开宗祊[2]。

［注释］

1．休光：盛美的光华。亦比喻美德或勋业。2．祊(bēng)：古代在宗庙门内设祭的地方。

2．宋代祖赞

峻　仕巴陵尹，继迁江夏令，即居此地南村。

赞曰：奕奕峻祖，善缵[1]宗传；巴陵莅政，解命而旋。因官寄籍，江郡永延；高山天作，瓜瓞绵绵[2]。

［注释］

1．缵(zuǎn)：继承。2．瓜瓞（dìé）绵绵：比喻子孙昌盛。

清臣　字道卿，苏州长洲人。幼敏异，善属文。宋仁宗天圣二年举进士，知举刘均奇所对策，擢第二，宋进士以策擢高第自公始。后数上书，陈九议、十要、五利，有文集一百六十卷。其父名参，亦为光禄卿。

赞曰：轩乎清公，质学超异；策[1]擢[2]高榜，时罕其类。陈言数千，朝野倚庇；浩浩集文，马班不啻[3]。

［注释］

1．策：古代考试的一种文体，多就政治和经济问题发问，应试者对答：对策｜策问。2．擢(zhuó)：提拔：擢升｜擢拔。3．马班：司马迁和班固的并称。不啻（chì)：但；只；仅：不啻｜何啻｜奚啻。

祖洽　宋神宗熙宁时，廷试陈数千言，贯串古今，擢进士第一，任直学士。

赞曰：蔚兹洽公，发迹南闽；阙[1]廷一试，遂作王宾。今古共贯，学实可珍；熙宁人物，莫与比伦[2]。

［注释］

1．阙（què)：古代皇宫大门前两边供瞭望的楼。泛指帝王的住所。2．比伦：同伦比：同等；匹敌：史无伦比｜无与伦比。

梦得　宋徽宗大观时为翰林起居郎，遂进学士。著《易经》、《春秋》传行世。

赞曰：盛哉得公，翰院蜚声；大文弥耀，总归乎纯。躬懋著述，继武[1]前人；匪其表异，天凝其真。

［注释］

1．继武：谓足迹相继。武，足迹。比喻继续前人的事业。亦比喻事物相继而至。

虎　官宋尚书，后得道花香。花香地在兴国，离冶邑城十里许。

赞曰：浩浩虎公，受宋高秩[1]；殿前脱化[2]，富池展笔。仙药百方，解人急疾；俨彼金容，瞿然[3]跪膝。

［注释］

1．秩：俸禄，也指官的品级：厚秩｜加官进秩。2．脱化：尸解羽化，此处比喻成仙得道。3．瞿然：惊喜貌。

颙　宋孝宗时为尚书、左仆射，并兼枢密使史称其简易清介，与物若无忤，至处大事，则毅然不可夺。

赞曰：峋峋颙[1]公，阳德不闭；国家政典，一归裁制。立不易方，自操隆替；后仰高标，渊乎莫际。

［注释］

1．颙（yóng）：大；仰慕。

平岩　讳采，字仲圭，大宋名儒。

赞曰：穆乎岩公，为宋大儒；书楼叠架，精气与俱。道学递衍，堪比周朱[1]；近佳子弟，时切楷模。

［注释］

1．堪比周朱：堪，可。周朱，周敦颐和朱熹的合称。

衡　先知杭州，于潜县户版积弊：富者多隐漏，贫者困倍输。公定为九等，榜于县门，不遣一吏而赋自足。继知常州，赈济生民，多有善政。后宋孝宗时为辅臣。

赞曰：朗朗衡公，才足补天；冠履所至，积弊尽捐[1]。便民诸政，到处布宣；画然功绩，可册史篇。

［注释］

1．捐：舍弃；抛弃：捐弃｜捐生。

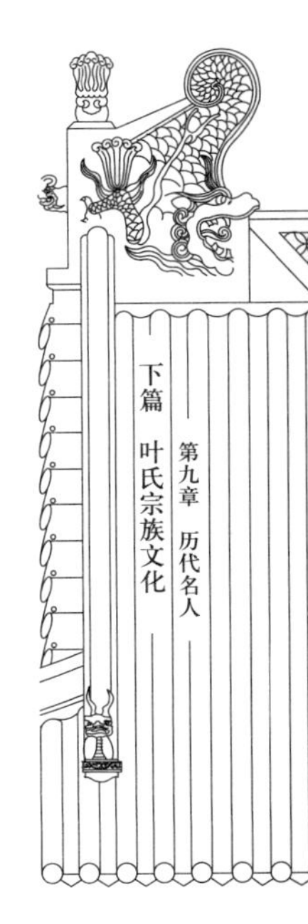

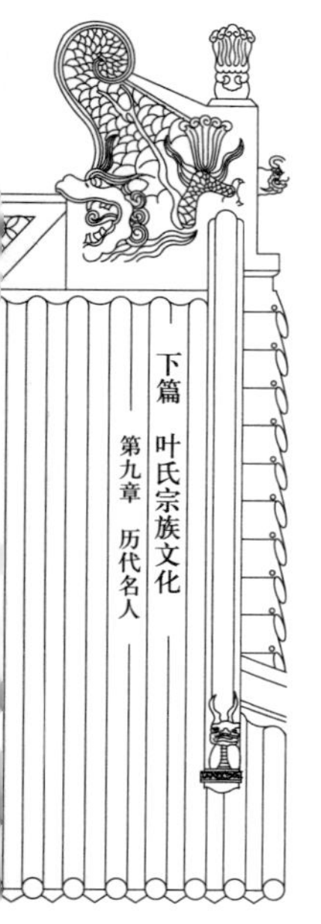

贺孙　为宋校书郎。早从朱文公游，尝辑《文公语录》以教学者，人称为西山先生。

赞曰：懿[1]彼孙公，官宋书郎；文德雅重，衣钵紫阳[2]。教学徒众，西山著望；中原文献，舍此谁傍。

［注释］

1．懿（yì）：美好(多指德行)。2．衣钵：佛教僧尼的袈裟与饭盂。佛家以衣钵为师徒传授之法器。因引申指师传的思想、学问、枝能等。紫阳：朱熹的别称。此处是说贺孙公传承了朱熹的学问、思想。

久高　字孔林，宋末擢博士。

赞曰：英彼高公，胸罗卷轴；文章足试，声翔辇毂。一朝擢选，遂大门塾[1]；子孙克绍[2]，奕世永录。

［注释］

1．塾（shú）：旧肘私人设立的教学的地方。2．克绍：能继承。

适　官宋兵部侍郎，时韩侂胄轻举伐金，公不草诏，后又屡忤侂胄，坐贬。杜门著述，世号心水先生。学之昆仑。

赞曰：莹然适公，是宋屏藩；忤奸受贬，乃以杜门。百家述作，金丹惟存；国之柱石，

耆　宋翰林院学士，督修宗谱自公始。

赞曰：岌[1]乎耆[2]公，别竖大业；羽仪凤沼，志存宗牒。尊祖收族，源流毕协；此中勋劳，真传奕叶。

［注释］

1．岌(jí)：山高的样子。2．耆（qí）：六十岁以上的（人）。

李　景定时，以临安府学生应诏。上疏诋[1]贾似道，被坐，黥配漳州。公目击诬国之奸，发为忠愤之气，此元世祖谓公，以布衣伏阙上书为贤，于景炎之以状元而为宰相。

赞曰：峨峨李公，天命自度；一介书生，上诋元恶[2]。寸丹所鼓，不忘沟壑[3]；景定臣子，谁无愧怍[4]。

［注释］

1．诋（dǐ）：骂。2．元恶：首恶。3．沟壑（hè）：山沟；坑。4．愧怍：惭愧。

梦鼎　咸淳时为少傅、右丞相，兼枢密使。时贾似道当国，不得行其志，即求去。后又召为丞相，封信国公，固辞不拜。公先知赣州，既辞大全之推挽；继为丞相，复辞似道之荐擢。是有保身之哲。厥后益王即位于闽，召为少师。航海遂行，道梗不能进，南面恸哭而还。是又有殉国之心。《宋史》惜其遭逢之不幸，盖乐予之。

赞曰：巍巍鼎公，智勇备德；洁身自矢，子舆是则。心操微箕，乐往殉国[1]；浩乎其气，整乎其色。

［注释］

1．殉国：为国家的利益而牺牲生命。

3．元代祖赞

喜兰　字君室。元时由庠应召，廷对第二，擢贵州副使。

赞曰：显矣兰公，云路迸开；瑚琏[1]之器，珪璋[2]之材。书香继美，可法将来；好音未远，真堪溯洄[3]。

［注释］

1．琏（liǎn）：古代宗庙盛黍稷的器具。2．珪璋：珪同圭，古代帝王诸侯举行礼仪时所用的玉器，上尖下方。璋，古代的一种玉器，形状像半个圭。3．溯（sù）：逆着水流的方向走。洄（huí）：水流回旋。

仪　元至正十八年，明太祖命王宗显开郡学，延儒士，以公为五经师。时学校久废，至是始闻弦诵之声。

赞曰：卓哉仪公，道脉是缵；明祖开国，礼进贤馆。经术深湛，群效握款；诵歌四达，赖兹而满。

琛　丽水人。元至正十九年，明太祖遣使征之，时刘基、宋濂、章溢俱在所召中。既至，喜曰："我为天下屈四先生。"咨以时事，甚见尊礼。后公为南昌太守，时降将祝宗、康奉叛，回据南昌，公迎战于市，死之，封南阳郡侯。

赞曰：烺烺[1]琛公，名动帝侧；遣使征召，无负所得。贼据南昌，浩然自克；以彼其人，真是人特[2]。

［注释］

1．烺（lǎng）：明朗（多用于人名）。2．特：特殊；超出一般。

4．明代祖赞

荣　字华国，号显庵。二十一岁入学，越三年乡举。洪武时，官镇抚桑江等处地方督卫，民兵团练使。

赞曰：炳炳荣祖，当世之雄；帝廷一命，屏翰在躬。桑江镇抚，境来清风；德垂累叶，食报无穷。

居升　洪武时，为山西平遥训导。应诏言三事，皆利国家，益社稷。乃竟以直言坐诬，殁封靖宁侯。

赞曰：烈彼升公，骨梗独存；奋身利国，不忘君恩。虽遭刑戮，忠可剑吞；硕论亹亹[1]，长炳[2]乾坤。

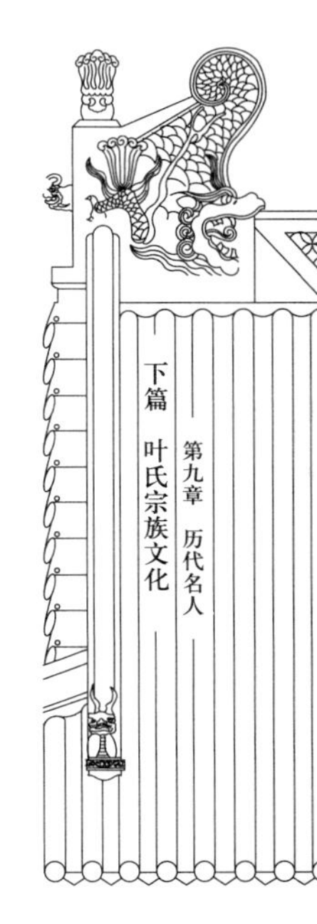

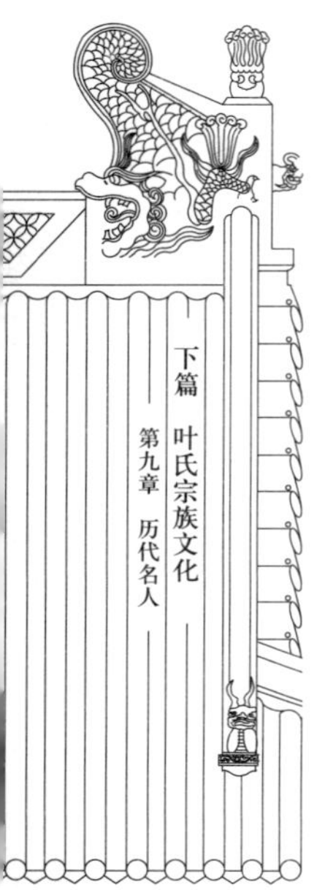

［注释］

1. 亹（wěi）：形容勤勉不倦。2. 炳：光明；显：彪炳。

万树　兄荣公仕宦，公督家务。洪武中，捐粟数千余，赐进士，候补知县。

赞曰：肃彼树公，业堪光祖；兄膺[1]国命，志气独鼓。甲第宏开，二难再睹；元芳季芳，何今何古。

［注释］

1. 膺（yīng）：承受；承当：荣膺勋章

成章　字慕同，闽南人。令长洲，尽革陋政，赏罚分明，几致刑措。时青衣韦带往来村落，间劝农桑，询丰歉。客有入署视其妻病者，见床头惟敝篦、瓦灯、布被。民后立祠，与郑恩合祀，庙号两清。

赞曰：皭[1]然章公，清洁以持；长洲出宰，膏遍氓蚩[2]。共歌厚德，敬作庙祠；俎豆[3]风雨，长系人思。

［注释］

1. 皭（jiào）：洁白；干净。2. 膏遍氓蚩（chī）：膏，肥沃。氓，古时称百姓。蚩，无知；傻。整句是说成章公为官一地，造福一方，给当地百姓带来福祉。3. 俎（zǔ）豆：古代祭祀时盛牛羊等祭品的器具。

希贤　官御史。建文四年燕王之变，隐姓名，号雪庵，遂走重庆府之善庆里，山水奇绝，欲止之。其里隐士杜景贤知和尚非常人，亟为之寺。曾买《楚辞》一册袖之，棹舟中流，诵一页，投一页水中，投已辄哭之，已又读，页尽乃返。

赞曰：岸然贤公，身足誓死；变遭燕王，遂赋匪兕[1]。三闾比节[2]，莫知所止；帝室纯臣，人间男子。

［注释］

1. 兕（sì）：古代指犀牛。文中指燕王的部下。2. 三闾比节：屈原曾是楚国的三闾大夫。此句是说希贤公的气节能和屈原比美。

道隆　字际昌，入黄冈学，后乡荐，官云南提学副使。

赞曰：优优隆公，南土扬眉；展骥之足，渐鸿之逵。胸披图史，登拔自奇；稽古力学，谁为世遗。

立本　公工文章，善诗赋，以拔贡任颍上县令。

赞曰：恢乎本祖，出众超群；才华驰骤，笔扫千军。临莅颍土，不劳功勋；箕裘弓冶，伫见芳芬。

向高　号台山。万历时官拜丞相，政绩炳炳，即其处太子福王之事，纪称洵得古大臣风范。

赞曰：敻[1]乎高公，位尊卿相；外内朝野，共钦保障。万全谋国，识略无上；皋伊[2]让德，周召[3]与伉。

［注释］

1. 敻(xiàng)：辽阔。此处是说向高公胸怀宽广。2. 皋伊：上古名臣皋陶与伊尹的合称。3. 周召：周朝初期辅佐成王的两位忠臣周公旦和召公奭（shì）的合称。

子奇　字世杰，处州府龙泉县人。孙炎荐主巴陵簿，究通衍皇极之书，作《太玄本旨》，儒者多称之，号草木子。

赞曰：嶙嶙奇公，动荡自喜；心兮无物，明镜止水。宋世儒书，探索名理；妙阐太玄，衵乎莫倚。

钊　丰城人。明时擢刑部主事。

赞曰：伟矣钊公，上堪佐帝；造诣纯深，直储经济。兴会风云，一展才艺；声光显赫，克垂后裔。

廷秀　崇祯朝擢户部主事。

赞曰：杰然秀公，志意翩翩；经纶[1]素蓄，爻协见田。攀鳞附翼[2]，冠伦独先；皇猷黼黻[3]，性公勉旃[4]。

［注释］

1. 经纶：指治理国家的抱负和才能。2. 攀鳞附翼：犹言攀龙附凤，喻依附帝王以成就功业或扬威。亦比喻依附有声望的人以立名。3. 黼(fǔ)：古代礼服上绣的半白半黑的花纹。黻（fú）：古代礼服上绣的半青半黑的花纹。4. 旃（zhān）："之焉"的合音：勉旃。

汝　官兵部主事，后与妻王氏同死大明之难。

赞曰：遐哉汝公，心无所惑，偕老伉俪[1]，共死难国。天高地普，义气横塞；至今忠魂，于昭帝侧。

［注释］

1. 伉俪（kàng lì）：夫妻。

5. 清代祖赞

春焕　公以拔贡中顺治辛卯北闱乡试，后任靖州学正，升泸溪县知县。

赞曰：彪彼焕公，灵秀特钟；童军早冠，捷足登庸。广教靖地，共深率从；文中之虎，人中之龙。

柳斋增陛彤扬甫谨撰并刊

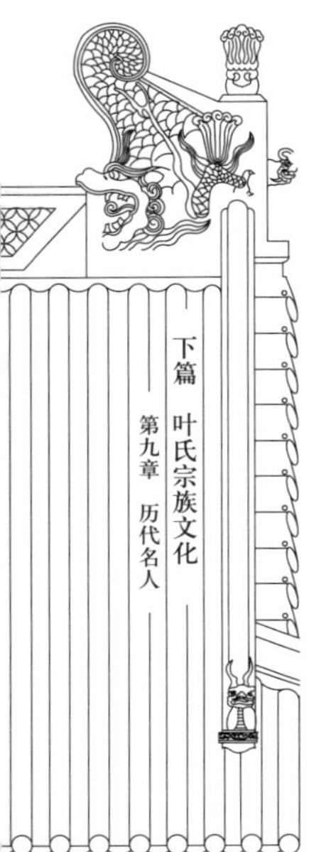

（二）列祖传记

1. 远祖传记

待荣公妣荣阳氏蒙宋敕赠纪略

老祖妣荣阳氏，朝显公母，敬常公祖母也。时待荣公早丧，妣贞志抚嗣，克承祖业，家什以亿万计。素以慈惠广爱为心，每处饥馑之岁，不忍独食自乐，其赈济施舍所活穷民最多。又尝遇冰雪连绵，语其长孙敬永曰："雪大风狂，滴水成冰。无衣苦，无食难，富者一二，贫者千万，汝可知人间苦楚？审其甚与不甚者，速为我变财产，量分施济，每岁为例。"由是四方歌恩颂德者，远则到处遍扬，近则望门顶祝。有司熟闻，特详请上旌，诏敕："体仁好善静贞慈惠婆婆。"享年一百二十一岁，当时或号曰"老神仙"，或美曰："老福星"。五孙俱为宋举，征戎有功。后玄孙基都公迁大冶，因葬婆婆于大金星山东北上林塘岸，坤山艮向兼寅申，其后即以"婆婆坟"称焉。右纪末一句，旧谱原系称"婆儿坟"。考其时老祖妣以高年童颜故，生称"婆儿"，欣其康强，而歿亦遂以称其坟如此。今嫌"儿"字近于亵慢不敬，特照前敕赠改称"婆婆"。　　嗣孙庠生成暌谨序

附刊兴国郡尊周讳紫芝公赞语：

尊上老婆婆，夐乎日月丽。霜操贞百年[1]，清节难有继。三子三鸣凤，五孙五枝桂。坚苦承先基，家什亿万计。冬来触严寒，解推宏施济。盛德群号歌，早遥升闻帝。敕赠煌煌言，史册光晰晰。卓哉女丈夫，芳名永万世。

［注释］

1. 霜操：疑为孀操。孀操指妇女的丈夫去世后能守贞节。

万荣公勋迹纪略

公讳荣，字华国，号显庵。元至正辛丑入泮[1]，越三年，癸卯乡举。其先，我族正则公仕建康府，募壮士破金人，我分有为全公同事有功，拔任江州团练使（即九江府）。后甲辰，伪汉陈友谅侵地，因起公袭旧职，镇抚桑江等处地方督卫，民兵团练使。时群盗蜂起，不敢来境八年，民赖以安至明洪武十四年，家居笃志谱牒贻今。其年五月，湖南五溪蛮作乱，江夏侯周德兴请行讨，遂又以公充左翊都统[2]，挂先行印。及至蛮人悉散，公因回第。七月，复调总管江州，及署后次年卒。公智勇惊众，勋业耀时。至今我分支俱系公讳出户，其垂迹相传甚多，以旧谱残缺不能全记，谨述其略。

［注释］

1. 泮(pàn)：指"泮宫"，古代的学校。清代称考取秀才为"入泮"。2. 左翊都统：翊(yì)辅佐。都统：官名，清代始设八旗都统，分管满蒙汉二十四旗政令。

2. 坝庄传记

之梅、春焕二公克缵[1]前绪传

粤稽我姓世系之传，久称名门巨族，科第历历相继，簪缨[2]绵绵不替。余不禁掩卷太息曰："猗欤休哉[3]，何人文之盛也！"虽然，莫为之前，虽美弗彰；莫为之后，虽盛弗传。因思我朝定鼎以来，曾王父荷蒙岁荐，伯祖复叨选拔，旋入北闱[4]，考取天下贡元[5]，声名赫赫一时，震动于海内，文人学士咸有泰山北斗之望。及中式高榜，恩赐即选靖州学正，以襟江带湖之地而诸生悉折中[6]于我公，风移俗易，非公教育之深，曷克臻此夫[7]？而后知家乘之全光于前者，必须裕于后。考我族千百世之科名，累累如贯珠，今数传以来，生长金湖者，又有二公之振兴焉，可谓迪惟前光[8]矣。呜呼！先泽云邈[9]，古道日非。惟望今日之肖子贤孙，承先烈而更昌大之，使不致湮没于继起，是又于二公有光也夫。

曾孙正龙字乾五谨撰

[注释]

1. 克缵（zuǎn）能继承。2. 簪缨：古代官吏的冠饰，比喻显贵。3. 猗（yī）欤休哉：猗欤同"猗与"：叹美词。休：美善；喜庆。全句意为多么喜庆啦！ 4. 北闱：科举考试会场关防严密，称锁闱。省称闱。会试曰春闱，乡试曰秋闱。顺天（北京）乡试通称北闱。5. 贡元：即贡生：科举时代，挑选府、州、县生员（秀才）中成绩或资格优异者，升入京师的国子监（太学）肄业，称为贡生。6. 折中：对几种不同的意见进行调和。7. 曷克臻此夫：怎么能达到这样的境界。8. 迪惟前光：迪，助词，用在句首。《书·君奭（shì）》："迪惟前人光，施于我冲子。" 9. 先泽云邈（miǎo）：先泽：《孟子·离娄下》："君子之泽，五世而斩。"后用来称先祖的功业德泽。云，喻多盛，喻高。邈，久远；渺茫。先泽云邈：祖先的功业德泽盛多高远。

之楠公传

寒门穿铁砚，志士乐有同。情乐第坐寒毡，贤豪实难强性。明珠瑟瑟[1]，得黄金而复求精金；宝玉班班[2]，缠万贯而卒会一贯。惟吾爱友名老先生，熟读货殖[3]书，会计求当于委吏；密思治生策，神魂直纳于青缃[4]。茹古含今，咿唔[5]声彻五更月；缒幽凿险[6]，砥砺[7]功勤半夜鸡。陆海潘江洗墨波，洵是金湖一领袖[8]；李珠魏璧光文藻，信出青山一帜镳[9]。羽觞飞王亭，乐处共传四足[10]；牙签缙邺架，兴来高赋三红[11]。名虽列在黉宫[12]，才岂忝于科甲？至黄粱入梦，享寿庆及八旬；而燕翼贻谋[13]，克家实维三子。俱非吾友望也，吾亦奚所羡欤。异在身居财豪，而此心留今古。仅一秀而陨世，抛万金而归终，因为赞之曰：伟矣吾友，居生无惭。席丰履厚[14]，杜萌贪啉[15]。嚼华咀英[16]，直底精涵。仅游泮水[17]，信乎道难。

年家眷弟庠生张应午字从先谨撰

[注释]

1. 明珠瑟瑟：瑟瑟，碧绿色。2. 宝玉班班：班班，众多貌。3. 货殖：古代称经营商业和工矿业。4. 青缃：青缃即"青箱"：本指收藏书籍字画的箱笼。后谓世传家学。5. 咿唔：

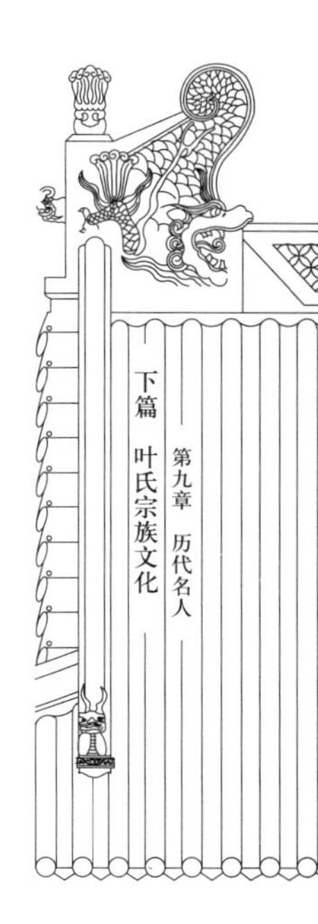

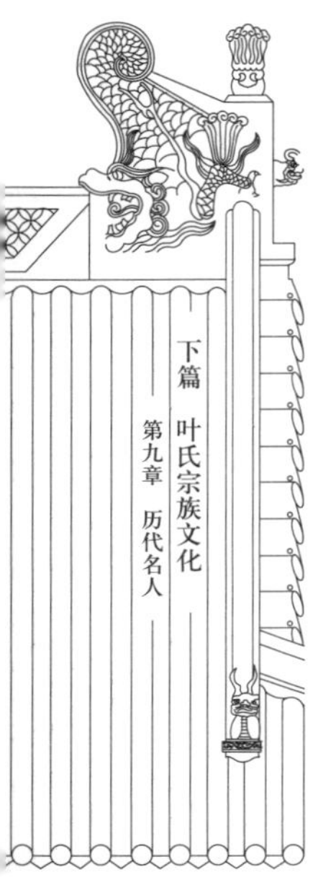

形容读书的声音。6．缒幽凿险：缒幽：缘绳下坠于幽深之处。凿险缒幽：比喻追求峻险幽奇的艺术境界。7．砥砺：磨炼。8．陆海潘江洗墨波，洵是金湖一领袖：陆指陆机，晋代文学家。陆海，赞誉陆机的文才如海。潘指潘岳，晋代文学家。潘江赞誉潘岳的文才如江。全句是说之楠公的文才如陆机、潘岳一样，文章到处传颂，确实是金湖文坛的领袖。9．李珠魏璧光文藻，信出青山一帜镳：李珠：有人称李白“唾沫成珠”。魏璧：魏时有一块碑，王朗撰文，梁鸿书写，钟繇刻字，被后人称为“三绝碑”是无价之宝。青山：山名，在铜录山，宋时设过青山场，文中代表大冶。帜镳（biāo）：旗帜。全句意为李白的诗，魏时的碑都是古代文化的瑰宝，相信之楠公是当时文坛的一面旗帜。10。羽觞飞王亭，乐处共传四足：羽觞　古代一种酒器，作鸟雀状，左右形如两翼。一说，插鸟羽于觞，促人速饮。四足，代表古代的饮酒器，形如四足之鼎。全句意为快乐的时候，邀几位朋友，在王亭传杯畅饮。11．牙签繙邺架，兴来高赋三红：牙签，象牙削制的书签。繙（fān）翻动；翻阅。邺架：指家中藏书。三红：宋应子和工诗，有名句：“两岸夕阳红”、“蜡炬短烧红”、“风过落花红”。时人称为“三红秀才”。后因以“三红”代优美的诗句。全句意为手握象牙制成的书签，翻阅着家中的藏书，高兴的时候就赋诗抒情。12．黉（hóng）宫：古代的学校。13．燕翼贻谋：燕翼：《诗·大雅·文王有声》：“诒厥孙谋，以燕翼子。”传：“燕，安；翼，敬也。”疏：“思得泽及，故遗传其所以顺天下之谋，以安敬事之子孙。”后因称善为子孙谋处曰“燕翼”。14．席丰履厚：席，席子，指坐具。丰，多。履，鞋子，指踩在脚底下的东西。厚，丰厚。席丰履厚，比喻祖上遗产丰富。15．杜萌贪惏：杜萌：杜绝乱源的开端，防备祸患的萌芽。贪惏（lán）：贪婪，不知足。惏同婪。全句说杜绝萌发贪婪之心。16．嚼华咀英：咀，细爵，引申为体味；英、华这里指精华。比喻读书吸取其精华。17．泮水：古代的学校。

之梜公妣石孺人贞节传

高叔祖妣辞世已近百余年，而懿徽[1]何犹令人啧啧也？盖天下惟实之至者声自难磨。考妣少从侍高叔祖之梜[2]公，鸡鸣致警，洵称内助之贤；且诞育[3]四位曾叔祖：长春鼎，次春调，三春和，四春首，则多男有庆，亦可安也。讵[4]知天不之佑，梜公早逝，时妣韶华[5]甚青，而四位曾叔祖俱在童稚，兼家贫薄，使非节操坚贞，安能得柏舟[6]载咏？惟妣以门帼擅丈夫才，既抱之死苦衷，即寓许多委曲，其坚贞固所难移；而教养嗣续[7]，无愧和丸[8]之风，勤苦立家，更绍敬姜之美[9]。由此历数十年如一日，殆亦世所不多觏[10]者也。可欣德至寿高，年享八十有余，至今苏枝蕃衍[11]，昌炽日隆。固妣盛德垂裕[12]，而又安知非天之报善，益悠远而无穷也哉！爰乐为传，以志不忘。

五世侄孙邑庠生成暎南树甫谨撰　曾孙正圜敬梓

［注释］

1．懿徽（yìhuī）：高尚的美德。2．梜（jiā）：古代指筷子。又同“策”指拐杖。洵（xún）：诚然；实在。3．诞育：生育。4．讵（jù）：岂，表示反问：讵知天气聚寒。5．韶华：比喻美好的青年时代。6．柏舟：《诗·鄘风》有柏舟篇，小序谓卫世子共伯早死，父母欲迫其妻共姜改嫁，姜作诗以自誓，后称妇丧夫为“柏舟之痛”，夫死不嫁为“柏舟之节”。

7．嗣续：子孙世代继承。国语晋四："嗣续其祖，如榖之滋。"又指后嗣。8．和丸：比喻母亲想方设法教子勤学。9．绍敬姜之美：继承敬姜的美德。敬姜者共姜也，共姜是共伯的妻子，共伯早死，年轻的共姜坚持守寡不再嫁。这是封建社会提倡的妇女美德。10．觏(gòu)：遇见。11．荪枝蕃衍：荪，香草。荪枝也作"孙枝"：从树干上长出的新枝，喻孙儿。明高明《琵琶记・高堂称寿》："惟愿取连理芳年，得早遂孙枝荣秀。"蕃衍同"繁衍"：逐渐增多或增广：子孙繁衍。12．盛德垂裕：盛德：高尚的品德。垂裕：谓为后人留下业绩或名声。

先实公妣贞节张孺人挽章

呜呼！老姻伯母，清河钟秀，南阳腾芳。克俭克勤，葛覃堪为[1]。继咏思齐思媚，徽音佥曰谁嗣[2]，胡年逾二旬顿悲别鹄[3]？幸禋[4]隆，三索不废，丸熊躬为[5]，慈而兼严，义方训切，职司内而营外，家道用昌。稀龄载颂，七孙共庆桃筵；泉路忽登，一室咸追阃范[6]。因为之挽，其词曰：折将柏节入黄粱，一死能留姓氏香。制产孙曾绵俎豆[7]，盟心冰月共凄凉。于今清节存闺阁，自古高风罕颉颃[8]。珍重他年修史者，好凭椽笔表幽光[9]。

姻眷晚生庠生张日炳赠

[注释]

1．葛覃堪为：《诗・周南・葛覃》："葛之覃兮，施于中谷。"葛，植物，葛粉、葛布。覃（tán），长、延、及。"言葛之渐长，稍稍延蔓兮而移于谷中。"2．徽音佥曰谁嗣：徽音犹德音。《诗・大雅・思齐》："大姒嗣徽音，则百思男。"笺："嗣大任之美音，谓续行其善教令。"佥（qiān）：全；都。全句说美好的德音全由谁来接续、继承。3．顿悲别鹄：鹄，天鹅。顿时生悲，离开了天鹅。比喻痛失夫君成了寡妇。4．禋（yīn）：祭祀。5．三索不废，丸熊躬为：三索，易经卦由三爻组成，逆数以三为终。三索犹言三数。《易・说卦》："艮三索而得男。兑三索而得女。"三索不废犹言有男有女。丸熊躬为：亲自为儿子和丸促学。6．一室咸追阃范：一家人都追随学习其闺阃的规矩。7．俎（zǔ）豆：俎，置肉的几。豆，盛干肉一类食物的器皿。俎豆是古代宴客、朝聘、祭祀用的礼器。8．颉颃（xiéháng）：泛指不相上下，相抗衡。9．好凭椽笔表幽光：幽光：潜隐的光辉。常用以指人的品德。椽笔指大手笔，称誉他人文笔出众。

崇铭公传

自来得天厚者，恒不假乎人；为积德深者，每克隆乎福。报若吾族叔祖日新公，固得天厚而积德深者也。公派讳崇铭，貌魁梧，倜傥轩昂[1]。好乐无荒，饮酒温克，毕生所遇皆顺境。昆季三，公居幼。甫舞象，析产取荒顿者一份，居之晏如也[2]。弱冠耕且贾，虚往实归[3]。又得德配何孺人内助，条桑载绩[4]，资用渐裕。先后举丈夫子四、女一，教养兼施，咸以成立。盖公少时英明旷达，中岁颇韬晦[5]，为忠厚长者，殆所谓愚不可及也。时钱币羼杂[6]，多混鹅眼[7]，公虽航渡之微，亦必酬以青选[8]，故人多德公，乐与交易。二纪间陆续购置土田十顷、别墅数所，悉由稼穑货殖中来。凡所种必早实以蕃，所畜必肥硕且滋，所居货获利尝倍蓰[9]，一家二十余口，三十年巫医不至门，是岂有一毫心计于其间哉！惟顺时听天，

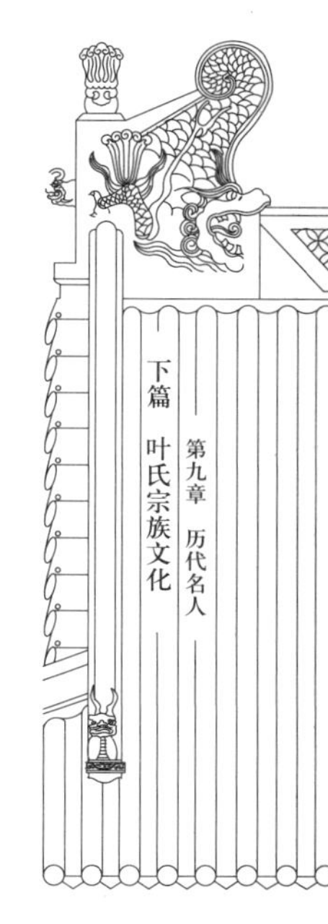

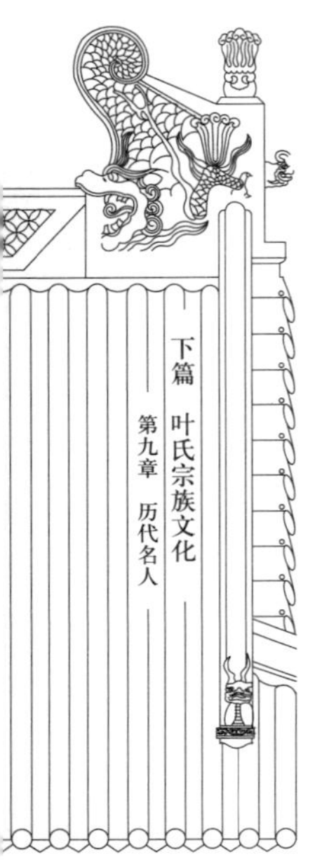

自蒙阴骘[10]已尔。晚年愈修德业，公益慈善诸事，靡[11]不乐输巨款。同治初修县署，光绪间建筑堤闸，皆标首捐名，他难更仆数[12]。村人有子丧弗能殓，袖金赙之[13]，且嘱曰："不足为外人道也。"其务真行多类此。何孺人敬顺无违，慈惠逮下[14]。晚年抚孙辈，手饮水浆辄忘暑热，遇贫乏，竭粟而贷，与公同心共济。公享寿六十有九，孺人六十有五，虽俱未至期颐[15]，而孺人弃养适当公捐馆后十日[16]，可谓极偕老齐眉之完福矣。厥后四族叔均克绍先烈[17]，家声不坠。光绪十二年堂构落成，越明年，岁饥，出谷数十石以俵[18]族邻，即公没二年，事亦足征无改也已。今福昌、昌隆两族叔乡饮耆年[19]，康强犹昔。福昌叔冢君金城绰有祖风，其孙宗植笃儒业，嗜古学，观此而知天之报施公者尚有限量乎哉！

权知山东金乡县事族侄孙开寅敬撰

［注释］

1．倜傥轩昂：倜傥（tìtǎng）①卓异，不同寻常。②豪爽洒脱而不受世俗礼法拘束。轩昂：形容精神饱满气度不凡。2．甫舞象，析产取荒顿者一份，居之晏如也：舞象：学象舞。象舞，即武舞。古代成童所学。《礼记·内则》："十有三年，学乐、诵诗、舞勺；成童舞象、学射御。"郑玄注："先学勺，后学象，文武之次也。成童，十五以上。"孔颖达疏："舞象，即舞武也。熊氏曰：'谓用干戈之小舞也。'"后用以指成童之年。甫：刚刚；方才。荒顿犹荒废。晏如：安定；安宁；恬适。3．弱冠耕且贾，虚往实归：弱冠：古时以男子二十岁为成人，初加冠，因体犹未壮，故称弱冠。贾（gǔ）行商。虚往实归：无所知而往，有所得而归。语出《庄子·德充符》。这里是说崇铭公农耕丰收，商贸获利。4．条桑载绩：条桑：条（tiāo）通"挑"，采摘。条桑即采摘桑叶。载绩：又纺织。条桑载绩代指家庭副业生产。5．韬晦（tāo huì）：收敛锋芒，隐藏行迹；韬光养晦：比喻隐藏才能，不使外露。6．羼杂（chān zā）：掺杂。7．鹅眼：即鹅眼钱。古代一种劣质的钱。8．青选：就是请人航渡的小事，给人的报酬，必定是经过筛选好的青铜钱。9．倍蓰：蓰（xǐ）五倍：倍蓰（数倍）。10．阴骘（zhì）：阴德。11．靡（mǐ）：没有。12．难更仆数：原意是儒行很多，一下子说不完，一件一件说就需要很长时间，即使中间换了人也未必能说完。后来形容人或事物很多，数也数不过来。13．袖金赙之：赙（fù），赠送财物给办丧事的人家。14．慈惠逮下：逮（dài），到；及。15．期颐（qī yí）：指百岁高龄的人要颐养。后来用"期颐"指人一百岁。16．弃养：婉辞，指父母死亡。捐馆：抛弃馆舍，死亡的婉辞。17．克绍先烈：能继承祖先的功业。18．俵（biào）：按分儿或按人分发。19．耆（qī）年：六十岁以上的（人）。

崇衍公妣朱孺人传

自来淑德贤媛，行谊卓著，足以垂法后人，昭兹来许，而流传不朽者，巾帼中恒不多觏。若我尊岳母叶母朱太孺人，有不可泯没者焉。孺人出自名门，幼娴姆训[1]，内则事学无不精。迨[2]归我岳丈绵山公，手挽鹿车，有桓少君之德[3]，馌耕冀野[4]，夫妇间相敬如宾。事嫜姑，修瀡旨甘，克尽孝敬[5]；待妯娌，一堂和翕[6]，家庭间雍睦[7]，不闻诟谇[8]声。至于操井臼、主中馈，克勤克俭，有敬姜论劳逸风。其家世先本寒素，孺人相夫子，董家政，灯红午夜，纺车轧轧不绝声；习女红，善针绣，取衣食于十指，锱铢[9]积累，不数稔而家渐丰亨[10]。虽绯山公善于运筹，抑亦孺人内助之力居多也。诞丈夫子二，甫成童，嗣子尚未成立，而绵山公即弃世。孺人欲殉夫死，几番痛悼未亡，回思孤子无依，禋祀关系，遂茹荼饮蘖[11]，以母道兼父道，教子成人，修母画荻[12]，郢母和丸[13]，不是过也。清光绪三十三年春，患咳嗽症，卧病床蓐[14]，医药罔效，长媳曹氏念罔极深恩[15]，万一难报，乃夜祷于天，焚香顶礼，愿舍遗体，割股疗姑[16]。一脔煎尝，甫入口而豁然病脱[17]。媳之孝不益征母之慈欤！今岁孺人特捐地稞以充太祖之楠公祭祀，追远之诚，巾帼中饶有丈夫概。新忝子婿，抱愧学浅才疏，莫获将溢美阐扬，流传奕叶[18]。兹值叶府续修家乘，不揣固陋，谨就见闻事迹略书简端，庶藉以永垂不朽云尔。

愚子婿华国新敬撰

［注释］

1. 幼娴姆训：娴(xián)，熟习。姆(mǔ)，古代以妇道教女子的女师。姆训：女师的训诫。2. 迨（dài）：等到。3. 桓少君之德：汉鲍宣的妻子桓少君旧时视为贤妻的典范。4. 馌耕冀野：馌（yè），往田野送饭。郤缺，春秋时晋人，因其父芮封冀，故又称冀缺。臼季见其耕于冀野，妻子送饭到田里，夫妻相敬如宾，荐之于晋文公，后代赵盾为政，谥成子。5. 事嫜姑，修瀡旨甘，克尽孝敬：嫜姑：丈夫的父亲和母亲。瀡（suǐ）：使食物柔滑的佐料。亦指用这种佐料烹调的食物。旨甘：美好的食物。常指养亲的食品。6. 和翕（xī）：和顺；协调。7. 雍睦：和谐；和睦。8. 诟谇（gòu suì）：也作谇诟都是责难辱骂的意思。9. 锱铢：锱（zī）：古代重量单位。依说文一锱是四分之一两，是六铢。铢（zhū）：古代衡制中的重量单位。是一两的二十四分之一。锱铢比喻微小的数量或比喻微利，极少的钱。10. 不数稔而家渐丰亨：稔（rěn）：年。丰亨：表示富厚顺达。全句说不几年家庭逐渐富裕丰厚顺达了。11. 茹荼饮蘖：比喻受尽苦难。茹：吃。荼：苦菜。蘖（bò）同“檗”。黄檗，落叶乔木，味苦。12. 修母画荻：宋欧阳修四岁而孤，家贫，母郑氏以荻管画地写字，教其读书。后以“画荻”为称颂母教之典。13. 郢母和丸：唐柳仲郢幼嗜学，母韩氏用熊胆和制丸子，使郢夜咀咽以提神醒脑。后以“画荻丸熊”称赞母教有方，亦可说“画荻和丸”。14. 床蓐：蓐（rù），草席，草垫子。15. 罔极深恩：罔极：①无穷尽。罔，无。极，尽。②《诗·小雅·蓼莪》：“父兮生我，母兮鞠我……欲报之德，昊天罔极。”朱熹集传：“言父母之恩，如天无穷，不知所以为报也。”后因以“罔极”指父母恩德无穷。亦指人子对父母的无穷哀思。16. 割股疗姑：股，大腿。割股：旧有自割股肉以供君亲食用之说，古人认为是大忠大孝的表现。姑：丈夫的母亲。17. 一脔煎尝，甫入口而豁然病脱：脔（luán），量词，用于块状的鱼肉。“尝一脔肉，而知一镬之味。”甫：刚刚。豁然：倏忽，顿然。全句说一块煎好的股肉，刚一入口，病就好了。18. 奕叶：累世，代代。

二、古代名人录

（一）原姓远祖

李　暠　字 元盛　东晋　称武昭王　　　　李　歆　字 士业　东晋　继位西凉王

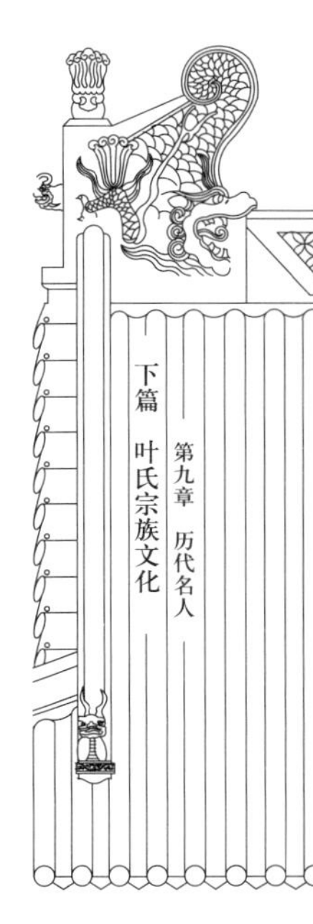

李重耳	字	景顺	东晋	西凉敬王	李　镕	字		东晋	袭西凉王爵

（二）无派远祖

筠	公	字		南北朝	幼袭西凉王爵	成	公	字		唐代	南阳郡守
谭	公	字		唐代	永州零陵县令	法	喜	字	道元	唐代	儒士
京	公	字		唐代	太常博士	奎	瞻	字		五代后梁	龙泉县令
道	盈	字		五代后晋	南康太守	峻	公	字		宋代	江夏令
清	臣	字	道卿	宋代	举进士	祖	洽	字		宋代	学士
梦	得	字		宋代	学士	颙	公	字		宋代	尚书
平	岩	字	仲圭	宋代	名儒	衡	公	字		宋代	辅臣
贺	孙	字		宋代	校书郎	适	公	字		宋代	兵部侍郎
耆	公	字		宋代	翰林院学士	李	公	字		宋代	丞相
梦	鼎	字		宋代	丞相	待	荣	字		宋代	河南尹
荣阳氏		待荣公妣		宋代	宋敕赠体仁	朝	凤	字		宋代	河南尹

（三）有派远祖

敬	常	字	继旦	宋代	博士	基	都	字		宋代	乡绅
基	北	字	星拱	宋代	乡绅	美	玉	字	明珩	宋代	护国军提督
美	家	字	圣作	宋代	尚书	年	芳	字	丛柏	元代	儒士
久	高	字	孔林	元代	博士	家	祥	字	庭瑞	元代	割补救母
喜	兰	字	居室	元代	贵州副使	得	梓	字	书坊	元代	义士
人	杰	字	士豪	元代	副榜	人	文	字	观成	元代	禀贡
人	义	字	利和	元代	乡绅	人	信	字	克诚	元代	庠生
仪	公	字		明代	儒士	琛	公	字		明代	南昌太守
万	荣	字	华国	明代	江州总管	居	升	字		明代	山西平遥训导
万	树	字		明代	候补知县	代	丰	字	足帛	明代	御前三品侍郎
代	隆	字	德兴	明代	乡绅	代	盛	字	德美	明代	儒士
玄	三	字	右七	明代	赐八品冠带	成	章	字	慕同	明代	长州县令
希	贤	字	雪庵	明代	御史	道	镶	字	车皇	明代	廪生
道	隆	字	际昌	明代	云南提学副	道	旺	字	兴四	明代	廪贡
立	本	字	笃卓	明代	颍上知县	芳	盛	字	盈竺	明代	庠生
桂	芳	字	秋八	明代	廪生	玄十一		字	再起	明代	儒士
太	安	字		明代	充顶舅氏军户	伏	二	字		明代	军户
龙	公	字		明代	军户	什	五	字		明代	军户
隆	一	字		明代	军户	隆	五	字		明代	军户
念	四	字		明代	军户	茂	宙	字	涵万	明代	武官
茂	容	字	度宽	明代	经历司	向	高	字	台山	明代	丞相

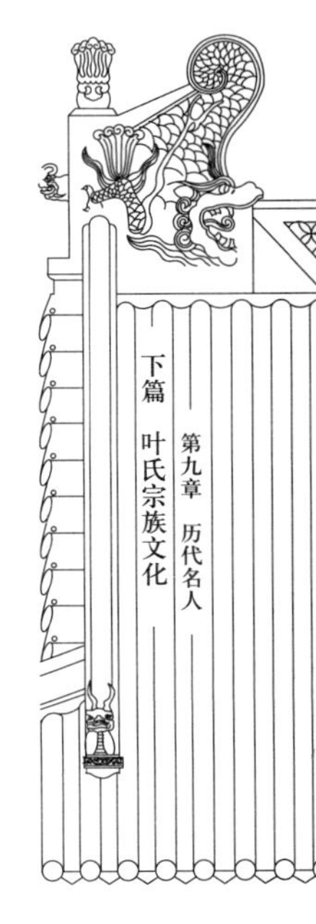

子　奇　字 世杰　明代　巴陵主簿　　钊　公　字　　　明代　擢刑部主事
廷　秀　字　　　明代　擢户部主事　　汝　桓　字　　　明代　官兵部主事
联　甲　字　　　清代　甘肃补用通判　　联甲父　字　　　清代　奉直大夫
联甲母　字　　　清代　宜人

（四）近祖坝庄（莲花芯）

文　华　字 继池　明代　乡饮大宾　　之　藻　字 先成　明代　儒士
春　灿　字 无大　明代　太学生　　本　兴　字 福昌　清代　九品顶戴
本　春　字 松林　清代　五品蓝翎　　本　望　字 永青　清代　登仕郎

（五）近祖坝庄（上门）

之　梅　字 应和　明代　候选训导　　春　焕　字 尧章　清代　举人
春　炳　字 尧功　清代　儒士　　先　杰　字 一人　清代　文庠

（六）近祖坝庄（下门）

之　楠　字 名柱　明末　文庠　　春　显　字 笃恭　清代　文庠

（七）近祖坝庄（首一长房）

文　明　字 万程　明代　太学生　　之　梁　字 瀛州　明代　儒士
之　椿　字 岱年　明代　儒士　　之　栜　字 方州　明代　庠生
春　耀　字 茂生　明代　授练总　　春　和　字 钦若　明代　乡绅
先　选　字 鹏万　清代　乡绅

（八）近祖坝庄（首一二房）

世　泽　字 甘澍　清代　蓝翎都司　　崇　粹　字 纯一　清代　文庠

（九）近祖坝庄（首一三房）

增　溢　字 丰川　清代　仕郎　　崇　时　字 为俊　清代　太学生
本　昌　字 永发　清代　儒士　　崇　治　字 以德　清代　武庠
登　世　字 明远　清代　儒士

（十）近祖坝庄（首三房）

成　典　字 尧书　清代　仕郎　　世　甲　字 占魁　清代　监生
世　明　字 常灿　清代　职员　　崇　利　字 以义　清代　武庠

（十一）近祖坝庄（三房）

自　桐　字 百高　清代　典史　　世　开　字 梅岭　清代　监生

（十二）近祖坝庄（四房）

正　团　字 兼辉　清代　儒生

（十三）近祖坝庄（五房）

自　桧　字　　　清代　皇恩旌表

第二节　现代名人

现当代以来，族中涌现了一大批名流：他们有的是推翻三座大山的革命斗争中英勇奋斗，不怕牺牲，为祖国、为人民捐躯的烈士，各庄都有传记传颂扬；他们有的是活跃在社会的各个领域的各界官员、专家学者、英才秀士各胪列于书中。他们是社会的脊梁，是族人学习的榜样。

一、人物传赞

（一）九谱传记

1. 宗植公传（坝庄莲花芯）

嫡堂兄讳宗植，号心畲。早岁因家境清寒中途辍学，遂自修苦读，勤攻经史，举凡诸子百家，多曾过目，其中嘉句锦章多摘录笔记。习字喜练颜柳欧苏，最爱王羲之真迹，故其字体洒脱秀丽，苍劲有力，代书屏联蔚为壮观。旋在宗祠执教，广被春风，凡沐受德化者多能奋发有为。民国十七年就读湖北乡村师范，毕业后任教襄阳师范，续攻政治经济名学哲理，故能成全满腹经纶。民国二十二年晋京应高等文官考试，及第，派任湖北省教育厅股长，后升省督学。抗战胜利，东下南京，任内政部秘书长。一九四九年初离开大陆飞往海外，杳无音讯。近闻杜宇啼泣，传来鹤驭仙乡，享年九十有四，生荣死哀，绰有余光，墓葬台北，泽霈梓桑。宗粹追随座右数十余年，既属昆仲，又系师生，缅怀达德，不胜悲怆。传不尽意，谨此略记。

附赞词如后：卓绝吾兄，苦读寒窗。衣不温身，食无宿粮。豆灯一盏，子夜犹亮。勤攻经史，效仿圣姜。含英咀华，笔记锦章。书法羲之，秀丽劲苍。代书屏联，何只千张。宗祠执教，桃李芬芳。京试及第，一举名扬。任省督学，数质兼尚。视察内政，贬恶褒良。清正廉明，洁似冰霜。名哲养性，太极拳堂。寿逾九旬，鹤驭仙乡。墓葬台北，泽霈梓桑。永垂风范，绰有余光。缅怀达德，铭志不忘。

受业嫡堂弟宗粹谨撰

2. 崇甲公生平略传（坝庄中门）

父讳崇甲，字玉枝，坝庄中门正圜公之六世孙也。自幼赋性聪颖，行止端庄，虽曰未学，才识高尚。少贫无谄，长富无骄，孝悌仁义闻于乡里。今兹次男雨以庸陋之资受族长之推荐，忝列辑修家乘之骥尾。思惟求知从役，窃取公暇披阅老谱，得见修建宗祠为首名目及四次续修为首名目均有父名，书列议叙。乃忆及昔者庄中故老传颂吾父敬祖笃宗，有补家族。

一如俸献特烧标注“叶氏宗祠”四字之碗盏及特制铁铸大香炉，并同时亦献同样香炉于庄中祖堂，供应祭祀备用之举；一如创议清理远祖坟茔，镌碑立碑存祭之举；一如民国二十年旱潦为灾，庄中大闹饥荒，首起外运蚕豆以施赈济之举；一如抚孤恤寡、修堤修路，铺石板进城，便人之举，不惜私财，急公好义等等。顾今虽事远年久，物毁事湮，将没而不传。迨触目谱中成暎公督修序附七律诗有“有善虽微原不没，真徽纵隐亦搜传”之句，始感慨系之，纪而述焉，以俟夫今后之为富者观之，想象而相像也。

次男本雨泣志

3. 本植公暨妣卫孺人略传（坝庄中门）

先父派讳本植，字越先，毕业于武汉大学，获文学学士位。学问渊博，尤精文史，终身执教，学而不厌，诲人不倦。凡及门者，均称谈吐风尘，教有法度，乐以为师。桃李满天下，人才遍中外。性直爽，顺境不骄，逆境不愁，严于律己，宽以待人，老师学生均乐与交游。一九三四年大旱，族中大半穷户缺粮，先父以其平日积蓄千元购粮济贫，慈善恻隐，有口皆碑。一九五八年负屈还乡，一九七八年平反昭雪，刚获自由即与世长辞。母性和顺，待人谦恭，善持家务，辛苦备尝。晚年虽受父累，仍怡然自慰，八旬西归。乃赞曰：嗟我二老，品行端庄。形影相伴，梁鸿孟光。抚育儿辈，颇费周章。教之以道，诲之以方。胸有经史，笔有文章。襟怀坦荡，老幼颂扬。儿辈不肖，难维纲常。略陈俚句，以表不忘。

儿开敏、开惠敬撰

4. 开植公略传（坝庄中门）

尊姻翁讳开植，号春和。幼孤苦而资聪颖，在孩提时，其生活即能自作检点，举动迥异于人。及至少年时代，亦能谋生自给，以至于成立。稍壮，则胸怀旷达，豪放不羁，卓然有高尚之气节，毅然有报国之雄心。方其时，日寇汹汹，侵我神州，凡我炎黄后裔，莫不同仇敌忾。翁慷慨从戎，执干戈以卫社稷，累建功勋，荣升尉校。对所率之部，翁能以身作则，身先士卒，在保卫常德战役中最为突出。与敌几次交锋，均连连报捷，后因援兵不继，暂时失利，而翁却能以一当百，出生入死，持续搏战，终使日寇胆寒。今常德市立有抗战有功将士纪念碑，镌有翁名，诚乃塞上长城，岂止光耀门望？实已名留国史，照耀简册矣。及至日寇投降，国土重光，而翁又解甲归田，安耕畎亩，更可知其不以名利萦怀，惟存事业宏愿耳！迨祖国解放，进入经济建设，为发展集体经济，翁复投身于社队企业，兴办水产养殖，寄迹于水泊湖池。冒严寒，熬酷暑，抵惊涛，挡骇浪，潜身于水下摸索，终得出成功经验，使养殖年年丰产，获利可观。翁一心为集体，昼夜尤勤之精神，尤为有口皆碑，人所共仰者也。世人先私后公，翁独先报国而后齐家。晚年稍事持筹，立己从俭，督嗣克勤。不数年，则堂构一新，美轮美奂矣。家道一扫往昔之贫寒，逐渐趋于康裕。翁一生待人概出至诚，和风教子，施以义方，故其子能善体严训，各有所成。长子宗林，湖北大学经管系毕业，献身于国家经济事业，其所领导单位卓有成效，蔚然初露头角。次子宗森，亦为企业骨干。视其诸事如此顺畅者，皆与翁教诲之功不可分也。满以为姻翁长享清福，何期鹤驭仙乡，享年六十有八，于公元一九八四年农历十月九日辞世正寝。呜呼！

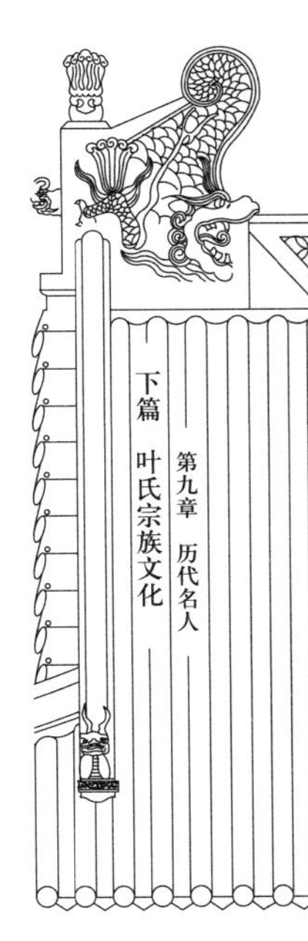

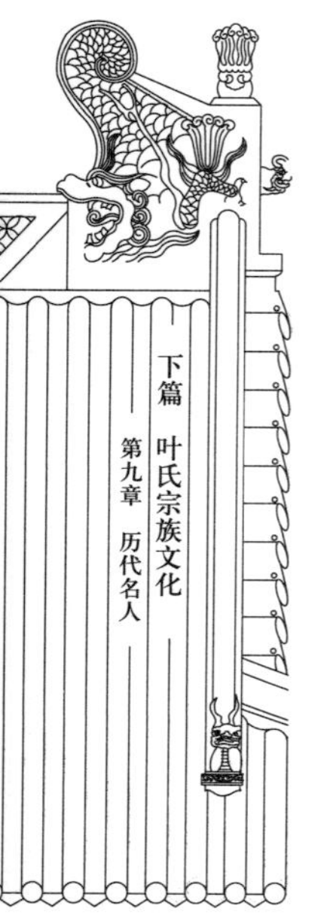

姻翁生而为英，归去为灵，势必佑启后人，永绍德荫。在兹崖略一二，谨表钦敬之心。

姻弟罗祖寿敬撰

5. 开选公传（坝庄中门）

先父讳开选，号万青。六岁丧父，祖母抚养，朝饔夕飧，几难为继。成年后，立志苦学，边读边农。日寇侵我疆土，伯父携至崇阳大源，考入五县联中。遍地狼烟，学业难成。迨日寇投降，旧物重光，经伯父在汉执友介绍，就教于汉口市二十八小。在汉十五年，树旗教坛，颇有声誉。由此参加民盟，并担负张公区语文教学辅导工会主席、民盟委员。炏风云突变，衔冤回乡，合族父老均甚惋惜。家族有所需求，吾父尽力予以满足。社会翻新，冤情昭雪，吾父深渥浓恩，在本镇中学任教，并任民盟黄石市支部委员，兼任县政协常委。因工作勤奋积劳成疾，于一九八二年病故，享年五十有八。吾父在时照顾极少，扪心自问，愧供子职，良可痛心，触景涓涕，倍切瞻依。今值家乘首次合修之际，聊缀数语，以寄哀思。先父有灵，应瞑目于地下也。

女儿钟英泣志

（二）十谱传记

1. 坝庄莲花芯开泰烈士传略

悠悠柴桑郡，赫赫忠烈堂，先祖重青史，后嗣亦英雄。熔炉壮士开泰公，字锦清，乳名和尚。髫年入泮，尊师好学，凡为窗友，礼让恭谦，乐于助人。时不间日，攻读经史十有余年，诗文出众，砚墨超人，深受恩师之宠爱。

“五四”浩气贯长虹，南湖灯火耀神州。已不安寒窗的叛逆者，仰慕苏维埃。公身为独子，不顾小家庭的束缚，民国十七年后，矢志革命，汇入洪流。

锦清公人才一表，足智多谋，口齿圆润，八方结缘，文章清新，墨迹秀丽，表现出横溢之才华。因而，担任鄂阳大三县县委秘书要职。

公，不辞辛苦，每每早出晚归，乔装商人，以贩棉花为掩护，辗转跋涉三邑之间，撒播革命种子。接触人频繁，活动范围甚广，凡事熟虑，行动谨慎，组织机密，守口如瓶，工作无闪失，行文无疏漏，可称不可多得之帅才。

因举行起义之事，被叛徒出卖，拘捕入狱。敌人知道公担任要职，掌握资料、信息、全面缜密，先以“升官发财、荣华富贵”等花言巧语劝降，公以严词拒绝。青面獠牙的禽兽见诡计不成，原形毕露。后以坐老虎凳、施夹杠，烫烙铁等酷刑压服，企图撬开铁牙，威逼招供。酷刑之下，公多次休克。刽子手以泼凉水，灌辣椒汤，让公复苏，促其开口，然而公视死如归一言不发。凸现出一身铮铮铁骨。

公被捕后，三日晚，族贤鉴盈先生梦见贤弟子遍体鳞伤，倒在血泊之中，痛心难忍。翌日，遂赴县城，告权威人士，寻求机会重金保释。

民国二十二年八月十五日，公自汪仁镇集中营起解至县城，途中，伪乡长汪连香等无耻之辈，突然偏开正道，入汉口，露出狰狞面目，狼嚎一声，强令公跪下。公昂首挺胸，坚决不从。公却痛斥："叛徒无耻，民族败类，革命成功，尔等是中华民族的狗屎堆"。气急败坏的狗东西胆战心惊，就朝公的脑颅开枪，公牺牲于王坛应桥，年仅三十一岁。据传，枪声响过两分钟，公屹立如山身躯不倒。过路之客，锯匠陈氏老五，见是公英勇成仁，涕泪俱下，脱下上衣，把脑浆和头发收拢包回报信。噩耗传来，全村父老乡亲为之震惊，赶赴王坛，将遗体运回入土为安。

公是我族列祖列宗之好男儿，也是我嗣世子孙忠烈之偶像。新中国成立后，一九五零年，人民政府授"光荣烈属牌"一面，褒扬烈士之功勋，告诉革命后代及人民大众，先烈的鲜血不会白流。

三十岁虽短暂，其名炳日月，浩气长存，人民永远不会忘记。

莲花芯族孙序清撰

2. 坝庄中门本茂烈士传略

本茂公出生在何锡村炭木林(现陈贵镇)一个贫苦农民家庭,胞兄弟四人,加上堂兄本喜,排行第五。他身材魁梧，浓眉大眼，性格豪爽，从小就爱管"闲事"，爱打抱不平，当地人称其"五老虎"。

本茂公生长在中国波澜壮阔的大革命时期。当时大冶地区革命运动风起云涌,有识志士、青年纷纷跟着共产党走上革命道路。一九三〇年十二月他和堂侄开元积极参加何长工来大冶领导的鄂东南革命根据地的斗争，时任中华大冶县矿山乡苏维埃主席。发动和领导当地农民开展打土豪、分田地、废除封建剥削和债务的土地革命。

一九三〇至一九三二年秋，国民党反动派对革命根据地连续发动三次反革命围剿，大冶地区的反动民团组织一时猖獗，到处搜捕革命者，公由于叛徒出卖而被捕。在狱中受到严刑拷打，但他坚强不屈，视死如归。最终他昂起头，挺起胸膛，面对敌人的枪口走向刑场并高呼："农民万岁！打倒土豪劣绅……"一九三二年正月二十五日在马叫畈李村英勇就义，时年仅二十九岁。新中国成立后，本茂公被湖北省大冶县人民政府追认为革命烈士。湖北省大冶县地方志编纂委员会编纂、湖北科学技术出版社一九九〇年出版的《大冶县志》第五百二十五页中，记载土地革命时期原矿山乡烈士英名录中载有其英名。

革命烈士永垂不朽！

侄孙序田敬撰

二、官员志士

(一）莲花芯

开　泰　本分之子　大革命时期革命烈士

宗　粹　开淮次子　民国财政部会计稽查

序　清　宗杏长子　大冶一中校办主任

杨映霞　宗杏三媳　湖北大学化工厂厂长

序　炎　宗发长子　武汉江岸区市政工会主席

天　双　序炎长子　襄樊铁路局纪委书记

宗　植　开镇长子　民国政府内政部秘书

序　纪　宗植长子　沙市一中主任

序　光　宗杏三子　湖大成教学院副书记

序　刚　宗顺长子　大冶党校工会主席

序　生　宗斌三子　楚天化工副总经理

细　群　序灯次女　大冶城建工会主席

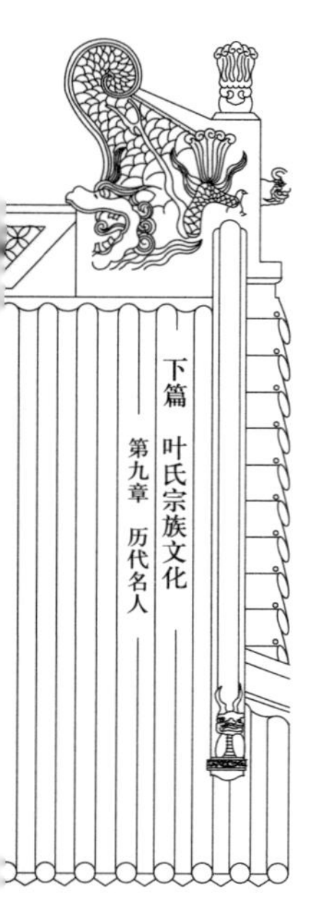

丹　丹 序清长女 武汉铁路局职教科长

天　俊 在树次子 广州技术学院副处长

恒　恒 序亮之女 荆门市发改委科长

天　舒 序鑫四子 湖北师范大学系主任

天　平 在树长子 广州市广电局副局长

天　柱 序亮长子 黄金山农校校长

曾　艳 宗财长媳 鄂州实验中学校长

（二）上叶庄

序　礼 宗恒长子 黄石市农业局局长

红　红 序礼长女 西塞区审计局副局长

宗　辉 开杰长子 大冶市农科所所长

李园园 序德四媳 大冶市图书馆副馆长

张素梅 宗恒长媳 黄石市工商局副科长

宗　正 开升之子 大冶人大司法副主任

宗　均 开印长子 叶家坝村副村长

（三）下叶庄

开　国 本填长子 永胜二大队支部书记

宗　鑫 开霞长子 钟祥市医药公司书记

李晓红 宗耀长媳 大冶市总工会副主席

宗　镛 开霞次子 鄂州汽运副总经理

序　钦 宗进长子 大冶建安公司书记

亚　权 宗耀次子 大冶三新农电主任

宗　棣 开轩次子 冶钢一七〇厂厂长

宗　银 开霞四子 团城山街办书记

秀　萍 宗鑑长女 大冶市组织部科长

宗　淳 开泰次子 大冶市政府副科长

序　科 宗耀长子 大冶供电金牛所长

（四）坝庄中门（首一长房）

宗　范 开名四子 黄石市纪委副书记

红　红 宗范之女 黄石司法政治部主任

宗　学 开名长子 抗美援朝志愿军

序　俭 宗启次子 风华实业公司董事长

序　均 宗辉之子 叶家坝村村委会主任

序　桥 宗范之子 黄石法院经济庭庭长

舜　华 宗栋长子 叶家坝总支部副书记

宗　信 开森长子 抗美援朝志愿军

明细花 宗启次媳 风华实业公司总经理

（五）坝庄中门（首一二房）

一　新 开选嗣子 大冶艺术剧院院长

序　纯 宗鼎长子 叶家坝居委会副主任

（六）坝庄中门（首一三房）

宗　珍 开铎次女 湖北省财政厅处长

序　武 宗旭五子 大冶政府办副主任

序　许 宗功三子 黄石市发电厂副科长

宗　旭 开瑞之子 大冶城建公司经理

开　树 本甫四子 国军特种部队中尉

序　照 宗旺次子 叶家坝村党总支书记

宗　源 开亨长子 叶家坝村副村长

宗　善 开朝长子 大冶教委副主任

树　林 宗春长子 大冶开发区副主任

开　杏 本战长子 永胜二大队支部书记

开　森 本江之子 海军 1293 部队副营长

宗　春 开松次子 叶家坝村党支部书记

天　胜 序如次子 叶家坝总支书记主任

国　凡 开鑫长子 大冶市塑料厂副厂长

（七）坝庄中门（首二房）

宗　慧　开荃次子　大冶设计院副院长

序　礼　宗杨次子　大冶规划院副院长

序　广　宗兴长子　大冶水产局副局长

（八）坝庄中门（首三房）

开　寅　本禄之子　大冶镇红砖厂厂长

开　龙　本煦次子　永胜二大队大队长

宗　腾　开田三子　大冶有线台副台长

（九）坝庄中门（三房）

天　龙　序平长子　大冶市场管理局局长

序　咏　宗顺长子　大冶纱厂副厂长

惠　文　宗顺次子　大冶水产局副局长

小　红　宗清长女　农行德州支行主任

宗　寿　开法长子　粮食公司业务股股长

宗　凤　开彬嗣子　大冶镇工会主席

朱淑芳　宗寿次媳　大冶石油公司副书记

惠　清　开显次子　大冶食品公司经理

惠　明　开显三子　工商行上窑分理主任

序　明　宗凤次子　大冶国土稽查大队长

序　茂　宗瑞次子　大冶建安公司经理

宗　森　开玑长子　林业厅种子公司经理

红　红　开富之女　农行伊宁市副行长

序　方　宗法四子　叶家坝社区副主任

（十）坝庄中门（四房）

本　茂　崇庚四子　大革命时期革命烈士

开　元　本喜之子　大革命时期革命烈士

开　长　本根次子　解放军某部副师长

开　植　本楷之子　国军某部上尉连长

开　灯　本灯嗣子　黄石供电局财务科长

开　平　本清四子　抗美援朝志愿军

宗　林　开植长子　大冶城建集团董事长

宗　森　开植次子　叶家坝管委会副主任

序　田　宗福次子　大冶市皮件厂厂长

（十一）坝庄中门（五房）

本　高　崇节之子　大冶城建公司副经理

宗　立　开景长子　永胜二大队支部书记

开　阳　本法次子　广州军区某部队上校

惠　萍　开周次女　黄开区财政副局长

艳　艳　宗明之女　黄石港区计生局局长

宗　旦　开正次子　大冶镇红砖厂副厂长

宗　泉　开深五子　大冶农行东岳支行行长

三、专家学者

（一）莲花芯

序　强　宗勋次子　东岳教育组高级教师

序　鑫　宗梓之子　大冶教研室高级教师

黄海云　宗梓之媳　叶家坝小学高级教师

序　玉　宗保次子　叶家坝小学高级教师

吴友芝　宗杏长媳　实验中学高级教师

序　年　宗发次子　实验中学一级教师

郭家凤　宗植长媳　沙市毛巾厂会计师

在　树　宗勋三子　东岳街办企业经济师

天　冶　序纪长子　沙市四医院高级技师

序　常　宗植次子　沙市第二医院主任

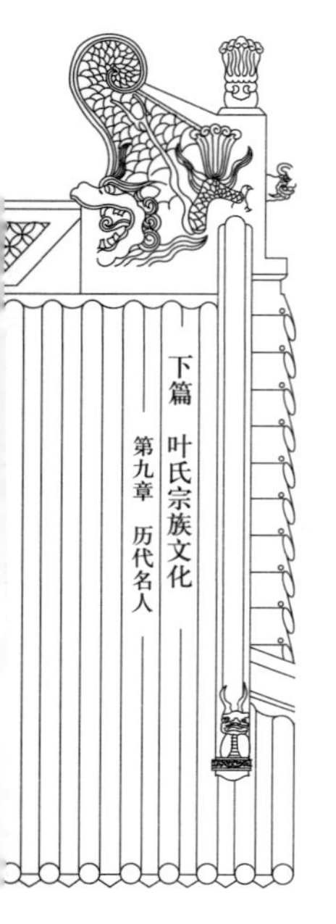

（二）上叶庄

彭　立　序礼之媳　湖北工业大学教授
天　蓬　序礼之子　现代出版社编辑
宗　智　开杰次子　下冯小学高级教师
天　鹤　序明长子　92752 部队工程师
天　喜　序德四子　中心学校中学高级教师

（三）下叶庄

开　甲　本顺次子　叶家坝小学高级教
春　生　开霞五子　深圳外语学校高级教师
宗　泽　开泰次子　大冶塑料厂工程师
袁红梅　宗江长媳　深圳某公司高级会计师
宗　煌　开梁次子　黄石粮食局政工师
张静梅　宗平长媳　某公司会计师
宗　江　开声次子　特教学校小学高级教师
吕凤琴　开霞长媳　油田中学一级教师
红　梅　宗煌之女　同安中学高级教师
杜君燕　开乾长媳　大冶城管局经济师
宗　棣　开轩次子　无锡钢管厂高工

（四）坝庄中门（首一长房）

清　波　开能三子　大冶一中特级教师
序　昆　清波次子　深圳高级经济师
序　钊　宗茂之子　黄石中医院主任
玲　珍　开焱五女　黄石中医院副主任
清　香　宗良之女　北门小学高级教师
林　晖　清波长子　北京大学副教授
宗　茂　开容三子　黄石市中医院主任
琴　琴　宗茂之女　黄石中医院副主任
序　平　宗才次子　大冶政府农技师

（五）坝庄中门（首一二房）

序　彬　宗光之子　航发高级工程师
开　屋　本朋之子　大冶师范教师
开　敏　本植次子　郑州铁路局总工程师
于冰梅　本植三媳　实验小学高级教师
开　宇　本杨嗣子　大冶一中教师
开　庆　本树次子　三三〇医院主治医生
宗　亮　开屋长子　大冶师范会计师
宗　建　开宇长子　大冶城建经济师
俊　君　开宇之女　洪山中学高级教师
施一红　开惠之媳　乐清中学一级教师
本　植　崇奇之子　黄冈中学教师
开　卷　本植长子　汉阳中学教师
开　惠　本植三子　大冶中学高级教师
荆　阳　本植之女　襄樊第一医院主任
开　选　本澍次子　大冶镇中学教师
周美玲　本树次媳　三三〇医院主治医生
宗　光　开屋次子　金属丝网厂工程师
丁珍珠　开选之媳　新街小学高级教师
宗　利　开惠之子　乐清中学高级教师
丽　娟　开惠之女　东岳中学高级教师

（六）坝庄中门（首一三房）

本　定　崇安次子　罗桥医疗联合会主任
开　朝　本定长子　大冶一中教师
淑　华　开朝之女　华科大医院主管护师
本　回　崇肄三子　大冶中医院医师
宗　金　开永之子　大冶医院副主任
杨翠霞　开朝长媳　实验中学高级教师

序　卷　宗炎次子　宜宾第二医院主任
张红卫　开新次媳　张家口中学高级教师
宗　植　开铎四子　大冶新城公司工程师
文　华　宗育之子　工程师
宗　林　开新次子　常州中学高级教师
金　忠　开实之子　大冶中医院药剂师
序　进　宗善长子　大冶勤办小学高级教师

（七）坝庄中门（首二房）

瑞　芝　宗华长女　葛洲坝高级工程师
刘庆明　宗华次媳　沙市二医院主任
天　相　序柏次子　黄石二医院医师
桃　丽　天栋长女　大冶三医院医师
序　琰　宗华次子　荆州汽运高级工程师
序　诔　宗露长子　大冶城建工程师
秀　梅　序星之女　大冶人民医院药剂师
荷　花　宗露之女　大冶人民医院药剂师

（八）坝庄中门（首三房）

本　淳　崇霞三子　大冶一中教师
开　松　本勋长子　大冶一中教师
曹还元　本淳长媳　上海交通大学职员
开　枝　本美三子　市委招待所烹调技师
杨晓青　开松三媳　大冶黄金公司会计师
宗　林　开龙长子　大冶城建六级技工
开　秧　本厚次子　大冶城建五级技工
开　甲　本淳长子　上海交通大学职员
宗　科　开金次子　大冶楚剧团中级琴师
保　佳　开松次子　大冶客运高级技师
亚　东　宗科三子　大冶楚剧团中级演员
宗　晃　开田长子　大冶城建六级技工

（九）坝庄中门（三房）

开　玑　本来之子　省林业厅高级工程师
宗　清　开扬嗣子　地质局高级工程师
宗　兴　开章长子　华新高级工程师
惠　兰　开显长女　黄石二中高级教师
开　琬　本文三子　麻城六中一级教师
开　圭　本文四子　劲牌公司工艺美术师
刘月英　宗寿长媳　大冶六中财务会计师
宗　军　开玑次子　省林业厅工程师
序　青　宗兴之子　华新水泥厂工程师
邓　斌　开玑次媳　武汉外资会计师
英　艳　开鹏之女　大冶中医院主管护士
王元珍　序茂次媳　开发区建筑会计师
天　品　序金之子　金湖中学一级教师
开　均　本文次子　黄石理工学院讲师
开　碧　本方长子　造纸厂高级技师
宗　正　茂林三子　拖车厂高级技师
开　璠　本文长子　下黄小学高级教师
宗　彬　开模次子　黄石供电局工程师
序　平　宗寿长子　大冶建筑工程师
艾丽萍　开玑长媳　省林业厅会计师
翠　玲　开璠四女　还地桥中学一级教师
惠　友　开显五女　铁山小学高级教师
毛丽霞　开玑三媳　私企会计师
天　松　序茂长子　大冶畜牧局兽医师
周水莲　本文五媳　大冶卫校烹调技师

（十）坝庄中门（四房）

宗　利　开透长子　大冶玻璃瓶厂经济师
宗　雄　开乔次子　大冶城建工程师
宗　选　开年三子　大冶水产局会计师
宗　彪　开乔三子　大冶畜牧局兽医师

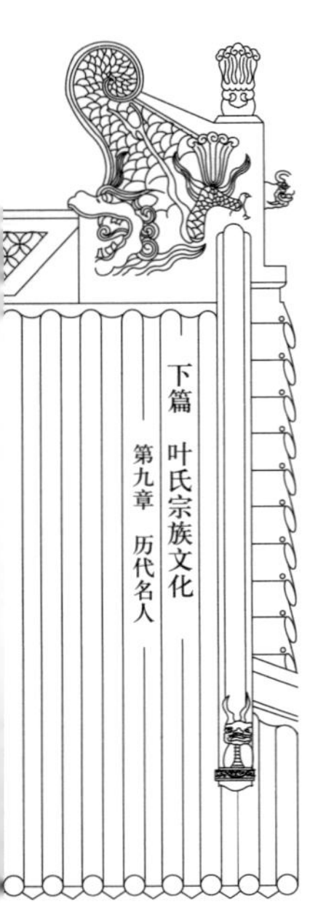

志　军　开强次子　大冶城管局技师
春　英　开长五女　滨湖机械厂会计师
宗　元　开稳四子　大冶畜牧局兽医师
陈秋菊　宗森长媳　大冶基力一级建造师

（十一）坝庄中门（五房）

本　豪　崇廉次子　第二军医大学主任
开　周　本道三子　大冶农牧高级农艺师
宗　星　开吉之子　大冶城建高级工程师
翠　微　开吉长女　大冶有色金属统计师
宗　希　开深次子　大冶畜牧局兽医师
冯国申　开深次媳　下黄小学高级教师
肖新容　崇廉次媳　地震局高级工程师
开　娇　本群之女　大箕铺小学高级教师
开　炎　本庆长子　大冶水泥厂工程师
桂　英　开吉次女　黄石五医院麻醉师
翠　容　开吉三女　有色报社高级编辑

四、英才秀士

（一）莲花芯

天　坚　序栋次子　华中科技大学
文　娟　序炳之女　首都经济贸易大学
天　雨　序霞长子　天津医科大学
汉　平　序强次子　北师大（函）
天　翼　树春之子　武汉理工大学
吴　莹　序鑫四媳　师院（函）会计师
天　啸　序鑫三子　湖北美术学院
芳　芳　序清三女　湖北大学
天　峰　序霞次子　咸宁师范学院
周少慧　序炳之媳　华中师范大学
文　涛　序华次子　湖北大学
志　刚　序松之子　孝感师范学院
天　和　序常之女　咸宁医学院
亚　鹏　序送长子　华中师范大学
林　林　序生之女　中南财经政法大学
媛　媛　序书之女　湖北大学成教院
天　博　序武之子　华中农业大学
文　婷　树华之女　湖北中医药大学
冯　宇　天寇长媳　武汉音乐学院
应　烨　培泳长子　武昌理工学院
培　昇　天龙次子　武汉体育学院
天　渊　序文次子　湖北经济学院
天　浩　序洲之子　武汉商业学院
吕　琼　序洲之媳　湖北经济学院
清　贫　序玉次女　西南交通大学
芸　芸　序霞之女　湖北大学
菁　菁　天双之女　湖北大学
香　莲　树春次女　湖北大学
天　彤　序松之子　北京化工大学
天　宝　序鑫长子　湖北师院（函）
露　露　序清次女　武汉大学
天　碧　序光之子　中国纺织大学
国　强　序桂长子　湖北大学
佳　鹏　序华长子　湖北大学
李　阳　序华长媳（深圳华为工作）
天　冰　序乾之子　黄石理工学院
艳　红　天柏三女　湖北大学分校
天　校　序送次子　长江大学
芸　芸　天启之女　湖北第二师院
序　松　宗财长子　湖北大学（函）
天　波　序起之子　黄石师范（函）
向金枝　序亮次媳　湖北师范大学
倩　倩　天智之女　湖北成教学院
暄　暄　序桂之女　武昌理工学院
天　露　序文长子　湖北师范大学
沁　沁　汉明之女　湖北第二师院
婷　婷　序洲次女　荆州教育学院
童　童　天鹤次女　冶金干部学院

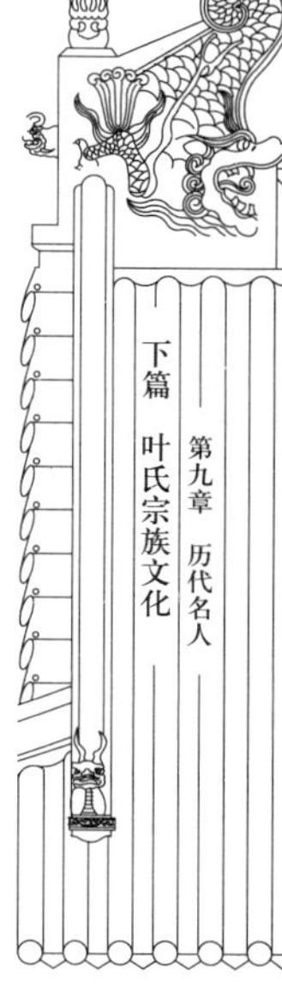

培　灿 天鹤之子 湖北大学成教学院
滢　海 天昱之子 湖北理工学院
天　毅 序新之子 武汉工业学院
天　明 序坤之子 湖北理工学院
天　磊 序乾次子 武汉纺织大学
芸　芸 在树之女 北京幼教学院
方　君 序光之媳 上海医专
婕　婕 序坤之女 武汉职业技术学院
明翠华 序强长媳 黄石教育学院（函）
馨　香 序春长女 黄石理工学院
四　平 天柏四女 武汉工业学院分校
天　懋 序青之子 武汉弘博软件学院
天　晟 序炳之子 北大远程教育（函）
艳　艳 天柏长女 黄石理工学院医学部
培　程 天冬次子 华中科大中南分校
天　炯 序亮次子 荆州职业技术学院
培　晟 天龙长子 安徽大学
培　昊 天宝之子 西北科技大学
志　芬 序栋之女 文华学院
天　翔 序友次子 湖北理工学院
丹　丹 序武之女 湖北师范大学
蒋慧玲 在树长媳 技术师范大学
培　敏 天彪长子 武汉成教学院
培　蓓 冶平之子 湖北大学（函）
张爱蓉 宗粹次媳 湖北医学院（函）
艳　春 天柏次女 西安欧亚学院
天　建 序书之子 武汉大学分校
亚　琴 序送之女 鄂州大学
天　申 序刚长子 中南财大（函）
炜　炜 培根之女 湖北艺术学院
璐　璐 天军之女 湖北艺术学院
培　里 汉平之子 广州技术学院

（二）上叶庄

序　林 宗辉之子 湖北师范学院
序　安 宗均长子 黄石理工学院
青　青 序礼次女 武汉大学
国　平 宗坤长子 黄石电视大学
袁道琴 宗贵之媳 四川万州学院
姣　姣 和平次女 黄石理工学院
黄　珍 宗正之媳 湖北理工学院
青　青 新宇之女 武汉纺织大学
张翠华 宗辉之媳 华中师范大学
凯　凯 天喜之子 湖北纺织大学
琳　琳 序礼三女 湖南大学
娟　娟 宗正之女 武汉商贸学院
敏　敏 和平长女 湖北师范学院
欢　欢 天元之女 黄石理工学院
邱　芸 天喜之媳 湖北理工学院

（三）下叶庄

梨　丽 宗卫之女 湖北大学
天　舒 序来次子 武汉大学
婷　婷 春生之女 西安美术学院
序　钢 宗明之子 黄石理工学院
天　明 序科之子 空军航空大学
序　铭 宗鑫长子 湖北大学
天　辉 序发之子 西安邮政大学
王　丹 开乾之媳 武汉政法学院
艳　红 宗银之女 湖北医学院
序　亮 宗堂次子 郧阳医科大学
红　梅 宗煌之女 华中师范大学
莹　莹 宗鑫之女 中南财大学
天　波 序松之子 华中农业大学
杜　芳 宗镛之媳 九江大学
琛　琛 宗棣之女 南京陆军学院
冉义容 宗明之媳 黄石理工学院
序　梧 宗鑑次子 湖北警官学院
序　祥 宗江长子 东北财经大学

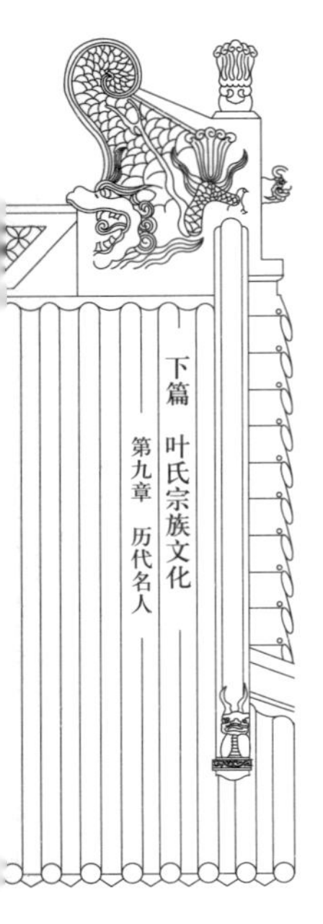

丽　雯　宗鑫长女　湖北财贸学院
艳　萍　宗镛次女　鄂州职业大学
玮　琪　序满之女　湖北师范大学
珊　珊　锦香次女　湖北师范大学
妮　妮　序喜之女　鄂城医学院
青　青　序祥之女　武汉工程大学
天　泳　序隆之子　武汉科技大学
艳　萍　宗明之女　武汉大学成教学院
宗　军　开乾长子　湖北电力学院
莹　莹　序铭之女　中南财经政法大学
敏　敏　序锦之女　黄石财贸学校
序　雄　宗泽长子　中央美术学院
序　武　宗江次子　黄石理工学院
序　忠　宗璋之子　湖北交通职业学院
天　赐　序柏之子　武昌职业学院

丽　萍　宗镛长女　华中师范大学
倩　倩　树平之女　湖北师范大学
敏　敏　锦香长女　湖北师范大学
媛　媛　元松之女　湖北师范大学
天　逸　亚权之女　武昌理工学院
紫　紫　序武之女　湖北长江大学
海　萍　宗鑑次女　黄石电视大学
天　飞　平平之子　黄石理工学院
元　松　宗煌之子　湖北中医高专
序　飞　宗正之子　黄石理工学院
序　浩　宗镛之子　鄂州电视大学
宗　胜　开乾次子　黄石电视大学
应　发　序富长子　黄石体校大专
天　福　序喜之子　黄石机械学院
天　旺　锦香长子　黄石理工学院

（四）坝庄中门（首一长房）

细　霞　序彬三女　武汉理工大学
天　波　序平之子　湖北师范学院
立　渔　序江长子　哈尔滨工业大学
天　鸿　序林长女　同济医科大学
天　强　序亮之子　武汉工程大学
天　涯　丹卿之子　湖北师范学院
志　强　天松之子　湖北大学
天　双　加胜次子　陆军军官学院
天　赐　序俭之子　美国欧文大学
天　佑　光华长子　留美深造
素　春　宗辉次女　湖北师范学院（函）
张　俐　清波次媳　湖北工业大学
序　旺　宗富长子　吉林大学
盼　盼　序友长女　湖北民政学院
志　琴　序均之女　电大汉语言专业
丽　华　宗芬养女　武汉交通学院

梦　君　序洋之女　哈尔滨工大
序　江　宗富次子　华北电大
天　堂　序光长子　河南洛阳大学
微　薇　序林次女　中南政法大学
菊　花　序河三女　湖北大学
俏　俏　舜华之女　湖北工业大学
天　炳　加胜长子　湖北工业大学
张　丹　宗茂长媳　湖北师范学院
天　贵　序俭之女　星海音乐学院
天　乐　光华次子　留美深造
雅　雅　序德之女　珠海艺院
序　飞　宗茂次子　武汉理工大学
芳　芳　序红长女　湖北师范学院
天　赐　序均之子　电大财会专业
天　雄　序文长子　湖北师范学院

（五）坝庄中门（首一二房）

大　海　宗建长子　湖北大学
丽　青　宗亮之女　自考生

序　焱　宗敬次子　陕西理工大学
惠　娟　宗光之女　自考生

占　艳 宗光之媳 湖北经济学院　　奇　志 日华之女 留学乌克兰
序　欢 宗谋之子 武汉科技大学　　小　蓉 开送长女 湖北师范学院
芸　芸 宗东之女 山东医科大学　　丽　芬 宗裕之女 武汉传媒学院
明　明 序发之女 云南大学　　泽　志 宗诚次子 武汉文华学院
小　霜 序纯三女 黄石理工学院　　情　情 序太之女 湖北经济学院
光　辉 宗华之子 武汉科技大学　　婷　婷 宗维之女 武汉纺织大学
夏　盛 宗亮之子 黄石电视大学　　吟　吟 一新长女 武汉大学
亚　亚 一新次女 武汉音乐学院　　奇　武 日华之子 解放军信息工程学院
微　微 宗治之女 珠海大学　　梦　想 宗均之子 武汉银河信息学院
进　翔 宗裕之子 黄石城市建设学院　　红　红 序林之女 武汉商业学院
垚　杰 育红之女 黄石理工学院　　仁　杰 育红之子 武汉建筑学院
舒　舒 幼鹏之女 黄石理工学院　　序　钊 宗治之子 生态工程技术学院
梦　诗 宗齐次女 武汉大学　　磊　森 宗齐之子 武汉传媒技术学院
欢　欢 序纯长女 武汉职业技术学院　　天　帅 序纯之子 武汉警官学院
序　乾 宗夏长子 武汉国防信息学院　　序　坤 宗夏次子 武汉国防信息学院
蕾　蕾 宗华长女 武汉职业技术学院　　文　龙 宗东之子 江汉文理学院

（六）坝庄中门（首一三房）

序　君 正申之子 清华大学　　姚　兰 宗炎次媳 泸州医学院
咏　霞 宗旺五女 吉林大学　　惠　惠 宗变之女 华南理工大学
序　波 宗秋之子 中南财经政法大学　　天　雄 兴发次子 北京对外经贸大学
黎　文 宗智长女 山东医学院　　天　长 序森次子 中南财经政法大学
井　辉 序森次媳 武汉理工大学　　雍　锟 宗植之子 美国亚利桑那大学
青　山 开年三子 蚌埠装甲学院　　红　红 宗国之女 中央电视大学
施　寅 宗汉三女 中国地质大学　　杨锦簧 开年三媳 湖南大学
丽　丽 宗化之女 苏州大学　　序　丹 宗善次子 华中科技大学
刘　惠 宗善次媳 湖北大学　　序　波 宗林之子 华中科技大学
志　强 宗国次子 湖北财经大学　　序　明 宗坚次子 湖北医科大学
文　海 宗勤之子 长沙理工大学　　芳　芳 宗焕之女 武汉成人大学
灯　钢 学军之子 黄石教育学院　　天　亨 国兴之子 湖北省中医学院
赛　君 宗水之女 江汉大学　　天　松 志刚之子 湖北医学院
林　芳 学军之女 辽宁大学　　婧　婧 序许之女 武汉大学
恒　梅 宗勤四女 武汉科技大学　　莲　莲 天发之女 河南中原工学院
序　金 正东之子 武汉理工大学　　小　蕾 国康之女 湖北师范学院
丽　丽 正申长女 湖北中医学院　　霞　霞 正申次女 河北燕山大学
天　恒 怡发之子 武汉科技大学　　星　志 宗成长子 黄石理工学院
序　谱 宗成次子 中央财经大学　　序　波 宗秋之子 山东工商学院

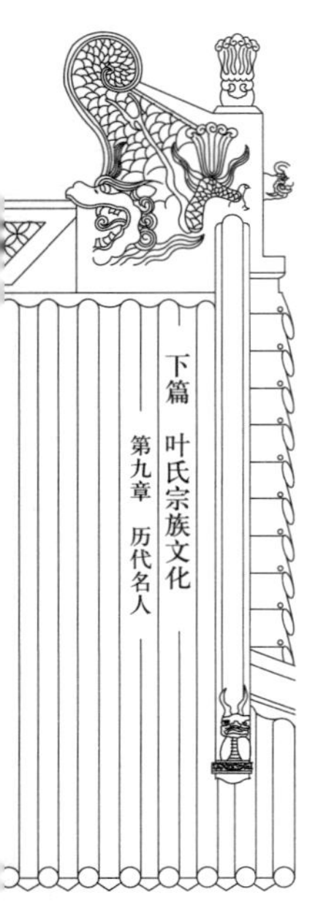

晶晶	宗军之女	武汉科技大中南分校	佳玲	文清之女	武汉工程大学
蓓蕾	序武之女	武汉科技城市学院	芳芳	宗育之女	中南财经政法大学
思思	序强之女	武汉纺织大学	天苗	序胜之子	武汉轻工大学
天磊	指雄长子	沈阳医学院	子敏	宗智次女	湖北师范大学
恒毅	宗智之子	湖北科技学院	王阳	序森长媳	武昌理工学院
思怡	天财之女	湖北大学	天建	序强之子	武汉生物工程学院
吴小毛	开铎四媳	大冶党校	霞龄	宗金次子	仙桃医学院
文清	宗旭四子	湖北中医学院	程婧	宗旭四媳	黄石电视大学
武青	宗功三媳	武汉电力学校	志勇	宗国长子	黄石电视大学
序强	宗德长子	黄石理工学院	丽丽	宗化之女	苏州大学
序曙	宗昌次子	湖北师范学院	黄冬玉	宗昌次媳	湖北师范学院
序佳	宗金三子	华中科技大学	皎玉	国凡三女	江西蓝天学院
香莲	宗流三女	湖北师范学院	彭丽娅	宗金三媳	武汉电力学校
丹丹	宗焕次女	湖北财经学院	序青	学农长子	长春大学
丹丹	怡发之女	湖北教育学院	天生	序福之子	武汉航海职业学院
娟娟	宗发之女	江西航天科技学院	天晶	序科之子	湖北轻工职业学院
李小燕	序科之媳	湖北轻工职业学院	序广	学农次子	北京中医大学
培金	天朋之子	武汉职业技术学院	志刚	宗焕之子	江西赣南美术学院
丽丽	天发次女	江苏畜牧专科学院	序波	宗变之子	湖北轻工职业学院
序涛	宗亮长子	湖北电力学院	文祥	宗武长子	武汉轻工学院
婷婷	兴发之女	武汉工业学院	莎莎	友发之女	黄石理工学院
福松	宗军之子	湖北信息工程学院	云曼	序广之女	黄石理工学院

（七）坝庄中门（首二房）

天彤	序星长子	西北大学	孟沛	序星长媳	西安莲湖党校
维娜	天柱之女	上海东华大学	天锦	序志长子	河南大学
序芳	宗柳之女	湖北大学	培焕	天相之子	留学比利时学校
丽丽	天顺之女	湖北师范学院	培金	天顺之子	湖北师范学院
雯雯	建国长女	中南民族大学	天松	序谋次子	湖北师范学院
清清	序礼之女	湖北民族学院	天炎	序谋次子	长江大学文理学院
天煊	序朗长子	湖北美术学院	天增	序强之子	武汉科技学院
蓓蓓	序乾之女	湖北经济学院	倩芸	天向之女	武汉科技城市学院
燕妮	建新之女	西安思源学院	宇轩	天彤之子	大略大学国玉学院
东升	序礼之子	湖北理工学院	天伍	序曙之子	武汉纺织外经贸学院
建军	序财长子	沙市美术学院	程静	序柏次媳	黄石理工学院
月英	宗慧长女	武汉城市建设学院	序乾	宗慧长子	武汉城市建设学院
周青竹	序斗次媳	黄石电视大学	立乾	序顺之子	大冶党校

天　向 序杞次子 黄石教育学院（函）
春　霞 序顺三女 湖北大学（函）
秀　兰 序搬次女 黄石理工学院
伶　俐 序广次女 湖北大学（函）
培　坚 天宝之子 武汉警官学院
超　群 宗柳之子 黄石理工学院
培　军 天栋长子 武汉职业技术学院
思　琪 宗诚之女 黄石艺术学院
天　圣 序广之子 武汉生物工程学院
天　振 序友之子 湖北理工学院
敏　敏 天鹤之女 武汉生物工程学院
培　柄 天向之子 湖北商贸学院
培　果 天鹏之子 湖北科技职业学院
立　平 序顺次女 湖北医科大学（函）
王　霞 序顺四女 湖北大学（函）
伶　伶 序广长女 湖北经济学院
天　旺 序长之子 武汉城建学院
李　炎 天宝之媳 武汉警官学院
邹文君 宗柳之媳 黄石理工学院
李　团 天栋长媳 武汉职业技术学院
细　文 序广之女 武汉外事职业学院
天　霖 序朗次子 武汉工程大学
天　伦 序坤长子 湖北理工学院
寡　寡 天鹏之女 武汉工贸职业学院
诗　琴 建新之女 湖北经济学院

（八）坝庄中门（首三房）

宗　海 开甲之子 上海交通大学
聪　聪 发启之女 上海交通大学
凌　云 开安之女 上海海事大学
刘　欢 兴荣次媳 湖北大学
紫　娟 铭钟之女 中南财经政法大学
烨　烨 青松之女 云南中医学院
惠　敏 友林之女 湖北师范大学
士　枫 开柏之子 武汉理工大学
淑　华 宗尉之女 湖北师范大学
倪　兰 开松次媳 武汉大学（函）
啸　云 开甲之女 上海交通大学
亚　芳 宗星次女 南昌工程学院
梅　梅 宗腾之女 武汉音乐学院
柯文娟 宗照次媳 黄石教育学院（函）
翠　芳 宗星三女 黄石理工学院
慧　芳 宗武之女 黄石理工学院
文　妍 宗益长女 广西百色学院
宗　宪 开乾之子 武汉科技大学
倩　倩 开福长女 黄石理工学院
菁　菁 革联之女 黄石理工学院
亚　亚 先民长女 湖北大学
雅　倩 国平之女 武汉职业技术学院
宗　燊 开安之子 上海交通大学
天　恒 翠柏之女 湖北美术学院
武　锋 兴荣次子 湖北医科大学
天　毅 青松之子 云南大学
洋　子 春松之女 河南工业大学
紫　青 铭钟之子 长江大学
序　彤 友林之子 湖北师范大学
吴依萍 开乾之媳 湖北师范大学
序　强 宗主之子 新疆工业学院
翠　柏 宗晃次子 福州大学
艳　芳 宗星长女 黄石理工学院
艳　艳 开明长女 湖北师范学院
琦　林 宗照次子 黄石理工学院（函）
彭建红 本栋之媳 黄石理工学院
序　剑 宗星之子 湖北美术学院
序　腾 加星之子 武汉科技大学
静　静 开明长女 丹江口外语学院
振　乾 开明之子 武汉城建学院
序　劲 宗腾之子 哈尔滨工业大学
朵　朵 序文之女 湖北中医学院
晓　芳 三忠之女 武汉商贸学院
林　榕 开柏之女 武汉职业技术学院

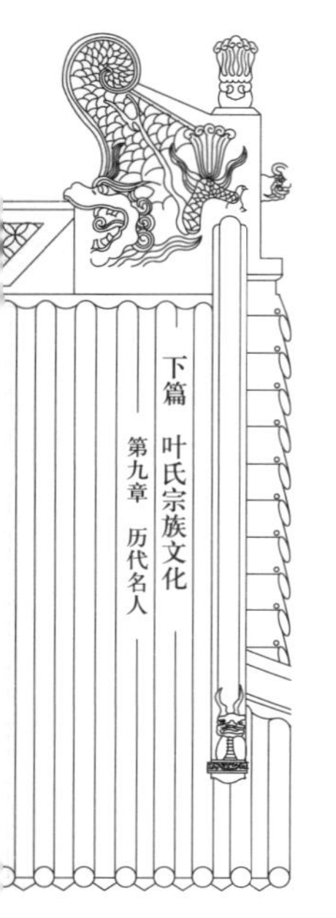

（九）坝庄中门（三房）

宗　煌　开玓之子　国防科技大学
敏　敏　序明之女　英国剑桥大学
萍　萍　序清之女　华中科技大学
乐　乐　开琥之子　武汉大学
序　静　开金嗣孙　咸宁医学院
爱　华　开圭之女　湖北师范大学
妮　妮　建国之女　武汉大学
振　华　开璋之女　湖北电视大学
宋　戈　天龙长媳　华中农业大学
娜　娜　卫兵之女　湖北经济学院
天　念　四新之子　南昌大学
天　曦　工农之子　湖北广电大学
天　伟　序咏之子　黄石电视大学
序　康　惠职之子　湖北警官学院
子　亚　天龙次子　黄石理工学院
张淑红　开琬之媳　长沙中草药专科学校
细　华　开璋次女　湖北交通职业学院
冬　青　宗隆之子　上海医药学校
徽　徽　和平之女加拿大西安大略大学
艳　婷　惠文之女　中国科学院
石丽珠　序金次媳　黄冈师范学院
胡凤霞　开琥之媳　北京师范大学
才　嵩　开圭之子　湖北中医药大学
婷　婷　序景之女　湖北广播电视大学
振　茂　国庆之子　浙江大学（函）
宇　飞　天龙长子　华中科技大学
时　雨　辉煌长子　湖北大学
天　浩　序清之子　武汉理工大华夏学院
洁　洁　宗荣之女　咸宁学院
序　泉　惠清之子　长江大学
柯　琴　序咏之媳　大冶师范专科班
佳　佳　劲松之子　黄石理工学院
小　林　开琬之子　武汉航海职业学院
亚　亚　细阳之女　黄石理工学院
灿　灿　宗澈之女　湖北轻工职业学院
蒙　蒙　劲松长女　黄石理工学院

（十）坝庄中门（四房）

玉　琴　宗雄之女　吉林大学
娟　娟　宗元长女　华中科技大学
梦　梦　建军之女　英国爱丁堡大学
春　生　开长六女　华中科技大学（函）
徐晓丽　序田之媳　合肥工业大学
皮　琴　宗刚之媳　咸宁师范学院
娟　娟　宗彪之女　石家庄经济学院
序　盛　宗森次子　武汉大学
宇　钧　宗亨三子　兰州交通大学
婷　婷　五洲长女　荆楚理工学院
天　博　建军长子　湖北工程学院
子　威　宗鹏之子　长江大学
汪添添　宗玉之媳　武汉商贸学院
璇　璇　序兵之女　武昌工学院
红　霞　开长三女　华中科技大学
宗　广　开灯之子　武汉水利电力大学
环　宝　开利之女　浙江大学
天　威　序田之子　湖北大学
序　兴　宗刚之子　武汉科技大学
序　翔　宗俭之子　科技大学中南分校
婷　婷　宗新之女　湖北第二师范学院
宗　伟　开汉之子　暨南大学
天　锐　卫国长子　北方民族大学
彩　云　五洲次女　湖北工业大学
序　维　朝阳长子　武汉工程大学
博　熠　宗广之子　湖北理工学院
天　勋　红卫之子　武汉体育学院
星　辰　宗森四子　武汉科技大学
润　明　宗林之女　湖北医科大学
张　敏　开灯之媳　湖北电视大学

序　钢　宗林长子　武汉大学
刘秀咏　宗林长媳　武汉大学
序　树　宗林次子　武汉大学
俞德华　宗林次媳　武汉大学
卢珊珊　宗选之媳　黄石理工学院
刘　静　志军之媳　天门经济管理学院
细　丽　宗俭次女　黄石理工学院
娟　娟　宗玉长女　黄石理工学院
序　华　宗柱次子　武汉科大职业学院
天　剑　奇志次子　武汉职业技术学院
潇　潇　宗雨长女　武汉工商学院
文　韬　寅芝长子　江汉大学
曼　曼　宗天之女　武汉工业大学
序　彬　宗雄之子　成人大学
池　林　宗典之女　咸宁医学院
序　川　宗选之子　江西理工学院
雪　红　宗选之女　湖北商业高专学校
亚　钦　志军之子　武汉职业技术学院
丽　丽　宗俭长女　江西理工学院
序　波　宗灯之子　武汉工交学院
天　添　序兵之子　武汉科技职业学院
天　凡　奇志长子　华科大技术学院
杨　栋　四海之子　武汉理工大学
天　昌　卫国次子　江西南昌职业学院
梦　雪　朝阳之女　武汉纺织大学
亚　洲　国权之子　武汉职业技术学院

（十一）坝庄中门（五房）

晶　晶　宗召之子　北京航空航天大学
彦　雄　宗泉之子　中国农业大学
常　春　开周长子　黄石理工学院
序　杰　宗成三子　武汉大学
桂　梅　海德之女　武汉地质勘探大学
亚　鹏　开炳之子　湖北师范学院
姜黄鹂　开炳之媳　湖北师范学院
丹　丹　序钢之女　厦门大学
云　星　开建之女　云南大学
序　驰　宗洪之子　武汉大学电力学院
海　俊　宗明次子　江汉大学
红　军　本学之子　新疆大学
宗　俊　开霞之子　中央美术学院（函）
刘咏梅　宗成次媳　湖北大学
巧　榻　开霞之女　湖北电视大学
丽　丽　宗立之女　黄石电视大学
饶梦娇　本书次媳　湖北电视大学
曼　曼　光明之女　湖北美术学院
天　棵　序斌之女　澳大利亚悉尼大学
思　婷　常青之女　香港科技大学
开　罡　本豪之子　军事经济学院
彭惠芬　宗成三媳　武汉大学
序　军　宗立之子　华中科技大学
海　芳　宗明之女　咸宁医学院
青　青　子霞之女　广州大学
海　强　宗明长子　武汉工程大学
天　门　序强之女　武汉大学
咏　梅　文革之女　湖北大学
宗　佳　洪彬次子　江汉大学
欢　欢　常春之女　湖北大学
序　响　宗成次子　湖北大学
红　刚　本树次子　湖北电视大学
亚　军　开江之子　湖北师范学院
甘春娇　本高长媳　武汉卫校
刘洁琼　开江之媳　湖北电视大学
明金花　宗希之媳　湖北电视大学

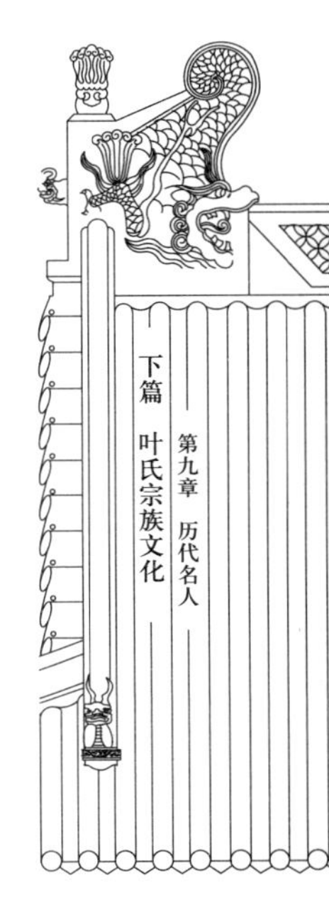

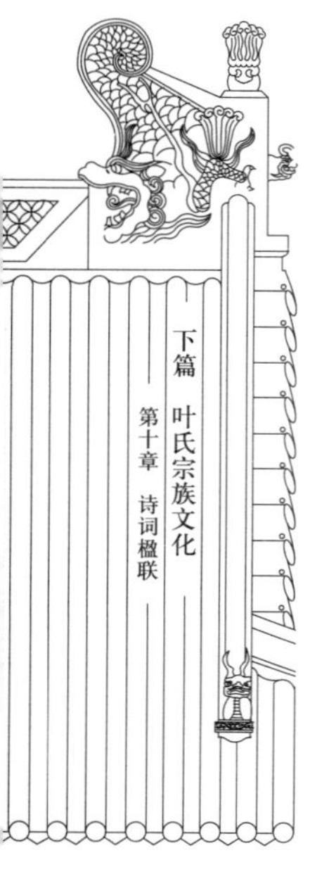

第十章　诗词楹联

2016 年 12 月 21 日，湖北省诗词、楹联两学会一行 28 位先生，在常务副会长、秘书长皮治洪和巴晓方先生带领下，在大冶诗联学会会长吴凤鸣、常务副会长兼秘书长姜彬先生陪同下，光临大冶叶氏宗祠视察、采风（图 10–1、图 10–2）。在此过程中，先生们热情洋溢，兴致勃勃，有的挥毫题词，有的当场赋诗（图 10–3、图 10–4），其诗家风度和出众才华给叶家坝人留下了深刻印象。

图 10–1　省诗联会专家参观叶氏宗祠（一）

图 10–2　省诗联会专家参观叶氏宗祠（二）

图 10–3　省楹联学会常务副会长皮治洪在题词

图 10–4　省诗词学会秘书长巴晓方在题词

这些领导和专家回到武汉后，认真开展了以大冶叶氏宗祠为题材的诗、词、联创作和作品评选活动，共评出获奖作品 13 件。其中，一等奖 2 件：张远益先生的《七律四首·大冶叶家坝感怀》和巴晓方先生的楹联“国运昌隆叶家兴旺，当传承万户书声千秋祖德；冶城故事坝上新闻，休辜负一湖碧水十里春风。”二等奖 3 件：孙振忠先生的《七律·叶祠笔会感怀》、黄春元先生的《五古·叶家坝行五百字》和涂运桥先生的《水调歌头·瞻仰叶氏宗祠》。优秀奖 8 件：张世才先生的《七律·叶氏宗祠著锦篇（辘轳体）》、刘后清先生的《七绝·题大冶叶氏宗祠》、游义云先生的楹联“叶上春秋含冷暖；坝中日月鉴废兴”、方世焜先生的楹联“发家垫根基，修建祠堂铭祖训；报国凭肝胆，推崇善德振家风”、陈林先生的《卜算子·参观叶家坝祠堂感赋》、傅光明先生的《七律·观叶家坝文化活动中心有感》、乔本琳先生的《鹧鸪天·叶家坝》和张旭丽先生的《七律五律各一首·题叶氏宗祠》。还有许多作品，虽未获奖，但同样精彩。

这些作品，内容丰富，格调清新，通过对大冶叶氏宗祠建筑及其内涵的描述，热情讴歌了当今国家富强，民族振兴，人民幸福的大好形势，高度赞扬了叶家坝人在社会主义物质文明和精神文明建设中所取得的巨大成绩。在艺术表现形式方面也称得上是一次“古为今用”的完美范例，格律严谨，用典精准，想象丰富，意境感人，是可遇而不可求的上乘之作，现将这些作品刊载如后，与读者分享。

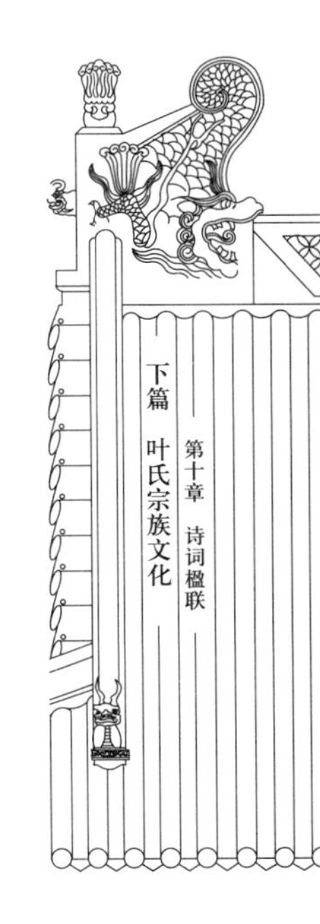

诗　词

张远益（4 首）

七律四首·大冶叶家坝感怀

一、西凉高祖陵[1]

丝绸路上古西凉，王气英风每不藏。一代霸才承地胄，千年雄魄射天狼。
弦歌仿佛周光景，干羽呼应晋庙堂。铁马金戈声未远，至今抔土振家邦。

二、尹太后[2]

千里英威镇一方，当时李尹治敦煌。闺中班左虽温婉，胸底山河更莽苍。
春色应时兴稼穑，椒风式古举文章。狂沙滚滚埋芳骨，独让娥眉傲五凉。

三、筠公吟[3]

夕照孤云似火涂，伊吾河畔戟如麻。兴亡又噬刀头血，造化稍怜虎口娃。
绿叶庇荫延姓氏，金枝奋发起龙蛇。只今欲踵先贤迹，一路崎岖一路花。

四、叶氏宗祠

雕梁画栋壮无垠，碧叶琼枝应有根。辈出才人维国序，时宜宏构耀宗门。
思余筚路三千里，煮尽青梅一万樽。论罢英雄天未曙，便纵豪气拔曦暾。

［注释］

1. 西凉高祖陵："五胡十六国"时期西凉开国君主李暠陵，位于今酒泉市西。李暠自称是西汉李广之后，世代为豪门大族，登基后，曾两次遣使向东晋奉表。2. 尹太后：李暠夫人，后被李暠子里歆尊为太后。西凉灭亡后，被北凉虏至其都城姑臧（今武威），后逃往伊吾（今哈密）与那里的李氏后人会和，并逝于伊吾。其少时以汉之班昭晋之左芬自许，辅佐李暠，参与朝政，为西凉制定兴儒重农策，当时谚云："李尹王敦煌"。近世在敦煌发现的唐人写本《敦煌廿咏》曰："叱咤雄千古，英威镇一方……留名播五凉。"3. 筠公：李暠五世孙，约十岁时与其高祖母尹太后避祸匿于山林食叶而生，后因此改姓叶，是大冶叶氏的始祖。

以上注 1、2 源于百度，注 3 源于有关博客文章。

黄春元（1 首）

叶家坝行五百字（入律五古）

大冶叶家坝，位于市东方。居临蛟潭堡，地属永丰乡。北依观山路，南傍东风翔。
东滨尹湖畔，西伴国道旁。莲芯上下叶，中门合四庄。繁衍十数代，内外共九庄。
莲池追先祖，叶坝美名扬。世祖邻三公，结邻享安康。瓜瓞绵绵地，人丁世代昌。
四千人一姓，八百户同堂。耐劳兼吃苦，勤俭治家祥。人多偏地少，僻壤岂穷乡。
渔牧皆生计，耕织各有方。地底铜铁库，田中米粮仓。松风偕鸟语，柳浪伴荷香。
悠闲卧篁竹，圣洁濯沧浪。披星种田汉，凿壁读书郎。攻读求知识，躬耕谋稻粱。
孝悌守古训，睦邻遵纪纲。才高悦父母，德贤耀家邦。黄发弈棋乐，垂髫垂钓忙。
怡然思同乐，和谐自安详。宏图新规划，卅载弦更张。改革家国计，此举关兴亡。
楼宇田里种，村落城中藏。土地三千亩，十一竟无偿。远亲省隔省，近邻墙挨墙。
门外难栽树，村前不见塘。男儿别妻子，织女梦牛郎。偶尔思鸡犬，不再话农桑。
为圆中华梦，牺牲又何妨。告别老故事，揭开新篇章。打工变老板，开矿与经商。
挑战即机遇，赤手铸辉煌。冒尖户排队，企业家成行。百万不稀罕，亿元亦寻常。
街巷人拥挤，店铺货琳琅。车飞如流水，楼高比帝王。经济夸第一，文化矜十强。
重修阿房赋，羡煞秦始皇。建设排污站，更新变电箱。路铺平展展，人行气昂昂。
老有疗养院，乐在歌舞场。联网谈生意，银屏话情长。人心似蜜枣，生活近小康。
昂首多奇志，来日更龙翔。为民营福祉，干部献热肠。惠民谁功绩，永志不能忘。
天翻又地覆，决策党中央。奋勇朝前走，支部领头羊。

涂运桥（3 首）

水调歌头·瞻仰叶氏宗祠

举目楚天阔，叶氏盛名留。艰辛创业，犹似犁地老黄牛。不计风霜雪雨，尽把平生精力，只为国家谋。君看汗青上，卓越敢追求。叶家坝，勋业赫，祖堂修。青铜溢彩，忠孝仁义刻心头。任是光阴千载，牢记家风族训，福利子孙收。光耀祠中鼎，共与世人讴。

浪淘沙·题叶氏宗祠

祖训立庭前，叶茂枝繁，尹家湖畔白云边。铜草花开添俊彩，福泽绵延。大冶地标连，杰构垂天。天宫疑是落人间。万里宗亲源一脉，代代魂牵。

题叶氏宗祠

云霄耸入世皆惊，日照宗祠瑞气萦。叶茂花繁香万里，东风无处不扬声。

巴晓方（2首）

贺大冶叶家坝村叶氏宗祠落成

坝庄建在冶城东，山水渔耕族运红。枝叶三千繁海内，鲲鹏百二傲长空。
应怜学子争攀桂，堪赞诸公不好龙。国治家齐怀海内，征程万里驾春风。

进祖祠

昭穆精神在，煌煌著史篇。尔今何德绩，留与子孙传？

游义云（1首）

参观大冶叶坝祠堂

一楼耸立八方名，层出贤才瑞气盈。更有芊芊枝叶叶，也关风雨也关情。

刘后清（2首）

藏头诗题大冶市叶氏宗祠

叶茂枝繁逢盛世，氏群兴旺耀千秋。宗亲多有人才出，祠殿巍峨誉九州。

卜算子·叶家坝感怀

铜都雨霏霏，笑迎宾朋到。叶氏祠中喜放歌，齐赞东风浩。遥想旧时村，多哭难欢笑。今日康庄在眼前，共赏神州俏。

孙振忠（1首）

叶祠笔会感怀

叶茂根深俊杰多，名师元帅壮山河。挥戈灭寇惊天业，振笔成章动地歌。
启后犹将勤做本，承先更以俭为模。园中松柏枝青翠，祠内栋樑花满柯。

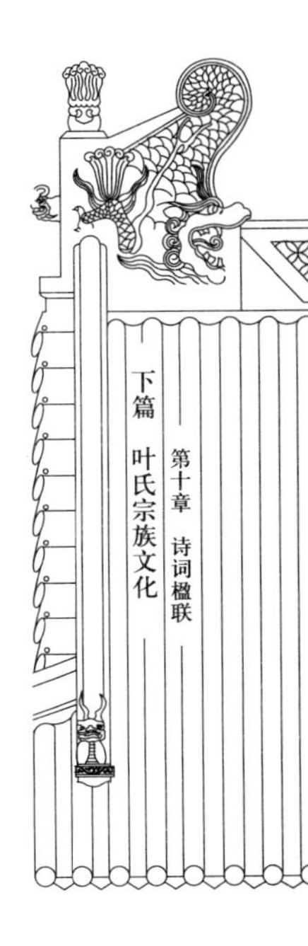

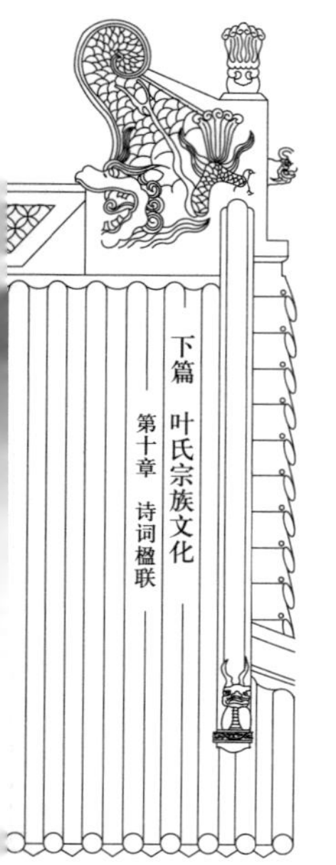

[注释]

名师指叶圣陶先生，元帅指叶剑英元帅。

傅光明（1首）

观叶家坝文化活动中心有感

牌楼高耸望遥空，殿阁辉煌疑故宫。四帝褒扬遗手迹，二公殉国史名雄。
既征田亩归城镇，还创工商变富翁。人兴财盛神秘在，勤劳诚信古今风。

陈林（3首）

参观叶家坝村祠堂题词

朝阳如跃东湖坝，绿树红房是叶家。百世桑田耕绮梦，犁新日月绽奇葩。

卜算子 · 参观叶家坝祠堂感赋

其一

远客雨中来，问月几时有。庄主殷勤施礼忙，满室吉祥佑。坝上叶家村，世代声名厚。今日华堂步步高，喜宴群英酒。

其二

欲访叶家庄，绿叶迎风秀。庄外庄中写画难，停笔思量久。勤劳以兴庄，教育根基厚。忠孝文明代代传，福寿长天佑。

张旭丽（2首）

题叶氏宗祠

其一

一座新祠扬大风，旧堤新坝显英雄。星辰夜与灯光续，鸿雁晨传才子丰。
锐意革新积财富，潜心敬业建奇功。从来盛世人民乐，春色盈园花正红。

其二

宗祠焕坝庄，举步入中堂。琼阁当空耸，金龙破壁翔。
椿庭才显贵，叶女德流芳。先祖遗风在，家声世代长。

张世才（8首）

叶氏宗祠门前忠孝墙

德智齐抓须目光，境由心造建祠堂。精神富有阶前看，叶茂根深忠孝墙。

大冶叶氏宗祠

大冶叶家庄，巍峨敬祖堂。楹联描壮丽，楼阁铸辉煌。
巨鼎生豪气，纯铜刻华章。挥毫书族史，莫忘话西凉。

八声甘州 · 瞻仰叶氏宗祠

望建成楼阁正朝东，是叶氏祠堂。有门庭敞阔，长廊避雨，亭榭吹凉。楼额金光闪耀，这气势轩昂。断句楹联里，领略沧桑。　壁上文推宗匠，武安邦定国，字画凝香。看墨书雅韵，业绩刻铜墙。古今人、求知重教，圣贤尊、还护卫纲常。宽思路、与时同进，永葆辉煌。

叶氏宗祠著锦篇（辘轱体）

其一

叶氏宗祠著锦篇，流芳叠彩若金銮。格高境阔人心畅，题广词新眼界宽。
祖训高扬不落后，家风复振已争先。门庭笑脸迎宾客，风雨桥廊好结缘。

其二

昌明气象映新天，叶氏宗祠著锦篇。点额挥金添气派，楹联酌句晓渊源。
宣扬忠孝于家国，激励谦和在井田。业绩辉煌堂上看，西凉起步剑光寒。

其三

碧水长流天地间，托鸿抱负百千年。青铜文字明正史，叶氏宗祠著锦篇。
泽被山河还众庶，才兼文武整衣冠。慈辉普照穿今古，誉满神州动咏坛。

其四

求知重教圣人前，折桂蟾宫豪士添。血沥梅兰情切切，汗浇桃李意绵绵。
黉门蜡炬传灵性，叶氏宗祠著锦篇。腕底波澜连大海，心中烟雨一肩担。

其五

一派祥和入眼帘，儿童翁妪自由还。政臻胜景堂中见，民脱穷乡牌上观。
盛世修文皆重德，清时偃武尽推贤。雄风启后辉煌续，叶氏宗祠著锦篇。

乔本琳（2首）

鹧鸪天 · 叶家坝

叶氏宗祠大冶东，长堤共筑立青松。红墙碧瓦迷人眼，叠阁层楼胜楚宫。勤创业，建繁荣，九庄千户素心同。农耕教育齐兴旺，慈善和谐福祉通！

鹧鸪天 · 丙申冬至拜访叶氏宗祠

月桂黄梅香吐苞，穿山越水雨潇潇。朱轩画栋悬金匾，白玉雕栏饰拱桥。呈逸韵，展丰标，古今历代显英豪。民风淳朴情难忘，德必多邻日月高！

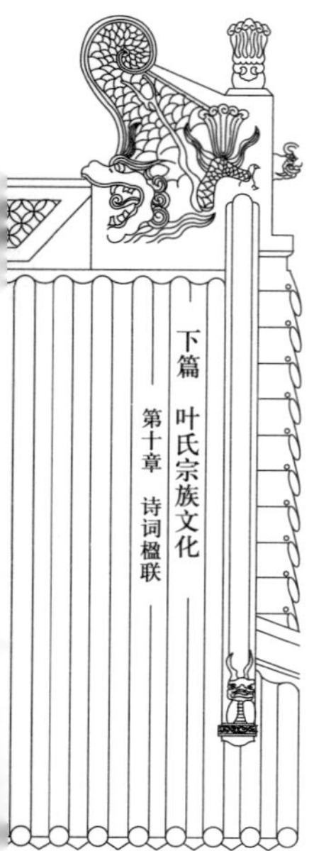

方世焜（1首）

瞻仰叶氏宗祠有感

叶氏宗亲能者众，两朝俱有栋梁臣。尚书荡寇称先烈，总管善谋钊后昆。

忠信廉勤传祖训，修身正本播家声。兴邦赖有群策力，光耀门楣再勒名。

楹　联

巴晓方（楹联3副）

（1）一泓春水浇玉叶；十里东风暖坝庄。

（2）飞紫流丹，融南北风姿，建出祖堂呈典范；
开枝绽叶，汲古今甘露，长成大树做栋梁。

（3）国运昌隆，叶家兴旺，当传承万户书声千秋祖德；
冶城故事，坝上新闻，休辜负一湖碧水十里春风。

游义云（2副）

（1）叶上春秋知冷暖；坝中日月鉴废兴。

（2）福临家道旺；兰绽玉堂香。

刘后清（1副）

铜都城里，春风习习呈祥瑞；叶家坝上，紫气盈盈送福财。

孙振忠（1副）

叶茂根深，百代栋梁支大厦；祠宏殿伟，千名英杰耀神州。

陈林（1副）

水坝风清花著露；叶家子孝世流芳。

方世焜（1副）

发家垫根基，修建祠堂铭祖训；报国输肝胆，推崇善德振族风。

傅光明（1副）

叶家筑坝，城乡共拓富康路；村室兴祠，今古同歌德勤风。

[七绝]叶家坝祠堂

张玉莲　广州

叶家祭典盛空前，百丈檐廊映碧鲜。

史册留名垂万古，礼仪德孝越千年。

叶氏祖堂联

周致俊

一、

溯源流，千秋德衍柴桑郡；

怀木本，三楚芳流将相祠．

二、

德泽南阳，文光彩焕群贤萃；

芳流冶邑，派系根连一本归。

题叶家坝宗祠

姜江

立坝揽风云，百里金湖来眼底；

成家持节俭，千秋祖梦注心头。

题叶家坝宗祠

张敏

祠里行间灵气透；

坝前殿下紫檀香。

题叶家坝祖祠

姜树帜

叶史翻开，思绪千秋，对话南阳词笔健；

名祠仰止，传承一脉，重温家坝祖恩深。

题叶氏宗祠

左自坚

瓦屑今何在?

琼楼紫燕飞。

风柔睢叶茂，

浪静蕴莲肥。

绳武循昭穆，

贻谋镂户扉。

祠高腾瑞气，

独揽楚天晖。

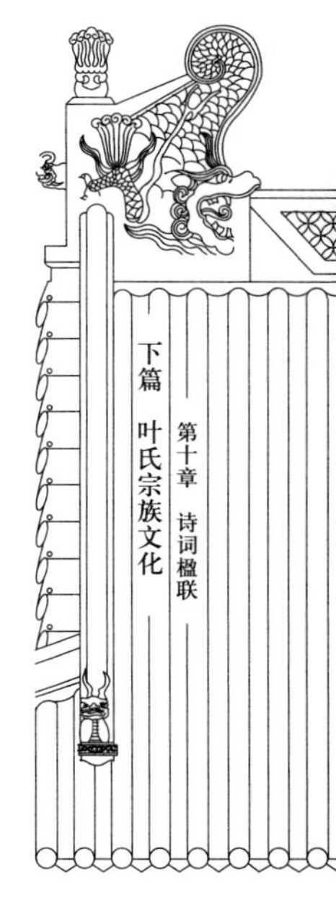

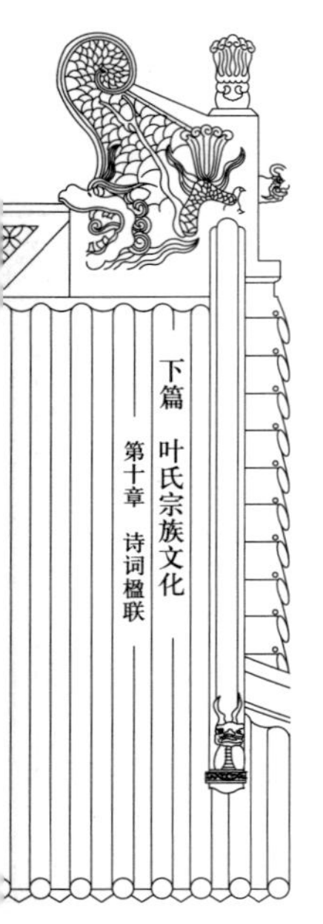

贺叶家坝宗祠落成联：

（保安陈立新）

湖北名村，铜都一叶；文明圣地，瑞气满堂。

参观大冶叶家坝宗祠

王惠玲

何处宗祠仰？门楼绕画楹。入村随主道，筑坝起高坪。
一水相邻处，长廊自远征。睥凝忠孝壁，细细品先铭。

题叶家坝宗祠

彭丽

坝上名祠，铜都崛起家家旺；
城中胜迹，盛世腾飞叶叶青。

题叶家坝宗祠

姜三

风翥龙蟠，宝殿流芳因叶茂；
祠雄坝伟，南阳毓秀赖根深。

题叶家坝宗祠

陈朝晖

报李思桃叶；
崇宗仰楮梁。

题叶家坝宗祠联

高云

骋仰宗祠，坝上千年圆绮梦；
潜研叶史，案前万叠属儒家。

叶家坝宗祠诗

姜天然

根发沈诸梁，
帝封崇信常。
石榴双兆实；
累叶永传芳。
赋就云官著；

书成海录章。
名家绵世泽；
瓜瓞耀南阳。

极目金湖，烟波荡漾千帆竞；
驰名铁冶，瓜瓞连绵世泽长。

题叶家坝宗祠

左自坚

坝拂春风甦玉叶；
祠环绿水赛仙家。

为叶家坝祖堂拟联

陈绪文

一、
凭峥嵘铜冶，浩瀚金湖，画鷟雕龙耸杰阁；
倚亘古南阳，巍峨北阙，腾蛟起凤振家声。
二、
紫气起宏堂，金钟宝鼎辉炉冶；
祥光来祖座，玉叶琼枝遍海天。
三、
叶茂枝繁，家声高远坝吴楚；
花香果硕，玉树峥嵘耀上林。

题叶家坝宗祠联

余新桂

家生茂叶，柔枝育出栋梁树；
坝护明湖，碧浪淘成华夏龙。

叶氏宗祠

王东慧

叶氏宗祠气势雄?
画梁雕栋夺天宫。
玲珑富丽珠玑嵌，
金碧辉煌玉宇同。
瑞霭堂前开景贶，
奎章阁上展儒风。

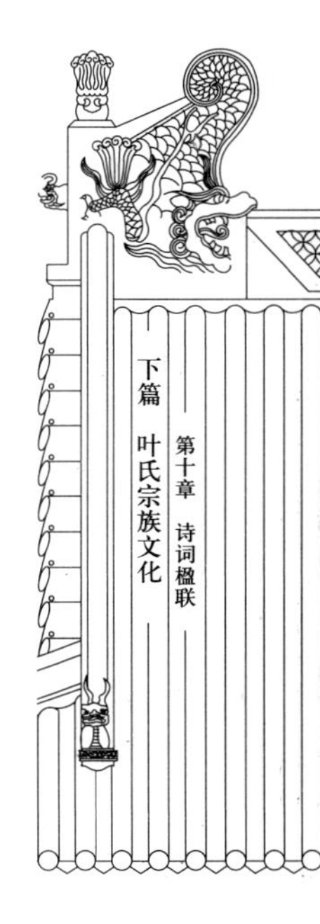

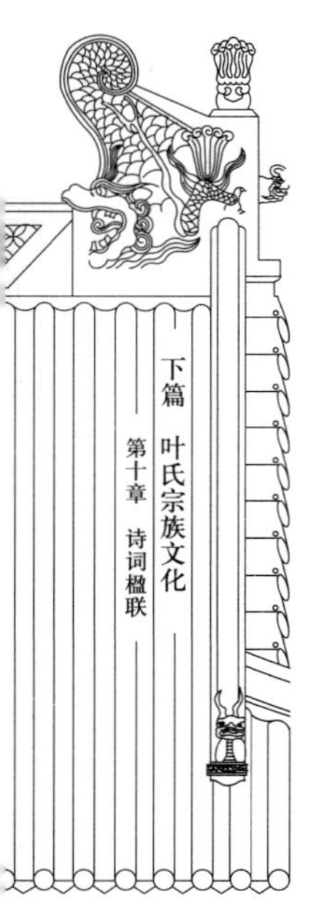

遂安承凤千秋业，
随宋南迁万代隆。

题叶家坝宗祠

韩义梅

南阳郡古探渊源，
忠孝廉勤善作先。
世上宗祠识多少，
唯看叶茂荫人间

为叶家坝祖堂拟联 ：

陈绪文

一、
紫气起宏堂，金钟宝鼎辉炉冶 ；
祥光来祖座，玉叶琼枝遍海天。
二、
叶茂枝繁，家声高远坝吴楚 ；
花香果硕，玉树峥嵘耀上林。

题叶家垻祖堂

石教沾

好个琼楼拔地雄，
巍然屹立冶城东。
金山灵脉林藏鹤，
湛月澄湖鲤化龙。
万栱鸾浮長乐殿，
千楣风起阿房宫。
云蒸霞蔚叶家垻，
俊采星驰声誉隆。

参观叶家坝宗祠有感

彭满莲

大冶存奇境，叶家重祖祠。
楼门萦紫气，圣殿立雄狮。
钟鼓涤尘性，檀香忆故思。
乾坤曾拓道，扛鼎在今时。

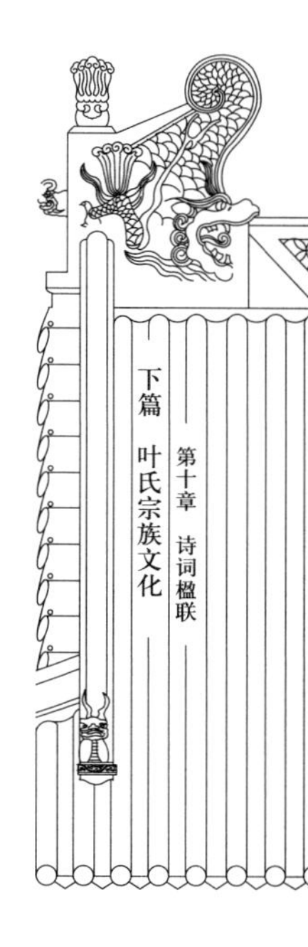

题叶家坝宗祠

黄敬中

姓起春秋，枝茂叶繁延百代；
祠辉日月，雕龙画凤誉千秋。

题叶家坝祖祠（藏头叶家二字）

王雄军

叶茂播仁风，龙族繁荣传大业。
家兴铭祖训，祠堂毓秀灿宏章。

贺叶家垻祖堂落成联

王贤来

叶茂焕云霞，瑞图丽景；
枝繁开日月，仁境长年。

贺家门祖祠联

叶细显

祖德流芳，子孝孙贤，万代宗祠长泽荫。
家门鼎盛，枝繁叶茂，千秋坝业永扬名。

为叶家坝祖祠撰联

刘正祯

自高祖开基重教崇儒传孝义
洎南阳受姓繁花累叶荐馨香

一叶恩

石瑞

枝枝叶叶最知君，
万代千秋报德恩。
于世于家于一脉，
大唐兄弟是皇亲。
2015，6，13 大冶

题叶家坝宗祠联

姜天

坝上风光百里，登临目极湖山外；

祠前俎豆千秋，祭奠人于福寿中。

题叶家坝宗祠联

刘辉

金湖第一龙头地；
华夏无双坝上祠。

题叶家坝宗祠联

程庆奎

圣迹重光，金湖雄峙南阳阁；
叶门焕彩，家坝萦回华夏风。

题叶家坝宗祠联

柯青松

驾驭风云，辅政元勋称大树；
昂扬宇宙，兴邦老帅著丰功。

冬至微雨，谒大冶叶家壩叶氏宗祠

皮治洪

层楼飞阁出重宵，
帘雨檐风演大韶。
槛外溟濛湖海阔，
梁间缭绕凤龙骄。
游人访胜兼铜史，
裔子焚香过玉桥。
根植南阳绵万里，
榴花在望叶潇潇。
榴花红艳叶妖娆。
榴花如火叶如潮。

注：兼，连同、连带之意。此句，叶氏宗祠为一胜景，参观访胜者络绎不绝，在参观此祠的同时，还可以兼带（顺带）参观铜都风貌。

“题叶家坝宗祠联”

徐新霞

美家祖，崇信崇仁，悬壶济世，高风亮节标青史；
万荣公，毓贤毓哲，佐帝领军，懿德鸿恩誉后昆。

叶家坝文化礼堂联

吴凤鸣

叶祖耀光辉　功名显赫垂天地

椿堂生瑞蔼　气势恢宏贯古今

叶茂千家福

坝高百世昌

叶家坝文化礼堂联

吴凤鸣

叶茂根深　一湖碧水萦高坝

家兴族旺　万缕红霞绚锦祠

贺叶家坝宗祠落成

姜江

坝上高歌，声飞大地，颂不完圣贤德政；

叶门盛况，笔绘宏图，抒难尽善美家风。

题叶家坝宗祠

张敏

茂树金湖涵古韵；

南阳紫阁蕴宗风。

题叶家坝祖祠联

姜一夫

依城傍水，清幽凤阁腾佳气；

炫日凌云，俊俏龙楼萃玉麟。

崇信堂高，叶茂枝繁花俏丽；

南阳郡古，山青水秀业辉煌。

家承祖训，崇仁崇信崇诗礼；

坝筑金湖，毓圣毓贤毓子孙。

题叶家坝宗祠联

陈丽娟

金水龙山，万般风景来天外；
琼楼玉树，百里治城飞眼前。

奉题叶家坝宗祠联

姜彬

一、

家中论道，南阳郡显春秋色；
坝上寻根，铁冶城听龙凤声。

二、

金鼎香浮，化育昭乾坤，宗祠名占千家首；
铜台烛灿，光华共日月，祖业图描一坝魁。

三、

叶茂千秋，缭绕祥云频霁月；
根深万丈，葱茏嘉树总凝霞。

题叶家坝宗祠暮霭图

姜彬

屹屹城头立，巍巍云外盘。
日斜青岭影，帆挂碧湖烟。
倾倒千秋圣，光昭一代贤。
坝悬龙凤笔，画卷醉中看。

附录

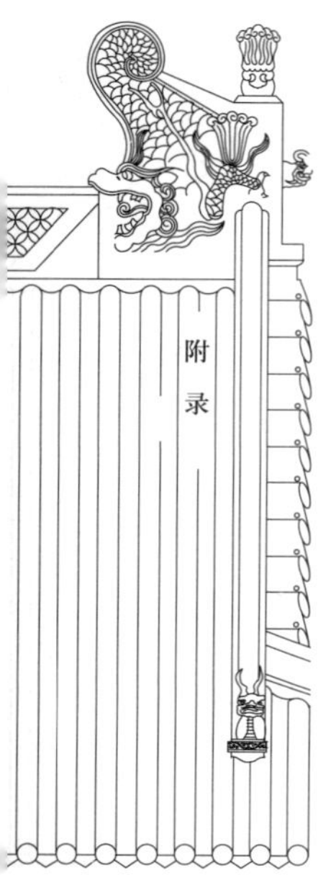

本“附录”刊载了三个方面的内容。

第一个方面内容是“《大冶叶氏宗祠志》编辑组织及人员”。此方面有三项人员名单：一是“编辑委员会”人员名单，二是“编辑人员”名单，三是“特聘人员”名单。

第二个方面内容是“大事记”。此“记”分四个年度（2014、2015、2016、2017）记录了此期间宗祠建设及其相关重大事情，共计118件。

第三个方面内容是有关“资料”。此部分收录了三个方面的资料：一是“大冶叶氏宗祠参建者名录表”，此表又分“土建工程”“装饰工程”“文化工程”三类，计115例参建单位或个人，以铭记其功德；二是“大冶叶氏宗祠四十八看点”，这些“看点”分为六个方位（方面），分别为“新街、广场、祠前、殿堂、内构、物件”，每项八个“看点”，借此将宗祠及其相关处的精彩景物推荐给参观者。

从以上内容看，此部分在全书中的作用不可小觑，从主持编辑的机构到具体编写的人员，从建祠期间的“大事记”到参与建祠者的“名录”，从宗祠建筑的精彩“看点”到照应全书的“后记”，皆是不可或缺的重要内容。因此说，本志“附录”中的“附”并非“附带”的“附”，可要可不要，而是“附着”的“附”，它和“正文”连为一体，不可分割，这就是本志“附录”不同之处。

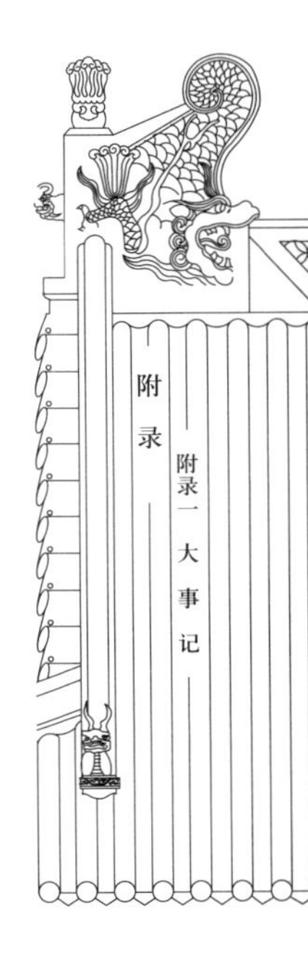

附录一　大　事　记

2014 年

4 月 9 日，中共叶家坝村总支书记、叶家坝村村民委员会主任天胜，在麒麟山庄主持召开叶家坝村民委员会领导和叶家坝宗族代表联席会议。会上有人提出新建叶家坝中门庄第四届祖堂（即叶氏宗祠）的建议，得到与会人员的积极支持，随后确定了建祠的位置（下首垴祖坟山和堰塘处），并成立叶氏宗祠筹建委员会。大家推举天胜任首席顾问，宗林（大冶城建集团有限公司董事长）、序德（大冶市德发置业有限公司董事长）、宗尉（大冶市金叶置业有限公司董事长）、宗善（原大冶市教育委员会副主任）、序俭（大冶风华实业有限责任公司董事长）、光华（湖北实美科技有限公司董事长、总经理）任特别顾问，祖发（大冶市德发置业有限公司总经理）任主任，舜华（中共叶家坝村总支副书记）、惠清（中共大冶市食品工业公司支部书记、公司经理）任副主任，序纯、序方（叶家坝村村民委员会副主任）、晨东（湖北文承文化传媒有限公司董事长）、天顺（大冶市旺盛选矿设备有限公司董事长）、宗星（大冶市麒麟山庄娱乐有限公司董事长、总经理）、建军（湖北实诚工贸有限公司董事长）、宗召（大冶市朝阳实业有限公司董事长）任常务委员，并确定委员 49 名，顾问委员 25 名。

4 月 10 日，祖发主任分别主持召开筹建委常委会和委员会扩大会议。会后筹建委向族众公布叶建字 01 号《叶氏宗祠筹建委员会名单》和叶建字 02 号《关于建设新宗祠的公告》。

4 月 15 ～ 16 日，祖发主任带队，一行 35 人，赴江西省婺源县江湾村和安徽省绩溪县龙溪镇参观，实地考察“萧江宗祠”和“胡氏宗祠”。

4 月 18 日，祖发主任率一行 30 余人，参观本市罗桥街办桃花村九陈祠堂、柯家渡祠堂和大箕铺曹达湾的“孟夏堂”等。

4 月 22 日，筹建委邀请黄石市东方山栗山禅寺住持果慧法师来我庄下首垴勘察，他认为，在此地建宗祠，坐北朝南，实属最佳选择，下首垴墓园的祖先遗骸迁到大金星祖山安葬为宜。

5 月 3 日，筹建委邀请江西省江湾村“萧江宗祠”设计者毛贞安先生和施工单位负责人一行 4 人，来叶家坝村委会三楼会议室洽谈建造仿古木质结构宗祠的有关事宜。

5 月 8 日，叶家坝村与金湖街办平原村签订协议，征用地处该村 7 组周远湾的胡先林大金星祖山约二亩山地，包干价 6 万元，用于建设“叶氏先祖陵园”。

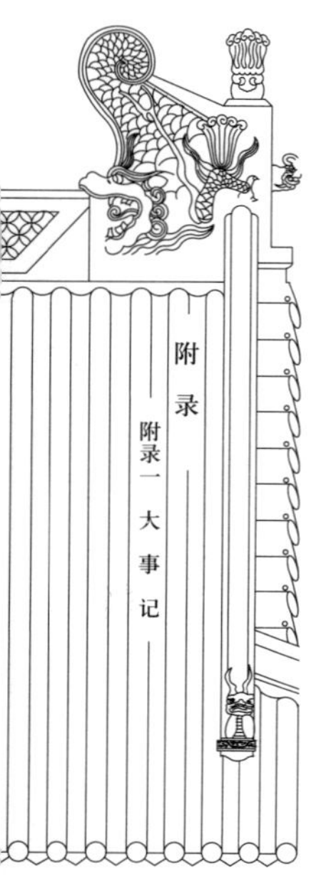

5月23～27日，从叶家坝中门庄下首垴墓园迁移130座祖坟至金湖街办胡先林大金星祖山（叶氏先祖陵园）安葬。

5月27日（甲午年四月二十九日），我庄族众100余人在胡先林大金星祖山，为叶氏先祖陵园举行“安山仪式”，宗善先生诵读祭文。

6月4日，祖发主任主持召开筹建委常委扩大会议，会上通过了《关于建设大金星叶氏先祖陵园的报告》。建设大金星叶氏先祖陵园工程预算约需资金60万元。

6月7～12日，天胜书记率一行13人，赴陕西省西安市参观黄帝陵、阿房宫、咸阳秦都古建筑群，到北京考察故宫、颐和园、天安门等古建筑。考察团成员有：天胜、宗林、宗善、祖发、舜华、惠清、晨东、天顺、建军、宗星、序方、宗森、何平（摄影师）。

6月24日至7月15日，因新建宗祠选址在下首垴墓园，拆除规划建设范围内村民宗琦、宗元、宗访、育红搭建的233.38平方米简易棚屋，补偿款99，290元，此款全部捐献宗祠建设。村民天鹏私建的二层砖混结构房屋经协商拆除，补偿款30万元。

6月28日（甲午年六月初二日），“叶氏先祖陵园”门楼奠基，9月10日叶氏先祖陵园工程全部竣工。

7月11日，筹建委与四房宗亲国栋、文杰兄弟签订私宅买卖协议书。因宗祠原设计方案的中厅可供宗亲红白喜事办宴席用，故需紧邻宗祠建一厨房。国栋、文杰愿将邻近宗祠的一栋连二两层楼房（含地基）卖给筹建委建厨房之用，作价110万元，二人从此款中捐出30万元。2015年12月，因宗祠设计变更，无需在此处建厨房，筹建委将此房和地基作价30万元卖给首一二房宗均。

7月12日（甲午年六月十六日），地处金湖街办平原村“叶氏先祖陵园”的“铭恩塔”为8方7层，先祖纪念碑共56块（一世祖筠公至五十八世祖本铨公）。该塔为宗善先生设计、项氏石雕制作，是日5位师傅安装1～3层。

7月13日，“铭恩塔”4～7层和塔顶安装完毕，下午5时30分，塔顶用红绸布包裹，塔身8方燃蜡烛8对，焚香鸣炮，在场跪拜先祖灵位的宗亲有：宗善、宗旦、宗森、保佳、序田。

7月15～16日，宗林和宗善先生赴本省襄樊市参观习氏宗祠。

7月18日，惠清副主任在叶家坝村委会四楼大会议室主持“叶氏宗祠筹建恳谈会”。100多位宗亲欢聚一堂，共商建祠大计，大家踊跃捐资，据统计当天认捐金额18，801，905元。

7月19日，祖发主任在叶家坝村委会四楼大会议室主持专题会议，就宗祠和文化广场总体规划设计方案进行论证和审定。会上23人以无记名投票方式，通过中南建筑设计院为我庄宗祠、文化广场规划设计单位。黄石市建筑勘察设计公司为道路、排水、电路配套工程设计单位。

7月24日，祖发主任在叶家坝村委会四楼会议室主持叶氏宗祠主体建筑方案设计专题会议，听取16家设计单位相关情况介绍，会上23人以无记名投票方式，确定中南建筑设计院、武汉华阳设计公司、山西省运城市建筑设计研究院、湖北佳境设计公司、湖北中鲁古建园林设计公司为入围设计单位。

7月27日（甲午年七月初一日），筹建委在叶氏先祖陵园，立“大宋儒士冶邑开基太祖公基都府君、母宋老太君之墓”石碑。

8月6日上午，应大冶城建集团董事长叶宗林邀请，大冶市委常委、市政府常务副市长晏勇（清华大学土木工程硕士）视察水塘排水工程，他建议将堰塘改建成地下调蓄池。

8月6日下午，祖发主任在筹建委办公室主持成立“文化广场道路排水工程指挥部”，惠清副主任任指挥长，施工组组长宗亨任项目负责人，顾问委员宗国任监理，顾问委员序吹任施工员，顾问委员开琥任材料采购员，顾问委员宗旦、宗柱分别任收料员和保管员。会议还确定黄石市政工程有限公司为施工单位。

8月13～16日，特别顾问宗善先生，委员、筹建办副主任序田，顾问委员、文化组组长天龙及顾问委员宗科、开圭，委员亚鹏、天向等一行7人赴安徽省太湖县参观“五千年文博园”，考察园内各项文化设施。

8月22日晚，祖发主任在叶家坝村三楼会议室主持专题会议，就文化广场地下停车场更改为调蓄池问题进行投票表决（22人），会议决定，选择建设封闭式调蓄池的设计方案，对原设计方案予以更改，并重新设计。

8月25日（甲午年八月初一日）上午9时18分，中南勘测设计院对水塘和宗祠地基地质勘测工作正式开始。

8月25～26日，宗善、序纯、序田和牯羊庄叶良一行四人，赴江西省星子县横塘镇考察青石板材。

9月11～13日，宗善和序田赴江西省星子县定制叶氏宗祠奠基石。石材为青石，原石尺寸为：2.8米×1.8米×厚0.36米。碑身按3、6、9吉祥数定制，即厚13厘米、宽60厘米、高90厘米，底座厚26厘米、宽43厘米、长90厘米。正反面铭文：“叶家坝中门庄第四届祖堂·奠基·公元二〇一四年十月一日 甲午岁九月八日”。

9月23日上午，祖发主任在大冶城建集团会议室主持专题会议，对叶家坝文化礼堂（叶氏宗祠）规划建筑设计方案进行认真研究和评审，与会者19人对8家设计单位送审的效果图和规划建筑设计图册以无记名投票方式，决定中南建筑设计院为中标单位，会后将此决定向族众予以公布。

10月1日上午（甲午年九月初八日），惠清副主任在宗祠工地主持叶氏宗祠奠基仪式。

凌晨1时18分（丑时），由宗林和宗善先生将奠基石安放于新宗祠地基（前殿中心）下约6米深处的岩层上，奠基石底部中心处放置“周大福”金币2枚，此币雕刻“荣华富贵”“万代兴隆”字样，计重168克（系宗林先生捐）。四角放置乾隆钱8枚（系天龙先生捐），四周投放人民币硬币236枚（金色5角硬币136枚、银色1元硬币100枚，正面均有国徽图案，意含万代吉祥）计168元。奠基石定位后，用红绸布覆盖，并燃放9箱礼花和6万8千响鞭炮以示庆贺。

上午8时许，奠基仪式开始，在主席台序立的有筹建委首席顾问、特别顾问、常务委员和委员代表共16名，在会场两边序立的有筹建委各位委员、顾问委员以及各位房长、来宾和宗亲等180余人。8时28分，筹建委16位领导为新宗祠动土奠基。他们是：首席顾问天胜，特别顾问宗林、序德、宗尉、宗善，主任祖发，副主任舜华、惠清，常务委员晨东、云顺、建军、宗召、宗星、序纯、序方，委员兼施工组长宗亨。

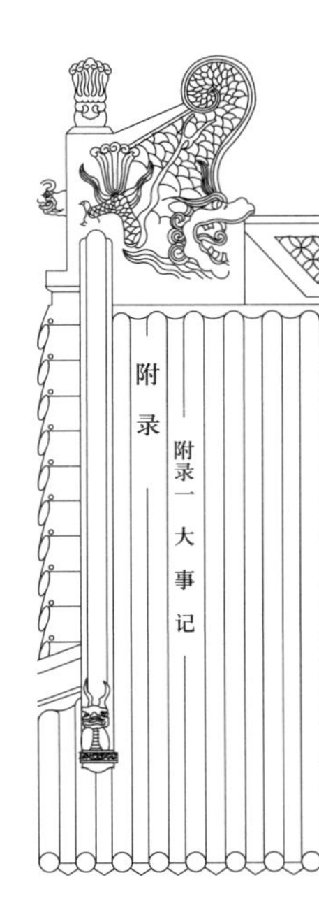

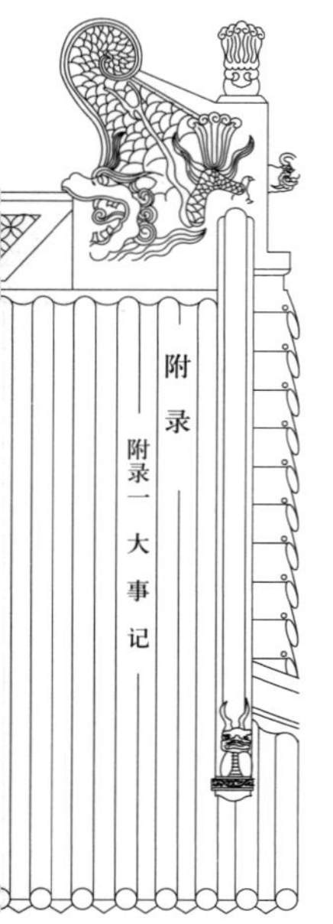

10月2日上午（甲午年九月初九日），筹建委组织大冶叶氏支脉宗亲，赴金湖街办平原村大金星祖山，举行“叶氏先祖陵园”开光暨公祭仪式。8点30分，冶系叶氏七门二十庄二百三十余嗣孙代表，从四面八方汇集到大金星叶氏先祖陵园。9时，叶氏先祖陵园开光仪式开始，先由三名道士做法事30分钟。9时30分，冶系七门二十庄公祭仪式开始，主要程序：1. 全场肃静，祭献大礼开始，起鼓、鸣金、发炮、奏大乐、奏小乐《金钱花》。2. 仲和、牯羊、茅山、北门、十里铺、金桥六庄族首代表，诣香案前序立，三拜揖，三上香、礼毕退班。3. 莲花芯、上叶、下叶三庄房首代表，诣香案前序立，三拜揖，三上香，礼毕退班。4. 中门庄新宗祠筹建委首席顾问、特别顾问、主任、副主任、常务委员，诣香案前序立，三拜揖，三上香，礼毕退班。5. 礼生出班，起小乐《大登殿》。6. 礼生跪、俯状、朗诵祭文。7. 礼生绕碑一周，奏乐《泣颜回》。

10点10分，祭礼大典结束，全体宗亲及来宾在坝庄老祖堂共进午餐，席设23桌。

10月20日，因文化广场周边电路整改和叶家坝进村主干道改造扩宽，道西临街门店租用户积极配合筹建委工作，及时搬迁，使得10个门店顺利拆除，付补偿费35.638元。他们是：叶宗慧、杨桂林、叶红明、叶灿、叶宗利、叶细明、卢可珠、华田英、罗瑞兰、张慧珍10户经营者。

11月29日上午，天龙在村委会三楼会议室主持新宗祠文化建设第一次工作会议。与会人员围绕叶建通字[2014]01号《关于启动文化建设工作的通知》精神，对新宗祠文化建设的目标和任务等进行了热烈讨论。参加会议人员：天胜、宗善、祖发、舜华、惠清、宗星、宗森、序田、天龙、国凡、宗金、宗科、序咏、开圭、亚鹏、天向。

附1：叶氏宗祠筹建委员会关于召开宗亲恳谈会的邀请函（原文照登）

传家书，致尊台，一脉亲情难忘怀；

今日举行睦族会，华堂设宴请君来！

曾闻，国泰谢明君，家兴思根本。吾庄自文明公于明代万历年间落业以来，迄今已有四百二十余年历史。其间，朝代更迭频繁，灾难相继无数，多少家庭妻离子散，多少门族濒临消亡，然吾庄犹如一株根深叶茂之大树，虽经风雨而尤为兴盛，虽经磨难而依然挺拔。何故也？此乃祖宗之功德也！数百年来，列祖列宗为吾庄之生存和发展，艰苦奋斗，前赴后继，传下子孙后代，传下丰厚产业，传下治家训诫，传下立身本领，方使吾庄立于不败之地也！尤其当今，托祖宗之福，得盛世之利，吾庄面貌巨变，可谓：城中大村，气象恢宏，高楼林立，车水马龙，人才辈出，财运亨通，好一派欣欣向荣之景象也！正是：

抚今思昔忆沧桑，地覆天翻慨且慷。

辈辈辛劳勤创业，赢来幸福万年长！

曾闻，家族之福乃祖宗所赐，祖宗之德为子孙所继。吾庄为缅怀祖先之恩典，历史上有三建祖堂之经历，分别为：明朝末年，民国后期，共和国四十八年，一次胜于一次，世人无不赞叹之。然而，当今社会发展日新月异，许多门族为与时俱进，纷纷重建祖堂，而且一个比一个好，或雄伟壮观，或富丽堂皇，好不羡煞人也！然吾庄祠堂，房舍低矮，场地窄狭，功能不全，形式老旧，前后无出场，左右无通道，无法与他姓他庄相比较，已落后于形势久矣！祖宗对后承功德无量，后承对祖宗却无所报答。因此吾庄族人，在外谈及此事时，总觉低人一等；在内入堂祭祀时，深感羞愧难当。故全庄老少早有重建祠堂之意。如今族中首脑登高一呼，广大族众纷纷响应，然而此事非同小可，并非一蹴而就。诸如怎么建，建什么样的祠堂等重大问题，还须从长计议，群策群力，只有如此，才能建成能与他姓他庄相比美，与吾庄实力相匹配之祠堂。正是：

族人提议建祠堂，崇敬先贤理应当。

设计超前方显贵，百年大计应相商！

曾闻，羊有跪乳之恩，鸦有反哺之德。吾庄子孙素有崇宗敬祖之传统美德，更有强族兴庄之英雄气概。曾记得，三建祠堂鼎力而为，十修宗谱慷慨相助，和睦友庄出手不凡，邀唱社戏惊天动地，等等。如今吾庄再度重建祠堂，族人更是雄心勃勃，意气昂扬，而且极富责任感和荣誉感，认为新祠堂能在吾辈手上建成，不仅是百世难逢之机缘，更是千年难得之荣耀，而且还认为，要建黄石地区绝无仅有，湖北境内堪称一流之祠堂，扬一扬名门望族之威名，显一显孝子贤孙之风范，让列祖列宗在天之灵得以安慰，让子孙后代景仰吾辈之功绩。然而，这一兴族大梦能否实现，全靠阁下的支持、参与和无私奉献！正是：

名门望族建祠堂，可遇难求事一桩。

创业兴庄扬志气，出资出力乐同襄！

因此，特邀请阁下亲临吾庄叶氏宗祠筹建宗亲恳谈会，共商宗族大计！

谨此，顺颂大安！

附2：叶氏宗祠筹建委员会筹资进度公告（原文照登）

叶建字[2014]06号

七月三日召开的第八次常委会，重点对前段捐资动员工作进行了认真总结。会议一致认为，由于各方面的共同努力，此项工作取得了重大成果，在不到三个月时间内，有数以百计的宗亲主动认捐，有的一百两百，有的一千两千，有的一万两万，有的十万几十万，还有的百万几百万，据不完全统计，捐资总额将达2000万元以上。

会议充分肯定了在捐资活动中涌现出的许多动人事迹。如三房房首一班人，采取走家串户和开动员会等方式，最大限度地调动大家的积极性，有30多户宗亲自报捐款，捐万元以上的有20多户，其中10万元以上的有6户，整个房头捐资数可达150万元左右。如四房宗亲宗琦先生，是一位年过七旬的老实农民，平时他十分珍惜土地，栽栽种种，见缝插针，这次得知宗族建宗祠需要拆除下首垴建筑物后，二话不说，第一个自己拆掉了位于规划区内的两处计80余平米的棚子，而且还将2万多元补偿款捐了出来，当别人问他为什么这样做时，他只平淡地说了一句话："为太公，我情愿"。像以上这样的正能量实例，可谓举不胜举，这些先进的人和事，不仅给我们带来深深感动，而且

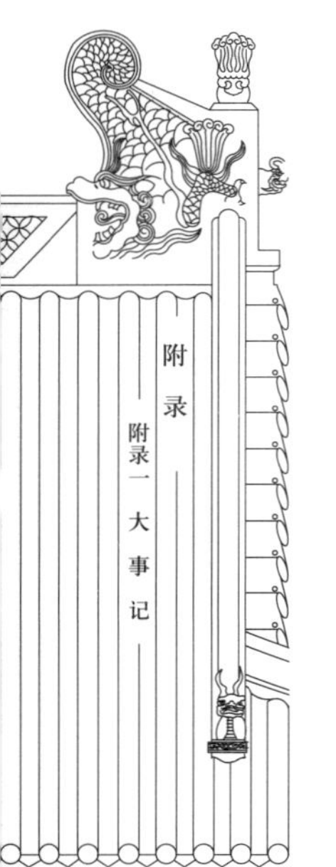

还给我们带来极大鼓舞！

会议还注意到了个别反面典型。有极少数宗亲在这次活动中，表现消极，言行欠妥。有的说些泄气话，有的劝别人不要捐资，还有的说什么“没有搭叶家坝的福，不想问这个事”。试问某君，你头顶叶家坝祖先传下的姓氏，脚踩叶家坝祖先留下的土地，因为有叶家坝你才有今日，因为有叶家坝你才有自身，请扪心自问，你口出此言，对得起叶家坝列祖列宗吗？这种典型虽说不多，但反作用不可小视，请广大宗亲擦亮眼睛，明辨是非，以正视听！

会议决定七月中旬召开“宗亲恳谈会”，把群众性的捐资活动推向新高潮，以动员更多的宗亲捐更多的资金，为祖堂建设打下更坚实的基础。

会议还决定公布第二批捐资名单。名单如下：

首一长房（60万元）

序屋（黄石市市政工程有限公司总经理、筹委会委员） 30万元

志国（咸阳城市建设投资公司总经理、筹委会委员） 20万元

加胜（大冶市荣兴实业有限公司总经理、筹委会委员） 10万元

首一二房（60万元）

晨东（东利投资有限公司董事长、筹委会常委） 30万元

军华（华茂置业有限公司董事长、筹委会委员） 10万元

宗维（维新创业有限公司董事长、筹委会委员） 10万元

日华（大冶市华祺商贸有限公司董事长、筹委会委员） 10万元

首一三房（40万元）

宗成（湖北创佳实业有限公司董事长、筹委会委员） 10万元

天发（顺发置业有限公司董事长、筹委会委员） 10万元

序强（强劲创业有限公司董事长、筹委会委员） 10万元

指雄（雄楚投资有限公司总经理、筹委会委员） 10万元

首二房（20万元）

天顺（大冶市旺盛选矿设备有限公司董事长、筹委会常委） 20万元

首三房（10万元）

宗星（麒麟山庄董事长兼总经理、筹委会常委） 10万元

三房（108万元）

惠清（中共大冶市食品厂总支书记、筹委会副主任） 50万元

惠均（大冶市金叶置业有限公司总经理、筹委会委员） 10万元

序柏（黄石市金佰工贸公司总经理、筹委会委员） 18万元

惠职（汇资置业有限公司董事长、筹委会委员） 10万元

辉煌（大冶市铜都门业有限公司董事长、筹委会委员） 10万元

序兰（金兰创业有限公司董事长、筹委会委员） 10万元

四房（40 万元）

宗亨（大冶市天桥建筑材料有限公司董事长、筹委会委员） 10 万元

建军（世豪康乐有限公司董事长兼总经理、筹委会常委） 10 万元

国栋（武汉市中和工程技术公司黄石分公司董事长、筹委会委员） 10 万元

文杰（俊杰投资有限公司董事长、筹委会委员） 10 万元

五房（40 万元）

长春（黄石市金雀电器有限公司董事长、筹委会委员） 30 万元

宗召（朝阳实业有限公司董事长、筹委会常委） 10 万元

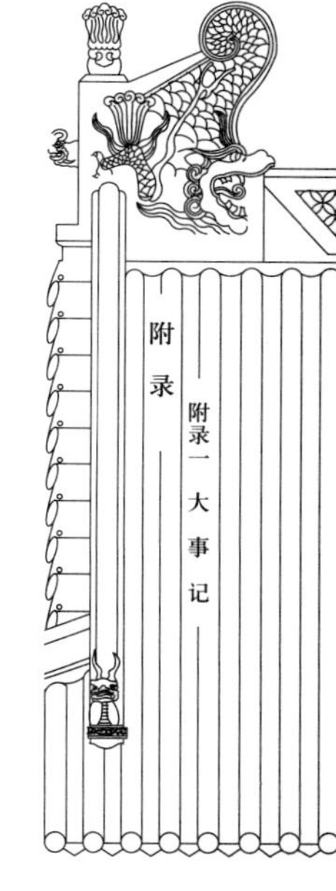

附 3：恳谈会相关情况

2014 年 7 月 18 日，筹建委副主任叶惠清先生，在叶家坝村委会四楼大会议室主持召开了“叶氏宗祠筹建恳谈会”（图 1 ～图 9）。100 多位宗亲欢聚一堂共商宗族大计，广大宗亲踊跃捐资，大小企业老板慷慨解囊，据统计当天认捐金额 18,801,905 元。

1. 宗亲恳谈会与会者

贵宾席：

筹建委首席顾问、中共叶家坝村总支书记、叶家坝村村民委员会主任：天胜先生；

筹建委特别顾问、大冶市城建集团有限公司董事长：宗林先生；

筹建委特别顾问、德发置业有限公司董事长：序德先生；

筹建委特别顾问、大冶市原教育委员会副主任：宗善先生；

筹建委主任、德发置业有限公司总经理：祖发先生；

筹建委副主任、中共叶家坝村总支副书记、叶家坝村村民委员会副主任：舜华先生；

筹建委副主任、中共大冶市食品厂总支书记：惠清先生；

筹建委常务委员、东利投资有限公司董事长：晨东先生；

筹建委常务委员、旺盛矿山机械有限公司董事长：天顺先生；

筹建委常务委员、金叶置业有限公司董事长兼总经理：宗尉先生；

筹建委常务委员、世豪康乐有限公司董事长兼总经理：建军先生；

筹建委常务委员、朝阳实业有限公司董事长：宗召先生；

筹建委常务委员、麒麟山庄董事长兼总经理：宗星先生；

筹建委常务委员、中共叶家坝村总支副书记：序纯先生；

筹建委常务委员、中共叶家坝村总支副书记：序方先生；

筹建委委员、大冶市风华实业有限公司董事长：序俭先生；

筹建委委员、湖北实美科技有限公司董事长兼总经理：光华先生。

筹建委部分顾问委员和委员，以及各职能部门成员；有各房长老和代表；有各行业个体和团体的成功人士；有社会相关部门在职和退休的知名人士，共计 180 人。

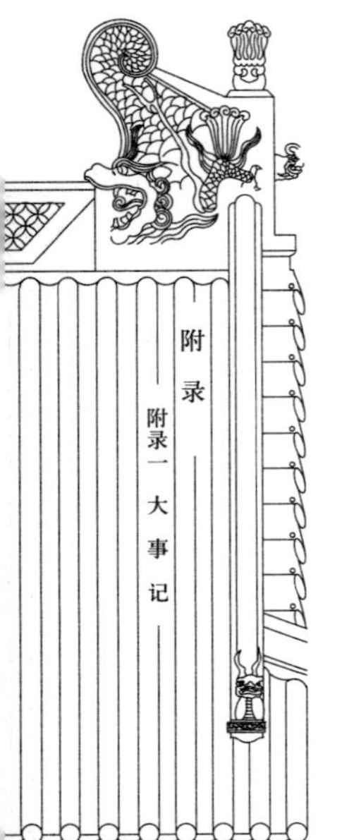

图 1 恳谈会主席台

图 2 恳谈会会场（嘉宾席）

2. 相关领导者讲话

1）筹建委主任祖发先生致开幕词

图 3 筹建委主任祖发先生致开幕词

尊敬的各位领导、各位族长、各位宗亲、各位同仁，女士们、先生们：

大家上午好！

在举国上下，为实现伟大中国梦，而努力拼搏的大好形势下，在我庄祖堂，前期筹建工作取得阶段性成果的凯歌声中，我们迎来了叶氏宗祠筹建“宗亲恳谈会”，这是一次共商祠堂建设大计的研讨会，也是一次交流创业成果，沟通宗族情感的空前盛会！

借此机会，我谨代表叶氏宗祠筹建委员会，向到会的各位领导、各位族长、各位企业家、各位成功人士，致以热烈的欢迎和崇高的敬意！

鉴于我庄祖堂现状，清明节之后，中共叶家坝村党总支书记、村委会主任天胜同志，在一次宗亲座谈会上，提出了重建祠堂的建议，当即就得到了与会人员的积极支持。消息传来，我庄族众，奔走相告，群情激荡，大家无不欢欣鼓舞！

由此可见，重建祠堂，是一项合民情，顺民意，一呼百应，众望所归的民心工程；同时也是一项创文明，树新风，继承优良传统，美化村庄环境的形象工程！

因此，建什么样的祠堂，成了大家要慎重对待的重大问题。前不久，我们组织了两次考察，先赴江西、安徽，参观了萧江宗祠和胡氏宗祠，后到西安、北京，探访了汉唐遗迹和明清故都，同时还就近到罗桥、大箕铺、殷祖、陈贵、新下陆以及麻城，参观了陈、柯、曹、杨、吴、詹、李等姓氏的祠堂。在此基础上，召开了几次不同范围的研讨会。大家一致认为，我庄应建一座：大气磅礴，具有华夏古典韵味；配套完整，具有现代先进气息；工艺精湛，具有较高观赏价值；布置精美，具有深厚文化内涵，在黄石地区绝无仅有，在湖北境内为数不多的祠堂。大家还认为：只有这样的祠堂，才对得起列祖列宗和子孙后代；只有这样的祠堂，才能让叶家坝人觉得很有面子！

要建这样的祠堂，必须投入大笔资金。据初步预算，大约需要 4000 万元，根据筹委会“三个一点”的筹资办法：申请行政村拨一点，大概 300 万元，动员族众凑一点，每个男丁 1000 元，1500 多个男丁，大约 150 万元，两项加起来，还不够零头，因此，缺口在 3000 余万元以上。

如何填补这个巨大缺口，现在要问计于在座的各位老板，所以说，今天的大会，也是一个捐资动员大会。在座的都是我庄的成功人士，有的资产过亿，有的身家千万，有的集财百万，等等。大家都知道，各位都是白手起家，经历了外人所不知的艰辛，资产得来很不容易。而且，就目前形势讲，大有大的难处，小有小的难处，可以说是：名声在外，各有所难，所以谈到捐资，我们都实在难以开口。

但一想到筹建祠堂缺乏资金，而且是寄希望于各位，那就请大家顾全大局，放眼长远，慷慨解囊，无私奉献。下面我讲三点体会，与大家共勉。

一是赚钱做什么？作为一个明智的成功人士，首先应该想到的是：行善积德，回报社会。捐资建祠堂就是回报社会的最好形式之一，很多企业家把“慈善事业”作为自己事业的重要组成部分，逢难必捐，这也叫“取之于民，用之于民”，这是社会赋予的责任！

二也是赚钱做什么？作为一个理智的成功人士，第二个应该想到的是：惠及子孙后代，而建祠堂就是一项子孙工程。祠堂是中华民族“孝”文化的标志，“孝”是为人立身的根本，建祠堂就是把这个根本传给子孙。捐资建祠堂就是把钱留给子孙后代的最好形式，这是宗族赋予的责任。

三还是赚钱做什么？作为一个聪明的成功人士，第三个应该想到的是：享受生活。人生最好的享受是什么？是道德名声，有道是：有千金，有万金，不如有个好名声！古人把名声看得比生命还重要。捐资建祠堂，为宗族谋福祉，为社会作贡献，一定会受到社会民众和宗族子孙的尊重和爱戴。人过留名，这是人生赋予的责任。

钱乃身外之物，如果通过捐资建祠堂，将自己的身外之物，换来大家的精神财富，可以说这是一件利在宗族、功在社会，利在自身、功在后代，利在当今、功在千秋的伟大壮举！

其实，在座的各位，心里不仅是这样想的，而且行动上也是这样做的。不少老板一直都在为社会慈善事业作贡献，特别是为了宗族公益事业，多次捐资，慷慨大方。这一切，世人都有目共睹，族人更是铭记在心！

各位宗亲，各位同仁：为了给列祖列宗增添千秋光彩，为了给子孙后代留下百代荣耀，行动起来吧！让宗族为祠堂而感到自豪，让子孙为你而感到骄傲！宗族将会把你的大名镌刻在功德碑上，让你流芳百世，享誉千秋！

最后，祝我叶氏宗祠筹建工作圆满成功！祝各位身体健康，合家幸福，事业兴旺，万事胜意！

2）筹建委特别顾问宗林先生致词

各位宗亲、各位族长，大家上午好！

今天是我们叶氏宗祠建设捐资会议。我有幸在会上发个言，首先向在座的各位族长、宗亲表示崇高的敬意！

我们叶氏宗祠，始建于明朝万历年间至1997年已经历过三次修建，建筑面积仅为456平方米。随着时代的发展，宗族人丁的快速增长，原建宗祠已不能满足本庄族人供奉祭拜先贤和开展文化活动的需要。重修、扩建宗祠是时代发展的要求，全体族人的愿望。宗祠是我们缅怀先祖美德，

图4 筹建委特别顾问宗林先生致词

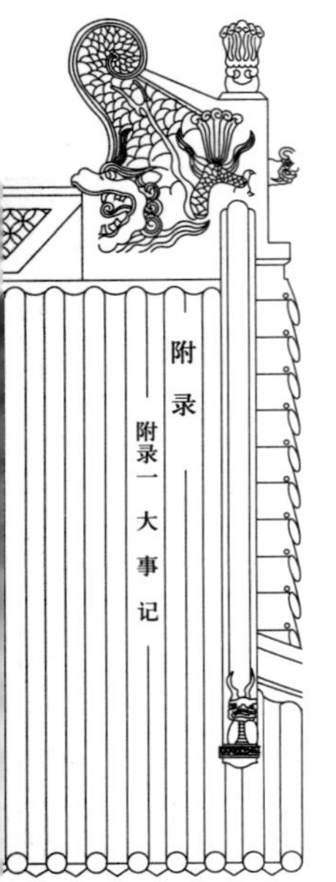

图 5 筹建委特别顾问序德先生即席发言

图 6 筹建委特别顾问序俭先生即席发言

崇祖敬宗、行孝感恩、四时祭拜的重要场所。建好宗祠也是为了弘扬叶氏文化，沿袭宗族荣华，保持香火鼎盛、崇敬先贤、传承祖训，使之成为叶氏宗族的文化中心、活动中心、宴会中心和祭祀中心。以求上慰先祖，下泽后人，使我们当代人的壮举成为百世丰碑。

俗话说，水有源头，树有根本，没有祖宗奠定的基业，哪有我们叶氏宗族的世代繁荣昌盛呢？哪有我们个人的事业成就呢？祖宗功德，当念念不忘，永远铭记。为修建叶氏宗祠捐资，德馨于心，授益于人，得益于世，是我们这一代人义不容辞的光荣职责。我们为重建叶氏宗祠将尽力捐资，不负众望。举全族之力，同心同德，发扬敢为天下先，永远争第一的精神，把叶氏宗祠建成五凤楼式大门，如同张开的巨龙之嘴，吸山水之灵气。让这座规模宏大，气势磅礴的皇家宫殿式建筑，展现出叶氏悠久深远的历史和灿烂辉煌的文化，像一颗光彩夺目的明珠，在大冶这块灵秀的土地上，永远闪耀着艺术的光芒。

借此机会，让我们共同祝愿叶氏宗族千秋万代繁荣昌盛！

3）筹建委顾问代表宗科先生致词

尊敬的各位宗亲：大家上午好！

今天，正值我叶氏宗祠筹建委召集宗亲恳谈会之际，我谨代表顾问组的全体成员对恳谈会的隆重召开表示热烈的祝贺！同时，对重建叶氏宗祠的英明举措表示衷心的拥护和支持！

各位宗亲，宗祠重建，是我们叶氏子孙的应尽责任和共同愿望；宗祠重建，展示了我们叶氏子孙继往开来，铭记祖德的衷心孝意；宗祠重建，彰显了我们叶氏子孙崇敬祖先、开创基业的壮志豪情！真可谓：祖德长昭，枝繁叶茂千秋盛；宗功永耀，凤翥龙翔万里扬！我衷心地祝愿：我们叶氏宗族“人旺才旺百业旺，家和人和万事和”！

图 7 筹建委顾问代表宗科先生致词

图 8 宗亲代表天龙先生即席发言

4）筹建委首席顾问天胜先生作大会总结

图 9　筹建委首席顾问天胜先生作大会总结

各位长辈、各位宗亲，同志们、朋友们：

大家上午好！

今天的大会开得很成功。以上，祖发先生的开幕词，可以说是：真理演绎，振奋人心；贵宾代表致词是：真情流露，激动人心；捐资宗亲亮相是：真心奉献，鼓舞人心。整个场面非常感人！

大会安排我做总结，我以为总结不是做出来的，而是用结果表现出来的，今天爆出捐资的惊人数字，不仅令人大开眼界，同时也是一份最好的总结。借此机会，我谨以个人的名义，向慷慨解囊的全体宗亲以及到会的各位长辈，各位朋友致以崇高的敬意和由衷的感谢！

由于时间关系，在这里我只简单讲三点：一是谈一点体会，二是表一个态度，三是提一条建议。

一点体会是：我感觉到，通过筹建叶氏宗祠，从四门叶，乃至七门二十庄，表现出了空前团结的大好局面。特别是中门庄，大家心往一处想，劲往一处使，90% 以上的人都动员起来了，因此在前段筹备过程中，创造出了一个又一个奇迹，如两天迁走 130 座祖坟，两个月筹资 1000 多万元，等等。这些充分体现出我族群众“敬祖宗爱子孙”的优秀品质，这种品质也可以提升到爱家乡、爱祖国的高度去认识，非常可贵！

一个态度是：我庄筹备和实施的，以祠堂为主体的系列建设，包括文化广场和进村门楼等，不仅是叶家坝中门庄崇祖睦亲的标志性建筑，而且也是叶家坝村加强社区文明建设，改善村民居住环境的重点工程，同时也算得上是大冶市创建全国文明城市，增加观光景点的锦上添花工程。所以村党总支和村委会有责任、有义务支持和帮助中门庄完成好这项工程。请大家放心，村委会一班人会主动争取上级领导的关怀，积极配合筹委会，在财力、人力等方面，予以尽心尽力的扶持！

一条建议是：我庄的祠堂建设问题，不仅仅是我庄全体宗亲非常关心的问题，现在还成了全市人民十分关注的问题，大家常在街头巷尾谈论此事，只要听说你是叶家坝的人，他们就会问：你们的祠堂建设怎么样了？而且期望值非常之高。因此，我建议筹委会一班人要加强学习，广泛接触，提高自身的欣赏水准和操办能力，抓紧时机，拿出高水平的规划设计方案，建成高水平的经典精品工程，实现我庄祠堂在“大冶绝无仅有，在湖北目前少有，在全国也不多有”的诺言。向全庄、全族、全市人民交一份满意答卷！我相信，只要大家共同努力，这个目标一定会实现！

最后，祝各位健康幸福，如意吉祥！

3. 合影与午餐

会后，与会者在村委会办公楼前合影留念，并赴麒麟山庄共进午餐（图 10 ~图 12）。

图 10 恳谈会与会者合影留念

图 11 领导祝酒

图 12 宴会场面

附 4：叶氏宗祠奠基仪式相关情况

1. 参加成员

1）主席台序立成员

筹建委首席顾问：天胜先生；

特 别 顾 问：宗林先生，序德先生，宗善先生；

筹 建 委 主 任：祖发先生；

副 主 任：舜华先生，惠清先生；

常 委：晨东先生，天顺先生，宗尉先生，建军先生，宗召先生，宗星先生，序纯先生，序方先生，

委 员：宗亨先生。

2) 会场序立成员

筹建委各位委员、顾问，以及各位房长、来宾和宗亲等，到会人数达 180 余人。

2. 相关报告

1）筹建委主任祖发先生致词

尊敬的各级领导，各界朋友，各位贵宾；尊敬的各房长老，各业同仁，各位宗亲；

女士们，先生们：大家上午好！

桂花香，菊花香，桂花菊花竞飘香。门第吉祥多喜庆，捷报频频传四方！

在这收获喜悦的金秋时节，在这举世同庆的国诞之日，我们在金湖之滨，冶城之中，吾庄之前，隆重举行叶氏宗祠奠基仪式！

宗祠奠基仪式能如期举行，离不开各级领导的亲切关怀；离不开各界朋友的大力支持；离不开全庄宗亲，特别是各行企业家的真情投入；同时也离不开筹委会全体成员，特别是常委一班人的无私奉献！

借此机会，我谨代表本届筹委会和全庄广大族众，向支持和帮助我们的各级领导、各界朋友，特别是向宗祠系列工程设计和施工单位的领导和专家，表示诚挚的感谢和由衷的敬意！

向关心和参与宗祠筹建工作的各房长老和宗亲，以及筹委会全体顾问和委员，特别是向慷慨解囊，积极捐资的德业双馨的诸位成功人士，致以亲切的问候和崇高的敬礼！

中国梦，宗族梦；国梦族梦同一梦。兴国兴族宏图展，满怀壮志在胸中！

各位贵宾，各位宗亲：如果说，实现中华民族的伟大复兴，是当代全球华人的"中国梦"的话，那么，实现叶氏门族走向繁荣昌盛，就是我们天南地北叶家坝人的宗族梦。建一座雄伟壮观的叶氏宗祠，就是我们宗族梦的重要标志。现在这座标志性建筑的蓝图，在各方专家千锤百炼之下，在全庄宗亲千呼万唤之中，终于展现在了我们的面前。

我叶氏宗祠建设工程，是一项规模较大，规格较高的系统工程。建筑面积达10000多平方米，共有三个部分组成：一是景观大道，二是文化广场，三是祠堂用房。景观大道包括进庄门楼和人车通道，这是一条长100多米的仿古街道。仿古街道北端是文化广场，文化广场包括地下蓄水池和地面景观区域，这是一处占地4000多平方米，现代园林文化和古典宗族文化相融合的多元文化广场。文化广场北端是祠堂，它是此项工程的主体建筑，这座主体建筑长约80多米，平均宽度约30多米，平均高度约20多米，建筑面积约4400多平方米，它是一座一进五重，三殿两井式京派建筑：朱柱黄瓦，飞檐斗拱，层楼叠阁，银阶玉砌，如蓬莱仙府，似帝都宫阙，金碧辉煌，气势恢宏！上述三项工程，预计前期总投资约2000多万元。作为宗祠文化建设，能有如此巨大工程，这不仅在我族历史上是绝无仅有的奇迹，甚至在大冶、黄石、湖北，乃至全国，也应该是少有的奇迹！因此，这项工程是壮我族魂，振我族声，传我族名，扬我族威的叶氏志气工程！

城中村，村中城；城中村中添一景。讲求实用惠民众，创建文明作典型！

各位贵宾，各位宗亲，我庄是大冶城区最大的城中村，由于地理位置的特殊性，我叶氏宗祠就外观来讲，它将来不仅是我族的一座地标性建筑，同时也是我们大冶市创建全国文明城市活动中的锦上添花工程。然而更重要的是，从实用价值来讲，它应该是一项提高城市文化品位，提升市民生活质量的拥政惠民工程。这项工程的实用功能，概括起来是"六个服务中心"：它是族众市民参政议事，维护安定团结的会议服务中心；它是族众市民练歌

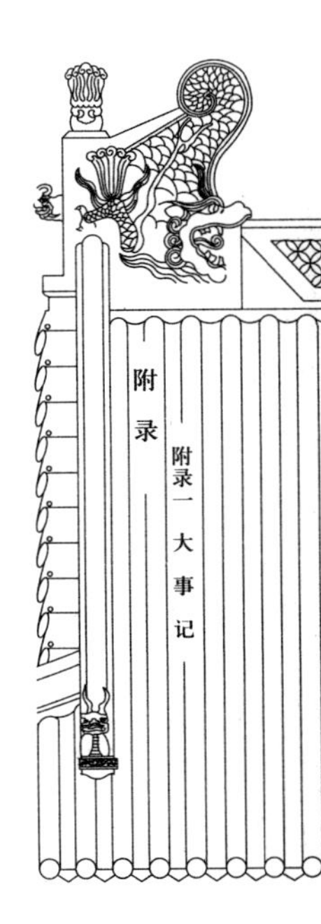

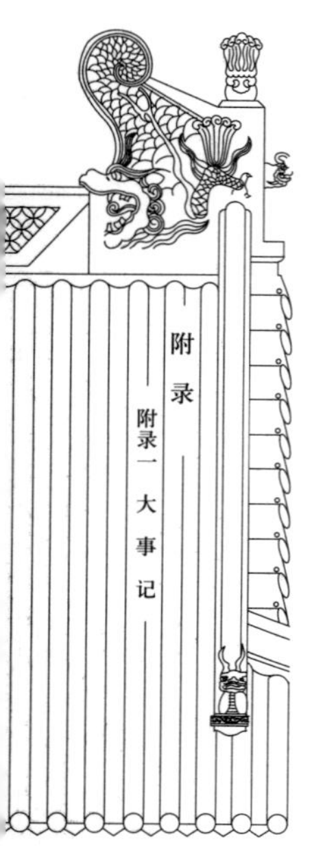

习舞，促进身心健康的娱乐服务中心；它是族众市民观山赏水，陶冶浪漫情怀的休闲服务中心；它是族众市民迎红送白，招待各方来宾的宴会服务中心；它是族众市民朝宗拜祖，缅怀先辈隆恩的祭祀服务中心；它也是村庄排污泄洪，优化环境的调控服务中心，等等。因此，它不仅是我庄宗亲十分期待的民心工程，也是全市人民十分关注的社会工程，所以，我们有责任把它建成、建好！为此，我们特地请来了曾经创造过许多建筑奇迹的，全国一流的专家设计团队和施工团队，作为我们的合作伙伴，共同打造我叶氏宗祠这一精品工程。可以肯定，这一受人景仰的建筑群，在不久的将来，就会呈现于各位眼前，到那时，我们再欢聚一堂，热烈庆祝它的胜利诞生！

最后，祝我叶氏宗祠建筑工程，开工大吉，进展顺利，如期竣工！

祝莅临大会的全体贵宾和宗亲，身体健康，工作顺利，家庭幸福，万事胜意！

2）筹建委特别顾问宗林先生讲话

各位领导，各位族长，各位宗亲：大家上午好！

十月大地，金风送爽，硕果飘香。

今天，我庄全体族人，满怀对先祖无比崇敬的心情，汇聚到一起，隆重举行宗祠建设奠基仪式。作为一名叶氏子孙，欣逢宗祠重建，特别是能在宗祠建设奠基仪式上受托发言，感到非常自豪和万分荣幸。在此，我谨对叶氏宗祠奠基表示最热烈的祝贺。

奠基仪式，拉开了宗祠建设的序幕，宗祠建设是我们叶家坝中门庄全体父老乡亲的共同愿望和殷切企盼，顺民心合民意，人人拥戴，众望所归。其建设规模之浩大，历史罕见。它将承载着弘扬叶氏文化、展示宗族荣华，让叶氏子孙们崇祖敬宗、四时祭拜、行孝感恩和缅怀先祖美德的神圣使命。因此需要集众智、用众力来完成这一宏伟工程。宗祠建设的既定标准是：气势磅礴、工艺精湛，五凤楼式大门如同巨龙张开之嘴，饱吸天地之灵气，既有皇家气派又有现代气息，享誉省内外，在地方独占鳌头的精品工程，可以展现叶氏悠久、深远的辉煌历史和灿烂文化，将像一颗光彩夺目的明珠，在大冶这块灵秀的土地上，永远闪耀艺术的光芒。

宗祠建设刚刚起步，还有很多事情需要全体宗亲团结一心去共献智慧，共负责任，共同完成，希望大家一如既往地关心、支持和积极参与宗祠建设，本着无私奉献的精神，倾注满腔热情，心往一处想，劲往一处使，确保宗祠顺利、圆满地早日建成，让宗祠成为我们叶家坝中门庄这个和睦大家庭精诚团结、共襄盛举的历史丰碑，以彰显我辈，昭示后人，为本族增添光彩和荣耀。

最后，祝我庄在列祖列宗灵光照耀下，繁荣昌盛，人财两旺，万代兴隆，永世其昌。

3）大冶市德发置业有限公司董事长序德先生致贺词

尊敬的各位领导，各位房长；尊敬的各位来宾，各位宗亲；

尊敬的各位同仁，各位朋友；女士们，先生们：大家上午好！

在重阳佳节前夕，在国庆正隆的今天，我有幸出席叶氏宗祠奠基仪式，此时此刻，我的心情无比激动。在这里，我谨代表黄石市市政公司，以及全体员工，向叶氏宗祠筹建委员会，以及全体乡亲，表示亲切的问候和热烈的祝贺！

我作为叶家坝人，谨向到会的领导、同仁、朋友表示热烈的欢迎和崇高的敬意！

有道是：强国修明政，兴族敬祖先。此话不无道理，国家要强盛，必须具备清明的政治；宗族要兴旺，必须进行优良传统教育。敬祖先就是进行孝文化传统教育，而敬祖先的一个重要平台就是宗族祠堂，因此建祠堂就是兴族的重要举措。而且兴族与强国，关系密不可分，也就是说，族兴国必强，强国必兴族。可见建祠堂是何等的重要！

我们叶家坝中门庄，如今是：人丁兴旺，财源茂盛，英才辈出，名声远扬，正处在鼎盛时期。是叶氏列祖列宗的优良传统，哺育了我们这些勤劳、勇敢、智慧的子子孙孙。

古诗云："欲穷千里目，更上一层楼。"我们庄要持续今日的强盛，乃至进一步发展，就必须不断进取。新建祠堂，就是努力进取的重要步骤。因此，我们必须全心全力建好祠堂，因为他不仅是我庄玉宇琼楼的标高，更是中门人雄心壮志的精神象征。

大家都知道，我是一个农民出身的创业人，今天能小有成就，离不开叶家坝这方热土的养育，我从来没有忘记祖辈的恩德和乡亲们的恩情。为建好祠堂，我愿意尽绵薄之力。这里，我代表大家表个态：出勤，随叫随到，不遗余力；出钱，尽心尽意，绝不吝啬！

愿列祖列宗在天之灵，得以宽慰，并赐福于诸位！

最后，祝叶氏宗祠奠基仪式，圆满成功；祠堂建设，云帆高挂，一路顺风！祝中门人，老者健康快乐，壮者事业有成，少年学习进步！祝到会的各级领导，各界同仁，各位朋友，各房宗亲，身体健康，精神愉快，工作顺利，家庭幸福，心想事成，万事胜意！

2015年

1月1～5日，天胜书记率一行18人赴河北省曲阳县考察石材、石雕（门楼、汉白玉栏杆等），并参观山东省曲阜市孔府、孔庙等古建筑群和河南省平顶山市叶县"叶公陵园"。考察团成员：天胜、宗林、宗善、祖发、惠清、晨东、序方、宗森、序田、天龙、国凡、宗科、序咏、开圭、亚鹏、天向、宗谋、天发。

1月22日下午，祖发主任在叶家坝村三楼会议室主持专题会议，就新宗祠和文化广场廊亭建设选择施工队伍问题进行认真研究，会上对三家参加投标的古建公司以无记名投票方式得出排名结果，第一名为：湖北楚风园林古建筑有限公司。会后筹建委与该公司项目经理卢朝兴先生签订叶氏宗祠建筑施工承包合同。

3月3日上午，祖发主任在筹建委施工组办公室主持专题会议，就新宗祠外墙装饰、门窗用材、石材构件和陶瓷构件等做出决定，并聘请大冶古建专家卢新建先生为宗祠施工工程师。

3月12日（乙未年正月二十二日），叶氏宗祠主体工程开工，并安装塔吊。

3月15～20日，筹建委特别顾问宗林和宗善先生赴福建、浙江、山东和河北省考察石材、石雕。

3月21日上午，天胜书记在村委会三楼会议室主持专题会议，就宗祠文化建设内涵等问题进行认真研究，会议同意在东风路进村路口建一座雄伟气派、精雕细刻的全石材单排九楼三门形式门楼，门楼正反面印堂分别镌刻"叶家坝"和"万世恩荣"几个大字。照壁

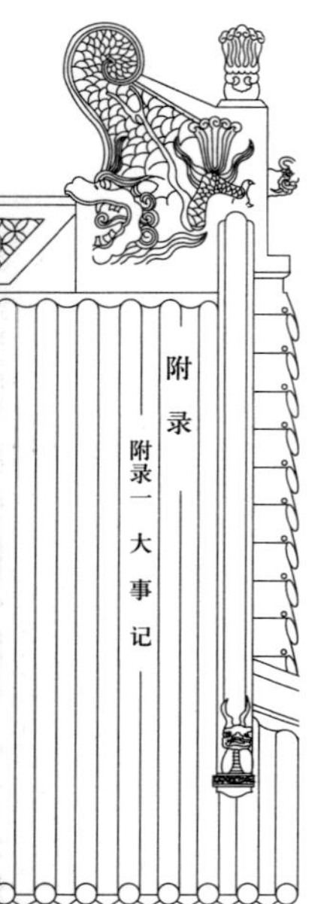

采用以“忠孝”为主题的系列图案，传扬孝道文化。文化广场命名为“万荣广场”。广场北边长形水池和三道拱桥分别命名为“富水河”和“富水桥”。寝堂供奉的祖神偶像参考原像重新制作。神龛用石材制作。

3 月 28 日～4 月 2 日，天胜、宗林、祖发、惠清，宗亨、国凡、天龙一行七人赴福建、山东、河北和北京进一步考察门楼、照壁、汉白玉栏杆等石材、石雕。最终选定山东省嘉祥诚信石业雕塑有限公司为供货单位。

5 月 9 日（乙未年三月二十一日）上午 8 时 18 分，隆重举行“叶家坝”门楼奠基仪式。

6 月 19 日（乙未年五月初四日）上午 6 时 18 分，隆重举行“叶家坝”门楼揭幕仪式。筹建委首席顾问、特别顾问、主任、副主任、常务委员、各职能组组长、各位委员、顾问委员、宗亲和来宾参加门楼揭幕仪式。吉时到，祖发主任发令：“我宣布：叶家坝门楼揭幕！”随后筹建委领导天胜、序德、宗善、祖发、舜华、惠清为门楼揭幕。

7 月 3 日上午，天胜书记在村委会三楼办公室主持专题会议，就文化组呈报的《关于宗祠文化内涵建设规划的报告》进行认真研究，形成一致意见：一是关于宗祠殿宇（三殿两井）的命名，宗祠名称为“叶氏宗祠”，三殿名称分别为“崇源殿”“铭恩厅”和“忠烈堂”，并确定三殿两井各自的文化内涵。二是确定宗祠楹联撰写人选。三是文化广场廊亭命名。

7 月 26 日（乙未年六月十一日）上午 6 时 18 分，叶氏宗祠隆重举行起梁仪式。会场设在叶氏宗祠门前的富水桥和广场交界处，叶氏宗祠前殿一楼檐前悬挂“叶氏宗祠起梁仪式”会标，披红挂彩的大梁放置在富水桥前支架上，大梁中间挂“万代兴隆”贺幅，大梁正面系有红绸布扎的 6 朵大红花。舜华副主任主持仪式。吉时到，祖发主任发令“我宣布：叶氏宗祠隆重起梁！”随即用塔吊机起梁至空中并顺时针绕宗祠 180 度后就位。起梁时，特聘工程师卢新建先生致贺辞，大梁安位时，师傅致贺辞，最后，惠清副主任致答谢辞。参加仪式的有筹建委全体成员、捐资达 1 万元以上者、各房代表及参加工程建设者。中午共有 300 余人在宗祠宴会厅共进午餐。

7 月 30 日（乙未年六月十五日），叶氏宗祠主体工程喜封金顶。燃放礼花爆竹庆贺。

从宗祠开始施工至 7 月 30 日，在长达 10 个月的建设过程中，工程管理，监理人员和各行建筑工人冒着酷暑严寒，坚持日夜奋战，不仅确保工程进度，而且确保工程质量。全庄宗亲看在眼里，记在心中，感激之情不仅溢于言表，而且有 12 次 300 余人主动出钱送物慰劳工人师傅。

8 月 8 日，天龙、国凡、亚鹏赴北京请中国书法家协会理事、首都师范大学书法专业博导叶培贵先生书写“叶氏宗祠”和“椿庭扬芳”匾额。

10 月 12 日，文化广场南边“忠孝壁”石材构件安装开工，11 月 6 日安装完毕。

11 月 14 日，宗祠寝殿神龛石材构件安装开工，12 月 12 日安装完毕。

12 月 1 日，宗祠一楼前殿，红木大门和东西侧门安装完毕。

12 月 25 日，宗祠后殿青石香案、铜香炉和蜡烛台安装就位。

12 月 28 日（乙未年冬月十八日），隆重举行“迎奉太祖神像驾迁新祠仪式”（寝堂供奉的祖神偶像是按祖制重新在湖北省佛圣堂雕塑工艺有限公司制作，一文一武，文乃花香公，武乃万荣公）。5 时 28 分，由 48 名宗亲代表和十余辆专车组成迎接队伍，将太祖神像从佛圣堂运抵叶家坝门楼内侧。6 时，由 16 名八仙将二位太祖神像抬进宗祠寝殿。16 名八仙是：开建、宗鼎、宗荣、光明、宗希、宗林、宗访、宗变、宗志、建华、宗冬、序勤、序长、序文、国兴、国强。10 时，太祖神像在寝殿神龛中间“安脏”（国凡、宗鼎、序均为两位太祖安装“金心银胆”）披红。14 时至 24 时由道士做道场。

12 月 29 日（乙未年冬月十九日），在我庄新宗祠即将落成之际，在我族列祖灵位登上神坛之时，本届筹建委隆重举行祭祀大典，惠清副主任任主祭，筹建委全体成员及莲花芯庄、上叶庄、下叶庄代表共 100 余人在后殿“忠烈堂”祭拜列祖列宗在天之灵。

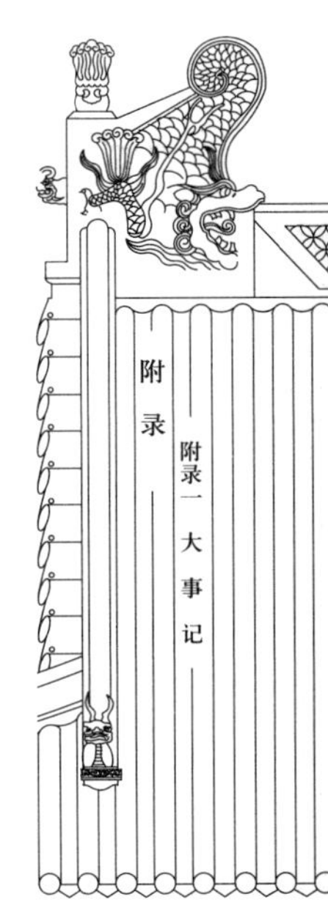

附 1：叶氏宗祠起梁仪式相关情况

1. 与会人员

1）贵宾席

特邀贵宾：特聘总工卢新建先生、承建方代表卢朝兴先生

筹建委首席顾问：天胜先生

特别顾问：宗林先生、序德先生、宗善先生

主　　任：祖发先生

副 主 任：舜华先生、惠清先生

常　　委：晨东先生、天顺先生、宗尉先生、建军先生、宗召先生、宗星先生、序纯先生、序方先生、序俭先生、光华先生

委　　员：宗亨先生

2）其他参加会议人员

筹建委各职能部门负责人、各位委员、顾问和各房代表以及承建方领导、专家和相关工程施工人员。

2. 相关致词

1）卢工贺诗

栋梁升起爽风来，今为祠堂添大材。列祖列宗灵显应，增光焕彩耀高台。
栋梁升起彩霞来，优质如钢气象恢。全仗祖宗长赐福，堂前教子出人才。
栋梁升起瑞云来，正照紫微辉殿阶。宏伟宗祠添锦绣，满门吉庆乐开怀。
栋梁升起曙光来，孝义扬名漫九垓。祖德长昭同日月，宗祠永踞显崔嵬。

2）师傅的贺词

一贺满门多吉庆，人丁兴旺万年长。二贺学子齐奋进，个个都是状元郎。
三贺壮者精神振，人人努力图富强。四贺老者多福寿，好比南山老松旺。
五贺五福都临门，兰桂腾芳把名扬。六贺坝庄新气象，国富民强谱新章。
七贺七星齐高照，仕者如鹏远高翔。八贺八仙送金银，纳财聚宝永安康。
九贺喜事长长有，荣华富贵福满堂。十贺事事都如意，官运亨通步康庄。
百贺慈者施仁爱，慷慨解囊德高尚。千贺坝庄造祠堂，万代兴隆永吉祥。
万贺宗祠立万世，枝繁叶茂荫千方。

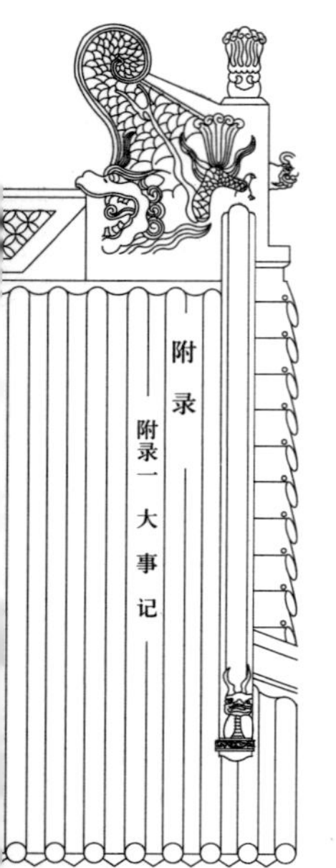

3）族首惠清先生答谢词

各位领导、各位师傅、各位宗亲、各位朋友：

今天我庄宗祠隆重起梁，借此机会我代表宗祠筹建委和全庄宗亲，对参与我庄宗祠建设工程的筹划、设计、施工、管理等各方面人员，所付出的辛劳表示亲切的慰问！对大家所做出的成绩，表示高度的赞扬！对大家的无私奉献，表示衷心的感谢和崇高的敬意！

叶氏宗祠隆重起梁，标志着我庄宗祠建设已进入新的阶段。在这个阶段中，希望大家再接再厉、共同奋斗、加快速度、保质保量地完成我庄这项宏大工程。

祝各位身体健康、合家幸福！

附 2：叶氏宗祠迎奉太祖神像庆典活动实施方案

原文照登

目前我庄新祠堂即将竣工，迎奉文武太祖花香公、万荣公神像庆典活动已确定日程（12月28至29日）。为了使这项重大活动 办得圆满成功，其一，必须加强领导，统一指挥，明确分工，各负其责。其二，做到既隆重、热烈又节俭，从而达到扬我族名、壮我族威、为列祖列宗添光彩、为子孙后代树榜样之目的，特制订本方案。

（一）组织机构

顾　　问：天胜　宗林　序德　宗善

职　　责：负责庆典活动的策划、指导、监督工作

指 挥 长：祖发

职　　责：主持全面工作

副指挥长：舜华

职　　责：负责本活动的礼仪、仪式和执行程序监督工作

副指挥长：惠清

职　　责：负责后勤保障、车辆调配

参　　议：宗尉　序俭　光华　序纯　序方　宗星　晨东
天顺　建军　宗召

职　　责：参与本活动决策与实施

迎接组负责人：国凡

职　　责：负责迎接太祖神像安位全程工作及人员安排

礼仪组负责人：天龙

职　　责：负责太祖神像祝神、开光、跪拜、祭祀礼仪及人员安排

后勤组负责人：宗星

职　　责：负责物品采购、车辆调配、中餐伙食

（二）活动程序安排表

时间安排	工作内容	执事人员	负责人
28 日上午 3:00	1. 全体人员在门楼处集中	①首席、特别顾问、常委及有关人员 32 人	办公室
		②八仙 16 人	宗鼎
	2. 车队在门楼处等候	①鞭炮车 1 部（志乾、建文）②打锣车 1 部（培咏、天富）③小车 10 部	
28 日上午 4:00	1. 车队出发（燃鞭 2 万响） 2. 路线：门楼—下叶—大冶一中—邓垅—佛圣堂		
28 日上午 5:00	1. 迎接太祖神像启程（燃鞭 2 万响） 2. 路线：佛圣堂—坑头—湖滨路—地质队—叶家坝门楼		
28 日上午 5:28	太祖神像抵达叶家坝门楼（燃鞭 2 万响）		
28 日上午 5:00 前	门楼内侧摆设香案	序勤、序均	国凡
28 日上午 6:00—10:00	1. 将太祖神像抬进宗祠寝殿 2. 将旧祖堂神像抬到青云台	16 名八仙	国凡
28 日上午 10:00 前	太祖神像安放金心银胆、五谷杂粮、中药材及筹建委名单	天胜、祖发、舜华、惠清	
28 日上午 10:00	1. 青云台灿旧祖像及祖宗牌	相关人员	
	2. 给佛圣堂师傅封红包	祖发主任	
28 日上午 11:00	叶氏嗣孙焚香跪拜仪式（按顺序进行）	①首席顾问②特别顾问 3 名 ③正副主任 3 名④常委 10 名 ⑤委员 44 名⑥顾委 23 名⑦莲花芯庄代表⑧上门庄代表⑨下门庄代表⑩中门庄宗亲	天龙
28 日中午 12:00	中餐，席设宴会厅	①全体参加活动人员（各房 70 岁以上长老） ②上、下门和莲花芯庄代表	宗星
28 日下午 14:00–24：00	叶氏嗣孙跪拜		天龙
28 日晚上 19:00	燃放礼花、鞭炮	加胜、建文、志乾	天龙
28 日晚上 20:00–24:00	70 岁以上长老陪座太祖		
29 日上午 10:18	叶氏祠孙焚香跪拜仪式（按顺序进行）	第一批：首席、特别顾问、正副主任，常委（17 名）第二批：委员（44 名），顾委（23 名）第三批：组长、宗亲等	天龙
29 日上午、下午	叶氏嗣孙跪拜	10 名道士	天龙
29 日 20:00–24:00	70 岁以上长老陪座太祖		

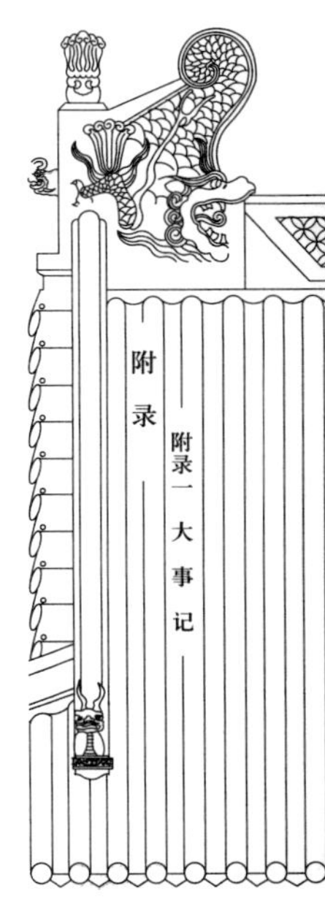

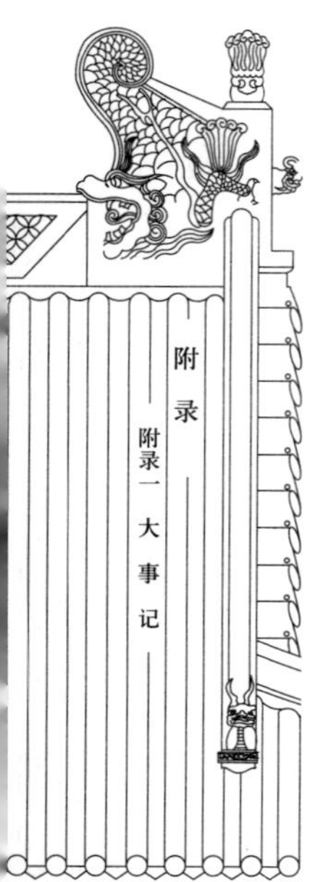

（三）迎奉太祖神像需备办物品

事项	负责
1. 横幅 1 副：“隆重迎奉太祖神像驾迁新祠”	办公室
2. 红绸布 2 道，规格 6 米 ×1 米	宗旦
3. 金心银胆 2 付，每付黄金 6 克，白银若干克	宗旦、序勤
4. 中草药、五谷杂粮 2 付	宗金
5. 筹委会名单 2 张，规格 800 毫米 ×600 毫米，红布印黄字	办公室
6.1 万响鞭炮，电子鞭炮，礼花	加胜
7. 土纸、香、蜡烛	天龙
8. 黄鹤楼香烟	国凡
9. 拖鞋车 2 辆，小汽车 8 ～ 10 辆	宗星
10. 香炉、化钱炉、新祖宗牌 12 月 26 日前运抵宗祠	国凡

（四）其他事项安排

事项	负责
1. 通知其他参加人员	国凡
2. 去佛圣堂迎接太祖名单	办公室
3. 通知莲花芯、上叶庄、下叶庄代表 5:00 到达门楼、中餐	办公室
4. 通知各房 70 岁以上长老参加活动，宴会厅就餐	各房房长
5. 中餐伙食安排（厨师、菜谱、采购）	宗星

（五）有关要求

在本方案实施过程中，有关人员应根据各自的任务和职责，事先要制订实施细则，将一些细节问题考虑周全；在执行细则时，也要创造性地开展工作，将一些具体问题处理完善。同时还应加强各方面相互配合，做到统一步调，协调联动，圆满完成此项活动。

附 3：叶氏宗祠祭祀大典程序

原文照登

主祭：惠清

（祭前，执事者将祭品等物备办就绪，点燃所需香火。吉时到后，主祭者于主案右侧先向神坛祖先，奉香三拜三叩，起身后向堂下候祭者深鞠一躬，然后登台司祭。）

尊敬的宗祠筹建委各位领导，各位委员；

尊敬的本门各庄房长老，各位宗亲：

大家吉祥！

琼楼玉宇显千秋之鼎盛，孝子贤孙承万代之恩荣。

在我庄新修宗祠即将落成之际，在我族列祖灵位驾迁新祠之时，本届宗祠筹建委，在这里隆重举行“叶氏宗祠祭祀大典”。

此次大典分两步进行。

第一步，本届宗祠筹建委全体成员及莲花芯庄、上叶庄、下叶庄代表，在后殿“忠烈堂”举行“祭拜仪式”，祭拜列祖列宗在天之灵。

第二步，本庄祭祀专班，在中殿“铭恩堂”举行“堂祭仪式”，设坛演礼，以颂祖德，以祈福泽。

首先，举行“祭拜仪式”，请执事者，参拜者做好准备。

我宣布：冶脉叶氏坝门各庄房嗣孙代表，本届“叶氏宗祠”筹建委员会全体成员，祭拜祖先仪式现在开始！鸣爆，奏乐——乐止。

请筹建委全体成员及莲花芯庄、上叶庄、下叶庄代表堂下就位，请执事者授香并引入位中序立。

下面有请：

首席顾问　天胜先生

特别顾问　宗林先生　序德先生　宗尉先生　宗善先生

序俭先生　光华先生

主　　任　祖发先生

副 主 任　舜华先生　惠清先生

常　　委　序纯先生　序方先生　晨东先生　天顺先生

宗星先生　建军先生　宗召先生

委　　员（按辈分、年龄排序）

开安先生　开柏先生　宗森先生　宗茂先生　宗亨先生　日华先生

宗均先生　惠职先生　宗成先生　宗谋先生　宗寿先生　宗元先生

宗维先生　军华先生　常春先生　树林先生　宗旺先生　红军先生

宗兵先生　宗权先生　征兵先生　辉煌先生　序田先生　序兰先生

序朗先生　加胜先生　惠均先生　国栋先生　序屋先生　序强先生

序柏先生　序炳先生　指雄先生　文杰先生　序彬先生　巍巍先生

园园先生　文龙先生　天发先生　天向先生　天财先生　红兵先生

天勇先生　志国先生　天茂先生　天长先生　鑫杰先生　天佑先生

天乐先生

顾问委员（按辈分、年龄排序）

开灯先生　开圭先生　开琥先生　清波先生　宗金先生　宗国先生

宗刚先生　宗柱先生　宗源先生　宗旦先生　宗慧先生　宗科先生

国凡先生　宗鼎先生　宗立先生　宗利先生　宗春先生　宗植先生

序顺先生　序勤先生　序均先生　序咏先生　序礼先生　序照先生

天龙先生

莲花芯庄代表：宗财先生　序年先生　序泉先生　序安先生

上叶庄代表：宗坤先生　宗辉先生

下叶庄代表：宗焕先生　宗兴先生　宗潘先生　宗裕先生

序富先生　和平先生　宗卫先生

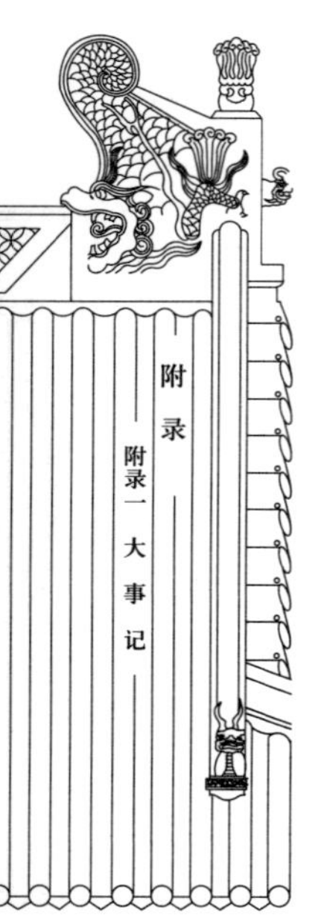

祭拜者奉香。

拜，再拜，三拜。

祭拜者上香（按逆时针绕场一周），起小乐。

祭拜者复位，小乐止，行跪拜礼。

跪，一叩首，再叩首，三叩首。兴。

再跪，四叩首，五叩首，六叩首。兴。

三跪，七叩首，八叩首，九叩首。兴。

礼毕，请各位中堂观礼。鸣爆，退场。

下面进行第二步祭典——“堂祭仪式”，礼生中堂演礼，请各部执事者就位。

附 4：叶氏宗祠筹建委员会二O一四年度工作总结（原文照登）

群策群力建祠堂　一心一意圆族梦

叶序田

2014 年冬季，当人们从东风路口进入叶家坝村时，映入眼帘的是一派生机勃勃、繁忙兴旺景象：叶家坝的道路变得宽阔有序了，堰塘上托起了钢筋水泥广场，下首垴土地上竖起了高大的建筑物，这就是吾庄叶氏宗祠的宏伟基础工程！

回顾我庄祠堂建设史令人振奋，首建乾隆年代，二建民国抗战时期，一九九七年祠堂又一次更新。十七年，斗转星移，环视一下他姓他庄祠堂，再看吾庄祠堂，方知风光不再，不由得自惭形秽。这一事实与叶家坝的名声、与叶家坝的实力、与叶家坝人的性格极不相称，深感有愧于祖先，有愧于子孙。因此，重建祠堂之事提到了叶家坝村党政领导班子和叶家坝中门庄族首房长的议事日程，确立了繁荣万代的“宗族梦”！

在历时十个月的筹建过程中，在村党政领导的亲切关怀下，在筹建委一班人的亲自带领下，在全庄宗亲的共同努力下，新祠堂建设工作取得了丰硕成果，胜利完成了阶段性任务。这些工作概括起来讲，体现在以下几个方面：

一、深入发动族众　夯实建好祠堂的基础

2014 年 4 月 9 日，中共叶家坝村总支书记、村委会主任叶天胜先生，在麒麟山庄召开的叶家坝村民委员会领导和叶家坝宗族代表联席会议上，提出了重新修建叶家坝中门庄祠堂的建议，当即就得到了与会人员的积极支持。随后成立了叶氏宗祠筹建委员会，大家推举大冶市德发置业有限公司总经理叶祖发先生担任筹建委主任，叶舜华、叶惠清先生任副主任。村总支书记、村委会主任叶天胜先生任筹建委首席顾问，城建集团董事长叶宗林、德发置业有限公司董事长叶序德和原市教委副主任叶宗善等 6 位先生任特别顾问，确定常务委员 10 名，委员 49 名，顾问委员 25 名。

2014 年 4 月 10 日叶氏宗祠筹建委主任叶祖发先生分别主持召开了常委会和筹建委全会，就重建祠堂的重大问题进行了认真研究和热烈讨论，并作出了相应决议。会后筹建委向族众公布了叶建字 01 号《叶氏宗祠筹建委员会名单》和叶建字 02 号《关于重建新祠堂的公告》。4 月 15 日又公布了叶建字 03 号《关于筹建委工作人员职责安排的公告》。此后族众动员工作，向纵深展开，高潮迭起，捷报频传。7 月 18 日，筹建委在村委会四楼大会议室成功举行了声势浩大的动员大会——“宗亲恳谈会”。消息传来，我庄族众奔走相告，群情激荡，大家无不欢欣鼓舞，纷纷表示要为建祠堂作贡献。由此可见，重建祠堂是一项顺民情，合民意，一呼百应，众望所归的民心工程；同时也是一项创文明，树新风，继承优良传统，美化村庄环境的形象工程！

二、认真谋划方案　掌握建好祠堂的关键

建什么样的祠堂，成了大家必须慎重对待的重大问题，这个问题也成了摆在村委会和筹建委领导面前的头等大事。虽然我村建筑老板颇多，但从事仿古建筑人才甚少、经验不足。因此，筹建委组织了一行 35 人的考察队伍，于 2014 年 4 月 15 日至 16 日远赴江西、安徽参观了江泽民、胡锦涛二位前国家主席祖居地祠堂。又于 6 月 7 日至 12 日由村委会和筹建委主要领导及常委 14 人组成的考察团，赴西安和北京对具有京都皇家气派的古建筑进行考察。就近还到罗桥、殷祖、大箕铺、金湖等地参观了陈、柯、曹、徐、刘等 6 座祠堂。

在此基础上，筹建委召开了几次不同范围的研讨会，大家一致认为，我庄祠堂应建成一座大气磅礴，具有华夏古典韵味；配套完整，具有现代先进气息；工艺精湛，具有较高观赏价值；布置精美，具有深厚文化内涵，在黄石地区绝无仅有，在湖北境内为数不多的祠堂。大家认为：只有这样的祠堂才对得起列祖列宗和子孙后代！

在祠堂（包括文化广场）规划设计方面，特别顾问叶宗林和叶序德两位先生，经常召集有关人员、听取多方意见，为了高质量、高标准、高规格地做好祠堂建设方案，他们自费上北京，跑婺源，下香港，甚至远赴美国。不知倾注了多少精力和宝贵的时间，不惜付出十几万元甚至几十万元资金，请人做规划设计，希望把祠堂的设计方案做得完美无憾。市规划院副院长、筹建委总工叶序礼先生，在工程设计方面所作的贡献，也是有目共睹的。

经过大家共同努力，于 2014 年 7 月 19 日在筹建委常委扩大会上，通过了中南建筑设计院的叶家坝新祠堂（含文化广场）总平面图和黄石市建筑勘察设计公司的道路、排水、管网设计方案；9 月 23 日新祠堂建筑设计方案评审会在城建集团公司举行，与会者一致同意中南建筑设计院的建筑设计方案，并与其签订了下一步施工图设计合同。到此，叶家坝人心目中理想的殿堂蓝图诞生！

祠堂文化建设是祠堂系统建设的重要组成部分。为了使文化建设筹备工作同新祠堂房屋构建工作同步进行，因此，文化组组长叶天龙先生带领文化组成员于 8 月 13 日至 16 日赴安徽太湖县“五千年文博园”参观学习，汲取营养。2015 年新年伊始，由文化组牵头，村委会和筹建委主要领导以及文化组成员等前往中国雕刻之乡的河北省曲阳县较大的几家石雕企业考察，并与曲阳县安达石材雕塑有限公司达成意向协议，请对方为我方门楼、照壁、金水桥栏杆及人物塑像进行整体方案设计和制作，此行收获颇丰，达到了预期目的。

三、大力筹措资金　抓住建好祠堂的根本

要建一流的祠堂，需要大量资金，国家不拨款，村级集体经济和族众集资有限。怎么办？在筹建委召开的专题会议上，特别顾问叶序德、叶宗林和主任叶祖发先生带头认捐 300 万元、260 万元和 120 万元；常务委员叶宗尉先生认捐 200 万元，常务委员叶序俭先生认捐 180 万元，

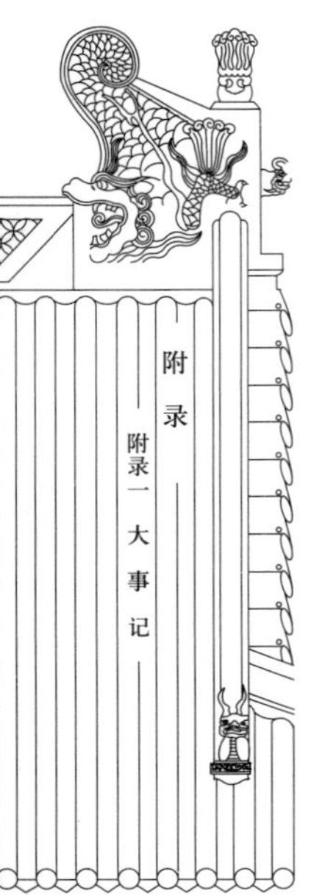

叶光华先生认捐 100 万元。到会的其他常委积极响应，认捐金额从 10 万元起至 50 万元不等；村委会主任叶天胜先生代表村委会表态：积极向上级主管部门申请投入资金 300 万元。会后筹建委主任、筹资组组长叶祖发先生，带领筹资组成员和各房代表入户走访企业家和成功人士数十人。在捐资活动中涌现出许多动人事迹，如四房宗亲叶宗琦先生，他是一位年逾七旬的老实农民，平时他十分珍惜土地，栽栽种种，见缝插针，这次得知宗族建祠堂需要拆除下首垴建筑物后，二话不说，第一个自己拆掉了位于规划区域内的两处计 80 平方米的棚子，而且将 2 万多元补偿款捐了出来，当别人问他为什么这样做时，他只平淡地说："为太公，我情愿。"

在 2014 年 7 月 18 日举行的"宗亲恳谈会"上，100 多名宗亲纷纷举牌认捐，经统计当场认捐金额达 1880 余万元。截至 2015 年元月 31 日，捐资款已到账 10,767,905 元，男丁集资款已到账 984,000 元。

四、实施迁墓建园创造建好祠堂的条件

为解决下首垴祖坟乱葬状况和祠堂用地问题，在筹建委统一部署下，广大宗亲同心协力，于 2014 年 5 月 23 日至 26 日仅用 4 天时间将下首垴 130 位先祖遗骸迁到大金星祖山安葬。

在这项行动之前，为了扫清障碍，筹建委拆迁组抓住有利时机，在组长叶晨东带领下，走家串户，动员在规划区域内的建筑物户主实施拆迁，他们面对"钉子户"无所畏惧，敢于硬碰，最后顺利完成拆迁任务。

重开桑梓地，祖归大金星。从清理下首垴坟冢开始，到叶氏先祖陵园竣工，一路走来，我们得益于一位受人尊敬的老先生，他就是特别顾问叶宗善先生，为了建好叶氏先祖陵园，他亲自丈量山地、制订规划方案、设计陵园门楼和铭恩塔。撰写上百篇碑石铭文，不分昼夜，呕心沥血，倾注了大量精力。当大金星"铭恩塔"建成之际，他给先祖行礼时长跪不起，老泪纵横，他说："在我有生之年，能看到列祖列宗的遗骸和英灵有所归宿，我感到很欣慰。"在旁的宗亲深受感动。村委会副主任、筹建委常委叶序纯先生是陵园建设总负责人，虽然他村务工作缠身，但时常到大金星检查工作，对工程质量要求非常严格，发现不合格的地方就要求及时返工，为了寻找适用于陵园的地板石材，他多方打听到信息，并自费驱车到江西省星子县考察，并采购到经济实用的青石板材。

在迁建祖墓的过程中，有关筹建委成员不仅积极支持此项举措，而且亲身投入施工，如叶宗森、叶序田、叶宗旦、叶宗典、叶序勤、叶宗柱、叶序均、叶国凡、叶征兵、叶天向等先生，都付出了极大努力，作出了重要贡献！

如今的大金星叶氏先祖陵园已成为我庄、我族名副其实的闻名于乡里的先祖陵园。

五、精心组织施工　展现建好祠堂的决心

2014 年 10 月 1 日（甲午年九月初八日），在举世同庆国诞之日，我们在——金湖之滨，冶城之心，吾庄之前，隆重举行了叶氏宗祠奠基仪式。奠基仪式的如期举行，标志着我庄新祠堂前期筹备工作顺利完成，建设工作全面启动。

实际上在此前，许多基础工程已有序铺开。8 月 6 日，筹建委主任叶祖发先生主持召开了文化广场和道路排水工程等工作会议，并成立工程指挥部，由筹建委副主任、施工组长叶惠清先生任总指挥，施工组成员分工明确，责任到人。决定在文化广场设计图没有完全出来之前，参照仅有的桩基图，抓住夏季便于堰塘工程施工的有利时机，选定能力强、信誉好的施工队伍，采取包工不包料形式开展施工，于是请来有实力的黄石市市政工程公司参与建设，该公司几台大型机械设备长期在工地上日夜奋战，为该工程顺利完成做出了极大贡献。

为了达到高标准、高质量、打造百年经典工程，筹建委主任叶祖发和指挥长叶惠清，施工组常务组长叶宗亨先生，无论是烈日炎炎的夏天，还是寒风刺骨的冬季，长期坚守工地指挥施工和处理各项事务，他们废寝忘食，日夜操劳，精打细算，想方设法节约每一分钱，利用好每一寸地。在原设计图的基础上，将新祠堂第一幢底下设计成宴会大厅（包括厨房、卫生间），为叶家坝村民操办红白喜事做了一件大好事！

施工组全体成员不畏辛苦，不计较名利，晴天一身汗，雨天一身泥，不分昼夜地忘我工作，他们既是施工员，又是设计员；既是监督员，又是勤杂员，身兼多职，各尽所能。他们是顾问委员叶宗国、叶序咏、叶宗旦、叶宗柱、叶开琥、叶宗谋、叶日华先生等。他们的辛勤劳动为新祠堂和文化广场基础工程以及广场周边路面、照壁主体、“青云台”、祖山围墙、户外厕所等系列工程的顺利完成作出了不可磨灭的贡献。据估算，施工过程中他们为筹建委节约 300 多万元的建设资金（按包工包料计算）。例如：广场上的长廊和照壁按照工程预算需要资金 90 万元，现与施工单位签订的合同实包 34 万元，仅此一项可节省 50 余万元。

村党总支副书记、筹建委副主任叶舜华先生，虽然村务工作繁忙，但他在主持进村路段道路改造、水电整改、管网铺设工作中作出了巨大成绩，他与多方协调，克服重重困难和阻力，多次与市电力部门具体磋商，并亲临现场指挥施工，甚至邀请黄石市电力勘察设计院工程师来现场指导工作，目前，进村路段及文化广场周边视野开阔，现代化气息浓厚，此举得到了叶家坝村民的一致好评！

筹建委主要部门工作成绩的取得，离不开各个方面的积极配合，辅助部门所做的工作也是值得充分肯定的。如安全保卫工作在上一年中也是相当出色的，这么大一个工程，这么长一段时间，安保方面未出现任何恶性事件，这应该归功于村委会副主任、筹建委常委叶序方和村巡逻队队长叶红军先生所带领的治安组成员，他们不分日夜，坚守岗位，积极疏导，消除隐患，成绩可圈可点。

筹建委的联络工作也做得很好，在上传下达、互通信息方面做出了很多成绩。办公室在常委叶宗星先生的带领下所做的工作大家都是知道的，这里就不再说了。

总之，二○一四年祠堂建设工作所取得的许多成绩，是令人瞩目的，由于篇幅有限，以上叙述可谓“挂一漏万”。但用一分为二的观点看待事物，不可避免地也存在一定的问题。问题主要有两个方面：

一是资金缺口较大。原计划投资 2000 余万元，但建设过程中根据需要增加了不少项目，如门楼、仿古街、照壁、地下调蓄池和餐厅，还有户外厕所、“青云台”、祖山围墙等，预计资金缺口达 2000 余万元。

二是各部门工作进展不平衡，有些部门工作相应滞后。

因此建议在今后的工作中要重点解决好这两个问题，开源节流，弥补资金缺口；取长补短，促进工作全面发展。我们坚信，有叶家坝村党总支、村委会的大力支持，有筹建委

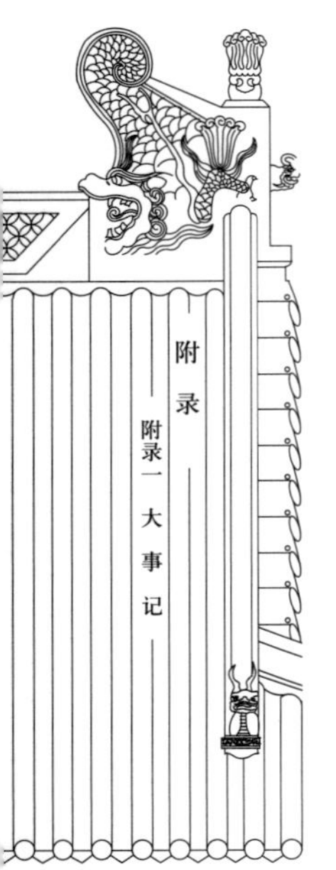

一班人的坚强领导，有全庄宗亲的共同奋斗，我们一定能战胜所有的困难，最后取得祠堂建设的全部胜利，圆就我族千秋好梦！

二〇一五年二月八日

2016年

1月3日（乙未年冬月二十四日），本庄祭祀专班，在中殿“铭恩厅”举行“堂祭仪式”，设坛演礼，以颂祖德，以祈福泽。

1月8日（乙未年冬月二十九日），新宗祠前殿正立面二层檐下正中安装“叶氏宗祠”匾额，前殿屏风上方安装“椿庭扬芳”匾额。

1月9日，宗祠前殿屏风墙上黄铜《叶氏宗祠记》安装完毕（铜碑由佛圣堂雕塑工艺有限公司铸造）。

1月13日，宗祠中殿“铭恩厅”“根深叶茂”铜鼎一尊和后天井的“聚宝阁”（化钱炉）及一对青石“风水缸”安装就位。

1月14日中午，宗祠落成庆典筹建委在宗祠宴会厅宴请本庄1万元以上捐资者和莲花芯庄、上叶庄、下叶庄献礼1万元以上者以及靠背刘湾、余家湾代表共600余人。

1月15～21日（乙未年腊月初六至十二日），隆重举行叶家坝文化礼堂暨叶氏宗祠落成庆典活动。15日上午9时，庆典仪式开始，主席台就座的有：天胜、宗林、序德、宗尉、宗善、序俭、光华、祖发、舜华、惠清、序纯、序方、晨东、天顺、宗星、建军、宗召、雅雅、润明、宗森、序田、宗亨、国凡、天龙、序咏、日华、宗茂、红军、叶志、新平、水清、险峰、宗光、序平、德胜、福平、序真、序海、序华、宗财、宗坤、宗裕。筹建委副主任惠清任主持，祖发主任致开幕词，天胜书记代表叶家坝村党总支、村委会致贺词，致贺词的还有：大冶城建集团董事长宗林、大冶市德发置业有限公司董事长序德、姑娘代表雅雅和润明、鄂东南叶氏宗亲联谊会会长叶志、金山庄叶贵湾代表险峰、仲和庄代表德胜、牯羊庄代表福平。

1月15日中午，在宴会厅和中厅宴请回乡献礼姑娘及其亲属和北门庄、金桥庄等各庄参加典礼的宗亲代表共1200余人。

1月15日下午6时整，举行社戏开锣仪式，首先，惠清副主任致迎宾词，接着湖北省黄梅戏剧院领导讲话，然后舜华副主任发令：“我宣布叶家坝文化礼堂暨叶氏宗祠落成庆典社戏演出正式开锣！”此次演出黄梅戏13场，7天演出费32万元（不含搭戏台等其他费用）。1月21日晚演出结束赠剧团“德艺双馨”大匾一块，以示感谢。

1月16日晚，在宴会厅宴请仲和庄、牯羊庄、十里铺庄、金山庄等宗亲代表800余人。

庆典期间，前来祝贺的同门友庄：叶氏石林堂宗亲联谊会赠送猪羊祭品一抬；金山庄礼金3万元、匾联各1幅、猪羊祭品1抬；华山庄礼金2万元；黄颡庄礼金1万元；柏树嘴庄礼金5000元；下圻庄礼金5000元；叶家桥庄礼金3000元；仲和庄礼金2万元、对联1副；牯羊庄礼金4万元；茅山庄礼金1000元；北门庄礼金2000元；十里铺庄礼金3000元、猪羊祭品1抬；金桥庄礼金5000元；莲花芯庄礼金4万元、匾联各1幅；上叶庄礼金

22000 元（15 名宗亲礼金）、匾额 1 幅；下叶庄礼金 36000 元（39 名宗亲礼金）、匾额 1 幅；七里界庄礼金 2 万元（20 名宗亲礼金）。异姓友庄：永胜村张麒湾礼金 4 万元；同村余家湾礼金 2 万元；靠背刘湾礼金 2 万元。龙王庙礼金 2 万元。

1 月 17 日（乙未年腊月初八日），在宗祠接待室，宴请大冶市原正县级调研员石代田和大冶市政协原副主席张志翔率领的大冶市老年诗联书画研究会一行 20 余名参观采风人员。

2 月 29 日至 3 月 2 日，宗林、宗善、舜华、宗森、宗植、序田一行 6 人，赴广东省广州市参观“陈氏书院”和“何氏大宗祠”“资政大夫祠”祠堂文化建设及“中山纪念堂”、沙湾古镇等文化古迹。

3 月 31 日，在叶家坝村委会四楼大会议室隆重举行“叶家坝宗亲理事会成立大会”。惠清先生主持会议，大会通过《叶家坝宗亲理事会章程》，还通过《叶家坝宗亲理事会成员名单》。新当选叶家坝本届宗亲理事会理事长祖发作就职演说。在大会上致贺辞的有：中共叶家坝村总支书记、主任天胜，大冶城建集团董事长宗林，大冶市德发置业有限公司董事长序德，大冶市金叶置业有限公司董事长宗尉，大冶腾飞建材装饰有限公司董事长天彪，大冶市展鑫矿业有限公司董事长智明。

4 月 5 日，为规范宗祠管理，根据族规祖制，经宗亲理事会研究，向族众发布关于在宗祠举办丧事有关规定的叶理通字（2016）02 号通告。

4 月 8 日，宗亲理事会组织清明集体祭祖活动，参加者为：宗亲理事会全体成员和 70 岁以上长老及建祠捐资 1 万元以上者，莲花芯庄、上叶庄、下叶庄为宗祠献礼 1 万元以上者共 288 人。

4 月 14 ~ 17 日，宗林、宗善、舜华、宗森、宗植、序田一行 6 人，赴浙江省东阳市花园红木市场和生产企业考察红木及木雕，参观东阳市卢宅古建筑群。

4 月 17 日，叶氏内、外庄（沈诸梁公后）在宗祠一楼接待室召开关于成立“鄂东南叶氏总会”第一次筹备会。

4 月 22 日，大冶李氏宗亲代表团 40 人来我庄参观宗祠并举行宗亲座谈会。会上黄石市人大原副主任、黄石市十大文化名人李声高先生作为宗亲代表发言。

5 月 9 ~ 11 日，宗林、宗善、舜华一行 3 人，赴河南省洛阳中铝铜加工有限公司，10 日与该公司签订合同，定制冷轧紫铜板（含量 99.99%）16 块，铜条 16 根，用于雕刻“修祠功德碑”等（总重量 5.66 吨，面积 46.69 平方米），合同价 26.98 万元。

5 月 21 ~ 22 日，为丰富我庄老年文化生活，宗亲理事会组织七十岁以上长老共 36 人，赴江西省婺源县江湾村和安徽省绩溪县龙溪镇旅游，并参观“萧江宗祠”和“胡氏宗祠”。

5 月 28 日，黄石市政协原副主席尹迪生、曹国志，应黄石市西塞山区原副区长叶序礼邀请，来我庄参观宗祠，并为宗祠题词。

7 月 2 日，经大冶市人民政府批准，由叶家坝社区出土地，大冶市教育局和社区共同筹集资金，将原校舍拆除按新规划扩建。定于 2017 年 9 月 1 日前全面竣工，新校舍总用地面积 4548.41 平方米，总建筑面积 5363.82 平方米。

7 月 7 日上午，应大冶城建集团董事长宗林邀请，中国建筑工业出版社艺术设计图书

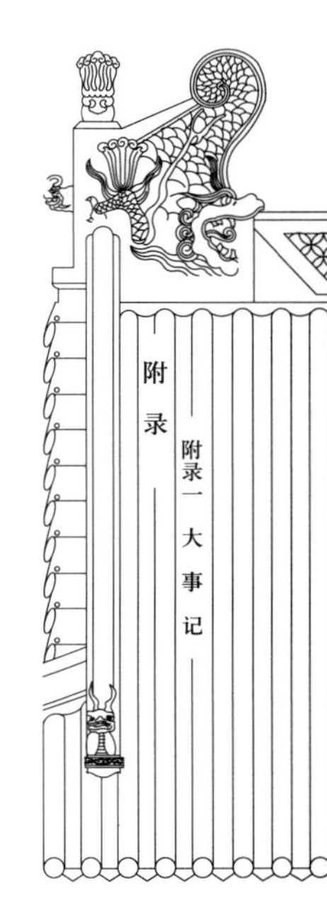

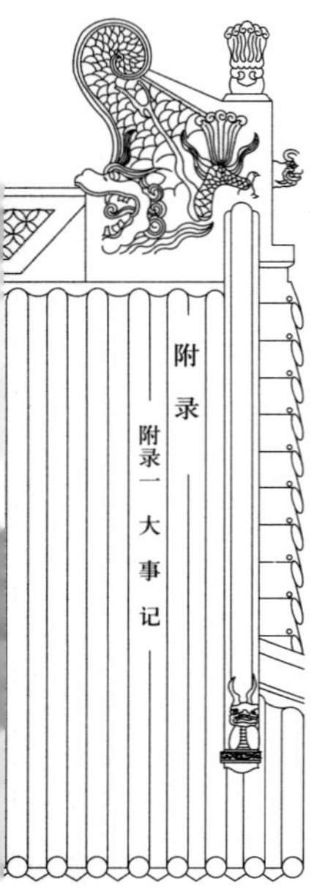

中心主任唐旭女士和首席策划李东禧先生来我庄洽谈出版《大冶叶氏宗祠志》有关事宜，并签订有关协议。

7 月 26 ～ 29 日，宗林、舜华、宗善、序田一行 4 人，赴广东省英德市、广州市、佛山市考察铜雕，并与佛山市南海区捷盾金属制品有限公司下属的宏达模具加工中心签订铜板雕刻合同。

7 月 29 日，江西省弋阳县宗亲华彪先生和云彬先生，永修县吴城修彭先生和星子县桂林先生一行 4 人，来我庄参观宗祠。

9 月 13 日，常务副理事长惠清主持召开宗亲理事会第一次理事会议。会议主要内容：一、根据理事会名誉理事长光华和序德提议，并报村党总支、村委会同意，决定成立“叶家坝慈善基金会”。会上通过《叶家坝慈善基金会章程》，并宣布首批向“基金会”捐资名单；二、成立“叶家坝中门庄主干道‘刷黑’工程指挥部”，并宣布《关于启动庄内主干道“刷黑”工程的通告》和《指挥部名单》，祖发任总指挥长，惠清任副总指挥长，宗森任叶家坝大道指挥长，宗星任东路指挥长，建军任西路指挥长。

9 月 14 日，慈善基金会向全庄宗亲公布《叶家坝慈善基金会给全庄宗亲的一封公开信》。

9 月 16 日，宗亲理事会与徐焕南先生签订叶家坝大道、东路和西路沥青道路（刷黑）施工合同，工程造价 198 万元。

9 月 18 日，叶家坝大道、东路和西路“刷黑”前期工程动工（2017 年 7 月 18 日工程竣工）。

9 月 20 日，叶家坝村村民委员会更名为“叶家坝社区居民委员会”，社区领导班子成员均为前村党总支和村委会领导班子成员。

当天上午，中共大冶市委书记李修武来我庄参加叶家坝社区居委会挂牌仪式并作重要讲话。大冶市经济技术开发区和东风路街道办事处主要领导也参加仪式并祝贺。叶家坝社区党总支部书记、主任天胜作就职讲话。

10 月 16 日，叶宗林同叶舜华去北京邀请建设部副部长、纪委书记姚兵为宗祠题词。

10 月 21 日，应大冶城建集团董事长宗林邀请，住建部原总工程师姚兵先生来我庄视察，并为叶氏宗祠撰书诗联。

11 月 4 日，叶家坝西边塘芝麻灰石栏杆修建工程启动，宗亲理事会与石氏石雕签订合同，计划一个月内完成。

11 月 6 日，叶家坝东边塘芝麻灰石栏杆修建工程启动，宗亲理事会与石氏石雕签订合同。

11 月 6 日（丙申年十月初七日），在我庄庆贺新宗祠落成一周年和纪念太祖万荣公诞辰 676 周年之际，本届宗亲理事会，在宗祠隆重举行祭祀大典，常务副理事长惠清任主祭，理事会全体成员，祭拜列祖列宗在天之灵。

随后，本庄祭祀专班，在中殿“铭恩厅”举行“堂祭仪式”，各司各职按新编礼仪程序演绎，场面庄重，至真至诚。

11 月 9 日（丙申年十月初十日），宗亲理事会在文化广场隆重举行“叶家坝文化礼堂（大冶叶氏宗祠）落成一周年和隆重纪念冶系叶氏太祖万荣公诞辰 676 周年”庆祝仪式。上午 9 时，庆典仪式开始，主席台就座的有：天胜、祖发、宗林、序德、宗尉、宗善、序俭、光华、常春、舜华、惠清、序纯、序方、序彬、国凡、宗森、晨东、建军、惠均、天彪、文斌、智明、宗星、序田、宗亨、红军、殷素华、赵霞。常务副理事长惠清主持大会，理事长祖发致开幕词，中共大冶市叶家坝社区总支部书记、居委会主任天胜致贺辞，致贺辞的还有：宗亲理事会名誉理事长宗林、序德、宗尉。会上十星文明户代表殷素华女士，好媳妇代表赵霞女士发表讲话。社区党总支委员、居委会委员序彬宣读《创建文明社区倡议书》。庆典期间，邀请湖北楚剧艺术团前来演出，从十一月九日起共演七天，计十四场，演出费196000元。观众达数万人。

11月15日晚，庆典仪式结束，宗亲理事会副理事长晨东先生致闭幕词。

11月19日，宗亲理事会副理事长国凡、秘书长宗星等，接待来我庄参观宗祠的江西省永修县吴城镇叶氏宗亲考察团修保先生等一行6人。

11月26日，理事长祖发、常务副理事长惠清等接待来我庄考察宗祠的世界叶氏联谊总会常务副会长宜胜一行6人，他们中有：湖北分会副会长启政、安徽太湖分会家来和发明先生等。

11月26日，宗祠前殿东西壁《叶家坝简介》、《修祠功德碑》和一井东西壁《叶氏宗祠筹建委员会名单》、《修祠功德碑》共4块铜碑开始钢构安装。12月26日安装完工。

11月27日，宗亲理事会征收尊婆山范围内3户居民土地，首批迁移坟墓17座，此次开辟公共活动场所千余平方米。

12月21日，应大冶城建集团董事长叶宗林邀请，湖北省文学艺术界联合会、省诗词和楹联学会、大冶市诗词楹联学会的领导和专家一行25人来我庄宗祠采风，随后撰写诗联。

12月22日，祖发理事长在宗亲理事会办公室主持理事长办公会，讨论莲花芯庄宗亲青松遭遇交通事故需救助一事，经研究决定慈善基金会给予1万元救助金，以解决其燃眉之急。

12月23～25日，宗亲理事会20余人赴江西省武宁县参加叶氏宗亲联谊会。

12月28日，应大冶城建集团董事长叶宗林邀请，湖北省人大原副主任罗辉、大冶市委原书记马清明、大冶市人大原副主任吴凤鸣来我庄宗祠视察，并撰联、题字。

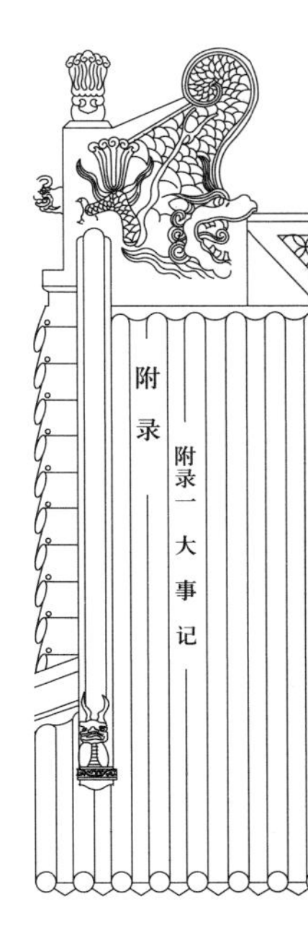

附1：落成庆典相关情况

1. 主席台就座人员

石林堂叶氏家族理事会会长	叶志先生
石林堂叶氏家族理事会常务副会长	新平先生
石林堂叶氏家族理事会副会长	水清先生
还地桥镇燎原村党支部副书记、叶贵庄代表	险峰先生
茅山庄代表	宗光先生
金湖街办港背村党支部书记	序平先生
仲和庄代表	德胜先生
牯羊庄代表	福平先生
北门庄代表	序真先生
十里铺庄代表	序海先生

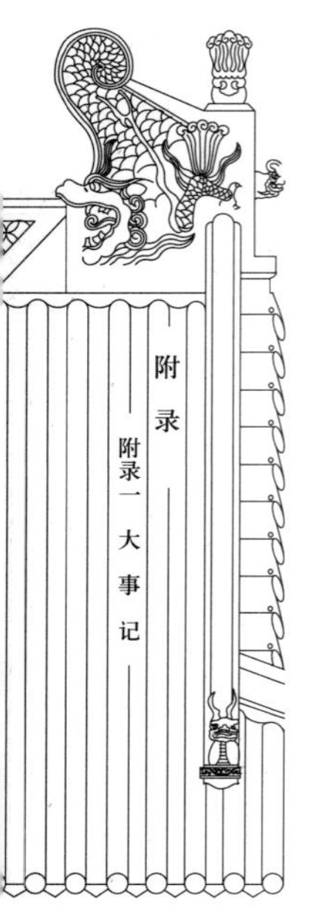

金桥庄代表	序华先生
莲花心庄代表	宗财先生
上叶庄代表	宗坤先生
下叶庄代表	宗裕先生
叶家坝村党总支书记、村委会主任、叶氏宗祠筹建委首席顾问	天胜先生
大冶城建集团董事长、筹建委特别顾问	宗林先生
大冶德发置业有限公司董事长、筹建委特别顾问	序德先生
大冶金叶置业有限公司董事长、筹建委特别顾问	宗尉先生
原大冶市教育委员会副主任、筹建委特别顾问	宗善先生
大冶风华实业有限责任公司董事长、筹建委特别顾问	序俭先生
湖北实美科技有限公司董事长、总经理、筹建委特别顾问	光华先生
大冶德发置业有限公司总经理、筹建委主任	祖发先生
叶家坝村党总支副书记、筹建委副主任	舜华先生
大冶市食品工业公司党支部书记、经理，筹建委副主任	惠清先生
叶家坝村委会副主任、筹建委常委	序纯先生
叶家坝村委会副主任、筹建委常委	序方先生
湖北文承文化传媒有限公司董事长、筹建委常委	晨东先生
大冶市旺盛选矿设备有限公司董事长、筹建委常委	天顺先生
大冶市麒麟山庄娱乐有限公司董事长、总经理、筹建委常委	宗星先生
湖北实诚工贸有限公司董事长、筹建委常委	建军先生
大冶朝阳实业有限公司董事长、筹建委常委	宗召先生
黄石市建设委员会办公室主任、叶家坝姑娘代表	叶雅女士
黄石市中心医院医师、叶家坝姑娘代表	润明女士
筹建委办公室主任	宗森先生
筹建委办公室副主任	序田先生
大冶市天桥预制构件公司董事长、筹建委工程组长	宗亨先生
原大冶化肥厂劳动服务公司经理、筹建委顾问联络组长	国凡先生
大冶市市场管理局原局长、筹建委文化组长	天龙先生
筹建委联络组长	序咏先生
大冶市华棋老年公寓董事长、筹建委筹资组组长	日华先生
筹建委拆迁组长	宗茂先生
叶家坝村治安巡逻队队长、筹建委安保组长	红军先生

2. 庆典程序

第一项：大会开始。鸣炮，奏乐！威风锣鼓！

第二项：欢迎叶氏宗祠筹建委主任叶祖发先生致开幕词。

第三项：请叶家坝村党总支书记、村委会主任叶天胜先生致辞，大家欢迎！

第四项：宗亲致贺词。

首先请城建集团董事长叶宗林先生致贺词，大家欢迎；

欢迎德发置业有限公司董事长叶序德先生致贺词；

欢迎金叶置业有限公司董事长叶宗尉先生致贺词；

热烈欢迎黄石市建设委员会办公室主任叶雅女士致贺词；

热烈欢迎黄石市中心医院医师、叶家坝姑娘代表叶润明女士致贺词；

热烈欢迎石林堂叶氏家族理事会会长叶志先生致贺词；

欢迎还地桥镇燎原村党支部副书记、叶贵庄代表叶险峰先生致贺词；

请仲和庄代表叶德胜先生致贺词；

请牯羊庄代表叶福平先生致贺词。

3. 庆典致词

1）宗祠筹建委主任叶祖发的开幕词

尊敬的各级领导，各界朋友；

尊敬的各府贵宾，各庄宗亲；

女士们，先生们：

大家好！

街市中，镜湖旁；冶城一坝起苍黄。

祖殿落成行大礼，迎亲会友谢四方！

在河清海晏的盛世之城，在举世共瞩的期盼之中，我庄新祖堂——叶氏宗祠终于落成了！今天，我们在这里举行盛大仪式，热烈庆祝她的荣耀诞生！

借此机会，我谨代表叶氏宗祠筹建委员会和叶家坝中门庄全体族众，向支持和指导我庄此项工程的各级各部门的党政领导；向帮助和参与此项工程设计、施工单位的专家和工作人员；向主持和操办此项工程的本庄筹委会各机构的族首执事；向集资和捐资建设此项工程的本庄全体宗亲；向承办和参加此项工程落成庆典的文化传媒、文艺演出和生活服务等团体的领班和师傅；向观摩和致贺于此工程落成庆典的各府亲戚和各方朋友，向你们，并通过你们向你们的家人、朋友和同事等——致以崇高的敬意和衷心的感谢！

感谢你们的大力支持和无私帮助，感谢你们的亲切关怀和深情厚意！

没有你们的支持和帮助，就没有我们宗祠的圆满落成；没有你们的参与和奉献，就没有我们今天的胜利喜悦！

你们的善举，我们将永远铭记；你们的恩典，我们将永远流传！叶氏宗祠将是你们不朽的丰碑！

琉璃瓦，丹霞墙；飞檐斗栱气昂场。

楼阁亭台织胜景，金宫碧水写华章！

叶氏宗祠是我庄一项民心工程，这项工程占地面积达二十余亩，建筑面积约 2 万平方米。它由四大部分组成：一是进村门楼，二是仿古街道，三是文化广场，四是祠堂殿宇。此工程从 2014 年 5 月 23 日开工兴建，至 2016 年元月 15 日落成，总共奋斗了 580 多个日日夜夜。

这项工程的总投资为 4000 余万元，这些资金主要来源于三个方面：男丁集资每人

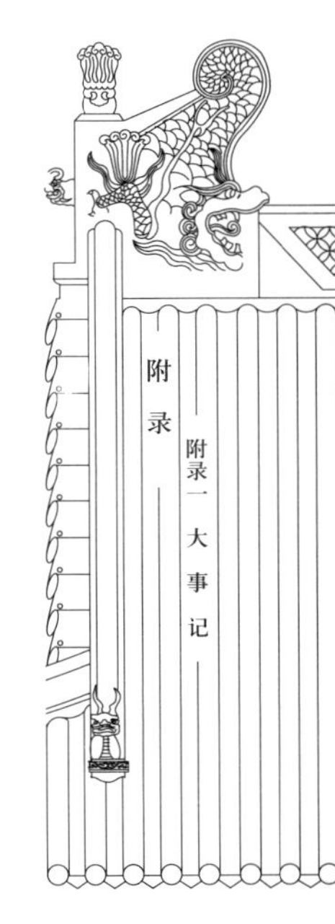

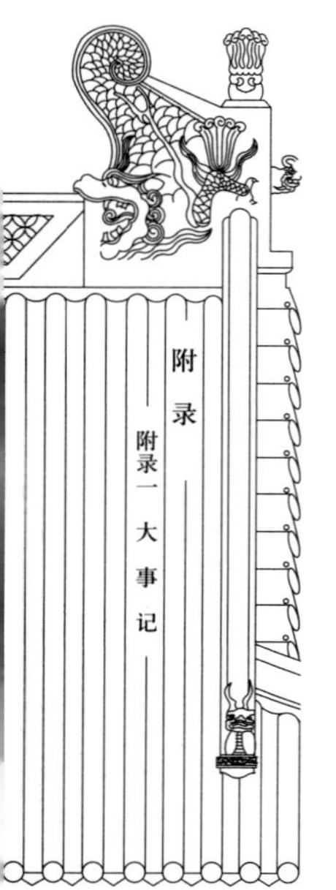

1000 元，计 130 余万元；老板捐资计 3000 余万元，最低的捐 1 万元，最多的捐 569,98 万元，他就是德发置业有限公司董事长序德先生；行政村投资数百万元。所以说，这项工程不仅凝聚了全庄人的心血，更激发了全庄人奋发向上精神。大家心往一处想，劲往一处使，宗族出现了空前的团结，族人思想受到了一次崇高的精神洗礼！

叶氏宗祠是我庄一项面子工程，更是一项美化城市的形象工程。这项工程的建筑形式和风格，采用了"北派"仿古表现手法，大气磅礴，金碧辉煌。青石门楼，古朴厚重；仿古街道，相映成趣；文化广场，廊亭环绕；宗祠殿宇，气宇轩昂。宗祠殿宇是整个工程的主体建筑，从外观看，形体巨大，高耸入云；红墙黄瓦，飞檐斗栱；梁柱绘彩，雕栏玉砌。从内景看，一进五重，三殿两井；拾级而上，各有洞天；匾联高挂，文采飞扬；图文并茂，内涵丰富。特别是祖先寝殿，神坛高筑，青灯长明；香烟缭绕，庄严肃穆！

叶氏宗祠，不仅是我庄一项标志性工程，同时也是大冶城区一处不可多得的景观工程，它对创建园林城市，起到了锦上添花的作用，闹市之中，能有这样一道民间胜景，这应该是大冶市的一份光彩！

叶氏宗祠是我庄一项敬祖工程，更是一项服务于民的实用工程。这项工程不仅外观雄伟壮丽，而且内部设施配套完整，使用功能相当齐全。概括地讲，它有三大功能：可供娱乐休闲，游戏集会；可供会族迎宾，操办俗事；可供朝宗拜祖，缅怀先辈。同时对疏缓交通，排污泄洪等也起到了重要作用。满足了全村居民的生活需求，同时也较大程度地提高了他们的生活质量！

源流远，岁月长；承前启后慨而慷。

创业兴邦耀宗祖，兰馨桂馥永流芳！

建祠堂的目的是什么？众所周知，就是要通过弘扬"忠孝"文化，继承中华民族的优良传统，树立起民族的自信心；就是要通过普及"感恩"教育，激励子孙后代奋发图强，促进社会全面进步，实现中华民族的伟大复兴，圆就世世代代的中国好梦！

我相信，叶姓宗族的子孙后代，华夏各姓宗族的子孙后代，为了实现"中国梦"，一定会心手相连，英勇奋斗。扬我祖名，扬我族威；扬我邦名，扬我国威！

最后，祝叶氏宗祠落成庆典活动圆满成功！

祝莅临大会的各位贵宾和宗亲，身体健康，万事顺利，合家幸福，如意吉祥！

谢谢！

2）中共叶家坝村总支书记、叶家坝村民委员会主任叶天胜的致辞

尊敬的各位来宾，各位乡亲：

女士们，先生们，同志们，朋友们：

大家上午好！

在深入贯彻党的十八届五中全会精神的凯歌声中，在我国进入全面建成小康社会决胜阶段的开局年初，叶家坝文化礼堂暨叶氏宗祠胜利落成了！ 今天我们在这里隆重举行庆典，借此机会，我谨代表中共叶家坝村总支委员会、叶家坝村村民委员会，向叶家坝庄各位尊长以及全体族亲，表示衷心祝贺！向回乡祭祖、省亲、献礼的亲属亲戚以及同门各庄宗亲，表示亲切问候！向前来观光看戏的邻里乡亲以及各界朋友，表示热烈欢迎！向操办

庆典活动的工作人员以及参与活动的团体机构，表示诚挚谢意！

各位来宾，各位朋友：叶家坝文化礼堂暨叶氏宗祠的建成，是我村村民生活中的一件大好事，概括地讲，至少有三大好处。

一是整治了村庄周边环境，促进了村容村貌的改变。过去到叶家坝村，先要经过一条“棚户街”，再经过一口臭水塘，还要经过一座乱坟岗，环境可说是“脏、乱、差”。对此，村民反映强烈，外界意见也很大，但就是无从解决。现在这里被一座富丽堂皇的仿古建筑群所代替，因此村容村貌乃至村风，发生了根本性的改变。我村是大冶市区最大的“城中村”。这一变化，也给我市园林化建设，起到了锦上添花的作用。

二是满足了村民生活需求，受到了广大民众的好评。叶家坝文化礼堂暨叶氏宗祠是一项服务性系统工程，由门楼、干道、广场和殿宇组成，而且功能较多，设施较全，既可向大家提供进出交通和健身娱乐的便利，还可提供操办民间俗事和举办文化活动的条件，可谓一举多得。给村民生活带来便利，这本身就是一种福利，因此这一举措受到了广大村民和社会民众的一致赞扬。

三是跟上了社会形势发展，提高了文明建设的水平。根据叶氏宗祠所具有的丰富传统文化内涵，以及它在村民实际生活中所起到的重要作用，可以肯定地讲，它是当前又一座应运而生的典型村庄“文化礼堂”。关于文化礼堂建设，由于它是社会主义文明建设的重要组成部分，所以我党和各级政府都十分重视。比如，我村文化礼堂刚刚建起，开发区有关领导部门就给我们拨来专款，送来文化用品，这既是对我们的嘉奖，也是对我们的鞭策。

乡亲们，同志们，叶家坝文化礼堂的建成，给村民带来的好处，给我村乃至给我区我市带来的积极影响是无法估量的。因此，我们有决心和信心，把它办大办好，让广大村民在这个文化载体中，享受物质文明的同时，切实接受精神文明的熏陶！

最后，衷心祝愿叶家坝文化礼堂暨叶氏宗祠落成庆典活动圆满成功！

祝各府贵宾、各界朋友身体健康，家庭幸福，万事胜意！

谢谢！

3）大冶城建集团董事长叶宗林的致辞

尊敬的各位宗亲，各位来宾，大家上午好！

瑞雪纷飞腊梅开，红灯高挂门结彩。

今天是个大喜的日子，我们欢聚一堂，隆重举行叶氏宗祠落成庆典。在此，我谨代表大冶城建集团对叶氏宗祠落成表示热烈祝贺，向莅临庆典活动的各位宗亲、各位嘉宾表示真诚的欢迎，向关心支持宗祠建设的领导和社会各界朋友表示衷心的感谢。

族人同心开盛世，千秋幸福起宏图。

今日落成的叶氏宗祠，背靠黄石脊梁十里黄金山中轴线 216 度，面向大冶湖聚宝盆，门前富水桥，南有照壁，教育子孙时刻莫忘忠孝仁义，永久牢记自强不息，厚德载物，宗祠高度 31.59 米象征着叶氏宗族九五至尊、天长地久、与日月同辉。

宗祠五凤楼式大门如同张开巨龙之嘴俯伏在地，吸山水之灵气，纳日月之精华，规模宏大，气势磅礴，皇家宫殿式建筑，展现出叶氏悠久而深远的历史，这一华夏建筑灿烂的明珠，

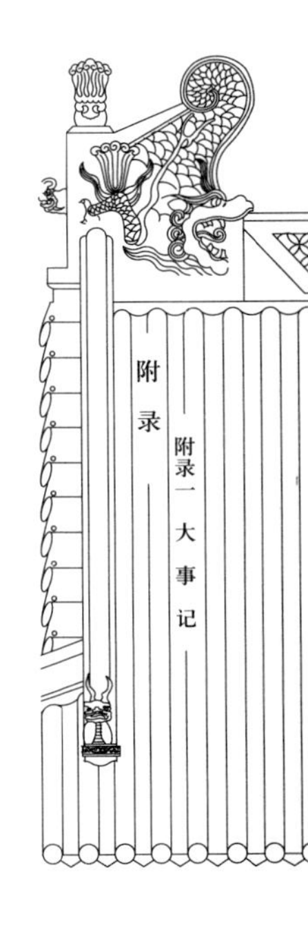

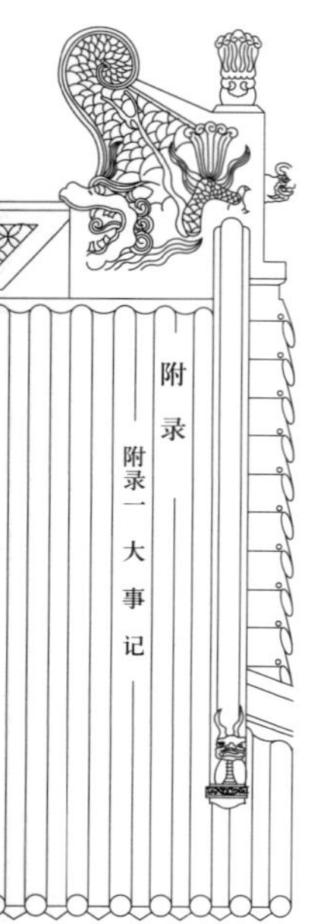

镶嵌在铜都大冶这块灵秀的土地上，永远闪耀着艺术光彩。

叶氏宗祠建筑是古今中外建筑艺术的完美结合。它创新了佛教建筑形态，创新了文化建筑功能，创新了佛教文化艺术，开启了一个鼓励创新、崇尚创新的时代。

宗祠是宗族的圣殿，记载着宗族的传统与荣耀。我们要以宗祠为载体来弘扬叶氏文化，保持香火鼎盛，崇敬先贤，传承祖训，使之成为叶氏宗族的祭祀中心、文化中心、宴会中心、活动中心，以求上慰先祖、下泽后人，使我们当代人的壮举成为永世丰碑。

最后祝愿我们叶氏宗族宏基永固、千秋万代、永世其昌！祝愿各位宗亲、各位来宾身体健康、阖家幸福、新年吉祥！

4）大冶市德发置业有限公司董事长叶序德的致辞

尊敬的各府贵宾，各业同仁；

尊敬的家门长老，各位宗亲；

女士们，先生们，朋友们：

大家上午好！

在菊黄梅绽的隆冬时节，在年终岁毕的节日气氛中，我们迎来了“叶氏宗祠”落成庆典，在此，我谨代表大冶市德发置业有限公司，并以我个人以及全家的名义，向本庄各房尊长和全体宗亲，表示热烈祝贺！向前来参加庆典活动的各府贵宾和亲戚朋友，表示亲切问候！向支持、帮助和参与宗祠建设的各级领导、各行师傅以及本庄捐资者和义务人员，表示崇高的敬意和衷心感谢！

叶氏宗祠的建成，不仅集中反映了叶家坝几代人的心愿，而且也见证了几代人的努力。我作为一个普通参与者，有太多体会和感受，下面简单讲三点。

第一点，叶氏宗祠建设，为社会凝聚了人心。今天大家所见到的叶氏宗祠，其规模之大，投资之巨，对我庄来讲，是前所未有的，在省内外恐怕也是少见的。为了建好这座祠堂，我庄一千几百名男丁，在短短二十多个月中，筹集了几千万元，大家心往一处想，劲往一处使，全庄出现了空前团结的局面，这种奋发向上精神，正是当今全面建设小康社会所需要的。如果说，这项建设是一种贡献的话，那么首先要肯定的是它对社会所作出的贡献。

第二点，叶氏宗祠的建成，美化了村庄环境。叶家坝是我市城区最大的“城中村”，过去是城不像城，村不像村，每天进进出出都要面对两个令人不舒服的地方，一处是装满污水的堰塘，另一处是立满墓碑的坟山，现在，我们把这里变成了风景区和服务区，呈现于眼前的是亭台楼阁，金碧辉煌。观光休闲者，络绎不绝。如果说，这项建设是一种善举的话，那么它确确实实为叶家坝人做了一件好事。

第三点，叶氏宗祠建设，为后代做出了榜样。叶氏宗祠，除了其他服务功能外，其主要作用是祭祀祖先，弘扬中华民族优良传统，概括地讲就是“孝道”。古人云：百善孝为先，孝在人类社会中是最重要的思想品质，人的一生，只要有了孝心和孝行，其他的事情都会做得很好，如果人人都这样，何愁家庭不和美，社会不进步？说到底，这也就是我们建祠堂的真正目的。如果说，这项建设是一笔财富的话，那么它是我们传给下一代人的精神财富。

各位来宾，各位朋友：作为礼仪之邦的中华民族，可以说各门各庄都有祠堂，而且都建得非常好，我庄祠堂，只不过只是千千万万座祠堂中之一座而已，目前外界对我庄祠堂赞誉不少，我以为过奖了。不过，我们要以这些鼓励为动力，树立更高目标，把家族事情办好，以实际行动来感谢社会各界的支持和帮助。

最后，祝叶氏宗祠落成庆典活动圆满成功！

祝各位贵宾、各位宗亲，家人安康，家运顺康，家财富康，万事吉康！

5）叶家坝姑娘代表叶雅的致辞

尊贵的各府亲戚和来宾，

尊贵的各位长辈和乡亲，

先生们，女士们，朋友们：

各位上午好！

喜鹊门前传喜讯，家书唤我回家乡。

当我见到家乡宗祠落成庆典的热烈场面，当我站在这庄严的讲台前，我的心情无比激动，满腹话儿不知从何说起，千言万语汇成两字：感恩！

我感恩于父亲母亲含辛茹苦的养育，感恩于兄弟姐妹情深意切的扶持，

感恩于父母潜移默化的教诲，感恩于家乡一草一木的陪伴。没有家乡的一切，就没有女儿的一切。家乡建祠堂，女儿尽了一点绵薄之力，家乡却给女儿如此隆重的礼遇和褒奖，在我感到不安的同时，也感到了无比的温暖！借此，我谨代表全体回乡献礼的出嫁女儿，向合族的父老乡亲表示最崇高的敬意和最衷心的感谢！

尊敬的父老乡亲：

家乡祠堂落成，是家乡亲人的心愿，也是我们做女儿的心愿。从记事时候起，我们就知道祖堂是大家都很看重的地方，虽经几度翻修，但仍显得不尽如人意。特别近几年，庄中高楼林立，而祖堂还是老样子。它与周围环境和族人的性格极不相称，因此，重建祖堂的呼声，已成为亲人和女儿们的共同愿望。现在这个愿望实现了，亲人们高兴，女儿们也高兴！

家乡祠堂落成，是家乡亲人们的骄傲，也是我们做女儿的骄傲。家乡新建祠堂，形如城堡，貌似宫殿，金碧辉煌，雄伟壮丽。它既是我庄的标志性建筑，也是大冶地区少见的名胜景观，因此受到社会各界的高度赞誉。这是父老乡亲的自豪和荣耀，作为你们的女儿，我们听到这些夸奖，也同样感到自豪和荣耀！

家乡祠堂落成，是家乡亲人的福音，也是我们做女儿的福音。建祠堂是为了缅怀先辈的恩德，这是中华民族的优良传统。也就是这种传统，使得我们的民族坚不可摧。同样道理，正因为我们叶家坝人崇尚这种优良传统，才有今天如此繁荣昌盛的家乡。新祠堂建成后，将会惠及叶族的子孙后代，这个后代也一定包括我们这些女儿。尊敬的各位贵宾，各位乡亲，我们今生能为叶家坝的女儿，感到非常荣幸和满足，此时此刻有很多话要讲，无奈情长纸短，时间有限，不能尽言。

最后，衷心祝愿家乡祠堂落成庆典活动取得圆满成功！祝家乡永远繁荣昌盛！

祝各位贵宾，父老乡亲，家和人康，各业兴旺，心想事成，万事胜意！

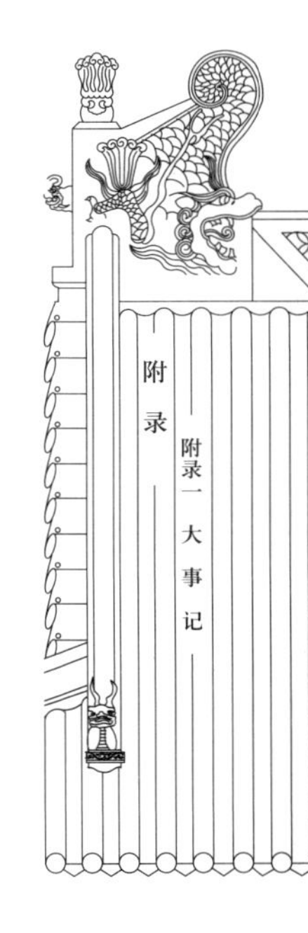

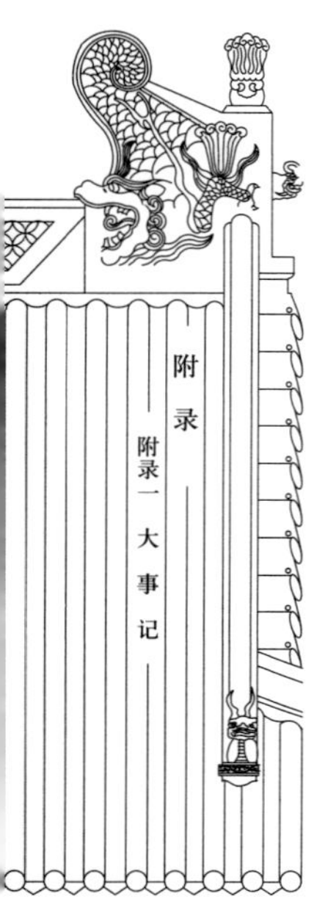

6）叶家坝姑娘代表黄石中心医院医师叶润明的致辞

尊敬的各位长辈、各位乡亲、各位来宾：

大家上午好！

今天，我们怀着万分喜悦的心情回到娘家参加宗祠落成庆典活动，感到无比自豪和荣耀。在此，我谨向叶氏宗祠的落成表示热烈的祝贺，向为宗祠建设作出无私奉献的各位父老乡亲表示衷心的敬意。

常言道：百善孝为先，崇宗敬祖是我们中华民族传承了几千年的传统美德，宗祠建设是我们叶氏后代对列祖列宗行孝感恩的具体表现，也是我们叶氏儿女们的殷切企盼和美好愿望。我们参加庆典活动既可以弘扬叶氏文化，彰显先祖功德，沿袭宗族荣耀，又能够让我们这些叶氏后代穿越历史时空，聆听先祖教诲，了解家族发展史和祖先忠孝仁义的良品美德，从而启迪我们以祖先为榜样，历练自己，成为一名对社会、对家族有作为的人。

我们应当从建设叶氏宗祠这一壮举中感悟到，不但要给先祖们一个舒适的安息之地，也要给我们健在的父母营造一个美好幸福的生活环境，两者都是我们义不容辞的职责，因此我们要尽孝道，知感恩，做一个心有大孝、慈爱无疆的人，只有这样才无愧于叶氏后代，无愧于列祖列宗。

最后衷心祝愿我们叶氏宗族万代兴隆、子孙荣贵、永世其昌！

祝愿各位长辈、各位乡亲、各位来宾身体健康、心想事成、如意吉祥！

谢谢大家！

7）金山庄代表叶显峰的致辞

尊敬的各位领导、各位宗亲，女士们，先生们，大家上午好。

枝枝竹叶传佳讯，树树梅花报好音。值此升平盛世，社会和谐，良辰吉日，胜友如云的大喜日子里。我们迎来了坝庄祠堂如期高竣，并隆重举行庆典。到处张灯结彩，歌舞飞扬，一派繁华景象。

在这盛况空前的盛会上，我谨代金山庄全体长幼，对坝庄祠堂的落成表示热烈的祝贺。对前来参加庆典的嘉宾胜友和各庄宗亲，致以诚挚的问候和崇高的敬意，祝贵庄丁才长望，倩影永继。

坝庄祠堂构建宏伟，富丽堂皇，流光溢彩，门楼画凤雕龙，大殿翰墨飘香，具有浓厚的文化氛围和人文景观，展示了坝庄人文蔚起，昌盛吉祥的繁荣景象。

树发千枝根共本，江流万派水同源。我们同为叶姓，为坝庄的兴荣感到无比的自豪和骄傲。坝庄的庆典，为我们族氏搭建了一个敬宗睦族沟通感情的良好平台，我们今后更应该发扬叶氏祖宗的忠君爱国、敬宗收族、孝敬尊长、慈爱后人的优良传统。做孝顺的好嗣孙，做遵纪守法的好公民。让我们携手并肩，筑牢相互团结友爱的桥梁，沟通感情，共谋发展，为早日全面建成小康社会，早日实现我们的中国梦，做出我们的贡献。

最后祝各位领导执政顺利，政绩辉煌；祝各位同仁经营企业顺畅，心想事成；祝各位宗亲及各界朋友精神愉快，财星高照，福禄相随。

8）仲和庄代表叶德胜的致辞

尊敬的各位长老、坝庄兄弟、姐妹、朋友们，你们好！

遵祖训，颂祖德，建祖堂，重塑祖宗风采，举孝廉，倡耕读，谋发展，再扬叶氏辉煌，春秋易迭，岁月轮回，时值暖冬，风物怡人，适逢政通人和，百废俱兴之太平盛世，我们怀着万分激动的心情，相聚坝庄，隆重举行坝庄祖堂竣工典礼，在此我代表仲和庄全体族人，表示衷心的祝福！

今天坝庄到处锣鼓喧天，鞭炮齐鸣。虽是隆冬，这里却如同暖春，春意盎然。放眼看贵庄，新建祖堂，气势恢宏，雕梁画栋，流金溢彩，人人满面春风，坝庄人能造就如此一番伟业，彰显了全庄人众志成城，艰苦创业的优良族风，体现了坝庄钟灵毓秀，无比辉煌的望族风仪。

水有源，树有根，祖先功德常缅怀。修祖堂是寄托后人对先祖美德的追思，也是我们子孙后代严遵家训，不忘根本的具体表现，同时也可以让列祖列宗的在天之灵福佑我叶氏家族万代兴隆。

今天群贤毕至，少长咸集，血脉故土，精神家园，使我们感到家般的温暖，相信坝庄人在党的英明领导下，将会绘制出更加神奇，更加美丽的宏伟蓝图。

最后，祝大家身体健康，家庭幸福，工作顺心，万事如意，祝我们叶氏家族枝繁叶茂，欣欣向荣，人才辈出，万代昌隆！

9）叶宗善的宴会祝酒词

尊敬的同门长老，各位宗亲；尊敬的诸府贵宾，各位朋友；女士们，先生们，同志们：

大家晚上好！

在四海升平的盛世之年，在两节交融的吉祥之冬，鄗庄叶氏宗祠胜利落成了，为招待来自四面八方的贵客嘉宾，特在这里隆重举行庆典宴会。借此机会，老朽谨代表叶氏宗祠落成庆典筹备委员会和鄗庄全体族众，向在座的各位表示热烈欢迎和亲切问候！

各位贵宾，各位宗亲：叶氏宗祠的圆满落成，离不开你们的大力支持和鼎力相助。是你们的关爱和援手，给了我们努力奋斗的决心和坚持到底的信心。

今天，你们又不顾天寒地冻，路途遥远，和要务繁忙，赐步鄗庄庆典现场，致以热情祝贺，并献上一份厚礼。对此，我谨向各位表示崇高敬意和衷心感谢！

各位贵宾，各位宗亲：诸位大驾光临，理应盛情款待，但由于鄗庄祠堂刚刚落成，许多条件尚不具备，加之庆典场面较大，人手欠缺；还有我等为事者，经验不足，管理乏术。确实存在：设席不恭，尊卑未分；菜肴不丰，酒水鄙薄；烟茶不周，言语怠慢等非恭敬之处。在此，老朽谨向各位表示深深歉意，并请求海涵！

各位的大恩大德，容日后再报！

俗话说，好不过同门，亲不过家人。我们既是同门，又是家人，所以在请大家多多原谅的同时，还望各位多多赏脸，畅快用膳，尽情饮酒。

现在，老朽提议：为了你和你全家人的健康和幸福干杯！

10）总支副书记叶舜华的开锣仪式致辞

国泰民安，丰收锣鼓歌盛世。

家兴族旺，金曲黄梅颂和谐。

今天，是我叶氏宗祠落成庆典演出“开锣仪式”启动的吉日良辰。谨此，我代表庆典组委会向光临演出现场的各级领导、友庄贵客和观众、戏迷朋友们表示热烈的欢迎！同时，

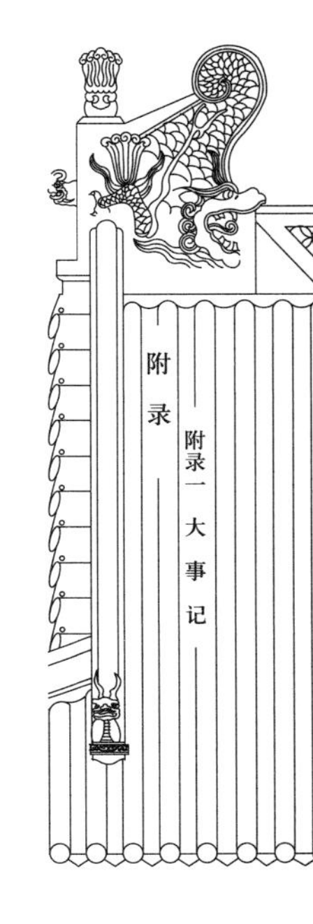

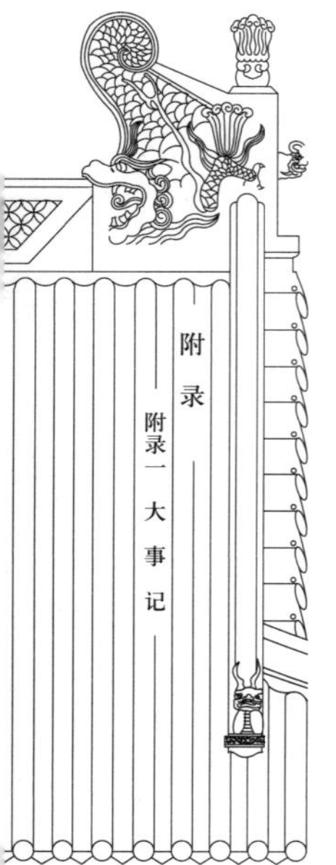

对湖北省黄梅戏剧院全体演职员工的到来表示热烈的欢迎！

唱做念打，弘扬民族文化。狮舞龙腾，喜庆宗祠落成。为答谢各位宗亲和亲朋贵友为叶氏宗祠重建捐资献物的盛情厚意，我们特邀请了湖北省黄梅戏剧院来我庄献艺演出。该剧院现有高级职称的艺术人才28人，阵容齐整，设备精良，是全国实力雄厚的优秀艺术表演团体之一。二十多年来，该剧院曾到马来西亚、新加坡、韩国、乌克兰等九个国家和中国台湾、中国香港等地区演出。所到之处，赞声如潮。正可谓：一曲黄梅调，万般中国情。社戏酬宾朋，表我族人心！

最后，我衷心地预祝：这次庆典演出活动圆满成功！衷心祝愿各位，身体健康，家庭和美，万事吉祥！

11）总支副书记叶舜华的庆典演出闭幕词

尊敬的湖北省黄梅戏剧院的领导、专家以及全体演职员工：

尊敬的各位领导、友庄贵宾和广大的观众戏迷朋友们：

大家上午好！

经典黄梅酬嘉宾，吉祥歌舞庆团圆。

在这烟花结彩、炮竹连天的孟冬时节，我们叶家坝文化礼堂暨叶氏宗祠圆满落成的首届庆典演出，今晚将胜利降下帷幕。这里，我代表庆典筹备委员会谨向湖北省黄梅戏剧院的领导、专家以及全体演职员工表示崇高的敬意和衷心的感谢！感谢你们的精湛表演给我们以丰盛的艺术享受和高尚的精神熏陶！感谢你们的成功演出给我们的首届庆典活动增光添彩！

先生们、女士们，这次庆典活动之所以能够一帆风顺，圆满进行，其一，是各界领导对我们工作的指导与大力支持；其二，是省黄梅戏剧院精彩演艺的尽情展示；其三，是广大戏迷对演出的热情捧场；其四，是庆典筹委会全体工作人员的精心安排和公安干警的鼎力维护。在此，我向他们表示衷心的感谢。

最后，恭祝各位身体健康，家庭和美，万事吉祥！

附2：叶家坝文化礼堂（大冶叶氏宗祠）落成一周年庆典相关情况

1. 相关致辞

1）叶家坝文化礼堂（大冶叶氏宗祠）落成一周年暨纪念冶系叶氏太祖万荣公诞辰676周年典礼仪式程序（主持人叶惠清）

各位宗亲、各位朋友：

女士们、先生们：

大家上午好！

今天我庄在这里隆重举行庆贺叶家坝文化礼堂（大冶叶氏宗祠）落成一周年和纪念冶系叶氏太祖万荣公诞辰676周年活动，开幕仪式即将开始，开始之前，我向大家介绍贵宾席就座人员，他们是：

中共大冶市叶家坝社区总支部书记、叶家坝社区居民委员会主任叶天胜先生

大冶德发置业有限公司总经理、叶家坝宗亲理事会、叶家坝慈善基金会理事长、本次庆典总指挥长叶祖发先生

大冶城建集团董事长、叶家坝宗亲理事会名誉理事长叶宗林先生

大冶德发置业有限公司董事长、叶家坝宗亲理事会名誉理事长叶序德先生

大冶金叶置业有限公司董事长、叶家坝宗亲理事会名誉理事长叶宗尉先生

原大冶市教育委员会副主任、叶家坝宗亲理事会名誉理事长叶宗善先生

大冶风华实业有限公司董事长、叶家坝宗亲理事会名誉理事长叶序俭先生

湖北实美科技有限公司董事长、总经理、叶家坝宗亲理事会名誉理事长叶光华先生

黄石市金雀电器有限公司董司长、叶家坝宗亲理事会名誉理事长叶常春先生

中共叶家坝社区居民委员会总支部副书记叶舜华先生

大冶市食品工业公司党支部书记、经理叶家坝宗亲理事会常务副理事长、本次庆典副总指挥长叶惠清先生

叶家坝社区居民委员会副主任叶序纯先生

叶家坝社区居民委员会副主任、本次庆典安保组长叶序方先生

中共叶家坝社区总支委员、叶家坝社区居民委员会委员叶序彬先生

原大冶市化肥厂劳动服务公司经理、叶家坝宗亲理事会副理事长、本次庆典礼仪组长叶国凡先生

原大冶市汉森轧钢有限公司总经理、叶家坝宗亲理事会副理事长叶宗森先生

湖北文承文化传媒有限公司董事长、叶家坝宗亲理事会副理事长、本次庆典社戏组长叶晨东先生

湖北实诚工贸有限公司董事长、叶家坝宗亲理事会副理事长叶建军先生

大冶市惠屏贸易有限公司总经理、叶家坝宗亲理事会副理事长叶惠均先生

大冶市腾飞建材装饰有限公司董事长、叶家坝宗亲理事会副理事长叶天彪先生

湖北振阳钢铁物资有限公司董事长、叶家坝宗亲理事会副理事长叶文斌先生

大冶市展鑫矿业有限公司董事长、叶家坝宗亲理事会副理事长叶智明先生

大冶市麒麟山庄娱乐有限公司董事长、总经理、叶家坝宗亲理事会秘书长、本次庆典会务组长叶宗星先生

叶家坝宗亲理事会副秘书长叶序田先生

大冶市天桥预制构件股份有限公司总经理、本次庆典后勤组长叶宗亨先生

叶家坝社区治安巡逻队队长叶红军先生

大冶市老年公寓董事长、我区首届十星文明户代表殷素华女士

叶家坝社区三组居民、我区首届好媳妇代表赵霞女士

贵宾席就座人员介绍完毕，典礼马上开始。

第一项：大会开始。 鸣炮，奏乐！

第二项：大会主席致开幕词

欢迎叶家坝宗亲理事会、叶家坝慈善基金会理事长叶祖发先生致开幕词。

第三项：致贺词

欢迎中共大冶市叶家坝社区总支部书记、叶家坝社区居民委员会主任叶天胜先生致贺词。欢迎城建集团董事长、叶家坝宗亲理事会名誉理事长叶宗林先生致贺词。

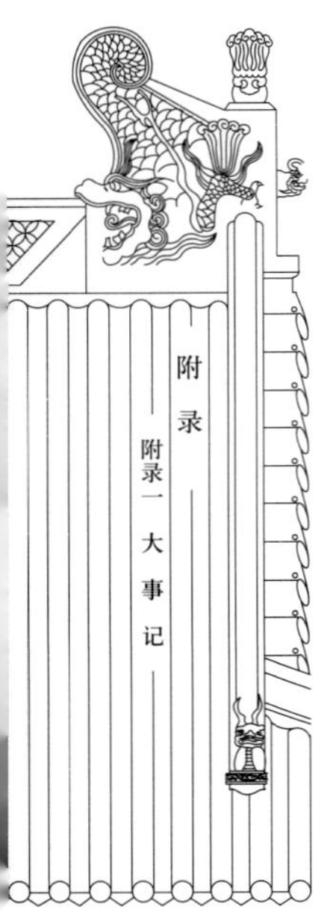

欢迎德发置业有限公司董事长、叶家坝宗亲理事会名誉理事长叶序德先生致贺词。

欢迎金叶置业有限公司董事长、叶家坝宗亲理事会名誉理事长叶宗尉先生致贺词。

热烈欢迎大冶市老年公寓董事长、十星文明户代表殷素华女士致贺词。

热烈欢迎叶家坝社区三组居民、好媳妇代表赵霞女士致贺词。

欢迎中共叶家坝社区总支委员、社区居委会委员叶序彬先生宣读《创建文明社区倡议书》。

各位贵宾，各位朋友：要致贺词的代表还有很多，由于时间关系，只能到此为止，请各位原谅！

在这里，我谨代表叶家坝宗亲理事会，向前来大会致贺的各位代表致以崇高敬礼和衷心感谢！同时，我们表示：把大家的赞扬看作是鼓励，把希望看作是要求，并以此为目标，不断努力，把宗族的事情办好，以此来报答诸位！

最后，祝大家健康快乐，全家幸福！

叶家坝文化礼堂（大冶叶氏宗祠）落成一周年暨纪念冶系叶氏太祖万荣公诞辰676周年活动仪式到此结束！

谢谢！

下面，我宣布庆贺叶家坝文化礼堂（大冶叶氏宗祠）落成一周年暨纪念冶系叶氏太祖万荣公诞辰676周年庆典社戏演出正式开锣！

鸣炮、奏乐

2）叶家坝宗亲理事会、慈善基金会理事长叶祖发的开幕词

尊敬的各位领导、各界朋友；

尊敬的各府贵宾、各位乡党；

尊敬的各门长老、各庄宗亲；

尊敬的各业同仁、各行师傅；

女士们、先生们：

大家上午好！

十月里，沐冬阳；梅苞待放菊花黄。

兴隆之族多喜庆，今又举仪谢四方！

在四海升平的盛世之秋，在硕果累累的丰收时节；在风云际会的金湖之畔；在琼楼巍巍的冶城中心。我们叶家坝庄隆重举行庆典，热烈庆祝“叶氏宗祠”落成一周年，深切纪念明朝开国将领、江州兵马总管、我族冶系嫡祖万荣公诞辰676周年！

借此机会，我谨代表“叶家坝宗亲理事会”、“叶家坝慈善基金会”，以及全庄广大宗亲，向悉心关怀和热情指导我庄祠堂建设与事业发展的国家、省、市、区、社，各级各部门，相关离退休及在职的各位党政领导；向参与我庄祠堂后期文化建设的北京、洛阳、东阳、佛山、武汉等，全国各地相关企事业单位的领导、专家和师傅；向服务于本次庆典活动的传媒机构、演出单位、膳食团体等，相关组织的领导、专家和师傅；向返乡朝祖省亲的各辈姑亲及女婿外甥；向回庄祭祀献礼的同门族长及同脉宗亲；向赐步本庄走亲访友的各府亲戚及各界朋友；向莅临鄙庄观光看戏的远近乡邻及新老街坊，致以亲切的问候，热烈的

欢迎，崇高的敬意和衷心的感谢！

家族事，第一桩；荣宗耀祖建祠堂。

承前启后添锦绣，继往开来创辉煌！

各位乡亲，各位朋友，遵循习近平总书记关于“先行发展民族文化产业”的英明决策，我庄在社区党总支和社区居委会的亲自主持与正确引导下，以祠堂落成为契机，今年狠抓了“祠堂后期文化”和“宗族民主管理”两项建设，并取得了一定成效，在这里，我想向在座的各位作个简要汇报。

关于祠堂后期文化建设方面。根据上级有关部门关于“文化礼堂”建设要求和社会观众的意见与建议，我们重新制定了“全面规划，提高档次；分步实施，打造精品”的方案，计划投资两百万元，在两年内完成“五个一”工程，即：一堂传统文化，一场传奇景观，一本传世佳作，一厅传奇展示，一部传真影片。就是以刻铜、勒石、雕木、编书、陈列、摄像等艺术表现手法，热情讴歌历代祖先的不朽功绩，大力彰显当代族人的奋斗成果，积极弘扬中华民族的优秀传统，深刻教育吾庄门下的子孙后代。目前，有些工程已经完成，并已展现在大家面前，有些工程正在策划和施工之中，预计最迟在明年的这个时候公诸于世。

关于宗族民主管理建设方面。宗族管理属于民间自治范畴，它是社会管理的重要环节。宗族作为以姓氏和血缘关系为纽带组成的群众团体，其管理意义尤为重要，因此党和国家都非常重视。就宗族管理本身而言，无论何姓何族，古往今来从未缺位，只是内涵与形式不同而已。然而，当今社会的宗族应如何管理，我们以“适应政治，与时俱进”为导向，借鉴外地经验，进行了初步探索。

我们先后成立了“叶家坝宗亲理事会”和“叶家坝慈善基金会”，这两个机构的成员，均由族众民主推荐产生，并报请社区居委会批准。这两个机构均订立有各自的“章程”，其共同宗旨是：“管理族务，兴办公益；排忧解难，扶危济困”。这两个机构成立时间虽然不长，但取得的效果十分明显。“理事会”在与外界联系和调解内部矛盾等方面取得了一定成绩，特别是在整治村庄环境、实施干道“刷黑”任务中，配合居委会克难攻坚，确保了工程的顺利进展和胜利完成。“基金会”在募捐方面也有建树，已募得善款百万余元。

因此，有社会民众评论说：叶家坝民间自治机构的所作所为，不仅对基层行政管理起到了补充和加强的作用，而且在某些方面起到了无可替代的作用，有利于地方的安定和团结，有利于社会的进步和发展！

搭戏台，祝吉祥；同欢共度好辰光。

肯定明年更精彩，届时再请到我庄！

各位乡亲，各位朋友，本次庆典活动分三个步骤进行：首先是举行祭祖大典，其次是召开庆祝大会，接着是演出传统戏剧。祭祖大典已在昨日完成，庆祝大会正在进行，传统戏剧的演出将在今天下午正式开锣。这次演出聘请的是久负盛名的剧团，演出时间暂定一周，演出剧目请见预报，敬请大家捧场观看，如果筹备欠妥，招待不周，还请各位多多包涵！

根据传统老规矩，庆典活动一举三年，今年是第二年，等到明年，我庄祠堂文化建设全部完工，宗族管理工作全部理顺，我们准备隆重庆祝一下，到那时，我们恭请诸位光临鄙庄，同建共享美好时光，敬请大家期待！

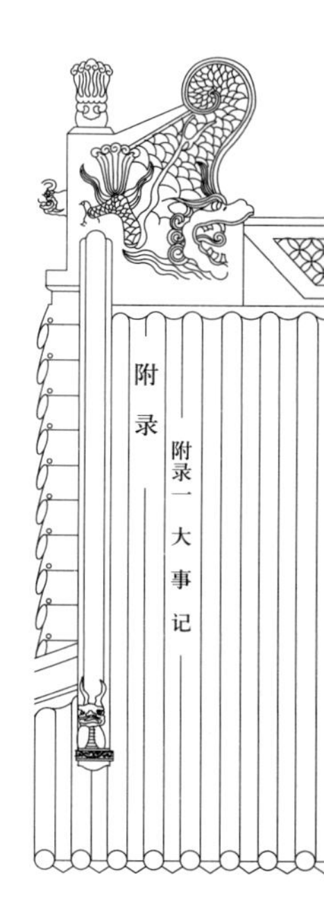

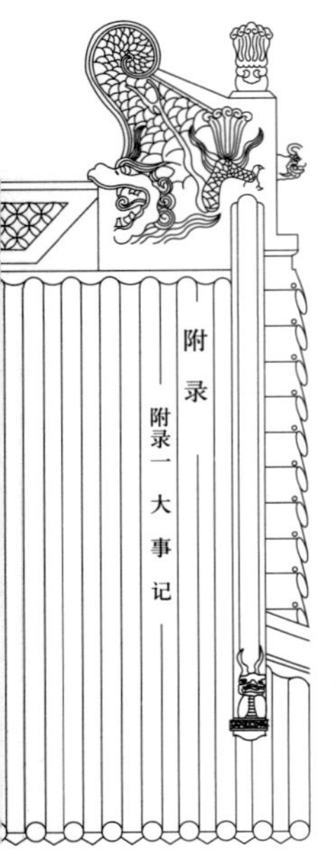

最后，祝各级领导，各府贵宾，各庄宗亲，各业同仁，各界朋友身体健康，家庭幸福，心想事成，吉祥如意！

祝我庄庆典活动圆满成功！

3）叶家坝社区总支书记、主任叶天胜的致辞

尊敬的各位宗亲、各位嘉宾、女士们、先生们：大家上午好！

鞭炮齐鸣庆盛世、锣鼓喧天贺太平。今天我们再次相聚这里，共同庆祝叶家坝文化礼堂落成（叶氏宗祠）周年暨万荣公诞辰676周年！在此我对大家的到来表示热烈的欢迎和衷心的感谢！

宗祠落成至今，我村这一年来在宗亲们及爱心人士的关心和支持下，宗祠及其他的后期各项工作正在不断完善，并取得了一定的成果。其一，叶家坝慈善会的成立：本着发扬人道主义精神，弘扬中华民族乐善好施、扶危济困的传统美德的宗旨，热心帮助社会及叶氏家族困难群体，促进社会公平、文明和进步。其二，叶家坝宗亲理事会的创办：达到了爱祖国、正族风、弘祖德、育族人、施善举、和百族的目的，促进了社会及叶氏家族经济与文化的繁荣昌盛。其三，东、西、中道路的改建工程：这是一项造福民众的基础设施工程，帮助人们解决了行路难之问题，不仅美化了我庄道路环境，还改善了宗亲们的生活条件。等等事情不胜枚举，而这些成功事情的背后都离不开宗亲们的心血和汗水的付出！各位宗亲，您们在建设过程中，联络宗亲，制定方案，筹措资金，劳心劳力，无怨无悔，使我从中感受到了家族团结的力量。在这里，我要再次向为我庄建设付出心血和汗水的宗亲们，支持理事会工作的宗亲们道一声：您们辛苦了！谢谢您们！

此时此刻，我们在欢庆鼓舞的同时，有必要追根溯源，缅怀先祖。我族远祖筠公自晋末（公元446年）西凉国破，到唐朝成公（公元871年）南阳发迹，谭公任县令（湖广尹州府零陵县）而振兴尹州，其子孙相继迁往浙江、江西等地，到宋朝峻公又迁湖北江夏郡之南村。后由明朝江州总管万荣公（1340 ~ 1383年）之子代丰公最终定居于大冶，而安居乐业，繁衍生息。历时676载，饱经风霜，经历苦难。现有七门二十庄，人丁兴旺，瓜瓞绵绵；历史名人，比比皆是；现代英才，举不胜举。因此，我们应为叶氏家族的繁荣昌盛而感到骄傲和自豪，应该继承祖先的遗风遗德，把我们叶氏家族发扬光大。

先祖已乘黄鹤去，辉煌前程待后昆。因此，我们在完善宗祠建设的同时，更有理由、有责任、有义务保护好、利用好宗祠。作为万荣公的子孙后代，我们任重而道远。我们要在继承传统的基础上不断创新，在延续传统文化特点和优势的同时，不断创造鲜活的内容和形式。让宗祠成为一个尊祖敬宗、慎终追远的庄严场所，一个敦亲睦族、和群合众的和谐场所，一个教化子弟、熏陶精英的文化场所，更好地为繁荣中华民族文化服务，为叶氏家族精神文明建设服务。最后，祝愿我们叶氏家族繁荣昌盛，兴旺发达；祝愿所有来宾身体健康，吉祥如意！

4）大冶城建集团董事长叶宗林的致辞

尊敬的各位宗亲、各位来宾：

大家上午好！

今天，我们叶氏全体族人，满怀对祖先无比崇敬的心情欢聚在宗祠，隆重举行叶氏宗

祠落成周年暨纪念万荣公诞辰676周年庆典，在此，我谨代表大冶城建集团向莅临庆典活动的各位宗亲、各位来宾表示热忱的欢迎和衷心的感谢。

宗祠落成一年来，受到各级领导和社会的热情关注。10月21日建设部原总工程师姚兵从北京来我宗祠现场撰写对联为叶氏宗祠题词。大冶市委李修武书记、市政府王刚市长、汪昭焱副市长等多次视察宗祠。社会各界同仁更是川流不息、络绎不绝，观后无不震撼不已、交口称赞。对宗祠的雄伟壮丽给予了高度评价，作为一名叶家坝人，深感喜悦。这一切来自于我们全体族人的努力和奉献，使叶氏宗祠成为大冶一颗灿烂的明珠。

参天之树必有其根，环山之水必有其源。宗祠是宗族的圣殿，记录着宗族的荣耀与传统，并传承中华美德，弘扬忠孝仁义。

族人同心开盛世，千秋幸福启宏图。我们将不忘初心、继续前进、追求卓越、敢为人先。为把宗祠建成叶氏宗族的文化中心、活动中心、祭祀中心、全国重点文物保护单位；把叶家坝社区建成全国文明社区而努力奋斗。

最后，祝愿我们叶氏宗族，荣华富贵、万代辉煌、永世其昌；祝愿各位宗亲、各位来宾，身体健康、心想事成、幸福吉祥。

5）大冶德发置业有限公司董事长叶序德的致辞

尊敬的各位宗亲、各位嘉宾、各位朋友：

大家上午好！

初冬时节，寒气袭人，而这里气氛却如同春风扑面，热闹非凡。今天，喜迎叶氏宗祠落成周年暨万荣公诞辰676周年庆典，各位宗亲及社会各界人士热情洋溢地欢聚一堂，共同祝贺这百年难遇之盛典。我受叶家坝宗亲理事会的委托，代表理事会向前来参加庆典活动的各级领导、宗族同仁、模范代表以及各界朋友，表示热烈欢迎和衷心感谢！

叶氏宗祠落成一周年来，在村干部正确领导和广大宗亲的积极响应和全力支持下，办好了一件又一件的盛事。我族先后成立了宗亲理事会、慈善会，在宗族联谊和宗族发展中起到了无可替代的作用，并协助村委会开展了多项工作，及时研究、商讨、处理各种宗族事务，得到了宗亲们的一致好评和认可。特别值得一提是宗祠的道路建设，本着为家族讲奉献、讲牺牲的精神，大家齐心协力，任劳任怨，做了大量艰苦细致的工作，到今天终于不辱使命，使宗祠部分道路工程顺利竣工。同时，宗祠文化建设在有条不紊地进行中，铜雕安装工作圆满完成，又为叶氏宗祠增光添彩，真是可喜可贺。透过宗祠庄严的先祖神像，透过宗祠的一砖一瓦，让我看到了宗亲们可歌可泣的故事。在此，我再次代表宗族理事会向你们的真心付出表示最真挚的感谢！

追本溯源、寻根问祖，从古至今是中华民族的传统美德。明朝我族先祖万荣公到柴桑郡江州任职，看到江州土地肥沃、物华天宝、人杰地灵，就扎根于此而生八子，并世代生生不息、繁衍至今，成为一支人才辈出、声名显赫的名门望族。祠堂厅堂悬着大清乾隆帝圣谕，以及叶联甲之母受大清同治帝圣旨褒奖之牌匾，并挂有大总统题褒“令闻孔秀”，“无间人言”之匾额。如果没有先祖的睿智，就没有我们今天的幸福安康，因此，我们应不忘根本，不忘祖宗之恩德。

各位宗亲、各位嘉宾、各位朋友！看我宗祠，金碧辉煌，巍然屹立；想我叶氏，瓜瓞绵延，

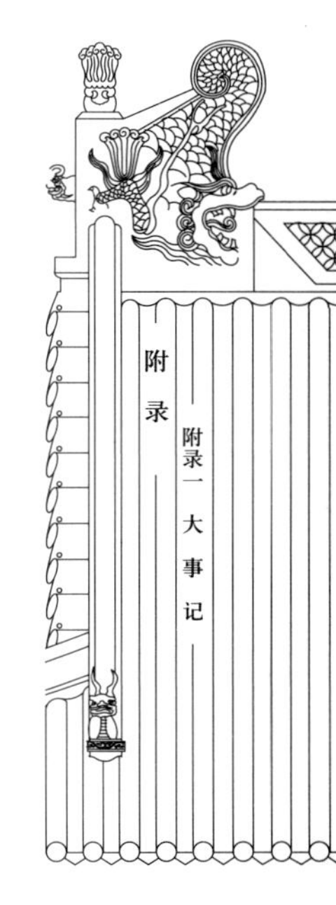

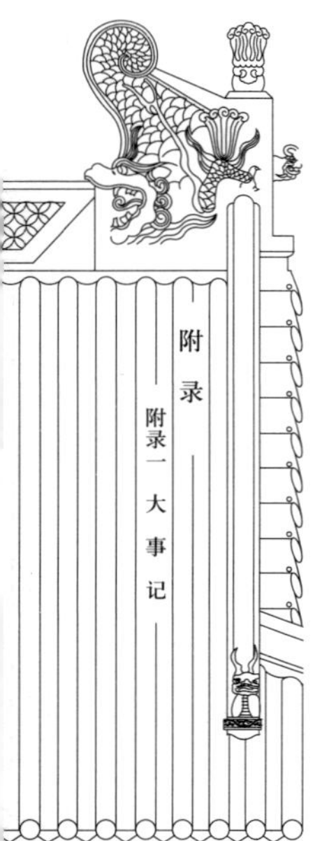

英才辈出。当今社会特别重视地方文化建设，我们应把尊祖敬宗、敦亲睦族的宗祠文化精神，根植到每位宗亲的心中，让它不仅为我族带来崇德向善的文化氛围，更让美丽的家乡形成文明和谐之风。同时利用便利条件与各级单位联合举办一些公益活动，并加强多方位的文化合作交流，取长补短，不断创新，把叶氏宗族文化发扬光大。因此，我们要团结在以村领导为核心的周围，不遗余力地为我庄的建设作出贡献。最后，祝愿叶氏家族与时代同进步，与国运共昌隆，兴旺发达，繁荣昌盛。也祝愿所有来宾身体安康！幸福吉祥！

6）金叶置业有限公司董事长叶宗尉的致辞

尊敬的各级领导、尊敬的各级宗亲：

大家上午好！

政通，百业兴隆；人和，五谷丰登。

今天，在这金菊飘香硕果累累的初冬时节，我们迎来了叶家坝文化礼堂（叶氏宗祠）落成一周年暨我族太祖万荣公诞辰676周年庆典，以及戏剧演出盛会的隆重举行。谨此，我代表大冶市金叶置业有限责任公司的全体员工向叶家坝和叶氏宗族满门致以诚挚的祝贺！ 向光临庆典演出盛会现场的各级领导和观众，戏迷朋友们表示热烈欢迎！

我衷心祝愿各位：身体健康，家庭幸福，万事吉祥！衷心祝愿此次庆典演出活动取得圆满的成功！

7）十星文明户发言代表殷素华的致辞

尊敬的各位领导、各位父老乡亲、社会各界人士：

大家上午好！

今天我能够在这里代表十星文明户发言，对此我感到十分荣幸，同时也感谢领导和乡亲们的信任和支持。

在构建和谐社会，创建文明城市的今天，家庭的和谐已经成为其中一个基本元素。尤其是对我们叶家坝来说，家庭的和谐，邻里的团结，关系着叶家坝人文发展，显得尤为重要。都说婆媳关系不好处，我既是媳妇，又是婆婆，对待80岁的婆婆，如同自己的母亲一般；对待儿媳妇，也是对待女儿一样。我做到了关爱老人，包容子女，全家人相亲相爱，所以我有一个和谐幸福的大家庭。在工作中，我积极参加社会活动，投身公益事业，为社会分忧，奉献着自己一份力量。

和谐的家庭，能给每个家庭成员带来温暖、带来快乐、带来力量、带来兴旺。拥有安定祥和的家庭，我们的工作才会更有保障，我们的生活才会更加美好。让我们以德治家，文明立家，知识兴家，勤劳富家，平安保家，节约持家，和谐兴家，使家成为春光荡漾、情意绵绵、和谐温馨的港湾。

在这个叶氏宗亲欢聚一堂的日子里，我祝愿我们每一个家庭圆圆满满、幸福安康！

8）好媳妇代表赵霞的致辞

尊敬的各位领导、各位父老乡亲、社会各界人士：

大家上午好！

我叫赵霞，叶家坝三组村民。今天，炮竹声声、锣鼓阵阵，迎来了我村祭祖庆典盛况空前的好日子。此时此刻，我的心情无比的激动和自豪。同时，也感到无比的惭愧，因为我所做的事情，都是我分内之事，也是我应尽的责任和义务，与别人相比不值得一提！而让我有幸作为好媳妇代表在这里发言，在此，感谢领导和大家给我这样宝贵的机会。

古话说得好：百善孝为先，在娘家的时候父母常常教导我如何讲孝道，如何孝敬公婆，而我也是这样做的。我是一名普通的家庭主妇，丈夫长期在外打拼，家中的事情自然落在我的肩上。二十多年来，作为儿媳，我每天全力在各个方面对家人细心照顾。而公公婆婆上了年纪，各种疾病也随之而来，做饭我总是尊重他们的口味，让他们吃好喝好。每逢节日或周末，就邀请大家回来团聚，让公公、婆婆感觉儿孙满堂的浓浓亲情，尽享天伦之乐。2014 年公公经历二次中风，进行了高位截肢，行动十分困难，时常烦躁，我耐心地劝慰，说您的健康快乐是我们做儿女的福分。人常说，家中最难处的是妯娌与婆媳关系，可是我觉得只要每个人都宽容、明理，就没有什么越不过沟坎。家和万事兴嘛！

人人都会老，老人的今天就是我们的明天，我们应真心实意善待老人，亲人健在的时候就要尽自己最大的能力去关心、孝顺他们。不要等失去以后才懂得珍惜，才去后悔，至那时一切都晚了。我们要因和谐而美丽，因美丽而温馨，因温馨而兴旺。今天，我与在座的女性相比是微不足道的，我将始终如一地坚持下去，充当好妻子、母亲、女儿、儿媳的好角色，给家人以关怀、爱心、宽容。让我们每个家庭更幸福、更和谐、更美满！

最后，衷心祝愿各位领导、各位父老乡亲、社会各界人士。身体健康！万事如意！

9）居委会委员叶序彬宣读创建文明社区倡议书

各位居民朋友：

创建文明城市是市委、市政府践行“创新、协调、绿色、开放、共享”五大发展理念的重大举措，也是全体大冶市民追求的目标。文明社区是城市文明的基石，是文明市民的家园，享受文明有序的社区生活是每个社区居民的自然追求，共创环境优美、秩序井然、邻里友善、崇尚道德的文明社区，也是每个社区居民义不容辞的责任。创建文明社区，就是参与、支持创建文明城市。在此，我代表社区两委，郑重发出倡议：

一，积极参与创建活动。社区居民要积极参与文明家庭、文明楼组、文明小区、文明社区的创建工作，组织开展的丰富多彩的群众性文体活动，倡导并发扬健康、文明的社会风尚。驻社区单位要利用本单位的资源，积极开展各项共建活动，做到优势互补、互惠互利、共同发展，增强社区单位对社区的认同感。

二，争做文明市民。积极参加“告别陋习，文明出行”活动，自觉遵守公共秩序和社会公德，做到行走有道、乘车有序、坐车有礼、开车有德。不在公共场所吸烟和大声喧哗，不破坏环境，不毁坏公共设施。树立“人人清洁，人人受益”的意识，养成良好的卫生习惯，保持公用部位整洁，搞好房前屋后的环境卫生，清理“牛皮癣”，不乱抛乱丢，主动拆除违章搭建，不随意破墙开店和乱设摊点。积极参与和配合示范道路建设和中小道路整治，不出店营业，店铺齐门售货，环境优美整洁。

三，倡导文明新风尚。积极倡导文明礼貌、助人为乐、爱护公物、保护环境、遵纪守法的社会公德；倡导尊老爱幼、家庭和睦的家庭美德，搞好邻里团结；倡导爱岗敬业、诚实守信、办事公道、服务群众、奉献社会的职业道德。

四，增强法制意识和安全防范意识。每位社区居民做到人人知法、守法、依法办事，

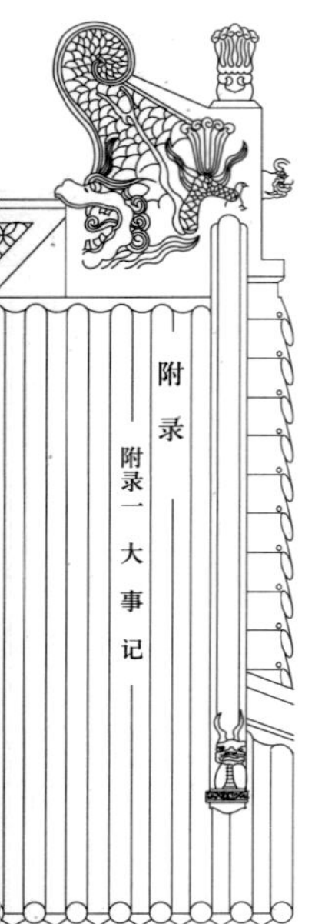

做好安全防范工作。社区居民和社区单位要做好消防、安全生产工作，积极参与创建安全合格单位活动，消除各种火灾隐患，做到无重大恶性火灾事故、无重大恶性燃气中毒事故发生，落实社会治安联防治安队伍，维护社区一方平安。

让我们同心同德，从现在做起，从自己做起，从身边的小事做起，讲文明话、办文明事、做文明人，我相信，我们叶家坝社区的明天将更美好，我们的生活一定会更加幸福。

10）叶家坝宗亲理事会副理事长叶晨东的庆典演出闭幕词

尊敬的湖北楚剧艺术团的各位领导和演职人员：

尊敬的演出现场的各府亲友和广大观众：

女士们、先生们：大家晚上好！

我庄祝贺祠堂落成一周年和纪念太祖万荣公诞辰676周年的庆典演出，即将降下帷幕，借此，我谨代表叶家坝宗亲理事会和全庄宗亲，向湖北楚剧艺术团的领导和专家，以及全体演职员；向光临演出现场的亲戚和朋友，以及全体观众，表示崇高敬意和衷心感谢！

专家们，朋友们，这次庆典活动历时五天，演出传统戏剧十五本，观众累计多达数万人次，效果显著，好评如潮。大家对剧团的评价，可以用以下四句话概括：

一是，演出内容：借古诵今，引领向上，给人以传统教育；

二是，表演技巧：精湛娴熟，更新耳目，给人以艺术享受；

三是，工作态度：吃苦耐劳，无私奉献，给人以积极影响；

四是，生活作风：艰苦朴素，谦虚谨慎，给人以深刻印象。

全体演职员真正做到了台上“一展正气”，台下“一身正气”，德艺双馨，唱戏和做人都十分成功！

对于广大观众和戏迷朋友的评价，我们也有四句话：

一是，不畏寒冷，热情捧场，够支持；

二是，不嫌怠慢，自备干粮，够朋友；

三是，自觉守规，不违纪律，够文明；

四是，看戏投入，不惜掌声，够水平！

正是因为台上和台下相互交流和配合，才成就了本次演出的圆满成功！

各位演艺专家，各位观众朋友，这次庆典活动，你们给我庄留下的精神财富是宝贵的，我们之间结下的友谊是深厚的，道别之时，无以为赠，只有郑重地反复两个字：感谢，感谢，再感谢！

最后，祝湖北楚剧艺术团的领导和演职员事业兴旺，合家幸福！

祝在场的各府亲友和广大观众，身体健康，万事如意！

2. 叶宗坝家礼程序

主持人：全堂肃静，祭礼开始，各执事者序立阶前，听候点召，通赞出班，诣香案前，序立，朝揖，对揖，登台呼礼。

左赞：起鼓三通，鸣金三匝，发炮，奏大乐！

右赞：大乐止，奏小乐！香案前执事者出班，诣香案前，序立，朝揖，对揖，就位。

左赞：中亭前执事者出班，诣香案前，序立，朝揖，对揖，就位。

右赞：神座前执事者出班，诣香案前，序立，朝揖，对揖，就位。

左赞：六所执事童子出班，诣香案前，序立，朝揖，对揖，就位。

右赞：歌童出班（图 13），诣香案前，序立，朝揖，对揖，就位。

图 13　歌童出班

左赞：读祝生出班，诣香案前，序立，朝揖，对揖，复位。

右赞：盥洗所执事者出班，诣香案前，序立，朝揖，对揖，就位（图 14）。

图 14　六所执事（一）

左赞：香帛所执事者出班，诣香案前，序立，朝揖，对揖，就位。

右赞：酒樽所执事者出班，诣香案前，序立，朝揖，对揖，就位。

左赞：肴馔所执事者出班，诣香案前，序立，朝揖，对揖，就位（图 15）。

图 15　六所执事（二）

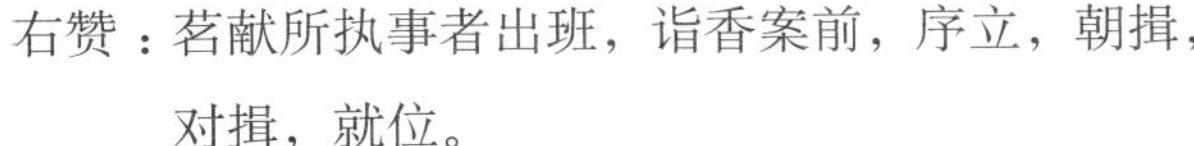

右赞：茗献所执事者出班，诣香案前，序立，朝揖，对揖，就位。

左赞：燎化所执事者出班，诣香案前，序立，朝揖，对揖，就位。

右赞：大小赞出班，诣香案前，序立，朝揖，对揖，就位。

左赞：小乐止。发炮，起鼓，奏大乐，鸣金开道，迎主祭。

右赞：大乐止，奏小乐，大小赞引主祭升阶，诣香案前，序立（图 16）。

图 16　主祭升阶

左赞：朝揖，揖左相左相揖，复位，揖右相右相揖，复位。

右赞：大小赞引主祭诣盥洗所，序立。上揖。

左赞：执事者授巾进盥，盥毕否。（大赞答曰：盥毕矣）整冠，束带，撩衣，纳履。

右赞：大小赞引主祭诣香案前，序立，上揖。

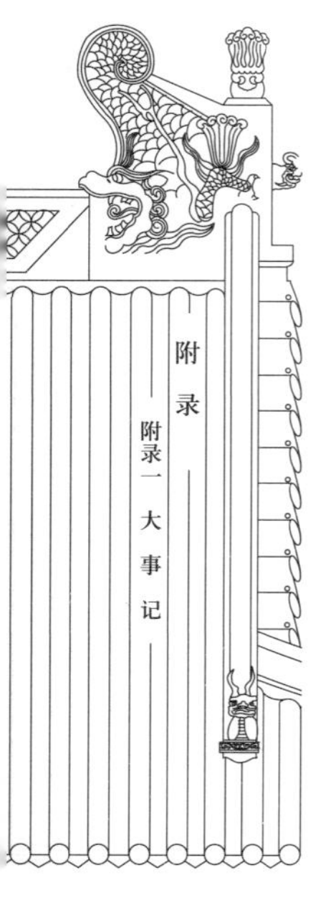

左赞：大小赞引主祭诣香帛所，序立，上揖（图 17）。

右赞：主祭省视香帛，香帛齐备否？（大赞答曰："香帛齐备矣"。）

左赞：大小赞引主祭诣香案前，序立，上揖。

右赞：大小赞引主祭诣酒樽所，序立，上揖（图 18）。

左赞：主祭省视酒樽，酒樽馨香否？（大赞答曰："酒樽馨香矣"。）

右赞：大小赞引主祭复诣香案前，序立，上揖。

左赞：大小赞引主祭诣肴馔所，序立，上揖（图 19）。

右赞：主祭省视肴馔，肴馔丰肥否？（大赞答曰："肴馔丰肥矣"。）

左赞：大小赞引主祭复诣香案前，序立，上揖。

右赞：大小赞引主祭诣茗献所，序立，上揖（图 20）。

左赞：主祭省视茗献，茗献清洁否？（大赞答曰："茗献清洁矣"。）

右赞：大小赞引主祭复诣香案前，序立，上揖。

左赞：大小赞引主祭诣燎化所，序立，上揖。

右赞：主祭省视燎化，燎化光明否？（大赞答曰："燎化光明矣"）

左赞：大小赞引主祭复诣香案前，序立，上揖。

右赞：主祭跪，六所执事童子，捧香升，收香，复位（图 21）。

左赞：执事者燃香，初上香，亚上香，三上香，叩首，叩首，三叩首，兴。

右赞：大小赞引主祭诣中亭前，行求神礼，序立，上揖。

左赞：主祭跪，六所童子，捧爵升、收爵，复位。

右赞：执事者携壶酌酒，揭帷，倾入茅沙，灌地降神，反爵。

左赞：执事者燃檀，加檀，主祭兴。

右赞：大小赞引主祭复诣香案前，序立，上揖。

左赞：大小赞引主祭诣神座前，序立，行出主礼，上揖。

右赞：主祭跪，六所童子，捧香升，收香，复位。

左赞：歌童出班，诣神座前，序立，上揖。

图 17　主祭诣香帛所

图 18　主祭诣酒樽所

图 19　主祭诣肴馔所

图 20　主祭诣茗献所

图 21　六所执事童子，捧香升

右赞：小乐止。执事者燃香，歌上香诗（图 22）：

头住香，敬天香，日月星辰巡天上。
雨雪霜露适时降，乾坤朗朗永吉祥。
二柱香，敬地香，山川河流行地上。
农林牧渔皆丰产，人间处处泛春光。
三柱香，敬神香，列祖列宗在头上。
神明庇护无忧虑，子孙万代福久长。

图 22　歌童出班，歌上香诗

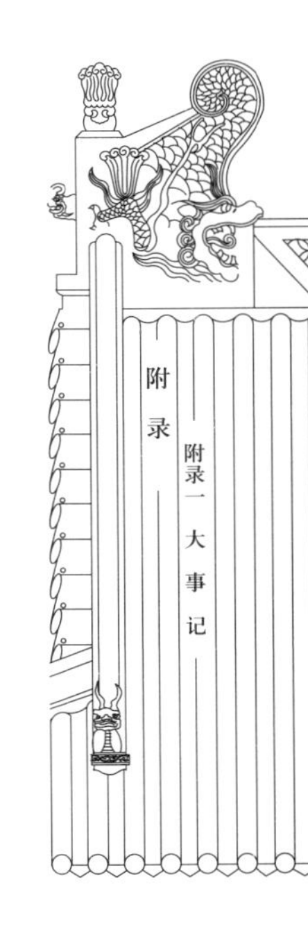

左赞：歌毕，上揖，复位。

右赞：六所童子，捧出主文升，收文，复位。献文，主祭俯伏。

左赞：读祝生诣神座前，序立，朝揖，跪，朗诵出主文。

右赞：读毕，起小乐，祝生兴，朝揖，复位。

左赞：大小赞出主，鸣炮，金鼓齐鸣，奏大乐。

右赞：乐止，奏小乐，神主安位。

左赞：主祭起伏，兴，大小赞引主祭诣南面阶下，序立。

右赞：一拜揖，二拜揖，三拜揖，神来否？（大赞答曰："神来矣"。）

左赞：发炮，奏大乐，金鼓齐鸣。

右赞：大乐止，奏小乐，大小赞引主祭诣神座前，序立，上揖。

左赞：主祭跪。六所童子，捧香升，收香，复位。

右赞：执事者燃香，初上香，亚上香，三上香。

左赞：六所童子，捧爵升，收爵，复位，献爵。

右赞：六所童子，捧箸升，收箸，复位，献箸。

左赞：六所童子，捧羹升，收羹，复位，献羹。

右赞：六所童子，捧米食升，收米食，复位。献米食。

左赞：六所童子，捧茗升，收茗，复位，献茗。

右赞：歌童出班，诣神座前，序立，上揖，小乐止。歌点茶诗三章（图 23）。

一点茶兮茶芬芳，龙团雀舌异寻常，愿吾祖兮来监此，式饮庶几乐且康。

二点茶兮茶清香，龙团雀舌异寻常，愿吾祖兮来监此，式饮庶几乐且尝。

三点茶兮茶清凉，龙团雀舌异寻常，愿吾祖兮来监此，式饮庶几乐洋洋。

图 23　歌童出班，歌点茶诗

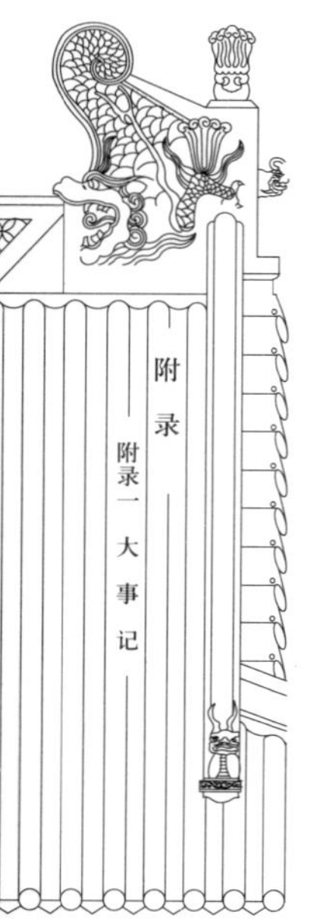

左赞：歌毕，起小乐，歌童上揖，复位。

右赞：六所童子，捧帛升，收帛，复位，献帛。

左赞：六所童子，捧祝文升，收文，复位。主祭俯伏。

右赞：读祝生诣神座前，序立，朝揖，跪，小乐止。朗诵祝文。

左赞：读毕，起小乐，祝生兴，朝揖，复位。

右赞：主祭起伏，兴。大小赞引主祭诣香案前，序立，上揖。

左赞：大小赞引主祭诣神座前，序立，上揖，撤馔。

右赞：大小赞引主祭诣香案前，序立，上揖。

左赞：主祭跪，叩首，叩首，三叩首，兴。

右赞：主祭跪，叩首，叩首，六叩首，兴。

左赞：主祭跪，叩首，叩首，九叩首，兴。

右赞：揖辞左相左相揖，复位，揖辞右相右相揖，复位。

左赞：大小赞引主祭退班。

右赞：六所童子诣香案前，序立，朝揖，对揖，退班。

左赞：盥洗所执事者诣香案前，序立，朝揖，对揖，退班。

右赞：香帛所执事者诣香案前，序立，朝揖，对揖，退班。

左赞：酒樽所执事者诣香案前，序立，朝揖，对揖，退班。

右赞：肴馔所执事者诣香案前，序立，朝揖，对揖，退班。

左赞：茗献所执事者诣香案前，序立，朝揖，对揖，退班。

右赞：燎化所执事者诣香案前，序立，朝揖，对揖，退班。

左赞：神座前执事者诣香案前，序立，朝揖，对揖，退班。

右赞：中亭前执事者诣香案前，序立，朝揖，对揖，退班。

左赞：香案前执事者诣香案前，序立，朝揖，对揖，退班。

右赞：歌童出班，诣香案前， 序立，朝揖，对揖，退班。

左赞：读祝生诣香案前，序立，朝揖，对揖，退班。

主持人：通赞诣香案前，序立，朝揖，对揖，退班。小乐止，祭献礼成，奏大乐，金鼓齐鸣，发炮，乐止。

叶氏族人祭拜文武二祖（图 24）

图 24　叶氏族人祭拜文武二祖

附 3：叶家坝宗亲理事会成立大会上的相关致词

1. 大冶市德发置业有限公司总经理叶祖发的就职演说

尊敬的各位领导、各位长老、各位宗亲：

大家上午好！

在我庄叶家坝文化礼堂暨叶氏宗祠落成庆典之后，我们又迎来了叶家坝宗亲理事会成立大会。在此，我谨向诸位表示热烈祝贺，同时感谢村党总支、居委会领导和各位宗亲，对我的信任和支持，推选我担任叶家坝宗亲理事会理事长，对此，我既感到荣幸，同时更感到责任重大。我一定不辜负大家的期望，在履职期间，紧紧依靠叶家坝社区党总支和居委会，团结理事会全体成员，努力完成以下几项工作：

一，创造更加文明、和谐、安宁的生活环境。

下一阶段，我们要借宗祠成功落成的东风，进一步整治社区环境，推动绿化、美化、亮化建设，完成社区主干道刷黑工程，保障全社区道路畅通，环境优美，治安良好。同时要以宗祠后期文化建设为契机，提高宗祠文化品位，加强宗祠各项管理，使宗祠不仅成为叶家坝人崇宗敬祖、文化娱乐的精神家园，而且也成为全市、全省乃至全国人民共同景仰的民族文化旅游胜地。

二，以团结宗亲为目的，促进黄石地区叶氏家族大融合。

叶家坝宗亲理事会下辖四门九庄，以莲花心、上叶、下叶、中门、青松、七里界、东方山、黄土垴等庄宗亲为主体，是自愿组织的民间团体，是叶家坝宗亲相互沟通与交流以及和睦相处的平台。理事会承担着团结宗亲、崇宗敬祖、化解矛盾、处理家族事务的责任，我们要以理事会为窗口，促进大冶、黄石地区叶姓家族的大团结，为创建和谐社会作出应有贡献。

三，利用我庄城中村的区位优势，大力发展经济。

全体理事会成员必须树立全心全意为广大宗亲服务的思想，充分利用城中村的优越条件，实现“城中村”与“村外城”的同步发展，创办叶氏宗亲网，搭建网络交流平台，增进宗亲之间的友谊，相互学习，相互交流，为宗亲之间经商贸易构架桥梁。充分利用社区居民家富余房屋，将商贸项目引进社区，使之成为既是生活区又是商贸区的村庄。

时逢盛世，国泰民安，在共筑中国梦的大背景下，我们要做的事还很多，让我们共同努力，为实现小康社会而奋斗！

最后，祝本次大会取得圆满成功，祝与会领导、宗亲、全体会员代表工作顺利、家庭幸福、身体健康！

2. 村党总支书记、村委会主任叶天胜的祝贺词

尊敬的各位宗亲：

同志们、朋友们：

大家上午好！

今天，我们叶家坝宗亲理事会光荣诞生了。它在筹备过程中，有关宗亲认真谋划、广泛动员，为理事会的组建做了大量细致的工作。为此，我谨代表村党总支、村委会向各位表示诚挚的谢意！同时，向大力支持宗亲理事会成立的宗族贤达人士致以崇高敬意！向在

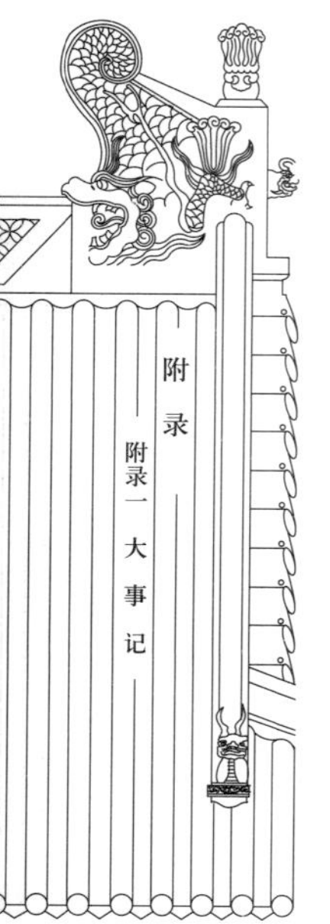

本届宗亲理事履新任职的宗亲表示热烈祝贺!

叶家坝宗亲理事会的成立，为我叶家坝村搭建了一个研究宗族文化和联络增进宗亲亲情的平台。这仅是一个新的起点，今后的工作任重而道远。但我相信理事会工作在各位宗亲的关心和共同努力下，一定会走向辉煌，为此，我在这里提几点要求供各位参考：

一，以尊祖敬宗为指导思想，加深民族文化认同感。

寻根问祖，慎思追远，弘扬祖德，光前裕后，历来是中华民族的优良传统。因此，我们要积极组织宗亲举办相关祭奠先祖的活动。大力开展对外联谊活动，利用本地资源，引进外部力量，与各级单位联合举办一些公益活动，提高叶家坝和叶氏宗祠的声誉。同时加强与全国各地的文化合作交流，取长补短，不断创新，把叶氏宗族文化发扬光大。

二，以宗族团结为主要目的，增强社会凝聚力。

团结就是力量，也是干好一切工作的基础和前提。理事会领导班子与成员要加强团结，对工作中出现的某些观点或争议，我们要抛开个人感情，以工作为重，求大同存小异。家和万事兴，我们一定要同心同德，同舟共济，充分利用国家法定节假日，组织宗亲开展一些联谊活动，从而增进宗亲间的认同感和凝聚力，促进叶家坝家族事业的发展。

三，以叶氏宗祠为名片，提高宗族知名度。

这个任务不光艰巨，而且充满挑战性，我们应采取走出去、请进来的方法，汲取别人的经验，结合我庄祠堂实际，营造一个具有现代气息的古典文化环境。因此，我们应共同承担，共同奋斗，出谋献策，各尽所能，使我们祠堂文化及宗族文化大放光彩，让它走出大冶，走向全国乃至世界。

宗亲们，让我们的心紧密相连，团结互助，共同创造美好的家园。最后，祝叶家坝宗亲理事会成立大会圆满成功!

祝各位宗亲们，身体健康!工作顺利!合家幸福!

3．大冶城建集团公司董事长叶宗林的致辞

尊敬的各位宗亲：

大家上午好!

阳春三月，万物滋荣，在这春暖花开的美好季节，我们欢聚一堂，隆重举行叶家坝宗亲理事会的成立大会。承蒙族人的抬爱，推举我为理事会的名誉理事长，这既是光荣也是责任，在此我谨代表大冶城建集团向理事会的成立表示热烈的祝贺，向各位宗亲致以诚挚的问候和良好的祝愿。

成立叶家坝宗亲理事会，其根本目的就是凝聚宗族人心，促进宗族团结，承祖训、弘祖德、固本源、立家规、自强不息、厚德载物，将全体族人紧紧抱成一团，组成一个和睦的大家庭，有组织、有程序、有计划、有步骤地去开展各项宗族事务管理工作，借此提升家族的凝聚力、向心力、亲和力，激发宗亲的整体活力，去创造继叶氏宗祠建成之后更加宏伟的宗族事业。

成立宗亲理事会既是全体族人的迫切愿望，也是传承叶氏优秀传统文化，正族风，育族人，振族威，发扬敢为天下先，永远争第一的精神，促进叶氏宗族经济和各项事业又好又快发展的需要，保持叶氏宗族的繁荣昌盛、万代兴隆。

殷切期盼宗亲理事会：

一，深入挖掘叶氏文化内涵，发挥宗亲理事会的平台作用，全面展示叶氏宗族丰富的文化底蕴，为弘扬叶氏文化，为促进当地经济发展、文化繁荣、社会和谐作出新的更大的贡献。

二，积极开展对外的交流与合作，把叶氏文化中心建设成有品位、有内涵、有作为的交流中心。

三，大力发展生态文化中心建设，积极弘扬生态环保理念，文明敬香，创造优美的环境和美好的人文生态。

最后，祝愿我们叶氏宗族千秋万代，永世其昌；祝愿各位宗亲身体健康，富贵吉祥！

4．大冶市德发置业有限公司董事长叶序德的致辞

尊敬的各位领导、各位朋友：

尊敬的各位长老、各位宗亲：

大家上午好！

家族兴旺，喜事成双；一件未了，一件跟上。叶氏宗祠落成庆典的欢声笑语还未散去，我们又迎来了叶家坝宗亲理事会成立的喜讯。作为叶家坝村的普通一员，我首先要感谢叶家坝村党总支和村委会，在叶氏宗祠建成后，宗族事业何去何从的关键时刻，为我叶家坝村搭建了一个很好的指挥平台，让我们有了前进的方向，作为从事社会创业活动的平凡经营者，我谨代表大冶德发置业有限公司，向光荣诞生的叶家坝宗亲理事会表示热烈的祝贺！向参加大会的全体宗亲代表和当选履新的各职理事表示崇高敬意！

我认为叶家坝宗亲理事会的成立，将会加快我村民主自治的新步伐。在我庄祠堂筹建过程中，广大宗亲团结向上的热情空前高涨，如何将这股热情持续下去，这就需要一个专门班子加以引导，宗亲理事会作为民间团体，正好符合这个角色，它既能反映民主，又能达到自治，既能维护团结，又能服务政治，可谓一举多得。更何况现在宗亲理事这班人，正是前段领头建祠堂的这班人，我们相信，他们在完成角色转换之后一定会完成好兴旺宗族的光荣使命！

我认为叶家坝宗亲理事会的成立，将会开创我社区经济建设的新局面。俗话说，一花独放不是春，万紫千红才是春。换句话说，一家致富不算富，大家致富才算富。要想达到这个目标，必须要有大公无私的领头人，村党政领导干部是带领大家致富的先锋，现在我们又有了宗亲理事会这班人，他们中不乏勤劳、致富的成功人物，更有扶贫济困的慈善人士。我们相信，有这两股强大力量的支持和帮助，叶家坝要加速经济发展，全面实现小康目标，应该说是毫无疑义的！

我认为叶家坝宗亲理事会的成立，将会提升我村文明进步的新高度。有了团结向上的精神，有了丰富生活的物质，才能使社会文明成为现实。这就是人们常说的精神文明和物质文明，这两个文明之间，互为条件又互为目的，文明程度越高，人民生活幸福指数就越高，这个理论不仅适应于社会，更符合于宗族。我们的目的就是要把叶家坝建设成文明程度最高的村庄。我们相信，有村党总支和村委会的坚强领导，有宗亲理事会的积极配合，有叶氏宗亲的共同努力，我们的目的一定要实现，我们的目的一定能实现！

最后，祝大会圆满成功！

祝各位身体健康，家庭幸福，心想事成！万事胜意！

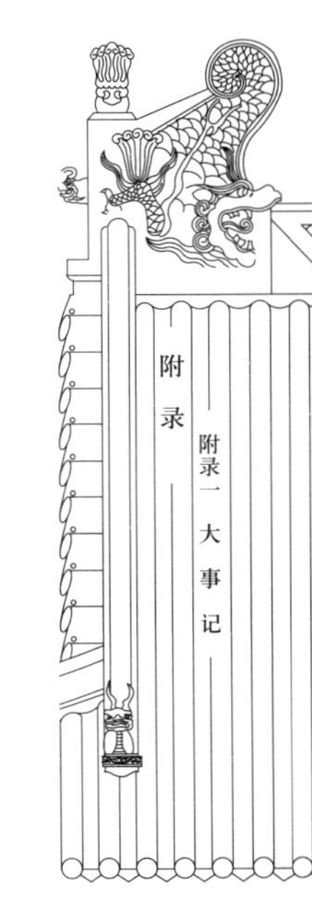

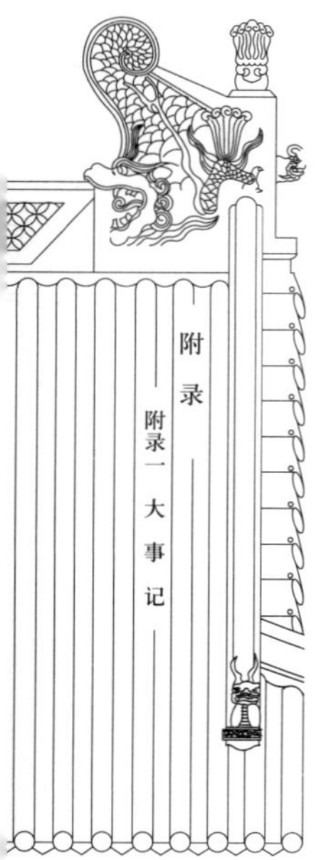

5. 大冶市金叶置业有限公司董事长叶宗尉的祝贺词

尊敬的领导、家族长老和各位宗亲：

大家上午好!

今天，我们“叶家坝宗亲理事会”伴随着清明时节的岁月钟声正式成立了！这里，我代表金叶置业有限公司谨向“叶家坝宗亲理事会”组织机构的荣誉诞生表示热烈祝贺！同时，向与会领导、家族长老和各位宗亲致以真诚的祝贺与崇高的敬意!

政善人勤，国富民强。祖恩源远，家兴族旺。

宗亲理事会的成立，是我们坝庄嗣孙的应尽职责和共同愿望。宗亲理事会的诞生，展示了我们坝庄嗣孙“崇宗敬祖，铭恩思德”的忠心孝意；宗亲理事会的诞生，彰显了我们坝庄嗣孙“凝心聚力、开拓创新”的壮志豪情!

我衷心地祝愿：咱们叶氏嗣孙“人旺财旺百业旺，家和族和万事和”！

6. 腾飞建材装饰有限公司董事长叶天彪的祝贺词

各位长老、各位宗亲、先生们、朋友们：

风和日丽，气象万千，街头巷尾、祠堂内外一片欢腾。在这个大好气氛中，叶家坝宗亲理事会宣告成立，这是一件全庄振臂高呼的好事、大事，这是民主管理公共利益，提高全民素质的好形式，也是各级政府提倡的新生事物，它首先在我叶家坝村成立，这说明我们的村民素质较高，更说明了村委会走在时代的前列，领导有方。在此，我代表腾飞建材装饰有限公司表示热烈的祝贺！并向理事会成员和与会代表致以崇高的敬意!

先生们、朋友们，我们的国家是具有社会主义特色的民主国家，每个公民都享有民主、平等、自由的权利。首先，我要努力学习社会主义核心价值观，做个好公民。宗亲理事会是最接近群众的机构，我虽然是个公司的负责人，但我也是叶家坝村的普通村民，我积极拥护理事会的章程和管理条例。在民主管理好自己公司的同时，也尽量为理事会出谋划策，做点微薄贡献，使理事会能以符合宗亲心愿的正确方向开展工作。

宗亲理事会是个服务机构，其成员是宗亲的公仆，我希望理事会全体成员互相帮助，互相监督、互相包容，主动维护理事会的威信，保护其生命力，热心地为宗亲多办好事实事，为实现中华民族的伟大梦想而奋斗!

7. 大冶市展鑫矿业有限公司董事长叶智明的祝贺词

尊敬的各位族长、各位宗亲：

大家好!

在这春雨润物，姹紫嫣红，风物怡人的日子里，我们叶家坝宗亲理事会隆重成立！今天我们欢聚一堂，共叙亲情乡情，共话家族发展。我作为叶氏家族的一员非常荣幸。

我们叶家坝祖祖辈辈都能做到“团结、勤奋、孝顺、进取”这八个字。如今，我们适逢政通人和，国泰民安，太平盛世之际。我们更处在大开发的时代前沿，叶氏族人没有贪图享乐，而是大家齐心协力一起把祖堂建设得富丽堂皇，为全体宗亲办了扎扎实实的好事。祖堂以及配套设施建成既表达了我们崇宗敬祖之心，又为宗亲提供了一个活动娱乐场所，将功在当代，利在千秋！这充分说明了叶家坝人是“想干事，能干事，干成事”的大家族。

叶氏宗亲理事会成立后会更加促进叶氏的凝聚力，团结人心，共同为家族更大的发展进步出谋划策！

祝叶氏满门兴旺发达，人才辈出，万代兴隆，万事如意，财源茂盛，健康平安，幸福吉祥！

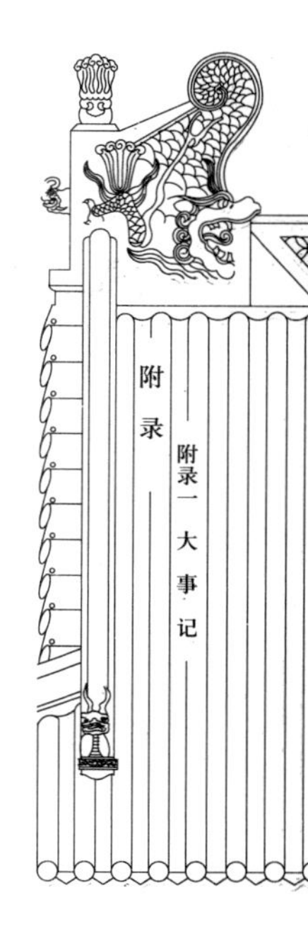

2017年

1月3日，天胜书记在宗亲理事会办公室主持会议，讨论编写《大冶叶氏宗祠志》有关事宜，决定由宗亲理事会名誉理事长宗善先生任本志执行主编。参加会议的有：宗善、祖发、惠清、舜华、建军、序田等。

1月17日，天胜书记在叶家坝社区办公楼三楼会议室，主持《大冶叶氏宗祠志》编委会领导和编辑部成员见面会。编委会领导对各位编辑和工作人员寄予厚望，会议确定本书参加会议人员：编委会顾问天胜、宗林、宗尉，主任祖发，副主任惠清、舜华、建军、宗善（执行主编），成员序田、宗植。编辑石教年先生、石钧先生、纪金海先生、刘增国先生（他们分别为大冶市实验高中、实验中学退休高级教师）。

2月5日晚9时至24时，金湖街办姜桥左家湾龙灯来我庄文化广场表演龙灯、入祠贺彩，并绕行庄内五条主干道一周，我理事会赠礼金人民币1万元。22时30分，前往莲花芯庄、上叶庄、下叶庄继续表演。

2月14日（丁酉年正月十八日），《大冶叶氏宗祠志》编辑部编写人员正式上班开始工作。

2月26日，叶家坝门楼至文化广场“仿古一条街”工程开工，常务副理事长惠清任总指挥长。该工程由黄石市佳境建筑设计有限公司设计，湖北楚风园林古建筑有限公司承建，工程造价126万元。

3月12日，《大冶叶氏宗祠志》编辑部为我庄庄门、道路拟名，报社区居委会、宗亲理事会批准，具体名称为：中门庄东风路门楼为“南一门”，下叶庄东风路进出口处为“南二门”，上叶庄东风路进出口处为“南三门”。中门庄观山东路进出口处为“北一门”，天怡嘉园旁边进出口处为“北二门”，莲花芯庄观山东路进出口处为“北三门”。金湖大道进入靠背刘路入口处为“东门”。新冶大道武商量贩后面进出口处为“西门”。九条主干道分别为：“叶家坝大道”（南一门至北一门），“东路”（南北二端与叶家坝大道相接），“西路”（文化广场照壁处至北二门），“西二路”（西门至北二门）。“对面山路”（照壁西端沿对面山围墙至宗裕私宅围院断），以及“莲花路”、“莲花大道”“上叶路”、“下叶路”。

3月15日，宗亲理事会理事长祖发、常务副理事长惠清等，接待来我庄参观宗祠的世界叶氏联谊总会湖南常德市分会会长文明先生一行8人。

3月15日晚，《大冶叶氏宗祠志》编委会顾问天胜、宗林、宗尉，主任祖发，副主任惠清、舜华、建军、宗善先生（执行主编），成员序田，在叶家坝社区居委会三楼会议室，对《大冶叶氏宗祠志》编写提纲进行评审，大家对提纲的整体编排、构思等给予充分肯定，对部分章节提出指导性意见。

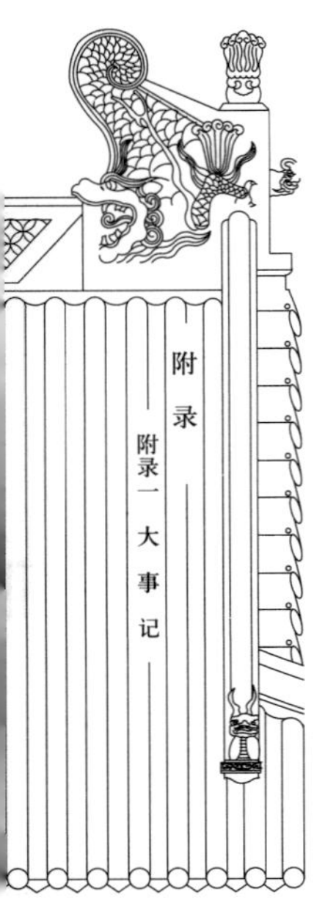

3 月 22 日，宗亲理事会领导宗善、惠清、国凡、建军、宗星等，接待来我庄参观宗祠的浙江省叶氏联谊会副秘书长东方和江西省宗亲发森、桂林先生一行四人。座谈会上，探讨叶氏源流。

3 月 29 日下午，宗亲理事会领导建军、宗星等，接待来我庄参观宗祠的江西省铜鼓县叶氏联谊会会长丙炎先生（原副县长）一行 36 人。

4 月 14 日上午（丁酉年三月十八日），宗亲理事会组织全庄 80 岁以上部分寿星 53 人在文化广场合影。随后，理事会部分领导和成员与寿星们合影留念。中午在宗祠宴会厅设宴席 10 桌招待寿星们和部分亲属。

4 月 17 日，宗亲理事会领导国凡、宗星等接待来我庄参观宗祠的陕西省安康市汉滨区叶家台宗亲理事会理事长凤保一行 3 人，探讨叶氏源流。

4 月 18 ～ 20 日，宗祠内安装 16 幅红木雕刻的先祖故事图画和 5 副红木对联及三殿名号匾额。

5 月 7 日，大冶城建集团董事长宗林和叶家坝社区党总支副书记舜华，赴北京请城乡建设环境保护部原部长叶如棠先生为《大冶叶氏宗祠志》题书名。

5 月 9 日，大冶城建集团董事长宗林和叶家坝社区党总支副书记舜华，请中国工程院院士叶可明先生任《大冶叶氏宗祠志》主编。

6 月 16 日，宗林前往北京请原城乡建设环境保护部部长叶如棠先生为门楼题词“枼家壩”。

6 月 28 日，我庄“仿古一条街”工程竣工。

7 月 3 日，天胜书记签发《叶家坝社区、叶家坝宗亲理事会联席会议纪要》，内容如下：

2017 年 5 月 17 日上午，叶家坝社区党总支书记、居委会主任叶天胜主持召开社区和理事会联席会议，讨论、研究宗祠后殿神龛各房祖宗牌位排放问题，形成如下决定：

制作正圆、正围、正圜、正团、正圃五公神主牌位，放置在神龛中庭花香、万荣二公神像左右两厢，一字排开。左厢是正圆公、正围公牌位，其后面是首一长房、首一二房、首一三房、首二房统牌位；右厢是正圜公、正团公、正圃公牌位，其后面是首三房、三房、四房、五房统牌位。各房牌位呈一字排开。

会议还强调，这种祖先牌位排列方法是符合宗法伦理的权威方法，因而要以此为例、将其传承下去。这次会议的意义十分重大，不仅理顺了本族世系序列，解决了百年来的争议、让列祖列宗共享后嗣香火，而且进一步夯实了本庄宗祠文化基础，增进了各房宗亲之间的团结，彰显了名门望族的优良传统。

参加会议的有：社区党总支副书记叶舜华、理事会名誉理事长叶宗善、理事长叶祖发、常务副理事长叶惠清。

10 月 16 日，宗林、舜华前往北京请住建部建筑杂志社总编辑叶昌元为《大冶叶氏宗祠志》写《序》。

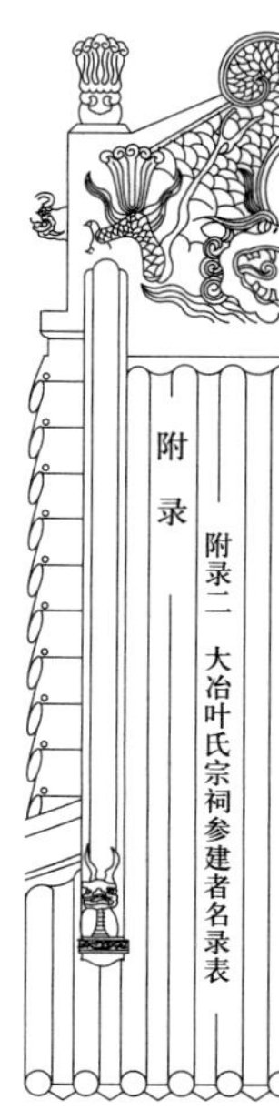

附录二　大冶叶氏宗祠参建者名录表

土建工程　　表 1

单位	负责人	时间	参建项目
大冶市人民政府（原副市长）	晏勇	2014 年 8 月 6 日	建议堰塘改成地下调蓄池
中南建筑设计院	黄维义	2014 年 7 月 19 日 2014 年 9 月 23 日	叶氏宗祠、文化广场规划设计 宗祠、文化广场、廊亭建筑设计
湖北佳境建筑设计有限公司	卫才余	2014 年 9 月	宗祠古建装饰设计
黄石市建筑勘察设计公司	胡双莲	2014 年 7 月 18 日	道路、排水、电路工程设计
中南勘察设计院（湖北）有限责任公司	杨立新	2014 年 8 月 25 日	宗祠和广场场区岩土工程勘察和水文地质勘察等
湖北楚风园林古建筑有限公司	卢朝兴	2015 年 3 ～ 12 月 2017 年 3 ～ 7 月	宗祠和廊亭工程施工 仿古街工程施工
湖北楚风园林古建筑有限公司	卢新建	2015 年 3 ～ 12 月 2017 年 3 ～ 7 月	宗祠和廊亭工程施工古建工程师 仿古街工程施工古建工程师
—	盛红宇	2015 年 3 ～ 12 月	钢管脚手架搭设
黄石市金佰工贸有限公司	叶宗榜	2014 年 5 月～2015 年 7 月	供叶氏宗祠建筑群钢材（鄂钢）800 余吨
黄石市政工程有限公司		2014 年 6 ～ 12 月	道路、排水、宗祠土方工程
—	黄细正	2014 年 5 ～ 11 月	广场、宗祠挖孔桩
华新混凝土（武汉）有限公司黄石分公司	叶俊	2014 年 6 月～2015 年 8 月	供叶氏宗祠建筑群混凝土 8000 余立方米
—	罗正书	2014 年 6 ～ 12 月	宗祠和文化广场基础木板
—	郑正清	2014 年 5 ～ 12 月	广场、宗祠基础钢筋制作安装
大冶市铭振古建材料有限公司	罗振	2015 年 3 ～ 7 月	供宗祠、廊亭斗栱构件
大冶锦华雕塑材料公司	卢冬胜	2017 年 3 ～ 6 月	供仿古街斗栱构件
—	侯甫强	2015 年 5 ～ 12 月	水电安装
—	石继林	2015 年 6 月	富水河仿石假山
—	叶宗访	2015 年 8 月	宗祠、廊亭斜屋面防水
大冶市金湖林鑫红木家具厂	柯贤友	2015 年 10 ～ 12 月	仿古红木门窗、图书室书柜等
金湖街办周远湾	周卫民	2014 年 5 ～ 9 月	叶氏先祖陵园门楼、围墙、拜台等

装饰工程　　表 2

单位	负责人	时间	参建项目
江西星子联拓石材有限公司	刘印水	2014 年 9 月 2015 年 6 ~ 12 月	制作宗祠奠基石 供青石地板
山东嘉祥诚信石业雕塑有限公司	李腾	2015 年 4 ~ 12 月	制作安装青石门楼、照壁、神龛、九龙御道、石狮、石象、石缸、柱顶石、汉白玉栏杆等
振华石材	李振华	2015 年 8 ~ 11 月	供文化广场石材及铺贴
—	陈建华	2015 年 8 ~ 12 月	宗祠地面石板铺贴
创意石材	叶明	2015 年 9 月	崇源殿屏风背景墙安装石材
—	李嘉铭	2015 年 11 ~ 12 月	宗祠外墙干挂石材
—	张细雪	2015 年 6 月	供彩绘材料
黄石市瑞来节能环保工程有限公司	程细水	2015 年 8 ~ 12 月	宗祠外墙多彩漆
—	柯树鹏	2015 年 6 ~ 12 月	崇源殿油漆彩绘、负一楼乳胶漆
—	段辛胜	2015 年 6 ~ 12 月	铭恩厅油漆彩绘
—	卢学进	2015 年 6 ~ 12 月	忠烈堂油漆彩绘
深圳冠牌光电技术（武汉）有限公司	周贤臣	2015 年 8 ~ 12 月	景观亮化工程
—	陈国胜	2015 年 8 月	室内装饰设计
—	乐为民	2015 年 10 ~ 12 月	负一楼宴会厅、接待室、 二楼大厅装饰
弘丰古典红木家具厂	柯燕青	2015 年 12 月	宗祠二楼大厅仿古家具
黄石西塞山区家友厨具厂	程贤友	2015 年 12 月	厨房设备
大冶铜都门业有限公司	卢　建 赵文革 叶国锋	2015 年 10 ~ 12 月 2017 年 3 月	宗祠铁木结构楼梯栏杆 《修祠功德碑》等 4 块铜碑油漆喷涂

单位	负责人	时间	参建项目
中华人民共和国住房和城乡建设部（原部长）	叶如棠	2017 年 5 月	为《大冶叶氏宗祠志》题书名
中华人民共和国住房和城乡建设部（原副部长）	姚兵	2016 年 10 月 21 日	撰书崇源殿门联 1 副
中国工程院（院士）	叶可明	2017 年 5 月	任《大冶叶氏宗祠志》主编
湖北省人大（原副主任）	罗辉	2016 年 12 月 28 日	撰书崇源殿门联 1 副
中国书法家协会（理事）	叶培贵	2015 年 8 月 8 日 2016 年 12 月	书“叶氏宗祠”和“椿庭扬芳”匾额、 书崇源殿和思源廊对联各 1 副、撰书对联 1 副
首都师范大学（博士）	钟全昌	2016 年 12 月	书铭恩厅对联 1 副
黄石市人大（原副主任）	李声高	2015 年 5 月 2016 年 4 月 2017 年 3 月	题书“子叶同本”横幅、 撰书诗 1 首 撰书对联 1 副、书对联 1 副 题书“荟萃亭”匾额
黄石市政协（原副主席）	尹迪生	2016 年 5 月	题书条幅 1 副
黄石市书法家协会(原主席)	樊稼生	2016 年 4 月	书联 1 副
大冶市人大（原副主任）	程瑞林	2014 年 6 月	撰联 1 副
大冶市人大（原副主任）	金松林	2016 年 1 月	撰诗 1 首、对联 1 副
大冶市政协（原副主席）	张志翔	2016 年 1 月	撰联 1 副
大冶市人大（原副主任）	吴凤鸣	2016 年 12 月	撰书对联 1 副、撰联 1 副
大冶市政协（原副主席）	刘金明	2016 年 1 月	撰书对联 1 副、书对联 1 副
项氏石雕	项青春	2014 年 7 月 2014 年 9 月 2016 年 8 月	叶氏先祖陵园 6 幅碑刻、“铭恩塔”碑文和先祖碑文若干、雕青云台对联 1 副、汉白玉仙鹤图 1 块、雕刻土地祠门联 1 副、铭恩厅和忠烈堂 6 幅碑刻
大冶市经济技术开发区	袁树林	2015 年 5 月	撰书诗 1 首
大冶市老年诗联书画协会	程钢	2015 年 5 月	书联 1 副
大冶市老年诗联书画协会	李相班	2015 年 5 月	国画 1 幅
北京大学（副教授）	叶林晖	2015 年 6 月	撰联 1 副
中央电视台	叶君	2015 年 6 月	撰联 1 副
陕西省西安市高新技术开发区	叶天彤	2015 年 6 月	撰联 1 副
辽宁成大生物有限公司	叶乐乐	2015 年 6 月	撰联 1 副
湖北佛圣堂雕塑工艺有限公司	郭西安	2015 年 12 月	雕塑太祖神像，制作安装“叶氏宗祠”和“椿庭扬芳”匾额，铸造安装“叶氏宗祠记”铜碑、铜鼎、铜香炉、“聚宝阁”化钱炉
	左颖志	2015 年 12 月	制作忠烈堂烛案 5 张、 怡心廊靠背椅钢件等
大冶市文化局	姜彬	2016 年 1 月	撰诗 1 首
大冶市教育局	程孝生	2016 年 1 月	撰联 1 副
大冶市教育局	乐俊	2016 年 1 月	撰联 1 副
大冶市文化馆	程方圆	2016 年 1 月	书“思源廊”匾额及对联 2 副
大冶市图书馆	梅正国	2016 年 1 月	撰书条幅 1 幅、书联 1 副

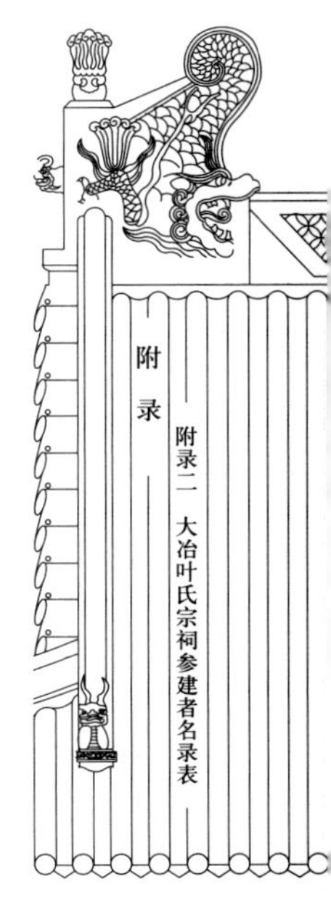

续表

单位	负责人	时间	参建项目
大冶市实验高中	石教年	2016年1月 2017年6月	撰《贺叶氏宗祠落成》诗1首 撰迎曦亭联1副、广场八看点诗8首
大冶市实验中学	石钧	2016年1月 2017年6月	撰《贺叶氏宗祠落成》对联1副、撰怡心廊三柱联1副、内构八看点诗8首
大冶市实验高中	纪金海	2016年1月 2017年6月	撰联1副、书条幅一副 为“荟萃亭”、“望月亭”、“怡心廊”拟名
大冶市科委	卢荣昌	2016年1月	撰书诗1首
大冶市乡镇企业局	周和先	2016年1月	撰书对联1副、书联1副
大冶市老年诗联书画协会	陈耀华	2016年1月	书诗1首、对联1副
大冶市老年诗联书画协会	柯西江	2016年1月	撰书对联1副
大冶市老年大学	曹树友	2016年1月	撰诗1首、物件八看点诗8首
大冶市华夏重儒诗学社	石大安	2016年1月	撰书对联1副、书联1副、书诗词3首
大冶市华夏重儒诗学社	陈锦华	2016年1月	书对联1副
大冶市华夏重儒诗学社	石龙华	2016年1月	撰书诗1首、书联1副
大冶市华夏重儒诗学社	饶惠开	2016年1月	楷书“福”字
陈贵中学	柯善荣	2016年1月	撰联1副、撰书对联1副
茗山文联	余立生	2016年1月	撰词1首
大冶市雅墨堂书画装裱工作室	袁志勇	2016年1月 2017年5月	宗祠上层连廊文化装裱框43副、宗祠文化装裱框35副、书诗联5副、古文小楷2篇、“望月亭”匾额、撰书诗联2副
浙江省东阳市献华木雕工艺有限公司	吕献华	2016年4月	雕刻16幅红木先祖故事图、5副红木对联、3块殿名樟木匾额
河南洛阳中铝铜加工有限公司		2016年5月	供修祠功德碑等紫铜板
大冶市登峰广告装饰工程部	李登峰	2016年6月 2017年5月	制作祖宗牌51块、功名匾32块、 制作廊亭匾额5块、对联5副 书“怡心廊”匾额、三柱联、忠烈堂古文1篇
金山店镇	陈桑田	2016年8月 2017年5月	书忠烈堂古文1篇、对联2副 书“迎曦亭”匾额、古文小楷2篇
大冶市一中	李盛利	2016年8月	书忠烈堂古文1篇
大冶市三中	柯宝国	2016年8月	书忠烈堂古文1篇
广东省佛山市宏达模具中心	张红超	2016年8～10月	雕刻“修祠功德碑”等4块铜碑
大冶精品装饰公司	冯光全	2016年11月	修祠功德碑等4块铜碑钢构安装
大冶铭文字业	李铭文	2016年11月	制作功德碑捐资者高清UV相片
秋水轩装裱店	王国华	2016年12月	书忠烈堂门联1副
湖北中华诗词、楹联学会	张远益	2016年12月21日	撰诗4首
湖北中华诗词、楹联学会	黄春元	2016年12月21日	撰长诗1首
湖北中华诗词、楹联学会	涂运桥	2016年12月21日	撰诗1首、词2首
湖北中华诗词、楹联学会	巴晓方	2016年12月21日	撰诗2首、联3副
湖北中华诗词、楹联学会	游义云	2016年12月21日	撰诗1首、联2副

续表

单位	负责人	时间	参建项目
湖北中华诗词、楹联学会	刘后清	2016年12月21日	撰诗1首、词1首、联1副
湖北中华诗词、楹联学会	孙振忠	2016年12月21日	撰诗1首、联1副
湖北中华诗词、楹联学会	傅光明	2016年12月21日	撰诗1首、联1副
湖北中华诗词、楹联学会	陈林	2016年12月21日	撰诗1首、词2首、联1副
湖北中华诗词、楹联学会	张旭丽	2016年12月21日	撰诗2首
湖北中华诗词、楹联学会	张世才	2016年12月21日	撰诗7首、词1首
湖北中华诗词、楹联学会	乔本琳	2016年12月21日	撰诗1首、词1首
湖北中华诗词、楹联学会	方世焜	2016年12月21日	撰诗1首、联1副
大冶中义传统翰墨艺术堂	曹钟义	2017年5月	制作“叶家坝宗亲理事会”和“叶家坝文化活动中心”标牌
大冶市华夏重儒诗学社	汪小萍	2017年5月	撰书对联1副
大冶市华夏重儒诗学社	柯太福	2017年5月	撰联1副
大冶市华夏重儒诗学社	吴圣法	2017年5月	书联1副
大冶市华夏重儒诗学社	刘修珍	2017年5月	撰诗1首
大冶市华夏重儒诗学社	陈新明	2017年5月	书诗1首
黄石宏明发光字广告制作加工中心	纪登旭	2017年6月	安装电子屏
大冶市华夏重儒诗学社	石教沾	2017年6月	撰祠前八看点诗8首
大冶市华夏重儒诗学社	郭衍水	2017年6月	撰殿堂八看点诗8首
	叶劲松	2017年6月	铭恩厅先祖故事图、8个不锈钢玻璃框

附记：叶氏宗祠仿古建筑群建设工程历时四载，为感谢各行领导、专家、能工巧匠和文人墨客等友好人士的支持和帮助，现将其名目刊入《大冶叶氏宗祠参建者名录》，以志不忘。由于情况复杂，还有许多小项目参建者尚未入册，请见谅。因受篇幅限制，尚有本庄筹建委全体参建人员所作巨大贡献未曾载入，只因《叶氏宗祠筹建委员会名单》已刻成铜碑挂于祠堂内，故就此不另，特此说明。

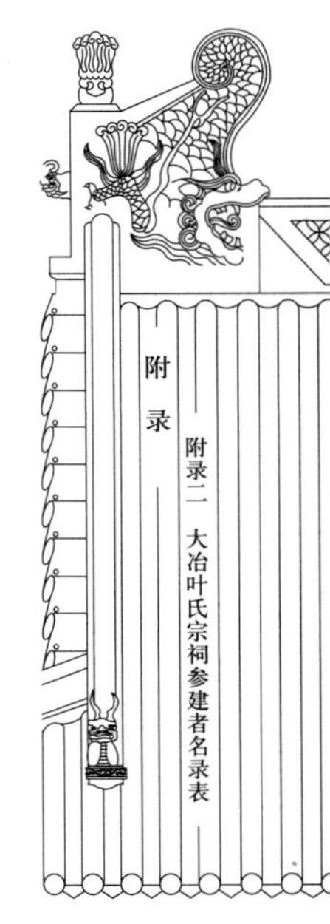

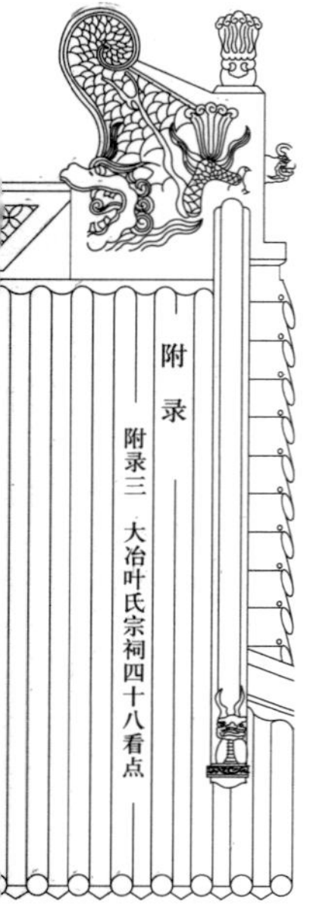

附录三　大冶叶氏宗祠四十八看点

大冶叶氏宗祠由多个不同独立建筑体组成，其风格与“北派”宫廷建筑模式相接近，是一座名副其实的仿古建筑群。由于建设者十分注重其自身作用和区位特点，在建设过程中，精心设计，倾力打造，将实用性和观赏性有机结合起来，因此创造出许多形象各异和耐人寻味的看点。

现以“画配诗”形式，推出“四十八看点”以飨读者，并祈指正。

摄影：宫少华

撰诗：叶宗善、石教年、石教沾、郭衍水、石钧、曹树友诸先生（依次每人八首）

一、新街八看点

（一）门楼高耸　　金湖岸北冶城东，青石门楼气势雄。凤翥龙蟠狮翘首，招云揽月傲长空。

（二）新街仿古　　街内新街楼外楼，飞檐斗栱古风遒。凡来过客皆同感，疑是长安街上游。

（三）廊街观赏　　街市西墙半座庐，文章图画贴沿途。长廊不仅遮风雨，且让游人意趣舒。

（四）照壁扬善　　照壁如屏身峻峭，铭文刻字教儿曹。齐家报国怀忠孝，取义成仁正气豪。

（五）坛神小庙　　庙小神灵土地爷，沧桑历尽令人叹。如今建立新门户，但愿施恩保家园。

（六）碧桂飘香　　桂树株株立路旁，青枝绿叶不寻常。何须待到花开放，朴质无华品自香。

（七）影视巨屏　　传媒电子荧屏大，网络人间趣事多。富裕村庄连世界，公平社会暖心窝。

（八）青云幽径　　对面山前八步台，玄门幽幻向天开。神仙迎驾谁人见？无路青云切莫来。

二、广场八看点

（一）石象伫立　　扇耳犀牙鼻子长，温情憨态意昂扬。场前伫立迎宾客，四季平安报吉祥。

（二）老堰藏踪　　千年湖堰隐形踪，上托廊亭下卧龙。源起三江通四海，清泉脉脉响叮咚。

（三）锦亭荟萃　荟萃迎曦望月亭，飞檐焕彩竞娉婷。唐风汉韵汇京楚，冶邑城东展画屏。

（四）画廊怡心　长廊九曲抱宗祠，彩绘苏图画入诗。桂馥荷香松柏翠，风和心旷又神怡。

（五）雕栏玉砌　石阶银柱玉栏杆，立鹤飞龙舞凤鸾。巧夺天工堪冠世，仙宫御苑有何看？

（六）晨曦倩影　霓裳霞袂舞翩翩，乐曲和谐花更妍。若比天堂何处美？还看今朝盛世颜。

（七）表彰专栏　方针政策送春风，好事新人列榜中。引领居民追美梦，文明建设立奇功。

（八）华灯初上

座座琼楼送晚霞，华灯点亮万千家。琉璃幻彩丝丝梦，玉影婆娑玳瑁花。

三、祠前八看点

（一）虹桥卧波　　跨河渡水接门庭，初月出云承地灵。恰似长虹波上卧，迎来送往聚群星。

（二）玄岩瀑布　　谁执玉壶岩上倾？琼浆飞瀑动豪情。卑微愧我量无几，醉倒多时忘返程。

（三）莲池观鱼　　瑶池濯月波摇影，宝镜含风莲弄痕。自在游鱼不知足，欣然起舞跳龙门。

（四）石狮守望　　目电长盯威虎豹，声雷未发慑熊罴。门前峙立威严耸，镇守丹墀万世基。

（五）河畔奇松　　护城河畔立奇松，雪压霜欺未改容。青叶作针天作锦，绣成玉凤绣金龙。

（六）琼阶至尊　　登堂拾级咏玄学，五在正中融太和。九步纯阳多造化，至尊周易岂传讹？

（八）平台向日　　红日初临观景台，朦胧夜幕顿时开。四周风物朝宗庙，指点江山等你来。

（七）玉道蟠龙　　凤爪蛇身鳞栉比，虎须鹿角首昂然。神工雕得生如许，辗转青墀欲上天。

四、殿堂八看点

（一）琼楼夜色　　琼堆玉砌注神工，楼浴星河灯海中。夜曲摇人同绮梦，色倾华夏坝称雄。

（二）檐牙高啄　　檐翼凌空奋颉颃，牙镶日月吐重光。高低俯仰各姿态，啄饮金湖吟凤章。

（三）宫门启庆　　宫深殿阔叩重阍，门第驰名车马喧。启钥洞开天目远，庆云铺锦写乾坤。

（四）大厅宴客　　大吕黄钟远近闻，厅堂际会友如云。宴歌一曲清平调，客醉千回齿颊芬。

（五）铭恩共仰　　铭颂珠光辉紫殿，恩垂华胄凤蛟腾。共瞻壁挂英雄谱，仰秣柴桑咏克绳。

（六）忠烈庄严　　忠心代代踵先贤，烈志如虹壮大千。庄重长吟累叶颂，严妆京派换新天。

（七）百福迎宾　　百花开日起翚构，福荫蛟潭鲤化龙。迎睇三图臻妙境，宾阶酬唱韵淙淙。

（八）崇源一览　　崇山曲水怀高韵，源出西凉已有声。一睹椿庭知美奂，览奇共醉叶枝荣。

五、内构八看点

（一）梁柱纵横

梁原叶茂西凉李，柱是根深东楚材。
纵脉千秋扬正气，横空万里接天垓。

（二）穹顶摩天

穹丽称雄叶氏祠，顶层覆斗竞多姿。
摩云偃月龙腾瑞，天宇方圆矩亦奇。

（三）天井留云

天行日月吐精华，井口一张千载夸。
留得甘霖荣玉树，云来叶底好安家。

（四）楼梯创意

楼上景观心浪起，梯旁气象眼帘收。
创新三叠卌行韵，意逐石阶银汉游！

（五）连廊流韵

连通四面又三层，廊道幽深雅趣增。
流畅文辞堪赞赏，韵超李杜有谁能？

（六）宝阁藏书

宝贝传承在此中，阁呈雅静众心崇。
藏金屋里痴迷者，书味浓时醉一盅。

（七）厢房议事

厢外花开随雾隐，房中雾散看花明。
议无大小风波定，事有公私泾渭清。

（八）耳门致远

耳萦富贵荣华事，门达东西前后方。
致信亲朋同一赏，远迎宾客纳千祥。

六、物件八看点

（一）铜碑纪实

拦湖筑坝凝心力，数代经营变富庄。
几幅铜碑铭族事，高风亮节永传扬。

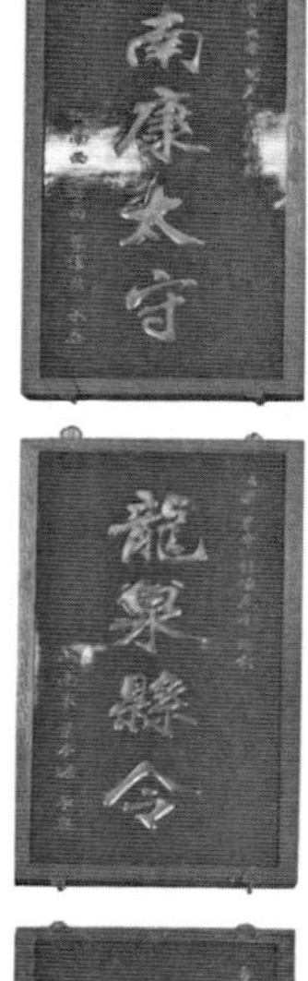

（二）木雕演义

北岭花梨南岭枣，千刀万凿刻成匼。
先贤业绩今重现，忠烈昭昭耀五湖。

（三）石刻训家

纵横天下抖风尘，守土拓疆冬复春。
玉石作碑铭祖训，谆谆教诲后来人。

（四）绘彩描图

粉墙藻井绘图精，虎跃龙腾百鸟鸣。
最喜竹林七君子，吟诗把酒纵豪情。

（五）鸿鼎铭文

巍巍巨鼎势凌云，忆史铭恩颂祖勋。
喜得青铜三万锭，千锤百炼铸雄文。

（六）熔金聚宝

一座铜炉价万千，如楼如阁聚金钱。
虔诚敬祖常祈祷，火凤腾飞上九天。

（七）香炉致敬

六足金盆三尺高，恭随神像享芳醪。
心香炷炷殷勤点，祖泽绵长起凤毛。

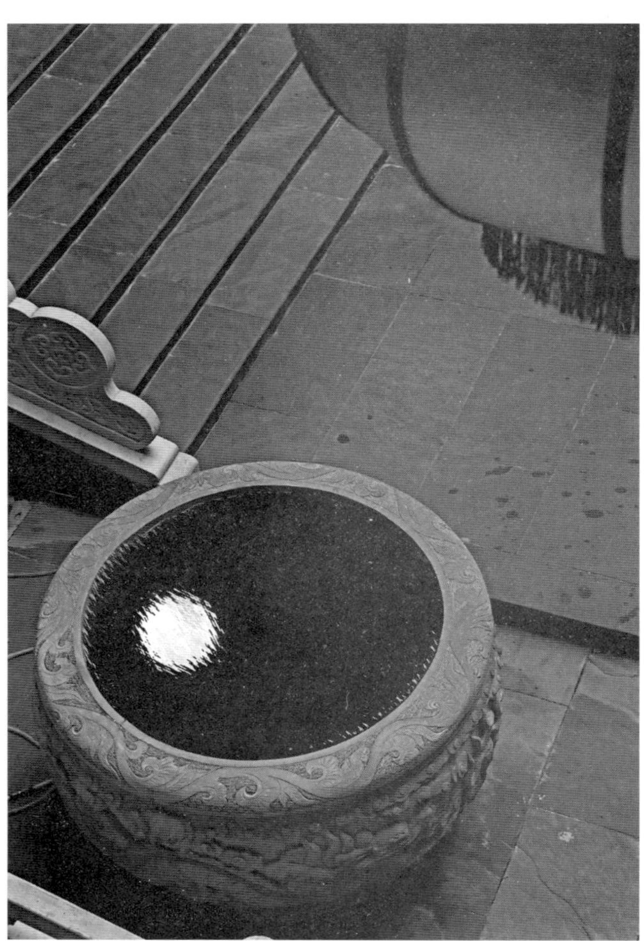

（八）石缸印月

一从圣水纳三江，便有冰轮恋石缸。
九鲤荷花祥瑞兆，潜龙奋跃振家邦。

附录四　叶家坝代表性民营企业

一、大冶市德发置业有限公司

董事长叶序德（图 25），总经理叶祖发（图 26）。公司成立于 2006 年，下辖房地产开发、市政工程、矿产开采、休闲娱乐等多家子公司，总资产数十亿元。（图 27）

2011 年，德发公司耗资 1000 余万元成功改制了濒临破产的黄石市市政工程公司。改制后的市政工程公司具有市政施工总承包一级、建筑工程施工总承包三级资质，拥有各类专业施工设备 280 多台套。公司现有员工 280 余人，其中高级工程师 10 人，项目经理 31 人。公司净资产 3.13 亿元，年施工能力达 10 亿元，年产值达 6 亿元，年纳税 2700 多万元。近年来公司被评为黄石市先进工作单位、黄石市优秀施工企业、湖北省优秀施工企业，被中国建设银行黄石分行评为“AAA 企业”（图 28 ～图 30）。

图 25　董事长叶序德工作照

图 26　总经理叶祖发工作照

图 27　德发公司办公大楼

图 28　新冶大道开发项目

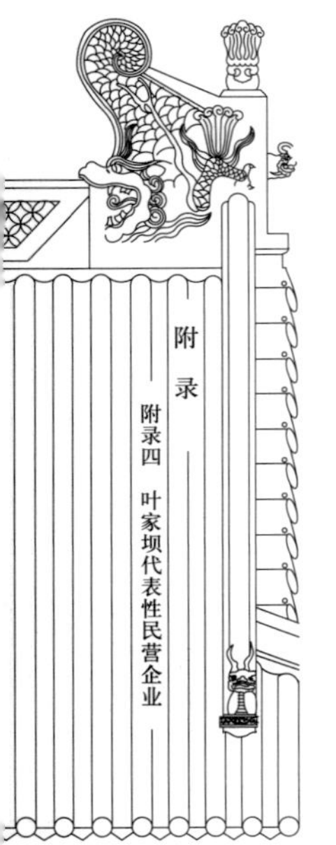

图 29　黄石磁湖景观桥开发项目

图 30　云顶花园楼房开发项目

2016 年，德发公司以黄石鑫德隆矿业有限公司为主体成立了前海鑫德隆实业有限公司，注册资金一亿元。公司拥有一批地质采矿、选矿、建筑、工艺美术等各类专业技术人才，其中高级职称 13 人，中级职称 25 人，初级职称 160 多人。

二、大冶城建集团有限公司

大冶城建集团有限公司为国家壹级房屋建筑工程、壹级市政公用工程施工总承包双壹级企业，始建于 1953 年，迄今已有 60 多年历史。

公司注册资金 10189 万元，职工人数 1889 人，其中高、中、初级专业技术人员 366 人，注册一级建造师 28 人、二级建造师 36 人、造价工程师 10 人。公司现已发展成为以建筑施工为龙头，集房地产开发、混凝土构件生产、物业管理、建筑劳务、建筑装修装饰、园林古建、市政公用工程为一体的综合性集团公司。公司历史悠久，经验丰富，管理规范，作风严谨，环境和谐，业绩突出，发展迅速，一直以来秉承“做一项工程，铸一个精品，交一批朋友，占一方市场”和“一言一行对社会负责，一举一动为用户着想”的经营理念，追求社会效益、企业利益、个人收益同步发展。

公司投资建设的五星级大冶白天鹅大酒店和建设大冶中心 5A 甲级写字楼，为公司转型升级、创新发展奠定了坚实的基础。大冶白天鹅五星级酒店，配套有 60 米绿化带，3 万多平方米的超大地下停车场，成熟的商务及生活服务功能，周边三家银行、超市、餐饮等一应俱全。交通十分便捷，向左往黄石火车站不足 3 公里，向右至武汉城际轻轨大冶站仅千余米。毗邻碧波千顷的尹家湖，景色宜人，是商家首选的黄金宝地。

近年来，公司承建的工程优良率一直保持 60% 以上，合格率达到 100%。凭着良好的信誉和优质的品牌形象，公司前景一片光明。公司连年被评为大冶市和黄石市“先进单位”“红旗单位”“十强建筑业企业”“安全生产先进施工企业”“质量保证单位”“双文明单位”“文明诚信示范企业”“慈善先进单位”“精准脱贫工作突出单位”“劳动关系和谐企业”和“省优秀施工企业”“省质量

图 31　公司董事长叶宗林

管理优秀企业”“省管理样板企业”“省建筑业综合实力百强企业”“省农行AAA信用企业”“省守合同重信用企业”“全国守合同重信用企业”“全国新型城镇化突出贡献企业”等一系列荣誉称号。

公司董事长兼总经理叶宗林先后被省委、省政府授予“湖北省劳动模范”“湖北省优秀企业家”和农业部授予“全国质量管理先进工作者”等光荣称号（图31）。

由大冶城建集团有限公司投资开发的五星级大冶白天鹅酒店位于大冶市新冶大道68号，总建筑面积41689平方米，分为地上25层、地下室二层，客房330间，荣获“全国AAA级安全文明标准化诚信工地”荣誉称号（图32）。

由大冶城建集团有限公司投资开发的大冶湖景三期城市综合体，总建筑面积20.6万平方米，地下停车位700个，其中8#、9#、10#住宅楼2017年8月荣获湖北省建设优质工程“楚天杯”奖（图33）。

由大冶城建集团有限公司承建的大冶一品人家北园，建筑面积153910平方米，其中25#、26#、29#楼2017年8月荣获湖北省建设优质工程“楚天杯”奖（图34）。

大冶城建集团有限公司承建的大冶一品人家南园，建筑面积158836平方米，系2017

图32　大冶白天鹅酒店

图33　大冶湖景三期城市综合体

图34　大冶一品人家北园

图35　大冶一品人家南园

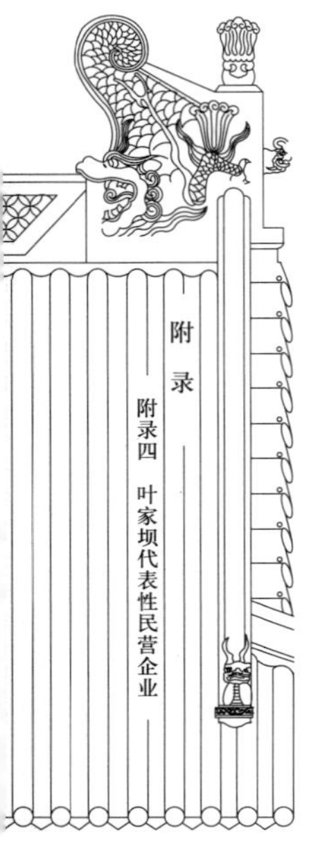

年大冶市创建全国文明城市重点工程之一，2017 年 9 月 11 日市委副书记、市政协主席胡长春亲临工程施工现场考察，深获领导好评（图 35）。

三、湖北正阳置业有限公司

公司成立于 2005 年，董事长叶序森，总裁石秋珍。该公司是集运营总部、开发建设、职业教育、生物科技、旅游开发五大板块的综合性集团，共 12 家子公司，员工 620 余人。其旗下建筑施工、房地产开发、物业管理等子公司，具有建筑施工一级资质、房地产开发二级资质、物业管理二级资质。十余年来完成各类建筑施工面积 160 余万平方米，房地产开发面积 140 余万平方米，物业管理面积 100 余万平方米。其旗下俊贤实业公司投资 5 亿元开办大冶市职业技术学校，学校占地面积 208 亩，建筑面积 7.6 万平方米，在校学生 3000 余人，教职工 220 余人。其旗下瑞晟公司是一家基于互联网和芳香产业平台的生态高新技术企业，五年间打造了一个集芳香植物育种、种植、生产 加工、产品 开发、教育培训 、康养休闲于一身的“三产融合”型企业（即“大冶楚天香谷”），取得极大成功，已进入正常运营（图 36）。

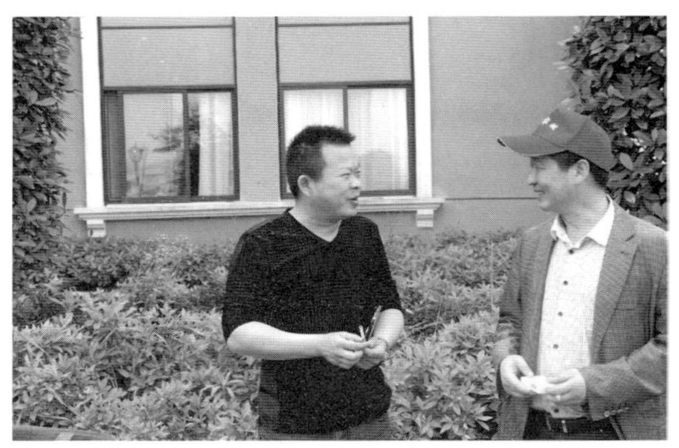

图 36　叶天胜书记与叶序森董事长交谈

湖北实美科技有限公司公司董事长兼总经理叶光华（图 37）。公司成立于 2009 年，注册资金 1200 万元人民币，占地 300 亩，年产各类民用、工业铝型材 6 万余吨。

图 37　大冶职业技术学校开发项目

公司现有员工 1000 多人，其中高级工程师 8 人、中级工程技术人员 16 人、技术骨干 160 人。公司被评为“国家级高新技区企业”，通过了国家质量认证中心的 ISO9001，2008 版质量管理体系认证，并与华中科技大学专家团队建立了产学研合作关系。公司经过多年努力，现已成为华中地区大型铝型材企业（图 38 ～图 41）。

图 38　瑞晟工业厂区

图 39　实美科技公司董事长叶光华

图 40　实美科技公司厂房

图 41　实美科技公司生产车间

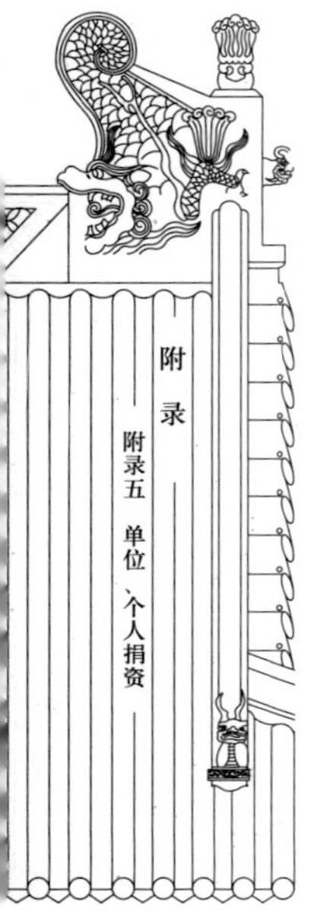

附录五　单位、个人捐资

1. 修建宗祠个人捐资、集资

此次修建宗祠，共耗资（人民币）四千余万元。除中门庄族众集资（每丁一千元）计一百三十余万元及行政村投资、亲友献礼外，其余均为本庄热心公益事业者所捐，数额占总投资之八成以上，足见贡献之巨。为表彰其崇祖之德，特铸铜碑，或镶以肖像，或镌以简介，或刻以大名，传于后世焉。

1）男丁捐资

天胜　生一九七一年八月，首一三房人。退伍军人，中共叶家坝村总支书记，叶家坝村村民委员会主任，在村两委长期担任主要职务期间，建树颇多，口碑极佳。本庄宗祠主要创修者，任筹建委首席顾问，审时度势，掌控全局，运筹帷幄，协调各方，使工程不仅气势恢宏，而且进展顺利，受到社会各界高度赞誉。此次捐资五万元。

序德　生一九六四年九月，首一长房人。大冶市德发置业有限公司董事长，公司下辖休闲娱乐、房屋开发、市政工程、矿产开采等子公司，总资产达数十亿元。本庄宗祠主要创修者，任筹建委特别顾问，高度重视工程质量和品位，无私奉献，热情极高，捐资达五百六十九万八千元，乃族中之最，世人誉之为楷模。

宗林　生一九五三年十二月，四房人。大冶城建集团董事长。全国质量管理先进工作者，湖北省劳动模范、优秀企业家，中小企业协会副会长，黄石市优秀中国特色社会主义事业建设者、总商会副会长，大冶市工商联副主席、建筑业协会会长、大冶市第二、三、四、五、六届人大代表。本庄宗祠主要创修者，任筹建委特别顾问，主持规划设计，捐资三百九十万元。

宗尉　生一九六八年八月，首三房人。大冶市金叶置业有限公司董事长，务实求真，艰苦创业，目标宏伟，成果显著。本庄宗祠主要创修者，任筹建委特别顾问。一贯热心于宗族公益事业，积极参与各项活动，克己奉公，出手大方，此次捐资二百万元，社会人士及族中父老，无不由衷敬佩之。

序俭　生一九五三年二月，首一长房人。大冶风华实业有限责任公司董事长，曾任大冶市政协委员，荣膺黄石地区优秀企业家。本庄宗祠重要创修者，任筹建委特别顾问。积极支持宗族各项工程建设，尽心谋划，慷慨解囊，此次捐资一百八十万元，受到社会大众热烈赞扬，更令父老乡亲感佩不已。

祖发 生一九六一年十月，首一三房人。大冶市德发置业有限公司总经理，其公司经营业务繁多，效益尤为显著。本庄宗祠主要创修者，任筹建委主任，执掌全面，恪尽职守，身体力行，事无巨细，选料用工，精打细算，废寝忘食，任劳任怨，并捐资一百二十万元，因其表现十分突出，故族人给以极高评价。

光华 生一九七二年十月，首一长房人。湖北实美科技有限公司董事长、总经理，大冶市第二届“十佳创业青年”。本庄宗祠重要创修者，任筹建委特别顾问。对宗族公益事业非常支持，此次捐资一百万元，为本次捐巨资者中最年轻优秀企业家，受到社会和宗族高度关注。

天茂 生一九九二年八月，首一三房人，捐资六十六万元。

天长 生一九九三年十二月，首一三房人，捐资六十六万元。

惠清 生一九六四年六月，三房人。大冶市食品工业公司党支部书记、公司经理。本庄宗祠主要创修者，筹建委副主任，主管工程施工。现场指挥，处事果断；重视质量，一丝不苟；坚守岗位，以身作则；大公无私，热情奉献。受到建筑界人士的好评，更受到全庄宗亲热情褒奖。此次捐资五十万元。

常春 生一九六七年二月，五房人，黄石市金雀电器有限公司董事长，捐资三十万元。

序屋 生一九七零年一月，首一长房人，黄石市市政工程有限公司总经理，捐资三十万元。

晨东 生一九六八年九月，首一二房人，湖北文承文化传媒有限公司董事长，捐资二十万元。

国栋 生一九六九年七月，四房人，武汉中和工程技术有限公司黄石分公司董事长，捐资二十万元。

园园 生一九八七年六月，首一三房人，贵州万顺房地产开发有限公司总经理，捐资二十万元。

志国 生一九七七年十一月，首一长房人，陕西咸阳城市建设投资公司总经理，捐资二十万元。

天佑 生一九九五年九月，首一长房人，留美大学生，捐资二十万元。

序柏 生一九七零年九月，三房人，黄石市金佰工贸有限公司总经理，捐资一十八万元。

序照 生一九六八年一月，首一三房人，中共叶家坝村原总支书记，捐资一十二万元。

宗茂 生一九五七年三月，首一长房人，大冶市茂盛实业有限公司总经理，捐资一十万元。

宗亨 生一九五七年七月，四房人，大冶市天桥预制构件股份有限公司总经理，捐资一十万元。

宗星 生一九五八年九月，首三房人，大冶市麒麟山庄娱乐有限公司董事长、总经理，捐资一十万元。

日华 生一九五八年十月，首一二房人，大冶市华棋老年公寓董事长，捐资一十万元。

惠职 生一九六一年十月，三房人，原叶家坝建筑工程有限公司总经理，捐资一十万元。

宗成 生一九六二年二月，首一三房人，湖北创佳实业有限公司董事长，捐资一十万元。

宗元 生一九六三年五月，四房人，大冶市动物卫生监督所副所长，捐资一十万元。

宗召 生一九六五年六月，五房人，大冶市朝阳实业有限公司董事长，捐资一十万元。

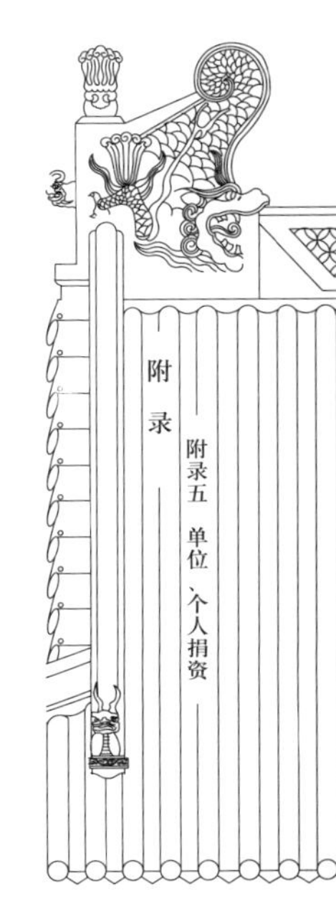

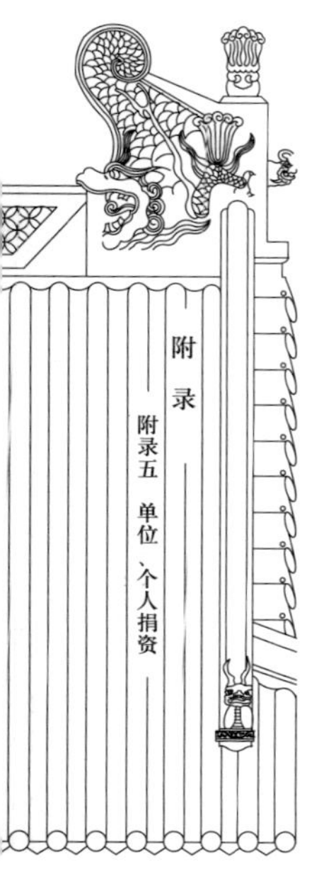

军华 生一九六六年七月，首一二房人，老传统餐饮管理有限公司总经理，捐资一十万元。

宗维 生一九六六年八月，首一二房人，大冶市社会养老保险局职工，捐资一十万元。

树林 生一九六八年一月，首一三房人，大冶市绿洲园艺有限公司总经理，捐资一十万元。

宗兵 生一九六九年六月，五房人，黄石恒佳工贸有限责任公司总经理，捐资一十万元。

宗权 生一九七八年八月，首三房人，大冶市金叶置业有限公司总经理，捐资一十万元。

辉煌 生一九五九年十月，三房人，大冶市铜都门业有限公司总经理，捐资一十万元。

建军 生一九六五年八月，四房人，湖北实诚工贸有限公司董事长、捐资一十万元。

序兰 生一九六七年十月，三房人，大冶市富瀚建筑材料有限公司总经理，捐资一十万元。

加胜 生一九六八年八月，首一长房人，大冶市荣兴实业有限公司总经理，捐资一十万元。

惠均 生一九六九年五月，三房人，大冶市惠屏贸易有限公司总经理，捐资一十万元。

序强 生一九七零年九月，首一三房人，大冶市强劲创业有限公司董事长，捐资一十万元。

指雄 生一九七三年十一月，首一三房人，大冶市雄楚投资有限公司总经理，捐资一十万元。

文杰 生一九七四年四月，四房人，大冶市俊杰投资有限公司董事长，捐资一十万元。

序炳 生一九七五年十二月，首一三房人，大冶市众恒鑫贸易有限公司总经理，捐资一十万元。

巍巍 生一九八三年八月，首一三房人，大冶市鑫盛投资有限公司总经理，捐资一十万元。

文龙 生一九九二年一月，首一二房人，湖北文承文化传媒有限公司总经理，捐资一十万元。

天顺 生一九六零年二月，首二房人，大冶市旺盛选矿设备有限公司董事长，捐资一十万元。

天发 生一九六一年十月，首一三房人，大冶市顺发置业有限公司董事长，捐资一十万元。

红兵 生一九七零年十一月，三房人，大冶市金地商贸有限公司总经理，捐资一十万元。

天勇 生一九七四年九月，三房人，大冶市兰芳日用品商贸有限公司董事长、总经理，捐资一十万元。

天乐 生一九九八年五月，首一长房人，留美中学生，捐资一十万元。

鑫杰 生一九八七年十一月，首二房人，大冶市旺盛选矿设备有限公司财务总监，捐资一十万元。

宗植 生一九六一年六月，首一三房人，湖北新艺广告装饰工程有限公司总经理，捐资五万元。

序广 生一九七三年八月，首一三房人，湖北坤普机械设备制造有限公司董事长，捐资五万元。

天芾 生一九九二年十二月，首一长房人，个体经商者，捐资五万元。

天顺 生一九九三年八月，五房人，黄石市积健科技发展有限公司董事长，捐资五万元。

帅 生一九九四年五月，首一二房人，湖北润博科技有限公司总经理，捐资五万元。

天翀 生二零零二年一月，三房人，大冶市外国语学校学生，捐资五万元。

培功 生一九九七年三月，首一三房人，现役军人，捐资五万元。

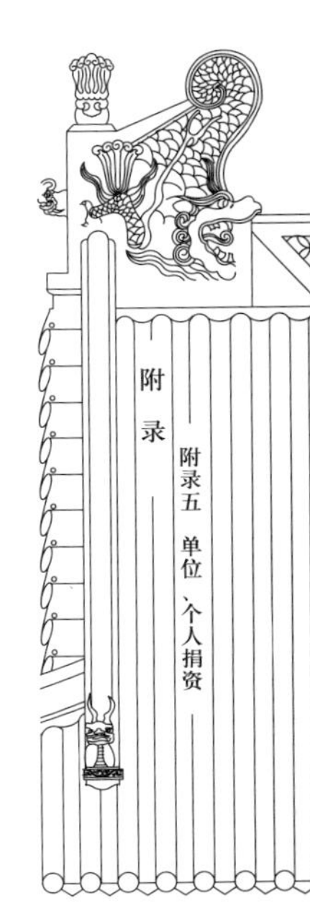

首一长房

序均贰万元、林晖壹万元、长生壹万元、序卫壹万元、加顺壹万元、天国壹万元、山阳壹万元、天杰壹万元、天奥壹万元

首一二房

宗铿贰万元、宗均贰万元、亚海贰万元、宗裕壹万贰仟捌佰元、一新壹万元、宗谋壹万元宗立壹万元、宗治壹万元、育红壹万元、宗齐壹万元、宗峰壹万元、宗鹏壹万元、序太壹万元、夏胜壹万元、林军壹万元、序燚壹万元、序本壹万元、定乾壹万元、定坤壹万元、泽志壹万元、宗敬壹仟捌佰元

首一三房

丰胜贰万元、松鹤贰万元、学军壹万元、宗林壹万元、宗灯壹万元、银发壹万元、霞龄壹万元、序进壹万元、序丹壹万元、智勇壹万元、志强壹万元、序卷壹万元、序君壹万元、序波壹万元、欣强壹万元、天财壹万元、天任壹万元、树遥壹万元

首二房

序友壹万元、天向壹万元、天彤壹万元、立乾壹万元、天旭壹万元、文明壹万元、培咏壹万元、培柄壹万元

首三房

开柏贰万元、三忠贰万元、友林贰万元、文成贰万元、开甲壹万元、青松壹万元、保佳壹万元、启发壹万元、玉钟壹万元、党生壹万元、宗榜壹万元、序斌壹万元、宗杰壹万元、发国壹万元、亮亮壹万元、序灿壹万元

三房

宗旺贰万元、序景贰万元、四新贰万元、家兴贰万元、惠武贰万元、天松贰万元、天海贰万元、时雨贰万元、天伟贰万元、天德壹万伍、天品壹万伍、细元壹万元、开琥壹万元、宗正壹万元、宗寿壹万元、惠明壹万元、宗冬壹万元、乐乐壹万元、建国壹万元、序明壹万元、秋平壹万元、红光壹万元、劲松壹万元、序康壹万元、序泉壹万元、序鑫壹万元、梓桐壹万元、天龙壹万元、国富壹万元、涛峰壹万元、天伟壹万元、天瀚壹万元、天波壹万元、金炜壹万元、天晗壹万元、彦岫壹万元、宇飞壹万元、开璠壹仟元、谈娇芝壹仟元

四房

宗琦贰万元、海松贰万元、寅芝贰万元、卫国贰万元、勋勋壹万壹、荣添壹万壹、宗森壹万元、年生壹万元、宗玉壹万元、宗植壹万元、五洲壹万元、广宗壹万元、宗天壹万元、序田壹万元、奇志壹万元、细寅壹万元、高峰壹万元、宇平壹万元、

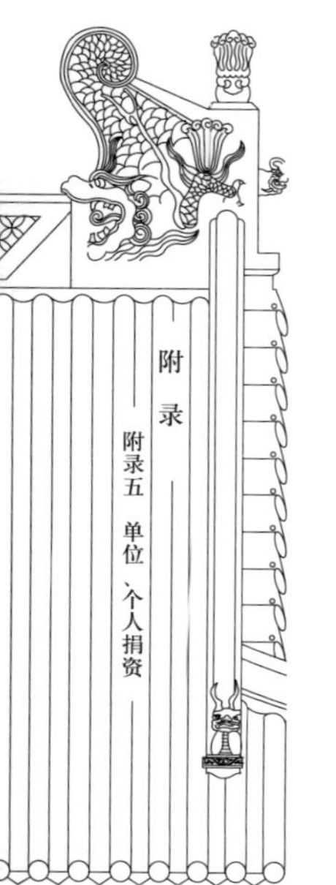

宇翔壹万元、宇卫壹万元、宇钧壹万元、亚钦壹万元、泽华壹万元、序巍壹万元、俊文壹万元、俊东壹万元、序志壹万元、序庆壹万元、序欢壹万元、天港壹万元、天威壹万元、天添叁仟元、序钦壹仟元

五房

宗星贰万元、海泉壹万元、开阳壹万元、洪彬壹万元、开政壹万元、宗泉壹万元、宗俊壹万元、兴旺壹万元、海生壹万元、宗猛壹万元、兵强壹万元、亚鹏壹万元、发德壹万元、国庆壹万元、序春壹万元、序军壹万元、成钢公后柒仟三佰贰拾捌元、瀚文壹仟元

2）宗亲捐物统计

序德、祖发捐献布沙发 15 套，灯具 42 盏，大圆桌 3 套，窗帘若干。

3）男丁集资名单（总人数 1333，每丁 1000 元）

首一长房（153 人）

序德 子布 叶茂 序俭 天赐 宗茂 叶俊 叶飞 奇霖 序强 玮成 叶焕
序红 天茂 天军 港盛 叶烽 序均 天赐 宝华 振华 序犬 叶俊 瞳熙
有恒 天冲 正坤 培鑫 丹卿 天涯 志朋 天检 志刚 天熙 宗茂 叶钊
宗政 海鹏 叶璨 宗应 序勤 志国 锦恒 序明 天龙 序彪 丽友 耀祖
耀龙 序亮 叶强 友胜 宗树 天毅 加胜 天炳 铭轩 天双 序顺 安逸
长生 永青 序平 叶波 序福 叶辉 曦钧 清波 林晖 叶卫 舜华 叶芾
光华 天佑 天乐 宗贵 序阳 天杰 文钊 天国 炜博 智宸 宗信 山阳
梓煊 序栋 天培 志强 序新 天亮 雨泽 天霞 宗炯 序震 天奥 天东
应发 叶琅 宗柏 序屋 子阳 子煜 俊逸 宗满 友朋 天竺 宗范 叶桥
加平 天增 宗利 冬海 立志 天旦 天雄 天杰 序猛 叶勇 俊豪 俊杰
序江 立渔 立文 国强 叶望 序年 烯焱 序文 天雄 天伟 叶旺 叶江
天豪 序红 天赐 霖钊 志乾 序武 啸涛 序光 天堂 景堂 培丁 子墨
振宇 叶炎 叶波 叶鹏 序生 天华 序林 宗芬 正权

首一二房（95 人）

晨东 文龙 建华 叶浩 建国 叶涛 序央 福剑 序法 序林 天佑 开闲
开洋 开朗 建文 叶豪 叶城 柏送 叶鹏 宗建 大海 叶晗 亚海 天昶
宗典 序纯 序太 天河 叶轩 宗立 子豪 广林 广平 叶进 叶航 定乾
定坤 子扬 军华 光辉 宗亮 夏胜 天泽 宗治 序钊 宗光 序彬 恩良
宗齐 磊森 日华 奇武 宗访 定友 叶焕 开湛 宗诚 泽民 泽志 幼朋
叶俊 宗谋 序欢 育红 兵兵 宗铿 序宪 添禄 添寿 宗均 梦想 宗江
大治 杰彬 智涵 宗裕 俊翔 宗维 叶萌 开兴 卫东 叶雷 炎俊 炎轩

一新　叶峰　思龙　宗敬　序焱　序燚　恒杰　昌寅　序清　叶军　叶民

首一三房（225 人）

开宇　祖发　叶巍　智诚　智林　园园　峻熙　峻文　天恩　天泰　天胜　培功
宗善　序进　序丹　天书　开灯　国胜　欣强　宗俊　序高　序福　天生　序照
天昊　序广　天任　序卷　树遥　宗化　序刚　天杨　宗德　叶强　叶胜　树华
天乐　国凡　指雄　叶磊　天熙　天财　金广　应有　序强　叶建　序胜　叶苗
宗育　文华　宗源　序应　天涛　序正　天铜　宗植　雍锟　龙兴　维家　振家
龙胜　宗旭　怡发　叶恒　兴发　叶义　天雄　友发　文清　天锦　序武　国兴
叶亨　宗焕　志刚　宗林　叶俊　景阳　景鑫　俊军　天昊　序科　天晶　松鹤
剑波　俊杰　俊豪　天波　熠辰　宗变　叶波　予勋　志刚　天松　鑫启　序城
正春　天青　应德　树林　龙海　天健　栩睿　正东　序金　锦伦　序银　梓杰
序如　天发　雨轩　序丰　加鹏　金烨　宗秋　叶波　宗国　智勇　志强　子康
开水　宗军　福松　宗武　志伟　志鹏　天琪　宗明　俊雄　俊杰　序次　序许
国平　志平　宗坚　序明　天富　天贵　银发　叶灿　立志　立勇　立猛　宗昌
序锟　叶程　序曙　一诺　序森　天茂　天长　国正　叶炜　宗流　序炳　天泽
天超　树华　嘉俊　宗智　恒毅　宗成　星志　序谱　轩宇　丰胜　子阳　霞林
天赐　学农　叶青　宗轩　叶广　学军　灯钢　叶鹏　垚铖　垚成　宗春　树林
天桢　鹏林　天权　宗金　叶佳　文韬　宗勤　文海　思远　团胜　子健　子康
金宗　国军　国雄　天沧　宗发　叶刚　叶凯　天鹏　金鑫　宗灯　叶侃　叶城
宗亮　叶涛　金鹏　晓龙　建平　培泳　鹏飞　高林　剑云　序钊　国良　正申
叶君　序雨　加平　凯强　宗炳　序桐　叶飞　青山　杨童

首二房（93 人）

序桂　天顺　鑫杰　紫辰　序星　天彤　宇轩　宗慧　序乾　叶培　序坤　天伦
天伟　建华　文佳　宗路　序志　天锦　天海　天松　天炎　序广　天胜　天宝
叶坚　一繁　序富　叶康　宗栋　叶增　天栋　叶军　叶兵　叶文　梓轩　序搬
宗柳　超群　叶钊　天建　叶辉　天相　培焕　建新　天向　叶柄　宗柱　序友
叶振　培策　宗成　叶巍　培咏　高宇　序长　文明　泉泳　俊宇　序曙　天伍
序晴　叶旭　文博　文豪　国新　叶成　天柱　天鹤　叶敏　建军　叶凡　三建
叶凯　建国　叶鹏　序琰　序强　序顺　立乾　大义　三华　序礼　东升　天鹏
培果　宗迪　军强　叶凡　序朗　叶煊　叶霖　序广　海序

首三房（190 人）

宗尉　奇富　宗荣　海伟　天赟　宗刚　启明　翔炜　发国　天一　宗晃　翠柏
东宪　叶彬　宗贵　文文　开甲　宗海　开柏　士枫　开安　宗炎　承序　时访
和轩　开访　宗杰　子衡　开乾　宗宪　开叔　文波　春松　北宸　青松　泽仕

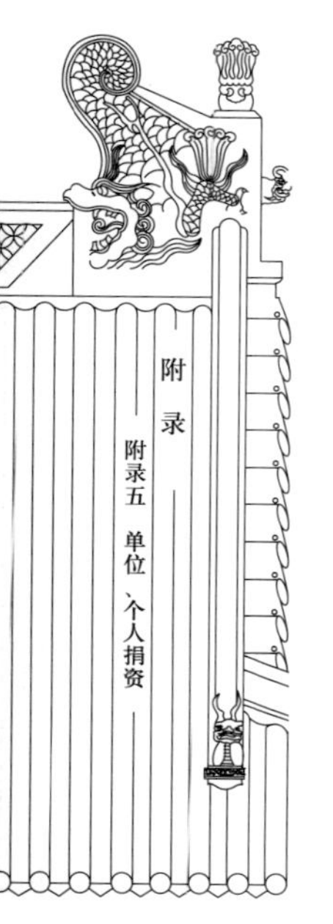

开明 正乾 开松 本生 秋访 细访 叶腾 序昌 冉冉 宗金 长友 佳旺
宗鹏 子恒 序煌 叶毅 宗腾 叶劲 本美 开天 宗义 兴华 兴富 豪俊
豪仕 沐晨 开庭 宗星 叶剑 叶粪 长生 天赐 武锋 李泽 玉钟 序亮
宗毕 序文 细毛 国马 叶豪 叶奥 天琪 天乐 开枝 红军 序涛 序华
序波 新明 杭瑞 本栋 皇甫 吉迅 细明 宗明 友林 叶彤 天生 文成
叶晴 宗彪 保池 锦中 叶科 加星 叶腾 国林 序韧 玉柱 麒麟 叶权
宗应 序国 子烨 启发 紫千 天痒 国平 序劲 本院 开少 宗榜 叶立
宗林 保桥 天波 金桥 天云 宗武 亮亮 天昊 天晨 天杰 保佳 叶广
天宇 叶展 天航 宗灿 丽军 叶赞 一鸣 宗玖 序朗 开等 宗金 序望
叶灿 锦钊 开龙 宗权 亚文 三忠 宗象 无悔 春生 宗金 叶帅 叶普
宗科 亚东 冬俊 天达 梓文 文坤 子剑 宗益 发德 序明 序孝 送祖
宗佳 宗健 宗光 序加 天繁 序校 立钦 叶博 铭喆 党生 正坤 盛铭
叶梓 正青 天睿 明山 宗法 宗祥 叶回 锦澄 水平 思杰

三房（220 人）

惠清 叶泉 叶鑫 汉唐 序清 叶军 宗凯 国峰 辉煌 时雨 叶伟 宗彬
序枝 叶军 叶剑 叶欣 志军 叶松 叶青 叶海 叶俊 宗央 红光 沙龙
红军 宗初 爱华 雨轩 序华 宗福 青松 锦辉 宗禄 序文 叶帅 宗寿
序顺 宗全 成林 宗春 宗旺 叶威 叶丰 叶睿 序柏 叶波 开琥 乐乐
麻城 叶辉 志丹 威威 国庆 振茂 细元 树华 泽弘 宗煌 开玙 开圭
才嵩 鹏宇 年生 建华 叶谦 小林 仙送 叶昌 叶关 叶巍 子青 序咏
叶伟 卓航 昕瑜 序安 叶勇 培杰 景灏 细勇 奇贤 序益 国强 海龙
国富 培旺 天龙 宇飞 宸逸 宇翔 远长 序金 天德 天品 天民 刚林
惠文 惠职 叶康 建强 秋平 亚文 冬胜 志豪 建国 金炜 序明 天晗
卫兵 叶平 工农 熙曦 宇恒 四新 叶鑫 亦农 叶饶 细祥 叶灿 来明
序国 梓骞 望来 开贵 叶建 细健 秋鹏 靖靖 祖成 惠明 梓桐 叶冬
曼奇 雨奇 宗龙 冬青 序清 瑞恒 开玑 宗森 睿青 宗军 鸿志 序灿
宗季 嘉瑞 嘉俊 序景 叶凯 叶璞 序玉 天正 惠武 浪金 松柏 伟豪
文亮 家兴 叶敏 叶露 叶挺 浩俞 子轩 惠均 天果 叶松 慈涛 宗正
劲松 佳佳 培荣 劲柏 成市 培华 序兰 叶瀚 序方 叶翀 序群 明宇
明亮 光荣 祖国 子健 惠洋 宗清 开赋 鑫泰 红卫 文博 文昊 序胤
宗国 宗兴 宗友 宗富 宗荣 本诚 序家 序静 序发 序平 序兵 序强
序昌 序飞 序望 序康 序鹏 序鲲 序恺 天凡 临烜 天明 子欣 子签
子洋 叶青 叶飞 叶凡

四房（187 人）

宗林 序钢 天桢 家升 序树 天瑜 宗森 序茂 序盛 序禄 序志 建军

叶博　叶远　序田　叶威　宗亨　宇翔　宇卫　宇钧　天赞　宗良　序彬　叶勋
荣添　宗柱　泽华　峻荣　宗解　叶钦　序先　叶彬　宗选　叶川　天朗　年生
叶剑　海松　泽恒　叶琰　开利　朝阳　序雄　宗鹏　子威　宗玉　序萌　四海
杨栋　宗灯　叶波　皓轩　家兴　天杰　国兵　国朋　东东　子健　序春　叶聪
叶豪　宗利　宇平　天泽　序兵　叶添　一繁　宗琦　国雄　叶威　国栋　叶茂
子恒　序植　叶港　傲宇　宗瑞　亚东　建国　叶燊　盈芝　文韬　文坚　叶辉
文彬　天煜　爱龙　亚钦　天宇　添万　光明　国胜　叶勇　天吉　天翔　宗植
俊文　俊东　文杰　宗锐　一伟　敬刚　宗雄　剑峰　荣添　荣欣　友顺　子涵
开汉　宗伟　建秋　天旺　天成　雄文　叶阳　细寅　天祺　叶森　奇志　叶凡
叶剑　宗俭　志强　宗彪　序灿　东鑫　东昊　开福　金龙　兴龙　文豪　五洲
雨泽　高潮　平华　叶帅　友军　博涵　国权　亚洲　宗林　叶啸　开灯　广宗
序熠　高峰　用誉　宗专　国干　子明　子洋　宗煜　序乾　茂楠　宗柄　加喜
叶帆　汶奇　宗新　鑫鑫　宗志　思越　序荣　宗雨　叶飞　宗来　开炎　开长
志奎　天赐　卫国　叶锐　叶昌　宗典　林海　子健　鑫圆　志雄　旺升　宗军
叶巍　开山　天佑　开贵　宗天　序焜　嘉奕

五房（169 人）

常春　开耀　宗进　叶召　开炳　亚鹏　梓涵　开江　亚军　康宁　序雄　叶天
序伟　文兵　锦凡　宗秋　宗星　向阳　天成　建阳　时雨　天强　春阳　云天
春光　天文　天顺　海泉　林宗　水宗　本豪　叶罡　宗立　叶军　叶涵　本礼
叶辉　文革　加强　叶群　子黑　海德　国胜　叶猛　家兴　序烯　志鹏　浩然
冬生　常青　叶亮　序春　储曜　宗成　序兵　天淳　序响　序杰　子睿　劲松
青松　叶强　天富　加祥　洪彬　宗建　宗加　叶林　叶森　最红　宗俊　宗谦
宗洪　叶弛　叶骋　开建　云亮　发德　叶栋　叶文　芷莸　宗旦　国庆　叶天
叶顺　权领　叶林　翰文　开炎　叶兵　叶智　兵强　叶钦　叶波　宗奎　海兵
文涛　宗希　海生　雨轩　仁喆　宗明　海强　海俊　宗召　哲恺　宗泉　彦雄
红光　兴旺　序健　序康　本高　叶杨　桥阳　宗泽　宗俊　宗坤　叶斌　思伟
思洁　宗保　序广　天祥　开阳　开加　开正　云龙　杨哲　博文　叶熙　光明
叶根　开刚　宗均　宗龙　柏承　贵生　叶炼　叶刚　天鑫　叶明　叶强　叶辉
叶聪　细生　叶盛　细红　叶旺　序烯　叶俊　树文　子文　华锋　济源　子龙
子霞　序强　年霞　天林　文胜　国强　红明　勇来　浩宇　叶瑜　海滨　叶振
天罡

2.2014 年 7 月 18 日的宗亲恳谈会上捐资者亮相

捐资宗亲，双手将捐资标牌端在胸前，列队通过主席台，并以 6 ～ 8 人为一组照相留念，为宗族、为历史留下珍贵的镜头（图 42 ～图 57）。

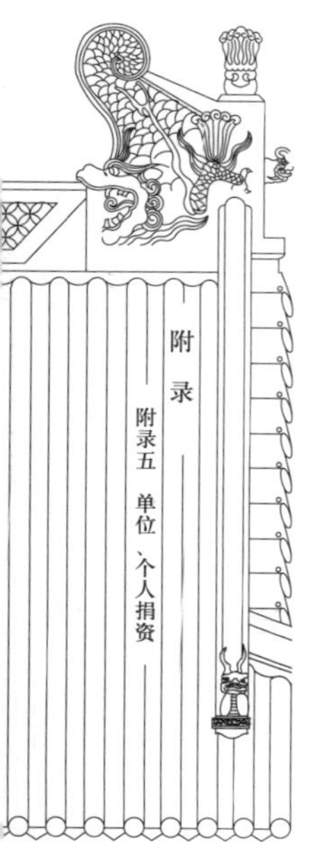

图 42 第一组左起：光华、祖发、序德、宗林、宗尉、序俭

图 43 第二组左起：惠均、天顺、晨东、序屋、常春、惠清、序勤（代志国）

图 44 第三组左起：国栋、树林、日华、宗星、宗亨、序柏、辉煌

图 45 第四组左起：宗召、军华、建军、天发、序炳、惠职、宗成

图 46 第五组左起：园园、指雄、文杰、红兵、加胜、序兰、宗维

图 47 第六组左起：定坤（并代定乾）、宗茂、长生、序均、序太

图 48 第七组左起：德仁、序本、宗谋、亚海、宗裕、宗铿、宗均

图 49 第八组左起：山阳（并代天彤）、序顺（代立乾）、天财、宗峰、林军、学军

图 50　第九组左起：天顺（代叶旭）、三忠、友林、开柏、序友、宗尉（代宗权）

图 51　第十组左起：建国、文成、全桂兰（代发启）、启发、宗榜、青松

图 52　第十一组左起：建国（代序明）、惠武、天松、松鹤、开珑、霞林、红光、惠职（代四新）

图 53　第十二组左起：宗旺、惠明、宗冬、秋平、天海、劲松、天龙、细勇

图 54　第十三组左起：卫国（并代寅芝）、序咏（代天伟）、序茂、宗元、年生、序田

图 55　第十四组左起：宗森、开灯（代广宗）、五洲、宗利（代宇平）、宗琦、海松、宗旺（代宗寿）

图 56　第十五组左起：开建（代开阳）、宗柱（代泽华）、宗旦（代发德）、宗泉、国庆

图 57　第十六组左起：宗国、序景、宗灯、宗立、序巍

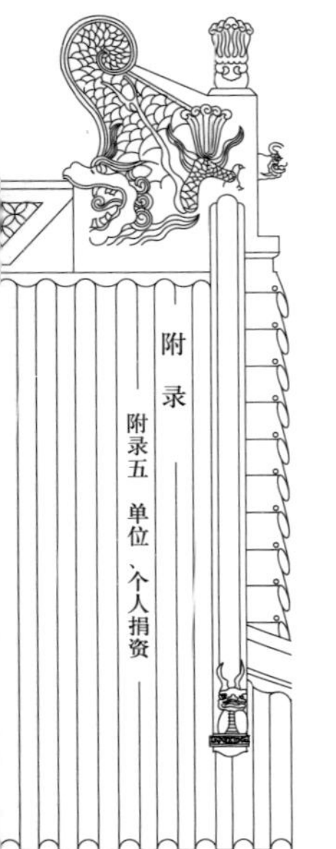

3. **慰劳师傅捐献情况**

附：慰劳师傅公布榜（原文照登）

叶氏宗祠筹建委员会公告

叶建字〔2015〕01 号 总 08 号

在筹建委和全体宗亲的共同努力下，新宗祠主体工程于七月三十日喜封金顶。在长达 10 个月的建设过程中，工程管理、监理人员和各行建筑工人冒着酷暑严寒，坚持日夜奋战，不仅确保了工程进度，而且确保了工程质量。全庄宗亲看在眼里，记在心中。感激之情不仅溢于言表，而且纷纷主动出钱购物慰劳工人师傅。截至七月三十一日，各房宗亲计 300 余人，分 12 次赠送慰问品和现金合计 58794 元。为褒扬捐献者的奉献精神，现将名单公布如下：

七月二十六日（农历六月十一日）

宗林（四房）为叶氏宗祠起梁仪式赠烟花鞭炮 10000 元

序俭、序德、序屋、志乾赠现金 10000 元、黄鹤楼烟 20 条（折 3500 元）

开琥 1000 元，松鹤 200 元。

以上计 24700 元。

三月十五日（二月初六日），单位：元

叶　芾 200　叶开红 200　叶开江 200　叶宗洪 200　叶宗变 200　叶爱龙 200
叶兵强 200　叶　兵 200　叶天佑 200　叶灯钢 200　叶序次 100　叶序科 100
叶宗满 100　叶宗元 100　叶序春 100　叶序祥 100　叶　东 100　叶夏胜 100
叶天向 100　叶开炎 100　叶序兰 100　叶加胜 100　叶序彬 100　叶国新 100
叶天保 100　彭爱连 100　叶　勇 100　叶序强 100　叶宗应 100　叶建军 100
叶宗亮 100　叶天发 100　叶天鹏 100　叶雄文 100　叶序清 100　叶宗焕 100
叶宗仁 100　叶开利 100　叶振东 100　叶序益 100　叶天胜 100　叶细炎 100
叶法国 100　叶国平 100　叶天生 100　李明福 100　叶序枝 100　叶宗国 100
叶宗贵 100　叶　昊 100　叶秋访 100　叶兴旺 100　叶国锋 100　叶　锋 100
叶宗尉 100　叶亚文 100　叶宗武 100　叶宗星 100　叶保加 100　叶序振 100
叶宗希 100　叶宗刚 100　叶本美 100　叶宗露 100　叶开明 100　叶春生 100
叶宗科 100　叶宗鹏 100　叶宗金 100　叶　红 100　叶文坤 100　叶序应 100
叶　巍 100　叶　俊 100　叶开福 100　叶序柏 100　叶三忠 100　叶常青 100
叶开刚 100　叶水平 100

合计：9000 元，其中慰问品等 6240 元，上交筹建委办公室 2760 元。

三月二十七日（农历二月初八），单位：元

叶宗立 60　叶序福 60　叶大治 60　叶杰彬 60　叶序猛 60　叶天国 60
叶序洋 60　叶序本 60　叶建国 60　叶天冬 60　叶序彬 60　叶序标 60

冯光和 60　叶宗诚 60　叶建华 60　叶序景 60　叶宗建 60　叶宗元 60
叶景堂 60　叶宗柱 60　叶利民 60　叶建松 60　叶幼朋 60　叶柏送 60
叶晨东 60　叶序乾 60　叶红星 60　叶卫国 60　叶宗谋 60　叶海朋 60
叶序文 60　叶育红 60　叶大海 60　叶国栋 60　叶文杰 60　叶天霞 60
叶建国 60　叶序武 60　叶加兴 60　叶序年 60　叶宗志 60　叶宗雨 60
叶宗解 60　叶建柏 60

合计：2640 元慰问品等。

三月二十九日（农历二月初十日），单位：元

五房成钢公派下宗亲，合计 2000 元慰问品等。

四月九日（农历二月二十一日），单位：元

叶宗秋 100　叶宗育 100　叶序央 100　叶志朋 100　叶志刚 100　叶序森 100
叶序成 100　叶正春 100　叶树华 100　叶绪生 100　叶开闲 100　叶序胜 100
叶宗流 100　叶建平 100　叶天财 100　叶加鹏 100　叶国兴 100　叶序法 100
叶国正 100　叶学农 100　叶发德 100　叶国庆 100　叶宗武 100　叶亮国 100
叶宗军 100　叶友胜 100　叶国胜 100　叶高林 100　叶银发 100　叶木生 100
叶文成 100　叶金发 100　叶宗炳 100　叶青山 100　叶农兴 100　叶祖发 100
叶序转 100　叶宗法 100　叶龙胜 100　叶青松 100　叶劲松 100　叶宗国 100
叶宗春 100　叶宗明 100

合计：4400 元，其中慰问品等 2068 元，交筹建委办公室现金 2332 元。

五月一日（农历三月十三日），单位：元

四房全体宗亲 2534 元，叶宗善 100 元，合计：2634 元慰问品等。

五月九日（农历三月二十一日），单位：元

叶建国 100　叶建军 100　叶序长 100　叶立乾 100　叶序晴 100　叶序礼 100
叶序朗 100　叶序曙 100　叶宗栋 100　叶宗汇 100　叶天鹤 100　叶天鹏 100
叶建新 100　叶三阳 100　叶天向 100　叶天栋 100　叶天顺 100　叶培咏 100
叶序富 100　叶序友 100　叶三华 100　叶建华 100　叶序广 100　叶序搬 100
叶　松 100　叶天龙 100　叶志乾 100　叶启发 100　叶序志 100

合计：2900 元慰问品等

五月十九日（农历四月初二日）

叶宗敬 叶日华 叶育红 叶幼朋 叶宗铿 叶宗钧 叶宗裕 叶宗维 叶宗治 叶宗齐
叶宗亮 叶宗光 叶宗立 叶军华 叶晨东 叶序纯 叶序太 叶定乾 叶广林 叶广平
叶开朗 叶开送 叶建华 叶建国 叶宗访 叶宗谋 叶宗诚 叶卫东 叶　峰 叶大海
叶亚海 叶大治 叶杰斌 冯光和 董克福 每人 100 元，计 3500 元。

六月十九日（农历五月初四），单位：元

叶宗莉 100　叶宗炯 100　叶宗茂 100　叶序旺 100　叶宗汇 100　叶天军 100
叶序均 100　叶序勤 120　叶序俭 100　叶序栋 100　叶开朗 100　叶序福 100
叶移发 100　叶兴发 100　叶友发 100　叶文清 100　叶序武 100　叶宗应 100

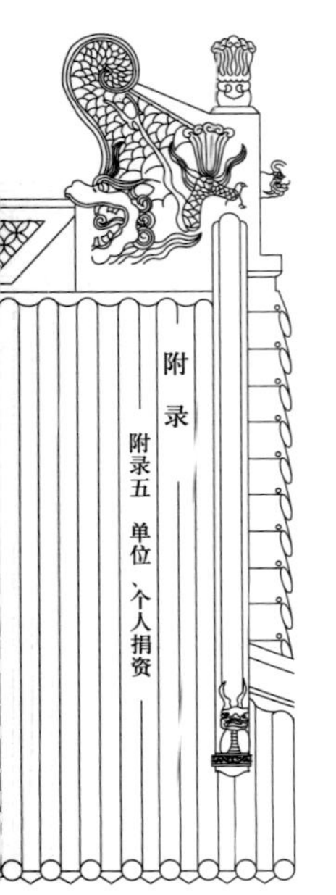

叶长生 100　叶序犬 100

合计：2020 元慰问品等。

七月十日（农历五月二十五日），单位：元

叶开甲 200　叶开安 200　叶惠职 100　叶惠清 100　叶宗件 100　叶丽军 100
叶春阳 100　叶细明 100　叶丹卿 100　叶国庆 100　叶新华 100　叶建阳 100
叶宗林 100　叶细强 100　叶宗柳 100　叶辉煌 100　叶开枝 100　叶宗诚 100
叶序明 100　叶友杏 100　叶正红 100　叶宗光 100　叶先明 100　叶向阳 100
叶红兵 100　叶本高 100　叶秋生 100　叶宗晃 100　叶红光 100　叶党生 100
叶宗选 100　叶高潮 100　叶宗林 100　叶慧明 100　叶春刚 100　叶加红 100
叶宗葵 100　叶望来 100　叶来明 100　叶文革 100　叶加强 100　叶天松 100
叶关关 100　叶宗森 100　叶天顺 100　叶国强 100　叶开琥 100　叶年生 100

合计：现金 5000 元交筹建委办公室。

叶家坝中门庄第四届祖堂筹建委员会

二〇一五年八月五日

4. 宗祠落成庆典贺礼

1）友庄礼金、礼物

石林堂宗亲联谊会

赠送猪羊祭品一抬。

金山庄

礼金 3 万元、匾联各一幅、猪羊品一抬。

华山庄

礼金 2 万元。

黄颡庄

礼金 1 万元。

柏树嘴庄

礼金 5 千元。

下圻庄

礼金 5 千元。

仲和庄

礼金 2 万元、猪羊祭品一抬、对联一副，叶美林 1 千元、叶序良 1 千元、叶云良 1 千元、叶天江 1 千元。

十里铺庄

礼金 3 千元、猪羊祭品一抬。

叶家桥庄

礼金 3 千元。

牯羊庄

礼金4万元、猪羊祭一抬。

茅山庄

礼金1千元。

北门庄

礼金2千元，叶序祥、叶序霖、叶序云赠送蒲团48个。

金桥庄

礼金5千元。

莲花芯庄

礼金4万元、匾联各一幅，叶天彪2万元、叶宗财1万元、叶序坤1万元、叶序武1万元、叶序锐1万元、叶冬林 1万元、叶秋杨1万元。

上叶庄

匾额一幅，叶文斌1万元、叶国平3千元、叶宗辉2千元、叶序礼2千元、叶序咏2千元、叶序镇2千元、叶天喜2千元、叶宗富1千元、叶树林 1千元、叶宗正1千元、叶序明1千元、叶序勇1千元、叶正坤1千元、叶和平1千元、叶建军1千元、叶天元1千元。

下叶庄

匾额一幅，叶序华1万2千8百元、叶宗兴1万元、叶长青1万元、叶序富1万元、叶序雄1万元、叶和平1万元、叶智明1万元、叶序熙1万元、叶宗明2千元、叶红军2千元、叶序钦2千元、叶序来2千元、叶宗淳1千元、叶宗　1千元、叶宗卫1千元、叶宗裕1千元、叶和青1千元、叶长春1千元、叶宗胜1千元、叶序科1千元、叶亚权1千元、叶江和1千元、叶序安1千元、叶序满1千元、叶序平1千元、叶序泳1千元、叶春阳1千元、叶细阳1千元、叶胜利1千元、叶序园1千元、叶序赐1千元、叶序灏1千元、叶耀文1千元、叶紫晋1千元、叶序义6百元、叶柏林5百元、叶加林5百元、叶锦香5百元、叶细龙5百元、叶序喜5百元、叶序柏5百元、叶树平5百元、叶序坤5百元、叶满园5百元、叶序忠5百元、叶宗耀2百元、叶序兰2百元。

七里界庄

叶平1千元、叶宗洪1千元、叶宗斌1千元、叶宗发1千元、叶宗胜1千元、叶宗军1千元、叶序全1千元、叶序刚1千元、叶序琪1千元、叶俊1千元、叶福安1千元、叶凯1千元、叶鹏1千元、叶文杰1千元、叶宇钊1千元、叶航睿1千元、叶文熠1千元、叶鑫1千元、叶瀚玉1千元、叶浤翊1千元。

2）异姓友庄礼金

永胜村张麒湾

礼金4万元。

同村友庄（友人）：

余家湾

礼金2万元，余晖2万元、余海林 5千元、余显发2千元。

靠背刘湾

礼金2万元。

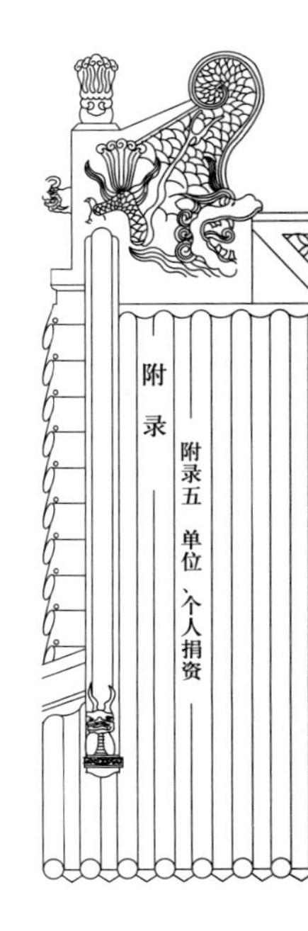

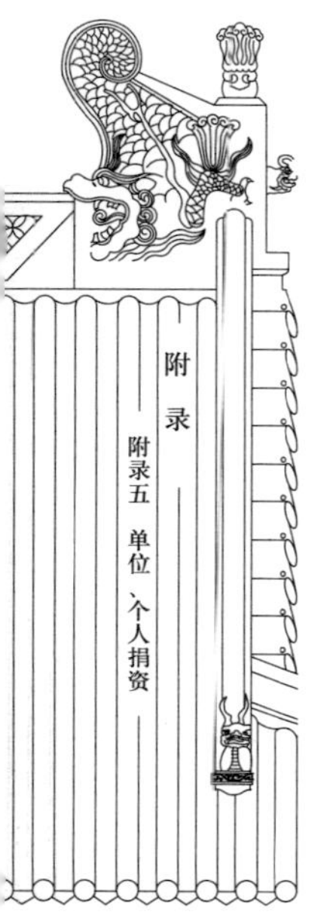

友人

尹正乾 1 千 5 百元、尹正坤 1 千 5 百元。

龙王庙

礼金 2 万元。

3）本庄庆贺礼物

姑娘献礼（各房合计 569 人）

元申　生于 1968 年 2 月，首一长房宗启公次女，黄石鑫德隆矿业有限公司总经理，献礼 20 万元。

润明　生于 1970 年 8 月，四房宗林之女，黄石市中心医院医师，献礼 12 万元。

雅雅　生于 1991 年 2 月，首一长房序德之女，黄石市建设委员会办公室主任，献礼 10 万元。

贵子　生于 1992 年 12 月，首一长房序俭之女，大冶市风华幼儿园园长，献礼 5 万元。

梦丽　生于 1992 年 12 月，四房国兵之女，大冶国贸矿业有限公司出纳，献礼 5 万元。

首一长房

宗惠 2 万元　玲珍 1 万元　秧申 1 万元　秋莲 1 万元　金萍 1 万元　银萍 1 万元

俏俏 1 万元　素春 1 万元　细容 1 万元　天秀 1 万元　艳红 1 万元　盼盼 1 万元

丽君 1 万元　冬英 3 千元　素云 2 千元　秋霞 2 千元　青年 1 千元　序吉 1 千元

天珍 1 千元　天霞 1 千元　天凤 1 千元　梦君 1 千元　元英 1 千元　小年 1 千元

秋莲 1 千元　春惠 1 千元　移生 1 千元　惠兰 1 千元　惠云 1 千元　惠英 1 千元

惠香 1 千元　惠萍 1 千元　晓萍 1 千元　细萍 1 千元　梦姣 1 千元　亚兰 1 千元

春兰 1 千元　佳春 1 千元　红英 1 千元　爱英 1 千元　振华 1 千元　早生 1 千元

清香 1 千元　倩倩 1 千元　琴琴 1 千元　玉枝 1 千元　红梅 1 千元　新梅 1 千元

菊明 1 千元　菊花 1 千元　文华 1 千元　清清 1 千元　宗英 1 千元　宗炎 1 千元

荒年 1 千元　宗娇 1 千元　瑞芝 1 千元　亚芳 1 千元　亚芬 1 千元　元枝 1 千元

鹤鹤 1 千 6 百 8 十元　天宝 1 千 6 百 8 十元　春霞 1 千元 蒲团 20 个

首一二房

宗英 1 万元　菊英 1 万元　冬珍 1 万元　建红 1 万元　冬青 1 万元　一鸣 1 万元

晓丽 1 万元　丽明 1 万元　慧敏 1 万元　奇志 1 万元　名婕 1 万元　梦思 1 万元

丽芬 1 万元　镭镭 1 万元　静静 1 万元　周蓓 1 万元　芸芸 1 万元　欢欢 1 万元

小丹 1 万元　翠蓉 2 千元　莲兴 1 千元　丽丽 1 千元　芳芳 1 千元　宗容 1 千元

建云 1 千元　丽霞 1 千元　露芳 1 千元　美芳 1 千元　友爱 1 千元　小蓉 1 千元

小倩 1 千元　小丹 1 千元　菊花 1 千元　细珍 1 千元　春燕 1 千元　燕群 1 千元

金春 1 千元　爱珍 1 千元　米香 1 千元　宗英 1 千元　丽娟 1 千元　文文 1 千元

思思 1 千元　凤霞 1 千元　凤英 1 千元　翠翠 1 千元　开枝 1 千元

首一三房

翠兰 2 万元　玉珍 1 万元　翠娥 1 万元　珍珍 1 万元　细珍 1 万元　宝珍 1 万元
细宝 1 万元　翠英 1 万元　爱保 1 万元　爱容 1 万元　红红 1 万元　晓兰 1 万元
丽华 1 万元　海霞 1 万元　惠惠 1 万元　细娥 1 万元　月珍 1 万元　细珍 1 万元
天凤 1 万元　玲玲 1 万元　丽丽 1 万元　思思 1 万元　林芳 2 千元　玉兰 2 千元
丽平 2 千元　细容 2 千元　宗娇 2 千元　冬娥 1 千元　天群 1 千元　华英 1 千元
红霞 1 千元　芬霞 1 千元　芬明 1 千元　防震 1 千元　咏霞 1 千元　响玲 1 千元
桂凤 1 千元　海英 1 千元　玉容 1 千元　美容 1 千元　丽芳 1 千元　爱英 1 千元
冬梅 1 千元　双梅 1 千元　春梅 1 千元　凤儿 1 千元　瑞英 1 千元　娟娟 1 千元
秋桂 1 千元　双桂 1 千元　香连 1 千元　芳芳 1 千元　金宝 1 千元　金山 1 千元
四清 1 千元　序巧 1 千元　巧莲 1 千元　合意 1 千元　佳佳 1 千元　晶晶 1 千元
春燕 1 千元　雪枝 1 千元　兰香 1 千元　雪梅 1 千元　宗珍 1 千元　田升 1 千元
知音 1 千元　润明 1 千元　明英 1 千元　双全 1 千元　秀英 1 千元　珍兰 1 千元
素珍 1 千元　秋宝 1 千元　望宝 1 千元　彩霞 1 千元　爱宝 1 千元　宗梅 1 千元
翠萍 1 千元　彩娥 1 千元　珍珍 1 千元　春容 1 千元　兰枝 1 千元　丽丽 1 千元
宗英 1 千元　玉莲 1 千元　林英 500 元　宗央 2 千元　蒲团 10 个

首二房

爱群 2 万元　荷花 1 万元　秀梅 1 万元　秀芳 1 万元　木兰 2 千元　如意 1 千元
有志 1 千元　细申 1 千元　桃阳 1 千元　丽芳 1 千元　素连 1 千元　秀英 1 千元
玉英 1 千元　细玉 1 千元　欢欢 1 千元　如意 1 千元　序英 1 千元　冬英 1 千元
细英 1 千元　年英 1 千元　爱红 1 千元　鹤英 1 千元　群芳 1 千元　婷婷 1 千元
合意 1 千元　震英 1 千元　元新 1 千元　丽娟 1 千元　当申 1 千元　爱英 1 千元
则申 1 千元　惠珍 1 千元　回珍 1 千元　彩霞 1 千元　当申 1 千元　序芬 1 千元
贵枝 1 千元　爱新 1 千元　玉珍 1 千元　伶俐 1 千元　宗英 1 千元　细莲 1 千元
贵珍 1 千元　秀秀 1 千元　素珍 1 千元　三枝 1 千 2 百元　月英 1 千 2 百元
立平 1 千 2 百元　春霞 1 千 2 百元　玉霞 1 千 2 百元

首三房

细瑞 1 万元　素琴 1 万元　素梅 1 万元　华桂 1 万元　桂珍 1 万元　金桂 1 万元
细福 1 万元　秋香 1 万元　春香 1 万元　玉兰 1 万元　晶晶 1 万元　巧园 1 万元
亚芳 1 万元　慧芳 1 万元　惠敏 1 万元　朵朵 1 万元　宗英 2 千元　玉容 1 千元
润芯 1 千元　桂容 1 千元　细菊 1 千元　桂芬 1 千元　莲香 1 千元　艳艳 1 千元
惠俭 1 千元　水蓉 1 千元　三梅 1 千元　艳芬 1 千元　翠芳 1 千元　春艳 1 千元
玲玲 1 千元　春明 1 千元　竹梅 1 千元　芬芬 1 千元　梅梅 1 千元　彩霞 1 千元
金桃 1 千元　细桃 1 千元　艳红 1 千元　四友 1 千元　丽红 1 千元　保玉 1 千元
玉梅 1 千元　玉莲 1 千元　细莲 1 千元　细梅 1 千元　素英 1 千元　瑞明 1 千元

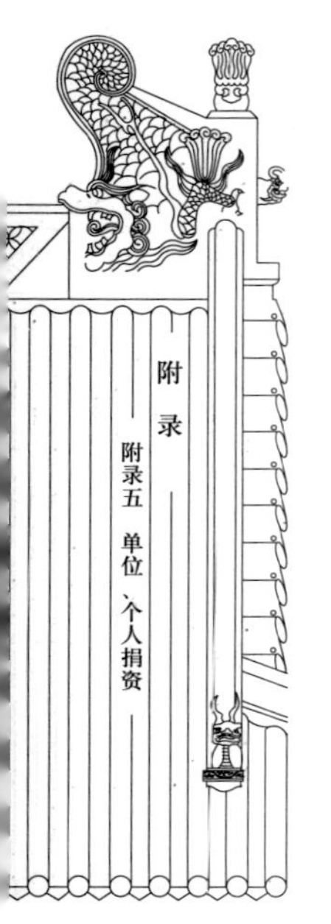

瑞红 1 千元　桂莲 1 千元　春秀 1 千元　慈贵 1 千元　丽丽 1 千元　丽丽 1 千元
爱梅 1 千元　丽莲 1 千元　秋霞 1 千元　爱蓉 1 千元　细容 1 千元　明丽 1 千元
玉容 1 千元　苗苗 1 千元　小兰 1 千元　雪梅 1 千元　玉保 1 千元　铭铭 1 千元
爱珍 1 千元　细雪 1 千元　细青 1 千元　红红 1 千元　闲枝 1 千元　金福 1 千元
录英 1 千元　杨雯 1 千元　瑞英 1 千元　雅静 1 千元　爱宝 1 千元　家贵 1 千元
新欣 1 千元　七枝 1 千元　双双 1 千元　莉莉 1 千元　望桂 1 千元　冬梅 500 元
宗年 500 元　秋来 1 千 2 百元

三房

宗英 1 万元　新年 1 万元　惠兰 1 万元　惠芳 1 万元　细红 1 万元　凤莲 1 万元
亚兰 1 万元　玉竹 1 万元　婷婷 1 万元　敏敏 1 万元　早枝 2 千元　蓉蓉 1 千元
英燕 1 千元　爱琴 1 千元　爱英 1 千元　天兰 1 千元　建红 1 千元　细雪 1 千元
春雪 1 千元　加红 1 千元　田申 1 千元　雪枝 1 千元　美玉 1 千元　建红 1 千元
兰英 1 千元　清英 1 千元　清秀 1 千元　清华 1 千元　金凤 1 千元　细枝 1 千元
振军 1 千元　爱华 1 千元　振华 1 千元　细华 1 千元　惠玲 1 千元　金莲 1 千元
杏红 1 千元　惠萍 1 千元　惠英 1 千元　丽华 1 千元　细莎 1 千元　盼盼 1 千元
双喜 1 千元　细喜 1 千元　凤群 1 千元　秋玲 1 千元　翠玲 1 千元　鹤英 1 千元
节申 1 千元　美丽 1 千元　春梅 1 千元　芬芬 1 千元　思思 1 千元　春春 1 千元
宗贵 1 千元　小毛 1 千元　宗元 1 千元　宗珍 1 千元　宗珠 1 千元　宗凤 1 千元
勤勤 1 千元　琳琳 1 千元　海英 1 千元　燕英 1 千元　菊铭 1 千元　艳婷 1 千元
妮妮 1 千元　丽思 1 千元　宗英 1 千元　细芳 1 千元　惠友 1 千元　灿灿 1 千元
春香 1 千元　春蓉 1 千元　倩倩 1 千元　美桂 1 千元　爱心 1 千 2 百元
端阳 1 千 2 百元　玖阳 1 千 2 百元　亚亚 1 千 2 百元

四房

静萍 1 万元　娟娟 1 万元　序娜 1 万元　冬梅 1 千元　小平 1 千元　艳平 1 千元
幼平 1 千元　美容 1 千元　美凤 1 千元　丽琴 1 千元　丽芬 1 千元　雪杰 1 千元
青香 1 千元　细萍 1 千元　雪萍 1 千元　蓉梅 1 千元　玉兰 1 千元　宗珍 1 千元
艳春 1 千元　艳红 1 千元　文静 1 千元　文希 1 千元　露露 1 千元　敏敏 1 千元
锦绣 1 千元　素珍 1 千元　桂莲 1 千元　丹丹 1 千元　竹君 1 千元　梦君 1 千元
燕君 1 千元　来倩 1 千元　幼君 1 千元　环宝 1 千元　秋容 1 千元　东荣 1 千元
剑剑 1 千元　芳芳 1 千元　玉华 1 千元　丽琴 1 千元　绿桂 1 千元　代鹤 1 千元
细鹤 1 千元　松梅 1 千元　宗芳 1 千元　建霞 1 千元　红霞 1 千元　细霞 1 千元
春英 1 千元　春生 1 千元　丽芬 1 千元　更枝 1 千元　细喜 1 千元　宗英 1 千元
宝来 1 千元　芳芳 1 千元　腊梅 1 千元　红霞 1 千元　秋珍 1 千元　珍兰 1 千元
娇枝 1 千元　丽华 1 千元　次梅 1 千元　雪梅 1 千元　朋丽 1 千元　惠惠 1 千元
凤霞 1 千元　红英 1 千元　娜娜 1 千元　珍珠 1 千元　梅香 1 千元　海燕 1 千元

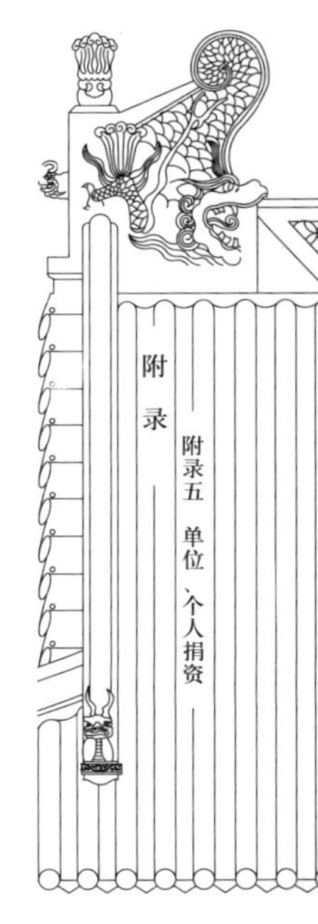

晓燕 1 千元　秀华 1 千元　珍兰 1 千元　丽平 1 千元　晓琴 1 千元　宗年 1 千元
雪生 1 千元　静静 1 千元　水仙 1 千元　池林 1 千元　叶儿 1 千元　则申 1 千元
娟娟 1 千元　婷婷 1 千元　晶晶 1 千元　青青 1 千元　九芝 1 千元　双双 1 千元
莲莲 600 元　玉琴 1 千 2 百元、程用胜 1 千元

五房

凤娇 2 万元　细凤 1 万元　百贵 1 万元　翠微 1 万元　惠萍 1 万元　晓清 1 万元
珊珊 1 万元　茜茜 1 万元　翠英 2 千元　玉梅 2 千元　慧红 2 千元　德意 2 千元
桂梅 1 千元　开娥 1 千元　丽丽 1 千元　宗娣 1 千元　云云 1 千元　倩倩 1 千元
娟娟 1 千元　继先 1 千元　丽芳 1 千元　惠早 1 千元　芝芝 1 千元　蓉蓉 1 千元
彦敏 1 千元　宗毛 1 千元　海燕 1 千元　海芳 1 千元　当申 1 千元　宗富 1 千元
宗旺 1 千元　红珍 1 千元　香君 1 千元　爱梅 1 千元　爱霞 1 千元　彩霞 1 千元
雪贞 1 千元　云星 1 千元　红梅 1 千元　细梅 1 千元　珍萍 1 千元　春梅 1 千元
翠兰 1 千元　晓年 1 千元　荷香 1 千元　金容 1 千元　秀英 1 千元　宜枝 1 千元
秋凤 1 千元　宗贵 1 千元　桃子 1 千元　秋莲 1 千元　开玉 1 千元　意意 500 元
水开 500 元　咏梅 1 千 2 百元　春霞 1 千 2 百元

赠蒲团捐资

族众 170 人自发捐资 18760 元（其中用于买香纸炮烛 518 元，又用于购蒲团 99 个）。捐资者名单如下：(2016 年 1 月 3 日)

单位：元

姓名	金额	姓名	金额	姓名	金额	姓名	金额	姓名	金额
陈　芳	300	叶序响	100	叶序兰	100	叶宗焕	100	全年桂	100
叶　胜	100	叶开汉	100	叶序科	100	冯莲申	260	叶序兵	100
叶　进	100	叶宗奎	100	叶开访	100	叶开安	100	叶农兴	100
华红英	200	叶序杰	100	叶序广	100	叶宗红	100	叶树华	100
张翠娥	200	叶　港	100	叶建平	100	叶国强	100	叶宗灯	100
张翠英	200	叶　顺	100	叶宗武	100	叶序顺	100	叶天栋	100
叶国雄	200	叶雄文	100	叶志鹏	100	叶宗芬	100	叶开仙	50
叶宗树	200	叶天财	100	叶寅芝	100	叶宗先	100	叶细寅	100
叶序央	200	叶树林	100	冯凤英	100	叶丽军	100	叶汉唐	100
石　美	200	叶国平	100	叶青松	100	叶宗军	100	叶宗星	100
刘桂莲	200	叶国兵	100	叶　卫	100	赵兰英	100	叶开桂	50
叶序曙	200	叶国胜	100	张友容	100	叶序景	100	叶加胜	100
叶序礼	200	叶细寅	100	叶开刚	100	叶　孟	100	叶天松	100
叶宗伍	200	叶序福	100	叶国胜	100	叶宗进	100	叶宗利	100

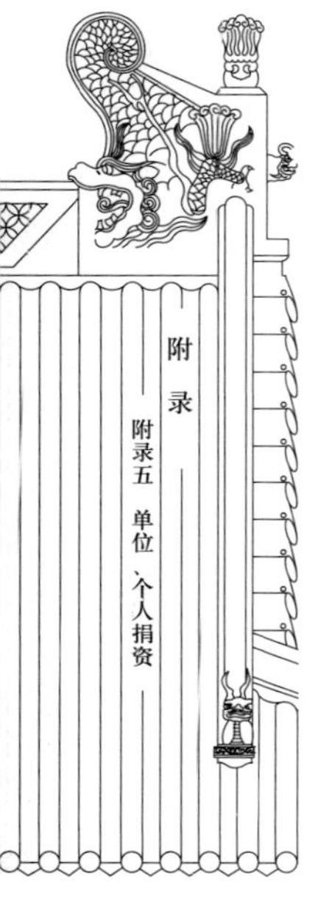

叶序朗 200　叶序照 100　叶　炼 100　叶宗科 100　叶天国 50

胡彩萍 200　叶　强 100　叶团胜 100　叶　勇 100　叶　辉 100

叶宗希 200　叶　兵 100　兰如意 100　叶开枝 100　周金玲 100

叶正东 100　叶天胜 100　叶宗元 100　叶宗盛 100　叶天鹤 100

叶　开 100　叶劲松 100　叶灯刚 100　叶天相 100　叶序阳 50

叶宗满 100　叶丰胜 100　叶文成 100　叶宗流 100　叶　旺 100

叶序发 100　叶树华 100　叶长友 100　叶宗胜 100　叶爱龙 100

叶树生 100　叶文成 100　叶天鹏 100　叶宗诚 100　尹梅枝 100

黄细莲 100　叶志刚 100　叶红星 100　叶宗林 100　叶宗雄 100

叶宗志 100　叶家兴 100　叶广林 100　叶朝阳 100　叶秋生 100

叶春生 100　刘长孙 100　叶开福 100　叶宗金 100　叶移发 100

叶　松 100　叶宗兵 100　叶国政 100　叶志刚 100　叶序志 100

叶红光 100　叶　军 100　叶序成 100　叶秋芳 100　叶政雨 100

冯爱心 100　叶宗初 100　叶宗亮 100　叶天乾 100　叶序红 100

冯纹青 100　叶宗泉 100　叶序枝 100　叶宗发 100　叶天鹏 100

叶宗勤 100　叶发富 100　叶序生 100　叶宗鼎 100　叶丽友 100

叶宗鹏 100　叶序红 100　叶宗旦 100　叶开耀 100　叶加强 100

叶开明 100　叶宗成 100　叶添生 100　叶博文 100　叶序明 100

叶国富 100　叶新明 100　叶海德 100　叶长青 100　叶春松 100

叶长生 100　叶开建 100　叶平华 100　叶序太 100

合计：18，760 元

送大花瓶一对志庆

宗武　启发　宗尉　国林　序文　序兰　序朗　序友　天龙　天向　天军　培咏

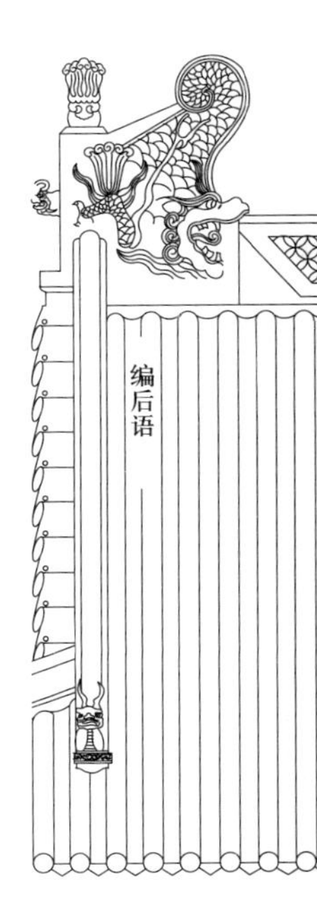

编后语

溯宗祠文化之源流，辟与时俱进之路径

自 2014 年 4 月动议到 2016 年 1 月叶家坝宗祠重建落成，叶家坝宗祠不但成了叶家坝的村落地标，还是大冶市的城市地标。“一座宗祠，最多只能存在几百年，而一部书典最少可以保留数千年；宗祠建筑只是当时的繁荣见证，而宗族经典则是永久的精神传承。我们要为宗祠编一部书，让宗祠承载的文化精髓永远传扬下去！”中共叶家坝社区总支书记、居委会主任、宗祠筹建委首席顾问叶天胜先生在一次宗亲会议上发表如斯说。嗣后，坝庄宗亲理事会做出决定，开始筹划编著《大冶叶氏宗祠志》，力图通过介绍独具特色的建筑风格、科学有序的内部结构和多姿多彩的各种装饰构件，展示“大冶古建”的金字招牌，追溯叶氏历史，图文并茂地展现宗祠建筑艺术、继承宗祠风俗、讲好宗祠故事。历经两载，数易其稿，今日终于编讫付梓。本书主要由大冶叶家坝宗亲理事会编辑，湖北理工学院有关人员参与建筑特点、建筑装饰和文化内涵的编写，并对全书进行统稿。由于编著者水平有限，对叶氏的历史与文化研究还不够深透，许多地方略显粗糙，错误在所难免，但兴许可作为今后研究叶氏宗祠建筑特色、历史和文化的参考。

宗祠一盖数百载，族谱一修几千年。当下，我们必须秉承古为今用、与时俱进的理念，从培育和践行社会主义核心价值观的高度充分认识发挥宗祠文化积极作用的重要意义，在落细、落小、落实上来下功夫，充分发挥它在继承传统、教育后人、培育新风中的应有作用。一方面，大力传承弘扬祖训家规。加强家风建设的重要途径就是传承弘扬祖训家规。在宗祠文化中，祖训家规是前人留给后人的宝贵的精神财富，教化、感召力量很强。另一方面，重视祠堂这个文化空间，发挥祠堂文化“以德育人”功能，培育时代道德风尚，让祠堂成为乡村的文化礼堂，成为传播优秀文化传统的重要阵地。

本书共 5 大部分，前有“引子”，后有“附录”，中间 3 篇 10 章 32 节。全书 400 余面，约 630 千字，其中图片（照片、绘画、施工图）近 800 幅。上篇叶氏宗祠历史回溯，主要是通过叶氏宗祠的历史变迁进行挖掘考证，对宗祠建设过程和建筑成果等情况叙述，展示叶氏宗族的发展和团结奋进的精神。中篇叶氏宗祠建筑，通过宗祠建筑特点和建筑装饰与文化内涵的介绍，全面总结了宗祠的各种功能，从而展示该祠雄伟壮丽的不同风采。下篇叶氏宗族文化，主要是通过对叶姓起源和宗族繁衍等情况叙述，从而展示该族自强不息的

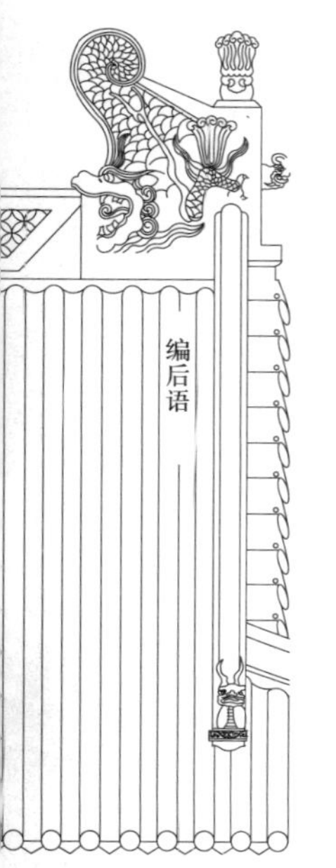

奋斗精神；通过对家规家风和历代人物等情况叙述，从而展示该族人才辈出的兴旺景象。最后附录部分，以大事记、参建者名录、宗祠看点和后记等，照应前文，圆满作结。全书各章节之间，启承转合，逻辑关系严密；前因后果，事理贯通自然。在思想内容方面，观点明确，健康向上；在表现形式方面，图文并茂，手法多样。总之，它是一部弘扬优秀传统文化，且不可多得的民间好书。

此书编著过程中，得到许多领导与专家的悉心指导，如原城乡建设环境保护部部长叶如棠、建设部原总工程师姚兵等均亲临叶氏宗祠指导，中国工程院叶可明院士更是对全书的编写提出了很多宝贵意见。还要感谢的是叶天胜书记和叶宗林先生，是他们不懈进取的追求，不改初衷的执着，不遗余力的支持，成就了这本书。还有很多叶氏族人也对本书的编写付出了辛勤的劳动，在此一并致谢。

图版

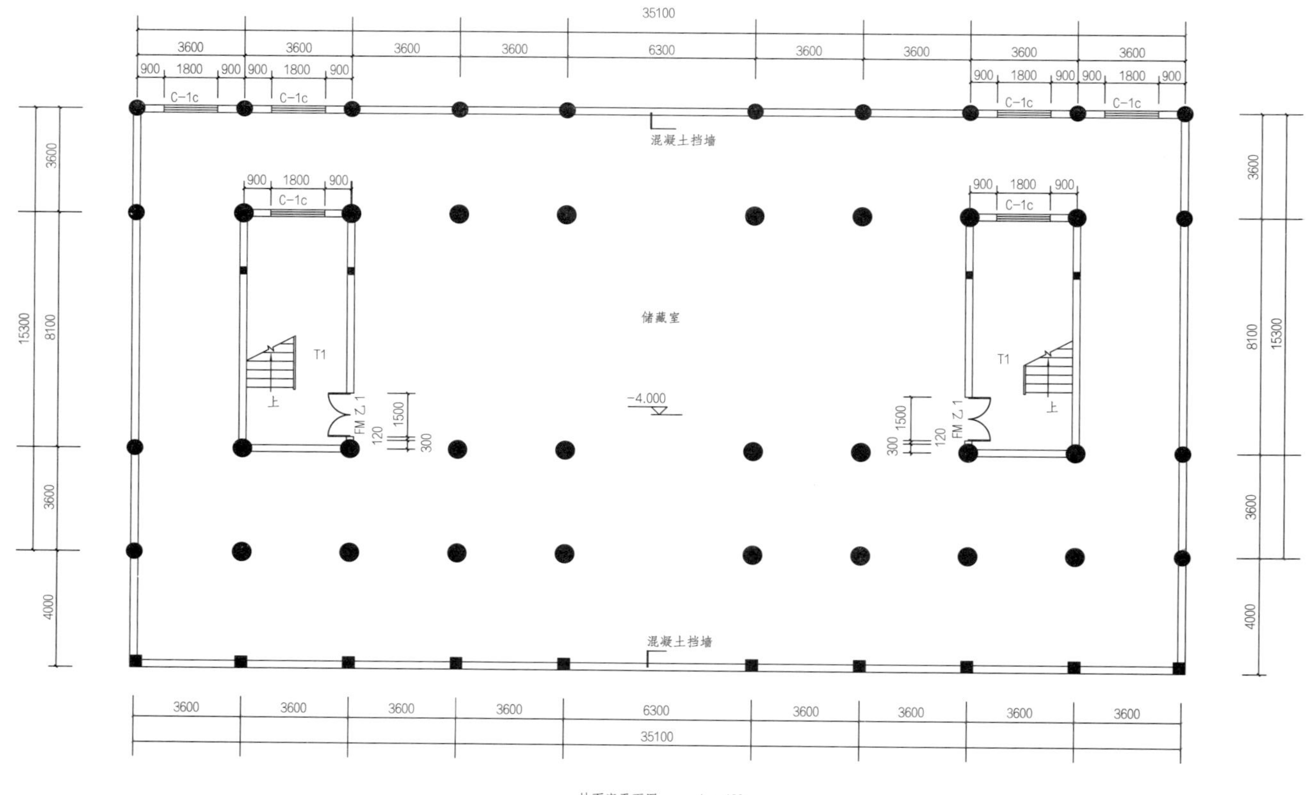

地下室平面图

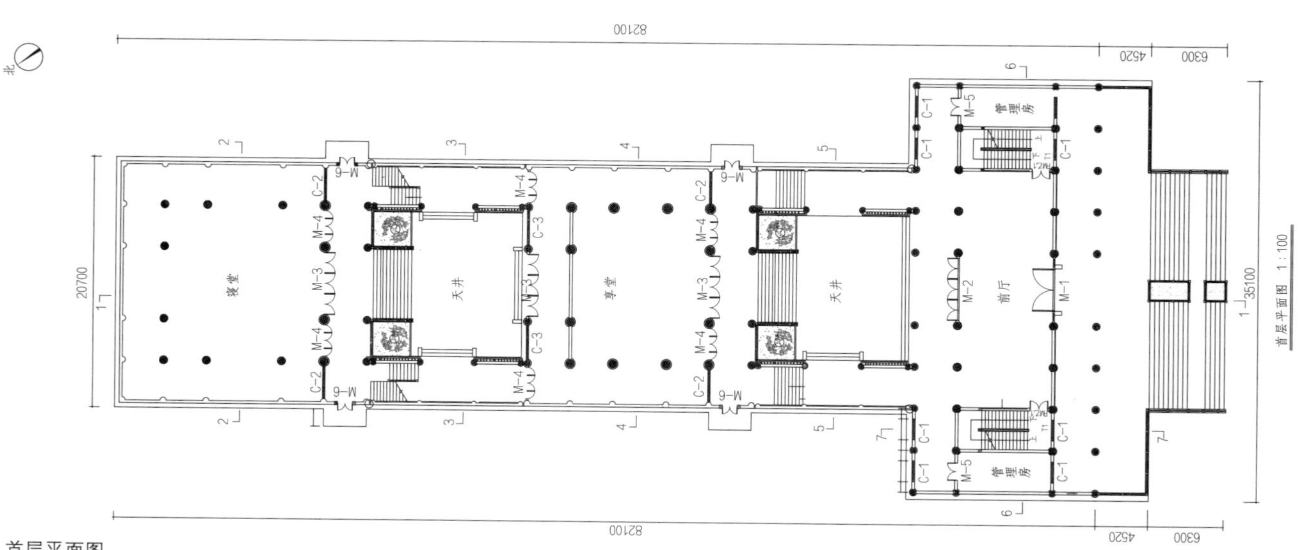

首层平面图

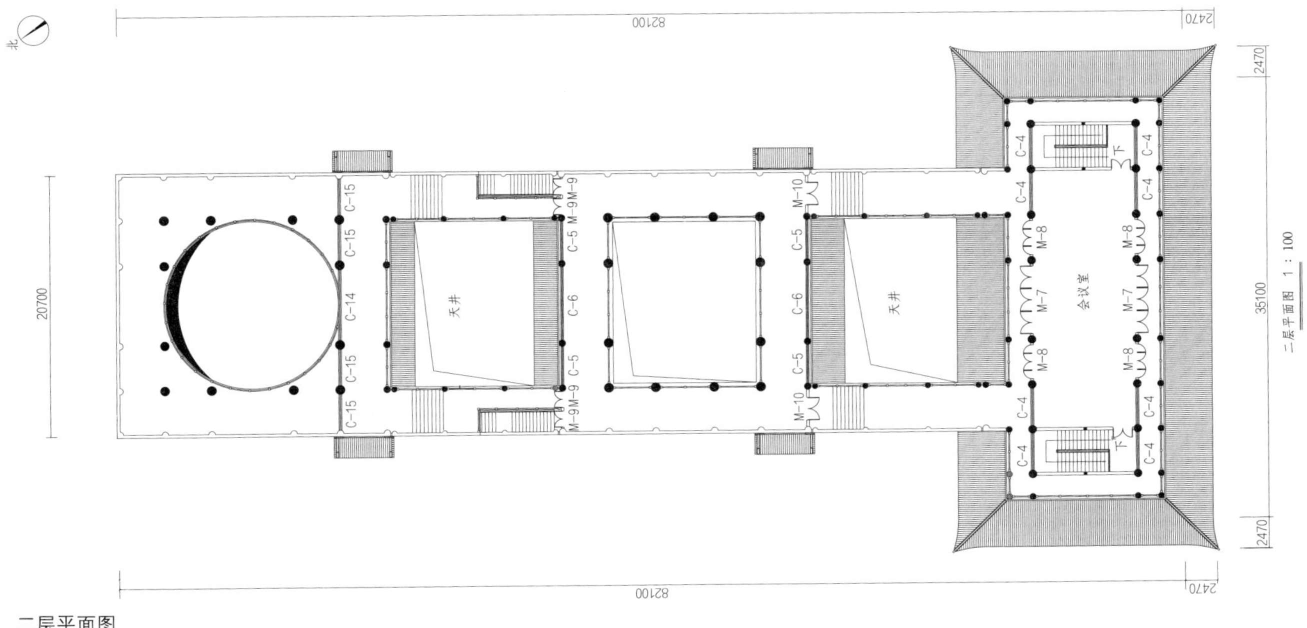

二层平面图

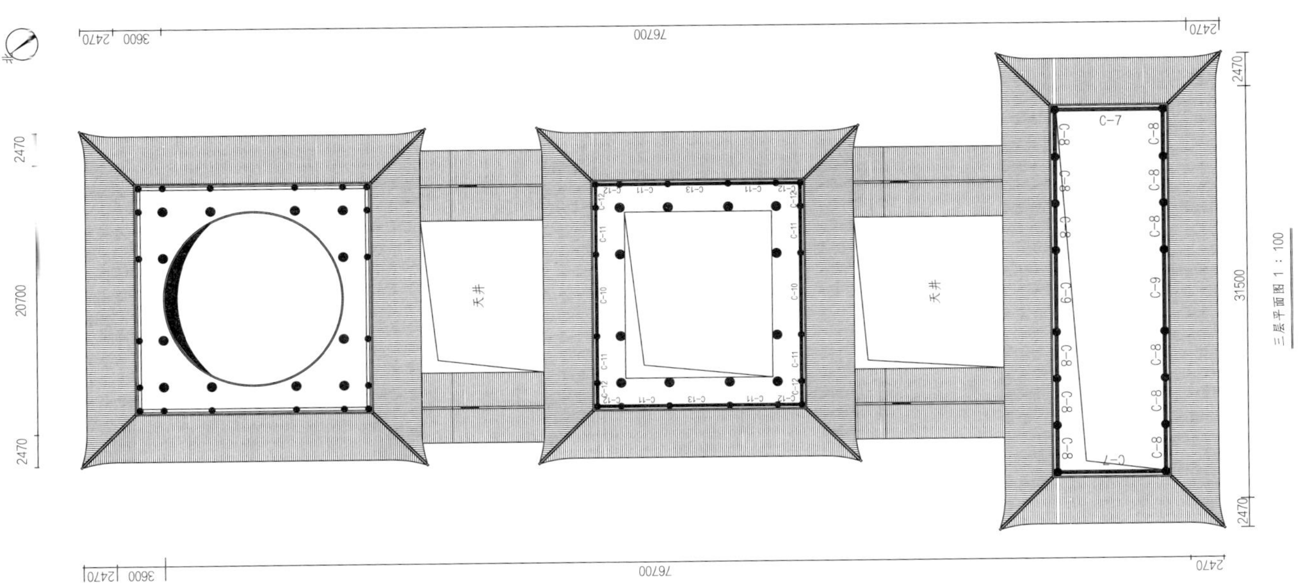

三层平面图

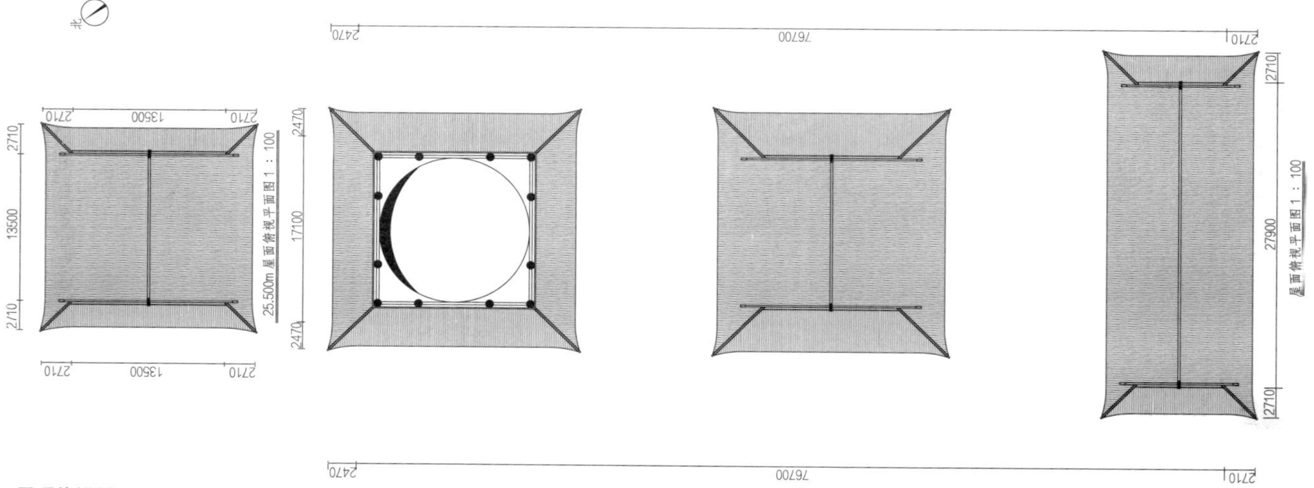

屋顶俯视平面图

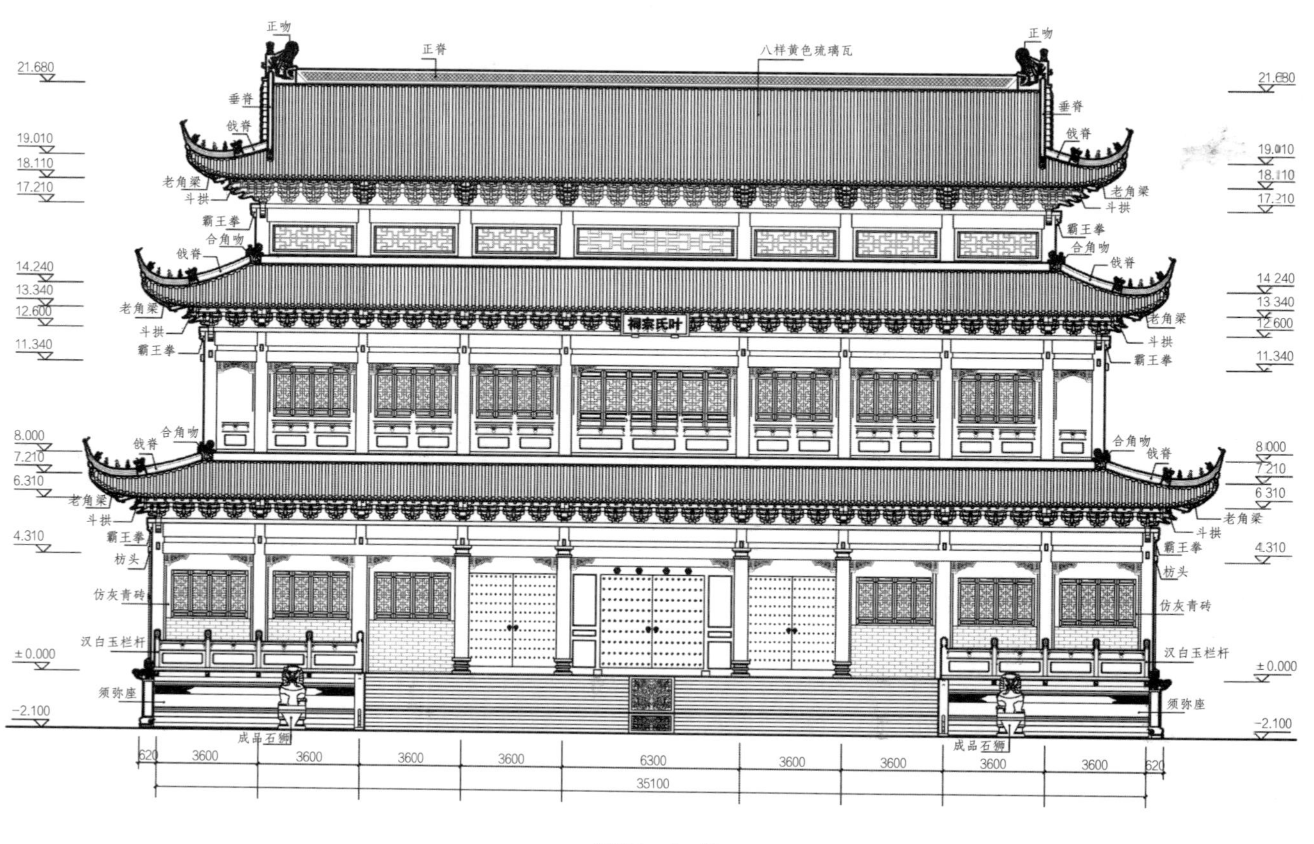

南立面图

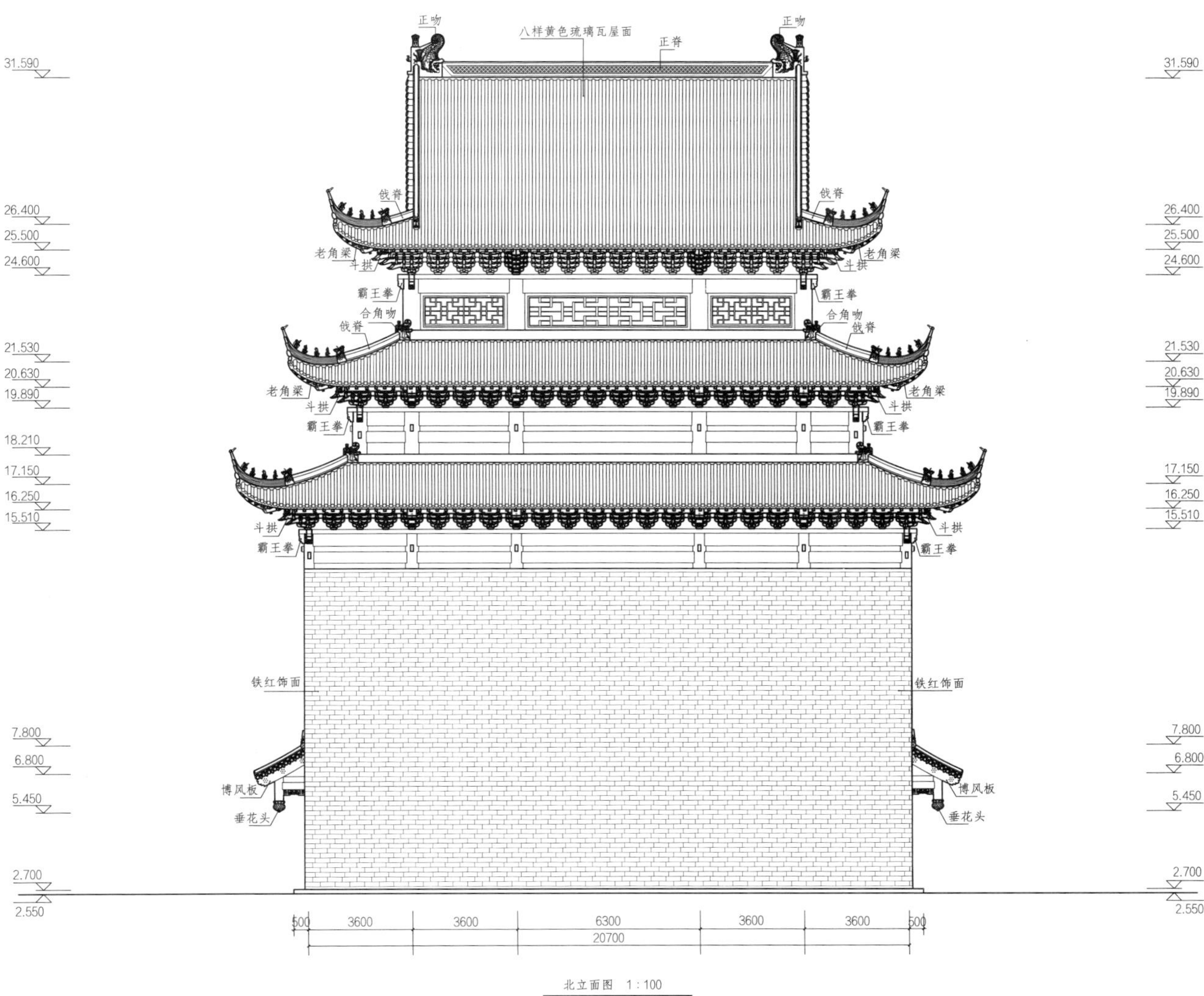

北立面图 1:100

北立面图

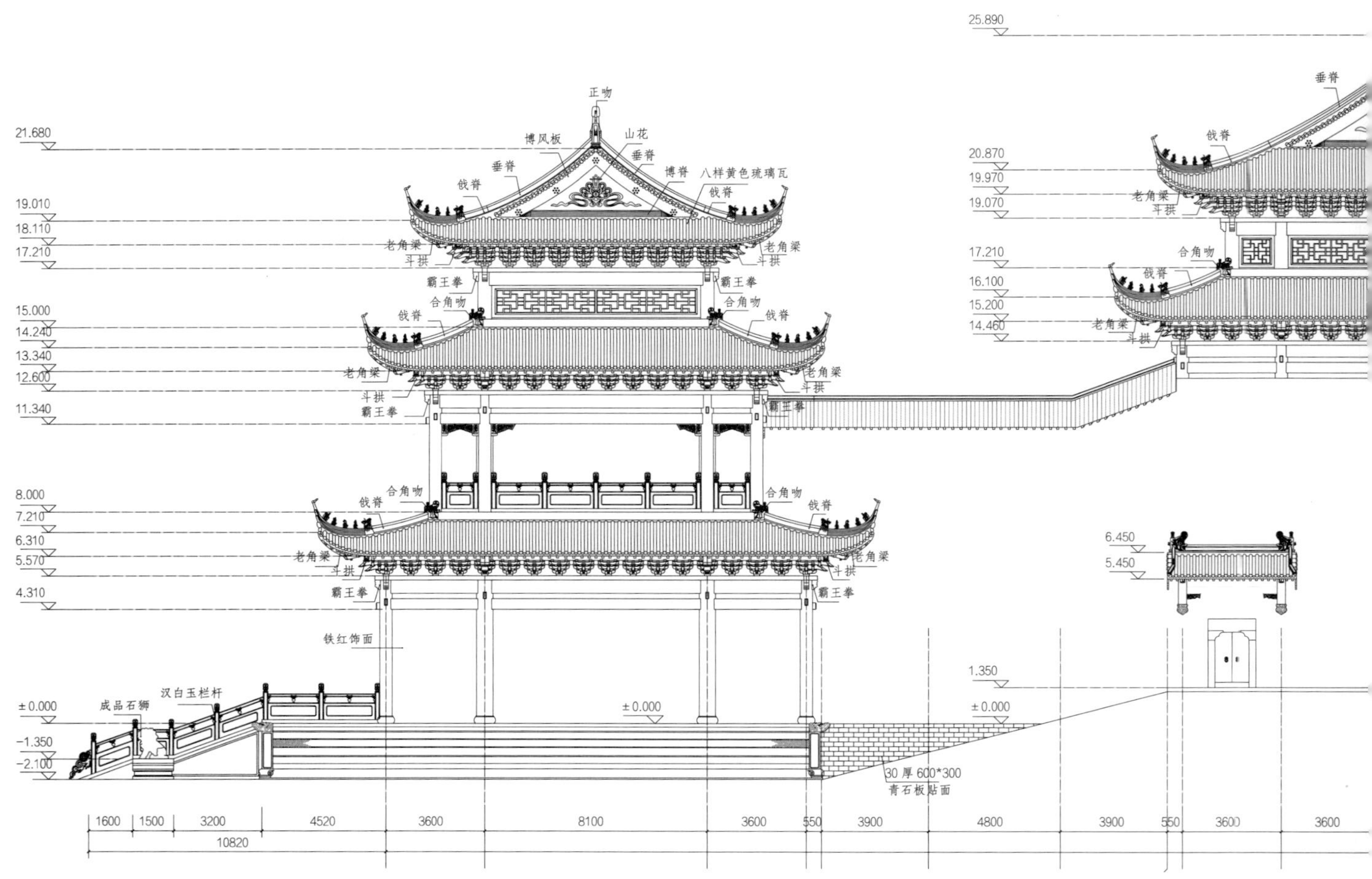

25.890
21.680
20.870
19.970
19.070
19.010
18.110
17.210
16.100
15.200
15.000
14.460
14.240
13.340
12.600
11.340
8.000
7.210
6.450
6.310
5.570
5.450
4.310
1.350
±0.000
-1.350
-2.100
正吻
博风板
山花
垂脊
博脊
八祥黄色琉璃瓦
戗脊
老角梁
斗拱
霸王拳
合角吻
铁红饰面
汉白玉栏杆
成品石狮
30 厚 600*300
青石板贴面
1600
1500
3200
4520
3600
8100
3600
550
3900
4800
3900
550
3600
3600
10820

西侧立面图

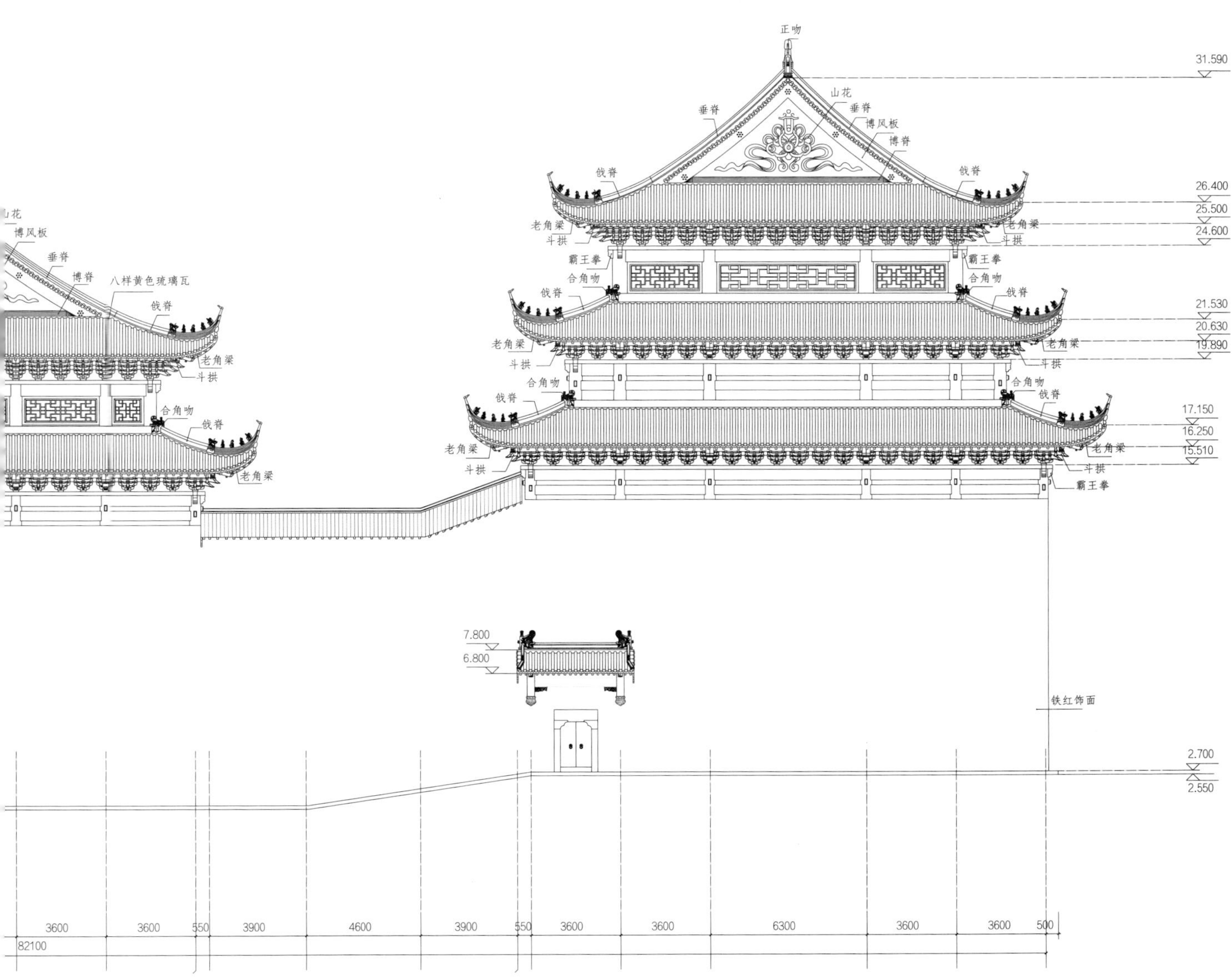

正吻
31.590
山花
垂脊
博风板
博脊
戗脊
26.400
25.500
24.600
老角梁
斗拱
霸王拳
合角吻
21.530
20.630
19.890
17.150
16.250
15.510
八样黄色琉璃瓦
7.800
6.800
铁红饰面
2.700
2.550
3600
3600
550
3900
4600
3900
550
3600
3600
6300
3600
3600
500
82100

西侧立面图 100

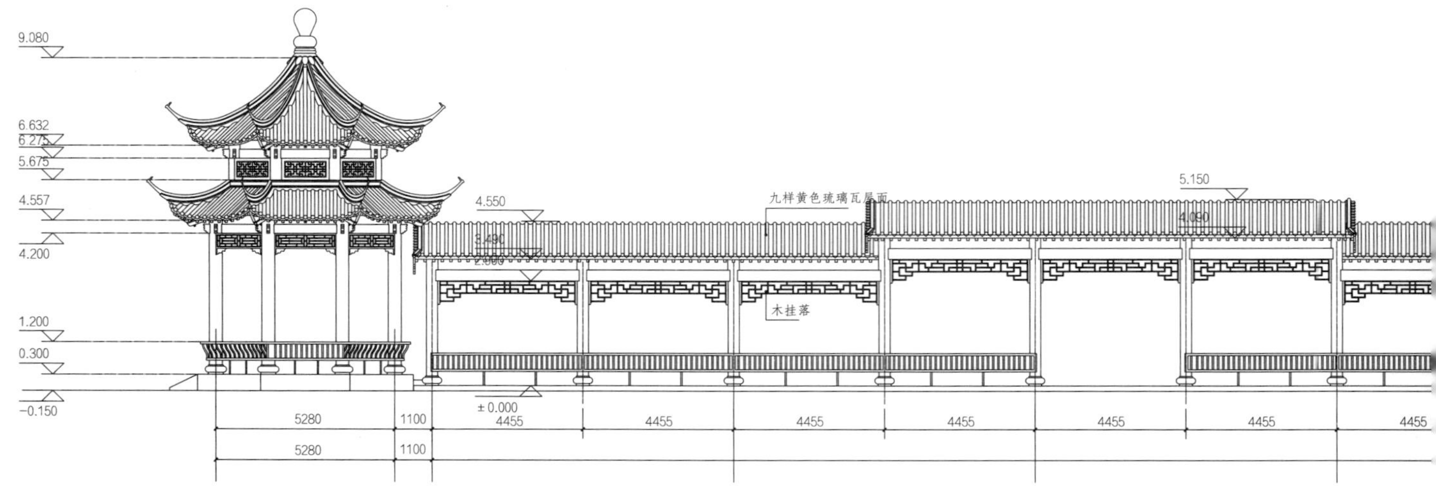

怡心廊立面

25.890
21.680
18.960
8.000
8.000
9.350
6.340
9.350
8.400
6.740
±0.000
±0.000
±0.000
−2.100
−0.450

1600	1500	3200	520	4000	3600	8100	3600	550	3900	4800	3900	550	3600

10820

剖面图 1

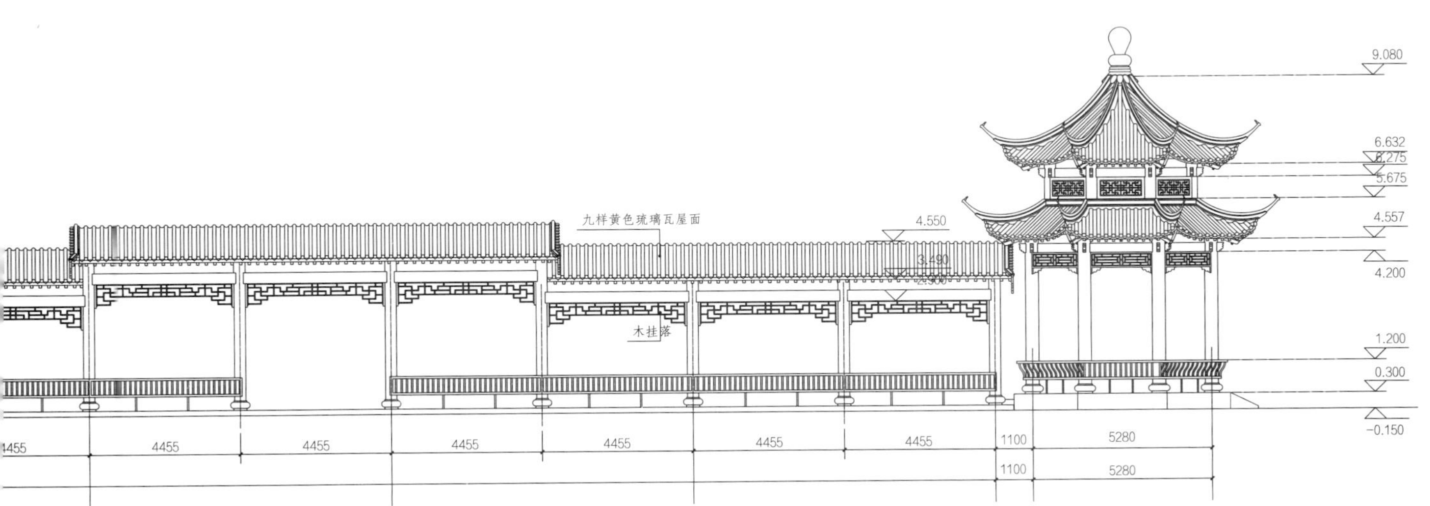

九样黄色琉璃瓦屋面
木挂落
9.080
6.632
6.275
5.675
4.557
4.550
4.200
3.490
1.200
0.300
-0.150
4455
1100
5280

1剖面图 1：100

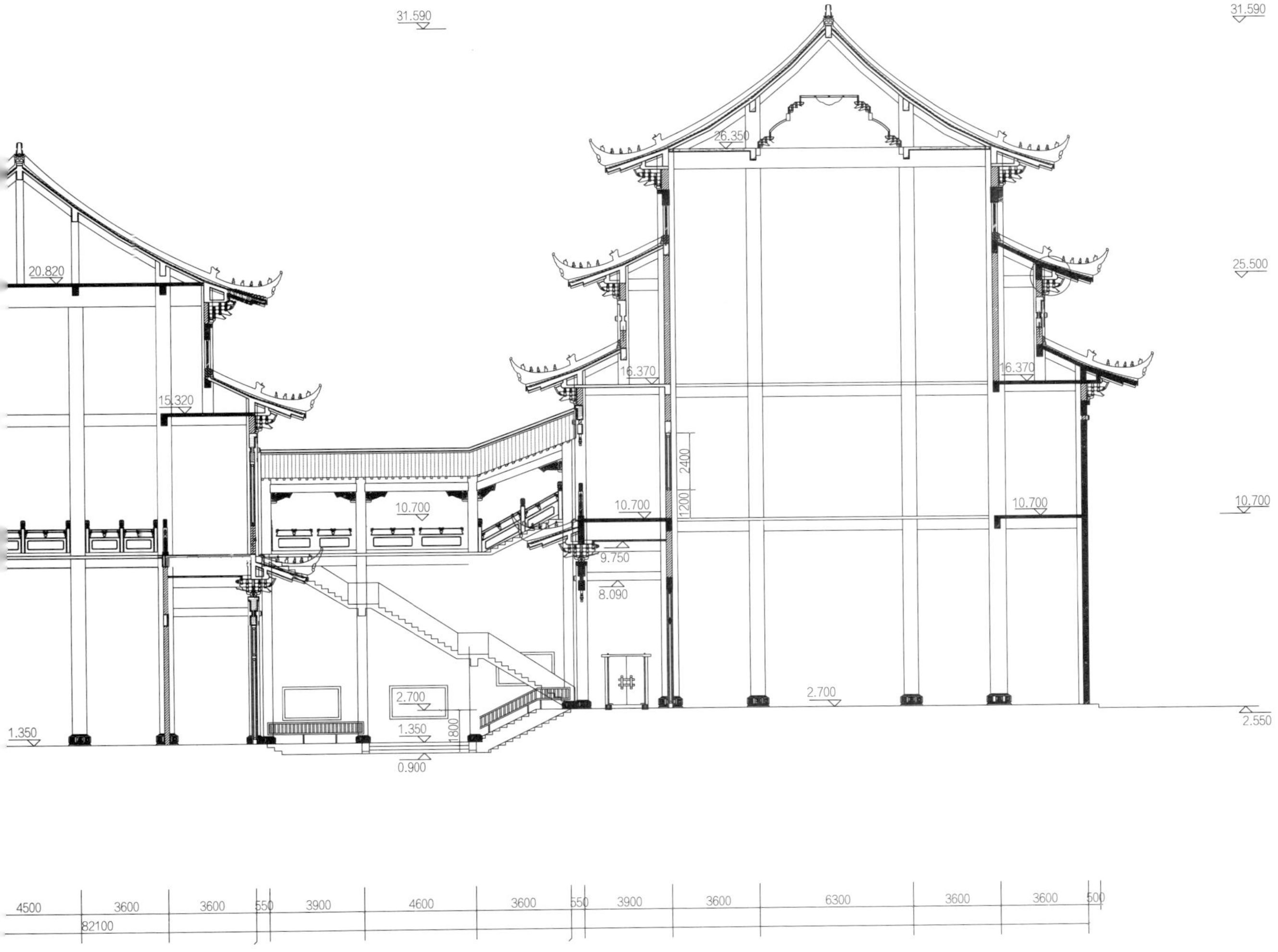

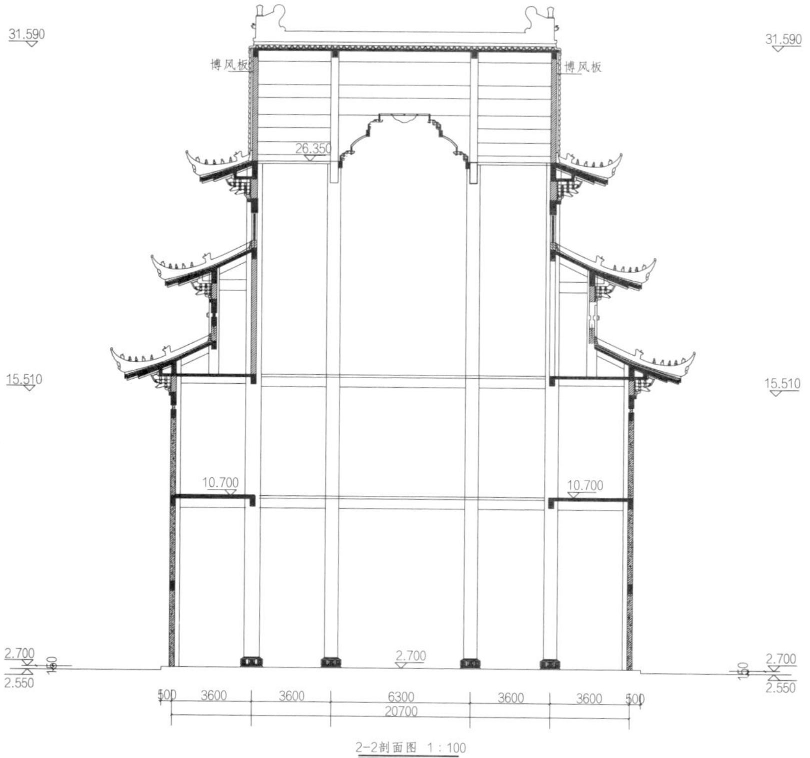

31.590
博风板
26.350
15.510
10.700
2.700
2.550
150
500
3600
6300
20700
2-2剖面图 1:100

八样黄色琉璃瓦屋面
正吻
正脊
31.590
戗脊
老角梁
斗拱
24.600
霸王拳
合角吻
12.560
2.700
500
3600
6300
20700
3-3剖面图 1:100

剖面图 2

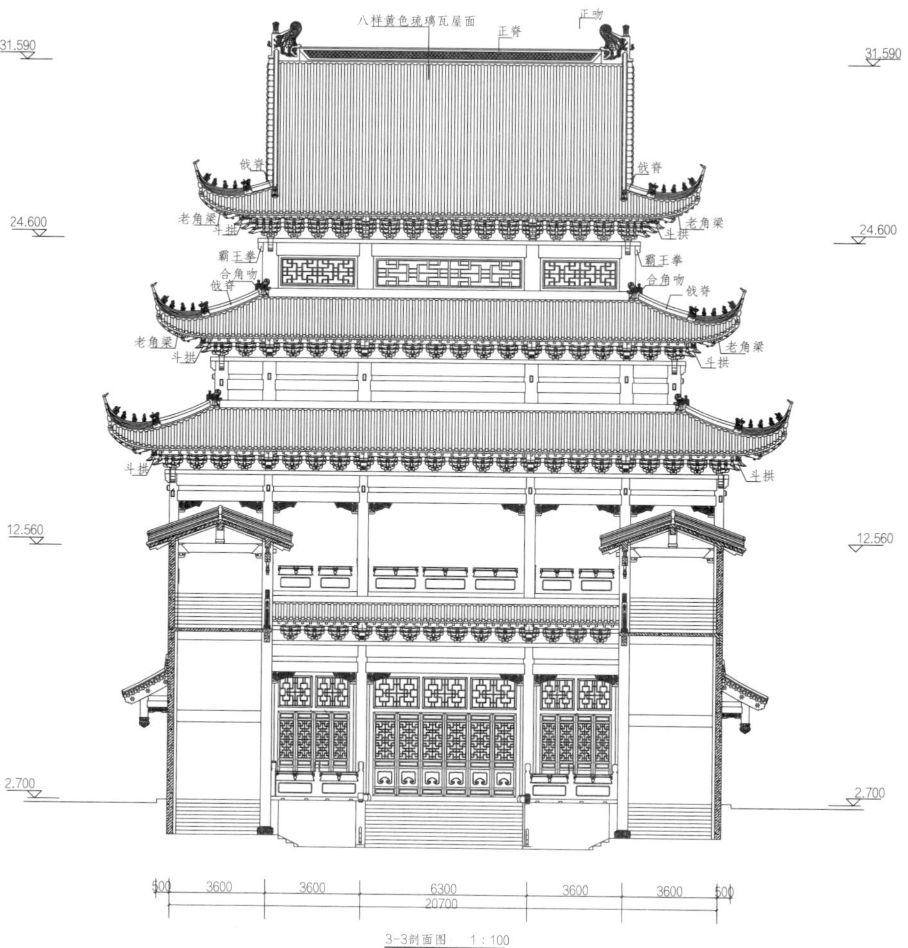

剖面图 3

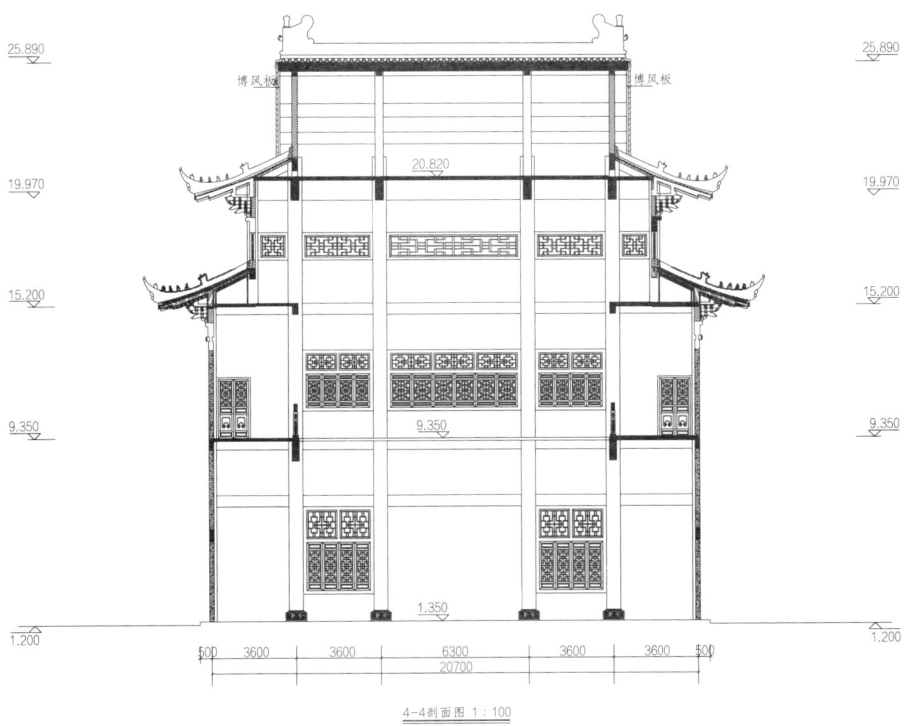

4-4剖面图 1:100

剖面图 4

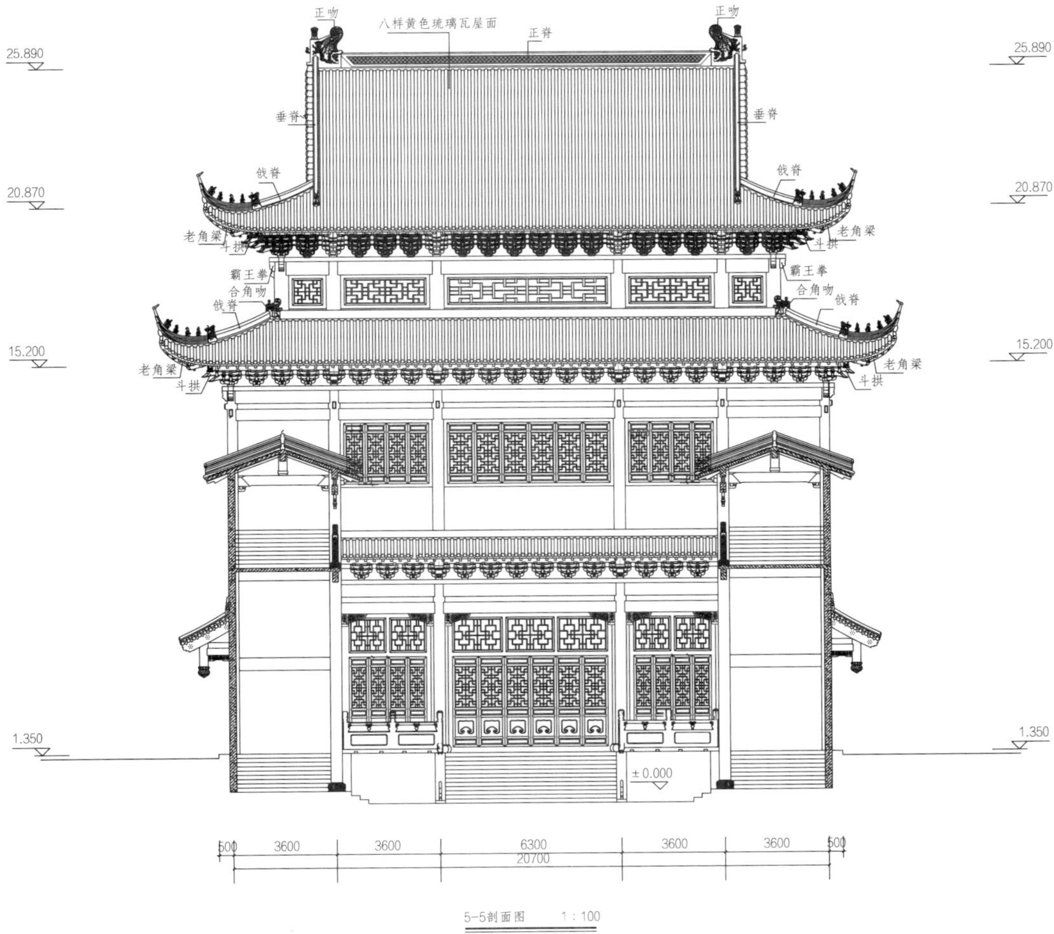

5-5剖面图 1:100

剖面图 5

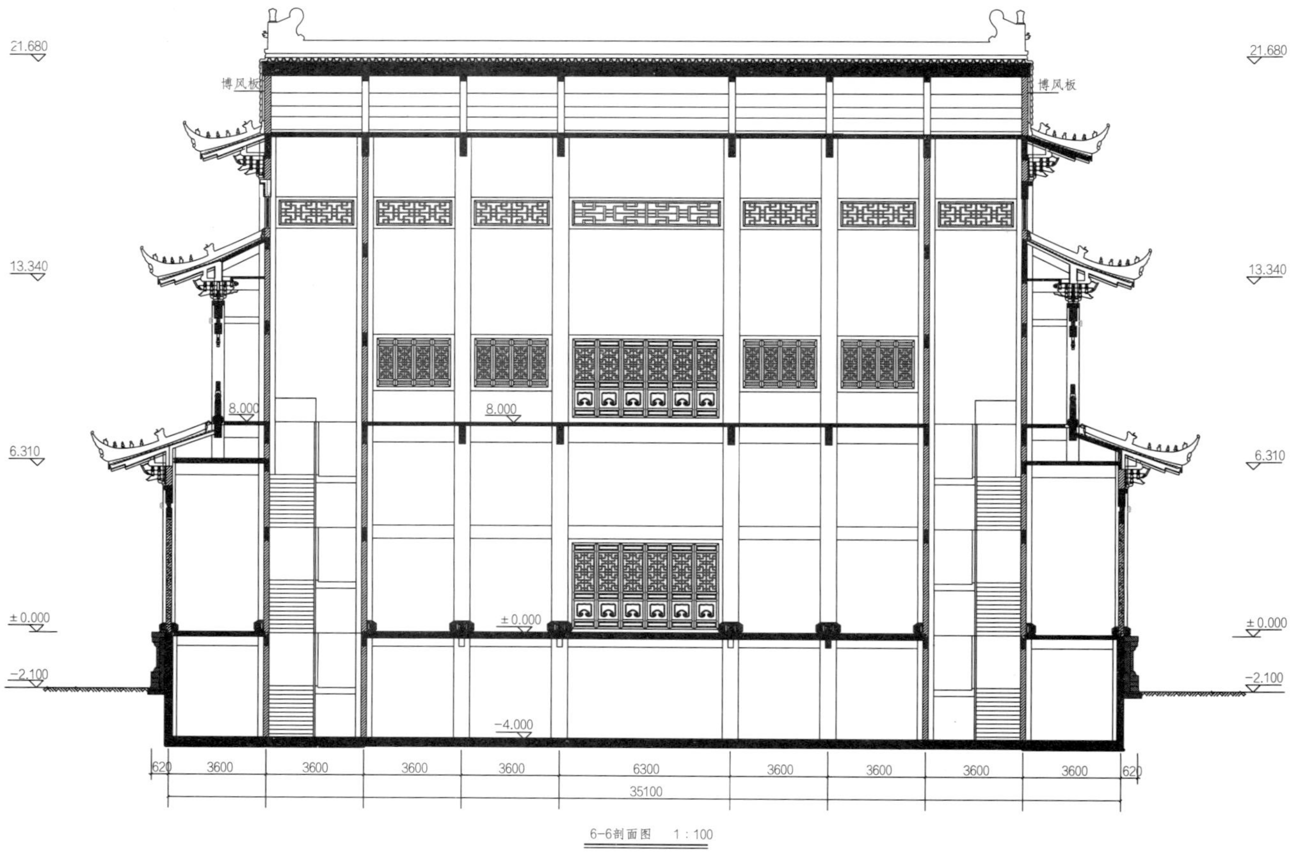

21.680
博风板
博风板
21.680
13.340
13.340
8.000
8.000
6.310
6.310
±0.000
±0.000
±0.000
-2.100
-2.100
-4.000
620
3600
3600
3600
3600
6300
3600
3600
3600
3600
620
35100
6-6剖面图 1：100

21.680
21.680
18.110
18.110
13.340
13.340
8.000
6.000
6.310
6.310
4.000
2.000
±0.000
±0.000
±0.000
±0.000
-2.100
-2.000
-2.400
-4.000
-4.000
-4.000
520
4000
3600
8100
3600
4520
15300
7-7剖面图 1：100

剖面图 6

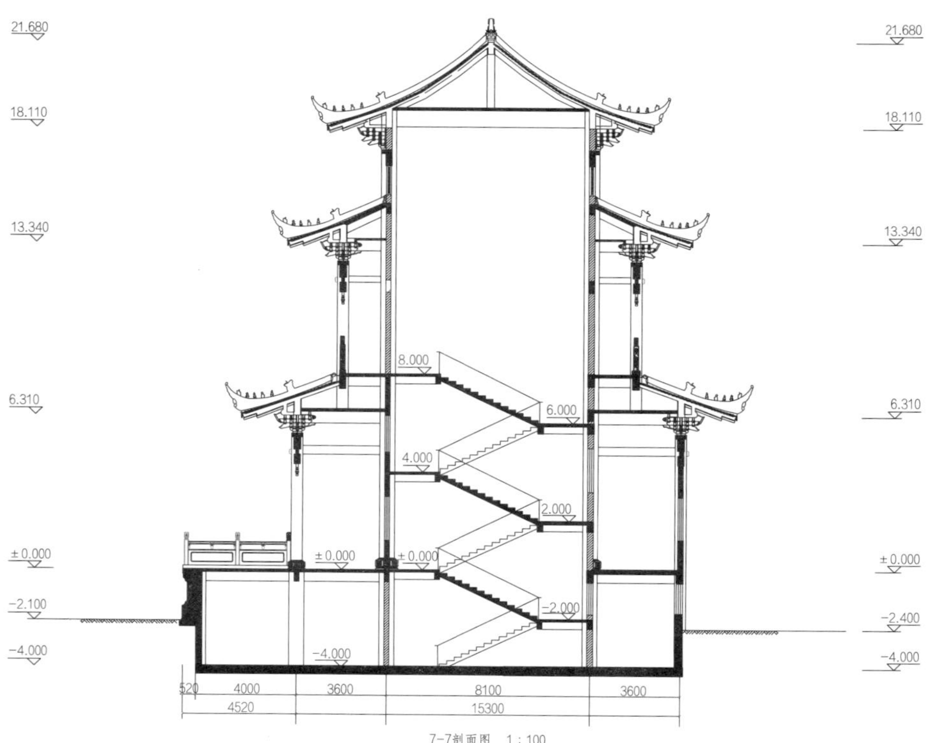

剖面图 7

叶氏宗祠正立面全景

铭恩厅屋顶装饰造型

叶氏宗祠屋顶外檐装饰

铭恩厅及连廊外檐装饰细部

连廊屋顶装饰细部

铭恩厅及连廊内檐装饰细部

崇源殿与连廊屋顶内檐装饰细部

崇源殿与铭恩厅中庭

忠烈堂大堂顶部

崇源殿与铭恩厅中庭

铭恩厅与忠烈堂中庭场景

忠烈堂塑像正立面

铜铸聚宝阁香炉

聚宝阁香炉细部

聚宝阁香炉攒尖顶

荟萃亭整体造型

好戏连台

迎曦亭装饰细部

望月亭装饰细部

坝庄部分 80 岁以上老寿星合影

大冶城建集团有限公司董事长　叶宗林

大冶市德发置业有限公司董事长　叶序德工作照

大冶市德发置业有限公司总经理叶祖发工作照

社区书记叶天胜在社区挂牌仪式上讲话

实美科技公司董事长叶光华

市委书记李修武在社区挂牌仪式上讲话

恳谈会与会者合影留念

李修武（右二）等领导前来视察

罗辉（左二）和马清明（右一）等领导前来视察

理事会全体成员合影

领导祝酒

文化旅游 1

文化旅游 2

姚兵先生（左一）题联

叶天胜书记工作照

叶天胜书记与叶序森董事长交谈

明江州总管、陇脉冶系叶氏太祖万荣公画像

宋兵部尚书、陇脉冶系叶氏太祖虎公（号花香）画像

明江州总管、陇脉冶系叶氏太祖万荣公塑像

宋兵部尚书、陇脉冶系叶氏太祖虎公（号花香）塑像

仿古街东侧店面　亭廊竞秀

富水环祠

亭与廊

叶氏宗祠规划设计效果图

叶氏广场外景

叶氏宗祠鸟瞰

叶氏宗祠夜景 2

怡心廊

迎曦亭

门楼高耸

新街仿古

廊街观赏

照壁扬善

碧桂飘香

坛神小庙

影视巨屏

青云幽径

石象伫立

老堰藏踪

表彰专栏

画廊怡心

锦亭荟萃　雕栏玉砌

晨曦倩影

华灯初上

虹桥卧波

玄岩瀑布

石狮守望

莲池观鱼

河畔奇松

琼阶至尊

玉道蟠龙

平台向日

檐牙高啄

宫门启庆

凉楼夜色

崇源一览

铭恩共仰

忠烈庄严

百福迎宾

大厅宴客

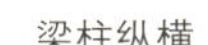
梁柱纵横

穹顶摩天

楼梯创意

天井留云

宝阁藏书

厢房议事

连廊流韵

耳门致远

铜碑纪实

木雕演义

葉家壩簡介

葉家壩隸屬大冶市經濟技術開發區葉家壩村。位于城區東部，北依觀山路，南臨東風路，東濱尹家湖，西伴新冶大道，含蓮花芯、上葉、下葉、中門四莊，俗稱「壩莊」。隨着時代變遷，其經歷令人感嘆。

歷史悠久，人丁興旺。明末，我四十八世祖蓮池公，從冶邑城關遷至東郊永豐鄉蛟潭堡，與先遷此地之侄輩藻公、梅公、楠公爲鄰，棲水而居。後爲方便交通，全族合力在莊南湖汊築起一道通往縣城之長堤，當地人稱此堤爲「葉家壩」，不知何時堤名成葉門四莊稱謂。更令人稱奇者，我族歷時不過四百年，繁衍不過十幾代，竟發展爲內外九莊，除原居四莊外，外遷五莊是青松、七里界、黃土塆、下陸園門、泰國曼谷。現全族共八百餘户，四千餘人。

吃苦耐勞，注重教育。過去族人主要以農耕爲業，因人多地少，也有人兼營其它。無論誰，都以勤儉爲本，操持家計。更可稱道的是，大家都很重視文化教育，寧可過得苦些，也要送孩子上學讀書。一九四九年解放前，學成者雖是少數，然其不凡造就成爲後人表率。解放後情況大不一樣，上中高等學校者漸多，尤其現在，已獲本科學歷者逾三百人，研究生二十幾人。他們中，副科級以上幹部十八人，副縣以上九人，副師級以上軍官三人，副高級以上科教人員四十六人。青年才俊有海歸博士北大教授，清華碩士央視編輯。

支持改革，自力更生。我莊原有土地三千餘畝，一九七八年改革開放後，隨之城市建設發展，所有田地被徵用，其中無償劃撥三百多畝，最後祇剩不到四百畝的住宅區。村莊成「城中村」，族人成無地農民。在挑戰與機遇面前，壩莊人不等不靠，自主創業，有人開礦、辦廠、經商，有人搞建築、運輸、服務、養殖，還有人外出打工。很多人白手起家，資產百萬元已屬平常，超千萬、億元者亦有之。涌現出一批艱苦創業又樂于奉獻的企業家和慈善家。

依靠集體，營造福祉。我村歷屆黨政班子，不僅在引導村民致富上功不可沒，而且在壯大集體經濟，爲大衆謀利益上建樹頗多。如修建臨街門店和商務用房萬餘平米，固定資產達數億元，年純收入二百萬元，硬化道路六千米，鋪設供水供氣及排污管網各二十千米，整改電網五十千米，更新變電設備三十臺套，建立醫療、養老保險制度，建設廣場、文化中心等，總投資逾六千萬元。多次被評爲全市「十强村」。

我村經濟發展，促使我莊面貌發生巨大變化，到處高樓林立，小車穿梭，歡聲笑語，不绝于耳，呈現一派繁榮景象。然而我們并不滿足現狀，正肩負前人希望，腳踏家鄉熱土，依靠惠民政策，借助集體力量，朝着更高目標，奮勇向前。我們堅信，葉家壩明天更美好！

葉家壩宗親理事會　二〇一五年八月